ACCESO GRATIS a la Lectura en la Nube

Para visualizar el libro electrónico en la nube de lectura envíe junto a su nombre y apellidos una fotografía del código de barras situado en la contraportada del libro y otra del ticket de compra a la dirección:

ebooktirant@tirant.com

En un máximo de 72 horas laborables le enviaremos el código de acceso con sus instrucciones.

La visualización del libro en **NUBE DE LECTURA** excluye los usos bibliotecarios y públicos que puedan poner el archivo electrónico a disposición de una comunidad de lectores. Se permite tan solo un uso individual y privado

TODA UNA VIDA POR LA VIDA

*Libro homenaje al defensor de los Derechos Humanos
Jesús María Valle Jaramillo*

COMITÉ CIENTÍFICO DE LA EDITORIAL TIRANT HUMANIDADES

Manuel Asensi Pérez
Catedrático de Teoría de la Literatura y de la Literatura Comparada
Universitat de València

Ramón Cotarelo
Catedrático de Ciencia Política y de la Administración de la Facultad de Ciencias Políticas y Sociología
de la Universidad Nacional de Educación a Distancia

M.ª Teresa Echenique Elizondo
Catedrática de Lengua Española
Universitat de València

Juan Manuel Fernández Soria
Catedrático de Teoría e Historia de la Educación
Universitat de València

Pablo Oñate Rubalcaba
Catedrático de Ciencia Política y de la Administración
Universitat de València

Joan Romero
Catedrático de Geografía Humana
Universitat de València

Juan José Tamayo
Director de la Cátedra de Teología y Ciencias de las Religiones
Universidad Carlos III de Madrid

Procedimiento de selección de originales, ver página web:
www.tirant.net/index.php/editorial/procedimiento-de-seleccion-de-originales

TODA UNA VIDA POR LA VIDA

Libro homenaje al defensor de los Derechos Humanos Jesús María Valle Jaramillo

("No se ama la vida si no se aprende a convertir el dolor en canto"
J. M. V. J.)

FERNANDO VELÁSQUEZ VELÁSQUEZ
KAI AMBOS
HERNANDO LEÓN LONDOÑO BERRÍO
Coordinadores

Asociación de Göttingen

tirant humanidades
Valencia, 2023

Copyright © 2023

Todos los derechos reservados. Ni la totalidad ni parte de este libro puede reproducirse o transmitirse por ningún procedimiento electrónico o mecánico, incluyendo fotocopia, grabación magnética, o cualquier almacenamiento de información y sistema de recuperación sin permiso escrito de los autores y del editor.

En caso de erratas y actualizaciones, la Editorial Tirant Humanidades publicará la pertinente corrección en la página web www.tirant.com

© VV.AA.

© TIRANT HUMANIDADES
EDITA: TIRANT HUMANIDADES
C/ Artes Gráficas, 14 - 46010 - Valencia
TELFS.: 96/361 00 48 - 50
FAX: 96/369 41 51
Email: tlb@tirant.com
www.tirant.com
Librería virtual: www.tirant.es
DEPÓSITO LEGAL: V-3349-2022
ISBN: 978-84-19471-00-0
MAQUETA: Innovatext

Si tiene alguna queja o sugerencia, envíenos un mail a: atencioncliente@tirant.com. En caso de no ser atendida su sugerencia, por favor, lea en *www.tirant.net/index.php/empresa/politicas-de-empresa* nuestro Procedimiento de quejas.

Responsabilidad Social Corporativa: *http://www.tirant.net/Docs/RSCTirant.pdf*

JESÚS MARÍA VALLE JARAMILLO (1943-1998)

Índice

LISTA DE SIGLAS Y ABREVIATURAS 13
PRESENTACIÓN 17

REFLEXIONES JURÍDICO-PENALES

La guerra en Ucrania y el Derecho Penal Internacional: El papel de la Corte Penal Internacional 25
Kai Ambos

Reserva profesional y responsabilidad penal del abogado 49
Alfonso Cadavid Quintero

El apogeo de los grupos paramilitares: de la indiferencia a la validación del horror por la sociedad 69
Gloria María Gallego García

Ética, robots y proceso: Sobre los límites en el uso de la inteligencia artificial ... 101
Juan-Luis Gómez Colomer

La hermenéutica del dolor y los criterios para interpretar el Derecho con sentido de reconciliación 135
María Cristina Gómez Isaza

Desde el rostro del pobre: Ensayo de filosofía moral y ética 163
Rubén Darío Jaramillo Cardona

¡En el fragor de la lucha! La protesta social en Colombia y su criminalización en el marco del Estado neoliberal 185
Hernando León Londoño Berrío
Juan Esteban Jaramillo Giraldo

La prisión preventiva en Centroamérica: ¿Qué ha pasado en los últimos veinte años? 243
Javier Llobet Rodríguez

El proceso penal en Colombia: ¿Un instrumento para desconocer derechos humanos? A propósito del procesamiento penal de las personas inimputables 263
Ricardo Molina López

Notas para una reforma a la legislación penitenciaria y carcelaria 285
Jesús Antonio Muñoz Gómez

La sana crítica ha dejado de existir 321
Andrés Fernando Nanclares Arango

El falso juicio de raciocinio en la casación colombiana 331
Victor Alonso Pérez Gómez

La responsabilidad del superior en la Jurisdicción Especial para la Paz 365
Rubén Darío Pinilla Cogollo

La prohibición de la tortura, los tratos inhumanos y degradantes desde la perspectiva del Tribunal Europeo de Derechos Humanos 411
Guillermo Portilla Contreras

La narcosis como técnica que induce artificialmente modificaciones en el estado de conciencia y su valoración en el primer estrato analítico de la noción de delito dogmáticamente considerado 475
Plinio Posada Echavarría

Una aproximación histórica a la riña en el derecho penal colombiano .. 513
Ricardo Posada Maya

El Estado de Sitio y los "jueces" penales militares en Colombia 555
Luis Fernando Tocora López

La prisión permanente revisable 581
Álvaro Vargas
Renato Vargas Lozano

Protesta social, abuso del derecho y derecho penal 609
Fernando Velásquez Velásquez
Carolina Rosas Díaz

ELEGÍAS Y DISCURSOS

¡El humanista que nos quitaron! Semblanza en primera persona de Jesús María Valle Jaramillo 663
Gonzalo Medina Pérez

Índice

Semblanza de Jesús María Valle Jaramillo 675
Darío Valle Jaramillo

Testimonio 691
Luis Fernando Montoya Valle

Jesús María Valle Jaramillo 695
Raúl Humberto Ochoa Carvajal

Jesús María Valle Jaramillo y el papel del individuo en la historia 703
Albeiro Pulgarín Cardona

Jesús María Valle Jaramillo: Dignificó su vida, honró su existencia. Una vida ejemplar para emular 713
Carlos Arturo Ruiz Ospina

Elegía en la muerte de un amigo 733
Hernando Londoño Jiménez

Las banderas en el aire. Homenaje a Jesús María Valle Jaramillo 737
J. Guillermo Escobar Mejía

Las últimas constancias que Jesús María Valle le dejó a su hermano 749
Periódico *El Espectador*

Aquí estamos y estaremos siempre 757
Jesús María Valle Jaramillo

Nota curricular del Dr. Jesús María Valle Jaramillo 763

LISTA DE SIGLAS Y ABREVIATURAS

Adc	Adicionado
AFP	Acuerdo Final de Paz
AL	Acto Legislativo
AP	Auto penal
aps	apartados
art.	artículo
AUC	Autodefensas Unidas de Colombia
CADH	Convención Americana sobre Derechos Humanos
CConst.	Corte Constitucional
CE	Constitución Española de 1978
CEDH	Convención Europea de Derechos Humanos
cfr.	Confróntese, compárese, véase
CICR	Comité Internacional de la Cruz Roja
cit.	citado
Const. Pol.	Constitución Política de 1991
CGen	Convención sobre Genocidio
Coord.	Coordinador (a)
Corte IDH	Corte Interamericana de Derechos Humanos
C. P.	Código Penal
C. Pen.	Código Penitenciario y Carcelario
CPI	Corte Penal Internacional
C.P.P.	Código de Procedimiento Penal
CSJ	Corte Suprema de Justicia
CSJ-SCC	Corte Suprema de Justicia, Sala de Casación Civil
CSJ-SCP	Corte Suprema de Justicia, Sala de Casación Penal
DANE	Departamento Administrativo Nacional de Estadística
DIDH	Derecho Internacional de los Derechos Humanos

DIH	Derecho Internacional Humanitario
Dir.	Director
Dto.	Decreto
DPI	Derecho Penal Internacional
ed.	edición
Ed.	editor
ER	Estatuto de Roma
ERCPI	Estatuto de Roma de la Corte Penal Internacional
ERPAC	Ejército Revolucionario Popular Antisubversivo de Colombia
et al.	*et altera* (latín: 'y otros')
etc.	Etcétera
FARC-EP	Fuerzas Armadas Revolucionarias de Colombia - Ejército del Pueblo
FF. MM.	Fuerzas Militares de Colombia
JEP	Jurisdicción Especial para la Paz
IA	Inteligencia Artificial
Ibid/ibidem	en el mismo lugar
Inc.	Inciso
INPEC	Instituto Nacional Penitenciario y Carcelario
JEP	Jurisdicción Especial para la Paz
JIT	Joint Investigation Teams
LEcrim	Ley de Enjuiciamiento Criminal Española
LGBT	Lesbianas, Gais, Bisexuales y Transgénero
Lit.	Literal
M-19	Movimiento 19 de abril (Colombia)
N.º	número
n.º m	Número marginal
num.	numeral
ONU	Organización de Naciones Unidas

p., pp.	página/s
PAL	Proyecto de Acto Legislativo
parág.	parágrafo
párr.	Párrafo (s)
PIDCP	Pacto Internacional de Derechos Civiles y Políticos (1966)
Rad.	radicado
s., ss.	siguiente, siguientes
SCP	Sala de Casación Penal
Sent.	sentencia
s.f.	sin fuente
sic	*sicut* (latín: 'textualmente')
SRVR	Sala de Reconocimiento de Verdad, de Responsabilidad y Determinación de Hechos
STC	Sentencia del Tribunal Constitucional Español
StGB	Código Penal alemán
STS	Sentencia del Tribunal Supremo Español
t.	tomo
TEDH	Tribunal Europeo de Derechos Humanos
TPIR	Tribunal Penal Internacional para Ruanda
TPIY	Tribunal Penal Internacional para la Antigua Yugoslavia
trad.	traductor
UE	Unión Europea
UN	United Nations
Vid.	véase
vs.	*versus*
VStGB	Código de Derecho Penal Internacional de Alemania
vol.	volumen

PRESENTACIÓN

La idea de hacer este libro surgió al interior del CEDPAL, organismo dirigido por uno de los coordinadores del homenaje y de cuyo órgano directivo forma parte otro de ellos, por lo cual terminamos por conformar un trío que invitó a diversos académicos colombianos y extranjeros, a amigos y familiares del finado Jesús María Valle Jaramillo, a sumarse al proyecto. Debemos recordar que ya el número 63 de la Revista Nuevo Foro Penal, de la cual él formó parte, fue destinado a hacerle un homenaje con motivo de los dos años de su muerte. Culminada la convocatoria, el libro, por cierto atípico, incluye dos clases de colaboraciones: unas, de corte académico en el ámbito penal que hemos reunido en una sola sección donde se organizan en forma alfabética con base en el apellido de los colaboradores; y, otras de índole personal —incluidos dos trabajos previos de personas cercanas y un discurso del homenajeado—, que recoge diversas semblanzas y remembranzas en torno a su fructífera vida, a su obra y a su asesinato, que tienen un orden distinto porque tocan más con los contenidos que con las personas de sus autores entre los cuales aparece el agasajado.

Como es obvio a personalidades como la de Jesús María Valle Jaramillo se les rinde homenaje cada día y cada hora, sin tregua, vacilación ni descanso, en los territorios en donde los pueblos construyen caminos de justicia, libertad y dignidad. Él, con su inmenso legado, está presente de muchas formas y mediante diversos lenguajes: en una canción, en un memorial, en un reclamo, en una petición, en una arenga, en la exposición docta, en un petitorio indígena, en una iniciativa campesina, en la arenga estudiantil, en el memorial agravios del defensor de derechos humanos, en la investigación que trata de develar, comprender y explicar las exclusiones, en las violencias y las resistencias, etc.

Por supuesto, si lo fuéramos a definir por un rasgo de su identidad, podríamos referir su gran desvelo por la forma como se ejercía el poder: de un lado, el de "arriba", el de los dueños de la riqueza frente a los cuales, como ninguno, impuso su carácter de hombre capaz de hablarles sin agachar la cabeza para encararles su condición, sus malas andanzas y sus contubernios con las injusticias. De otro lado, el poder desde "abajo", en cuya construcción siempre estuvo interesado y participó en gestas de relevancia, porque consideraba que aquí estaba la auténtica democracia, la radical, la sustancial, por la cual vale la pena vivir y haber vivido.

Pero su identidad era mucho más prolífica, vasta y compleja. Él encarnaba la solidaridad, la reciprocidad, la generosidad, la capacidad de dar, de compartir, la humildad personal, la nobleza, lo cual se manifestaba de forma particular en la reciedumbre ética y claridad política para defender la condición humana de todos, cualesquiera fuera su cargo, su clase, su raza, su etiqueta o el prejuicio. La otra, su actitud parresiasta, su entereza y valentía para denunciar los atropellos, pero siempre sin invitar a la violencia cuyo ejercicio condenó en todas sus formas.

Así mismo, en él siempre estuvo latente su compromiso y un denodado amor por la Justicia, porque entendía que la dignidad del profesional del derecho penal y del defensor, era denunciar los ultrajes y las discriminaciones, lo cual lo revestía de fortaleza y lo ponía en una atalaya que solo seres humanos de su estirpe son capaces de construir; esto, por supuesto, siempre estaba acompañado de un profundo respeto por los jueces, las contrapartes y sus contradictores, a los cuales siempre se dirigía con gran compostura y elegancia. Sin duda, él era un ser excepcional, único, multifacético; una persona llena de espiritualidad y de misticismo que por donde pasaba solo quería hacer el bien y sembrar la concordia.

Abogado penalista integral; casacionista singular, como lo muestra su laboriosa tarea en este campo que lo llevó muchas veces a dar sus batallas judiciales ante la Sala de Casación Penal de la Corte Suprema de Justicia, confeccionando demandas que se caracterizaban por su concisión, claridad y profundidad. Un hombre que se entregaba con gran estima a sus seres más cercanos —¡cuántas anécdotas y recuerdos de nuestra relación personal con él llegan a la mente cuando escribimos estas palabras prologales!—. Como formador de juventudes no era un profesor cualquiera, era un Maestro, con mayúscula: agudo, profundo, empático, serio, sabio, ordenado, reflexivo y crítico.

Orador excelso: hilvanado, coherente, de palabra recia, prolijo en el vocabulario, elegante, sobrio; eso era lo que tanto le gustaba transmitir en los concursos universitarios de oratoria que impulsaba o de los cuales hacía parte como evaluador, en algunos de los que tuvimos el placer de acompañarlo, como jurados o consejeros de los jóvenes que entonces intentaban descollar en este difícil arte. Era *alter ego*, un auténtico amigo, palabra que incluso le quedaba pequeña, por la generosidad de juicio, por la capacidad de valorar lo particular de cada uno, motivador, solidario sin par; no albergaba envidias para nadie y respecto de nada. Él encarnaba la concordia y el afecto, lo molestaban las discriminaciones y los enfrentamientos absurdos. Pero sobre todo era un amante de la libertad porque, como dice el poema "El Herido" de Miguel Hernández, "Para la libertad, sangro, lucho, pervivo/ Para la libertad, mis ojos y mis manos/ Como un árbol carnal, generoso y cautivo/ Doy a los cirujanos".

De ahí que él fuese un luchador incansable por la causa de los derechos humanos que los entendía universales, integrales e interdependientes, coherente con lo cual su presencia se registraba de forma constante en plurales escenarios: en el movimiento sindical; entre los campesinos e indígenas; en la lucha por los servicios públicos domiciliarios; en la liga de consumidores; en el Concejo de su pueblo natal (Ituango), defendiendo a los indígenas y a la población campesina. Por supuesto, también en el Comité de Derechos Humanos; en los colegios de abogados, confrontando las leyes que agredían libertades, garantías y derechos; en las revistas académicas (recuérdense sus aportes a nuestras dos queridas publicaciones Nuevo Foro Penal y Tribunal Penal), dando luz sobre la forma de mejor conducirlas; en los desalojos de los tugurianos; en la Justicia Penal Militar defendiendo a los presos que, gracias a la normativa propia del Estado de Sitio, eran juzgados por los funcionarios de esa jurisdicción; en los calabozos y en las cárceles; en las aulas universitarias; en las movilizaciones sociales. Era incansable.

Y todas estas actividades las cumplía sin vínculos ideológicos con ningún partido o agrupación política; de hecho, su único paso por la política tuvo lugar cuando muy joven fue elegido diputado a la Asamblea de Antioquia, desde donde ayudó a constituir un movimiento que entonces se denominó el Progresismo Conservador, para luego retirarse. Después fundaría el API, un colectivo con el cual quiso llegar a conformar la Asamblea Nacional Constituyente que redactó la Constitución de 1991, objetivo que no logró pero que sirvió para que nos convocara a todos sus amigos a acompañarlo en esa gesta, cosa que hicimos con gran entusiasmo y afecto por el luchador incansable, el líder. Así las cosas, cabe decir que su único partido y su única militancia política fue la causa de los derechos humanos.

Sin lugar a dudas, jerarquías éticas y morales de la magnitud de Jesús María, son producto de procesos excepcionales de orden político y cultural de los pueblos; personas como él no nacen de forma silvestre todos los días, tienen que coincidir muchas circunstancias, un universo de constelaciones, para producir paladines de su jerarquía y entereza. Seres humanos paradigmáticos, referentes, por su capacidad de concebir ideas contrahegemónicas, de acompañar los procesos de lucha por la dignidad de los excluidos y los perseguidos. Así como él decía que el meridiano de la violencia pasa por Antioquia, perentorio también es decir que nuestro pueblo también ha sido decoroso, ha ostentado valor e inteligencia para las resistencias, para jalonar un mejor país y por ende una sociedad en la que quepamos todos en medio de las diferencias.

De todos esos asuntos, por ser testigos directos como alumnos, también queremos hacer hincapié en el legado de Jesús María en el campo pedagógico. Stephen Hawking, astrofísico sobresaliente, señalaba que todas sus investigaciones, teorías, tesis e hipótesis serían imposibles si no estuviere parado en los hombros de los colosales científicos que lo precedieron, circunstancia que le permitió ver más allá y más profundo en el horizonte presente de la ciencia. Esta metáfora, es pertinente y guarda vigencia para todos nosotros en el caso del homenajeado: toda nuestra generación recibió el ejemplo de que la dignidad del profesional del derecho, consiste en que no tiene precio, no es una mercancía más que se vende al mejor postor. Por el contrario: para el Maestro, la dignidad del abogado, su razón de ser, lo que lo inviste de méritos y del derecho al reconocimiento, es acompañar, abogar, luchar por las personas, grupos, organizaciones cuyos derechos humanos son afrentados. Y en estas luchas, quienes se sumaban a ella no lo hacían en una relación de suma cero sino que todos eran bienvenidos, porque a él en todos los proyectos le gustaba trabajar de forma colectiva.

Él tenía la virtud de auscultar el alma de cada interlocutor, de definir sus potencialidades e involucrarlo aportando sus específicas y propias aptitudes y actitudes (culturales, científicos, políticos, discursivos, etc.). Además, evocando el mito que inmortaliza Eduardo Galeano sobre "El Mundo", del hombre del pueblo de Neguá que pudo subir al alto cielo y contemplar que la vida humana se resume en un "mar de fueguitos", la luz de Jesús María era inmensa, llenaba el "aire de chispas", y ardía la vida con tantas ganas, que no era posible mirarlo sin estremecerse y quien se le acercaba, se encendía.

Y la coherencia era su sino, esto es, un ser auténtico: luego de denunciar la connivencia del poder político y militar con el paramilitarismo, registrado en las masacres en su tierra natal, por supuesto tenía la certeza del riesgo de la agresión. Sin embargo, no consideraba ni ético ni estético, el garantizarse salvaguardas para sí con el exilio, mientras su gente era sacrificada, eso siempre nos respondió a quienes le advertimos del peligro que se cernía sobre su vida; él fue y es, para recordar algo que tanto imploraba de sus amigos, allegados y alumnos, un verdadero hombre testimonio. Además, en términos políticos y humanos, Jesús María era un imprescindible por su carácter, su talante, su entereza, su arrojo, su valentía, su lúdica; nada lo amilanaba; en su vocabulario no figuraban palabras como "imposible", "irrealizable", etc.

Este acto de homenaje a su persona, es testimonio de que con su muerte, sus agresores no segaron lo fundamental de lo que fue su vida, porque sus enseñanzas encontraron tierra fértil, sus banderas siguen izadas; por eso para recordar uno de sus discursos (que aquí aparece al final del texto), en la quietud de su muerte continúa el fragor de la lucha para construir una mejor sociedad por parte de las generaciones que formó, de las que vienen y lo han erigido en referente ético, espiritual y político de una vida revestida de dignidad.

Los coordinadores
Medellín, Colombia y Göttingen, Alemania,
Noviembre de 2022

REFLEXIONES JURÍDICO-PENALES

La guerra en Ucrania y el Derecho Penal Internacional: El papel de la Corte Penal Internacional[*]

Kai Ambos[**]

RESUMEN: La invasión rusa a Ucrania el 24 de febrero de 2022 es, para muchos, un cambio paradigmático del orden internacional. Desde la perspectiva del Derecho penal internacional vemos un tipo de renacimiento de la Corte Penal Internacional (CPI) cuya Fiscalía ha sido encargada —a través de una remisión colectiva, sin precedentes, de 41 Estados— de llevar a cabo la investigación de posibles crímenes internacionales, especialmente de guerra, cometidos durante el conflicto. Esto se trata más detalladamente en la primera parte de esta contribución. En la segunda parte, se discute la posible reacción de la justicia (penal) internacional frente a los crímenes cometidos en Butscha, en los entornos de Kiev. Finalmente, se introduce otra perspectiva analizando críticamente la investigación y persecución penal de crímenes internacionales, sobre todo de guerra, por parte de las autoridades ucranianas.

Palabras claves: Ucrania, invasión rusa, Derecho penal internacional, crímenes internacionales, orden internacional.

---

[*] La Primera Parte de este trabajo fue publicada en la *Deutsche Richterzeitung*, no. 4/2022, p. 166-169 y fue traducida —incluidas las citas en inglés— por Leandro Dias de la Universität Würzburg; la Segunda Parte apareció en *Welt am Sonntag*, 10/4/2002 y ha sido traducida por Faustino García de la Torre García, Prof. Ayudante de Derecho penal en UCLM; la Tercera Parte, apareció originalmente en el *Frankfurter Allgemeine Zeitung*, Einspruch, 1/6/2022 y ha sido traducida por Leandro Dias. Los tres textos refundidos han sido revisados y pulidos por el autor y por el Prof. Fernando Velásquez al cual el autor agradece su apoyo.

[**] Catedrático de Derecho Penal, Derecho Procesal Penal, Derecho Comparado, Derecho Penal Internacional y Derecho Público Internacional de la Georg-August-Universität Göttingen, Alemania; director del Centro de Estudios de Derecho Penal y Procesal Penal Latinoamericano (CEDPAL) de la misma Universidad; magistrado del Tribunal Especial para Kosovo (*Kosovo Specialist Chambers*), Haya y Amicus Curiae de la JEP, Colombia. Correo electrónico: kambos@gwdg.de

INTRODUCCIÓN

Con este escrito quiero hacer una modesta contribución al Libro Homenaje a Jesús María Valle Jaramillo organizado con mis amigos Fernando Velásquez y Hernando Londoño. Conocí a Jesús María hace más de 30 años durante mi estadía en Medellín, haciendo mi investigación doctoral sobre el (des)control de drogas en Colombia, Perú y Bolivia, que luego se publicaría en una versión resumida y actualizada en español con prólogo de Velásquez (Ambos, 1998). De hecho, el mismo Fernando Velásquez fue quien me presentó a Jesús María persona que me impresionó desde el primer momento por su gran aura de defensor de los derechos humanos. Lamentablemente, no tuve más oportunidades de encontrarme con él pues fue asesinado el 27 de febrero de 1998 en su propia oficina de abogado, muy poco después de mi encuentro con él en ese lugar.

Jesús María: ¡Tu lucha no fue en vano; mucha gente, incluso yo, quedamos inspirados por ti!

PRIMERA PARTE: EL RENACIMIENTO DE LA CORTE PENAL INTERNACIONAL A RAÍZ DE LA GUERRA EN UCRANIA

La competencia de la CPI

Según el Estatuto de Roma, la CPI es en principio competente respecto de los crímenes establecidos en los arts. 5-8*bis* (las disposiciones que aparecen sin ninguna mención en el texto pertenecen al Estatuto de la CPI) cometidos en el territorio de los Estados Partes (art. 12 (2)(a)) o por nacionales de los Estados Partes (art. 12 (2)(b)) (en mayor detalle sobre el régimen de la competencia Ambos, 2016, p. 242 y ss.; Ambos, 2018, § 8, n.º m. pp. 4 ss.). Este régimen de competencias —limitado a la territorialidad y a la personalidad activa— es ampliado en dos aspectos: por un lado, un Estado que no sea Parte puede someterse voluntariamente a la jurisdicción de la CPI (art. 12 (3)), y, por otro lado, el Consejo de Seguridad de la ONU puede remitirle situaciones a la Corte y, de ese modo, fundamentar su competencia (art. (13)(b)).

Ucrania se ha acogido a la primera opción de ampliación y ha aceptado la competencia de la CPI mediante dos declaraciones de sometimiento: en la primera Declaración del 9/4/2014 (cfr. Embassy of Ukraine, 2014), el gobierno ucraniano reconoce la competencia de la CPI sobre los crímenes cometidos en su territorio durante el período comprendido entre el 21/11/2013 y el 22/2/2014; con la segunda Declaración del 8/9/2015 (cfr. Minister for Foreign Affairs, 2015) extiende este período —a partir del 20/2/2014— indefinidamente hacia el futuro. Por tanto, la Corte es, en principio, competente respecto de todos los crímenes del Estatuto cometidos en el territorio nacional de Ucrania desde el 21/11/2013 (sobre la excepción respecto del crimen de agresión, véase *infra*).

El ejercicio de la jurisdicción

Si la CPI es competente su jurisdicción debe ser activada ("triggered"), esto puede hacerse de tres maneras: por remisión de una situación a través de los Estados Partes (art. 13 a)); a través del Consejo de Seguridad (art. 13 b)); o, mediante una actuación de oficio de la Fiscalía (art. 13 c)). En nuestro caso, la posibilidad de que el Consejo de Seguridad de la ONU realice una remisión queda obviamente descartada porque Rusia, como miembro permanente del Consejo de Seguridad, impediría dicha resolución mediante su veto (de un modo similar a como ya bloqueó la primera resolución del Capítulo VII, cfr. UN, 2022 febrero 25). Una auto-remisión por parte de Ucrania en el sentido del art. 13(a) —algo que fue realizado por algunos Estados africanos en los primeros años de la Corte (Ambos, 2016, p. 257 ss.; Ambos, 2018, § 8, n.º m. 7)— también queda descartada, precisamente porque no es un Estado Parte.

Por consiguiente, la Fiscalía inició en un primer momento un examen preliminar ("preliminary examination"; para más detalles, véase *infra*) de oficio, de conformidad con el art. 15; éste, sin embargo, solo puede continuar con la aprobación de una Sala de Cuestiones Preliminares ("Pre-Trial Chamber") de tres miembros, si es que existe un "fundamento suficiente" (art. 15 (3)). Este control judicial temprano sobre la Fiscalía en el marco de la "preliminary examination" fue el precio que los Estados que estaban a favor de la Corte tuvieron que pagar por una Fiscalía independiente que también pudiese actuar de oficio (Ambos, 2016, p. 265).

No se trata de una mera "formalidad" para la autoridad acusadora como demuestran las decisiones que han rechazado la autorización. Así, p. ej., en la situación de Afganistán, cuando la Sala de Cuestiones Preliminares, en una controvertida decisión del 12/4/2019, no autorizó la apertura de un procedimiento de investigación por crímenes cometidos, entre otros, por los talibanes, las fuerzas afganas y estadounidenses. Fundamentó esto con una interpretación amplia del concepto ya indeterminado de "intereses de la justicia" ("interests of justice"). La Sala consideró que, de todos modos, Estados Unidos no iba a cooperar (ICC-02/17-33, 12/4/2019, párr. 89 ss.). Sin embargo, la Sala de Apelaciones anuló esta decisión y autorizó la apertura de un procedimiento de investigación (ICC-02/17-138, 5/3/2020).

Sin embargo, la necesidad de una revisión judicial —con los correspondientes riesgos para la Fiscalía— no existe en el caso de las remisiones estatales y del Consejo de Seguridad, por lo que la —ya mencionada— remisión estatal colectiva de la situación de Ucrania le ha concedido a la Fiscalía una posición más robusta. El propio Fiscal de la CPI, Karim A.A. Khan, no solo lo ha reconocido en varias ocasiones (p. ej. en su declaración del 11/3/2022 ["Mi Oficina ha respondido inmediatamente a este inédito reclamo colectivo de los Estados Partes"]), sino que él mismo sugirió dicha remisión estatal en su declaración del 28/2/2022 ("Una vía alternativa establecida en el Estatuto que podría agilizar todavía más las cosas sería que un *Estado Parte de la CPI le remitiera la situación a mi Oficina*, lo que nos permitiría *proceder de forma activa e inmediata* con las investigaciones independientes y objetivas de la Oficina" [traducción y resaltado míos]).

En consecuencia, al día siguiente —el 1/3/2022—, Lituania hizo la primera remisión, que fue acompañada el 2/3/2022 por una remisión colectiva de otros 38 Estados (Albania, Australia, Austria, Bélgica; Bulgaria, Canadá, Colombia, Costa Rica, Croacia, Chipre, República Checa, Dinamarca; Estonia, Finlandia, Francia, Georgia, Alemania, Grecia, Hungría, Islandia, Irlanda, Italia, Lituania, Liechtenstein, Luxemburgo, Malta, Nueva Zelanda, Noruega, Países Bajos, Polonia, Portugal, Rumania, Eslovaquia, Eslovenia, España, Suecia, Suiza, Gran Bretaña e Irlanda del Norte), y el 11/3/2022 con una remisión de otros dos Estados (Japón y Macedonia de Norte), de modo que un total de 41 Estados han remitido la situación de Ucrania. Esto no había ocurrido nunca. En la única situación de remisión colectiva de Estados (relativa a Venezuela), el número de Estados que la apoyaban era solo de seis (concretamente Argentina, Chile, Paraguay, Perú, Canadá, y Colombia; Declaración Fatou Bensouda, 27/9/2018).

De una "preliminary examination" a una "investigation" formal

El procedimiento preliminar ante la CPI puede dividirse a grandes rasgos en dos etapas: el examen preliminar ya mencionado ("preliminary examination") y la investigación formal ("investigation") (Ambos, 2016, p. 335 ss.; Ambos, 2018, § 8, n.º m. 20 ss.). La predecesora de Khan, la gambiana Fatou Bensouda, ya había iniciado exámenes preliminares sobre posibles delitos cometidos en territorio ucraniano desde el 25/4/2014 en el marco de sus facultades *proprio motu* (art. 15). Antes de entregarle el cargo a Khan, Bensouda anunció el cierre (exitoso) de estos exámenes preliminares el 11/12/2020 y declaró que se cumplían las condiciones para abrir una investigación formal ("investigation" en el sentido del art. 53 (1)); según el art. 53(1), se requiere un "fundamento razonable" ("reasonable basis") para iniciar una investigación (formal) y la Fiscalía debe tener en cuenta también el "interés de la justicia" ("interests of justice" (Ambos, 2016, p. 343 ss.; Ambos, 2018, § 8, n.º m. 23 s.).

En este sentido, Bensouda consideró que había un "fundamento suficiente" para suponer la comisión de crímenes de guerra y de lesa humanidad; la sospecha de comisión de crímenes se refería a los acontecimientos que tuvieron lugar desde el 26/2/2014 en relación con la anexión de Crimea y desde el 30 /4/2014 en relación con la situación en el este de Ucrania (respecto de esto último, solo crímenes de guerra) (Preliminary Examinations Report 14/12/2020, párr. 278-281).

Como consecuencia de esto, Khan anunció por primera vez en la mencionada declaración del 28/2/2022 que le solicitaría a la Sala de Cuestiones Preliminares una autorización para (más) investigaciones, lo que, sin embargo, ya no era necesario tras las mencionadas remisiones estatales. Luego, el 2/3/2022, anunció la *apertura de una investigación formal* en el sentido del art. 53 (1) (esta decisión le fue comunicada formalmente a la Sala de Cuestiones Preliminares el 7/3/2022), según la cual sus investigaciones se refieren a posibles crímenes cometidos en Ucrania desde el 21/11/2013. En concreto, se trata de los mencionados crímenes de lesa humanidad y, sobre todo, de crímenes de guerra, pero no de genocidio (por razones fácticas), ni del crimen de agresión (por razones jurídicas), esto último dado que la CPI solo puede ejercer su jurisdicción a este respecto si el Consejo de Seguridad de la ONU le remite una situación correspondiente (art. 15*ter*) o si tanto el Estado agresor, como el Estado víctima, son Estados Partes (art. 15*bis* (4), (5)) (cf., en mayor detalle, sobre el (complicado) régimen jurisdiccional del crimen de agresión Zimmermann, & Freiburg-Braun, 2022, Art. 15bis (p. 899 ss.) y Art. 15ter (p. 927 ss.).

Desde luego, con la invasión rusa el foco de la investigación se ha desplazado a los hechos que pudieron haber sido cometidos en este contexto, es decir, en especial a los crímenes de guerra. El propio Khan ha destacado que ahora se trataría sobre todo de obtener pruebas en el lugar ("evidence-collection activities") (Declaración

Khan, 11/3/2022) en un sentido muy amplio ("full range of documentary, digital, forensic and testimonial evidence") (Declaración Khan, 16/3/2022) y en cooperación con todos los intervinientes en el conflicto ("all relevant stakeholders and parties to the conflict") (Declaración Khan, 11/3/2022), lo que incluye a Rusia:

> [...] también le he enviado una solicitud formal a la Federación Rusa para reunirme con sus autoridades competentes y discutir la situación actual en lo que respecta al cometido de mi Oficina. En mi opinión, es esencial que la Federación Rusa se comprometa activamente en esta investigación y estoy dispuesto a reunirme con ellos (Declaración Khan, 16/3/2022).

Desde un punto de vista procedimental, la mencionada obtención de pruebas sirve para concretar e individualizar las posibles imputaciones, que en última instancia tendrían que conducir a la solicitud de órdenes de detención contra los principales responsables y a la formulación de cargos —si se cumplen los elevados niveles de sospecha—. Al solicitar una orden de detención, la Fiscalía debe tener un "motivo razonable para creer" que se ha cometido el hecho ("reasonable grounds to believe", art. 58(1)), mientras que al formular los cargos debe tener "motivos fundados para creer" que se ha cometido el hecho ("substantial grounds to believe", art. 61(5)).

Que esto vaya a ocurrir realmente depende de numerosos factores, respecto de los cuales la Fiscalía solo tiene un control limitado. Aunque las condiciones marco a nivel jurídico —no solo por la remisión colectiva de los Estados, sino también por otros pasos jurídicos (exitosos) contra Rusia (véase, por un lado, la Uniting for Peace Resolution de la Asamblea General de la ONU [ONU, 2/3/2022], y, por otro, la orden de medidas provisionales por parte de la Corte Internacional de Justicia [ICJ, 16/3/2022]; la exclusión de Rusia del Consejo de Europa también debe mencionarse en este contexto [Decisión del Consejo de Ministros del 16/3/2022, CM/Res(2022)2], aunque esto también elimina la jurisdicción del TEDH (art. 58(3), CEDH) con efecto a partir del 16/9/2022. Además, se recurre a la posibilidad de realizar investigaciones descentralizadas; sobre las investigaciones estructurales del Fiscal General Federal, véase, p. ej., Beck-aktuell, 2022)— son bastante positivas, la Fiscalía depende en última instancia también en este proceso —y quizá incluso más de lo habitual (Declaración Khan, 16/3/2022: "La envergadura de esta investigación y el difícil entorno en el que se llevará a cabo le plantean exigencias ineludibles a mi Oficina...")— del apoyo real de Estados que actúan de buena fe, a los que Khan ha recurrido en repetidas ocasiones para obtener contribuciones financieras (adicionales) y la puesta a disposición de expertos nacionales. Véase, por último:

> Reitero mi exhortación a esos Estados para que le brinden asistencia a mi Oficina, incluso mediante contribuciones financieras voluntarias y el suministro de expertos nacionales mediante un régimen de adscripción. Esto será esencial para satisfacer las necesidades urgentes de recursos de mi Oficina y para permitirnos abordar eficazmente todas las situaciones que se están investigando o juzgando actualmente (Declaración Khan, 16/3/2022).

Como fuese, desde el punto de vista jurídico se plantea la cuestión de la inmunidad del presidente Putin, en tanto Jefe de Estado, en relación con una posible investigación y persecución penal. Veamos esto con más detalle.

La inmunidad de Putin como Jefe de Estado.

Respecto de la cuestión jurídica de la inmunidad, hay que distinguir inicialmente entre la inmunidad personal (*ratione personae*), que es la pertinente en este caso y a la que solo pueden acogerse los máximos representantes del Estado (la llamada tríada de jefe de Estado, jefe de gobierno y ministro de relaciones exteriores), y la inmunidad funcional (*ratione materiae*) para las acciones oficiales (soberanas) (*acta iure imperii*) (MüKo-StGB/Ambos, 2020, Vor § 3, n.º m. 105 s.; con mayor detalle, especialmente también sobre la naturaleza jurídica (procesal) Ambos, 2021, p. 528 y ss. [532 y ss.]). Mientras que esta última está restringida en el caso de los crímenes internacionales graves en las relaciones interestatales (horizontales) (recientemente, BGH 2021, 1326, comentario de Kreß, 2021, p. 724, con comentario de Werle, 2021, p. 549, con comentario de Ambos; véase también Frank/Barthe, 2021, p. 235; Jeßberger/Epik, 2022, p. 10), la primera rige en principio de forma irrestricta, pero experimenta una restricción en las relaciones verticales (del Estado a la Corte Penal Internacional). Esto significa que el Presidente Putin, como Jefe de Estado, estaría protegido de la persecución penal nacional —es decir, en la relación interestatal (horizontal)— por el principio de inmunidad del Estado (razón por la cual se impiden inicialmente las investigaciones nacionales al respecto; por consiguiente, el Fiscal General Federal solo puede llevar a cabo una investigación estructural respecto de Putin), pero no podría invocarlo ante la CPI —en la relación vertical (art. 27)—.

Es más difícil responder a la pregunta de si los Estados tendrían que ejecutar una orden de detención de la CPI. En primer lugar, tal obligación solo existe en principio para los Estados Partes (arts. 86 ss.). Excepcionalmente, puede extenderse a otros Estados si estos (como Ucrania) se han sometido a la competencia de la CPI y, por tanto, también están obligados a cooperar (art. 12(3) oración 2) o si el Consejo de Seguridad le ha remitido a la CPI una situación en un Estado que no es Parte (art. 13b) y ha obligado a este y a otros Estados (que no sean Partes) a cooperar en la resolución correspondiente.

De lo contrario, los Estados que no sean Partes solo pueden estar obligados a cooperar sobre la base de (otros) tratados internacionales, en particular el art. VI de la Convención sobre Genocidio (CGen), que obliga a los Estados Partes a llevar a los sospechosos de haber cometido un genocidio ante un tribunal penal internacional competente; sin embargo, esto presupone que los Estados Partes han reconocido la jurisdicción de dicho tribunal penal internacional (como la CPI) (cfr. ICJ, Judgment, ICJ Reports, 2007, 43, párrs. 439-450). No obstante, la CGen puede complementar una resolución correspondiente del Consejo de Seguridad con miras a un deber de cooperación por parte de los Estados que no sean Parte de la CPI, pero que son Parte de la CGen y que están obligados a cooperar (para evitar genocidios) sobre la base de esta convención (Sluiter, 2010, 365, 371-372; Akande, 2016, p. 77, 81; de otra opinión, Gaeta, 2016, p. 84, 90 y ss.).

En lo que respecta a la CPI, la cuestión decisiva es la de cómo se puede resolver la tensión entre la inmunidad del Estado y el deber de cooperación (art. 98(1)). El art. 98(1) es una disposición procesal dirigida a la CPI ("The Court may not proceed..." ["La Corte no dará curso..."]) para determinar el procedimiento a seguir en caso de reglas de inmunidad que entren en conflicto con un deber de cooperación, es decir, es una especie de "conflict-avoidance rule" [regla para evitar conflictos] (véase también ICC-02/05-01/09-397, 6/5/2019, párr. 5, 130 ss.). En este sentido, la Sala de Apelaciones de la CPI parte de la base de que no puede derivarse del derecho internacional consuetudinario ninguna inmunidad del Estado frente a un tribunal internacional (ICC-02/05-01/09-397), 6/5/2019, párrs. 1, 103-117 (113): "there is neither State practice nor *opinio juris* that would support the existence of Head of State immunity under customary international law *vis-à-vis* an international court" ["no existe ni la práctica de los Estados ni la *opinio juris* que apoye la existencia de la inmunidad del Jefe de Estado en virtud del derecho internacional consuetudinario *vis-à-vis* un tribunal internacional"]); en un sentido similar, previamente ya Special Court for Sierra Leone, 31/5/2004, SCSL-2003-01-I, párrs. 37 ss. Cfr. al respecto, en detalle, Kreß, 2022, Art. 98, n.º m. 114-130).

Esto se aplica no solo en la relación vertical (Estado-CPI) (según el art. 27), sino también en la relación horizontal (interestatal), porque en el caso de una orden de detención de la CPI, un Estado la ejecuta solo en nombre de la CP, es decir, no actúa de forma autónoma —como en la relación puramente interestatal (horizontal)—. Al respecto se dice en el caso de Jordan Al-Bashir:

> The absence of a rule of customary international law recognising Head of State immunity *vis-à-vis* international courts is relevant not only to the question of whether an international court may issue a warrant for the arrest of a Head of State and conduct proceedings against him or

her, but also for the horizontal relationship between States when a State is requested by an international court to arrest and surrender the Head of State of another State [La ausencia de una regla de derecho internacional consuetudinario que reconozca la inmunidad de los Jefes de Estado frente a los tribunales internacionales es relevante no solo para la cuestión de si un tribunal internacional puede emitir una orden de detención de un Jefe de Estado y llevar a cabo un procedimiento contra él, sino también para la relación horizontal entre los Estados cuando un tribunal internacional le solicita a un Estado que detenga y entregue al Jefe de Estado de otro Estado] (ICC-02/05-01/09-397, párrs. 2, 114; también, Joint Concurring Opinion of Judges Eboe-Osuji, Morrison, Hofmański and Bossa, párrs. 441-445).

Previamente, ya Pre-Trial Chamber I (Malawi Decision, *Al Bashir* (ICC-02/05-01/09-139), 12/12/2011, párr. 46), señaló: "when cooperating with this Court and therefore acting on its behalf, States Parties are instruments for the enforcement of the *jus puniendi* of the international community has been entrusted to this Court" ["al cooperar con esta Corte y, por tanto, al actuar en su nombre, los Estados Partes son instrumentos para la aplicación del *jus puniendi* que la comunidad internacional le ha confiado a esta Corte"] (Al respecto, Kreß, 2022, Art. 98 n.º m. 131-134).

Sin embargo, esto ha sido criticado especialmente porque tal interpretación del derecho internacional consuetudinario es difícil de conciliar con su elemento constitutivo de la práctica estatal —que se adhiere en gran medida a la inmunidad del Estado— (Held, 2021, 54, pp. 66-68; Cryer, Robinson & Vasiliev, 2019, p. 530; Heller, 2019; Batros, 2019; Kiyani, 2019; Akande, 2019; Zimmermann, 2022, 261, 265 s.; crítico, desde un punto de vista procedimental, Galand, 2019, quien entiende que la sentencia significa que el efecto frente a terceros del art. 27 requiere siempre una resolución del Consejo de Seguridad. En cambio, a favor, Kreß, 2019; Sadat, 2019). Tampoco es necesaria una interpretación tan amplia cuando, como en el caso de Sudán/Al-Bashir, la inmunidad ya ha sido excluida por una resolución del Consejo de Seguridad (ICC-02/05-01/09-397, párr. 7, 133 ss.). En ese sentido, podría argumentarse que la Sala de Apelaciones se excedió en su ámbito de revisión —en el sentido del principio *ne ultra petita*—, porque la cuestión del reconocimiento de la inmunidad en virtud del derecho internacional consuetudinario no fue objeto de las solicitudes de las partes y tampoco fue relevante para la decisión.

Como fuese, si se sigue el punto de vista de la Sala de Apelaciones, Putin no podría ampararse en su inmunidad como Jefe de Estado si la CPI emitiese una orden de detención contra él, porque la orden tendría que ser ejecutada en todo caso por los (123) Estados Partes de la CPI y los Estados que no son Partes estarían eventualmente autorizados a ejecutarla.

SEGUNDA PARTE: DE BUTSCHA A LA HAYA

Las escenas de los crímenes de Butscha dejan claro que los actos rusos de guerra en Ucrania no pueden eludir las consecuencias jurídicas previstas en el Derecho penal internacional. Alemania y sus aliados deben apoyar con todas sus fuerzas a la CPI de la Haya, porque solo este Tribunal —en colaboración con otras instituciones supranacionales de persecución y las fiscalías nacionales— podrá esclarecer los crímenes del Derecho penal internacional cometidos en Ucrania y llevar a los responsables ante la justicia.

Sin precedentes hasta la fecha, la actual situación de Ucrania fue remitida a la CPI a principios de marzo de 2022 por más de 40 Estados como ya se dijo, entre ellos Alemania, siguiendo una sugerencia del fiscal jefe, Karim Asad Ahmad Khan, otorgando con dicha actuación una legitimidad especial a sus investigaciones. Con ello, la competencia del Tribunal de la Haya se extiende en el tiempo mucho antes de la invasión rusa del 24 de febrero, concretamente a los actos cometidos en Ucrania desde el 2 de noviembre de 2013, momento en el que Ucrania reconoció la jurisdicción de la CPI.

La gambiana Fatou Bensouda, predecesora de Khan en el cargo, había iniciado investigaciones preliminares sobre los crímenes de lesa humanidad y de guerra presuntamente cometidos en el este de Ucrania y en la península de Crimea desde principios de 2014. Así, cuando Khan tomó las riendas en la Fiscalía de la CPI el 11 de diciembre de 2020, aceptó que existía una "base razonable" para creer que se habían cometido tales actos, asumiendo los crímenes de lesa humanidad solo con respecto a ciertos acontecimientos en Crimea, incluso en relación con la persecución de los tártaros de Crimea.

El pasado dos de marzo de 2022 el fiscal jefe Karim Asad Ahmad Khan abrió una investigación formal sobre la situación en Ucrania que, con los actos rusos de invasión, ha desplazado la atención a los posibles crímenes de guerra allí cometidos. Este enfoque es apropiado debido a que la comisión de dichos crímenes del Derecho penal internacional (contemplados en el Art. 8 ER) son más fáciles de probar que el crimen de Genocidio del Art. 6 ER, el cual requiere la prueba de una intención específica (*mens rea*) de destruir los grupos protegidos, así como el crimen de lesa humanidad previsto en el Art. 7 ER, que debe manifestarse en un "ataque sistemático" contra la población civil. Además, la CPI no cuenta con jurisdicción para diluir responsabilidades por crímenes de agresión (Art. 8 *bis* ER). La opción de crear una Corte especial o la de un Tribunal Ad hoc para el caso que nos ocupa debe ser rechazada por varias razones. En primer lugar, porque un Tribunal así difícilmente podría ser establecido por el Consejo de Seguridad de la Naciones Unidas debido al poder de veto ruso. Pero especialmente ha de rechazarse para no debilitar en última instancia a la Corte Penal Internacional.

Ahora, la cuestión principal reside en la conservación de las pruebas que puedan obtenerse con la retirada parcial de las tropas rusas de las ciudades ucranianas, lo cual permitirá acceder a escenas del crimen aún calientes como es la ciudad de Butscha. En estos lugares se podrán practicar autopsias a víctimas mortales, interrogar a los testigos supervivientes, obtener más pruebas, amén de completar y verificar las pruebas digitales ya existentes. En Ucrania, no solo trabajan investigadores que pertenecen a la Fiscalía de la CPI, sino también periodistas y otro personal de organizaciones no gubernamentales. Aunque sus informes, como el realizado recientemente por la organización estadounidense *Human Rights Watch*, no suelen aportar pruebas susceptibles de utilizarse ante los tribunales pueden constituir un importante punto de partida para llevar a cabo nuevas investigaciones.

Tan solo la CPI, organización internacional que cuenta con el apoyo de más de 100 Estados y con muchos años de experiencia en la investigación de los crímenes más graves, ostenta autoridad y legitimidad suficiente para llevar a cabo investigaciones pertinentes de cara al enjuiciamiento de los crímenes graves cometidos en Ucrania. No obstante, la Fiscalía necesita más apoyo, ya sea mediante el envío de expertos por parte de las autoridades nacionales o internacionales, ya sea mediante la prestación de asistencia técnica. En este sentido, hay que destacar que, de cara a este conflicto, se cuenta con la mejora técnica de las capacidades de investigación de la Fiscalía, que puede hacer uso de medios digitales, gracias al apoyo de numerosos Estados, entre ellos Alemania.

Los equipos o grupos de investigación propios de organizaciones internacionales, como el Consejo de Derechos Humanos de la ONU o la Unión Europea, así como las autoridades nacionales de investigación, tales como la Fiscalía general del Estado en el contexto de sus investigaciones estructurales, también pueden prestar un importante apoyo a la CPI. En este sentido, se debe tener en cuenta que la coordinación de las investigaciones entre todos estos actores es un reto práctico importante, dado que la intervención de demasiados actores puede llegar a ser contraproducente, si llegase a obstruir las múltiples audiencias de los testigos o llegase a causar cierta fatiga sobre ellos. Los equipos o grupos de investigación de organizaciones internacionales, así como las autoridades nacionales de investigación no deben competir con la Fiscalía de la CPI, sino apoyarla tanto como sea posible, comenzando por reconocer su papel de liderazgo. Se trata de la llamada "complementariedad positiva" inherente a la arquitectura de la CPI, que pretende garantizar que el establecimiento de responsabilidad penal internacional a los individuos se basa en una estrecha cooperación entre los fiscales nacionales e internacionales en el marco de un sistema de justicia penal internacional.

Una vez establecida la sospecha de la comisión de crímenes de guerra, lo cual forma su primera base, el siguiente paso consiste en identificar e individualizar a los autores directos de los crímenes, y atribuir sus acciones a los principales responsables en torno al presidente Vladimir Putin. Para ese fin, el Derecho penal internacional ofrece varios instrumentos, en particular la autoría indirecta (*mittelbare Täterschaft*) en el marco de los aparatos organizados de poder, la cual se desarrolló principalmente en Alemania, así como la figura de la responsabilidad del mando o superior. En esencia, el objetivo principal de estas categorías dogmáticas en Derecho penal internacional es llegar a los actos cometidos por "los grandes" que están detrás de estos actos cometidos por "los pequeños". En el caso que nos ocupa, estos "grandes" se identifican con la tríada formada por el jefe de Estado (Putin), el jefe de Gobierno (Mijaíl Mishustin) y el ministro de Asuntos Exteriores (Serguéi Lavrov), quienes podrían invocar el principio de la inmunidad del Estado en virtud del derecho internacional, evitando así el procesamiento por parte de la justicia penal nacional. Este aspecto también habla decisivamente a favor de la intervención de la CPI porque en principio no hay inmunidad ante ella.

Es más, según una reciente decisión de su Sala de Apelaciones, ni siquiera los Estados que actúan en nombre de la CPI, por ejemplo, ejecutando una orden de detención, se ven impedidos de detener a responsables de crímenes internacionales por la posible inmunidad. Por supuesto, la CPI solo puede detener a un sospechoso si su Estado de origen coopera de algún modo, ya sea deteniéndolo y trasladándolo tras un cambio de régimen, o al menos permitiendo que se produzca dicho traslado. Evidentemente, no es el caso de Rusia mientras el régimen de Putin siga en el poder. Pero las relaciones de poder internas pueden cambiar, como nos enseña la historia, y una orden de arresto emitida por la CPI contra Putin y otros responsables principales tendría en cualquier caso un efecto sancionador considerable, porque además de los 123 Estados parte de la Corte, los Estados no contratantes están en principio también autorizados a ejecutar dicha orden de arresto. Esto restringe considerablemente el alcance de los movimientos de una persona buscada por una orden de detención.

TERCERA PARTE: LA PERSECUCIÓN PENAL EN UCRANIA DE CRÍMENES INTERNACIONALES: ¿EQUITATIVA, INDEPENDIENTE E IMPARCIAL?

Debido a la euforia generalizada por la admirable lucha defensiva de las fuerzas armadas ucranianas contra la guerra de agresión rusa es fácil olvidar que, hasta hace unos meses, Ucrania estaba considerada como un caso problemático en lo que se refiere al cumplimiento de los requisitos de un Estado de Derecho. No solo se estimó insuficiente la lucha contra la corrupción prometida por el presidente Zelenski, sino que también se denunciaron déficits clásicos en materia de Estado de Derecho, sobre todo en lo que respecta a la independencia del poder judicial. Es poco probable que estos problemas hayan desaparecido —en un abrir y cerrar de ojos— con la invasión rusa del 24 de febrero. Por consiguiente, los elogios generalizados que se produjeron en relación con el reciente juicio por crímenes de guerra contra un soldado ruso, a veces incluso combinados con himnos de alabanza al Estado de Derecho ucraniano, deberían dar lugar, como mínimo, a un análisis crítico. Las dudas sobre la imparcialidad de las investigaciones ucranianas respecto de crímenes internacionales, especialmente crímenes de guerra, también deben ser objeto de una indagación carente de sesgos.

El proceso contra el conductor de tanques Vadim Shishimarin plantea varios interrogantes. Así, p. ej., no está claro cómo se obtuvo su confesión. No sabemos nada sobre el procedimiento de investigación, especialmente ante quién y en qué momento produjo esta confesión. Tampoco sabemos si Shishimarin fue presionado para realizarla. Ni se sabe si su abogado defensor, conocido en Ucrania por ser el abogado del expresidente Yanukóvich, estuvo presente durante la confesión. No obstante, sabemos que Shishimarin actuó siguiendo órdenes, aunque no está claro cuáles fueron exactamente ellas y por qué fueron impartidas. ¿El homicidio de un integrante de la población civil pretendía encubrir el hurto de un automóvil que realizó el autor junto a sus compañeros? ¿O acaso se temía que la víctima fuese a revelar la ubicación de los soldados rusos, convirtiéndolos en un blanco fácil para las fuerzas armadas ucranianas? En este último caso, no sería tan indiscutible la antijuridicidad evidente de la orden impartida y, por tanto, tampoco la negación de su efecto excluyente de la punibilidad. Incluso según el Código Penal ucraniano, que prevé una regulación diferenciada de la obediencia debida (art. 41), el factor decisivo es la antijuridicidad evidente de la orden. Y si se asumiese algo así aún podría entrar en consideración un error del soldado sobre la conformidad a derecho de la orden, posiblemente exculpante.

Es especialmente llamativa la dura condena a prisión perpetua que se le impuso a Shishimarin. La sentencia se basa en el crimen de guerra de homicidio (doloso) de civiles contemplado en el Código Penal ucraniano. Este puede ser castigado con una pena de prisión de 10 a 15 años o con prisión perpetua (Art. 438, párr. 2, CP ucraniano). Por tanto, a diferencia del § 8, párr. 1, n.º 1, VStGB [Código de Derecho Penal Internacional de Alemania], la prisión perpetua no está prevista aquí como pena fija, por lo que su imposición resulta sorprendente por varias razones. Ante todo, solo se trata del asesinato de *un* civil, que, además, no presenta otros elementos que puedan agravar la pena. Es decir, en el contexto del crimen de guerra de homicidio de civiles, se trata —en contra de lo dispuesto en el § 8, párr. 1, n.º 1, VStGB— de un hecho que ha de ser situado en una escala de gravedad más baja. De ahí que haya que partir de la pena mínima de 10 años o, en todo caso, de la pena de prisión de 10 a 15 años. Además, Shishimarin es un joven de 21 años, sin condenas anteriores, que creció en circunstancias sociales difíciles en Siberia, que también se entregó voluntariamente, cooperó mediante su confesión, actuó bajo órdenes y también mostró arrepentimiento. Incluso si el tribunal dudase de la sinceridad de éste, todos estos factores son circunstancias que deben tenerse en cuenta como atenuantes según el derecho penal ucraniano (art. 66, CP ucraniano). Por el contrario, es evidente que no hay razones para agravar la pena (art. 67). Por todo esto, la prisión perpetua impuesta luce desproporcionada, lo que se ve agravado por el hecho de que en Ucrania no existe la posibilidad de suspender la pena condicionalmente (en el sentido, p. ej., del § 57a, StGB). Únicamente existe la posibilidad —previa solicitud después de 20 años como mínimo (art. 151, párr. 7, Ley de Ejecución Penal)— de una reducción de la condena a un mínimo de 25 años por medio de un indulto presidencial (art. 106, n.º 27, Constitución, en relación con el art. 87, CP ucraniano). En cualquier caso, el régimen de indulto ucraniano no está orientado a la idea de la resocialización, ni se aplica de forma transparente y eficaz en absoluto, por lo que el Tribunal Europeo de Derechos Humanos siguió considerando en 2019 a la prisión perpetua (sin posibilidad de una suspensión) como una violación de la prohibición de la tortura (art. 3º, CEDH) (párr. 169 ss.).

La otra cara de la moneda del proceso contra Shishimarin y de los procesos futuros por crímenes rusos es la pregunta sobre si las autoridades ucranianas perseguirán con el mismo empeño los posibles crímenes ucranianos (véase p. ej. Consejo de Derechos Humanos de la ONU, párrs. 41, 46 ss.). Existen dudas fundadas al respecto. Lo primero que llama la atención es que la fiscal general ucraniana, Iryna Venediktova, afirme que también se están realizando investigaciones sobre los crímenes ucranianos, pero al mismo tiempo quiera posponerlas al periodo de posguerra. De hecho, su oficina se ocupa exclusivamente de los crímenes rusos, lo que también incluye el cruce de la frontera por parte de soldados rusos (*idem*, párr. 49), que como parte de la actividad normal de los combatientes no constituye en absoluto un crimen de guerra. Asimismo, es preocupante que todavía no se hayan unido otros Estados miembros de la UE al equipo conjunto de investigación ("joint investigation team", JIT) creado recientemente entre Ucrania, Polonia y Lituania.

Aunque Estonia, Letonia y Eslovaquia también se adhirieron el 31 de mayo, aún faltan importantes Estados miembros que investigan intensamente la situación de Ucrania, como Alemania, Francia y los Países Bajos. En cambio, un Estado que no pertenece a la UE es quien encabeza el equipo. Aunque esta ampliación de un JIT a Estados que no forman parte de la UE es posible mediante un acuerdo separado (cfr. art. 13, párr. 12, Convenio de Asistencia Judicial de la UE de 2000), es difícilmente compatible con el sentido y el fin de un JIT —un instrumento de investigación creado para la persecución de la delincuencia transfronteriza en el ámbito de la UE— utilizarlo para investigar delitos en el territorio de una parte del conflicto armado y, además, concederle a esta parte del conflicto un papel tan destacado. Esto genera el peligro de que las investigaciones tengan una orientación unilateral, sobre todo porque es de esperar que Polonia y Lituania refuercen el énfasis ucraniano en los hechos rusos en lugar de compensarlo. Estas preocupaciones podrían disiparse si se publicasen al menos extractos del JIT, pero en cambio se ha mantenido en secreto en La Haya incluso para las embajadas de los Estados miembros de la UE. Surge la pregunta, entonces, de por qué es necesario este secretismo.

Ante este panorama, no resulta sorprendente que la Fiscalía de la Corte Penal Internacional (CPI) no se haya unido al JIT como miembro ("member"), sino solo como participante ("participant"), máxime si está obligada a investigar los actos de todas las partes del conflicto de forma independiente e imparcial. El hecho de que Ucrania aún no haya ratificado el Estatuto de Roma de la CPI no contribuye mucho a generar confianza, y hay informes de que algunos generales ucranianos, en particular, no quieren exponerse a sí mismos y a sus soldados a ser perseguidos penalmente por la CPI. Aunque este punto de vista es equivocado, porque la CPI ya es competente —debido a las correspondientes declaraciones de jurisdicción por parte de Ucrania— respecto de todos los crímenes del Estatuto cometidos en territorio ucraniano, confirma la sospecha de que Ucrania solo quiere que se persigan los crímenes rusos. Esto también se desprende en última instancia del proyecto de ley ucraniano de cooperación con la

CPI (que se acaba de presentar), en cuyo anexo solo hay referencias a esos crímenes. Al parecer, está en poder del presidente Zelenski para su firma.

Desde luego, las cuestiones aquí planteadas no alteran el derecho de Ucrania a la legítima defensa y el derecho de terceros estados a brindarle apoyo en el marco de una legítima defensa colectiva (art. 51, Carta de la ONU). Sin embargo, los representantes de los países occidentales deben recordarle a Ucrania, de forma reiterada y contundente, su obligación propia del derecho internacional de perseguir los crímenes cometidos por sus nacionales y por los combatientes extranjeros. Esto porque si las investigaciones ucranianas solo se dirigiesen unilateralmente en contra de los posibles hechos y autores rusos, no solo la propia Ucrania sino también los Estados de Occidente que la apoyan tendrían un problema de credibilidad. Es más: si los combatientes ucranianos en los hechos cometiesen crímenes de derecho internacional y utilizasen armas occidentales en el proceso, los Estados de Occidente no podrían ignorarlo. En este último caso, tendrían que replantearse su apoyo militar para no incurrir en responsabilidad internacional por complicidad.

REFERENCIAS

Akande, D. (2016). The impact of the Genocide Convention on the obligation to implement ICC arrest warrants. En: Steinberg, R. H.: (Ed.) *Contemporary Issues Facing the International Criminal Court* (pp. 77-83). Martinus Nijhoff.

Akande, D. (2019, mayo 6). ICC Appeals Chamber Holds that Heads of State Have No Immunity Under Customary International Law Before International Tribunals, EJIL:TALK! *BLOG EUR. J. INT'L L.* https://www.ejiltalk.org/icc-appeals-chamber-holds-that-heads-of-statehave-no-immunity-under-customary-international-law-before-international-tribunals/

Ambos, K. (1998). *Control de Drogas. Política y Legislación en América Latina, EE.UU. y Europa. Eficacia y Alternativas*. Editorial Ibáñez. https://www.department-ambos.uni-goettingen.de/data/documents/Veroeffentlichungen/epapers/control-de-drogas.pdf

Ambos, K. (2016). *Treatise on International Criminal Law. Volume III: International Criminal Procedure* [1ª ed.]. Oxford University Press.

Ambos, K. (2018). *Internationales Strafrecht, Strafanwendungsrecht, Völkerstrafrecht, Europäisches Strafrecht, Rechtshilfe* [5.ª ed.]. C. H. Beck.

Ambos, K. (2020). Vor § 3. En Erb, V., Schäfer, J. (2020): *Münchener Kommentar. Strafgesetzbuch §§ 1-37* (pp. 151-252), t. I. [4ª. ed.], C. H. Beck.

Ambos, K. (2021). *Treatise on International Criminal Law. Volume I: Foundations and General Part* [2ª ed.]. Oxford University Press.

Ambos, K. (2021a). BGH 3 StR 564/19 v. 28.01.2021 Verfahrenshindernis funktioneller Immunität bei Kriegsverbrechen; Folter. *Strafverteidiger (StV)* 9, 549-557.

Ambos, K. (Ed.) (2022). *Rome Statute of the International Criminal Court. Article-by-Article Commentary* [4.ª ed.]. Hart, Beck & Nomos.

Batros, B. (2019, mayo 7). A Confusing ICC Appeals Judgment on Head-of-State Immunity. *Just Security*. https://www.justsecurity.org/63962/a-confusing-icc-appeals-judgment-on-head-of-state-immunity/

Beck-aktuell. Heute im Recht (2022, marzo 8). Ermittlungen zu möglichen Kriegsverbrechen in der Ukraine. https://rsw.beck.de/aktuell/daily/meldung/detail/ermittlungen-zu-moeglichen-kriegsverbrechen-in-der-ukraine.

Bundesgerichtshof (2021, enero 28). Kriegsverbrechen durch Hoheitsträger – Grenzen völkerrechtlicher Immunität Urteil vom 28.01.2021 – 3StR 564/19 mAnm. C. Kreß. *Neue Juristische Wochenschrift* (NJW) 74(18), 1326-1334.

Bundesgerichtshof (2021, enero 28). BGH, Urteil v. 28.1.2021 – 3 StR 564/19 (OLG München). *Juristen Zeitung (JZ)*, 76(14), 724-732.

Consejo de Europa (2022, marzo 16). Decisión del Consejo de Ministros CM/Res(2022)2. https://search.coe.int/cm/Pages/result_details.aspx?ObjectId=0900001680a5da51

Consejo de Europa (2022, marzo 23). Russische Föderation ab 16. September 2022 keine Vertragspartei der Europäischen Menschenrechtskonvention mehr. https://www.coe.int/de/web/portal/-/russia-ceases-to-be-a-party-to-the-european-convention-of-human-rights-on-16-september-2022

Cryer, R., Robinson, D. & Vasiliev, S. (2019). *An Introduction to International Criminal Law and Procedure* [4.ª ed.]. Cambridge University Press.

Embassy of Ukraine (2014, abril 9). N.º 61219/35-673-384. https://www.icc-cpi.int/sites/default/files/itemsDocuments/997/declarationRecognitionJuristiction09-04-2014.pdf

Frank, P. /Barthe, Ch. (2021, abril 10), Immunitätsschutz fremdstaatlicher Funktionsträger vor nationalen Gerichten: Eine Zerreißprobe für das moderne Völkerstrafrecht? *Zeitschrift Zeitschrift für die gesamte Strafrechtswissenschaft* (ZStW) *133*(1), 235-280.

Gaeta, P. (2016). Head of state immunity as a bar to arrest. En: Steinberg, R. H. (Ed.): *Contemporary Issues Facing the International Criminal Court* (pp. 84-98). Martinus Nijhoff.

Galand, A. S. (2019, junio 6). A Hidden Reading of the ICC Appeals Chamber's Judgment in the Jordan Referral Re Al-Bashir. *EJIL:Talk!* https://www.ejiltalk.org/a-hidden-reading-of-the-icc-appeals-chambers-judgment-in-the-jordan-referral-re-al-bashir/

Held, F. (2021). The ICC's Al Bashir jurisprudence over the last decade: enforcer of the will of States Parties or of a global jus puniendi? *Cambridge International Law Journal 10*(1), 54-72.

Heller, K. J. (2019, mayo 9). A Thought Experiment About Complementarity and the Jordan Appeal Decision. *Opinio Juris*. opiniojuris.org/2019/05/09/a-thought-experiment-about-complementarity-and-the-jordan-appeal-decision/

International Criminal Court (ICC) (2019, 6 de mayo). Appeals Chamber, Judgment in the Jordan Referral re Al-Bashir Appeal, *Prosecutor v. Al Bashir* (ICC-02/05-01/09-397). https://www.icc-cpi.int/sites/default/files/CourtRecords/CR2019_02856.PDF

International Criminal Court (ICC) (2019, abril 12). Pre-Trial Chamber, Decision Pursuant to Article 15 of the Rome Statute on the Authorisation of an Investigation into the Situation in the Islamic Republic of Afghanistan. *Situation in the Islamic Republic of Afghanistan* [ICC-02/17-33]. https://www.icc-cpi.int/sites/default/files/CourtRecords/CR2019_02068.PDF

International Criminal Court (ICC) (2020, marzo). Appeals Chamber, Judgment on the appeal against the decision on the authorisation of an investigation into the situation in the Islamic Republic of Afghanistan, *Situation in the Islamic Republic of Afghanistan* [ICC-02/17-138]. https://www.icc-cpi.int/CourtRecords/CR2020_00828.PDF

International Court of Justice (ICJ) (2007, febrero 27). *Application of the Genocide Convention (Bosnia and Herzegovina v. Serbia and Montenegro)*, Judgment, ICJ Reports. https://www.icj-cij.org/public/files/case-related/91/091-20070226-JUD-01-00-EN.pdf

International Court of Justice (ICJ) (2022, marzo 16). Allegations of Genocide under the Convention on the Prevention and Punishment of the Crime of Genocide (Ukraine v. Russian Federation). https://www.icj-cij.org/public/files/case-related/182/182-20220316-ORD-01-00-EN.pdf.

Jeßberger, F. & Epik, A. (2022). Immunität für Völkerrechtsverbrechen vor staatlichen Gerichten – zugleich Besprechung BGH, Urt. v. 28. Januar 2021 – 3 StR 564/19, *Juristische Rundschau (JR)* 1, 10-17.

Kiyani, A. (2019, mayo 8). Elisions and Omissions: Questioning the ICC's Latest Bashir Immunity Ruling. *Just Security.* https://www.justsecurity.org/63973/elisions-and-omissions-questioning-the-iccs-latest-bashir-immunity-ruling/

Kreß, C. (2019). Preliminary Observations on the ICC Appeals Chamber's Judgment of 6 May 2019 in the Jordan Referral re Al-Bashir Appeal. *TOAEP Occasional Paper Series,* 8. https://www.toaep.org/ops-pdf/8-kress.

Kreß, C. (2021), Anmerkung zu BGH, Urteil vom 28.1.2021 – 3 StR 564/19. *Neue Juristische Wochenschrift (NJW),* 21, 1335.

Kreß, C. (2022). En Ambos, K. (Ed.), *Rome Statute of the International Criminal Court. Article-by-Article Commentary* [4.ª ed.]. Art. 98 (pp. 2584 y ss.). Hart, Beck & Nomos.

Minister for Foreign Affairs of Ukraine (2015, septiembre 8). https://www.icc-cpi.int/iccdocs/other/Ukraine_Art_12-3_declaration_08092015.pdf#search=ukraine

ONU (2022, marzo 2) Uniting for Peace Resolution de la Asamblea General de la ONU. https://www.un.org/press/en/2022/ga12407.doc.htm

Sadat, L. (2019, julio 12). Why the ICC's Judgment in the al-Bashir Case Wasn't So Surprising. Just Security. https://www.justsecurity.org/64896/why-the-iccsjudgment-in-the-al-bashir-case-wasnt-so-surprising/

Sluiter, G. (2010). Using the Genocide Convention to Strengthen Cooperation with the ICC in the *Al Bashir* Case. *Journal of International Criminal Justice* 8(2), 365-382.

Special Court for Sierra Leone (2004, mayo 31). *Prosecutor against Charles Ghankay Taylor,* Decision on immunity from jurisdiction, SCSL-2003-01-I. http://www.rscsl.org/Documents/Decisions/Taylor/Appeal/059/SCSL-03-01-I-059.pdf

Statement of the Prosecutor of the International Criminal Court, Fatou Bensouda, on the referral by a group of six States Parties regarding the situation in Venezuela (2018, septiembre 27). https://www.icc-cpi.int/Pages/item.aspx?name=180927-otp-stat-venezuela

Statement of ICC Prosecutor, Karim A.A. Khan QC, on the Situation in Ukraine: "I have decided to proceed with opening an investigation" (2022, febrero 28). https://www.icc-cpi.int/news/statement-icc-prosecutor-karim-aa-khan-qc-situation-ukraine-i-have-decided-proceed-opening

Statement of ICC Prosecutor, Karim A.A. Khan QC, on the Situation in Ukraine: Additional Referrals from Japan and North Macedonia; Contact portal launched for provision of information (2022, marzo 2). https://www.icc-cpi.int/Pages/item.aspx?name=2022-prosecutor-statement-referrals-ukraine

Statement of ICC Prosecutor, Karim A.A. Khan QC, on the Situation in Ukraine: Additional Referrals from Japan and North Macedonia; Contact portal launched for provision of information (2022, marzo 11). https://www.icc-cpi.int/news/statement-icc-prosecutor-karim-aa-khan-qc-situation-ukraine-additional-referrals-japan-and

Statement of ICC Prosecutor, Karim A.A. Khan QC, on his visits to Ukraine and Poland: "Engagement with all actors critical for effective, independent investigations" (2022, marzo 16). https://www.icc-cpi.int/Pages/item.aspx?name=20220316-prosecutor-statement-visit-ukraine-poland

Steinberg, R. H.: (Ed.) (2016). *Contemporary Issues Facing the International Criminal Court*. Martinus Nijhoff.

The Office of the Prosecutor (2020, diciembre 14). Report on Preliminary Examination Activities 2020. https://www.icc-cpi.int/sites/default/files/itemsDocuments/2020-PE/2020-pe-report-eng.pdf

The Office of the Prosecutor (2022, marzo 7). Notification on receipt of referrals and on initiation of investigation ICC-01/22-2. https://www.icc-cpi.int/Pages/record.aspx?docNo=ICC-01/22-2

United Nations (2022, febrero 25). Security Council Fails to Adopt Draft Resolution on Ending Ukraine Crisis, as Russian Federation Wields Veto. https://www.un.org/press/en/2022/sc14808.doc.htm

Zimmermann, A. & Freiburg-Braun, E. (2022). En Ambos, K. (Ed.), *Rome Statute of the International Criminal Court. Article-by-Article Commentary* [4.ª ed.]. Art. 15bis (pp. 899-926) y Art. 15ter (pp. 927-932). Hart, Beck & Nomos.

Zimmermann, A. (2022). Internationaler Strafgerichtshof am Scheideweg. *Juristen Zeitung (JZ)*, 77(6), 261-266.

Reserva profesional y responsabilidad penal del abogado

Alfonso Cadavid Quintero[*]

RESUMEN: El trabajo plantea las soluciones dogmáticas enfrente a situaciones en las cuales un abogado, a raíz de la asesoría profesional que dispensa, obtiene información relevante para el esclarecimiento de un caso o se entera de la existencia de un plan criminal en curso para la realización de ciertos hechos, lo cual lleva a interrogarse si el profesional del derecho tiene o no responsabilidad penal al respecto cuando opta por preservar el secreto profesional. El autor estima que esa pretendida responsabilidad no puede estructurarse a partir de la imposición de un deber del abogado de levantar la reserva profesional; ello, añade, solo podrá acaecer de manera excepcional de conformidad con las reglas que conducen a la ponderación de intereses en conflicto cuando se haga necesaria la salvaguarda de intereses más importantes que el de la defensa del ciudadano acusado de delitos en el marco del Estado de Derecho.

Palabras claves: Estado de derecho, reserva profesional, abogado, responsabilidad penal, derechos humanos.

Jesús María Valle Jaramillo fue un comprometido defensor de los derechos humanos, para lo que el ejercicio de la abogacía fue uno de los medios fundamentales. Las siguientes líneas se ocupan de una cuestión que, probablemente, habría motivado alguna de esas reflexiones inteligentes que tantas inquietudes suscitaban en quienes lo escuchábamos al entablar un diálogo que la iniquidad contra la que tanto luchó, no permitió prolongar en el tiempo.

---

[*] Profesor de la Universidad EAFIT, Medellín, Colombia. Correo electrónico: alfonsocadavid@gmail.com

En el ejercicio de la asesoría o representación judicial de una persona, un abogado puede obtener información relevante para el esclarecimiento de un caso y la determinación de la posible responsabilidad penal de los intervinientes en los hechos objeto de investigación o enjuiciamiento, sea de aquellos a quienes representa o sea de terceros; también es posible que con ocasión de la representación judicial o la asesoría profesional se entere de la existencia de un plan criminal en curso y de la posible realización de hechos que se podrían conjurar o impedir informando de ello a las autoridades o incluso a las víctimas.

Desde la perspectiva de análisis propio de una postura tradicional, la primera de las situaciones planteadas permitiría pensar *a priori* que como el Estado tiene la carga de probar los hechos que serían la base de un posible delito y de estructurar los elementos fundantes de la responsabilidad penal, ni el ciudadano investigado ni su apoderado o defensor tienen que coadyuvar a aligerar la carga referida. Aunque la referida postura parece correcta, las vías para arribar a ella son más complejas hoy que hace algunos años a partir del escenario generado, por ejemplo, por el reconocimiento y consolidación de los derechos de las víctimas a la verdad y a la justicia, especialmente en relación con determinadas clases de delitos.

Aunque suponga un desvío de lo que se quiere desarrollar, no está de más destacar que algunos autores proponen revisar el sentido y alcance de la asesoría profesional y la representación judicial a los investigados y procesados, sobre todo por cierta clase de hechos, para destacar el deber ético del abogado de asumir la representación de otro; lo que generaría un debate interesante, que no se alcanza a desarrollar en este trabajo acerca de la injusticia de la labor profesional del profesional del Derecho que pudiera fundamentar una exigencia surgida desde la ética de abstenerse de asumir la vocería de una persona sometida a proceso, aunque no se realicen actuaciones ilegales como las que motivan el procesamiento y que estaría realizando el procesado, y sobre la actitud ética como fuente de deberes jurídicos.

En un marco abstracto, es decir no orientado solo a la representación penal y tampoco a la defensa en juicio sino a la asesoría a personas que realizan actuaciones ilegales, señala Duncan Kennedy (2008) en un discurso a graduandos en derecho lo siguiente:

> Si bien es cierto que nadie debería culparlos por negarse a representar a un cliente cuya actividad desaprueban, eso no es suficiente. Ustedes deberían sentirse culpables —y nosotros deberíamos reprobarlos— si siguieran adelante y defendieran una causa que creen que hará más daño que bien. No deberían tomar el caso si creen que sería mejor o más ético para la sociedad que su cliente pierda... (p. 137)

De una manera amplia también y en el marco de la formación ética de los estudiantes de Derecho, Montoya (2021) señala que

> La consecuencia directa de enseñar derecho como un conjunto de conocimientos técnicos sin restricciones axiológicas es que, en la práctica, los estudios de derecho se constituyen en un entrenamiento para la formación de 'mercenarios', de soldados para cualquier causa si los honorarios son buenos, a través del desarrollo de lo que podríamos llamar una actitud de 'cinismo moral'... (p. 26).

Más adelante, remitiéndose al autor citado, afirma:

> Aunque de manera general resulte sano mantener la separación entre la moralidad del cliente y la del abogado, estamos de acuerdo con Kennedy cuando plantea que la primera decisión ética que toma un abogado consiste en la elección de las causas que adelantará y por lo tanto resulta pertinente despertar en los futuros abogados la sensibilidad necesaria para que se hagan siempre la pregunta por la justicia de la causa que un potencial cliente les presenta (p. 33).

La segunda cuestión, es decir la referida a la existencia de procesos delictivos en curso cuando se brinda la asesoría legal, que la intervención del asesor pudiera ayudar a conjurar en contra por supuesto de la voluntad de su representado, obliga a indagar si existe un deber de actuación en estos eventos y en caso de respuesta afirmativa a dicha cuestión, cuál sería el alcance de ese deber. La jurisprudencia constitucional en torno a la cuestión se muestra insegura, a partir de la poca claridad sobre el concepto de injusto y la relación entre tipicidad y justificación, o entre los elementos positivos y negativos del injusto, que sugiere claridad sobre unos conceptos que en este contexto muestran tener efectos relevantes y que llevan a indagar por ejemplo, por la relación entre el deber de actuar, como base del delito omisivo y el permiso de inobservar el deber de actuación en virtud de la existencia de otro interés más importante, merecedor de salvaguarda.

Para analizar la posible responsabilidad penal del abogado en estos casos se examina, inicialmente, el sentido de la reserva profesional en el ejercicio de la abogacía; para ocuparse luego del alcance del supuesto deber del abogado de neutralizar las actividades de riesgo ilícito que pudieran desplegar las personas representadas por él en relación con posibles responsabilidades penales; y terminar con las conclusiones de lo expuesto. Queda por fuera del análisis el caso en que el abogado se hace partícipe directo del proyecto criminal de una determinada organización prestando una asesoría con el fin de propiciar o facilitar la tarea delictiva, situación prevista por el legislador como una modalidad del concierto para delinquir agravado (Ley 1098 de 2018, art. 6º, que incorporó el art. 340A al C. P.).

LA RESERVA PROFESIONAL

El secreto profesional constituye una garantía para el ciudadano que requiera de una asesoría profesional: en aras de la protección de la intimidad y para garantizar una mayor idoneidad en la asesoría, se impone al profesional no divulgar la información recibida para que estructure su gestión, que en el caso de los abogados puede ser de defensa, representación o asesoría. El alcance de la reserva suele tener regulaciones específicas dependiendo del ámbito social y profesional de que se trate. La Constitución (art. 74) se ocupa de dos cuestiones distintas: en el primer inciso garantiza el acceso a información pública, matizando el alcance de ese derecho a las prohibiciones de ley; mientras que en el inciso segundo establece, sin condicionamientos ni matices, que "el secreto profesional es inviolable". La redacción de las dos normas allí contenidas exige preguntarse si existe alguna relación entre ellas, pero no parece viable sostener que los documentos a los que se garantiza el acceso a la ciudadanía puedan limitarse a los que no se ocupen de cuestiones objeto de reserva profesional. Por el contrario, la norma constitucional referida al *secreto profesional* no se limita a los casos en los que la información que no se debe divulgar esté recogida en documentos y puede tener cualquier clase de origen o soporte.

El secreto profesional, sin el cual difícilmente se podría entender el ejercicio de la abogacía, se considera como una garantía de la intimidad de quien requiera la asesoría profesional, entendiendo que ésta será más eficaz en tanto se pueda dar cuenta real al profesional, el abogado en este caso, de lo que motiva la solicitud del servicio, que en el marco del Derecho sancionatorio se vincula a la garantía de no auto incriminación. Seleme, sobre el particular, asevera lo siguiente:

> [...] difícilmente podemos imaginar una situación en la que los abogados pudiesen cumplir con su función de asesorar, representar y defender a sus clientes si este deber de sigilo no existiese. Su carácter controvertido se debe a la pluralidad de contextos en los que se aplica y la posibilidad siempre presente de que entre en conflicto con otras exigencias morales (2021, p. 245).

En ese mismo contexto, llama la atención la forma como la Corte Constitucional vincula la reserva profesional con el prestigio profesional del abogado, que se vería afectado si él no la guarda. A pesar de los múltiples fundamentos que se da al secreto profesional del abogado en los últimos años, se han reconocido excepciones; así, por ejemplo, al analizar una excepción que se impone a la reserva profesional en el Estatuto de la Abogacía (Ley 1123 de 2007), se ha declarado la constitucionalidad de la norma que introduce la excepción si con ella se evita la comisión de delitos, con el siguiente fundamento:

> Existen eventos en los cuales los tipos penales o sancionatorios realizan alusiones a la antijuridicidad o a la culpabilidad que no constituyen elementos del tipo formulados negativamente, sino rezagos de los Códigos antiguos en los cuales las causales de justificación o de exculpación se

incluían en la misma norma que contemplaba el supuesto de hecho (*tatbestand*) o eventos en los que el legislador ha querido ser más detallado en la redacción de una justificación contemplada en la parte general. En este sentido, las alusiones a la antijuridicidad o a la culpabilidad contempladas en los tipos penales son aquellas que permiten excepcionalmente una conducta típica, mientras que los elementos del tipo formulados negativamente sirven para controlar una conducta generalmente adecuada.

La expresión *"o que tenga necesidad de hacer revelaciones para evitar la comisión de un delito"* no constituye una forma de control de una conducta generalmente adecuada, sino por el contrario, una norma que permite excepcionalmente una conducta típica, es decir, una causal de exclusión de la responsabilidad, por cuanto el deber general de todo abogado es *"guardar el secreto profesional, incluso después de cesar la prestación de sus servicios"*, tal como establece el numeral 9º del artículo 28 del Código Disciplinario del Abogado.

De esta manera, una interpretación sistemática de la expresión demandada con el artículo 9º del Código Disciplinario Único permite inferir que no es deber del abogado vulnerar el secreto profesional, sino que por el contrario debe respetarlo. La posibilidad de vulnerar este deber contemplada en la expresión demandada no es una norma de mandato, sino una norma de autorización que permite excepcionalmente al abogado invocar como una causal de exclusión de responsabilidad en aquellos eventos en los cuales reveló información para evitar la futura comisión de un delito (Sent. C-301/2012, CConst.).

El art. 34, recuérdese, prevé las faltas de lealtad con el cliente, y en su literal f) señala: "Revelar o utilizar los secretos que le haya confiado el cliente, aun en virtud de requerimiento de autoridad, a menos que haya recibido autorización escrita de aquel, o que tenga necesidad de hacer revelaciones para evitar la comisión de un delito". Desde luego, pese a la claridad con que se afirma la inexistencia de un deber en la cita arriba transcrita, al expresar las razones que permiten levantar del secreto profesional, la Corte alude también en la misma providencia a la existencia de un deber de revelar la información sobre los delitos que el abogado sepa que sigue cometiendo la persona que solicita sus servicios o la existencia de una causal de justificación, con la estructura del conflicto de deberes, que parece tener la naturaleza del estado de necesidad:

Adicionalmente, esta interpretación reconoce que las causales de justificación o de exclusión de la responsabilidad como el estado de necesidad permiten la solución de conflictos jurídicos, que de lo contrario presentarían soluciones inconstitucionales que deben ser rechazadas en una interpretación conforme a la Constitución. En este sentido, el abogado que en virtud de la relación profesional con su cliente ha conocido de la futura comisión de un delito se encuentra en una situación límite entre su sanción por la revelación del secreto y su condena por omisión de denuncia, omisión de socorro u comisión por omisión al no haber impedido la comisión del delito. En estos casos, no pueden formularse reglas generales, sino que debe atenderse a criterios particulares de ponderación propios del estado de necesidad (Sent. C-301/2012, CConst.).

A pesar de ese tratamiento necesitado de matices y que según la sentencia referida el abogado tendría el deber de evitar la realización de delitos revelando la información que haya obtenido en virtud de la asesoría profesional, de lo que derivaría la posible atribución de una omisión típica al abogado, ello es distinto a reconocer el mantenimiento de un *deber general* contrario: el de preservar el secreto profesional, constituyendo su violación una actuación típica, pero eventualmente justificada por la necesidad de salvar un bien jurídico más importante. Así mismo, aunque no ha sido este el escenario en el que se suele plantear la cuestión, habría que analizar si aun sosteniendo que existe un deber general de preservar la reserva profesional, más importante incluso que el de procurar la evitación de un delito mediante la revelación de la información de que se dispone, cabría amparar al abogado que realiza esta última actuación con una causal de excluyente de la culpabilidad o, por lo menos, con una atenuante de responsabilidad.

EFECTOS PENALES DE LA NO PRESERVACIÓN DE LA RESERVA PROFESIONAL

En el ámbito de la dogmática penal la diferenciación entre injusto y culpabilidad ha contado con amplio reconocimiento, al punto de poderse considerar como mayoritaria por la doctrina y la jurisprudencia; y aunque con algún nivel menor de consenso, en el injusto la doctrina mayoritaria acepta diferenciar entre tipicidad y antijuridicidad. La doctrina suele acudir al célebre caso del mosquito que se atribuye a Kohlrausch (y que pregunta de si es lo mismo matar un mosquito que a una persona en legítima defensa) para analizar la necesidad y/o el sentido de la diferenciación entre tipicidad y antijuridicidad (crítico con la corrección de ese ejemplo, Ortiz de Urbina, 2008; destacando aspectos asumibles y otros que no del ejemplo, Zaffaroni *et al.* 2002, p. 591; crítico, por su parte, con la diferenciación entre injusto y culpabilidad, Molina, 2013).

La función de la tipicidad sería seleccionar los comportamientos con vocación de relevancia penal, que por ende serían desaprobados en general por el ordenamiento jurídico, mientras que en la antijuridicidad se determinaría en qué condiciones alguno de esos comportamientos generalmente prohibidos puede ser considerado como no contrario a derecho en virtud de la concurrencia de una permisión excepcional, que sería el papel de las denominadas causales de justificación. Frente a esta última diferenciación otro sector doctrinal reivindica una categoría única y general del injusto en la que se analizarían los elementos positivos y negativos del mismo; lo que, de todas maneras, no libera de la necesidad de analizar en el caso concreto las particularidades de unos y otros elementos. Ello supone que si se entiende que la norma de prohibición incluye en su estructura a manera de elementos negativos los estructurantes de las causales de justificación, el análisis de elementos como la proporcionalidad entre los bienes jurídicos o entre la agresión injusta y la defensa, la provocación de la situación de riesgo, o la necesidad de la acción protectora del bien jurídico, se deben seguir analizando en el caso particular.

Por las razones expuestas, aun la admisión de una propuesta de tratamiento unificado del injusto, es decir, que no diferencie entre tipicidad y antijuridicidad, exige un análisis de los elementos positivos del mismo, y en la práctica ello implica un examen de la tipicidad formal del comportamiento. En efecto, el juicio de tipicidad requiere precisar inicialmente si la violación de la reserva profesional podría adecuarse a algún tipo penal. La respuesta es que en el Derecho penal vigente la sanción de esa conducta en el ámbito penal, pudiera orientarse básicamente a la divulgación de documentos, en este caso relacionados con la gestión profesional (C. P., art. 194), tipifica la divulgación o empleo de un documento que deba permanecer en reserva, sancionando esa actuación con pena de multa, que es un delito contra "la libertad individual y otras garantías"; o con la infidelidad a los deberes profesionales (el C. P., art. 445 sanciona al apoderado o mandatario que por medio fraudulento perjudique la gestión que se le hubiere confiado, con pena de prisión de 16 a 72 meses, con los incrementos de la Ley 890 de 2004), delito que atenta contra "la eficaz y recta impartición de justicia".

El último de los delitos mencionados genera el problema de la calificación de los medios como fraudulentos, pero resulta muy interesante además la comprensión de que quien es infiel a la gestión de la representación judicial que se le encomienda, atenta contra la recta impartición de justicia, que entendería así que el compromiso con los intereses que se asume representar, es una forma de realizar el valor justicia al interior de la sociedad. La violación de la reserva profesional constituye también una falta disciplinaria de los abogados prevista en el respectivo Código Disciplinario (Ley 1123/2007, art. 34 f), el cual prevé una eximente de responsabilidad que motivó el análisis de constitucionalidad antes mencionado.

La reserva de la información por parte del profesional del Derecho en ejercicio de la representación de una persona o de un mandato judicial, es una exigencia a aquel, consagrada sin matices en la Constitución y con alguna excepción en el Código Disciplinario de la abogacía. La excepción prevista en este último estatuto, obliga a precisar si la eximente de responsabilidad conlleva un deber de actuación que pudiera generar responsabilidad omisiva en el delito no evitado o responsabilidad por un hecho autónomo, por ejemplo, un delito de omisión de denuncia (C. P., art. 441). Con ello, habría dos deberes concurrentes que al no poderse cumplir simultáneamente, obligarían a decantarse por alguno de ellos en un ejercicio de ponderación, relevante a efectos de la determinación del riesgo permitido en este contexto (crítico frente a la posibilidad de concurrencia de deberes, frente a lo que propone el concepto de razones de obligación, Coca, 2017).

Otra posibilidad de interpretación de la norma es que el abogado, sin tener el deber de revelar la información, lo pueda hacer en aras de la preservación de un interés superior de manera que dicha revelación fuera más que un deber, una potestad de la que se derivará una eximente de responsabilidad. De esa manera no cabría considerar típica la no aportación en la evitación de un delito, que impondría la observancia del mandato de observar la reserva profesional, pero la revelación de la información, que sí lo sería podría sin embargo justificarse en aras de la preservación de un interés superior.

A continuación se analiza si existe un deber con relevancia penal de divulgar la información reservada recibida de los clientes si con ello se pudiera conjurar algún delito y más adelante se examina si dicha actuación pudiera quedar cubierta por una causal de justificación.

¿LA OMISIÓN DE REVELAR LA INFORMACIÓN RESERVADA, VINCULA Y ES FUENTE DE RESPONSABILIDAD PENAL DEL ABOGADO?

Para empezar debe señalarse que el poder actuar en beneficio de un bien jurídico no impone un deber de hacerlo. La capacidad de actuar, la posibilidad de desplegar una conducta salvadora para un bien jurídico no fundamenta un delito de omisión (en este sentido, Otto, 2004, p. 243: "Cuando no existe el deber de hacer algo determinado, el mero no hacer no puede ser punible"). Ese es un elemento del delito omisivo (Stratenwerth, 2000, p. 398), pero la omisión supone además la existencia de un deber de actuación: que un abogado sepa de la existencia de un proyecto delictivo en curso del que pudiera derivar la afectación de un bien jurídico no le impone *per se* responsabilidad por omisión, es necesaria la existencia de un deber de actuación en beneficio del bien jurídico bien sea de salvaguarda —evitando el resultado lesivo en el caso de la omisión impropia—, o un deber abstracto de actuación solidaria que resulta el fundamento más adecuado del delito de omisión propia.

Ello significa que los deberes de actuación, por lo menos los que poseen relevancia penal, tienen sentido en el contexto de la protección de bienes jurídicos: la posible responsabilidad omisiva del abogado que no revela información podría darse en el contexto de delitos en ejecución o por ejecutarse, respecto de los cuales una actuación suya permita impedir la continuidad de su ejecución o su evitación. Por esa razón, y habida cuenta de la protección que se dispensa a la reserva profesional, el abogado que en el marco de la asesoría que se le solicita en el ejercicio de profesiones que cuentan con la protección de la información recibida, si no revela la información obtenida sobre un delito ya cometido, no puede ser responsabilizado por alguna forma de elusión directa de la acción de la autoridad o de coadyuvancia a ello. Ese es un efecto derivado del reconocimiento de la reserva profesional, y entonces no cabrá pensar en la autoría o participación en un delito contra administración de justicia, como el encubrimiento (C. P., art. 446).

La promesa del abogado de representar judicialmente a quien le informa que piensa cometer un delito tampoco debe ser punible. En efecto, aunque el Código Penal considera la ayuda posterior al hecho en virtud de promesa anterior como una modalidad de complicidad (el apoyo emocional o complicidad psíquica) varias razones se oponen a la criminalización del actuar del abogado: es muy cuestionable entender que este aporte tenga vocación de relevancia penal en cuanto a aporte ilícito a la materialización del hecho, pues de todas maneras quien obra ilícitamente sabe que tiene la garantía de acceder a la representación judicial, lo que haría que la promesa de un recurso al que se ha de acceder, difícilmente podría considerarse fuente de riesgo ilícito (para una propuesta muy restrictiva de punición de la denominada complicidad psíquica, cfr. Arias, 2003).

Despejadas estas cuestiones respecto a posibles imputaciones autónomas de responsabilidad al abogado, hay que decidir si su silencio respecto a la comisión de delitos por aquellos a quienes asesora o representa, mientras les presta ese servicio, puede entenderse como un proyecto común con el actuar de los intervinientes directos en el delito y si como consecuencia de ello tendría el deber de impedir los delitos de sus representados. Ello supone preguntar por la existencia y el alcance de los deberes de evitación del resultado; así mismo, en caso de éstos existir, por la identidad de la omisión derivada de ese silencio con la comisión y por los criterios de atribución del resultado.

El art. 25 del C. P, que regula la responsabilidad por omisión impropia y consagra las fuentes de la posición de garante, a la que valida como cláusula de equiparación, asume una postura mixta en punto a su configuración: un criterio general relacionado con "tener a su cargo la protección en concreto del bien jurídico protegido" o con "la vigilancia de una determinada fuente de riesgo, conforme a la Constitución o a la Ley", fuentes de la posición de garante que coinciden con la teoría de las funciones desarrollada por Armin Kaufmann (2006, pp. 289-290); previendo, además, en el inciso tercero lo que pareciera ser una extensión del alcance del deber de protección a los eventos en que exista riesgo para los bienes jurídicos de la vida o la integridad personal, la libertad individual, y la libertad y formación sexuales. En estos últimos casos la posición de garante emergería de haber asumido la protección de una persona o una fuente de riesgo dentro del propio ámbito de dominio; de la comunidad de vida entre personas o la comunidad de riesgos; y del actuar precedente ilícito o de la injerencia.

El legislador pretende así extender el deber de salvaguarda o de protección en estos últimos casos, pese a que un sector de la doctrina considera que las fuentes mencionadas (C.P., art. 25, inc. 3), que coinciden con las propuestas en su momento por las teorías formales, salvo la de la incorporación del proceso de riesgo al propio ámbito de dominio que la doctrina desarrollaría más adelante, encuentran cabida en la denominada teoría de las funciones. Pese a ello, pareciera posible señalar que el sentido y alcance de los criterios formales y de la teoría de las funciones son distintos, y que deben obedecer a razones distintas. Esto ha dado lugar a la crítica formulada por Schünemann (2013, p. 31) al art. 25 del Código Penal, que entiende superable a partir de la fórmula propuesta por él del dominio sobre la causa del resultado.

Adicional a ello, la jurisprudencia nacional entiende que existen otras vías para fundamentar la posición de garantía, asociándola a las competencias por organización o institucional, a la manera de Jakobs. Así por ejemplo, la Corte Constitucional en el caso de la Masacre de Mapiripán (Sent. SU-1184/2001, CConst.), o en la sentencia que luego emitió la justicia ordinaria una vez que la decisión acabada de referir dejó sin efectos la decisión de archivo adoptada por la Justicia Penal Militar en ese caso (Sent. 5/6/2014, rad. 35313, CSJ, SCP).

Si el delito de omisión impropia ha de guardar identidad con el de comisión y esa identidad deriva de la existencia de una cláusula de equiparación, no parece posible considerar al abogado responsable de los mismos delitos que durante su gestión y con conocimiento suyo se le puedan atribuir a sus representados, por dos razones: en primer lugar, por el desarrollo de su gestión él no asume la protección de los bienes jurídicos de terceros, ni el compromiso de actuar como barrera de contención de las actuaciones de sus clientes; en segundo lugar, tampoco asume el dominio de la situación de riesgo, ni podría configurarse alguna otra de las fuentes de las que, según el art. 25 del C. P., emerge el deber de actuación.

Tampoco la exploración de vías alternas para la fundamentación de la identidad con la comisión como las competencias institucional o por organización, permiten entender que el abogado adquiera la función social de neutralizar el riesgo de quien teniendo un vínculo profesional con él mantiene, no obstante, un ámbito de decisión autónoma; ni tampoco parece viable sostener que el abogado configure sus relaciones sociales a partir del dominio sobre el riesgo ilícito que estaría generando su representado. Atribuirle responsabilidad en comisión por omisión al abogado en estos casos, supondría la confusión entre el poder actuar y el deber de actuar del que se habló en un comienzo, lo que resulta materialmente injustificado. No existe una responsabilidad derivada de la función que cumple el abogado en el tráfico jurídico, de contener los riesgos que generen autónomamente las personas representadas por él.

LA OMISIÓN PROPIA

Que el abogado no revele información, podría configurar un delito de omisión propia si la Ley hubiera tipificado dicha situación sin consagrar por ello la atribución al omitente del resultado que se buscara evitar con la información a brindar, que es lo que sucede con la omisión impropia. Estos delitos se fundamentan en deberes abstractos de solidaridad (Stratenwerth, 2005, p. 383, nro. 13), frente a distintos bienes jurídicos: en el derecho positivo pueden tener relación con la vida o la integridad personal en el caso de la omisión de socorro (C. P., art. 131); con la administración pública en el caso del abuso de autoridad por omisión de denuncia (C. P., art. 417); o con la impartición de justicia en tratándose de omisión de denuncia de particulares (C. P., art. 441).

Dado que los bienes jurídicos tutelados en el delito de omisión de socorro son la vida y la integridad personal, podría pensarse en que revelar información de riesgo para la persona eventualmente en peligro como consecuencia del actuar del ciudadano representado por el abogado que guarda silencio, pudiera ser un acto de auxilio esperable por el ordenamiento jurídico; sin embargo, la norma exige que se trate de omisiones de auxilio sin justa causa. Esto genera el problema de determinar si la existencia del mandato de guardar el secreto profesional es una justa causa; o si se obliga a efectuar una ponderación entre el interés que se afectaría de violar dicha reserva y el bien jurídico que pudiera verse afectado, de no hacerlo. El componente formal del juicio de tipicidad, presupuesto del análisis material sobre la lesividad del comportamiento y la imputación objetiva, no parecen permitir considerar típica la actuación en estos casos.

Delitos como el de omisión de denuncia de particular que es el que pudiera atribuirse a un abogado que no revela la información obtenida de sus clientes (la de servidores públicos difícilmente se les podría atribuir habida cuenta de la inhabilidad para el ejercicio independiente que entraña aquella condición), pretende que lleguen a conocimiento de la autoridad hechos de especial connotación, para posibilitar su investigación y la posible atribución de responsabilidad a sus autores. En su estudio sobre la colisión de deberes, Cuerda Riezu (1984) analiza el problema de la violación de la reserva profesional del abogado, con el deber que impondría el ordenamiento jurídico español de la época de denunciar "los delitos públicos" de que tuviesen conocimiento; al respecto, concluye:

> En referencia al secreto profesional se ha dicho por la doctrina española que supone un caso particular de conflicto de deberes; según esto, aquí se enfrentarían el deber de callar (deber de omitir) con el deber de hablar (deber de actuar). Así, por ejemplo, el artículo 360 del Código Penal español impone a los abogados y procuradores el deber de secreto respecto a las noticias de que tuvieren conocimiento en el ejercicio de su profesión. Y sin embargo, el párrafo 1 del artículo 262 de la Ley de Enjuiciamiento Criminal establece la obligación de denunciar los delitos públicos a los que por razón de sus cargos, profesiones u oficios tuvieran noticia de aquellos (sic) (p. 73; la doctrina a la que se adscribe la cita proviene de Jiménez de Asúa y Díaz Palos).

El objeto de la denuncia no es en principio la salvaguarda de los bienes jurídicos que se verían afectados con los delitos enlistados en el art. 441 del C. P., aunque en el trámite procesal a que dieran lugar algunos de ellos podrían adoptarse medidas de restablecimiento de los derechos de las víctimas (en el caso de un secuestro en curso). Mal podría, en el ámbito de un deber profesional de guarda de la reserva de la información concurrir un deber prioritario de denunciar los delitos, no para posibilitar su interrupción, sino más bien para el castigo de sus posibles responsables.

En otras palabras, como no puede entenderse (y se invocan aquí a sabiendas argumentos que demuestran lo lábil de la frontera entre la ponderación de intereses propia del riesgo y la que caracteriza el estado de necesidad, cuestionando la diferencia que aquí se quiere reivindicar entre injusto y culpabilidad), que el deber de denunciar impuesto por el art. 441 del C. P. tenga por fin la protección de un interés fundamental y concreto de una persona, y en atención a que la protección de esta solo cabría de manera mediata, se dificulta en una medida apreciable considerar que exista un deber de revelación de información recibida por el profesional.

Habida cuenta de la trascendencia de la reserva profesional en la posibilidad del ejercicio de la defensa por parte del ciudadano sometido a proceso, y el valor que ella entraña en el Estado democrático, no parece que la pretensión de tutela de bienes jurídicos colectivos como la administración pública o la impartición de justicia hayan de dispensarse por vía de la criminalización de la no denuncia de delitos. No surge legítimo, entonces, afirmar que la no revelación de información por parte del abogado pueda considerarse típica a título de omisión propia o impropia. Y ello por cuanto en el derecho penal positivo, en ningún tipo penal ni en las previsiones del art. 25 del C. P., se consagra un deber que lo obligue a divulgarla en aras de la protección de bienes jurídicos de terceros.

REVELACIÓN DE INFORMACIÓN Y COLISIÓN DE DEBERES

Como antes se señalara, la Corte Constitucional fundamenta la excepción al deber de preservar la reserva profesional en la pretensión de proteger bienes jurídicos, mediante la evitación de delitos. Lo expresado en el apartado anterior permite manifestar que el abogado tiene un deber de mantener bajo reserva la información que recibe para el desempeño de su gestión y que el incumplimiento de ese deber acarrea consecuencias penales, sin que se pueda decir que existe un deber paralelo, con implicaciones penales, de revelar esa información para evitar la comisión de delitos. Este deber, de existir, podría tener un fundamento moral, y extrapenal en el mejor de los casos, pero difícilmente puede fundamentar la relevancia penal de la no divulgación de la información (sobre la posibilidad de aplicar la estructura de la colisión de deberes a deberes no legales pero sí de orden moral, véase Cuerda, 1984, tomando partido por la postura "que defiende Gallas: solo mediante la concesión de eficacia jurídica a un deber moral por parte del ordenamiento jurídico puede abrirse una puerta a los deberes morales dentro del conflicto de deberes" (pp. 70-72).

Si así son las cosas, es necesario analizar si la revelación de información a fin de evitar la comisión de un delito puede quedar amparada por alguna causal de exclusión de la responsabilidad; en este caso por un estado de necesidad o por la que sería una modalidad suya (Cuerda, 1984, pp. 247 y ss.) que es la "colisión de deberes". La vía argumental según la cual la revelación de información cubierta por el secreto profesional del abogado hace parte de la colisión de deberes, tendría un presupuesto que se negó en líneas anteriores, como es la existencia del deber de revelar la información protegida por la reserva profesional, lo que obliga a la búsqueda de otros criterios de solución del asunto, básicamente los que pudieran validar la afectación de un derecho del representado con la salvaguarda de los derechos de un tercero. Pero supone otro aspecto relevante desde el punto de vista de dinámica de las normas: las causales de justificación (por lo menos el estado de necesidad y la legítima defensa) reconocerían una posibilidad de suprimir la ilicitud de la actuación, pero no un deber. Ello significa que quien actúa al amparo de ellas, no realiza un comportamiento que esté obligado a desplegar, pero si lo ejecuta al amparo de ellas, se excluye la ilicitud de su comportamiento.

La justificación de la actuación, en este caso la divulgación de la información que se debía mantener en reserva, que es una actuación prohibida por el ordenamiento jurídico hasta el punto de que el Derecho penal la considera típica, supone precisar las pautas de ponderación de los intereses en conflicto, para lo cual la doctrina ha propuesto una serie de criterios: entre ellos se destaca la importancia abstracta del bien jurídico, que se podría derivar del marco punitivo previsto para los comportamientos que lo afectan; así mismo, la magnitud del riesgo a que esté expuesto cada uno de los intereses concurrentes; igualmente, la no provocación de la situación de necesidad; y, finalmente, la inexistencia de una posición que obligue a afrontar el riesgo para el bien jurídico (un catálogo amplio de criterios, en Roxin, 1997, pp. 682-712).

La ponderación exige tener en cuenta que la representación judicial de una persona es una actividad de la máxima importancia en el Estado de derecho, que entraña la posibilidad de cuestionar si se realizó una actuación ilícita y en caso de haberlo hecho, expresar las razones del por qué se actuó y demostrar probatoria y argumentativamente los factores que pudieran modular la responsabilidad, lo que entraña una manifestación del principio de dignidad de la persona (sobre la relación entre la dignidad humana y la no obligación de dar declaraciones autoincriminatorias y la confidencialidad entre abogado y cliente, cfr. Luban, 2016, pp. 128-129).

Si así son las cosas, pocos derechos alcanzan ese nivel de importancia como para estimarlos, en un ejercicio de ponderación, más relevantes que el del necesitado de representación o asesoría profesional del abogado a la reserva de la información que atañe a su caso: posiblemente los sean los relativos a derechos fundamentales (la vida, la libertad, también la dignidad) de personas en situación de especial protección constitucional. Pocos bienes jurídicos alcanzarán una valoración positiva en el test de proporcionalidad a que obliga el estado de necesidad (menores de edad, personas en condición de vulnerabilidad por limitaciones físicas o mentales); pero en ningún caso bienes jurídicos colectivos o institucionales, para la protección de las cuáles se establecen otros mecanismos en el ordenamiento jurídico distintos al estado de necesidad. Y, adicional a ello, también en la dinámica del estado de necesidad, deberá asegurarse que no existiera otra forma menos lesiva de salvaguarda de los intereses de terceros.

CONCLUSIÓN

En una época en que se han maximizado las aspiraciones de contención del delito a través de cualquier medio, no sorprenden las pretensiones de hacer del abogado un posible responsable penal por la no evitación de los delitos que pudieran cometer las personas representadas por él. Esa pretendida responsabilidad no puede estructurarse a partir de la imposición de un deber del abogado de levantar la reserva profesional.

Ese levantamiento de la reserva profesional solo será posible de conformidad con las reglas que conducen a la ponderación de intereses en conflicto cuando se haga necesaria la salvaguarda de intereses más importantes que el de la defensa del ciudadano acusado de delitos en el marco del Estado de Derecho, lo que conecta con el respeto debido a la dignidad humana y siempre que no existan formas menos gravosas de salvaguardar los otros intereses en riesgo que eventualmente se consideren más importantes.

REFERENCIAS

Arias, D. (2003). La ayuda posterior mediando concierto previo o concomitante a la consumación del hecho punible en el Código Penal colombiano. *Nuevo Foro Penal*, N.º 64, 61-89.

Coca, I. (2017). La colisión entre razones de obligación en Derecho penal. Bases para una revisión del concepto y de los fundamentos de disolución de la colisión de deberes jurídico-penal. *InDret* N° 2, 1-42.

Cuerda, A. R. (1984). *La colisión de deberes en derecho penal*. Tecnos.

Gimbernat, E. (1997). La omisión impropia en la dogmática penal alemana. Una exposición. *ADPCP*, Vol. L, 5-112.

Kaufmann, Arm. (2006). *Dogmática de los delitos de omisión*. Marcial Pons.

Kennedy, D. (2008). La responsabilidad de los abogados por la justicia de sus casos. *Academia*, N.º 12, 135-143.

Luban, D. (2016). Los abogados como defensores de la dignidad humana (cuando no están ocupados atacándola). En S. L. Cummings, D. Luban, & D. L. Rhode. *Abogados, sociedad y derecho de interés público: las obliga-*

ciones sociales de los abogados y el trabajo pro bono (pp. 81-140). Siglo del Hombre & Universidad de los Andes.

Molina, F. (2013). El concepto de injusto en la evolución de la teoría jurídica del delito. En M.S. Grosso (Coord.), *Estudios críticos de derecho penal 2*. Universidad Santo Tomás/Ibáñez.

Montoya, J. (2021). Ética y educación jurídica. En S. Anzola, J. Montoya, I. C. Jaramillo & C. F. Morales (Eds.), *Ética profesional del abogado: Debates y tensiones* (pp. 19-41). Universidad de los Andes.

Ortiz de Urbina, I. (2008). De moscas y agresores muertos. *InDret*, N.º 3, 1-42.

Otto, H. (2017). *Manual de Derecho Penal*. Atelier.

Roxin, C. (1997). *Derecho Penal, Parte General* [T. I.]. Civitas.

Seleme, H. O. (2021). Tensiones en el deber de confidencialidad. En S. Anzola, J. Montoya, I. C. Jaramillo & C. F. Morales (Eds.), *Ética profesional del abogado: Debates y tensiones* (pp. 245-290). Universidad de los Andes.

Schünemann, B. (2013). El denominado delito de omisión impropia o la comisión por omisión: un ejemplo paradigmático de la relación entre ontologismo y normativismo en derecho penal. En G. Bernal (Comp.), *Temas actuales en la dogmática penal* (pp. 7-31). Grupo Editorial Ibáñez.

Sentencia SU-1184 (2001, noviembre 13). Acción de tutela. [Expediente T-282730]. Magistrado Ponente: Eduardo Montealegre Lynett. Corte Constitucional [Colombia]. https://www.corteconstitucional.gov.co/relatoria/2001/SU1184-01.htm

Sentencia C-301 (2012, septiembre 2). Acción de inconstitucionalidad. [Expediente D-8702]. Magistrado Ponente: Jorge Ignacio Pretelt Chaljub. Corte Constitucional [Colombia]. https://www.corteconstitucional.gov.co/relatoria/2012/c-301-12.htm

Sentencia (2014, junio 5). Recurso de Casación [Radicado 35113]. Magistrado Ponente: Eugenio Fernández Carlier. Corte Suprema de Justicia, Sala de Casación Penal [Colombia].

Stratenwerth, G. (2005). *Derecho Penal, Parte General I*. Civitas.

Zaffaroni, E. R.; Alagia, A., & Slokar, A. (2002). *Derecho Penal, Parte General* [2ª. ed.]. Ediar.

El apogeo de los grupos paramilitares: de la indiferencia a la validación del horror por la sociedad[*]

Gloria María Gallego García[**]

> En memoria de Jesús María Valle Jaramillo, abogado penalista, profesor universitario, defensor de los derechos humanos. Y víctima de los paramilitares.

RESUMEN: Este trabajo contiene un análisis sobre algunos aspectos atinentes al surgimiento y avance de los grupos paramilitares con sus repertorios de violencia contra la población civil, y cómo en la secuencia de crímenes, discursos justificativos y consolidación influyen de manera decisiva tanto los actores armados, como los espectadores, cuyo silencio, indiferencia y tolerancia, favoreció el ascenso a la barbarie. Se muestra que en el apogeo de los paramilitares (1997-2003) un amplio sector de la sociedad aprobó sus métodos de terror, lo que los fortaleció y facilitó atrocidades masivas. Por último, se analiza el paramilitarismo, en tanto doctrina y modelo de comportamiento que impregna el universo simbólico y las relaciones sociales en Colombia, con daños en la cultura consistentes en la inversión o maleabilidad del código moral y un específico patrón de ruptura institucional y de desacato al Derecho bastante generalizado.

Palabras claves: Paramilitares, derechos humanos, indiferencia, sociedad, terror.

---

[*] Trabajo resultado final del proyecto investigación 881-000007, *Maestros en medio de la guerra. Persistiendo por la educación, la vida y la paz*, desarrollado en 2019-2020 con el auspicio de Universidad EAFIT.

[**] Abogada de la Universidad de Antioquia, y Doctora en Derecho por la Universidad de Zaragoza (España). Profesora del Área de Teorías del Derecho en la Universidad EAFIT y directora del Grupo de Investigación Justicia & Conflicto. Correo electrónico: ggalleg3@eafit.edu.co

INTRODUCCIÓN

Jesús María Valle Jaramillo, abogado penalista y defensor de los derechos humanos, fue asesinado por un comando paramilitar en su Oficina, ubicada en frente del Tribunal Superior de Medellín, la tarde del viernes 27 de febrero de 1998. Este homenaje constituye un acto de memoria para resaltar que su vida fue truncada cruel e injustamente y, todavía, es necesario oponerse a cualquier intento de negar o de justificar este crimen. También es una elaboración crítica de la experiencia del horror paramilitar y sus daños, para tomar lecciones en procura de que hechos similares a este crimen y a la atmósfera pública que lo facilitó no se repitan.

Jesús María Valle Jaramillo, en el período más brutal de la guerra, mantuvo su defensa del Estado constitucional de Derecho, su voz denunciante de las violaciones de los derechos humanos, aun frente a la violencia que se acercaba implacable para acallarlo. El asesinato fue anunciado y facilitado por la desprotección del Estado, como lo señala la Sentencia de la Corte Interamericana de Derechos Humanos:

> La situación de riesgo particular en la que vivía Jesús María Valle Jaramillo se evidenció, por ejemplo, cuando luego de haber denunciado los hostigamientos contra la población civil y las masacres sucedidas a mediados de la década de los noventa en veredas y corregimientos del municipio de Ituango, presuntamente recibió a un emisario del entonces jefe paramilitar Carlos Castaño Gil, quien le advirtió que debía abandonar el país o quedarse callado "para no tener que matarlo". A pesar de dichas amenazas, Jesús María Valle Jaramillo continuó firme en su trabajo como defensor de derechos humanos, aún luego de que alegadamente varios miembros y presidentes del Comité Permanente por la Defensa de los Derechos Humanos "Héctor Abad Gómez", ONG de la cual Jesús María Valle Jaramillo también fue presidente, habían sido presuntamente asesinados.
>
> Cabe resaltar que un mes antes de su muerte, Jesús María Valle Jaramillo había realizado señalamientos en un foro en la IV Brigada del Ejército acerca de la connivencia entre miembros de las fuerzas estatales y los paramilitares, particularmente sobre la comisión de más de 150 asesi-

natos en Ituango. Asimismo, un día antes de su muerte, el 26 de febrero de 1998, Valle Jaramillo declaró acerca de los mismos señalamientos dentro del proceso de injurias y calumnias iniciado en su contra por un miembro del Batallón Girardot adscrito a la Cuarta Brigada. Al día siguiente, el 27 de febrero de 1998, Jesús María Valle Jaramillo fue asesinado (Corte IDH, Caso Valle Jaramillo y otros Vs. Colombia, 2008, párrs. 93-94).

Este es un análisis de algunos aspectos del desarrollo de la violencia paramilitar en la prolongada guerra civil colombiana y cómo no solo los actores, sino también los espectadores tomaron parte en este proceso y conformaron los acontecimientos de manera decisiva. Se presta especial atención al apogeo de los paramilitares (1997-2003) —cuando es asesinado Jesús María Valle Jaramillo—, que se inició con la unificación de los grupos dispersos por el territorio nacional en las Autodefensas Unidas de Colombia (AUC), período de enorme crueldad y de crisis humanitaria, en el que estos grupos fueron aplaudidos, aprobados y validado su accionar criminal, tanto por autoridades civiles y miembros de la fuerza pública, como por un amplio sector de la población civil.

Este texto, resultado final de investigaciones dedicadas a la realidad de la prolongada guerra colombiana, aborda estos complejos interrogantes: ¿Cómo contribuyó la sociedad al avance de los paramilitares? ¿Qué omisiones, qué déficit psicológico, qué actitudes veladas de los espectadores atizaron la barbarie paramilitar? ¿Cuáles son los daños que quedan en la sociedad, en la cultura y en las instituciones?

El análisis se basa en todas las evidencias que tuvimos a nuestra disposición: fuentes primarias, como entrevistas a funcionarios, líderes de comunidades, víctimas de grupos paramilitares y de grupos insurgentes, y ex combatientes de las Autodefensas Unidas de Colombia. Además, recurrimos a fuentes secundarias: obras de expertos sobre la fenomenología de la violencia en las guerras civiles y sobre las líneas de desarrollo de la guerra en Colombia, memorias de paramilitares, prensa, informes de organismos del Estado y de organismos internacionales e informes de organizaciones no gubernamentales.

LA IRRUPCIÓN DE LOS PARAMILITARES ANTE EL SILENCIO Y LA SIMPATÍA DE ALGUNOS ESPECTADORES

El origen de los grupos paramilitares está ligado al narcotráfico, sus intereses y múltiples violencias. En regiones como el Magdalena Medio, Córdoba, la zona del Río Ariari en el Meta, los narcotraficantes adquirieron masivamente tierras (que les fueron vendidas a bajo precio por élites locales victimizadas por los grupos guerrilleros) y se hicieron con el control del territorio, desplazando a las guerrillas e intimidando a las poblaciones campesinas. Allí las guerrillas intentaron extorsionar a los narcotraficantes y esos intentos "fueron respondidos con la creación de escuadrones armados para la lucha antiguerrillera" (Reyes, 2016, p. 118).

Con origen en las autodefensas de Puerto Boyacá, el MRN (Muerte a Revolucionarios del Nordeste) y el MAS (Muerte a Secuestradores) a finales de los 70 y comienzos de los 80, los grupos paramilitares son grupos armados organizados provenientes ampliamente de la población civil, con carácter permanente, ofensivo e irregular, que defienden intereses privados y el gran capital, y llevan a cabo la lucha contrainsurgente de manera paralela con sectores de las fuerzas armadas del Estado y autoridades civiles de los que reciben ayuda por acción o por omisión.

En las estrategias paramilitares ofensivas de guerra irregular, la violencia indiscriminada es elemento central, "el concepto de culpa individual se ve reemplazado por el concepto de culpa por asociación" (Kalyvas, 2010, p. 208): si no pueden encontrar a los guerrilleros (cuya estrategia contra la Fuerza Pública es "ataca y huye"), dirigen la violencia contra personas civiles que, sin haber cometido los delitos, tengan algún vínculo con aquellos, que pasan a ser vistas como corresponsables. La regla de asociación varía y se extiende a familiares, simpatizantes, colaboradores de la guerrilla (que no son combatientes y a quienes el derecho de la guerra declara inmunes frente a los ataques y a quienes se debe conducir ante las autoridades para ser procesados por los delitos que hubieren cometido), a la región (presumen que todo habitante de una región controlada por la guerrilla es colaborador), a los que profesan ideologías de izquierda o sean críticos con el orden establecido (de quienes presumen son auxiliadores o, sin más guerrilleros).

Mientras más se ensanche el concepto de culpa por asociación, más aleatoria es la violencia, como en la estrategia de "quitar el agua al pez": si la población civil es al guerrillero lo que el agua al pez, habrá que atacar al pez para asfixiar a la guerrilla, lo que convirtió sus métodos de violencia en una guerra por tercero interpuesto, pues no se dirige tanto contra los combatientes, sino que se les hace daño indirectamente, atentando contra la población civil. Carlos Castaño afirmaba: "si no podíamos combatir donde estaban acantonados, sí podíamos neutralizarles las personas que les llevaban comida, droga, razones, aguardiente, prostitutas y todo ese tipo de cosas que les llevan a ellos a los campamentos" (Castro,1996, p. 155). Entran en las regiones controladas por la subversión y atacan directamente a los habitantes, de quienes presumen de antemano son simpatizantes y/o colaboradores que cumplen tareas de abastecimiento, de enlace o de información. Primero se dirigen contra los líderes de los pueblos o comunidades campesinas: matan delante de todos a maestros de escuela, alfabetizadores, presidentes de las juntas de acción comunal, líderes cívicos, concejales, alcaldes o los desaparecen, dejando letreros llenos de advertencias para los sobrevivientes. La gente queda paralizada y huye (Gallego & Fernández, 2003, pp. 103-108).

Los grupos paramilitares actúan para maximizar intereses económicos ligados al narcotráfico, acometen venganzas y represalias y tiempo después tratan de justificar los delitos consumados, amparándose en un discurso que apela a la necesidad de protección de las personas (porque se daba una situación de ausencia de Estado y las autoridades no estaban en capacidad de ampararlas) y a intereses que esgrimen como públicos (la defensa contra los desmanes de las guerrillas, la supervivencia y la protección contra el secuestro, la seguridad). Así, *a posteriori* los paramilitares dejaron entre paréntesis los intereses económicos privados, y proyectaron a la sociedad colombiana el mito fundacional de la lucha y protección contra el secuestro como elemento originario y legitimante de su conformación y accionar; adujeron que el secuestro es la suma afrenta y que su recurso a las armas fue en ejercicio de la legítima defensa para ponerse a salvo a sí mismos, a sus familias y a quienes acudían a ellos en busca de protección.

La práctica organizada y rutinaria del secuestro por los grupos insurgentes hizo palidecer el aura política que llegaron a tener entre quienes alguna vez los consideraron remedio para la injusticia social imperante en el país, deslegitimó sus propósitos públicos al incluir métodos de crueldad e inhumanidad en aras de supuestos bienes futuros que son injustificables y prohibidos de manera absoluta por el derecho internacional humanitario y les hizo perder simpatías y apoyos. El tema de la financiación de la guerra alteró la imagen pública de los grupos subversivos, y el secuestro se convirtió en un símbolo de la degradación y de la inhumanidad de la guerra (Gallego, 2019).

Los líderes paramilitares sabían que encontrarían simpatizantes en las víctimas de los insurgentes y en los que temían serlo (extorsión, secuestro, asesinato), quienes con su comportamiento omisivo facilitarían sus acciones. Por eso, desde que se lanzaron a las primeras venganzas y a conformar los primeros grupos, midieron cómo actuaban los espectadores. Por eso, Carlos Castaño relató que cuando él y su hermano fueron a vengar el secuestro y asesinato de su padre a manos de guerrilleros de las FARC en 1981, con la decisión de matar a "Conrado Ramírez —quien— había trabajado en la finca de mi padre y el día del plagio iba encapuchado, pero los trabajadores lo reconocieron" (Aranguren, 2002, p. 48), estaban muy pendientes de cómo se comportaría la gente en Segovia:

> Mi hermano ejecutó al sinvergüenza ese la misma noche que fue dejado en libertad. Nos tocó correr mucho para escondernos, pero no tuvimos ningún inconveniente a la hora de volver. La muerte de Conrado le encantó al pueblo entero y a los militares, más. Trataron de investigar quién había sido pero todos guardaron silencio y algunos hasta lo celebraron. Como sucedió en la obra maestra del teatro español del siglo

XVIII Fuenteovejuna. Félix Lope de Vega relata cómo en el pueblo de Fuenteovejuna un hombre comete un asesinato en contra del enemigo de todos, y cuando la justicia les indagó a sus habitantes quién fue, contestaron todos a una, "Fuenteovejuna, Señor". Así sucedió con el pueblo de Segovia (Aranguren, 2002, p. 49).

Los espectadores influyen en el desarrollo de la violencia. Observan a los que la ejercen, opinan sobre sus actos, y estos sienten a veces que sus miradas los rondan, les pesan y hacen que les cueste tomar sus decisiones. Si los espectadores mantienen su mirada escrutadora, si formulan denuncias ante las autoridades, si critican, si expresan su desaprobación, si protestan, ese mensaje no se puede desoír: la negativa de la comunidad se vuelve una variable a considerar en las decisiones. Pero si los espectadores miran para otro lado, si dan la espalda a las víctimas, los actores armados lo toman como consentimiento implícito y prosiguen sin trabas a cumplir sus designios. Como explica Sofsky, ante el asentimiento silencioso de los espectadores, "puede el ejecutor continuar tranquilamente con su trabajo. No tiene que temer ninguna intervención de ellos, y la víctima no puede esperar de ellos ninguna ayuda" (Sofsky, 2006, p. 115).

El silencio de unos y la simpatía de otros fue, desde el comienzo, un acicate para los paramilitares, que a medida que cometían asesinatos selectivos, masacres y desapariciones de personas civiles, crearon un discurso de "autodefensa", para hacer frente a las furias y los miedos de seguridad de la gente frente a los grupos guerrilleros, usurpando funciones públicas que son exclusivas del Estado como organización que ostenta el monopolio legítimo de la violencia al interior de una sociedad. Así, proyectaron su violencia como "una oferta de seguridad, protección y vigilancia para aquellos sectores sometidos de tiempo atrás a las exacciones y las extorsiones de las guerrillas" (Uribe, 2005, p. 265). Esto les trajo apoyos y financiaciones de alguna parte de la población, de todos los estratos económicos, que en algún momento fueron víctimas de los crímenes guerrilleros, y apoyos por acción y por omisión de las autoridades civiles y militares, dada la existencia de un enemigo común y la coincidencia de intereses estratégicos.

Estos grupos armados irregulares se autonombraron «autodefensas», pretendiendo que la suya era solo una violencia defensiva y legítima (como en la causal de justificación de la legítima defensa), buscando la fuerza simbólica propia del Derecho. Evidentemente, la actividad criminal de los grupos paramilitares no se corresponde con los supuestos jurídicos de la legítima defensa, que es una medida circunstancial y excepcional de fuerza para repeler una agresión antijurídica, que solo autoriza a actuar en la circunstancia concreta, y no con actos posteriores de venganza, ni con la formación de grupos armados de carácter permanente y ofensivo dedicados a atacar y a combatir el crimen o la insurgencia armada. No se vive en legítima defensa, porque ésta no es un estado (como sí lo es, por ejemplo, el estado civil: soltero o casado, viudo, divorciado), sino una situación que se presenta en un lugar y en un margen temporal concretos, frente a la cual el ordenamiento jurídico otorga una facultad limitada de actuar.

La causal de justificación de la legítima defensa no puede presentarse como defensa del Estado y estabilidad de las instituciones, del orden público; ésa es una función que le corresponde exclusivamente al Estado, que como ostentador del legítimo monopolio de la fuerza cuenta con distintos órganos y poderes y con la fuerza pública para tales fines. La Constitución Política (art. 216) radica las funciones de fuerza pública de forma exclusiva en "las Fuerzas Militares y en la Policía Nacional" y la centralización de las armas queda en cabeza de las autoridades legítimas: "Solo el Gobierno puede introducir y fabricar armas, municiones de guerra y explosivos" (art. 225). Esto tiene sentido: las instituciones públicas ostentan funciones propias y poderes de actuación que le están vetados a personas particulares, precisamente porque su tarea más básica es monopolizar el uso de la fuerza a través de órganos y agentes sometidos al Derecho para asegurar la convivencia pacífica.

Si se permitiese a los particulares la defensa del Estado y del orden público se rompería el monopolio y se negaría el ordenamiento jurídico mismo, pues no habría distinción entre la fuerza pública y el ejercicio indiscriminado de la violencia por los ciudadanos. Tomar las armas y aducir el propósito de combatir la insurgencia armada, defender el orden público o proteger contra el secuestro, es convertirse en una parte en conflicto, entrar en guerra civil poniendo en entredicho el pacto de asociación política y rompiendo con el Derecho y la autoridad. Las guerras civiles se presentan con frecuencia como defensa del Estado; ello nunca constituye legítima defensa, sino ruptura del ordenamiento jurídico.

LA EXPANSIÓN DE LOS GRUPOS PARAMILITARES ANTE LA INDIFERENCIA DE LA SOCIEDAD

La figura del espectador casi nunca es considerada en la producción del mal público, dado que hay una tendencia a pensar que los seres humanos son responsables de lo que hacen, y no de lo que dejan de hacer. Por eso, se piensa que la única responsabilidad que existe es la penal de los combatientes que llevan a cabo la lucha armada en nombre de cada una de las partes en conflicto, en tanto autores y partícipes de ataques ilícitos contra sus adversarios y contra personas civiles.

Pero una guerra civil no es un mundo dicotómico poblado solo de ejércitos y combatientes enemigos enfrentados en el campo político y militar, ni solo por víctimas y perpetradores. También está la población civil y, dentro de ella, la figura de los *espectadores*: los pasivos contempladores de ofensas y delitos graves. Un mal de naturaleza pública y social requiere que una amplia mayoría de la población haya sido pasiva, es decir, indiferente al dolor de las víctimas, no ofrezca resistencia, tolere silenciosamente lo que sucede, se habitúe y normalice los daños mediante abstención. Son relevantes las omisiones del común de la gente, esas pequeñas faltas de la vida cotidiana, a veces imperceptibles, tales como no querer oír ni saber, la indolencia ante el sufrimiento de los demás, la adopción de la comodidad y el conformismo como pauta de conducta, que van sumándose, "infiltrándose poco a poco, por etapas, de un modo sigiloso y a primera vista inocuo" (Arteta, 2010a, p. 36), facilitando la comisión de los crímenes y la llegada al mal descomunal.

Mucho oímos hablar del daño que *otros* hacen y que *otros* sufren, "pero casi nunca de cómo y cuánto *nosotros* lo hemos dejado hacer y sufrir" (Arteta, 2010a, p. 14, cursivas originales). Esta es la culpa moral —no jurídico-penal— del espectador que se desentiende del sufrimiento del otro, que consiente de manera pasiva en la violencia y el daño y que coadyuva a la enemistad, al empeoramiento de la confrontación armada y a la llegada de las atrocidades masivas. Como señala Jaspers (1998):

> Las faltas morales son el fundamento de estados de cosas en los que crecen la culpa política y el crimen. La comisión de pequeños pero numerosos actos de negligencia, de cómoda adaptación, de fútil justificación de lo injusto, de imperceptible fomento de lo injusto; la participación en el surgimiento de la atmósfera pública que propaga la confusión y que, como tal, hace posible la maldad, todo esto tiene consecuencias que condicionan la culpa política por los estados de cosas y los acontecimientos (p. 55).

Por eso, es indispensable tomar en cuenta la responsabilidad moral de los espectadores que con sus omisiones coadyuvaron al ascenso de los insurgentes y, después, al ascenso del proyecto paramilitar, muy especialmente con una denegación decisiva, *la indiferencia*, ese desatender el sufrimiento injusto de los otros. La sociedad se conmocionó con los primeros crímenes de los paramilitares, que eran motivo de repudio y protesta. Sin embargo, con el aumento de estos crímenes a medida que avanzaba la década del 80 y en una sociedad dividida por el debate ideológico de la época y por los odios y resentimientos que va dejando la guerra civil, el rechazo fue disminuyendo. Las personas se manifestaban contra la avanzada paramilitar en lo local y lo regional de manera intermitente bajo el impacto de sucesos cercanos. Si no se tenía conocimiento directo de las víctimas o referencia de alguien cercano, esa distancia social y ese anonimato generaban frialdad e indiferencia.

A medida que se sucedían los asesinatos selectivos y las masacres, las personas adoptaban el papel de espectadores pasivos, por actitudes subjetivas como la cómoda suposición de seguridad personal según la cual los incipientes grupos paramilitares actuaban en otras regiones (Magdalena medio, Urabá y Córdoba, zona esmeraldera de Boyacá, nordeste de Antioquia) y, por tanto, eran desgracias lejanas y ajenas de las cuales no había que preocuparse. La indiferencia se alimenta de la visión estrecha del problema de la violencia como un asunto de individuos y familias, que no atañe al nosotros colectivo y de la creencia ilusoria de que las calamidades les ocurren a otros. Esta es una constante en la sociedad colombiana, según señala el informe *¡Basta ya!*:

> Pareciera que en los hechos se requiere la condición de parte directamente afectada, interesada, para que el tema de las responsabilidades frente al conflicto desencadene la acción colectiva. Por ello, aunque el conflicto armado en el país ha cobrado millares de víctimas, representa para muchos conciudadanos un asunto ajeno a su entorno y a sus intereses (CNMH, 2013, p. 14).

Los paramilitares encontraron a la sociedad con sus defensas morales muy bajas contra la barbarie (también la habían encontrado así los guerrilleros en los años 60 y 70). No hubo un clima de altruismo y valor cívico con alcance nacional desde el cual entrelazar respuestas morales y políticas contra la violencia paramilitar incipiente; faltó una sociedad civil entramada en el ámbito nacional que se manifestara contra los atropellos, independientemente de los autores, de la región, de si las víctimas eran conocidas o desconocidas, de su adscripción política o posición socioeconómica, por medio de discursos, manifestaciones públicas, plantones, pancartas, mensajes colectivos claros de que no se tolerarían estas violencias ni se aceptaría la producción de víctimas como precio a pagar por la derrota de las guerrillas, el mantenimiento del orden o el anticomunismo.

Esta indiferencia general constituye el déficit psicológico más decisivo para que los actos de violencia se propaguen y puedan ocurrir las peores atrocidades. Los espectadores indiferentes siempre han coadyuvado a que el mal ascienda sin oposición y termine imperando. Los actores armados se sienten libres de oposición para intimidar, perseguir y matar, dado el silencio y desentendimiento de los espectadores, la negligencia general y la falta de coraje cívico para censurar este mal.

Cada gesto de frialdad ante el dolor de los demás, de anestesia de los sentimientos ante los conciudadanos que eran estigmatizados, perseguidos, desplazados, desaparecidos o asesinados por escuadrones de la muerte, de no querer ver una realidad que resulta perturbadora, parece en sí mismo insignificante, pero sumados fueron una contribución decisiva a la consolidación del proyecto paramilitar, y tuvieron un efecto devastador en la vida en comunidad. Un sector de la sociedad (incluso cuando muchos periodistas se arriesgaban cubriendo la guerra para traer testimonios, fotografías, videos que probaran la barbarie de los paramilitares ante los ojos del mundo), parece haber bloqueado la percepción: «hay que ganarle a la guerrilla; lo demás no importa». Algo parecido a lo que describió Primo Levi (2005) sobre la actitud de la gente en la Alemania nazi:

> [...] pese a las varias posibilidades de informarse, la mayor parte no sabía porque no quería saber o más: porque quería no saber [...] quien sabía no hablaba, quien no sabía no preguntaba, quien preguntaba no obtenía respuesta. De esta manera el ciudadano alemán típico conquistaba y defendía su ignorancia, que le parecía suficiente justificación de su adhesión al nazismo: cerrando el pico, los ojos y las orejas, se construía la ilusión de no estar al corriente de nada, y por consiguiente de no ser cómplice, de todo lo que ocurría ante su puerta (pp. 310-311).

Muchos se crearon una coraza protectora tan gruesa, que no dejaba que el terror paramilitar apareciera en el campo de visión, con una pasividad muy activa: impedir que los oídos oigan o los ojos vean, mirar para el otro lado, no querer saber de las víctimas, permitiendo que sus masacres pasaran por defensa del orden o victorias sobre la guerrilla, y con la irracional esperanza de que esa violencia no les afectaría nunca.

Hacia el año 1995 el avance de los paramilitares era imparable por las cada vez más fluidas relaciones con agentes del Estado y las abundantes simpatías de un sector de la población que los veía como remedio frente a la cruenta ofensiva de las FARC y el ELN, que progresivamente pasaron de la estrategia de guerra de guerrillas orientada a desgastar a las fuerzas armadas estatales en una guerra de baja intensidad y de larga duración, a la acumulación acelerada de recursos económicos y medios militares para convertirse en grandes ejércitos que pudieran practicar una guerra de posiciones para dar el salto final hacia la toma del poder central. Los grupos guerrilleros incrementaron la práctica del secuestro y golpearon a más sectores de la sociedad, siguiendo una lógica según la cual, mientras más dura la confrontación armada, más duros tenían que ser los métodos de guerra y más inevitable el sufrimiento de la población civil para financiar la "guerra del pueblo contra el Estado opresor", hasta la supuesta victoria militar. Los guerrilleros no tomaron consciencia de los daños que el secuestro causaba en las personas, en las familias, en las comunidades, ni del rechazo social que despertaba esta práctica inhumana.

Aduciendo su aborrecimiento mortal contra el secuestro y la garantía de la seguridad contra las guerrillas, los paramilitares tomaron la delantera en la lucha contrainsurgente mientras las Fuerzas Armadas fueron quedando a la zaga. En esta etapa de expansión (que llega hasta 1996), los paramilitares estaban difuminados en mini ejércitos en diferentes zonas y feudos con poder armado en las Autodefensas Campesinas de Córdoba y Urabá de los Castaño, las Autodefensas de Ramón Isaza y las de Puerto Boyacá controladas por 'Botalón', los Arroceros de San Martín en los Llanos, las Autodefensas de Santander, los cultivadores de palma, el grupo armado de vigilantes de algunos ingenios del Valle del Cauca, la "Autodefensa" comandada por el 'Águila' en Cundinamarca, el grupo de la Guajira, los ganaderos de Yopal, los 'Traquetos' de Putumayo y Caquetá, los escoltas de los coqueros de Arauca.

Dos hechos de amplio alcance facilitaron esta expansión. El primero, es que el gobierno de César Gaviria Trujillo creó en 1994 un mecanismo que le dio soporte legal a los paramilitares con la modalidad de las "Convivir" (Asociaciones Comunitarias de Vigilancia Rural). El Decreto 356 de 1994 —Estatuto de Vigilancia y Seguridad Privada—, autorizó a crear cooperativas de vigilancia y seguridad privada, y en el artículo 39 permitió un tipo especial de estas cooperativas conformadas por particulares que podían "desarrollar actividades en áreas de alto riesgo o de interés público, que requieren un nivel de seguridad de alta capacidad". Es decir, las facultó para utilizar la fuerza extraordinaria que solo puede ejercer la fuerza pública en situaciones de guerra, a emplear armas de fuego de uso restringido y a actuar con técnicas y procedimientos propios de la inteligencia militar y la conducción de hostilidades contra un ejército enemigo.

Este Decreto le dio carta de naturaleza a las organizaciones paramilitares que ya existían en el país. Les entregaron radioteléfonos, armas de uso privativo de la Fuerza Pública y conjuntamente salieron con Ejército y Policía a hacer operativos supuestamente de combate a la guerrilla, pero todo aquello era agresión contra personas civiles. Era la forma de fomentar engañosamente cuadrillas paramilitares, autorizadas por el gobierno para atacar a la población con armamento bélico, lo cual vino a regularizar el aparato paramilitar, otorgándole condiciones para establecerse en las poblaciones y poner en marcha sus métodos de guerra irregular a la vista de todos y con el apoyo abierto de autoridades civiles, soldados y policías. Fueron creadas 414 "Convivir", muchas de las cuales tuvieron como representantes legales a reconocidos jefes paramilitares: Salvatore Mancuso, Rodrigo Doble Cero, Rodrigo Tovar Pupo, Diego Vecino, Rodrigo Peluffo alias Cadena. Los asesinatos selectivos, torturas, desapariciones forzadas, masacres y desplazamientos se multiplicaron exponencialmente en las regiones donde actuaban estas "cooperativas" (CNMH, 2013, pp. 158 y ss.).

El segundo hecho es la debilidad del gobierno del presidente Ernesto Samper, acusado de financiar su campaña presidencial con dineros del cartel de Cali y dedicado a defenderse del proceso 8000. Dicha debilidad fue aprovechada por los paramilitares para expandir su ofensiva de guerra irregular en alianza con empresarios, políticos y militares en las regiones, alianza que les reportó considerables recursos para financiar la guerra, dado que les hacían donaciones en efectivo, les firmaban cheques para cuentas de testaferros, les prestaban sus fincas para que se refugiaran y tomaran de ellas ganado y productos a cambio de brindarles seguridad y tranquilidad para desarrollar o expandir sus actividades económicas, como ganadería, minería o monocultivos (palma africana, banano, arroz, café). Cuando no había voluntad de hacer aportaciones pasaban a la extorsión y al secuestro. Según cifras del Observatorio de Memoria y Conflicto del Centro Nacional de Memoria Histórica, los paramilitares cometieron el 10% de los secuestros durante el conflicto armado para un total en el país de 3712 víctimas, en un período de veinticinco años, 1981-2006 (Gallego, 2019c, pp. 37-62, 81-120, 265-280).

A comienzos de 1997, los diversos grupos hicieron un acuerdo, y el 18 de abril conformaron las Autodefensas Unidas de Colombia (AUC), aclamando como comandante a Carlos Castaño, que tendría fuerzas posicionadas bajo unos mismos estatutos, un mismo mando, uniforme, brazalete y unos mismos objetivos económicos y políticos e ideología anticomunista. Los lineamientos de la nueva organización se dictaron con base en las Autodefensas Campesinas de Córdoba y Urabá (Aranguren, 2002, p. 244).

Pocos meses después, en noviembre de 1997, la Corte Constitucional (Sent. C-572/1997) declaró exequible la norma que creó las "Convivir", argumentando necesidades de seguridad, protección y actuación solidaria con las autoridades. Este no era un asunto siquiera discutible. Es de la esencia del Estado moderno el monopolio legítimo de la violencia. La defensa de la seguridad pública, de las instituciones es una función exclusiva de la Fuerza Pública: Policía Nacional y Fuerzas Militares. Las armas son monopolio exclusivo del Estado y éste, por tanto, no puede armar a los civiles supuestamente para que lo defiendan y le ayuden a combatir los grupos insurgentes.

El Estado ahondó su debilidad, promovió la barbarie paramilitar y se puso cerca del colapso institucional. Además, es imposible entender cómo los magistrados no acudieron a la abundante información empírica que ya existía sobre las matanzas llevadas a cabo por los paramilitares organizados y legalizados en las "Convivir", especialmente en Antioquia, Santander, Norte de Santander, Córdoba y Cesar.

En la encrucijada que describimos, se produjo un giro dramático en la dinámica de la guerra, y cada vez más amplios sectores de la población civil tomaron partido en el conflicto, poniéndose de lado de los perpetradores y no de las víctimas, y prestando apoyo a una de las partes en conflicto, en lo que María Teresa Uribe (2005, p. 295) denominó "giro civil de la confrontación armada", habida cuenta de los cambios significativos en los actores, propósitos, acciones, estrategias y escenarios bélicos.

EL APOGEO PARAMILITAR Y EL CRECIMIENTO DE LA ZONA GRIS DE LA SOCIEDAD

Como jefe máximo de las AUC, Carlos Castaño combinó la estrategia de agresión contra la población civil ya mencionada consistente en "quitar el agua al pez", para vaciar territorios donde el ELN y las FARC tenían control, con una audaz estrategia mediática y financiera. Se presentó como líder carismático y posicionó el discurso del odio contrainsurgente en amplios sectores de la opinión pública, cooptó la representación política local y regional en busca de reconocimiento político para incidir sobre la estructura y funcionamiento del Estado.

Vicente Castaño, cerebro económico de las Autodefensas Unidas de Colombia —AUC—, diseñó el mecanismo central de acopio de recursos con donaciones de víctimas de la guerrilla, el robo a los oleoductos y la compra de estaciones de gasolina en las ciudades donde vendían el combustible robado, los "impuestos de seguridad" cobrados a los habitantes, la explotación de minas, el procesamiento y la venta de pasta de coca, el robo de ganado, las aportaciones voluntarias de ganaderos y empresarios, y, en fin, la extorsión y el secuestro (Ronderos, 2014, pp. 241 y ss.).

Con la ofensiva del ELN y las FARC dirigida a practicar una guerra de posiciones y a entrar en las grandes ciudades, y con los grupos paramilitares unificados en las AUC, llegó el período más brutal del conflicto armado. Todas las partes (fuerzas armadas estatales, grupos subversivos y grupos paramilitares) cometieron acciones brutales, pero son los grupos paramilitares los que numéricamente se ponen a la vanguardia de la atrocidad, pues solo en el primer año de su unificación cometieron el 70% de los asesinatos políticos del país y tomaron la delantera en las vulneraciones al derecho internacional humanitario "una guerra mucho más dura con los civiles que con los guerrilleros" (Ronderos, 2014, p. 234).

Los grupos insurgentes fueron removidos de los territorios que controlaban por el terror paramilitar a partir de 1997. Lo más decisivo no fue el combate entre ejércitos enemigos, sino el acorralamiento de la población civil en las disputas territoriales y la estrategia de terror contra ella para expulsarla y hacerle daño indirectamente al adversario. Probablemente, la imagen de la difuminación de la violencia y el pavor durante este período es el asesinato o desaparición forzada de cualquier persona civil que hubiese tenido algún contacto con guerrilleros, desde haberlos transportado en vehículos de uso público hacia las veredas, vendido víveres o preparado comida en un restaurante o en una fonda en medio del campo. Por ejemplo, muchos pueblos de Antioquia, en el nordeste, en el oriente, en el occidente, Urabá, a medida que avanzaba la disputa territorial, quedaron prácticamente sin choferes, tenderos, carniceros y dueños o trabajadores de restaurantes o fondas, pues los paramilitares los asesinaron por sus supuestos servicios a la guerrilla. Pero si no vendían víveres, hacían el café o transportaban a los guerrilleros, éstos los habrían matado o condenado al destierro. Relata Catalina C., personera de un municipio del occidente antioqueño entre 1999 y 2001:

> Yo ahora lo pienso y no sé cómo hice para ejercer mi labor como personera en una época donde en Antioquia los paramilitares mataron a tantos

personeros municipales por denunciar, por ejemplo, la connivencia de la policía y algunas autoridades con los paramilitares y mostrar cómo los campesinos eran agredidos por unos y otros, por guerrilleros, por fuerza pública y por los paramilitares que decían defenderlos de la guerrilla. La muerte estaba en todas partes. Tomas guerrilleras con muertos, por un lado, y por el otro entrando los paramilitares a las veredas, corregimientos y cascos municipales dejando muertos. Recuerdo una familia campesina que tenía un trapiche pequeño y los paramilitares vieron cómo entraban unos guerrilleros y se llevaban las existencias que tenían en panela y en blanquiao —porque resulta que los guerrilleros bajan del monte desesperados por comer dulce—. En cuestión de horas mataron al papá y a dos hijos, los torturaron, dejaron los cuerpos vueltos nada en un camino, con un letrero donde los acusaban de colaboradores de la guerrilla. Y así se sucedieron muchos asesinatos en occidente de personas que no tenían más delito que vivir por donde se movían los guerrilleros.

Es de no creer, por ese mismo tiempo, a medida que los paramilitares mataban inocentes y se iban imponiendo y manejaban la vida cotidiana de la población, sacaron un montón de normas para las comunidades. Una era que las AUC se declaraban protectoras de la naturaleza y del medio ambiente, y de especies en vía de extinción. Lanzaron una campaña con avisos por las pequeñas emisoras de Sopetrán, de Olaya, de Santa Fe de Antioquia, y sacaron volantes con dibujos: "Pena de muerte al que cace al lagarto del río Cauca", que es un lagarto solo de esa región, azulado con escamas grandes. La vida humana no valía nada para ellos, solo la de los animales" (Gallego, 2016).

Las fuerzas armadas estatales dejaron de cumplir el papel protagónico en la orientación de las hostilidades contra los grupos insurgentes y en la determinación del resultado de la guerra. En el Nudo de Paramillo y Bajo Cauca, los Montes de María, el Sur de Córdoba y de Bolívar, Barrancabermeja, Serranía de Perijá, Casanare y Meta, por ejemplo, con frecuencia las operaciones militares contra el ELN y las FARC las diseñaron y las dirigieron los grupos paramilitares; el Ejército parecía más un auxiliar, pues la iniciativa de la lucha contrainsurgente la tenían las AUC. Pécaut señalaba en 1999:

> La incapacidad de las Fuerzas Armadas para enfrentar por sí mismas a las guerrillas ha acentuado este evidente desarrollo. Fuera de las confrontaciones puntuales de militares y paramilitares, hay que admitir que todo

sucede como si las Fuerzas Armadas hubieran delegado frecuentemente en los paramilitares el cuidado de avanzar las operaciones de recuperación territorial que ellas no pueden realizar, ya sea porque carecen de conocimiento del terreno, porque no poseen suficientes hábitos de combate, o porque estas acciones suponen el empleo de métodos de guerra sucia que les harían correr el riesgo de sanciones penales (pp. 201-202).

Todo lo anterior implicó una transformación sustancial de la guerra, que se volvió irregular también de parte del Estado, lo que tuvo un efecto desestructurador de las instituciones, tanto porque el combate a la subversión se realizaba por vías abiertamente ilegítimas, como porque con la delegación hecha a favor de los grupos paramilitares las instituciones públicas quedaron relegadas a un segundo plano, el monopolio legítimo de la violencia se erosionó aún más, y perdieron capacidad tanto para dirigir la guerra como para negociar la paz.

Un fenómeno que venía en desarrollo se impuso, la amplia *zona gris de la sociedad*, de contornos difusos, donde se refugian quienes son ambiguos y disimuladamente dan crédito a los actos de barbarie cometidos por los actores armados, en vez de ponerse de lado de quien sufre el daño; "ese amplio grupo conformado por «los terceros» (que) tiende a identificarse más fácilmente con quien comete el mal que con quien lo sufre... Ante el poder del verdugo y la impotencia de la víctima, el espectador medio acaba justificando el daño y atribuyendo cierta autoridad moral al verdugo" (Arteta, 2010b, p. 175).

Por temor a revisar si la acción es arbitraria o infame, el espectador prefiere pensar que la conducta del agresor es legítima, en defensa del orden y de las ideas que comparte con los perpetradores. La víctima es devaluada por personas que se precian de ser buenas. Ese golpe de los "buenos" es inesperado y doloroso. La inocencia de la víctima queda descartada, y aprobada la acción criminal, como se hace evidente en varios casos que hemos documentado. Relata Rubén, un campesino desplazado de una vereda de Ituango (Antioquia) en 1997, que salió con lo que tenía puesto para salvar su vida y la de su familia después de que en dos meses las FARC le mataron a una hermana y las AUC a dos hermanos (coincidiendo con la época de las masacres de El Aro, Santa Rita y La Granja que con tanta valentía denunció Jesús María Valle Jaramillo):

> Yo en Medellín madrugaba cada día a buscar en qué ocuparme, que no era mucho lo que allá se podía hacer, porque yo soy campesino de toda la vida y lo que sé es sembrar fríjol, café, maíz y lidiar ganado. Tocaba una puerta y otra puerta, a donde me dijeran iba, a la Feria de Ganados para que me engancharan como vaquero, a la Mayorista a ver si me daban trabajo descargando camiones que llegaran con comida, y así por el estilo, y uno como desplazado lo que generaba era miedo y desconfianza. En más de una parte oí que así bajito decían, "¿Este viene desplazado de Ituango? Este tiene que ser guerrillero". Usted no sabe lo que yo sentía. Entonces decidí nunca volver a contar lo que me habían hecho a mí y a mi familia para poder conseguir trabajo; hasta que me vine por aquí a otro pueblo que queda muy lejos de mi tierra de origen, a trabajar como encargado de una finca. Aquí prácticamente nadie sabe lo que nos ocurrió, ¿para qué, para que nos juzguen? (García, 2019b).

Desde las ciudades y con diversos modos de justificación, autoengaño y distancia de la realidad de la guerra que asoló a la provincia colombiana, se terminó teniendo empatía y atribuyendo autoridad a los paramilitares, y se culpó a los campesinos asesinados o desplazados, negándose a escuchar de sus vicisitudes y sufrimientos y a reconocerlos como las más numerosas víctimas de la guerra civil.

Muchos, en el curso de los acontecimientos, de manera subrepticia se pusieron de parte del más fuerte, del que avanza en la conquista militar de los territorios mientras expulsa a los guerrilleros a través de la violencia contra la población civil. El éxito económico y militar parecía dar la razón, mientras había una ceguera a los daños y el dolor de las víctimas. Alguna vez hemos oído decir en conversaciones cotidianas: "algún motivo dio para que le pasara eso", "por algo será", "si los mataron, era que algo debían", "si los hicieron irse del pueblo, era que tenían cuentas pendientes". Este es el testimonio de Juan Ignacio Montoya, hijo del ganadero Hernando Montoya, secuestrado en noviembre de 1995 por el Bloque Mineros de las ACCU en el Bajo Cauca antioqueño, y después se supo que lo habían desaparecido, aunque seguían pidiendo un rescate fingiendo ser de las FARC:

Para buscar a un desaparecido no hay por dónde empezar, uno está completamente huérfano, porque le da a uno miedo hablar con gente, le da a uno miedo de acusar. La mayoría de la gente no es sensible a eso. Los que tenemos seres desaparecidos somos invisibles pa' todo el mundo. La única persona que me ayudó fue don Antonio, que era el mejor amigo de mi papá. De resto absolutamente nadie, nadie. Inclusive los ganaderos viejos de la zona nos dieron la espalda también, porque todo el mundo, con miedo ya se estaba desbordando esta gente (Gallego, 2019c, pp. 274-275).

Mucha gente oscura por ahí que va creciendo. Gente que justifica estas cosas. Hay gente que justifica las desapariciones y creen que eso es lo mejor pues y que lo que hicieron fue por mala gente. Y eso no tiene justificación alguna, ni de matar a nadie. Eso no tiene justificación absolutamente, y ya he tenido problemas con gente que de pronto ha puesto el tema y dijo que a tal persona lo desparecieron por x, por mala gente; y he tenido encontrones malucos. Muchos justifican que desaparecer una persona por darle un plato de comida a la guerrilla justifica eso, no (Gallego, 2019c, p. 280).

APOLOGÍA DE LA VENGANZA Y VALIDACIÓN DEL HORROR PARAMILITAR

La fundación de las AUC marcó una de las épocas más sangrientas del país y dio paso a la expansión del poder paramilitar prácticamente por todo el territorio nacional, incluso en regiones donde nunca hicieron presencia grupos guerrilleros. Cada vez era más raro encontrar quién justificara los atropellos y barbaridades cometidos por los grupos guerrilleros (como debía ser), pero no así los atropellos y barbaridades cometidos por militares y paramilitares, que encontraban fácil justificación. Como señaló Pécaut, "Los militares no son realmente los únicos en aprobar la acción de los paramilitares: numerosos sectores de la sociedad lo hacen implícitamente, y no solo las clases dirigentes" (Pécaut, 1999, p. 202).

Cada vez más grupos sociales abiertamente apoyaban a los paramilitares, validaban sus métodos de terror, aclamaban a los jefes; algunos medios de comunicación los convirtieron en figuras públicas y los proyectaron como héroes, con una permisividad general que hizo más fáciles las atrocidades porque hay un consentimiento en el daño. Pero quienes así se comportaban pensaban que no hacían daño a nadie: aquí radica la perversidad de esta conducta, que es todo lo contrario a compasión con las víctimas, y un nítido mensaje de que las agresiones son aprobadas y pueden seguir adelante. Esa fractura social es fruto de la guerra civil: rechazaban la inhumanidad del secuestro, pero aprobaban la inhumanidad de las desapariciones forzadas, de las masacres, de los cercos por hambre contra la población civil.

Se volvió común la apología de la figura del vengador y del accionar paramilitar con frases alusivas a jefes como Carlos y Fidel Castaño, Salvatore Mancuso, como "no ve que a él le secuestraron al papá", "si a uno le secuestran a un ser querido, le toca matar y comer del muerto". De tal manera que

> [...] el haber sido o creerse víctima parece darle al sujeto el derecho moral a convertirse en victimario; el derecho a la venganza contra quienes infligieron dolor, contra los amigos de estos, contra sus parientes y contra aquellos que comparten una ideología similar o algún rasgo semejante con la imagen de victimario que aquella víctima fue configurando a lo largo de los años (Uribe, 2011, p. 267).

Se hizo común el desprecio al marco del Estado de Derecho con sus respuestas institucionales, civilizadas y limitadas al delito y, en cambio, se adoptó "el odio contrainsurgente" (Franco, 2009, p. 115), el favorecimiento de las soluciones privadas basadas en las vías de hecho y repertorios de ferocidad paramilitar. Mucha gente asumió como natural que "el Estado delinquía, los hijos de muchas buenas familias practicaban a medianoche la limpieza social, los hacendados pagaban esbirros, y hasta los empresarios más irreprochables terminaban financiando el crimen y el horror con las mejores intenciones" (Ospina, 2020, p. 34).

La invocación de dolores reprimidos y pasiones hereditarias movilizó a muchos y los convenció de que los paramilitares eran salvadores; no parecían cuestionar sobre los cien mil asesinatos que cometieron, los hornos crematorios, las motosierras, ni las oleadas de personas expulsadas de los campos, que llegaban a los pueblos y ciudades arrastrando narraciones pavorosas y la memoria herida de un mundo para siempre perdido. En muchos pueblos recibieron a los paramilitares como salvadores, los invitaban a reuniones sociales, a festejos, y los atendían con complacencia. Eran acogidos por concejales, alcaldes, líderes políticos, hacendados, ganaderos, comerciantes, empleados del municipio, abogados, con un servilismo que ni ellos mismos esperaban. Ellos aguardaban que los temieran, no que los trataran con obsecuencia como si representaran lo mejor de la sociedad en lo cultural, en lo cívico. Relata Pablo, un excomandante de los Bloques Metro y Elmer Cárdenas de las AUC:

> Mi infancia fue normal, con mi papá y mi mamá, estudiando en el pueblo, de ahí me fui a prestar el servicio militar como cualquier campesino. Yo era de una vereda muy pobre, cuando volví del Ejército no encontré en qué trabajar, ya en las fincas no le daban a uno sino contratos de dos meses, sin nada de seguridad social. Entonces como yo tenía libreta militar de primera, me dieron empleo en el grupo armado; allá me invitó a entrar un amigo [...]. Mi sueño era estudiar e irme de cura, pero no se pudo. Todo fue por falta de oportunidades, y uno toma la decisión de meterse ahí. Fue en octubre de 1997. Anduve por el Nordeste, por Cristales en San Roque, donde estaban los campos de entrenamiento, después Remedios, Segovia, y con el tiempo me ascendieron a comandante en el Bloque Metro. Uno salía cada cuatro meses y tenía plata pa' mandar pa' la casa. Después me mandaron para Urabá con el Bloque Elmer Cárdenas, ya con más rango.
>
> Con las Autodefensas yo sí tuve oportunidades, aprendí muchas cosas y supe qué es uno sentirse gente, ser persona importante. A uno lo convidaban, le brindaban desde los billares y cantinas; allá por Turbo, Necoclí, lo atendían a uno muy bien, se le presentaban a uno muchachas muy queridas en los pueblos, bonitas, elegantes, yo me ennovié con varias; gente de la pesada nos mandaba llamar, nos tenían en cuenta, nos apreciaban porque los defendíamos de la guerrilla y del secuestro. Gente había que me ayudaba cuando necesitaba alguna ayuda. Nos invitaban ganaderos y bananeros a sus fincas, hacían parrandas para nuestro comandante El Alemán y nosotros íbamos con él (Gallego, 2014a).

En el año 2000 los paramilitares cometieron masacres horrendas como la de El Salado, desplazamientos forzados masivos, asesinatos selectivos, cercos por hambre contra la población civil, que eran vistos como triunfos contra las guerrillas. Carlos Castaño, el jefe máximo de las AUC, apareció en dos entrevistas en televisión, una el 1º. de marzo en el programa *Cara a Cara*, con Darío Arizmendi, y otra el 9 de agosto con Claudia Gurisatti en *La Noche*. Ambos eran espacios de máxima audiencia, en donde no hubo distancia crítica, sino que parecía una reivindicación, pues se le dio ampliamente oportunidad de justificar sus crímenes frente a las víctimas y a la opinión pública, presentarse como líder político, salvador de la patria y aspirante a presidente de la República.

Muchas personas con prestancia social y profesional expresaban su adhesión al jefe máximo de las AUC, sin cuestionar el horror del que era responsable. Cuenta Mónica C., joven profesora en aquel entonces de una Facultad de Derecho, que en una reunión de profesores el decano les dijo:

> ¿Vieron la entrevista de anoche con la Gurisatti? Qué tipo tan inteligente, tan preparado es Carlos Castaño. Mano dura, ese es un verraco; él es la solución que este país necesita, el hombre para la presidencia. Aquí se necesita mano dura y así hay que implantar el orden". Unos profesores guardaron silencio, y otros manifestaron su acuerdo, salvo ella que anunció que abandonaba su cátedra al terminar el semestre, "pues no podía ser profesora de una Facultad de Derecho cuyo decano, que era una figura de autoridad, apoyaba a los paramilitares, toleraba las masacres, en abierta ruptura con todo sentido de lo institucional, de la Constitución y del Estado de Derecho" (2014a).

UN ARRAIGADO «ISMO»: EL PARAMILITARISMO Y LOS DAÑOS EN LA CULTURA

Las huellas del pasado de fuego y muerte del aparato paramilitar en Colombia son muy profundas, por los millones de víctimas, porque quedaron grupos de segunda y tercera generación luego de la desmovilización pactada de las AUC, y un «ismo» que impregna las representaciones, las relaciones sociales, económicas y políticas en Colombia, el *paramilitarismo*, que significa:

1) Una doctrina y un movimiento de extrema derecha basado en creencias, opiniones, ideas de carácter mesiánico e ideología reaccionaria y violenta que defiende la tradición, el orden imperante, la propiedad privada, la contrainsurgencia a sangre y fuego con métodos de violencia extrema dirigida, sobre todo, contra la población civil, y que se articula en proyectos de alcance local, regional o nacional.

2) Una actitud, tendencia o modelo de comportamiento con fuerte arraigo social que rompe con el orden institucional y el Derecho como límite a la búsqueda de intereses personales, económicos y políticos, y convierte al ciudadano *free rider* en modelo a imitar: el individuo que toma decisiones privadas y pragmáticas ante el peligro o ante el daño buscando hacer justicia por propia mano o con la ayuda del poder armado paramilitar (frecuentemente asociado con autoridades civiles y miembros de la Fuerza Pública) que ofrece unos servicios de seguridad provisionales, costosos, cambiantes, pero que valora como más efectivos, sin importar los métodos aplicados y los daños que cause.

El paramilitarismo es una muestra de cómo la guerra "modela las inclinaciones de la mayoría de acuerdo con las circunstancias imperantes" (Tucídides, 1991, pp. 138-139), y del estado de perversión social propio de toda guerra civil. En la sociedad colombiana, el "*universo simbólico*" (Cassirer, 2006, p. 47, cursivas en el texto) ha sido sacudido y alterado por una guerra tan prolongada y feroz, por el ejemplo reiterado de conductas dañinas y distorsionadoras de los actores armados y apoyadas por la gente, que afectan negativamente la red simbólica, las pautas de comportamiento y valores, los dispositivos ordenadores necesarios para hacer inteligibles y previsibles las interacciones y cohesionar a los miembros de la sociedad. Cabe hablar de *daños en la cultura*, que afectan al orden simbólico, de los signos y representaciones sobre formas de vida y de relación social, valores morales y jurídicos necesarios para el cuidado, la cooperación y el respeto mutuo y para acondicionar un mundo común y hacerlo habitable para todos.

En primer lugar, la *maleabilidad o inversión del código moral*: en general, las personas son modeladas por sus experiencias individuales y sociales y por sus experiencias de acontecimientos públicos. La sociedad va adoptando lenta, silenciosa y anónimamente, hábitos, modos de pensar, modos de hacer y de no hacer, cambios en la escala de valores que, en el marco de la guerra, constituyen una inversión de las pautas de comportamiento y de los valores morales indispensables para el trato humano y civilizado. El ascenso de los grupos paramilitares causó el deterioro de valores fundamentales para la vida en comunidad como la autonomía personal, la vida y la dignidad humana, que fueron escarnecidos con los actos de los perpetradores de manera constante y duradera rodeándose de poderosos mensajes en pro de la violencia, adjudicando el mal a los otros, y negándose a asumir las responsabilidades morales, políticas y jurídicas por la hecatombe producida.

Fueron cuestionados los valores más profundos, el sentido de vivir de acuerdo con un código de cuidado, civilidad, respeto hacia el otro (los congéneres, los prójimos), de manera que lo anormal se volvió normal, en lo que constituye una "mutación de valores" (Pécaut, 2013, p. 40) o una "flexibilización e inversión ética" (Bello, 2014, p. 205): se honra el asesinato del que piensa distinto, denuncia o reclama. La mentira y el engaño son apreciados; muchos sentimientos y valores morales son objeto de escarnio (la lealtad, la benevolencia, la prudencia, la piedad, la moderación) y casi sustituidos por sus contrarios (la deslealtad, la malevolencia, la irreflexión, la crueldad, la precipitación). Muchas personas descreen del respeto por la vida, aplauden ciertas violencias y validan pautas de muerte y destrucción: el comportamiento complaciente y servil con los miembros de los grupos paramilitares, la simpatía con la figura del vengador, los señalamientos públicos infundados, la omisión de ayuda a quien se encuentra en peligro, la insensibilidad ante el sufrimiento del otro, la adopción del no querer saber del horror como pauta de conducta, el triunfo público del disimulo o de la calumnia, el silencio en busca de seguridad personal, la difusión de doctrinas que conducen al enfrentamiento civil, y "la consagración del mal menor como el mayor de los bienes, la acomodación como móvil predominante" (Arteta, 2010a, p. 34).

El paramilitarismo ha trastocado principios y valores fundamentales para la convivencia civil y pacífica, generando un eclipse en la cultura que atraviesa la sociedad colombiana. Esta realidad es perturbadora y cuesta asumir su peso. Ni el estado de violencia, ni el desastre institucional, ni la inversión del código moral, las deseamos ver de forma alguna, ni hacernos las incómodas preguntas: ¿cómo pudo toda una sociedad vivir en compañía de la alianza entre agentes del Estado y escuadrones de la muerte, de las desapariciones, de las masacres, como si fueran parte del precio a pagar por la derrota de los grupos subversivos, el orden y la seguridad? Abundaban las noticias de personas que desaparecían y se esfumaban en la nada, los cementerios y las tumbas de N.N., los ríos arrastraban demasiados cadáveres, relatos de comarcas recuperadas a sangre y fuego por los paramilitares, mientras se culpabilizaba a las víctimas, no a los perpetradores.

La vileza se convierte en hábito. Ante los crímenes paramilitares pululaba ese «algo debía», «era un revoltoso», «a las buenas personas no las desaparecen ni las matan». Las víctimas tuvieron que soportar la afrenta añadida de ver puestos en entredicho su honra y buen nombre, ser tratadas con desdén porque se creía que se "buscaron" lo que les pasó.

En segundo lugar, dentro de la cultura del desacato del derecho, tan arraigada en el país, dentro de "la liberalidad con la que tomamos todas nuestras obligaciones legales en Colombia" (García, 2013, p. 35), se hace evidente una específica *cultura de carácter paramilitar de desacato al Derecho*: ante la amenaza de extorsión, secuestro, desplazamiento o asesinato no hay que acudir a las autoridades en busca de protección, sino a los grupos paramilitares en sus múltiples alianzas con agentes del Estado; ante delitos consumados por guerrilleros no hay que acudir a los tribunales para que se adelante un proceso penal, sino buscar a los paramilitares para que cobren venganza; para lograr el doblegamiento de los grupos insurgentes no hay que empoderar al Estado, hacer más eficaces sus dispositivos legales (servicios de inteligencia, cuerpos de policía bien entrenados y dotados, un Ejército con capacidad de movilidad y operativo en las selvas, los montes, los valles interiores, etc.), sino fortalecer al movimiento de combate irregular a las guerrillas y adelantar una guerra de exterminio (absolutamente prohibida por el derecho internacional humanitario). Todo ello con abierto desprecio del Derecho, la absolutización del poder económico por encima de los cánones de la justicia y los derechos humanos, la justificación de las retaliaciones y de la violación del derecho internacional humanitario.

Se convirtió en decálogo que los grupos paramilitares eran la solución a los problemas del país, que en nombre del orden y la estabilidad se podían pisotear la Constitución y las instituciones públicas, que no había que empoderar a las autoridades para combatir legítimamente a los grupos guerrilleros con los instrumentos del Estado de Derecho, sino acudir a los métodos expeditos y cruentos de comandantes como Fidel y Carlos Castaño, Salvatore Mancuso, Rodrigo Doblecero, Jorge 40, Don Berna, Cuco Vanoy, H. H. Veloza, Hernán Giraldo, cuya crueldad y riqueza se convirtió en símbolo de poder social, al cual acudir en busca de protección.

Esta ruptura en la cultura cívica deja amplios sectores de la sociedad que no se rigen por normas de civilidad, que devalúan el Estado de Derecho y los mecanismos legales para responder a la insurgencia (el sistema judicial, la acción de las autoridades civiles y de la fuerza pública dentro de los cánones de la Constitución y del Derecho internacional) y apoyan que los particulares tomen colectivamente las armas para imponer "justicia", lo que equivale a armas, retaliación y ojo por ojo. Tras la disolución de las AUC por pacto de desmovilización con el gobierno de Álvaro Uribe (2003-2006), el paramilitarismo, como doctrina y como actitud, subsiste y le da apoyo a los actuales grupos paramilitares de segunda y tercera generación, como se hace evidente en las palabras Gabriel Z., comerciante, víctima de secuestro por el ELN en el suroeste antioqueño:

> Es mucha la gente que se tiene que morir en Colombia pa' que podamos vivir en paz. Cuáles autoridades; lo que sirve es el que actúa de una, gente como los Castaño, como Ramón Isaza, El Alemán; esos son los efectivos. Gente como ellos es la que necesitamos, como el Clan del Golfo, como las Águilas Negras (2019a).

EPÍLOGO

En Colombia la crisis del contrato social se materializa de manera dramática en la persistencia de la guerra, que pone en entredicho el monopolio del poder central del Estado y la capacidad de este de proteger los derechos fundamentales a la vida, la libertad personal, la salud a todas las personas.

El Estado no consigue asegurar una razonable convivencia pacífica en todo el territorio y la sociedad mantiene ciénagas de estado de naturaleza. Es "la sociedad incivil" (Keane, 2000, p. 91), aquella forma de socialización que apoya el recurso a la violencia ante situaciones de discordia, toma como referente la víctima justiciera, propala el regocijo de la venganza, apoya la eliminación física del otro y los métodos de guerra irregular.

Es la sociedad que acude al Estado de manera selectiva y está dispuesta a romper con los mecanismos institucionales y legales para defender sus intereses y obtener seguridad, a usurpar las prerrogativas estatales de coerción y regulación social, dando lugar a "sociabilidades fascistas" en las que proliferan el despotismo, el recurso a la intimidación y las armas para resolver los conflictos, la búsqueda del trato individualizado y secreto con actores armados y el recurso a métodos de terror, lo cual da lugar al "fascismo para-estatal" (Santos & García, 2004, pp. 31-32).

Cuando la sociedad se queda a la saga de los principios de civilidad, cuando hay daños tan graves en la cultura, con frecuencia corresponde al Derecho tomar la delantera para reinstituir valores y significados, remarcar fronteras sobre lo correcto y lo incorrecto y ayudar a la recuperación no solo del orden jurídico, sino de la cultura cívica, como sucedió con el Acto Legislativo 05 de 2017, que expresamente prohíbe la conformación, promoción y encubrimiento de grupos paramilitares, y representa la obligación expresa del Estado de no repetición, con el fortalecimiento en el monopolio de la fuerza y de las armas para que no se perpetúen la guerra y las violaciones de los derechos humanos y para que éstas no vuelvan a encontrar justificación por parte de la sociedad.

Además de esta prohibición constitucional, una garantía fundamental de no repetición radica en el aspecto subjetivo (cultural y educativo), consistente en recordar el horror y en educar para la autorreflexión crítica: todo este horror ha sucedido, y no fue asunto de unos pocos. Tuvo la tolerancia o el apoyo de muchos. Puede volver a suceder; si lo olvidamos, es más fácil que se repita.

Corremos el peligro de que la guerra se perpetúe, si nos negamos a oír hablar de lo que pasó, si nos estorban las víctimas y acallamos a quienes denuncian los crímenes de unos y otros, y como si la sociedad no tuviera, en tanto pasiva espectadora, responsabilidad moral en el advenimiento del horror. Por eso, es necesario educar en la memoria, pues lo que algunos esperan que los demás olviden puede tener una terrible significación.

Mediante la educación en la memoria histórica y en la consciencia de los daños culturales heredados de la guerra civil, se puede hacer algo para crear un clima social y cultural que no condescienda con la repetición, porque se ha tomado consciencia de los motivos, las acciones y omisiones, las denegaciones y tolerancias, las rupturas del código ético que condujeron a la inhumanidad colectiva. Esta educación es parte de la "ética de la prevención de las atrocidades, que es una extensión de la ética cotidiana" (Glover, 2001, p. 554).

REFERENCIAS

Aranguren, M. (2002). *Mi confesión. Carlos Castaño revela sus secretos* [11ª. ed.]. Editorial Oveja Negra.
Arteta, A. (2010a). *Mal consentido. La complicidad del espectador indiferente.* Alianza Editorial.
Arteta, A. (2010b). El mal público y su espectador. *Anthropos,* (228), 170-184.
Bello, M.N. (2014). Daños, devastación y resistencia. En *Desde el Jardín de Freud,* (14), 203-211.
Cassirer, E. (2006). *Antropología filosófica* [2ª. ed., 23ª. reimp.]. Fondo de Cultura Económica.
Caso Valle Jaramillo y otros Vs. Colombia (2008, noviembre 27). Corte Interamericana de Derechos Humanos (Corte IDH). Sentencia. Fondo, Reparaciones y Costas. Serie C No. 192. https://www.corteidh.or.cr/docs/casos/articulos/seriec_192_esp.pdf
Castro, G. (1996). *En secreto.* Planeta Colombiana Editorial.
Centro Nacional de Memoria Histórica —CNMH— (2013). *¡Basta ya! Colombia: memorias de guerra y dignidad, Informe general del Grupo de Memoria Histórica.* Comisión Nacional de Reparación y Reconciliación.
Decreto 356 (1994, febrero 11). Por el cual se expide el Estatuto de Vigilancia y Seguridad Privada. Presidencia de la República [Colombia]. *Diario Oficial* No. 41.220 del 11 de febrero de 1994. Bogotá: Imprenta Nacional.
Franco, V. L. (2009). *Orden contrainsurgente y dominación.* Siglo del Hombre Editores & Instituto Popular de Capacitación.
Gallego, G. M. & Fernández, N. (2003). Guerra y desaparición forzada en Colombia (II). *Jueces para la Democracia,* (48), 103-115.
Gallego, G. M. (2014a, abril 14). Comunicación persona con Mónica C.
Gallego, G. M. (2014b, noviembre 7). Comunicación personal con Pablo.
Gallego, G. M. (2016, septiembre 6). Comunicación personal con Catalina C.
Gallego, G. M. (2019a, septiembre 20). Comunicación personal con Gabriel Z.
Gallego, G. M (2019b, diciembre 3). Comunicación personal con Rubén.
Gallego, G. M. (Relatora principal) (2019c). *Después vino el silencio. Memorias del secuestro en Antioquia.* Siglo del Hombre Editores, Universidad EAFIT & Museo Casa de la Memoria de Medellín.
García, M. (2013). *Normas de papel. La cultura del incumplimiento de reglas.* Siglo del Hombre Editores & De Justicia.
Glover, J. (2001). *Humanidad e inhumanidad. Una historia moral del siglo XX.* Ediciones Cátedra.
Jaspers, K. (1998). *El problema de la culpa. Sobre la responsabilidad política de Alemania.* Ediciones Paidós.

Kalyvas, S. N. (2010). *La lógica de la violencia en la guerra civil*. Akal.
Keane, J. (2000). *Ensayo sobre la violencia*. Alianza Editorial.
Levi, P. (2005). *Si esto es un hombre*. Muchnik Editores.
Ospina, W. (2015). *Pa' que se acabe la vaina*. Editorial Planeta.
Pécaut, D. (1999). Estrategias de paz en un contexto de diversidad de actores y factores de violencia. En F. Leal (Ed.), *Los laberintos de la guerra. Utopías e incertidumbres sobre la paz* (pp. 193-243). Tercer Mundo Editores & Universidad de los Andes.
Pécaut, D. (2013). *La experiencia de la violencia. los desafíos del relato y la memoria*. La Carreta Editores.
Reyes, A. (2016). *Guerreros y campesinos. Despojo y restitución de tierras en Colombia*, [2ª. ed.]. Editorial Planeta Colombiana & Ariel.
Ronderos, M.T. (2014). *Guerras recicladas. Una historia periodística del paramilitarismo en Colombia*. Aguilar.
Santos, B. de S. & García, M. (2004). Colombia. El revés del contrato social de la modernidad. En B. De S. Santos, y M. García, *El caleidoscopio de las justicias en Colombia. Análisis socio-jurídico*, (t. I, pp. 11-83). Colciencias, Universidad Nacional de Colombia & Siglo del Hombre Editores.
Sentencia C-572 (1997, noviembre 7). Demanda de inconstitucionalidad. [Expediente D-1602], Magistrados ponentes: Jorge Arango Mejía y Alejandro Martínez Caballero. Corte Constitucional [Colombia]. https://www.corteconstitucional.gov.co/relatoria/1997/C-572-97.htm
Sofsky, W. (2006). *Tratado sobre la violencia*. Abada Editores.
Tucídides (1991). *Historia de la guerra del Peloponeso* (Libros III-IV). Gredos.
Uribe, M. T. (2005). *Nación, ciudadano y soberano* [2ª. ed.]. Corporación Región.
Uribe, M. T. & López, L. M. (2011). *Un retrato fragmentado. Ensayos sobre la vida social, económica y política de Colombia – Siglos XIX y XX*. La Carreta Editores & Alcaldía de Medellín.

Ética, robots y proceso: Sobre los límites en el uso de la inteligencia artificial*

Juan-Luis Gómez Colomer**

RESUMEN: El uso de la inteligencia artificial se está imponiendo en nuestro trabajo de manera definitiva, bien para ayudar en la detección, análisis y resolución de problemas, bien para facilitar planificaciones y estructuras que simplifiquen nuestros procedimientos vitales. La Justicia no podía quedar fuera de esta realidad, y por eso deben estudiarse con detenimiento qué aspectos y campos de la inteligencia artificial pueden servir al ciudadano que tiene o debe relacionarse a través del proceso con un tribunal. Un aspecto concreto muy relevante afecta a la ética, puesto que el uso de la inteligencia artificial debe tener límites. La ética nos los pro-

---

* Este artículo forma parte de un libro sobre el Juez-Robot que estoy elaborando en estos momentos, cuyas líneas generales sobre el tema concreto de la relación entre la Inteligencia Artificial y los derechos fundamentales de los ciudadanos, avanzo parcialmente ahora. Las fuentes bibliográficas extranjeras (alemanas y anglosajonas) pude consultarlas presencialmente en el *Institut für Strafrecht und Strafprozessrecht Abteilung 3: Deutsches und Ausländisches Strafrecht und Strafprozessrecht* de la *Rechtswissenschaftliche Fakultät* (*Albert-Ludwigs-Universität* de Freiburg im Breisgau, Alemania), dirigido por el Prof. Dr. Dr.h.c. Walter Perron, a quien agradezco profundamente su extraordinaria acogida y constante apoyo. También pude consultar mucha bibliografía en el *Max-Planck-Institut zur Erforschung von Kriminalität, Sicherheit und Recht* (antiguo *Max-Plank-Institut für ausländisches und internationales Stafrecht*), igualmente sito en Freiburg im Breisgau. Mi agradecimiento a sus directores Prof. Dr. Ralf Poscher y Profra. Dra. Tatjana Hörnle, por aceptarme y permitir mi acceso, igualmente presencial, en estos tiempos de pandemia tan preocupantes. Ello fue posible gracias a la concesión de una beca de la Generalitat Valenciana-Programa BEST/2021 (julio a septiembre de 2021), y de otra beca de la Alexander von Humboldt-Stiftung (*Wiedereinladung*, de octubre a diciembre de 2021), instituciones a las que igualmente quiero manifestar expresamente mi más profundo agradecimiento.

** Catedrático de Derecho Procesal de la Universidad Jaime I de Castellón, España. Correo electrónico: colomer@dpu.uji.es

porciona, especialmente si sus postulados se normativizan. La ética nos advierte igualmente de los peligros que acechan en el uso de la inteligencia artificial, y nos facilita los instrumentos necesarios para conjurarlos. Un ejemplo relevante es la creación de programas de predicción. Este artículo pretende explicar esos límites, así como su influencia en el proceso civil o penal en el que el uso de la inteligencia artificial esté aconsejado y sea posible.

Palabras claves: Ética, inteligencia artificial, Justicia, derechos fundamentales, programas de predicción, límites.

En homenaje al malogrado D. Jesús María Valle Jaramillo, Profesor de Ética Profesional, de Derecho Procesal Penal y de Derecho Probatorio, entre otros muchos títulos y honores. Creo que le habría gustado, a modo de humilde dedicatoria y agradecimiento por su valiente defensa de los derechos humanos en un medio y una época tan hostiles, de la que todos resultamos beneficiados, la siguiente reflexión concreta sobre modernas evoluciones en un tema que él tanto quiso.

INTRODUCCIÓN

Una visión científica por no expertos del mundo de la Inteligencia Artificial —a partir de ahora, abreviada IA—, que empieza a despuntar en los años 50 del siglo pasado, pero que en realidad solamente a partir de finales del siglo XX se la ve pujar con fuerza en el mundo que nos rodea, se está abriendo paso para iluminar sobre aspectos concretos muy problemáticos de nuestra vida actual. Esa visión científica es jurídica, y afecta a la cuestión general de comprensión del fenómeno de la IA e intento de regulación legal de la misma, debido a que, con su enorme desarrollo, empiezan a verse también, si no se han visto ya, los enormes peligros que encierra este nuevo mundo.

Es cierto que también interesan otras visiones, como la filosófica (aquí vamos a hablar precisamente de algunos aspectos éticos), la económica o incluso la perspectiva desde las ciencias de la salud. Pero, dicho en términos generales, ahora me preocupa la visión jurídica que tiene lugar desde el punto de vista procesal, y de todas las posibles cuestiones dentro de esa visión, en particular los criterios éticos a los que se va a someter, y se está sometiendo ya, la normativización de la aplicación de la IA en la Justicia, que va a tener un desarrollo espectacular a la vista de los datos que hasta ahora poseemos. El problema que quiero abordar aquí, detectándolo, analizándolo, observando lo existente y proponiendo soluciones a los problemas planteados, dentro de la limitada extensión que un escrito de estas características me permite, es el de la influencia ética en la protección jurídica frente a los riesgos que el uso y aplicación de la IA conlleva. Creo que es, sin duda, uno de los puntos estrella en estos momentos.

Pero es necesario antes comprender con carácter general el tema, siquiera sea en sus trazos más significativos. Para lograrlo, es útil repasar las informaciones accesibles a la ciudadanía, de manera que sepamos exactamente cuál es el estado de la cuestión en estos momentos.

En este sentido, lo primero que debe decirse es que se habla mucho en los medios de información sobre IA, pero se constata que quienes han escrito en los *mass media* sobre inteligencia artificial y sus aplicaciones en la Justicia (organización, tribunales, procesos civiles y penales), específicamente los pocos que se han atrevido a hablar en concreto del juez-robot, no son cualquier ciudadano, son abogados, informáticos o periodistas especializados que se han adentrado en este mundo informando al público brevemente sobre diversos contenidos relacionados con la IA. Podemos decir que esta información transmite a toda la sociedad lo que una pequeña parte de ella piensa.

Ordenando las ideas expresadas acerca de estos temas, podemos resumir lo siguiente:

1°) En general, las informaciones parten todas ellas de considerar la introducción de la IA en el mundo de la Justicia como algo imparable, inevitable y positivo. Primero, porque el mundo del Derecho no puede ser ajeno a la enorme evolución tecnológica y considerable progreso científico que se manifiestan en otros mundos, como el de la Medicina, la Economía, la Ingeniería o la propia Administración, en los que la IA ocupa un papel cada vez más relevante (por ejemplo, sobre la automatización de la administración alemana, procedimientos y decisiones, con base en la IA, v. Martini & Nink, 2017, N.º 10, pp. 1 y ss.); y segundo, porque se constata, también paulatinamente, que la IA mejora aspectos de la Justicia sobre los que existe una gran preocupación social, como por ejemplo la rapidez de tramitación y resolución de los conflictos, un aspecto que lleva décadas enquistado provocando un caótico atasco judicial con dilaciones indebidas inasumibles. Esto es muy significativo, porque por culpa de la extrema lentitud de la Justicia una buena parte de la ciudadanía ha dejado de tener fe en ella, por lo cual la aplicación de la IA para resolver este gran problema la hace muy atractiva.

2º) Toda la información habla de las ventajas e inconvenientes de la aplicación de la IA en la Justicia, en cualquiera de sus ramas, pero en donde más incidencia tiene es en la práctica ante los tribunales penales, por ser la más problemática.

3º) Las ventajas que se destacan son, principalmente, la enorme ayuda que implica para la descongestión judicial acabada de mencionar, porque los asuntos se resuelven rápidamente, la gran utilidad que significa para el juez manejar correctamente los datos y evitar que se pierda en montañas de papeles, y la nada menospreciable satisfacción de facilitar resoluciones justas e iguales en casos que son o idénticos o muy parecidos, lo que proporciona una gran seguridad jurídica.

4º) Los inconvenientes son también claros, pues se reconoce principalmente que no es posible aplicar los avances en todos los campos del proceso, ni en todas las materias. Por ejemplo, en la línea problemática indicada, no lo ven apropiado para el proceso penal, aunque las aplicaciones se orientan principalmente a las predicciones (a tratar más adelante) para la adopción de medidas cautelares penales de naturaleza personal; tampoco lo consideran procedente para asuntos civiles de familia, en los que la decisión humana se entiende hoy como imprescindible ante la cantidad de problemas entrelazados que existen, la mayoría de los cuales requieren una sensibilidad y una emoción de la que carecen las "máquinas".

5°) En el ámbito de la Justicia civil y penal, también en los órdenes contencioso-administrativo y laboral, incluso en el militar, hay dos aspectos sobre los que se quiere trasmitir a la sociedad alguna reflexión ulterior:

a) El primero hace referencia a la enorme utilidad de la aplicación de la IA en materia de predicciones judiciales, destacando a su vez dos cuestiones:

b) 1. Un primer ámbito, aunque los campos pueden ser muchos, se centra sobre todo en los programas que hasta ahora se han construido y que mayor importancia tienen. Así por ejemplo, se suele citar mucho el programa COMPAS, diseñado en California en el año 1998, para predecir si un imputado o acusado por determinados delitos tiene un riesgo elevado de fugarse si se decreta su libertad provisional, con el riesgo de reiteración delictiva que ello supone, hasta la espera del juicio, o si no lo tiene, de manera que con la ayuda de la predicción el juez pueda tomar una decisión más adecuada a la realidad del caso y de la persona que podría haber cometido el delito o los delitos que lo han provocado. En relación con él se cita el *caso Loomis*, en 2013, que creó un precedente judicial en el Estado de Wisconsin, Estados Unidos (véanse Greco, 2020, pp. 28 y 29; Armenta, 2021, pp. 262 y ss.; Miranda, 2021, pp. 720 y 721; Martínez, 2019, pp. 5 y ss.; y Miguel, 2018, pp. 45 y ss.). Pero hay muchos programas más, como PredPol, Precobs, Xlaw, Hart, Vaak, Cortica, o el español Eurocop, diseñado por mi universidad. Este último pretende aumentar la capacidad predictiva, preventiva y operativa de la Policía, especialmente la Policía Local, de momento. Para lograrlo se creó mediante acuerdo entre la Universidad Jaume I de Castellón, el Ayuntamiento de Castellón y su Policía Local la "Cátedra Eurocop", con el fin de ayudar a resolver las necesidades que tienen los Cuerpos y Fuerzas de Seguridad, posibilitando que cuenten con las más avanzadas herramientas tecnológicas para predecir y prevenir delitos, infracciones, faltas, actos incívicos, etc. No es un programa ajeno a ciertas sensibilidades sociales que ven este tipo de usos atentatorio contra los derechos de los ciudadanos (v. Barbieri, 2019; y Cancela & Jiménez, 2021).

2. Un segundo ámbito de predicción que se está utilizando consiste en estudiar las sentencias dictadas por un juez, o por cada juez de un tribunal, o por el conjunto del tribunal, agrupando asuntos relativamente iguales durante un período de tiempo. Este análisis predictivo ayuda a los abogados en sus estrategias para intentar vencer la probable oposición psicológica de los jueces a sus intereses con relación a sus clientes, o para orientar mejor la argumentación hacia una victoria en el caso. Un programa desarrollado en 2016 por la *University College* de Londres, la Universidad de Sheffield y la Universidad de Pennsylvania para el estudio de casi 600 casos del Tribunal Europeo de Derechos Humanos, para ver si un algoritmo podía predecir el fallo con base en esos precedentes, llegó al sorprendente resultado de coincidir la predicción con la realidad posterior en casi el 80% de los casos (Aletras *et al.*, p. 1 y ss.). Más adelante nos volveremos a referir a este estudio. No es el único análisis predictivo hecho (para la Corte Suprema de los Estados Unidos, v. Ruger *et al.*, 2004, pp. 1150 y ss.).

c) El segundo se refiere a la posibilidad de que una máquina pueda juzgar. La enorme evolución tecnológica en esta materia está llevando más allá de las predicciones y se adentra en el delicado tema de las resoluciones judiciales, en definitiva, en estudiar si es posible que una computadora inteligente pueda decidir cualquier asunto litigioso civil o cualquier delito penal.

La idea central que preside este avance es, en forma recurrente, que hablamos casi siempre de lo mismo: aligerar el enorme colapso de los tribunales en todos los países democráticos, de manera que el ciudadano sienta de verdad que su derecho a la tutela judicial efectiva y a un proceso sin dilaciones indebidas sea respetado y amparado por el Estado, el único ente que debe organizar el sistema judicial en una democracia.

Pero no es tan fácil, primero porque el avance tecnológico no ha llegado tan lejos, y segundo, porque, y en esto coinciden todos, nadie cree en serio, al menos hoy en día, que desaparezca para siempre el juez humano de la vida judicial.

6°) Llegamos con estas reflexiones al Juez-Robot, sobre el que se ha escrito también, pero poco, quizás porque nadie cree, insistimos, al menos de momento, en que pueda ser realidad un día.

Pero dos países ya lo han empezado a implementar (Cárdenas, 2021, pp. 3-4), y de ello se da cumplida cuenta en la escasa prensa que ha tratado el tema:

a) En Estonia, uno de los países más avanzados del mundo en esta materia, existe desde el año 2000 el Juez-Robot, que resuelve pequeñas reclamaciones civiles de cuantía hasta 7.000 €.

b) En China existen desde 2019 los llamados "Tribunales de Internet", o juzgados *online*, con competencias en litigios sobre comercio electrónico, pagos virtuales, transacciones en la nube y conflictos en materia de propiedad intelectual.

Los procesos se desarrollan de una manera ultrarrápida. Las partes únicamente proporcionan los hechos y las pruebas que tengan y la máquina mediante un sistema de algoritmos (basados en un complejísimo cálculo estadístico), dicta sentencia.

En ninguno de los dos países, sin embargo, la IA se ha apoderado totalmente del proceso. En primer lugar, solo actúan en procesos civiles, y, en segundo lugar, proponen la decisión a un juez, quien debe revisar al procedimiento y ratificarla o no. Los recursos, de caber, se tramitan ante jueces "humanos".

En China han dado un paso más y han creado una máquina que actúa de Fiscal, encargado de acusar en algunos pocos delitos, generalmente de escasa dificultad probatoria, según los pocos datos que hasta este momento conocemos. El Fiscal-Robot está en pruebas en la gran urbe china de Shanghái. Es capaz de formular escritos de acusación contra sospechosos con base exclusivamente en una descripción verbal, con una precisión de hasta el 97 % de acierto. De momento ha sido capaz de "comprender" ocho delitos: Fraude con tarjetas de crédito, juegos de azar, conducción imprudente, asalto intencional, obstrucción a un oficial, robo, fraude e incluso disidencia política.

7°) Finalmente, la ciudadanía es puesta al corriente de dos cuestiones negativas que el uso de la IA en el campo del Derecho Procesal implica: Se denuncian ciertos problemas éticos con la utilización de los programas de predicción, y se advierte sobre la posible colisión del uso de estas altísimas tecnologías con las constituciones democráticas y algunos de los derechos humanos (constitucionales) que reconocen.

a) El problema ético surge principalmente en relación con los programas de predicción porque los algoritmos, generalmente creados por empresas privadas, no se someten a información pública, es decir, nadie sabe cuál es su contenido, y no hay manera legal de obligar a la empresa a que los haga públicos, porque los resultados de su trabajo están protegidos por sus derechos de propiedad intelectual. Esto ha provocado en varios asuntos de gran trascendencia impugnaciones por parte de la defensa, cuando su cliente ha resultado perjudicado por la predicción, porque no se podía defender frente a un algoritmo "secreto".

Otra cuestión, no menor, ha sido que al no conocerse con qué criterios actúa el algoritmo, ni quién lo ha elaborado, no se puede saber si realmente la información que contiene es objetiva, imparcial, igualitaria y ajustada a la ley. De hecho, se ha demostrado que en algunos casos estos programas tenían sesgos claramente orientados a favor de la mayoría (v. gr., de los ricos), e incluso prejuicios en favor de los blancos cuando los acusados eran negros (*caso Loomis*, cit.).

b) El segundo tema es jurídico y atañe a la posible violación de determinados derechos constitucionales por el uso de estos programas de predicción, y también de resolución en el caso del Juez-Robot. Pero este tema no lo vamos a tratar aquí, aunque la relación entre ética y derechos fundamentales es muy estrecha (Gómez, 2022).

En resumen, siendo ello así, dado que la IA sigue imparablemente su curso, no va a haber más remedio que cambiar muchas cosas para que las grandes estructuras, formadas por principios por los que mucha gente ha llegado a dar su vida a lo largo de la Historia, no se tambaleen y se destruyan definitivamente. Ello incluye, especialmente, toda la materia de los derechos fundamentales propios de un Estado de Derecho, los que conforman una democracia verdadera.

Por eso entes supranacionales de una gran trascendencia jurídica (y política, claro), como la Unión Europea, trabajan e impulsan la aprobación de documentos éticos, en donde se regulan también los derechos de los seres humanos frente a las máquinas y los límites infranqueables que éstas no pueden traspasar. El más relevante es la Carta Ética europea sobre el uso de la inteligencia artificial en los sistemas judiciales y su entorno, aprobada en 2018, sin que falten tampoco iniciativas privadas, como la Declaración de Toronto, también de 2018, una apuesta a favor de la primacía de los derechos humanos en el mundo de las altas tecnologías y en particular de la IA.

A las cuestiones éticas dedicamos las palabras siguientes, que conforman el núcleo central de esta contribución.

LA NORMATIVIZACIÓN DE LA ÉTICA FRENTE AL USO DE LA INTELIGENCIA ARTIFICIAL

Al tratar lo que la sociedad recibe como información respecto a la IA y su aplicación en el mundo jurídico, y en concreto sobre el Juez-Robot, he hecho alusión a la cuestión ética que se plantea en estos temas, si bien en realidad dentro de este gran concepto se mezclan varias cuestiones entrelazadas entre sí, que parten de una base ética común (planteada de manera clara y directa por Cortina, 2019, p. 381: ¿Una ética de la inteligencia artificial es la que deben practicar los sistemas inteligentes desde sus propios valores, o es la que los seres humanos deberíamos adoptar para servirnos de los sistemas inteligentes?). Es ciertamente un punto relevante, porque, en el sentido coloquial tratado, hay mucho respeto, y temor, frente a la posibilidad de que una máquina nos pueda juzgar, y hay mucho prejuicio y desconfianza respecto a quién va a estar encargado de programar la máquina de juzgar y cómo lo va a hacer. Éste es el tema que nos interesa ahora.

La ética de la informática se ocupa de analizar el impacto social que alcanza el uso de las nuevas tecnologías en el campo de la informática, abordando temas como la determinación de quién es el responsable en la toma de decisiones artificiales, y qué riesgos conlleva la decisión artificial (tema que abordó por vez primera Johnson, & Miller, 2009, pp. 163 y ss.; véanse también: Bourcier & Casanovas, 2003, pp.164 a 178; Kelleher & Tierney, 2018, pp. 209 a 218; y, ampliamente, Eberl, 2017, pp. 307 a 309).

Pero en este escrito, sin prescindir de esas consideraciones, el análisis ético va a ser hecho desde otra perspectiva, más científica y acorde con la finalidad que pretendemos.

En muchos documentos en los que se recogen normativas europeas se contienen previsiones de carácter ético. Me centraré en Europa (Consejo de Europa y Unión Europea). A saber:

1º) A nivel del Consejo de Europa: La Carta Ética Europea sobre el uso de la inteligencia artificial en los sistemas judiciales y su entorno, adoptado por la Comisión Europea para la Eficiencia de la Justicia (CEPEJ) del Consejo de Europa, durante su 31ª reunión plenaria celebrada en Estrasburgo los días 3 y 4 de diciembre de 2018 (Consejo de Europa, 2018).

2º) A nivel de la Unión Europea: Las Directrices Éticas para una Inteligencia Artificial fiable. Dictamen del Grupo independiente de expertos de alto nivel sobre Inteligencia Artificial, creado por la Comisión Europea en junio de 2018, de 8 de abril de 2019; en la misma fecha se resumió su labor mediante un Comunicado de prensa específico titulado "Inteligencia artificial: La Comisión continúa su trabajo sobre directrices éticas" (Unión Europea, 2019).

Se han tomado en cuenta para la aprobación de esas normas las Recomendaciones del Parlamento Europeo que afectan a una posible futura regulación de los robots (Resolución del Parlamento Europeo, de 16 de febrero de 2017, con recomendaciones destinadas a la Comisión sobre normas de Derecho Civil sobre robótica, cit., ap. 10 a 14) fechadas en 2017, las primeras en ordenar la cuestión de cara a una futura normativización (Lledó & Monje, 2020, pp. 16-27). Destacamos de estas recomendaciones los siguientes apartados:

"Principios éticos

10. Señala que el potencial de empoderamiento que encierra el recurso a la robótica se ve matizado por una serie de tensiones o posibles riesgos y que debe ser evaluado detenidamente a la luz de la seguridad y la salud humanas; la libertad, la intimidad, la integridad y la dignidad; la autodeterminación y la no discriminación, y la protección de los datos personales;

11. Considera que el actual marco normativo de la Unión debe actualizarse y completarse, en su caso, por medio de directrices éticas que reflejen la complejidad del ámbito de la robótica y sus numerosas implicaciones sociales, médicas y bioéticas; estima que es preciso un marco ético claro, estricto y eficiente que oriente el desarrollo, diseño, producción, uso y modificación de los robots, a fin de complementar tanto las recomendaciones jurídicas expuestas en el presente informe como el acervo nacional y de la Unión en vigor; propone, en el anexo a la presente Resolución, un marco en forma de carta integrada por un código de conducta para los ingenieros en robótica, un código deontológico destinado a los comités de ética de la investigación para la revisión de los protocolos de robótica, y licencias tipo para los diseñadores y los usuarios;

12. Pone de relieve el principio de transparencia, que consiste en que siempre ha de ser posible justificar cualquier decisión que se haya adoptado con ayuda de la inteligencia artificial y que pueda tener un impacto significativo sobre la vida de una o varias personas; considera que siempre debe ser posible reducir los cálculos del sistema de inteligencia artificial a una forma comprensible para los humanos; estima que los robots avanzados deberían estar equipados con una «caja negra» que registre los datos de todas las operaciones efectuadas por la máquina, incluidos, en su caso, los pasos lógicos que han conducido a la formulación de sus decisiones;

13. Señala que este marco de orientaciones éticas debe basarse en los principios de beneficencia, no maleficencia, autonomía y justicia, así como en los principios consagrados en la Carta de los Derechos Funda-

mentales de la Unión Europea, como la dignidad humana, la igualdad, la justicia y la equidad, la no discriminación, el consentimiento informado, la vida privada y familiar y la protección de datos, así como en otros principios y valores inherentes al Derecho de la Unión, como la no estigmatización, la transparencia, la autonomía, la responsabilidad individual, y la responsabilidad social, sin olvidar las actuales prácticas y códigos éticos;

14. Considera que se debe prestar especial atención a los robots que representan una amenaza significativa para la privacidad debido a su ubicación en espacios tradicionalmente protegidos y privados y a su capacidad para obtener y transmitir información y datos personales y sensibles."

Pero yendo más a lo general, desde que se empezó a hablar en la Unión Europea de la necesidad de establecer políticas comunes en materia de IA, y, en concreto, de la necesidad de crear un marco normativo, la cuestión ética ha sido uno de los temas principales que se han abordado (sobre las razones por las que se habla de ética en materia de ordenadores, véanse Johnson & Miller, 2009, pp. 5 a 7). Ello, porque la UE busca una IA fiable, fiabilidad que se basa en su carácter lícito, su carácter ético y robusto.

PRINCIPIOS ÉTICOS GENERALES

La cuestión ética es abordada no solo desde el punto de vista de los principios éticos que deben regir la IA, en general, no específicamente normativos, sino también desde el aspecto de cómo ponerlos en práctica. Esos principios son el respeto a la autonomía humana, la prevención del daño, la equidad y la explicabilidad (Cortina, 2019, pp. 388-392).

Antes de considerarlos, debe remarcarse que todos ellos han de basarse en los derechos fundamentales de los ciudadanos reconocidos por la Unión Europea (Gómez, 2022).

Ahora bien, la lectura de los textos europeos nunca es fácil, especialmente de aquéllos que tienen alcance jurídico, como es el caso que estamos tratando. Cuando la UE habla de ética, se está refiriendo, evidentemente, al concepto estricto de ética que todos conocemos, es decir, a aquella parte de la Filosofía que evalúa el comportamiento humano, analizando el bien y sus valores desde un punto de vista científico. Pero también se está refiriendo a un concepto más amplio, el que afecta a su alcance, por tanto, a la ética normativa, la que analiza la corrección o incorrección de los actos y la valoración positiva o negativa de las acciones humanas, todo ello de conformidad con las costumbres y modos de comportamiento de las personas en un momento histórico relativo determinado (es decir, en coordinación con la moral).

Y éste es el problema, porque al emplear los dos sentidos, se va mucho más allá de lo que estrictamente sería el análisis de una preocupación ética por la implantación de la IA en el mundo de la Justicia y, en concreto, en el ámbito del Derecho Procesal civil y penal.

En realidad, los dos documentos éticos citados pretenden rentabilizar conceptualmente, por un lado, todos los beneficios que de la aplicación de la IA puedan obtenerse, y, por otro, advertir sobre los riesgos que su uso conlleva, prevenirlos y, en caso de ser inevitables, minimizar sus efectos, no solo en general, sino también específicamente en lo que afecta al mundo jurídico (Directrices Éticas, p. 5). Aparece el concepto de "grandes riegos", es decir, los riesgos inherentes a estas tecnologías que pueden afectar a la estructura del estado de derecho y a los sistemas judiciales democráticos. Se habla entonces de una IA de alto riesgo, un tema del que el futuro Reglamento europeo (Ley de Inteligencia Artificial europea) va a ocuparse.

Si se logra, ello proporcionará a la ciudadanía una gran confianza para usar la IA, de ahí que se hable en Europa de una IA fiable, y por eso las autoridades comunitarias creen que la mejor manera de lograr una IA fiable es a través de la ética, convirtiéndola en el pilar fundamental de la IA (Directrices Éticas, p. 6. Véase Cortina, 2019, p. 387).

Los principios éticos mencionados no se corresponden siempre con el nombre del principio con su contenido usual, sin duda porque la IA es un tema absolutamente novedoso y es preciso innovar también terminológicamente.

En concreto se trata, como hemos mencionado, de los siguientes (Directrices Éticas, pp. 14 a 16. Véanse: Bostrom & Yudkowsky, 2014, pp. 316 y ss.; y Quattrocolo, 2018, pp. 4 y 5):

a) *Principio de respeto a la autonomía humana*: Las personas que utilicen o se relacionen con la IA deben poder mantener una autonomía plena y efectiva sobre ella, o, lo que es lo mismo, los sistemas de IA no pueden subordinar, coaccionar, engañar, manipular, condicionar o dirigir al ser humano de manera injustificada.

Un principio que debe tener una gran importancia en el desarrollo del Juez-Robot, porque afecta al control de la Justicia automatizada.

b) *Principio de prevención del daño*: Los sistemas de IA no pueden perjudicar al ser humano, ni mucho menos agravar el daño ya existente, o lo que es lo mismo, todos deben trabajar con seguridad y ser robustos desde el punto de vista técnico, garantizándose que no puedan ser destinados a usos malintencionados.

c) *Principio de equidad*: Los sistemas de IA deben garantizar, por un lado, una distribución justa e igualitaria de los costes y beneficios, asegurando que las personas y grupos no sufran sesgos injustos, discriminación ni estigmatización, y, por otro, que la persona sea siempre capaz de poder oponerse a las decisiones adoptadas por la IA, lo que significa que siempre se debe poder identificar a la entidad responsable de la decisión y que siempre debe ser posible explicar cómo se ha llegado a determinada decisión.

Este principio va a tener también una gran importancia en el ámbito de la Justicia y afecta a la configuración del Juez-Robot de manera determinante.

d) *Principio de explicabilidad*: Es una manera de decir que los sistemas de IA deben ser transparentes, explicables, capaces de rendir cuentas. En lo que a nosotros afecta, significa que la IA debe poder explicar a las personas las razones de las decisiones que ha tomado, si fuese técnicamente posible, y si no lo fuera (por estar ante un algoritmo llamado "de caja negra"), debe adoptar otras medidas que ayuden a comprenderla, como la trazabilidad (seguimiento de datos e identificación de los mismos), la auditabilidad (evaluación de algoritmos) y la comunicación transparente (la persona interactúa con una máquina, no con un sucedáneo humano) (sobre la ética de los algoritmos, v. Nink, 2021, pp. 237 y 256).

Estos principios pueden colisionar entre sí en algún caso. La solución debería ser inclinarse a favor del beneficio global y no del individual, aunque ello pueda afectar a la justicia predictiva especialmente, tema sobre el que volveremos.

PRINCIPIOS ÉTICOS PARTICULARES

Pero normativamente se ha avanzado en una dirección más precisa, estableciéndose por la Carta Ética cinco principios específicos sobre el uso de la IA en los sistemas judiciales y su entorno. Son los siguientes (Carta Ética, pp. 6 a 10. *Vide* Biurrun, 2018, p. 22; Cotino, 2017, pp. 136 y ss.; Goñi, 2019, pp. 20 y ss.; Oliva, 2021, pp. 4 y ss. Una excelente y amplia exposición en Nink, 2021, pp. 260 y ss.):

1º) *Principio de respeto de los derechos fundamentales*: En primer lugar, debe garantizarse por quienes elaboran los sistemas de IA que el diseño y la implementación de herramientas y servicios de inteligencia artificial sean compatibles con los derechos fundamentales reconocidos por el Convenio Europeo de Derechos Humanos. En concreto, la Carta Ética destaca que la IA no debe socavar los principios de derecho de acceso al juez y el derecho al juicio justo (igualdad de armas y respeto por la confrontación).

Pero también destaca, y esto es muy importante, que la IA debe respetar el principio del Estado de Derecho (*Rule of Law*) y la independencia de los jueces en su toma de decisiones.

2º) *Principio de no discriminación*: Prevenir específicamente el desarrollo o intensificación de cualquier discriminación entre individuos o grupos de individuos. Esto significa que la IA no debe contribuir a reproducir o agravar la discriminación, o a conducir a análisis o usos deterministas.

Un tema preocupante se da cuanto se usan datos sensibles, por ejemplo, el origen racial o étnico, los antecedentes socioeconómicos, las opiniones políticas, las creencias religiosas o filosóficas, la afiliación sindical, los datos genéticos, los datos biométricos, datos relacionados con la salud o datos relacionados con la vida sexual u orientación sexual.

3º) *Principio de claridad y seguridad*: En realidad son dos distintos. Se trata de que la IA, con respecto al procesamiento de decisiones y datos judiciales, utilice fuentes certificadas y datos intangibles con modelos elaborados de manera multidisciplinaria, en un entorno tecnológico seguro. Para ello debe contarse con la experiencia de los operadores jurídicos, con los investigadores juristas y con los informáticos, actuando en equipos mixtos de programación.

Los datos a ingresar deben provenir de fuentes certificadas y no deben modificarse hasta que realmente hayan sido utilizados por el mecanismo de aprendizaje. Todo el procedimiento de cumplimentación del software debe ser rastreable para garantizar que no se haya producido ninguna modificación para alterar el contenido o el significado de la decisión que se está procesando. Los modelos y algoritmos creados también deben poder almacenarse y ejecutarse en entornos seguros, para garantizar la integridad e intangibilidad del sistema.

4º) *Principios de transparencia, imparcialidad y justicia*: También se trata de tres principios distintos, mediante los cuales se pretende que los métodos de procesamiento de datos sean accesibles y comprensibles. Así, se debe alcanzar un equilibrio entre la propiedad intelectual de ciertos métodos de procesamiento y la necesidad de transparencia (acceso al proceso de diseño), imparcialidad (ausencia de sesgo), justicia e integridad intelectual (priorizar los intereses de la justicia), cuando se utilizan herramientas que pueden tener consecuencias legales o afectar significativamente a la vida de las personas.

Debe quedar claro que estas medidas se aplican a todo el diseño y a la cadena operativa, como el proceso de selección y la calidad y organización de los datos, influyendo directamente en la fase de aprendizaje.

5º) *Principio bajo control del usuario*: Significa la exclusión de un enfoque prescriptivo y la garantía de que los usuarios sean actores informados y que controlen las elecciones realizadas. Así, la autonomía del usuario debe aumentarse y no restringirse mediante el uso de herramientas y servicios de IA. Los profesionales del sistema de justicia deben poder revisar, en cualquier momento, las decisiones judiciales y los datos utilizados para producir un resultado y continuar sin estar obligados a ello a la luz de las características específicas de ese caso en particular.

Además, el usuario debe ser informado en un lenguaje claro y comprensible acerca de si las soluciones ofrecidas por las herramientas de IA son vinculantes, sobre las diferentes opciones disponibles y si tiene derecho a asesoramiento legal y derecho a acceder a un tribunal. También debe estar claramente informado de cualquier procesamiento previo de un caso por IA antes o durante un proceso judicial y tener derecho a objetar, de modo que su caso pueda ser escuchado directamente por un tribunal en el sentido del artículo 6 del CEDH.

PELIGROS A CONJURAR

La Carta Ética, siguiendo esa línea de considerar la ética normativa en toda su amplitud, realiza varias reflexiones que son de sumo interés para una futura concreción legislativa; me refiero al proyectado Reglamento del Parlamento Europeo y del Consejo por el que se establecen normas armonizadas en materia de Inteligencia Artificial (Ley de Inteligencia Artificial), anunciado en 2021 (Propuesta, 2021). A la Carta Ética le preocupa ante todo la llamada "Justicia predictiva", a la que dedica diversas consideraciones; por justicia predictiva debemos entender el análisis de decisiones ya adoptadas de un juzgado o tribunal con el fin de saber de antemano las probabilidades de éxito o de fracaso en un caso actual semejante. La Carta Ética, la define como "el análisis de grandes cantidades de decisiones judiciales por tecnologías de inteligencia artificial para hacer predicciones sobre el resultado de ciertos tipos de disputas especializadas" (p. 52). Destaco las siguientes:

a) En general: Entre las tecnologías que se están utilizando para la gran transformación digital, la IA parece ser la más espectacular y la más llamativa. En los Estados Unidos, los "abogados robots" ya están trabajando y parecen conversar en lenguaje natural con los humanos. Las nuevas empresas de tecnología legal que se especializan en el diseño de nuevos servicios legales ofrecen nuevas aplicaciones a profesiones jurídicas, principalmente abogados, servicios legales y aseguradoras, lo que permite un acceso en profundidad a la información judicial y la jurisprudencia. Estas empresas privadas incluso pretenden predecir las decisiones de los jueces con herramientas de "justicia predictiva". Por cierto, los jueces no están utilizando esta herramienta, sino que la iniciativa para el desarrollo de la misma proviene en gran medida del sector privado, dado que son las compañías de seguros, los abogados y los servicios legales los que desean reducir la incertidumbre legal y la imprevisibilidad de las decisiones judiciales, pero qué duda cabe de que se evolucionará hacia el sector público en lapsos de tiempo no muy largos (Carta Ética, p. 12).

Debe destacarse un estudio de predicción hecho por universitarios sobre el TEDH partiendo de una muestra de 584 decisiones suyas (Aletras *et al.*, pp. 1-19), puesto que se plantean problemas específicos en relación con varios principios constitucionales, incluidos los de independencia e imparcialidad (Gómez, 2022).

b) Uso actual de la IA en el ámbito judicial: El uso de IA está poco extendido en Europa, no así en USA, que ha invertido en estas herramientas de una manera bastante sencilla, tanto en asuntos civiles como penales; por ejemplo, creando programas como COMPAS, RAVEL LAW o ROSS CHATBOT, citados supra. Entre nosotros manda de momento el sector privado, sin integración apenas en políticas públicas. Se destaca por los expertos que han consultado con los países miembros de la UE, que la IA se utiliza en los siguientes ámbitos (Carta Ética, p. 14): Buscadores avanzados de jurisprudencia; resolución de conflictos en línea; asistencia en la redacción de escritos; análisis (predictivo, escalas); categorización de contratos según diferentes criterios y detección de cláusulas contractuales divergentes o incompatibles; "Chatbots" para información y apoyo de las partes del proceso.

c) Disponibilidad de los datos: Hay algo de confusión al respecto (explicada con detalle por la Carta Ética, pp. 16 y 17), pero lo importante es que los datos públicos sean accesibles (abiertos), y cuanto más mejor, para que los diferentes modelos que se creen mejoren y afinen su capacidad predictiva. Es cierto que de momento su utilización es meramente privada, por ejemplo, abogados buscando jurisprudencia, pero tiene importantes consecuencias respecto al ejercicio de la función jurisdiccional. Por ejemplo, ¿qué valor tiene el estándar obtenido al consultar todas las decisiones tomadas sobre un asunto concreto? ¿Tiene valor legal? ¿Se puede exigir responsabilidad al juez que se aparte de él en una decisión futura? ¿Se convertiría en un criterio legal con fuerza vinculante?, etc., etc. (Carta Ética, pp. 18 y 19. Véanse los argumentos de Kornwachs, 2019, pp. 336 y ss.; y de Misselhorn, 2019, pp. 4 y ss.).

d) Software predictivo: La Carta Ética nos dice que el procesamiento del lenguaje natural y el aprendizaje automático son las dos técnicas clave para el procesamiento de decisiones judiciales utilizando IA. En la mayoría de las ocasiones, el objetivo de estos sistemas no es reproducir el razonamiento legal, sino identificar las correlaciones entre los diferentes parámetros de una decisión (por ejemplo, en una demanda de divorcio, la duración del matrimonio, los ingresos de los cónyuges, la existencia de adulterio, el monto del beneficio pronunciado, etc.) y, mediante el uso del aprendizaje automático, con el fin de inferir, tras la identificación de esas correlaciones, uno o más modelos. Dichos modelos se utilizarían para "predecir" o "prever" una futura decisión judicial (p. 23). Obviamente, también ayudan a los jueces a tomar sus decisiones.

Esto lleva al desarrollo de máquinas muy potentes, que conforman la llamada IA "débil", porque no son inteligentes, ni mucho menos con conciencia, sino aparatos que operan inductivamente, extrayendo patrones complejos y aprendiendo de grandes volúmenes de datos, eficientemente y con altos niveles de precisión predictiva. Son una evolución de los antiguos "sistemas expertos", que intentaban a finales del siglo pasado reflejar el razonamiento humano, utilizándose ahora el llamado "aprendizaje automático", es decir, lo que el programa informático aprende de la experiencia, identificando modelos estadísticos existentes en los datos y relacionándolos con los resultados buscados en concreto.

El problema es que no todo son ventajas, pues estos algoritmos (programas de búsqueda) presentan problemas de discernimiento cuando se enfrentan a situaciones caóticas o con datos insuficientes para permitir la predicción (como la comprensión real del lenguaje natural). En las ciencias sociales, a las que pertenecen la ley y la justicia, el fracaso incluso parecería inevitable en ausencia de un modelo convincente de cognición. Además, la singularidad de los sistemas actuales de procesamiento de *big data* es que no intentan reproducir nuestro modelo cognitivo, sino que producen estadísticas de contexto sobre un tamaño de datos sin precedentes, sin ninguna garantía real de excluir correlaciones falsas (es decir, vínculos entre factores que no tienen absolutamente ningún vínculo causal) (Carta Ética, p. 26).

Hay que tener en cuenta también que los riesgos de interpretaciones distorsionadas del significado de las decisiones judiciales son extremadamente altos cuando se basan únicamente en modelos estadísticos. Por otra parte, los expertos indican que la neutralidad de los algoritmos es un mito, porque quien los crea transmite siempre su propio sistema de valores. Combinando ambas cuestiones, resulta un alto riesgo que la justicia predictiva, cuya denominación no gusta a la Carta Ética por su ambigüedad y carácter engañoso, se establezca como un estándar sin ninguna validación por parte del sistema legal y en conflicto con él (así lo advierte expresamente la Carta Ética, p. 42).

Para evitar estos riesgos, la Carta Ética propone no tomar decisiones apresuradas y tomarse un tiempo para debatir de antemano los riesgos y las aplicaciones prácticas de estos instrumentos para los sistemas judiciales, y probarlos en la primera etapa, añadiendo que "un sistema judicial acorde con su tiempo sería uno capaz de establecer, administrar y garantizar una verdadera ciberética tanto para el sector público como para el privado, e insistiendo en la total transparencia y equidad en el funcionamiento de los algoritmos, que pueden contribuir un día a la toma de decisiones judiciales" (Carta Ética, p. 43).

e) Razonamiento de los jueces: Es imposible de modelar en una computadora, como lo es también modelar un sistema legal positivo, por eso la IA evita las dificultades encontradas con los sistemas expertos más antiguos. No intenta reflejar manualmente el razonamiento legal, cuya reproducción no es en sí un objetivo para ellos. El aprendizaje automático lleva a categorizaciones entre los diferentes parámetros identificados por los diseñadores o los descubiertos por la máquina. Si nos fijamos en el famoso silogismo judicial, no refleja el razonamiento completo del juez, que de hecho está formado por una multitud de factores de toma de decisiones, razón por la que no puede formalizarse a priori, y a veces se basa en su discreción: ¿cuáles son los hechos relevantes? ¿Están probados estos hechos? ¿Qué regla se aplica a ellos? ¿Cuál es el significado de esta regla con respecto al caso que se decidirá? ¿Qué fuente debe prevalecer entre una variedad de fuentes en conflicto? La coherencia general de las decisiones judiciales nunca se logra (Carta Ética, p. 27).

Los resultados logrados por las IA en realidad no están relacionados con la cuestión de la conformidad legal de una solución particular y no pueden discriminar entre argumentos legales e ilegales. Una revisión del trabajo, citado, del *University College* de Londres (UCL) sobre la jurisprudencia del Tribunal Europeo de Derechos Humanos, confirma este diagnóstico. El estudio de la UCL asumió que un modelo de aprendizaje automático simple podría predecir el resultado de un caso con una precisión del 79% para ese tribunal en particular. El modelo de aprendizaje automático demostró ser más preciso con respecto a la parte descriptiva de los hechos de las decisiones estudiadas que con respecto al razonamiento relacionado con la aplicación de la Convención al caso en cuestión. El estudio de la UCL en realidad solo fue capaz de producir una probabilidad con material léxico derivado en gran medida del razonamiento y la motivación del juez, y no con el proporcionado por el demandante únicamente sobre la base de las frecuencias (Carta Ética, p. 28).

f) Los prejuicios de los jueces: Es un tema de mucho interés, sobre todo para la abogacía, pero nada fácil de construir por la IA, porque una explicación del comportamiento anterior de un juez, en particular la revelación de sus prejuicios (sesgo), requeriría que todos los factores potencialmente causales se identificaran a través de un marco interpretativo y en un análisis contextualizado. Un ejemplo lo demostrará: El hecho de que, estadísticamente, el cuidado de los niños en caso de divorcio se confíe más a las madres que a los padres, no demuestra un sesgo por parte de los jueces, pero revela la necesidad de movilizar diferentes disciplinas de las ciencias sociales para clarificar este fenómeno.

Por ello, para que podamos determinar que existe un sesgo personal en la decisión de los jueces, los procesos de toma de decisiones (que difieren de sus declaraciones personales y públicas en el caso en cuestión), su comportamiento, o en este caso su decisión, deben determinarse por sus rasgos de personalidad, opiniones o religión. Sin embargo, tal explicación causal no puede deducirse simplemente del resultado probabilístico proporcionado por los algoritmos. Por el contrario, requiere de un trabajo analítico adicional para aislar, entre los muchos factores correlacionados (incluida la identidad de los jueces miembros del tribunal), aquellos que son realmente causales. Por seguir con el mismo ejemplo: El hecho de que un tribunal civil de familia decida estadísticamente con mayor frecuencia que los niños deben vivir con su madre, no necesariamente refleja un sesgo del juez a favor de las mujeres, sino más bien la existencia de factores psicosociales, económicos e incluso culturales específicos de la jurisdicción en donde actúa territorialmente ese tribunal. Por tanto, proporcionar una explicación precisa de una decisión judicial requiere un análisis mucho más detallado de los datos contingentes en cada caso y las normas legales aplicables, y ese análisis no se consigue solo con programas y algoritmos de búsqueda (Carta Ética, pp. 29 y 30).

Hasta aquí podemos concluir, consecuentemente, que el estado de desarrollo de las técnicas de aprendizaje automático no permite hoy alcanzar resultados confiables con respecto a la "predicción" de decisiones judiciales (Carta Ética, p. 31). Las preguntas que se quieren resolver con la utilización en el mundo jurídico de la IA no afectan a si su uso es beneficioso o dañino, o si es deseable o no. No son esas las primeras preguntas que se plantean. La primera pregunta que se plantea es si "los algoritmos propuestos pueden lograr el tipo de resultado buscado" (Carta Ética, loc. cit.).

APLICACIONES ACTUALES

Pero ¿qué se puede hacer? A resolver esta duda van dedicados los siguientes cuatro últimos numerales, en donde se detalla el uso que la IA está teniendo en estos momentos, con comentarios respecto a su futuro.

1°) Aplicaciones en la Justicia, en general, y en concreto en el campo del Derecho Procesal: Básicamente el uso se circunscribe a los siguientes ámbitos comunes (Carta Ética, p. 46):

a) Búsqueda de jurisprudencia: Gracias a la enorme mejora de las técnicas de aprendizaje automático, la búsqueda de la jurisprudencia en bases de datos, a través de datos concretos, palabras clave o texto completo, están teniendo un enorme desarrollo.

b) Búsqueda de legislación: Lo mismo puede decirse respecto a las bases de datos legislativas, con el matiz de que se están introduciendo *chatbots* basados en un lenguaje natural adaptado a las fuentes, así como la posibilidad de poder redactar documentos y escritos judiciales con base en plantillas accesibles *online*.

c) Creación de nuevas herramientas estratégicas: El uso de la IA en la actividad de Justicia está llevando al desarrollo de nuevos instrumentos que permiten mejorar la calidad de la justicia, por ejemplo, analizar recursos humanos y presupuestarios, para hacer proyecciones y evaluaciones cualitativas y cuantitativas de cómo opera la Justicia y sus posibilidades de mejora.

2º) Aplicaciones específicas en relación con los jueces: Un tema muy delicado. De momento la IA se está utilizando para elaborar el perfil del juez y para predecir decisiones judiciales (Carta Ética, pp. 47 y 48).

a) Cuestión compleja la del perfil del juez, pues hay una gran discusión al respecto, ya que en general se estima que solo a través de la cuantificación de la actividad de un juez concreto no se va a poder establecer ningún sesgo personal suyo, pues hay numerosos factores que intervienen. Cuando estamos hablando de un tribunal, todavía es más complejo si el juez que se está analizando no puede manifestar una opinión discordante. No obstante, la Carta Ética sugiere que "podría alentarse ofrecer a los jueces una evaluación cuantitativa y cualitativa más detallada de sus actividades, gracias a nuevas herramientas, pero con el objetivo puramente informativo de ayudar en la toma de decisiones y para su uso exclusivo." (Carta Ética, p. 47).

b) En este punto nos encontramos con la dificultad de que el análisis de las decisiones judiciales de un juez tampoco identifica las razones reales de una decisión, porque la muestra de datos utilizada suele estar sesgada y porque, si hay una modificación legal o un cambio jurisprudencial, los análisis previos ya no sirven.

3º) Aplicaciones en la justicia civil, incluyendo la laboral y la administrativa: La realidad actual nos muestra ciertas posibilidades en el ámbito de la justicia civil que pueden tener un gran interés. En general hay que decir que la IA debe tenerse en cuenta para la creación de escalas en determinados supuestos, y para la resolución previa de litigios en línea.

a) En cuanto a las escalas, se está consiguiendo armonizar las decisiones judiciales de tribunales muy distintos, incluso a todos los del mismo país que tengan las mismas competencias, al utilizar los mismos criterios, por ejemplo, para fijar indemnizaciones, cuantías de prestaciones o tasaciones de daños morales (en materias como divorcio, despido, accidentes con lesiones corporales, etc.). La IA toma de una serie de decisiones previas la escala que considera más adecuada y por aprendizaje automático la va extendiendo y generalizando hasta que las decisiones judiciales, al aceptarla, consigan la armonización jurisprudencial. Dada la frecuencia con la que se producen estos conflictos, esta solución, de alguna manera automatizada, está teniendo mucho éxito en el ámbito civil (incluyendo el laboral y el administrativo) (Carta Ética, pp. 31 y 32).

b) Por otra parte, está creciendo el uso de la IA para la resolución de disputas *online* (ODR). Aquí, la frecuencia repetitiva del mismo tipo de casos ayuda de manera enorme a la Justicia civil a encontrar una solución rápida y barata, que se pretende también justa. La descarga de trabajo es notable y la rapidez en la solución, también. Muchos países están intentando introducirla en sus sistemas de justicia civil, e incluso la Unión Europea pone a disposición de las partes un sistema *online* para la resolución de disputas transfronterizas (Reglamento (UE) N.º 524/2013 del Parlamento Europeo y del Consejo de 21 de mayo de 2013 sobre resolución de litigios en línea en materia de consumo y por el que se modifica el Reglamento (CE) no 2006/2004 y la Directiva 2009/22/CE), no siempre de escaso valor. El problema es que, de una ayuda para la tramitación automatizada se está evolucionando hacia un análisis de lo que las partes quieren mediante la formulación de ciertas preguntas, que permitan a la máquina proponer una solución para la disputa. En este sentido, las ODR contribuyen claramente a la implementación de la conciliación extrajudicial, de la mediación y del arbitraje (Carta Ética, pp. 32 y 33), con el resultado de que la IA está apoyando la solución de controversias en materia civil por vías alternativas de una manera relevante (Carta Ética, p. 47). Pero de momento, ello debe ser voluntario y siempre debe ser posible acudir a un juez para que revise la solución adoptada, por disposición normativa expresa en el ámbito de la Unión Europea. El Art. 22.1 del Reglamento (UE) N.º 2016/679 del Parlamento Europeo y del Consejo de 27 de abril de 2016 relativo a la protección de las personas físicas en lo que respecta al tratamiento de datos personales y a la libre circulación de estos datos y por el que se deroga la Directiva 95/46/CE (Reglamento general de protección de datos), dispone: "1. Todo interesado tendrá derecho a no ser objeto de una decisión basada únicamente en el tratamiento automatizado, incluida la elaboración de perfiles, que produzca efectos jurídicos en él o le afecte significativamente de modo similar".

Finalmente, no deben olvidarse los derechos fundamentales implicados en el desarrollo de la IA en el ámbito de la Justicia civil. Hemos tratado esta cuestión en otro lugar (Gómez, 2022). Ahora simplemente adelantamos que están involucrados el derecho de acceso a la justicia, el principio de contradicción, el principio de igualdad y el derecho a un abogado (Carta Ética, pp. 34 y 35).

4º) Aplicaciones en la justicia penal: En el campo penal los temas son distintos. De entrada debe decirse que el uso de la IA en el ámbito de la justicia penal ha demostrado que existen riesgos ciertos a la hora de predecir el comportamiento delictivo, el aspecto más trabajado hasta la fecha. Así, cabría distinguir:

a) Herramientas utilizadas antes del juicio penal: La justicia predictiva está desarrollándose ampliamente y empieza a ser conocida por el público en general. Todas ellas tienen como finalidad evitar la comisión de delitos y, si se han cometido, analizarlos de manera más efectiva (instrumentos de vigilancia predictiva). Trabajan identificando los posibles lugares donde ciertos crímenes, que se cometen regularmente (robos, violencia callejera, robo de vehículos), suceden y a sus autores. Se realiza esta identificación mediante el uso de algoritmos para lograr un perfil de esas personas. El resultado es la elaboración de un mapa geográfico (mapeo criminal predictivo), en donde se señalan los puntos críticos para que la policía (y en la medida correspondiente la Fiscalía) tenga un acceso más fácil y más rápido a los mismos (Carta Ética, pp. 36, 37, y 48).

El problema es que su eficacia es muy limitada y la vigilancia predictiva no sirve para los delitos que se cometen menos regularmente o para los más graves, como pueden ser los de terrorismo. También estigmatiza a una parte de la población, la que vive en zonas criminalmente de riesgo, pues en ellas la vigilancia policial es más intensa.

b) Herramientas utilizadas durante el juicio penal: Aquí, en cambio, el desarrollo predictivo es muy escaso, al menos en Europa, aunque en Estados Unidos está más extendido (tenemos que citar de nuevo COMPAS). Su uso ha destacado que existe un riesgo cierto de discriminación y que la falta de transparencia en explicar cómo funcionan los algoritmos en estos casos preocupa al público (Carta Ética, pp. 37 y 38).

El problema de los riesgos de la predicción es en estos momentos probablemente el que más urge resolver, porque se trata de discriminaciones que los ordenamientos jurídicos no pueden asumir. Deben tomarse muchas precauciones. Se destacan dos cuestiones distintas (Carta Ética, pp. 39 y 40):

1°) La eficiencia de la herramienta, que se quiere que sea neutral y objetiva, con el fin de lograr una justicia más precisa y transparente.

2°) El manejo de variables algorítmicas, como los antecedentes penales y los antecedentes familiares, significa que el comportamiento pasado de un determinado grupo puede decidir el destino de una persona, que es, por supuesto, un ser humano único con antecedentes sociales, educación y habilidades específicas, grado de culpa y motivaciones distintivas para cometer un delito. Por contraste, las decisiones humanas pueden basarse en valores y consideraciones (por ejemplo, sociales) que la máquina no retendría.

En este contexto, es necesario garantizar plenamente el respeto al principio de igualdad (de armas) y al derecho a la presunción de inocencia (art. 6 CEDH). Por ello, la parte interesada debe poder tener acceso y poder contrastar la validez científica de un algoritmo, la ponderación dada a sus diversos elementos y cualquier conclusión errónea a la que llegue cada vez que un juez sugiera que podría usarlo antes de tomar su decisión.

Además, este derecho de acceso también está cubierto por el principio fundamental de protección de datos personales. Así, todas las personas tienen derecho a no estar sujetas a decisiones que les afecten de manera significativa únicamente sobre la base del procesamiento automatizado de datos, sin que su punto de vista se haya tenido en cuenta de antemano.

Finalmente, pero no en último lugar, un argumento importante: Las consideraciones expresadas anteriormente con respecto a los efectos potencialmente negativos de estas herramientas sobre la imparcialidad del juez también son válidas en asuntos penales. En este sentido, un juez que decide en contra de la predicción de un algoritmo es probable que asuma riesgos a medida que contraiga una mayor responsabilidad. Parece realista imaginar que los jueces serían reacios a admitir esta carga adicional, particularmente en sistemas donde sus mandatos no son permanentes sino sujetos al voto popular (en el ámbito anglosajón por ejemplo), o en los que es probable que se incurra en responsabilidad personal (disciplinaria, civil, o incluso penal).

En definitiva, el establecimiento de un marco ético es absolutamente necesario. Ese marco ético debe poder ser regulado normativamente, porque los grandes datos necesitan una protección y control claramente establecido. La Carta Ética lo expresa con las siguientes palabras: "El desarrollo de normas ciberéticas para guiar la actividad de las partes interesadas en el sector y promover los principios de transparencia, equidad y neutralidad de la herramienta mencionados anteriormente es esencial" (Carta Ética, p. 44). Así lo recomienda también la Resolución del Parlamento Europeo, de 20 de octubre de 2020, con recomendaciones destinadas a la Comisión sobre un marco de los aspectos éticos de la inteligencia artificial, la robótica y las tecnologías conexas (2020/2012(INL), p. 4, que incluye en sus pp. 20 y ss. una propuesta articulada de Reglamento del Parlamento europeo y del Consejo sobre los principios éticos para el desarrollo, el despliegue y el uso de la inteligencia artificial, la robótica y las tecnologías conexas, cuyo art. 5 recoge los principios éticos mencionados hasta aquí).

CONCLUSIONES

Como vemos, todo tiene sus riesgos. El peligro no viene de la información en sí misma, sino de su utilización por el ser humano en contra de otro ser humano, en contra de un conjunto de seres humanos, en contra de grupos de población a los que une una característica que entra dentro de la diversidad, por ejemplo, el color de su piel, o en contra de seres vulnerables, como personas con discapacidad, mujeres, niños o personas mayores, lo que es especialmente repudiable.

El uso de la IA puede ser muy satisfactorio, muy bueno, muy conveniente, pero también todo lo contrario, de ahí que desde las iniciativas privadas y públicas que hemos visto, se incida en definir claramente los límites que la IA no puede traspasar por existir un derecho humano o un derecho fundamental que se opone a ello.

Tenemos ejemplos de ello, algunos también citados aquí, que deben hacernos pensar. El referido *caso Loomis* sería el apropiado, por los sesgos discriminatorios que se revelaron en el algoritmo. Pero lo que más nos puede preocupar es que no seamos capaces con la trepidante evolución de la IA en el mundo jurídico y en concreto en el mundo judicial, de distinguir esos peligros y evitarlos. Las normas éticas, mejor, una sólida conciencia ética, deben ser decisivas para lograrlo.

Hay aspectos muy positivos que de pronto dejaron de parecerlo y que sin embargo hoy se ven ya normales. Estoy pensando en la utilización de la IA para la gestión de datos e información en los procesos ante los tribunales. Cuando empezó a extenderse su uso se pensaba que nuestra intimidad quedaría totalmente al descubierto porque lo que se estaba introduciendo en las recopilaciones de sentencias eran nuestras condenas y absoluciones. Sin embargo, ha quedado demostrada la utilidad de las bases de datos jurídicos (jurisprudencia y legislación) y no existe hoy ningún jurista (juez, fiscal, abogado, profesor), que no las utilice, habiendo sido relativizado con la protección de datos el tema de la intimidad (y otros derechos que podrían estar afectados, como el derecho a la propia imagen o el mismo derecho al honor).

El peligro viene en la actualidad cuando el enorme desarrollo de la IA se utiliza no para averiguar qué se dijo en el pasado, sino para querer influir en lo que se va a decir en el futuro, es decir, para la predicción. Me preocupa sobre todo que la predicción judicial se quiera conseguir mediante la IA para influir en las decisiones de los jueces, en cualquier materia, pero sobre todo en materia penal.

La predicción no es por sí tampoco negativa. Como estrategia procesal para estar mejor preparado de cara al desarrollo de nuestro asunto civil o causa penal, no es malo querer saber qué se ha sentenciado en casos similares, ni qué ha sentenciado ese juez concreto que es el competente en los casos muy parecidos que ha tenido, ni es tampoco malo finalmente querer saber cuáles son las preferencias argumentales de los tribunales para dar la razón en casos muy semejantes. Forma parte de la vida jurídica querer ganar el caso, en realidad, querer hacer Justicia para la parte que lo solicita, y por ello cualquier instrumento cognoscitivo de apoyo debe ser admisible, siempre y cuando los límites estén claramente establecidos. La ética juega un papel preponderante en este tema, de ahí las normas éticas que hemos comentado hasta aquí.

Pero una cosa muy distinta, porque es dar un paso más, es querer utilizar la IA para decir al juez qué debe decidir en el caso, sustituyendo el razonamiento humano por el artificial, porque entonces la decisión no la toma un ser humano, sino una máquina. Si fuera así, ya no estamos en la predicción, pues hemos aumentado la intensidad, sino en la decisión. Este es el verdadero peligro que nos acecha hoy en día, y no parece que vayamos a poder conjurarlo en forma satisfactoria y completa inmediatamente, más bien al revés.

Este tema nos lleva a la cuestión central del juez-robot, que no abordaremos en este escrito. No obstante, sí debo avanzar respecto a ello que deberíamos ser capaces de atender en forma éticamente correcta a dos aspectos trascendentales en la configuración de la justicia robótica:

a) La autonomía humana, en el sentido indicado, pues el mantenimiento de una autonomía plena y efectiva a favor del ser humano debe conservarse intacta en el desarrollo del Juez-Robot, porque afecta al control de la Justicia automatizada; y

b) La equidad, porque la IA debe garantizar una distribución justa e igualitaria de los costes y beneficios, así como garantizar que la persona sea siempre capaz de poder oponerse a las decisiones adoptadas por la IA, lo que afecta a la configuración del Juez-Robot de manera determinante.

REFERENCIAS

Aletras, N., Tsarapatsanis, D., Preoţiuc-Pietro, D. & Lampos, V. (2016). *Predicting judicial decisions of the European Court of Human Rights: a Natural Language Processing perspective*, PeerJ Computer Science 2:e93, 1-19.

Armenta, T. (2021). *Derivas de la Justicia. Tutela de los derechos y solución de controversias en tiempos de cambios*. Marcial Pons.

Barbieri, A. (2019, marzo 18). ¿Puede predecirse un crimen antes de suceder con un algoritmo? *Lavanguardia*. https://www.lavanguardia.com/tecnologia/20190318/461013536935/inteligencia-artifical-vigilancia-predictiva-policia.html

Biurrun, F. J. (2018). El Consejo de Europa adopta la primera Carta Ética Europea sobre el uso de inteligencia artificial en los sistemas judiciales. *Actualidad Jurídica Aranzadi*, N.º 947, 22. https://www.legaltoday.com/legaltech/nuevas-tecnologias/el-consejo-de-europa-adopta-la-primera-carta-tica-europea-sobre-el-uso-de-inteligencia-artificial-en-los-sistemas-judiciales-2019-01-10/

Bostrom, N. & Yudkowsky, E. (2014). The ethics of artificial intelligence. En K. Frankish & W. M. Ramsey, *The Cambridge Handbook of Artificial Intelligence* (pp. 316-334). Cambridge University Press.

Bourcier, D. & Casanovas, P. (2003). *Inteligencia artificial y Derecho*. Editorial UOC.

Cancela, E. & Jiménez, A. (2021, febrero 4). El Estado policial *español 2.0: tecnologías de empresas privadas para vigilar a los ciudadanos. El* Salto. https://www.elsaltodiario.com/tecnologia/estado-policial-espanol-2.0-empresas-privadas-eurocop-vigilar-ciudadanos

Cárdenas, R. (2021). ¿Jueces robots? Inteligencia artificial y Derecho. *Revista Justicia & Derecho*, 4(2), 1-10. https://doi.org/10.32457/rjyd.v4i2.1345

Consejo de Europa (2018, diciembre 3), Carta ética europea sobre el uso de la Inteligencia Artificial en los sistemas judiciales y su entorno. https://rm.coe.int/ethical-charter-en-for-publication-4-december-2018/16808f699c; https://campusialab.com.ar/wp-content/uploads/2020/07/Carta-e%C-C%81tica-europea-sobre-el-uso-de-la-IA-en-los-sistemas-judiciales-.pdf

Cortina, A. (2019). Ética de la inteligencia artificial. *Anales de la Real Academia de Ciencias Morales y Políticas*, N.º 96, 379-394.

Cotino, L. (2017). Big data e inteligencia artificial. Una aproximación a su tratamiento jurídico desde los derechos fundamentales. *Dilemata 9*(24), 131-150.

Eberl, U. (2017). *Smarte Maschinen. Wie künstliche Intelligenz unser Leben verändert*. Editorial Bundeszentrale für politische Bildung.

Gómez, J. L. (2022). *Derechos fundamentales, proceso e inteligencia artificial: una reflexión* (en prensa).

Goñi, J. L. (2019, septiembre 13). Defendiendo los derechos fundamentales frente a la inteligencia artificial, Lección inaugural del curso académico 2019-2020. Universidad de Navarra. https://www.unavarra.es/digitalAssets/244/244921_1Leccion-inaugural-Castellano-19-20_web.pdf.

Greco, L. (2020). *Poder de julgar sem responsabilidade de julgador: A impossibilidade jurídica do juiz-robô*. Marcial Pons.

Johnson, D. G. & Miller, K. W. (2009). *Computer Ethics: Analyzing Information Technology* [4ª ed.]. Ed. Pearson, Upper Saddle River.

Kelleher, J. D. & Tierney, B. (2018), *Data Science*. The Mit Press.

Kornwachs, K. (2019). Smart Robots – Smart Ethics? Brauchen wir für den Umgang mit intelligenten Robotern eine neue Ethik? Nein: Bisherige Überlegungen geben jetzt schon Hinweise, dass wir unsere Geschöpfe und ihre Daten mit festem Griff an die Hand nehmen sollten. *DuD Datenschutz und Datensicherheit —DuD—*, N.º 43, 332-341.

Ley de Inteligencia Artificial Europea. https://eur-lex.europa.eu/resource.html?uri=cellar:e0649735-a372-11eb-9585-01aa75ed71a1.0008.02/DOC_1&format=PDF

Lledó, F. & Monje, O. (2020). Ética y robótica: Principios éticos para la inteligencia artificial y robótica. *Revista de Derecho, Empresa y Sociedad* (REDS) N.º 16, 16-27.

Martínez, D. (2019). El juez artificial: ¿próxima parada? *Oikonomics* N.º 16, 12. https://comein.uoc.edu/divulgacio/oikonomics/es/numero12/dossier/dmartinez.html.

Martini, M. & Nink, D. (2017), Wenn Maschinen entscheiden... – vollautomatisierte Verwaltungsverfahren und der Persönlichkeitsschutz. *Neue*

Zeitschrift für Verwaltungsrecht – Extra In Zusammenarbeit mit der Neuen Juristischen Wochenschrift N.º 16 10, 1 y ss.

Miguel, I. de (2018), Does the use of risk assessments in sentences respect the right to due process? A critical analysis of de Wisconsin v. Loomis ruling. *Law, Probability and Risk, 17*(16), 45-53.

Miranda, H. (2021). Algoritmos y derechos humanos. *Revista de la Facultad de Derecho de México, 71*(280), 705-732. DOI: http://10.22201/fder.24488933e.2021.280-2.79666

Misselhorn, C. (2019, febrero). Roboterethik. *Analysen & Argumente Digitale Gesellschaft* N.º 16, 340, Ed. Konrad-Adenauer-Stiftung, 1-10.

Nink, D. (2021), *Justiz und Algorythmen: über die Schwächen menschlicher Entscheidungsfindung und die Möglichkeiten neuer Technologien in der Rechtsprechung*. Ed. Duncker & Humblot, pp. 237 y 256.

Oliva, R. (2021, enero 9), *Inteligencia artificial y marco ético europeo*. https://www.algoritmolegal.com/tecnologias-disruptivas/inteligencia-artificial-y-marco-etico-europeo/.

Quattrocolo, S. (2018, marzo 22), Intelligenza artificiale e giustizia: nella cornice della Carta etica europea, gli spunti per un'urgente discussione tra scienze penali e informatiche, *La legislazione penale*, 1-12. http://www.lalegislazionepenale.eu/wp-content/uploads/2019/02/Carta-etica-LP-impaginato.pdf

Propuesta de Reglamento del Parlamento Europeo y del Consejo por el que se establecen normas armonizadas en materia de Inteligencia Artificial (Ley de Inteligencia Artificial) y se modifican determinados actos legislativos de la Unión (2021, abril 21). https://eur-lex.europa.eu/resource.html?uri=cellar:e0649735-a372-11eb-9585-01aa75ed71a1.0008.02/DOC_1&format=PDF.

Ruger, Th., Kim, P. T., Martin, A. D. & Quinn, K. M. (2004). The Supreme Court Forecasting Project: Legal and Political Science. Approaches to Supreme Court Decision-Making. *Columbia Law Review*, vol. 104, 1150 y ss.

Unión Europea (2019, abril 8). Directrices Éticas para una Inteligencia Artificial fiable. Dictamen del Grupo independiente de expertos de alto nivel sobre Inteligencia Artificial. https://ec.europa.eu/commission/presscorner/detail/es/IP_19_1893

La hermenéutica del dolor y los criterios para interpretar el Derecho con sentido de reconciliación[*]

María Cristina Gómez Isaza[**]

RESUMEN: Esta es una reflexión acerca de la hermenéutica y la interpretación que del derecho hemos hecho a lo largo de nuestra historia constitucional, cuyo propósito es sensibilizar en torno a la no reiteración del sentido cruel atribuido históricamente al derecho en nuestro país y asumir una interpretación comprometida con la reconciliación y la paz, que posibilite y aporte a la terminación del conflicto y la construcción de una paz estable y duradera. Concluye advirtiendo el riesgo de trasladar esta hermenéutica cruel en los momentos actuales de transición política y la interpretación del derecho transicional en la que se soporta.

Palabras claves: Hermenéutica jurídica, interpretación, hermenéutica del dolor, perdón y paz.

¿Qué le pasa a la historia cuando abandona el espacio seguro del acontecimiento, de las tramas cronológicas y de las cadenas causales? ¿Qué sucede cuando el pasado deja de ser algo muerto, inmóvil y distante para convertirse en presencia viva y en configurador de repeticiones, circularidades o nuevos rumbos y orientaciones de futuro? ¿Qué ocurre con la filosofía y con la ciencia política cuando se aventuran más allá de las racionalidades y las normatividades, y pasan a preguntarse también por las pasiones y

---

[*] Este artículo es el resultado de la ponencia titulada del mismo modo y presentada el 28 de mayo de 2019 en el marco del Seminario Sobre la Ley de Procedimiento de la Jurisdicción Especial para la Paz —JEP— de la Pontificia Universidad Javeriana, en desarrollo de la convocatoria hecha por el Instituto CAPAZ.

[**] Abogada de la Universidad Pontificia Bolivariana, Doctora de la Universidad de Navarra y profesora-investigadora de tiempo completo de la Universidad de Antioquia. Correo electrónico: mcristina.gomez@udea.edu.co

los sentimientos, las memorias y las huellas; por todo aquello que permanece a pesar de los cambios y las grandes transformaciones sociales? (Uribe, 2004).

INTRODUCCIÓN

Con este texto se pretende retomar la pregunta hecha por Tarello (1994, p. 14), "¿dime que piensas del derecho y te diré cómo interpretas?" en nuestro contexto de transición política de guerra y conflicto armado a la paz, con la pregunta ¿dime qué piensas acerca de la justicia en la transición? y te diré cómo interpretas tu compromiso personal con la reconciliación y el perdón después del conflicto armado.

Se quiere plantear a propósito de la ley de procedimiento de la Justicia Transicional (Ley 1922 de 2018) que el derecho en los casos de justicia transicional no puede ser interpretado bajo la idea de justicia propuesta por el Estado de Derecho y por el Estado Constitucional, por su insuficiencia para entender a los retos de las transiciones políticas, pues la "justicia" en la justicia transicional es necesario entenderla con base en un concepto del derecho cuya finalidad es la paz y la terminación del conflicto armado.

Para ello se revisa, en la primera parte, la concepción de justicia en el Estado de derecho y en el Estado social de derecho, las concepciones del derecho que subyacen a estos modelos sociopolíticos y sus criterios de interpretación y la hermenéutica utilizada para su aplicación; luego, se describe en forma aproximada el modelo de justicia transicional, su idea de derecho y su interpretación. En una segunda parte se describe el caso colombiano y su tradición de apego al derecho como instrumento de ganancia política y sus interpretaciones y sentidos de violencia y dolor, para finalizar con los retos que en torno a la interpretación del derecho se nos plantea en esta transición luego de la suscripción del Acuerdo Final entre el Estado y las FARC.

El propósito de este escrito-reflexión es describir una hermenéutica acorde a nuestra transición política, que debe romper la cultura cíclica de utilizar derecho el sentido del derecho para propiciar amnesias y olvidos del conflicto armado padecido durante más de 200 años.

El propósito es sugerir una hermenéutica no institucional en desarrollo de la interpretación del derecho transicional, dejar la hermenéutica formal del derecho en estos momentos políticos en los que se requieren la reconciliación y el dialogo social. Se trata de construir una hermenéutica común no institucional que nos permita comprender el sentido del derecho como instrumento para la garantía de la transición, alejado de su compromiso de orden e imposición, un derecho que posibilite, con la memoria de lo que nos pasó, definir los alcances de una justicia excepcional que permita comprometernos con la paz.

PRIMERA PARTE: JUSTICIA, DERECHO Y ESTADO COMO PRE-COMPRENSIONES DE LA INTERPRETACIÓN JURÍDICA EN LAS TRANSICIONES POLÍTICAS

La interpretación jurídica es de carácter ideológico, la ideología de los intérpretes y operadores jurídicos se nutre de pre-comprensiones acerca del Estado, del Derecho y de la Justicia (Wróblewski, 2008, p. 67). Esta ideología también se refleja en los sujetos, grupos sociales y en las sociedades que son también intérpretes no oficiales del orden jurídico y de la Constitución (Häberle, 2008).

En las transiciones de guerra a paz aparece el debate acerca de la autoridad del derecho, del Estado y de la justicia, el conflicto por su naturaleza radical impide que éstos tengan un único sentido; emerge en la necesidad del diálogo y para el acercamiento de las partes en contienda los sentidos de la política que ayudan a dotar de un sentido nuevo el papel del Estado de derecho y del derecho; será la política la encargada de mediar en el conflicto y en las negociaciones de paz. En dicho contexto político de acercamiento y negociación es necesario, entonces, reconocer las interpretaciones de la transición hecha por los actores de la guerra y por los miembros y grupos de la sociedad, conforme a un sentido superior la garantía a las víctimas de sus derechos de verdad, reparación y no repetición.

Cuando asumimos que el sentido del derecho y del Estado en la transición tienen por fin la garantía de los derechos de las víctimas, reconocemos además también el papel protagónico de las emociones, y la interpretación de la Justicia transicional como una justicia cercana a los sentimientos de compasión, perdón y empatía; con estos sentimientos, la justicia se acerca al reconocimiento de lo que ha sido inhumano, de lo que ha generado dolor y que se quiere dejar atrás en el pasado para construir una sociedad viable y en paz.

Se trata de que la justicia liberal-institucional reconozca su fragilidad, reitere su incapacidad y falta de autoridad para impartir castigos y sanciones para transformarse en esta transición en una justicia que propicia espacios de reconocimiento, perdón y reconciliación; esta justicia perdona lo imperdonable (Mèlich, 2010, p. 11), transgrede la gramática heredada de la justicia liberal del Estado de derecho para construir la memoria y con ella la verdad.

En épocas de transición la justicia se encuentra con pasados de infamia y se enfrenta a varios fines complejos y dilemáticos: la reconstrucción de la verdad, la garantía de las víctimas y la búsqueda de los máximos responsables y del origen estructural del conflicto que se quiere terminar.

Justicia transicional, derecho y Estado

En la transición de un conflicto armado a la paz aparecen el Estado de derecho, el derecho y la justicia bajo tensiones y complejidades que no pueden ser resueltas en abstracto por interpretaciones del derecho formales y materiales con contenido de institucionalidad y de normalidad. Las tensiones en las transiciones de los conflictos se resuelven conforme al contexto histórico, social y político del conflicto con la política, la cual se constituye en el espacio de búsqueda y de debate de las soluciones a las tensiones planteadas en las negociaciones entre los grupos insurgentes y el Estado, la política por tanto en medio de los procesos paz es la encargada de iniciar los acuerdos en el presente y propiciar la transición hacia un futuro en paz.

La política ha sido entonces la que ha instrumentalizado los procesos de justicia transicional y la aplicación del derecho transicional en los casos de graves violaciones a los derechos humanos. Los procesos históricos de creación de la Justicia Transicional han dotado a la misma de los contenidos políticos de la transición de guerra a paz de diferentes maneras. Según Uprimny (2006, p. 109), a lo largo de la historia de mediados de siglo pasado hasta nuestros días, se han dado cuatro tipos básicos de justicia transicional: los perdones amnésicos, los perdones compensadores, los perdones responsabilizantes y las transiciones punitivas.

En los perdones amnésicos el contenido de la justicia y su sentido es facilitar las negociaciones y la reconciliación nacional a través del olvido; el segundo modelo se denomina de los perdones compensadores pues tiene por fin que los responsables construyan memoria; el tercer modelo, denominado los perdones responsabilizantes, busca un equilibrio entre la justicia y el perdón para posibilitar la transición y la reconciliación; finalmente, las transiciones punitivas utilizan el castigo de los responsables para erigir un orden nuevo fundado en el respeto de los derechos humanos.

Como puede observarse, los contextos políticos de la justicia transicional son complejos y no pueden ser generalizables; sin embargo, a lo largo de la construcción histórica de esta justicia se perciben algunos rasgos comunes que podrían describirla: un pasado de guerra, una transición hacia la paz y a la democracia y la exigencia de la garantía y del reconocimiento del derecho de las víctimas a la verdad, la reparación y la no repetición.

Para Sánchez e Ibáñez (2014), cuatro elementos conforman la justicia transicional según la doctrina dominante y lo establecido por las Naciones Unidas:

> 1) las medidas de transición o pacificación deben respetar un mínimo de justicia, que 2) está definido por el derecho internacional, especial-

mente por los derechos de las víctimas, 3) que se trata de la aplicación de justicia en situaciones estructuralmente complejas con particularidades específicas y por ello se admite la flexibilidad de estos estándares, y 4) que para su aplicación debe existir de manera cierta una situación cercana a la transición política (p. 116).

Las Naciones Unidas luego de varios procesos históricos definen a la justicia transicional como una justicia que abarca variedad de procesos y mecanismos asociados con los intentos de una sociedad por resolver los problemas derivados de un pasado de abusos a gran escala, a fin de que los responsables rindan cuentas de sus actos, servir a la justicia y lograr la reconciliación (Naciones Unidas, 2014). Este tipo de justicia en el contexto de una política de paz concreta debe asumir que el Estado de derecho ha sido uno de los actores del conflicto armado y es responsable también de la violación de derechos humanos, y que una de sus obligaciones en la transición es posibilitar que su orden jurídico (tanto la Constitución Política, como las leyes) ceda parte de su soberanía punitiva, sus obligaciones de persecución de los delitos y del ejercicio de la acción penal con el fin de la construcción de la paz social.

El derecho entonces, proveerá de mecanismos excepcionales que podrán ser utilizados de manera excepcional, tales como leyes de amnistías, indultos, leyes de perdón y olvido; en caso de ser necesario se crean nuevas constituciones para posibilitar la transición hacia un nuevo régimen político en el que se reincorporan los excombatientes del conflicto armado. Teitel (2017, p. 35) interpreta al Estado de Derecho en la transición bajo la siguiente tensión: el conservadurismo del Estado de Derecho en transición, que mira hacia el pasado y el Estado de derecho progresista que mira hacia el futuro; concluye la autora que en este dilema el Estado de derecho es en última instancia contingente, pues éste en lugar de establecer un orden jurídico ejerce el rol de mediador entre cambio normativo y los valores que caracterizan estos periodos extraordinarios de transición a la paz.

La justicia transicional refleja la complejidad de la tensión entre el Estado de derecho y del derecho en transición cuyo fin es la garantía de los derechos de las víctimas. Es este fin "lograr la terminación del conflicto" el que crea la obligación del Estado de ceder parte de su soberanía política y jurídica para lograr la confianza necesaria en la negociación con los grupos insurgentes y terminar la guerra. Esta justicia entiende que el fin del derecho es instrumentalizar y propiciar la paz en el marco de un Estado que ha reconocido que no hay vencedores de un conflicto armado, utilizará otra hermenéutica alejada de la racionalidad de la autoridad, una hermenéutica con sentidos de reconciliación, paz y perdón contingentes, que dependen del compromiso político con la paz y de la no continuación del estado de barbarie y violación masiva de derechos humanos.

Para ello se requiere el reconocimiento de algunas realidades que pueden facilitar la transición hacia diálogos, acuerdos en torno a la construcción de un futuro de paz y la no continuidad del pasado-presente de violencia:

1. El Estado de derecho no ha cumplido y no pudo cumplir con la legalidad y la normatividad vigente al encontrarse en el contexto de un conflicto armado que ha finalizado.
2. El derecho deberá ceder de manera flexible a la política, un acuerdo de paz es el resultado de concesiones mutuas entre las fuerzas en conflicto y el derecho debe oficiar como instrumento para que dichas fuerzas se sometan finalmente al derecho.
3. El derecho vigente, por tanto, deberá incorporar en su regulación a los infractores del mismo como sujetos que se acogen a él luego de la transición. El derecho convive con una paradoja política que consiste en incorporar a su orden a los sujetos que atentaron contra el mismo con el fin de que luego de una transición lo obedezcan y acepten.
4. Los valores que persigue el derecho son: La finalización del conflicto, la construcción de la paz, la construcción de la democracia, y el reconocimiento de las víctimas de sus derechos a la verdad, a la reparación y a la no repetición; además, la

reinserción a la vida civil y a la vida política de los excombatientes.

5. Los delitos que se reconocen son: de lesa humanidad y los ocurridos con ocasión del conflicto; los primeros no pueden tener un trato especial y deben ser perseguidos por el Estado; los responsables de los delitos que no tengan esta connotación podrán ser tratados de manera diferencial y condicionada, debido a la garantía de los derechos de las víctimas.

6. La justicia de manera dilemática tendrá que cumplir con la garantía del reconocimiento del derecho de las víctimas, pero flexibilizar la concepción retributiva del castigo. Así las cosas, se tendrá la posibilidad de crear criterios de priorización en el juzgamiento de los delitos y de la imposición de otro tipo de sanciones diferentes a las del derecho penal a los responsables de los mismos.

7. Los jueces actúan para promover y asegurar los derechos de las víctimas. Conforme a lo decidido en la transición política buscarán a los máximos responsables para reconstruir la memoria de lo sucedido y con ello propiciar el reconocimiento de las causas estructurales de tipo económico, político y social de lo sucedido.

8. La interpretación que hace el juez en esta jurisdicción especial es social y política de contexto; esta interpretación no es solo un proceso de adjudicación racional o razonable de unos hechos, pues se trata de interpretar hechos de violación generalizada y sistemática de derechos humanos confrontados con la transición política. Esta interpretación se constituye también en un proceso de reconstrucción de la infamia que en un campo de tensión permanente que pondera los derechos de las víctimas y las obligaciones del Estado de perseguir y sancionar esos hechos de manera flexible, lo anterior conforme a la negociación con los actores del conflicto armado que buscan reincorporarse a la sociedad.

El sentido del derecho y de la justicia transicional deben ser interpretados con el significado de una justicia instrumental al fin de la paz, en el contexto de un Estado negociador que ha reconocido su imposibilidad de someter a los actores del conflicto armado, pero que no permite concesiones en torno al derecho de las víctimas. Esta paradoja permite su interpretación como justicia:

> [...] se entiende por justicia transicional la transición de injusticia a justicia, la generación de justicia en la medida en que se logra el resarcimiento de las víctimas y de los autores de los crímenes reciben el equivalente desvalor de sus actos, con el fin de sentar los fundamentos para una futura vida pacífica en comunidad (Reyes, 2018).

SEGUNDA PARTE: LA HERMENÉUTICA DE LA VIOLENCIA Y DEL DOLOR

Tenemos como sociedad una oportunidad de vivir la transición de la guerra a la paz luego de la suscripción del Acuerdo Final entre el Estado Colombiano y las FARC, pero esta oportunidad se puede convertir en un fracaso si interpretamos la actual transición con los sentidos que históricamente le hemos atribuido al derecho: orden, imposición, instrumento mágico transformador de la realidad social, o negador del conflicto. Entre las alternativas de diálogo social, el derecho en épocas de transición podría ser interpretado bajo una hermenéutica emocional alternativa, que permita adjudicarle sentidos de compromiso con la continuidad de la guerra, pues de continuar reproduciendo sentidos formales corremos al riesgo de reproducir significados de violencia, de amnesia y de no reconocimiento del conflicto.

Esta segunda parte es el relato de un miedo: que utilicemos nuevamente el derecho para interpretarlo en favor de las ganancias políticas, excluir el diálogo y manipular el sufrimiento y el reconocimiento de las víctimas (González, 2007); así mismo reconoce un reto: transgredir el discurso cíclico del derecho como instrumento de crueldad, comprendiendo la finitud de nuestra existencia personal y el compromiso de no dejar a las generaciones futuras nuestro pesimismo acerca de la posibilidad de la paz en nuestro país.

Esta hermenéutica debe ser incluyente en la medida en que los sujetos involucrados seamos todos: Estado, sociedad civil, desmovilizados del conflicto y víctimas, con especial énfasis en éstas, pues son sus voces las que nos pueden dar el sentido y la magnitud del pasado violento para construir en el presente un futuro en paz. Busca develar primero los sentidos de la guerra y nuestra realidad de violencias, para comprender de manera honesta cuál es el papel del derecho en esta transición, que no puede ser el mismo que histórica y culturalmente ha tenido: la exclusión, la crueldad, la amnesia y olvido. En esta hermenéutica, el derecho en transición no puede ser el protagonista de los compromisos adquiridos para terminar la guerra, debe ser interpretado en su rol de garantía de diálogos entre los sujetos sociales protagonistas de ella que no han tenido cultura de reconocimiento del otro y, por ende, cultura de diálogo.

En esta interpretación del derecho transicional el contenido central es el dolor, y para ello el rol de Estado de derecho será de mediador y garante de la construcción de la memoria y del reconocimiento del derecho de las víctimas. Al Estado no puede adjudicársele el rol de único garante y principal responsable de la transformación política y social, pues esto negaría nuevamente la oportunidad de reconocer que hemos vivido en conflicto y en estados de guerra; si el Estado es el protagonista con el derecho en esta transición las voces de las víctimas terminarán siendo acalladas. No es posible en esta transición entregar a la institucionalidad el espacio de encuentro social, en el que como sujetos de esta guerra, víctimas y victimarios, neguemos otra vez el conflicto; para ello, en esta segunda parte se describen los estados de guerra, de excepcionalidad como sustento de la hermenéutica de la violencia.

Defino la *hermenéutica del dolor* como aquella interpretación que ha sido atribuida por la sociedad y sus actores políticos al derecho como instrumento de autoridad e imposición de ambiciones y expectativas de ganancias políticas y que posibilita la exclusión del perdedor o de la oposición en las contiendas por la lucha institucional en la creación de un orden. Esta hermenéutica se observa en dos etapas de nuestra histórica política y jurídica: la guerra del siglo XIX y la excepcionalidad del siglo XX.

Vivir en estado de guerra

El Estado de derecho en Colombia fue creado para instaurar un orden y el derecho por tanto se convirtió desde ese entonces en el instrumento de autoridad y unificación; así las cosas en el origen de nuestro Estado la oposición y la contradicción fue negada. El derecho y el Estado por tanto no instituyeron un estado civil de libertades resultado de un convenio de seres racionales; su origen, se asimila a la necesidad de transitar del estado de naturaleza hobbessiano a un estado civil necesario para asegurar la autoridad en el caos de la guerra.

Para María Teresa Uribe (2001) es la guerra el eje de la pervivencia histórica de nuestra sociedad durante este siglo, y lo describe bajo el concepto hobbesiano, reinterpretado por Foucault como estados de guerra:

> Los estados de guerra, que serían situaciones en las cuales prevalece el animus belli, la voluntad manifiesta e indeclinable de no someterse a la autoridad instituida y de no aceptar un poder distinto al propio, manteniendo la posibilidad de combatir al enemigo con las armas en la mano si fuese necesario y de organizarse en bandos capaces de matar y de morir" [...] Lo que predomina en los estados de guerra son las mutuas hostilidades, los signos encontrados de desconfianza, las manifestaciones permanentes de desafío, las representaciones que los distintos actores se hacen de la fuerza del contrario y de lo que sería necesario hacer para neutralizarla, evadirla o someterla; sobre todo, los estados de guerra aluden al mantenimiento de un horizonte siempre abierto a usar la violencia con un sentido instrumental, es decir, como un medio eficaz y necesario para el logro de propósitos políticos determinados (p. 11).

El origen del Estado como autoridad y orden es relatado por las guerras del siglo XIX, entre las que son relevantes los siguientes conflictos: 1812-1815, guerra entre Centralistas vs Federalistas (de la Patria boba); 1839-1841, guerra de los supremos por motivos religiosos; 1851, guerra por la liberación de los esclavos; 1854, el golpe de estado al Presidente José María Obando; 1860-1862, la guerra de los Insurrectos liberales (única guerra perdida por los gobiernos constitucionales); 1876-1877, guerra por la educación religiosa; 1884-1885, guerra del Estado de Santander contra el Gobierno Central (origen de la Regeneración); 1895, golpe de estado contra Miguel Antonio Caro; y 1899-1902, la guerra de los mil días (Borja, 2015, p. 173).

El siglo XIX le atribuye como sentido al derecho, el de ganancia política en favor del ganador luego de una lucha armada. La interpretación del derecho como gramática de la guerra se ubica en la utilización hecha por los vencedores de las guerras civiles del siglo XIX de las Constituciones y del orden jurídico para excluir al partido político perdedor; la Constitución y el derecho fueron interpretados como trofeos tomados por el ganador de la guerra. Al vencido solo le quedaba la opción de interpretar la Constitución y el derecho como anhelos y expectativas que garantizarían a futuro una posible victoria luego de emprender una nueva lucha por el poder.

El Estado de derecho como estado de legalidad (Heller, 1971, p. 188) se interpretará en nuestro origen como Estado de orden de autoridad, que utilizará el derecho como instrumento de exclusión del opositor de la política; la sociedad considerara que el derecho no es justo, es un instrumento efectivo para someter y doblegar al contrario.

Vivir en estados de excepción

De los estados de guerra del siglo XIX transitamos durante el siglo XX a los estados de excepción en los cuales conviven jurídicamente dos legislaciones: la excepcional y la ordinaria; la excepcional tiene vigencia temporal, pues se entiende que una vez restablecido el orden se restaurará la vigencia de la legislación ordinaria. El derecho y la Constitución comienzan a ser utilizados para sofocar las reivindicaciones hechas por el movimiento obrero, por los campesinos y luego por los insurgentes (Pécaut, 2001). En estas épocas de crisis, el derecho extraordinario y temporal funge como un instrumento necesario para recuperar el orden y la estabilidad institucional que no han logrado el Estado de derecho y su derecho ordinario.

La guerra desatada por la violencia partidista de mitad de siglo determinó que la Constitución y el orden jurídico no se aplicarán en su integridad; fue así como durante la vigencia de la Constitución de 1886 lo normal fue vivir bajo estados de excepción, "lo normal era vivir en anormalidad", realidad política que fue descrita por García Villegas (2001) como constitucionalismo perverso. En este periodo la Constitución tomó el sentido de la excepcionalidad de manera normalizada, fue instrumentalizada por los partidos políticos bajo interpretaciones institucionales de ser la Constitución y su reforma la solución a los problemas sociales.

El sentido de la Constitución y del derecho como argumentos mágicos de fácil cambio formal postergó el debate social y el reconocimiento de la guerra, esto aunado a la deficitaria participación política propició la negación del conflicto y la falta de compromisos personales y colectivos con la paz. La interpretación que hace la sociedad del derecho bajo el rótulo de lo excepcional propuesto por la institucionalidad, supone tres percepciones: que lo sucedido es algo sobreviniente (extraño), que debe ser conjurado y reprimido (no dialogado) y que el derecho excepcional puede lograr el restablecimiento del orden solo por ser derecho.

Esta forma de manipular la interpretación de la realidad política por medio del derecho devino en la interpretación según la cual lo que nos pasaba no era nada real (amnesia) y que al cambiar la Constitución y el derecho desaparecería lo extraño e indeseable. Esta hermenéutica del dolor, además de utilizar al derecho como dispositivo para sofocar la reivindicaciones y los conflictos sociales, sobrevaloró a la fuerza pública y desequilibró el balance constitucional de las ramas del poder público en favor del poder ejecutivo; éste apoyado en la Constitución y en el derecho abusó de la figura de los estados de excepción, para suspenderla tanto en el principio de la separación de poderes como en la obligación del Estado de garantizar los derechos fundamentales (García, 2001).

La utilización casi permanente de los estados de excepción se observa desde 1949 y durante los siguientes 50 años, en los cuales sumados los periodos de estados de excepción da como resultado 36 años que son las dos terceras parte del tiempo en que estuvo suspendida la Constitución (García, 2001, p. 317). Durante el siglo XX la interpretación dada a la Constitución y al derecho no solo posibilitó la convivencia entre la normalidad y la excepcionalidad, propició actitudes de optimismo y esperanza ingenuas de que era suficiente con las regulaciones normativas para conjurar las crisis y los conflictos que nos pasaban, con estos sentidos se negaron la guerra, las crisis políticas, las crisis económicas y sociales.

Lo anterior ha posibilitado la creación de una cultura jurídica en la que el derecho es una especie de antídoto para desconocer al otro, al conflicto, el compromiso particular y personal del individuo inmerso en la violencia.

La hermenéutica del dolor: guerra y excepcionalidad

Durante los dos siglos de existencia del Estado colombiano, la interpretación del derecho se hizo con dos sentidos dolorosos: el de la imposición de una ganancia política del vencedor de una guerra civil o como dispositivo para normalizar lo anormal. En el primer sentido, el derecho y en concreto la Constitución era una carta de batalla (Valencia, 2001); en el segundo, el derecho y la Constitución fueron utilizados como instrumentos para sofocar reivindicaciones sociales. Estos sentidos adjudicados a la interpretación del derecho y de la Constitución se enmarcan en una hermenéutica violenta que se ha caracterizado por las siguientes pre comprensiones: a. El derecho es un orden; b. El derecho y el Estado han permanecido de manera continua y estable (siempre ha existido la continuidad institucional), ellos permanecen por encima de las confrontaciones y de los conflictos. Así mismo, c) los conflictos son excepcionales, el derecho puede transformar el conflicto en orden; d) es por lo anterior que no se reconoce la existencia del conflicto; al conflicto se le teme, no se le confronta y se prefiere negarlo. Y, e) se desconoce la existencia del otro y se interpreta bajo la lógica de amigo-enemigo.

La hermenéutica del dolor y sus premisas no requirieron cánones de interpretación propios dentro de un sistema que establecía procedimientos de adjudicación del derecho, pues fueron suficientes para mantener los sentidos del dolor durante estos dos siglos, que los operadores jurídicos utilizaran los criterios de interpretación del derecho definidos como criterios de interpretación de la ley, cuya finalidad es desentrañar la voluntad de su autor (criterios literal, histórico y sistemático).

La idea de ley como autoridad auxilió a los jueces en su labor de impartir justicia, a pesar de que en nuestra historia generalmente las leyes no fueron, ni han sido el resultado de la voluntad general y del debate, éstas a lo largo de estos dos siglos han sido leyes en sentido material (decretos). La interpretación jurídica desplegada por los jueces ha cumplido durante doscientos años con el valor de la seguridad política; los jueces se conformaban con adjudicar a los hechos las normas vigentes utilizando cánones formales, bajo procedimientos lógicos y con el argumento de que el derecho no tiene relaciones con la moral y con la política.

Este tipo de interpretación aportó a la construcción de la amnesia y del olvido, pues mantuvo la ficción de que los conflictos sociales podían ser resueltos por la institucionalidad y por la función judicial, mientras vivíamos en medio de conflictos armados y la guerra sin resolver nuestros conflictos políticos a través del diálogo. Esta hermenéutica y el sentido atribuido al derecho crea la cultura jurídica de la excepcionalidad, esta sintetiza los matices de la interpretación violenta y sus sentidos son:

a. Lo anormal es normal, o la normalidad es vivir en estados de guerra y conflicto armado: las regulaciones jurídicas son las soluciones para conjurar nuestros conflictos (que llamamos crisis). Bajo este sentido atribuido al derecho y al Estado, olvidamos nuestra responsabilidad particular y personal de asumir la realidad, de nuestra forma violenta de relacionarnos y de reconocernos como sociedad en el contexto de dicha violencia.

b. Justicia y Derecho tienen una relación mediata: el Derecho debe propiciar primero orden y la estabilidad institucional en medio del conflicto armado, luego, si tenemos suerte, propiciar la Justicia. Lo inmediato para el derecho y para el Estado es solucionar el orden, la necesidad del mismo ha hecho creer a la sociedad que este es el fin más importante del derecho.

c. La ley puede ser cualquier cosa: puede ser ley tanto en sentido formal como en sentido material; esto determina el desdén de esta cultura de la excepcionalidad por los diálogos y por los acuerdos, en este sentido, es ley aquello que determine una imposición unilateral.

d. Los valores de la seguridad jurídica y la certeza se identifican con la seguridad política. El Estado existe porque de manera permanente regula conductas, no importa si estas son obedecidas o no por los sujetos receptores de las normas; existe seguridad si hay normas que regulen los conflictos. Los conflictos, por lo tanto, no se solucionan generalmente por acuerdos sino por imposiciones de normas.

e. No se tienen derechos por el solo hecho de ser persona sino porque son creados por el poder estatal y generalmente por los jueces: no se comprende la dignidad individual si no es reconocida por una autoridad, el derecho por tanto es una imposición de una autoridad, no es el resultado de un status ganado de negociaciones y acuerdos políticos.

Esta interpretación del derecho en medio de la cultura de lo excepcional y de la violencia, puede revivir y su ciclo cultural de amnesia puede continuar si se considera que el instrumento político que puede blindar el Acuerdo final es la Constitución (Acto Legislativo N.º 3 de 2017) y el derecho. La ganancia política del Acuerdo debe ser apropiada por la sociedad y no dejarse a la fragilidad de las formas derecho y la Constitución manipuladas por los intereses políticos de los actores del conflicto.

El riesgo de no vivir la transición y reproducir los sentidos de la amnesia

El siglo XXI inicia con una Constitución creada en medio de la terminación del conflicto armado con el M-19, su vigencia alentó la esperanza de que fuese interpretada como instrumento eficaz para alcanzar la paz y la garantía de los derechos fundamentales así como el reconocimiento de los grupos discriminados por años de guerra. Desde su origen, la Constitución de 1991 se ha interpretado como un símbolo de ruptura de esta institucionalidad excepcional bajo la aspiración de que ella fuese instrumento de construcción y transición para la paz; sin embargo, el contexto de violencia se mantuvo e ingresaron al mismo nuevos actores como los paramilitares, además de los grupos subversivos, el narcotráfico y la delincuencia común.

Esta expectativa de ruptura y transformación que nace con la nueva Constitución fortaleció el sentido y la interpretación de que el derecho es un instrumento eficaz para garantizar la anhelada transformación social; este optimismo inicial en lo jurídico y en las posibilidades de paz de la Constitución de 1991 creó el fenómeno de la "volatilidad constitucional" (Quinche, 2015, p. 12) y del reformismo permanente. La Constitución a lo largo de sus 31 años de vigencia ha sido reformada 55 veces, de ellas, 5 han sido declaradas inexequibles, 5 tienen el contenido de la transición de la guerra a la paz. La Constitución y el derecho han sido instrumentalizados nuevamente para crear la sensación de que no ha pasado nada y que sus normas pueden solucionar los conflictos o las crisis que son excepcionales en nuestra realidad.

El proceso de paz no fue ajeno a esta interpretación que del derecho y de la Constitución hemos tenido durante los últimos 200 años, y la Constitución se reforma para incorporar la normatividad transicional a la paz. Por ello el derecho en esta transición toma nuevamente el protagonismo y volvemos a acudir a él como garantía del cumplimiento de los puntos del acuerdo: existe derecho transicional y justicia transicional en un Estado de Derecho que ha mantenido su continuidad sin ninguna fractura política, la Constitución de 1991 se mantiene vigente e integra un complejo normativo transicional.

El cuerpo normativo que constituye este derecho transicional y que servirá de referencia a las decisiones de la JEP, consta de varias regulaciones y disposiciones como: la Constitución, el Acuerdo Final, el Código Penal, los Actos Legislativos (A. L. N.º 1 de 2012; A. L. N.º 1 de 2016; A. L. N.º 1 de 2017; A. L. No 2 de 2017 y A. L. N.º 3 de 2017), además la Ley de Procedimiento de la JEP (L. 1922/2018), la Ley de amnistía, indulto y tratamientos especiales (L. 1820/2016) y, por supuesto, la Ley Estatutaria de la Administración de Justicia en la Jurisdicción Especial para la Paz (L. 1957/2019).

La Constitución aporta el valor de la paz desde su preámbulo y el derecho a la paz en el artículo 22, además de normas de integración del derecho internacional de derechos humanos en el artículo 93, así como la constitucionalización de la justicia transicional creada mediante el Acto Legislativo N.º 1 de 2012. En la Constitución se encuentra también la definición de justicia transicional (Acto Legislativo N.º 1 de 2012, art. transitorio 66, conocido como Marco Jurídico para la Paz), los instrumentos, los criterios de priorización que debe ser utilizados por la Justicia transicional en el ejercicio de la acción penal, los cuales deberán ser regulados por medio de ley estatutaria.

El Artículo 93 de la Constitución integra los convenios y acuerdos sobre derechos humanos, el derecho internacional humanitario, el Estatuto de Roma como derecho penal internacional. Se entiende que éstos se convierten en bloque de constitucionalidad. Así las cosas, la Constitución ha incorporado la transición en su articulado, posibilitando un marco normativo para garantizar el cumplimiento del Acuerdo y el derecho de las víctimas.

Existe derecho transicional y justicia transicional; sin embargo no podemos repetir la tradición histórica de utilizar el derecho como estrategia de aseguramiento de un cambio social que no ha sucedido aún, o que está por suceder o del que solo tenemos la expectativa de que suceda. Lo anterior nos debe llamar la atención acerca del riesgo que corremos de que el derecho y la justicia de transición sean interpretados con sentidos de amnesia, de olvido y de falta de compromiso de parte de los agentes del conflicto y de la misma sociedad, dejando al Estado y al derecho el compromiso de la construcción de la paz.

Nuestra transición y nuestra justicia transicional se han dado sin rupturas jurídicas, y es lo que nos distingue de otros procesos de transición y justicia transicional tal como lo describe Gómez (2014) en el caso de los acuerdos de justicia y paz del Estado con los paramilitares, esta justicia restaurativa se hizo bajo el relato de la continuidad, de la institucionalidad y el formalismo:

> Las discusiones sobre justicia transicional y derechos de las víctimas en Colombia, lejos de darse en un momento de transición que trazara unas fronteras relativamente definidas entre la guerra y la paz, se llevaron a cabo en medio de un conflicto de larga duración en el cual se buscó desactivar de manera formal a un actor armado, el paramilitarismo, pero dejando intactas las estructuras políticas y económicas que habían apoyado su surgimiento (p. 118).

En nuestro proceso de paz con la FARC hemos hecho algo similar: pues han sido el derecho y el Estado los que han creado las condiciones de la transición y la han blindado, a la espera de que se concreten posteriormente los compromisos políticos adquiridos por los excombatientes, por el Estado, por los actores políticos y por la sociedad. El derecho ha sido utilizado antes (*ex ante*) para construir la transición, sin tener claro aún los compromisos políticos de los actores involucrados en la misma. El Estado y el derecho se encargaron de crear un marco jurídico para la paz, la justicia transicional y sus normas de procedimiento, así como la flexibilización de las normas penales para resolver las graves violaciones a los derechos humanos. El proceso de paz entre el Estado y las FARC ha sido transmutado de su naturaleza política para convertirse en un proceso jurídico excepcional incorporado de manera transitoria a la Constitución.

Ha sido el derecho el que aprehendió, normativizó y terminó blindando el Acuerdo Final, lo que deja como resultado reformas constitucionales y jurídicas y varias dudas: la duda acerca de la estabilidad de los compromisos políticos de los actores involucrados en el acuerdo, la duda acerca del compromiso de los actores políticos no involucrados en dicho acuerdo y, por supuesto, la duda en torno a los compromisos de la sociedad en relación con la reconciliación y el perdón. Nuestra normatividad transicional se ha dado sin rupturas políticas de tal suerte que el derecho ha creado el marco para la transición y espera que la sociedad y los actores políticos acepten la transición de guerra a paz. Esta idea de continuidad del Estado y del derecho como parte de la cultura de la excepcionalidad "normalizada", no puede ser trasladada al periodo de transición de nuestro conflicto armado y del posacuerdo entre el Estado y las FARC.

Actualmente el derecho transicional corre el riesgo de ser interpretado sin rupturas políticas, pues el proceso de paz y sus negociadores lo han utilizado bajo la versión de la ganancia; el Acuerdo Final fue cooptado de manera protagónica por el derecho y la Constitución; ésta integró las partes fundamentales del mismo y con sus reformas ha regulado la transición política, el sistema penal y las reglas de jurisdicción transicional, entre otras. Pareciera, entonces, que transitamos con la interpretación de que existe una continuidad del Estado de derecho y el momento actual es excepcional y temporal y que, en últimas, el derecho se encargará de normalizarlo todo bajo su idea de orden (espiral de interpretación violenta que niega el conflicto).

El Estado y el derecho así interpretado tornarían a la JEP en una jurisdicción especial que convive con la ordinaria, que como ésta debe castigar de manera retributiva los daños causados a las víctimas por la violación masiva a los derechos humanos acaecidas durante el conflicto armado. El riesgo de normalizar la transición bajo la antigua cultura de lo excepcional y de utilizar al Estado de derecho y a su apego a la legalidad es que trasmutaría el contenido de la JEP y la convertiría en un tribunal ordinario de carácter especial bajo el esquema de una justicia liberal que considera el castigo bajo contenidos de retribución a la sociedad.

TERCERA PARTE:
LA HERMENÉUTICA DE LA RECONCILIACIÓN: CRITERIOS PARA LA INTERPRETACIÓN DEL DERECHO TRANSICIONAL

Si queremos interpretar el derecho en momentos de transición, todas las normas creadas bajo los mandatos constitucionales como la ley de procedimiento de la JEP, debemos iniciar reconociendo que hemos creado culturalmente una hermenéutica del dolor, ser conscientes del sentido de nuestro conflicto. Requerimos llegar a un acuerdo doloroso, con un significado diferente al de las concesiones y negociaciones, acuerdo como significado de vida "lo contrario de acuerdo es fanatismo y muerte" (Oz, 2016, p. 16).

El contenido de la hermenéutica de la reconciliación debe partir de que nuestro conflicto actual ha sido juridificado y constitucionalizado y con ello corremos el riesgo de que el derecho silencie la realidad de dolor y la necesidad de reconciliación y perdón. Para lograr la transición del conflicto y de la guerra a la paz debemos transgredir la amalgama de amnesias y olvidos propiciados por la hermenéutica del dolor y de la violencia, creados por la idea de que la justicia y el derecho son sentidos únicos radicados en el Estado, negar el protagonismo al derecho en momentos de transición y así reconocer al otro, asumir su dolor, que vivimos en actitud permanente de violencia, ser conscientes de que hacemos parte de una sociedad compuesta de sujetos que niegan la realidad del otro y la propia en el conflicto.

Si queremos despertar a esa realidad también debemos asumir que para transitar a la paz no es suficiente con el Acuerdo Final, con la aceptación del Estado de que no ha podido someter al grupo armado al que ha enfrentado por más de cincuenta años, que no es suficiente tampoco con la desmovilización de los actores armados del conflicto y con su promesa de cese de la guerra. No es suficiente con la justicia transicional creada por nuestro Estado de derecho, desde que inicia el proceso de paz del Estado con las FARC ni con el derecho creado para la transición.

Requerimos asumir compromisos personales y particulares con la transición hacia la paz, y ello solo es posible si salimos de nuestras actitudes de negación de nuestra tradición de violencias y conflictos excusada y mantenida por la cultura de la excepcionalidad. Debemos transgredir este pasado heredado e interpretar el presente de ruptura pues mantenerlo es sostener la infamia. Para ello, esta hermenéutica se construirá por actitudes de reconocimiento, de rechazo y de compromiso que deben ser asumidas por todos los que hacemos parte de este conflicto negado.

Debemos reconocer:

a. La utilización del derecho y su interpretación como instrumento de violencia y como antídoto amnésico.
b. La insuficiencia del derecho para crear cambios sociales.
c. El conflicto violento padecido a lo largo de más de 200 años, con lo cual podemos comprender que la *transición* debe ser interpretada como ruptura política y esto solo se hace con la reconstrucción de la memoria, quitándole el protagonismo al derecho, en momentos en que se debe acudir al reconocimiento de que todos como sujetos somos iguales en el padecimiento del dolor de una guerra sin fin.
d. La igualdad en el dolor, sujetos iguales en el dolor y, en consecuencia, ver "al otro" como parte de un "nosotros" (Rorty, 1998) pues nos identificamos en la misma realidad del dolor compartido: el dolor de haber perdido a alguien o de haber perdido algo en esta guerra, la transición política y social

aparece cuando reconozcamos que el "otro" también es "yo" (Lyotard, 1998). El reconocernos como sujetos frágiles ante la infamia del conflicto e iguales en el dolor, es la condición real para el garantizar los derechos de las víctimas.

e. No hemos aprendido a vivir en conflicto: no respetamos las diferencias, tenemos miedo del distinto, no reconocemos la solución de nuestras confrontaciones con los diálogos.

f. Somos parte de este conflicto: Todos hemos participado en esta guerra como victimarios y como víctimas. Como victimarios utilizando diferentes instrumentos: la palabra, las armas, la actitud de no diálogo, el rechazo por la diferencia política, manteniendo el relato de que es normal lo que nos pasa, enseñando bajo excusas de orden que el derecho lo puede todo, aceptando el olvido y reconociendo el dolor solo con indicadores de muertes y masacres. Como víctimas todos hemos perdido a alguien o hemos perdido algo que hemos amado y no queremos que nos arrebaten el dolor de su pérdida. Somos iguales ante el dolor y somos iguales ante la amnesia y el olvido de lo que nos pasa y de lo que nos ha pasado.

Debemos por tanto rechazar:

a. La cultura de la excepcionalidad, con lo cual nuestra cultura jurídica y política tendrá que ceder a su apego a la excepcionalidad, centrar su compromiso en torno a reflexionar sobre la transición política hacia un posconflicto.

b. La interpretación violenta del derecho heredada de la cultura de la excepcionalidad, lo cual supone reconocer nuestra cultura como violenta y que ha utilizado al derecho para seguir instrumentalizando su contenido, y a partir de allí podremos reconocer a las víctimas sus derechos a la verdad, a la reparación y a la no repetición e interpretarlo para reconciliarnos, no para solapar la infamia vivida.

c. El pasado que desconoció el conflicto: la transición implica romper las lógicas del pasado que reconocidas en el presente declaran que ellas no deben ser mantenidas en el futuro;

de no romper los sentidos del derecho heredados de nuestra historia correremos el riego de interpretar la transición como algo que debe ser controlado por las normas y no como compromisos particulares y colectivos por la paz.

Macondo era ya un pavoroso remolino de polvo y escombros centrifugado por la cólera del huracán bíblico, cuando Aureliano saltó once páginas para no perder el tiempo en hechos ya conocidos, y empezó a descifrar el instante que estaba viviendo, descifrándolo a medida que lo vivía, profetizándose a sí mismo en el acto de descifrar la última página de los pergaminos como si se estuviera viendo en un espejo hablado [...] Sin embargo antes de llegar al verso final ya había comprendido que no saldría jamás de ese cuarto, pues estaba previsto que la ciudad de los espejos (o los espejismos) sería arrasada por el viento y desterrada de la memoria de los hombres en el instante en que Aureliano Babilonia acabara de descifrar los pergaminos, y que todo lo escrito en ellos era irrepetible desde siempre y para siempre, porque las estirpes condenadas a cien años de soledad no tenían una segunda oportunidad sobre la tierra. (García-Márquez, 2007, p. 471).

REFERENCIAS

Acto Legislativo N.º 1 (2012, julio 31). Por medio del cual se establecen instrumentos jurídicos de justicia transicional en el marco del artículo 22 de la Constitución Política y se dictan otras disposiciones. Congreso de la República [Colombia]. *Diario Oficial* No. 48.508 de 31 de julio de 2012. Imprenta Nacional.

Acto Legislativo N.º 1 (2016, julio 7). Por medio del cual se establecen instrumentos jurídicos para facilitar y asegurar la implementación y el desarrollo normativo del acuerdo final para la terminación del conflicto y la construcción de una paz estable y duradera. Congreso de la República [Colombia]. *Diario Oficial* No. 49.927 de 7 de julio de 2016. Imprenta Nacional.

Acto Legislativo N.º 1 (2017, abril 4). Por medio del cual se crea un título de disposiciones transitorias de la Constitución para la terminación del conflicto armado y la construcción de una paz estable y duradera y se dictan otras disposiciones. Congreso de la República [Colombia]. *Diario Oficial* No. 50.196 de 4 de abril de 1917. Imprenta Nacional.

Acto Legislativo N.º 2 (2017, mayo 11). Por medio del cual se adiciona un artículo transitorio a la Constitución con el propósito de dar estabilidad y seguridad jurídica al acuerdo final para la terminación del conflicto y la construcción de una Paz Estable y Duradera. Congreso de la República [Colombia]. *Diario Oficial* No. 50.230 de 11 de mayo de 2017. Imprenta Nacional.

Acto Legislativo N.º 3 (2017, mayo 23). Por medio del cual se regula parcialmente el componente de reincorporación política del acuerdo final para la terminación del conflicto y la construcción de una paz estable y duradera. Congreso de la República [Colombia]. *Diario Oficial* No. 50.242 de 23 de mayo de 2017. Imprenta Nacional.

Alexy, R. (1993). *Teoría de los derechos fundamentales*. Centro de Estudios Constitucionales.

Beccaria. C. (2005). *De los delitos y las penas*. Ediciones Doctrina y Ley.

Borja, M. (2015). La historiografía de la guerra en Colombia durante el Siglo XIX. *Análisis Político*, N.º 85, 173-188. https://doi.org/10.15446/anpol.v28n85.56253

Dworkin, R. (1989). *Los derechos en serio*. Ariel.

Ferrajoli, L. (1999). *Derecho y razón*. Trotta.

Ferrajoli, L. (2016). *Derechos y garantías: La ley del más débil*. Trotta.

Fraser, N. (2008). *Escalas de justicia*. Herder.

García, G. (2007). *Cien años de soledad*. Real Academia Española.

García, M. (2001). Constitucionalismo perverso. Normatividad y anormalidad constitucional en Colombia 1957-1997. En B. de S. Santos y M. García Villegas, *El caleidoscopio de las justicia en Colombia* (pp. 317-370), tomo I. Siglo del Hombre Editores.

Gargarella, R. (1996). *La justicia frente al gobierno*. Ariel.

Gobierno Nacional y FARC-EP. (2016, noviembre 24). Acuerdo final Gobierno de Colombia-FARC-EP para la terminación del conflicto y la construcción de una paz estable y duradera.

Gómez, G. I. (2014). *Justicia transicional en disputa. Una perspectiva constructivista sobre las luchas por la verdad, la justicia y la reparación de Colombia, 2002-2012*. Universidad de Antioquia.

González, J. (2007). La justicia transicional o la relegitimación del derecho penal. *Estudios Políticos*, N.º 31, 23-42.

Heller, H. (1971). *Teoría del Estado*. Fondo de Cultura Económica.

Larenz, K. (2001). *Metodología de la ciencia jurídica*. Ariel.

Ley 1820 (2016, diciembre 30). Por medio de la cual se dictan disposiciones sobre amnistía, indulto y tratamientos penales especiales y otras disposiciones. Congreso de la República [Colombia]. *Diario Oficial* No. 50.102 de 30 de diciembre de 2016. Imprenta Nacional.

Ley 1922 (2018, julio 18). Por medio de la cual se adoptan unas reglas de procedimiento para la Jurisdicción Especial para la Paz. Congreso de la República [Colombia]. *Diario Oficial* No. 50.658 de 18 de julio de 2018. Imprenta Nacional.

Ley 1957 (2019, junio 6). Estatutaria de la Administración de Justicia en la Jurisdicción Especial para la Paz. Congreso de la República [Colombia]. *Diario Oficial* No. 50.976 de 6 de junio 2019. Imprenta Nacional.

Lyotard, J. F. (1998). Los derechos de los otros. En J. F. Lyotard *et al*. *De los derechos humanos. Las conferencias de Oxford Amnesty de 1993* (pp. 137-146). Trotta.

Mèlich, J.C. (2010). *Ética de la compasión*. Herder.

Montesquieu (2000). *El espíritu de las leyes*. Tecnos.

Naciones Unidas (2014). Justicia transicional y derechos económicos, sociales y culturales. Naciones Unidas. ahttps://www.ohchr.org/sites/default/files/Documents/Publications/HR-PUB-13-05_sp.pdf

Ost, F. (1993). Júpiter, Hércules, Hermes: tres modelos de juez. *Doxa: cuadernos de filosofía del derecho*, N.º 14, 169-194. DOI: https://doi.org/10.14198/DOXA1993.14.10

Oz, A. (2016). *Contra el fanatismo*. Siruela.

Pécaut, D. (2001). *Orden y violencia en Colombia evolución sociopolítica en Colombia de 1930 a 1953*. Norma.

Quinche, M. F. (2015). *Derecho constitucional colombiano*. Temis.

Reyes, Y. (Ed.). (2018). *¿Es injusta la justicia transicional?* Universidad Externado de Colombia.

Rorty, R. (1998). Derechos Humanos, racionalidad y sentimentalidad. En J. F. Lyotard, *et al*. *De los derechos humanos. Las conferencias de Oxford Amnesty de 1993* (pp. 117-135). Trotta.

Rousseau, J. J. (1972). *El contrato social*. Austral.

Sánchez, N. C. & Ibáñez, C. (2014). *La Justicia Transicional como categoría constitucional en Justicia de transición y Constitución – Análisis de la sentencia C 579 de 2013 de la Corte Constitucional*. Temis.

Tarello, G. (1994). *Cultura Jurídica y positivismo jurídico*. Editorial Fondo de Cultura.

Teitel, R. (2017). *Justicia Transicional*. Universidad Externado de Colombia.

Uprimny, R. *et al*. (2006). *¿Justicia transicional sin transición?* Derecho y Sociedad.

Uribe de Hincapié, M. T. (2001). Las guerras por la nación en Colombia durante el siglo XIX. *Estudios Políticos*, N.º 18, 9-27.

Uribe de Hincapié, M.T. (2004). Las palabras de la guerra. *Estudios Políticos*, N.º 25, 11-34.
Wróblewski, J. (2008). *Sentido y hecho en el derecho*. Fontamara.
Valencia, H. (2001). *Cartas de batalla*. Norma.
Von Ihering, R. (2017). *Jurisprudencia en broma y en serio*. Dikynson.
Zagrebelsky, G. (1995). *El derecho dúctil*. Trotta.

Desde el rostro del pobre: Ensayo de filosofía moral y ética

Rubén Darío Jaramillo Cardona*

RESUMEN: El perfil humano del doctor Jesús María Valle Jaramillo nos introduce en un tema de filosofía moral y de ética. Nuestro compromiso es describir con el acercamiento a marcos conceptuales, lo que fue en la práctica la vida de un hombre que trascendía a la justicia humana, pues iba más allá de lo que normalmente cualquier ser humano construye con su personalidad en la vida cotidiana. Nuestro punto de partida serán dos sentimientos: dolor y sufrimiento, vertidas en su desarrollo por una perspectiva de filosofía moral y filosofía política. La praxis del abogado Valle Jaramillo y de sus diálogos con víctimas y con personas enfrentadas al poder del Estado, sugiere otra reflexión: la compasión vs. la justicia institucional, y el reconocimiento del otro, emparentadas con un derecho (la verdad) que traza su derrotero desde el derecho internacional de los derechos humanos, para buscar su horizonte en el derecho penal interno y en la ética comunitaria de Enrique Dussel, filósofo argentino, quizás desconocido por el referente homenajeado. Finalmente, el trabajo se pregunta ¿por qué este hombre termina en el "sacrificio"?

Palabras claves: El dolor, el sufrimiento, Jesús María Valle Jaramillo, derecho internacional de los derechos humanos, justicia institucional, justicia humana.

DEL DOLOR

La dimensión trágica de la historia, indica que: el hombre está abierto a la esperanza y sometido a la necesidad" (Zambrano, 1988,

---

* Abogado de la Universidad de Antioquia. Ex decano de la Facultad de Derecho de la Universidad Católica de Oriente. Correo electrónico: jaramillocarruben@gmail.com

p. 31). Pero su esperanza es generada abriendo la historia a acontecimientos que le den sentido a su vida, con metas e ilusiones del tamaño de sus sueños, viables, improcedentes, utópicos. Con los estallidos de las guerras, con manifestaciones discursivas, el hombre aumenta su dimensión de atleta de la vida cotidiana a un dios absorto en batallas titánicas que le otorguen su gloria. El material de la historia es el dolor; sin éste, el hombre no construye: víctimas, ritos, triunfos, son el lenguaje de dominio del hombre por el hombre. Desde Aristóteles, Santo Tomás, Descartes y hasta Gabriel Marcel, existencialista francés, el ser humano es un cuerpo asimilable a un objeto, que siente y ese sentido es el modo como participa inicialmente en el mundo. Pero, de manera simultánea, observa, contempla y, en la medida en que se ubica en el orden de la naturaleza, piensa, razona. Cuando el ser humano da el paso de la naturaleza a la cultura, los antropólogos dicen que ha construido "el símbolo", para comprenderse a sí mismo, entender el mundo de objetos y cosas creadas desde su conocimiento técnico y darle significado a todo lo que hace.

Soy consciente de que la muerte como límite existencial y el dolor, han sido temas privilegiados de las religiones, pero aquí apuntaremos a una existencia, que vivía intensamente, ejerciendo la loable profesión del derecho y enalteciéndola todos los días, pues el homenajeado no solo era el vocero de alguien —un desplazado, un campesino, por ejemplo—; no solo era un defensor de derechos humanos —y por lo tanto un perseguido político— sino alguien que por su vocación universal, hacía denuncia social ante los conflictos históricos, económicos y políticos. El dolor no solo es un asunto de estudio de la medicina y con apuntaciones específicas hoy ante los avances de la neurocirugía, sino un tema de algunas ciencias sociales, como la antropología y el derecho. Pero, mirado desde la profundización del ser interior del hombre, ese ser moral que piensa y se hace preguntas fundamentales, el dolor genera interrogantes que la filosofía debe admitir como propios para buscar respuestas que le dan sentido, no solo en tiempos de crisis, sino en el ordinario y común de las labores del día a día.

Cuando el dolor impregna al cuerpo con su dictadura y arbitrariedad, el ser humano ha aprendido a entender que comienza a desmoronarse su existencia, porque produce incomodidad, miedo, y algo mucho peor: cuestionarse por los límites de la vida.

El dolor desestructura la identidad; se entra en crisis; estar enfermo avizora "la necesidad del otro", nos pone en la perspectiva de la ayuda, de la solidaridad, porque perdemos equilibrio. El dolor, si es profundo, paraliza. Es un desgarramiento que rompe la unidad de la vida y posibilita racionalizar la resistencia para sobrevivir y usar los medios contemporáneos de la medicina, la sicología, la farmacopea, que tienen suficientes instituciones para aliviar la carga de sentirse débiles. El dolor no punza únicamente el cuerpo, sino el alma, el ser humano "interioriza" el conflicto consigo mismo y navega en el sinsabor de sentirse mal, no ejercer sus atributos naturales ni sus talentos.

Cuando el dolor no es fruto de la enfermedad natural sino de la violencia, la pérdida de un ser querido, la desaparición forzada de un hijo, el trauma que origina la pérdida del otro cuyo vínculo de amor era fuerte, genera mayor intensidad síquica. La educación que se recibe en las instituciones no prepara para asumir el dolor, para elaborar el duelo, como proceso en tránsito a seguir viviendo, aceptando la muerte como una parte de ella. *Thanatos* es una parte de *eros*.

La autosuficiencia y la soberanía del Yo es golpeada por el dolor, por ese trauma que sacude la identidad, los valores, los fines de mi conducta, porque el dolor desestabiliza; el doliente se llena de preguntas, al perder al otro, la vida cambia y será distinta. El dolor y las pérdidas humanas —ante todo en muertes— disuelven los proyectos que se tenían antes. Se desdibuja el horizonte, hay incertidumbre, por el futuro, ese otro que muere o ese otro que vive, pero en situación de discapacidad, o desarraigado, casi en una "muerte social", que no sabe qué hacer, golpea mi convivencia con él. El dolor producido por el victimario sacude mis entrañas y me obliga a construir una nueva cotidianidad, si tengo raíces y sé responder ante el acontecimiento doloroso. Obsérvese como reflexiona una víctima:

> Pero a mí, lo más afectada que me tiene ahora es mi muchacho, porque yo no sé nada de él; si yo supiera que yo lo tuviera allí, yo estaría un poquito tranquila, porque eso son cosas que a uno no se le olvidan. Eso a mí me tiene afectada; yo lloro, pero ave maría ese muchacho a mí no se me sale de aquí de la mente, yo digo, tal vez enterrado en el monte, lo tiraron para que se lo comieran los pescados; usted sabe que uno tener un hijo desaparecido, uno al saber que no se sabe nada de él, uno siempre piensa lo malo (Monsalve, 2018, p. 376).

El dolor en ese testimonio perdura, estira el tiempo, pretende ser omnipotente, omnipresente, se instala en la mente humana y desaloja cualquier otro tipo de preocupaciones; el dolor interfiere con el trabajo, es un invasor de mis sentimientos, de mis proyectos, fustiga repetidamente, es el mismo sonido de una campana que asusta por su repetición y tozudez. ¿Qué hacía Jesús María Valle Jaramillo ante el dolor de otro? Acogerlo, identificarse con él, era pura fraternidad, complicidad con él, para ayudar al tránsito de reducirlo a su mínima expresión y mostrarle al doliente que su dolor no era único, que no estaba solo, que ese dolor era superable. Ahí entronca su reflexión con una nueva categoría o concepto: ¡el sufrimiento!

DEL SUFRIMIENTO

No se puede confundir el dolor con el sufrimiento; el primero es el hecho físico, síquico, emocional, que conmueve todo mi ser, que interrumpe mi cotidianidad, que si es profundo, existencialmente me revienta o me explota en un racimo de preguntas.

Cuando me reconozco en el dolor, soy reflexivo y simbolizo ese dolor, aparece el sufrimiento. Éste, elabora un recuerdo, reconstruye el trauma, teje y conecta varios elementos; genera desde la serenidad una interpretación, ese es el sufrimiento. Cuando exploro una explicación, cuando pienso en mis relaciones con el "otro" desaparecido, mutilado, muerto, y expulso la rabia, la depresión, estoy en un proceso resiliente…eso es el sufrimiento, una manera sana, simbólica de reconocer el dolor en mi historia individual. Cuando sublimo y trasformo el trauma en una oportunidad nueva, el sufrimiento ha hecho una tarea creadora. Mientras el dolor es un círculo, el sufrimiento es un vértice, línea abierta. En el dolor doy vueltas repitiendo como el mito, el hecho inicial, sin salida, sin adecuada interpretación. El sufrimiento —aunque suene raro— libera, porque recuerdo sin dolor, porque actúo hacia el futuro, porque aprendo del trauma, porque río y desde la serenidad, vuelvo a combatir, a ser en la vida cotidiana, la misma persona, pero renovada, con trasformaciones.

"El sufrimiento no solo posee dignidad ética; posee, además, relevancia metafísica" (Frankl, 1990, p. 254). El sufrimiento me confirma que somos alteridad, que el Otro cambia mi vida, que la solidaridad es una fuente de dicha. No hay satisfacción más íntima, más grata, que ser agradecido con la vida, a través de ese Otro que acompañé en su dolor y surgió a la vida plena. En ese conocimiento de la importancia de la "alteridad", surge el aprendizaje del "nosotros". La sociabilidad humana es eso: el reconocimiento que no puedo vivir sin el otro y solo con el otro. Al fin y al cabo, seres sociales y creadores de cultura, para hacer mejor la vida y expresar en ella, lo que antes hacía ante la naturaleza: el arte, la generación de belleza, la creatividad del artefacto o del producto. Por el sufrimiento, mirado en esta perspectiva, no solo contribuyo a que la dignidad humana, base de todos los derechos, sea esplendor en aquel doliente, sino que yo trasciendo, acercándome a un sujeto colectivo: la humanidad.

Cualquier manifestación de trascendencia es metafísica: el humanista liberal, el agnóstico o el creyente, trascienden si el sufrimiento les hace responder preguntas fundamentales relacionadas con la muerte, la inmortalidad, las utopías, las grandes causas sociales y políticas, darle sentido a la historia y a la vida personal. Cuando Jesús María Valle Jaramillo interpretaba el dolor, lo convertía en sufrimiento crítico, continuamente llamaba a sus estudiantes a vivir con intensidad la vida, pero haciendo pausas, para comprender las emociones, la conducta humana. Muchas veces amanecía sin dormir, en su recinto de estudio no solo para preparar los alegatos en defensa de un ser humano, sino, porque la noche le inspiraba como a Descartes.

Éste, a la luz de una vela, en los comienzos de la modernidad; aquel, con la luz domesticada, la energía eléctrica.

Quien está acompañado en el dolor, si comienza a sufrir dándole significado a lo que hace y siente, termina liberando las fuerzas negativas, el instinto de muerte; termina descubriendo el autodominio, aislando la venganza, aceptando los acontecimientos como se dieron y levantando nuevos interrogantes. Termina buscando justicia, sin sentir dolor, solo gran identidad con la víctima. Hay una manera de decirlo en las palabras de un filósofo: "el sufrimiento es la instancia superior de la conciencia, porque, con él, el dolor que nos desmiente se convierte en el padecer que nos confirma" (Kovadloff, 2008, p. 38). Jesús María era maestro en esto, por una cualidad abisal que tenía en el diálogo: el manejo de la palabra. Era recurrente en él, en cierta época, la fábula de El zorro y el erizo (Esopo, 2015) porque en su contenido mostraba que el zorro hacía ostentación de que usaría muchas artimañas y salidas en caso de que llegaran los cazadores, mientras el erizo solo tenía una opción: subirse al árbol. Pero los cazadores arribaron, y el zorro dudó entre las muchas elecciones que tenía y fue cazado; mientras que el erizo, utilizó la suya y se salvó. Las víctimas muchas veces tienen una sola salida, pero si el cazador es el Estado, ¿cuánta paciencia se necesita para doblegar a éste?

Doy fe de la siguiente crónica: en el oriente antioqueño, muchas mujeres quedaron viudas o perdieron a sus hijos, por causa del conflicto armado. Muchas de esas mujeres se organizaron y se capacitaron para enfrentar el hambre de justicia; sus esposos las criticaron tanto, que al "empoderarse", ellas terminaron divorciadas. El sufrimiento y la reflexión las llevó a otra situación, las cualificó como personas, les hizo descubrir talentos y cualidades; hoy son lideresas en varias organizaciones sociales.

Quisiera precisar una delgada línea de ambigüedad que puede avizorarse en estas palabras: no se hace un elogio del sufrimiento ni del dolor, desde la mirada crítica de Jesús María Valle Jaramillo; se construye un cuestionamiento a la vida, haciendo denuncia social contra las violaciones de derechos humanos, pero pretendo hacer relevante en Jesús María, su cualidad filosófica de asumir la vida con un talante de grandeza: desde el dolor levantar al ser humano y elevarlo al altar de su dignidad, como descubrimiento propio y colectivo.

En Jesús María, igualmente el sentido del humor era una carga de sorpresa y de asombro; era una muralla de resistencia ante los avatares de la vida; alguna vez me contó lo que le sucedió en Segovia, Antioquia, con un prisionero, a quien logró liberar después de la audiencia principal. Se fue con aquel a celebrar, entraron a un bar y varias cervezas fueron el medio para paladear el ocio y disfrutar el momento. Cuando al final de la tarde, Jesús María le habló de sus honorarios, el ciudadano liberado se arrodilló y recitó un padrenuestro al revés invocando a Satanás. Jesús, no se dio cuenta por dónde se fue sin pagar las 12 cervezas ni sus emolumentos, mientras un gato negro maullaba en el centro de la mesa. Aquel era y ha sido un municipio, experto en brujería negra. Se reía a carcajadas y no sabía explicar lo ocurrido, si fue que lo hipnotizaron; lo cierto era que tomaba la vida como se presentaba, parecía un seguidor de Epicteto, para quien la libertad pasaba por solo desear exclusivamente aquello que esté en nuestra propia inteligencia y obrar, por consiguiente, sin depender de otros. Me hizo acordar de Plauto: *per nebulam scimus*, o sea, "sabemos como si viésemos la niebla" (2007).

Jesús María Valle Jaramillo utilizó muchas veces el mito del fratricidio para justificar su opción por los débiles y perseguidos. Manejaba las categorías bíblicas de "Abel, el inocente" y "Caín, el hermano depravado" para entender lo que pasaba en las familias antioqueñas, en el delincuente debutante, en el entorno de los familiares de quien delinquía, por diversos motivos. Me inspira recordar otro filósofo, que tuve la oportunidad de conocer en Medellín e invitar, por allá en los años 80: "[...] el hombre sedentario, el que posee, es el hombre de las ciudades, es Caín; en cambio, el pobre pastor que está sobre el cosmos como un libre, es Abel. Esta última es la actitud que tendríamos que tener nosotros siempre, es la de los profetas. El libre puede adorar a Dios. Caín mató a Abel; mató a un hermano, al otro. Al matar al Otro cometió un fratricidio" (Dussel, 1974, pp. 26-27).

Para Dussel, el pastor está como quien camina como un extranjero. Caín, el ciudadano urbano, está como poseedor de la tierra, es el propietario quien, si asume la tierra como dominio, se hace matar por defender sus intereses. Y de esta reflexión y con este mito, Jesús María hacía un elogio y mostraba cómo Abel era el campesino, sus hermanos de Ituango, y compartía la terrible estadística de ser los campesinos los que encabezaban las muertes en el conflicto armado colombiano. El campesino, el principal desplazado, todo lo pierde: la vida, la familia, la raigambre en su tierra y va a la ciudad a morir de tristeza, abrigando la nostalgia que evoca la poetisa: "yo te digo que me has olvidado, pan de tierra de la insipidez, leño triste que sobra en tus haces, pez sombrío que afrenta la red. Yo te digo con otro que hay tiempo de sembrar como de recoger" (Mistral, 2019, p. 137).

Jesús María hablaba de los efectos de la violencia liberal-conservadora, en el campo colombiano. Conoció en diálogos personales, testimonios de aquel horror colombiano, que dejó más de 300.000 víctimas. Tuvo versiones directas de huérfanos y de terceros, tanto del campo como de la ciudad, y compartió con sus estudiantes y amigos la clave de sus reflexiones: "el rostro del pobre". Veamos en qué consiste.

DE LA COMPASIÓN Y LA JUSTICIA

Todo estudiante de Derecho y todo abogado, se forja como espíritu y se forma como profesional, en el debate acerca de la "justicia" humana. En los primeros semestres, cuando las teorías de la justicia se resumen en las facultades de jurisprudencia, y Kelsen, Rawls, Dworkin, Kant, Platón y Bobbio desfilan por los admirados rostros de los discentes, aspirantes a ejercer justicia en la práctica, sienten profunda "extrañeza" y comienzan a comprender que la justicia como tarea y como tesis es una hermosa metáfora. Apenas se columbra su horizonte, sin grandes claridades; las miradas son diferentes para una palabra que define nuestra vida y a la cual elevamos a diosa —Temis— o a prostituta, cuando desengañados descubrimos el volumen de dificultad para conseguirla en un conflicto concreto o cuando desencantados rechazamos la sentencia que no conviene a nuestros intereses.

Jesús María, que litigó y se hizo oír, desde las inspecciones de policía, hasta la cima, la Corte Suprema de Justicia, asperjaba el sabor agridulce de la justicia y lo trasmitía desde la primera clase, porque conocía toda la variedad de aromas, desde el amargo, ¡hasta el más dulce! Me contó en una oportunidad, cuando ejercía en la justicia penal militar, que le dieron una hora para una práctica de pruebas en un consejo verbal de guerra, en la conocida Cuarta Brigada de la capital de Antioquia, cuando en razón de las declaratorias permanentes de estado de sitio o conmoción interior, con base en la vieja constitución de 1886, allí se enjuiciaba el comportamiento de civiles y él no solo defendía estudiantes rebeldes, capturados en asonadas románticas, sino guerrilleros pulidos en el combate atroz de las armas y la guerra. Pues bien, era la una de la mañana, corrió a buscar al testigo y lo llevó en piyama hasta donde el juez penal militar; ante el impostor, ante la trampa y la reducción de términos, no había más alternativa que salirles adelante a los jueces autoritarios, con el lenguaje y el estilo de la malicia indígena.

Así las cosas, si bien, Rawls manifestó que nuestro tema es la justicia social y para nosotros, "el objeto primario de la justicia es la estructura básica de la sociedad o, más exactamente, el modo en que las grandes instituciones sociales distribuyen los derechos y deberes fundamentales y determinan la división de las ventajas provenientes de la cooperación social" (1995, p. 20), y Dworkin critica el hipotético contrato social y los acuerdos en que se basa Rawls (1995, p. 37), y Bobbio, el gran maestro de Turín (1990, p. 221) expresaba las concepciones opuestas en la función del jurista, según el tipo de sistema jurídico —cerrado o abierto— y, por lo tanto, la distinta concepción del derecho como disciplina académica, ningún teórico leído por el maestro Jesús María Valle Jaramillo le era tan cercano en sus conceptos como los grandes maestros orales: Gautama Buda, Confucio, Jesucristo.

Había una razón simple para ello: Jesús María era un maestro "cordial", anteponía el corazón a la razón, aunque todos los abogados seamos hermeneutas y se nos vaya la vida en interpretaciones de normas jurídicas, divagando en la casuística cruel de los conflictos sociales, políticos y económicos en una sociedad.

Cuando se refería al pobre, hablaba del rostro y de sus manos. En el rostro él comprendía el resumen de la vida y los sentimientos morales: el anhelo de esperanza, la tristeza y la alegría, lo que no pudo ser, la desazón tallada en arrugas y miradas que pasaban en un segundo de la melancolía a la dulzura. En las manos, conocía los oficios y preguntaba por ellos, porque el intelectual, decía él, cree que el trabajador manual mientras pule el zapato o golpea la lámina de acero, no piensa, y el obrero, el campesino, el reciclador, también reflexionan la vida cotidiana y su destino.

Criticaba los sistemas de justicia, y el poder público, pero estaba de acuerdo que, ante el Estado, había que luchar con las propias herramientas de su funcionamiento, por eso el derecho —arma conservadora—, teniendo presente que primero son los hechos y luego el nacimiento de las normas, guardaba para él "contradicciones internas", que posibilitaban la lucha por la libertad.

El maestro Jesús María Valle Jaramillo fue diputado a la Asamblea de Antioquia, por el partido conservador, al cual abandonó por grandes desacuerdos; fundó la Liga de Usuarios de Servicios Públicos en Medellín, para defender a los ciudadanos y consumidores de las tarifas de Empresas Públicas; quiso ser constituyente, pero el número de votos no le alcanzó. En la Universidad de Antioquia, joven, dirigió paros estudiantiles a fines de los años 60. Fue maestro para los jueces y se consagró igualmente como experto en el recurso de casación penal, para los pobres, donde sus logros eran un aliento y una convicción: el respeto por el debido proceso, pues sin éste, no hay justicia.

Al luchar por la justicia social y cubrir el vacío que dejó en el Comité de Derechos Humanos, otro mártir, el asesinado Héctor Abad Gómez, pues lo reemplazó como presidente, en el momento más crítico desde el ángulo político y de la persecución contra líderes sociales, acompañado de grandes mujeres, valiosas, arriesgadas, sostuvo esta bandera contra la voluntad de las élites y la dirigencia política, que lo miraba de reojo.

Jesús María aceptaba la lucha política pacífica y respetaba las reglas de juego del Estado Social de Derecho; sabía de sus infinitas limitaciones en Colombia, cuestionaba leyes y algunas normas procesales y entendía y trasmitía que la justicia producía un sabor "agridulce"; inyectaba de emoción a su voz para conmover a los oyentes, aquellos estudiantes de Derecho, que no se desanimaran ante la primera derrota, que se formaran constitucionalmente para derogar las normas injustas e insistía en que sin identidad con el pobre no habría una "abogacía" o defensa del Otro que valiera la pena.

Para Jesús María, "el rostro del pobre" era proximidad, acercarse a un encuentro, donde puede haber sorpresa. Llamar por el nombre al desconocido, saludarlo, era iniciar una comunión. Desde las primeras preguntas se acercaba a su existencia, no solo a su profesión, a su familia, hasta intimar y conocer las percepciones del universo del Otro como Otro. Siempre insistía en la necesidad de cercanía, de apertura, de solidaridad. El Otro era la medida de su vida. Le interesaba la conciencia moral. Quizás no leyó al gran filósofo Emmanuel Levinas, quien critica la filosofía occidental centrada en la mismidad, en el Yo, negada a la "alteridad". "Yo me pregunto si se puede hablar de una mirada dirigida hacia el rostro, pues la mirada es conocimiento, percepción. Yo pienso más bien que el acceso al rostro es, de entrada, ético" (1993, p. 71). Ese era Jesús María Valle Jaramillo, pensando en voz alta. El rostro del pobre, no del otro en abstracto, excede toda percepción; dialogar con el desconocido, con el desplazado, con el herido, con el rebelde alzado en armas, era un desafío: la vida se presentaba de diversas maneras en esos rostros humanos, singulares, únicos, con su apertura al Ser.

En su vulnerabilidad, el rostro del pobre me interroga, me interpela. El maestro Jesús María enfatizaba primero en sentir la presencia honrada del Otro. Olía el desamparo con alta intuición y arropaba con la fragancia original de las palabras, porque era auténtico; improvisaba el gesto amoroso.

El rostro del Otro es una presencia viva, como una flor en su exuberancia; sabía de antemano que hay que amar al otro por anticipado, abriendo las puertas del alma y el gesto "cordial". Si para Levinas, el rostro del Otro es desnudez, igualmente esa relación nacía asimétrica (Giménez, 2011, p. 341), puesto que el vulnerable, el prójimo de la parábola del buen samaritano, accede siempre desde su humildad y silencio; a veces ni siquiera clarifica su intención, quiere ser ayudado y no sabe cómo. El maestro Jesús María, iguala la relación, se posiciona de otra manera, intercede con tal estilo, que el pobre es acogido hasta en sus necesidades elementales, pues obras de solidaridad, salieron de su bolsillo, para que el Otro comprendiera que había amistad, que podía ser oído, él...acostumbrado al silencio y al desprecio.

Las bóvedas de mármol con las que la razón construye y defiende sus argumentos, son difíciles de demoler. Se necesita corazón entrenado, capacidad de escucha, para saber revisar aquellas verdades, que, si no se repasan nuevamente, se vuelven dogmas. El maestro sabía que la razón es el lenguaje de nuestra conciencia en el mundo; nuestro refugio, pero también nuestra patología, porque nos puede encarcelar y enfermar.

Y es por este camino de acceso al Otro, el humillado, el pobre, a partir de su rostro, que Jesús María fue maestro de la Compasión, antes que de la justicia. Se nos dirá tempranamente que son valores familiares; ¡no, tajantemente no! Trataremos de explicarlo: Si abrimos un diccionario, el vocablo "compasión" es traducido "como sentimiento de ternura y de identificación con los males de otra persona" (RAE, 2014, p. 585). Y está emparentado con la raíz "compasar", la del compás, del ritmo que busca armonía. La compasión es acompañar en la pasión que el otro vive como Otro distinto, pasión que lo destruye o lo exalta. Es lograr identidad con él, comprender su angustia, sin emitir juicios de valor que afecten su conducta. El único lenguaje permitido es el del abrigo, el del consuelo, el aceptar su piedad, el de afirmar la templanza, el de ser compañero y solidario en ese momento o en el conjunto de su vida, si nace una relación duradera. Por la compasión comprendemos la conducta del Otro y se le entrega apoyo desde las más vivas emociones, siendo la más importante, el afecto. En todas las religiones se ha expresado que en el corazón residen las pasiones y el alma; en la conciencia, reside el pensamiento, el arma de la razón. La compasión no es justicia estructural, ni usa las técnicas de la justicia ordinaria, ni sus normas ni sus procedimientos; ¡la compasión acepta al otro como es! Recuerdo que el maestro Jesús María leía a Confucio; he aquí una cita:

> [...] tú deseas para ti consideración y reputación; entonces, ayuda a los demás a conseguir consideración y reputación. Quieres que se tengan en cuenta tus méritos; entonces, ayuda a que se tengan en cuenta los méritos de los demás; tomar los sentimientos que uno tiene hacia sí mismo como guía de la acción, ésa es la actitud que está en concordancia con el ren (2017, pp. 6-28).

El *ren* para Confucio era la norma para aplicar a todo el mundo y a sí mismo: trata a todo el mundo con respeto. ¡Cuán diferente a la justicia de todos los días! ¡Cuánta mecanización en los despachos judiciales! ¡Cuántos diálogos sin que te miren al rostro!; ¡cuánta falta de capacidad de escucha!; ¿y en la justicia digital? A duras penas, te contestan un email fríamente, el funcionario de más bajo rango, no hay diálogo, no hay presencia del otro, no hay explicación de la decisión, no se permite la llamada telefónica.

Exactamente es lo contrario: la compasión es la madre de la verdadera justicia; el hombre compasivo, saca al ser despreciado, ignorado, no mirado, ni siquiera oído, de las tinieblas del escarnio. La parábola del dolor, sufrimiento, justicia, compasión, avanza hacia una nueva actitud, una nueva relación: el reconocimiento del Otro, la inclusión.

EL RECONOCIMIENTO DEL OTRO

La sociología política y la filosofía social han ido construyendo un discurso en las ciencias sociales, en los últimos 25 años, relacionado con el "reconocimiento", porque el aluvión de protestas y las luchas sociales de minorías de toda clase, étnicas, discapacitados, mujeres, población afrodescendiente, población LGTBI, ha trastornado las estructuras sociales, se han hecho sentir y hoy, en algunas políticas públicas se exige presupuesto para la "inclusión" de estos sectores, partiendo de una base: la desigualdad. Al maestro Jesús María Valle Jaramillo, no le tocó este auge de reflexiones en torno al "reconocimiento" de muchos sujetos, pero él lo asumía en la práctica.

Sindicalistas, estudiantes, indígenas, mujeres, personas en situación de discapacidad, sacerdotes, obreros, fueron interlocutores privilegiados y usaba la palabra "reconocimiento", que era una actitud moral, para indignarse ante la falta de pertenencia que sufrían miles de personas en la sociedad colombiana. Casi gritaba, no hay un reconocimiento del otro. Cuestionaba los resortes de la discriminación que usábamos en el lenguaje; criticaba las posturas humanas que decían: "ese es un igualao", "¿por qué vas a ir a ese baile de negros?"; palabras sórdidas, maltratadoras, que inconscientemente usan muchos seres humanos y que reflejan la falta de "comunidad" entre los colombianos, donde algunos se sienten ciudadanos superiores. Mejor lo expresa, la licenciada en Historia, Margarita Garrido:

> Generalmente el reconocimiento jurídico no está acompañado de la confirmación fáctica en la mirada ni en el trato que recibimos de los otros. Aún en el seno de la familia se refuerzan las clasificaciones que cierran horizontes a los niños con gestos y discursos que naturalizan el género, la etnia o la clase como clasificaciones que llevan habilidades y comportamientos adscritos, definidores de las personas (2018, pp. 287-288).

El reconocimiento es una disputa del campo social y un debate público y en la familia, en la posición social y laboral y en la comunidad a la que se pertenece. Se debe dar como valor y por méritos, según la cultura en la que se inscriba el desarrollo de la personalidad. Jesús María Valle Jaramillo impulsaba esta reflexión: los excluidos, los pobres, no se dirigen normalmente a trasformar de manera radical una sociedad y su economía; se necesita su organización política;

su reclamo se centra en sus condiciones de indignidad y muchas veces en resistir pues el Estado siempre incumple, aunque haya crisis sociales y estallidos de esperanza, en ciertos momentos históricos.

Al abrazar a líderes estudiantiles y sindicales, comprendía que su plataforma de reivindicaciones era susceptible de una lucha política, arriesgando la vida y simultáneamente el "reconocimiento" de su existencia y su lugar en la sociedad colombiana. La defensa de la vida, las luchas en favor del preso en las cárceles imponían estrategias de resistencia a un poder opresivo, que negaba toda vida humana que fuese ajena a la propiedad privada, al dinero y al posicionamiento social de clase elitista. Supo comprender que las luchas por bienes públicos como los servicios domiciliarios o la vivienda, estaban ubicados en el campo de la igualdad social, mientras que la discusión y demanda por el respeto a la persona, al excluido, era una lucha por el "reconocimiento".

Su relación con el hereje, el disidente político, el guerrillero, era humanista. Entendía que el derecho penal les daba un tratamiento especial a los delitos políticos, porque el que se levanta contra el Estado, se rebelaba contra unas estructuras sociales y económicas de injusticia, pero diferenciaba al delincuente social del sicópata. Comprendió con emoción, que los procesos de paz de los 90, EPL, ELN —corriente de renovación socialista—, Milicias Populares del Valle de Aburrá, entre otros, generaban una nueva situación: ¿Quién iba a reconocer en la práctica a los desmovilizados?, ¿cómo iban a ser nuevos ciudadanos? Contaba la anécdota de un exguerrillero del EPL, que había dicho en el Urabá antioqueño: "cuando entregué el arma, entregué un órgano de mi cuerpo". El maestro Valle Jaramillo decía: "ese hombre con el arma tenía los medios de comunicación a su servicio, tenía poder, dinero. Sin el arma, era un NN, un hombre de tercero de primaria, sin trabajo, ¡sin reconocimiento social!"

El reconocimiento pasa por aceptar la diferencia, por tolerar las posturas sociales y costumbres diferentes, aunque se piense distinto. La paz política de los 90 en Colombia, se hizo para que se "incluyera" a los miembros de guerrillas en el orden democrático, para que tuviesen garantías para hacer política, la cual nunca tuvieron. No hay que recordar masacres, enfrentamientos y el horror de la guerra, para comprender cómo la clase política colombiana ha mantenido el predominio de las instancias de poder para defender sus intereses.

Axel Honneth, gran filósofo y sociólogo de la teoría crítica, heredero de la escuela de Frankfurt, nos propone la gran pregunta del maestro Max Horkheimer, aún sin respuesta: "¿Cómo tendría que estar constituida una cultura moral que diera a los afectados, a los despreciados y a los excluidos, la fuerza individual de articular sus experiencias en el espacio público democrático en vez de vivirlo en contraculturas de violencia?" (2011, p. 145). El maestro Jesús María Valle Jaramillo se hacía la misma pregunta, desde la sencillez acogedora en una conversación coloquial, en torno a un café; logró soñar con una propuesta política de nación; fue un mal político para algunos, pues nunca se sintió identificado con las estructuras partidistas, aunque era candidato para sus amigos en muchas oportunidades. ¡Valle Jaramillo no era de izquierda ni de derecha, era un humanista!

EL DERECHO A LA VERDAD

La verdad, como contenido, como valor, es un bien escamoteado, no solo por los detentadores del poder sino por el ser humano en general. Aceptar "verdades" acerca de uno, ante todo cuando duelen y el juicio de otros nos alcanza, no deja de ser una actitud que exige temple, coraje, humildad. Además, en la exploración de la vida, al conocer, al usar toda clase de metodologías, la verdad anda escondida y ciertas interpretaciones que explican una situación, pueden no ser las mejores. Por eso, la verdad es un tesoro y a veces hay que "desenterrarla"; se esconde en los detalles.

Michel Foucault (2017, pp. 27-65), en su importante conferencia sobre la parresía, del 18 de mayo de 1982, nos recuerda varios sentidos. En primer lugar, la verdad es un derecho ligado a la ciudadanía en la antigua Grecia; el esclavo, el sometido, no podía ni hablar y su palabra no era "segura". En segundo lugar, la verdad es un derecho que puede quedar empañado por las faltas, incluso secretas, del padre o la madre; el linaje, la familia a la que se pertenecía, quedaba afectada, se podría decir que lo colectivo manchaba la palabra dicha, la palabra emprendida, honor e identidad. Finalmente, en tercer lugar, usando el texto donde Yocasta dialoga con Polinices, lo más duro y difícil para un desterrado era "no decir lo que piensa" (Eurípides, 2016a, pp. 473-520): el que no tiene patria no es escuchado, no puede hablar, su palabra no vale.

El cuarto sentido del derecho a la verdad tiene que ver con el texto Las Bacantes (Eurípides, 2016b, pp. 219-254), en el cual el mensajero lleva a Penteo, el Rey, el mensaje sobre los desafueros y exceso de las Bacantes y teme la ira del monarca. Penteo defiende la religión tradicional y se enfrenta a Dionisios que quiere imponer su culto, la religión oficial. Penteo le dice que hable, que ante él quedará totalmente sin culpa, pues no hay necesidad de irritarse contra quienes cumplen con su deber. El miedo se trasforma en parresía, en coraje, en actitud de decir la verdad, aunque sea una mala noticia.

El fondo de la verdad es "la confrontación", afecta al ser humano, a veces se disfraza, en otras oportunidades, se esconde y con ropajes de mentira y simulación, nos predican su falsedad. La verdad no le interesa al afectado ni al poder político, es un derecho subversivo porque revelarla es descubrir los errores, el dolo o el crimen del otro que me oprime.

Jesús María Valle Jaramillo revelaba la verdad de los conflictos que estudiaba, le planteaba en "un cara a cara" a las víctimas, lo ocurrido, o al propio acusado y con el paso de los días, seleccionaba la estrategia: vendría después, la verdad procesal de la que se habla en los expedientes judiciales. Pero le dolían en su intensidad, las mentiras que descubría en toda clase de conflictos. Salido de la esfera de su profesión, afirmaba que sin la enseñanza de la verdad no habría familia unida ni amistad profunda, porque la verdad urgía de un buen vestido: había que saber decirla, saber comunicarla, con otros valores en juego como la prudencia, el lenguaje escogido, sin perder su brillo, y ser francos eso sí con el contradictor. Decía que los enemigos políticos eran expertos en "máscaras" y quitárselas con elegancia y en público era la mejor manera de desarmarlos. Además, enfatizaba que las verdades para uno debían usarse con una herramienta de otro calado: el espéculo del humor; ¡quien no sabe burlarse de sí mismo, no ha madurado en esta vida!

Comprendió siempre que la verdad como derecho posibilitaba la justicia y creía que en todo momento no se puede hablar de la verdad; había que escoger la oportunidad y el momento adecuado para decirla, explicarla, confrontarla, medirla, expulsarla, sorprendiendo al auditorio. Una de las verdades más impactantes ha sido la de "las desapariciones forzadas"; estas investigaciones penales son siempre un camino escabroso, un seto de amplio follaje, en el cual se podían perder las familias, desunirse y sufrir por un déficit de salud mental. El derecho a la verdad no fue enseñado en las facultades de Derecho de los años 80 del siglo XX hacia atrás; se descubrió en los artículos 32 y 33 del protocolo 1 Ginebra de1949 (Ibáñez, 2014, p. 223), y en los análisis de la Comisión Interamericana de Derechos Humanos de la OEA; es un derecho que se deduce del derecho a un recurso efectivo y del derecho de acceso a la justicia. Por eso, para Jesús María, el abogado tenía que ser un experto en derecho probatorio y un ser ético: comprender al otro en su dolor, en su mezquindad, en su hipocresía, en su bondad, para poder deducir la responsabilidad como juicio.

DEL SACRIFICIO

Un espíritu que se despliega en la historia con vocación humanista, universal; un espíritu que comprende que las pasiones son la materia de la historia y que madura la entrega por el otro, como razón de su existencia, es un espíritu libre, que sabe de los riesgos que confronta. Denunciar al sátrapa canalla, el gobernador de Antioquia de aquella época, por las masacres del Aro, y la de la Granja, por la actitud complaciente con un Ejército cómplice del paramilitarismo, fue firmar su sentencia de muerte. Para el maestro Jesús María, el tiempo era un problema, el devenir de la vida, el ritmo trepidante o lento de una vida cotidiana que no cambiaba, mientras el instinto de muerte, en cambio, corría desbocado; no había justicia y se empeoraba la situación de los campesinos de su tierra.

Y es en los instantes del "sacrificio", cuando se nos revela la vida original: el sacrificio de este hombre confirma el sello del poder: dominación y odio; no soporta el derecho a la verdad, ni la solidaridad con los débiles, ni el reconocimiento de aquel que es diferente y piensa diferente. La muerte, antes pálpito, se convirtió en tragedia. Recuerdo que tres meses antes, me encontré con el maestro en la Alpujarra. Hablamos de los altos riesgos a su vida; le ofrecí el exilio, como un camino intermedio para salvar su vida, y reanudar la lucha social. Prácticamente me regañó, pues sus campesinos estaban solos, nadie los oía. No podía aceptar la oferta. En otra oportunidad había conocido varios países de Europa, por deferencia de una fundación y generosidad de un amigo, Héctor Alfonso Torres, y había asistido a realizar denuncias sobre vulneraciones de derechos humanos, al lado de líderes sindicales y sociales, en Ginebra (Suiza), ante la OIT y en otros lugares. Conoció el frío de la cultura europea y la burocracia de Naciones Unidas y blasfemó: "mientras lucho porque me escuchen las denuncias, seguirán matando a los campesinos, pasará mucho tiempo. ¡Tiene que ser aquí, Rubén Darío!" (Jaramillo, 1997).

El 27 de febrero de 1.998, fue asesinado en su propia Oficina de la calle central, Ayacucho, de la ciudad de Medellín. Los esbirros, cerraron la calle y se inventaron un retén. Los sicarios, lo esperaron e ingresaron a las 2 de la tarde. El maestro Jesús María, dialogó con ellos y logró negociar, que su hermana Nelly y un campesino, cliente de su abogacía pura, no fuesen asesinados; los asesinos los hicieron acostar en el piso y los amarraron con los brazos en la espalda; los obligaron a abrir los ojos, para memorizar la sevicia. Jesús María se dispuso a ofrendar su vida, como Juan el Bautista.

Dice la leyenda popular en la India, que cuando el matón, el fanático, disparó contra el Mahatma Gandhi, éste agonizando les dijo a sus captores: "¡No lo maten, es un hombre que no pude convertir!".

Así son los santos, pensando en el otro hasta el último segundo de su vida. Narra Platón, que antes de morir Sócrates, afirmó: "Yo creo en los dioses, atenienses, como no creo en ninguno de mis acusadores. Y puesto que Dios existe, no puede ocurrirle ningún mal al hombre justo, ni durante su vida, ni después de la muerte" (Platón, 2016a, pp. 9-36). Yo imagino a Jesús María en los últimos minutos de su vida, despidiéndose de este mundo en silencio, como meditando; luego, ofrenda su cabeza y los mensajeros del mal, disparan con precisión y huyen, mientras tanto los testigos encerrados expulsan el miedo y el desaliento. Un mártir ha nacido y se cumple la profecía de Sócrates: "los hombres ignoran que los verdaderos filósofos no trabajan durante su vida sino para prepararse ante la muerte" (Platón, 2016b, pp. 419-490).

REFERENCIAS

Bobbio, N. (1990). *Contribución a la teoría del derecho*. Debate.
Confucio (2017). *Analectas y otros tratados políticos y morales*. Editorial Ingenio.
Dworkin, R.(1995). *Los derechos en serio*. Ariel.
Dussel, E. (1974). *Teología de la liberación y ética*. Latinoamérica Libros.
Esopo (2015). *Fábulas*. Penguin Random House.
Eurípides (2016a). *Obras completas, Las fenicias*. Cátedra.
Eurípides (2016b). *Obras completas, Las Bacantes*. Cátedra.
Foucault, M. (2017). *Verdad y sentido*. Siglo XX.
Frankl, V. (1990). *El hombre doliente*. Herder.
Garrido, M. (2018): Por caminos de reconocimiento y no de resentimiento. En M. García, M. (Ed.). *¿Cómo mejorar a Colombia? 25 ideas para reparar el futuro*. Universidad Nacional de Colombia y Ariel.
Giménez, A. (2011). Emmanuel Levinas: Humanismo del rostro. *Escritos 19*(43), 337-349. https://revistas.upb.edu.co/index.php/escritos/article/view/6718.
Honneth, A. (2011). *La sociedad del desprecio*. Trotta.
Ibáñez, J. E. (2014). *Justicia transicional y comisiones de la verdad*. Otzenhausen e Instituto Berg.
Jaramillo, R. (1997, octubre). *Conversación callejera*, Medellín.
Kovadloff, S. (2008). *El enigma del sufrimiento*. Emecé.

Levinas, E. (1993). *Entre nosotros. Ensayos para pensar en otro*. Pre-Textos.
Mistral, G. (2019). *Poesía reunida*. Fondo de Cultura Económica.
Monsalve, C. (2018). Sentidos de vida de mujeres víctimas por desaparición forzada en Granada, Antioquia. *El Ágora* USB, 18, 2, 374-383. https://doi.org/10.21500/16578031.3824
Platón (2016a). *Diálogos, Apología de Sócrates*. Ed. Panamericana.
Platón (2016b). *Diálogos, Fedón o del alma*. Ed. Panamericana.
Plauto (2007). Los gemelos, El soldado fanfarrón, Pséudolo o el Trápala. Clásicos de Grecia y Roma. Alianza.
Rawls, J. (1995). *Teoría de la justicia*. Fondo de Cultura Económica.
Real Academia Española (2014). *Diccionario de la Real Academia de la Lengua Española*. Espasa Libros.
Zambrano, M. (1988). *Persona y democracia*. Anthropos.

¡En el fragor de la lucha! La protesta social en Colombia y su criminalización en el marco del Estado neoliberal

Hernando León Londoño Berrío[*]
Juan Esteban Jaramillo Giraldo[**]

RESUMEN: El modelo neoliberal, confrontado por Jesús María Valle Jaramillo, además de pervivir, se ha extendido y profundizado en Colombia. A partir de este registro, se analizan los procesos de la globalización neoliberal en la configuración del Estado y sus impactos de concentración de la riqueza, exclusión y empobrecimiento. Luego se encara la relación entre la democracia y la protesta social, concluyéndose que ésta es un derecho humano fundamental y consustancial al Estado democrático. Posteriormente, se describe cómo la protesta social, entre los años 2019 y 2021, guarda correlación directa con la lucha contra la violencia estructural, institucional y oficial derivadas de programas y políticas informadas por ese modelo. Finalmente, se describen y analizan los repertorios de violencia contra la protesta social por parte del gobierno nacional y otros poderes, los cuales van desde la estigmatización, hasta la criminalización y represión de su ejercicio.

Palabras claves: Neoliberalismo, protesta social, democracia, derechos humanos, protesta social: estigmatización, criminalización y represión.

---

[*] Doctor en derechos humanos y desarrollo. Docente e investigador de la Universidad de Antioquia (Medellín-Colombia), en las áreas de Derechos Humanos, Criminología y Política Criminal.
[**] Abogado y magíster en Ciencia Política de la Universidad de Antioquia. Docente de cátedra de la Facultad de Derecho y Ciencias Políticas de la Universidad de Antioquia.

> Ocurrió cuando nadie lo esperaba. En un mundo presa de la crisis económica, el cinismo político, la vaciedad cultural y la desesperanza, simplemente ocurrió. De pronto, la gente derrocaba dictaduras solo con sus manos, aunque estuvieran cubiertas con la sangre derramada por los caídos. Los magos de las finanzas pasaron de ser objeto de envidia pública a objetivo del desprecio universal. Los políticos quedaron en evidencia como corruptos y mentirosos. Se denunció a los gobiernos. Los medios de comunicación se hicieron sospechosos. La confianza se desvaneció. Y la confianza es lo que cohesiona a una sociedad, al mercado y a las instituciones. Sin confianza, nada funciona. Sin confianza, el contrato social se disuelve y la sociedad desaparece, transformándose en individuos a la defensiva que luchan por sobrevivir. Sin embargo, en los márgenes de un mundo que había llegado al límite de su capacidad para que los seres humanos convivieran y compartieran la vida con la naturaleza, los individuos volvieron a unirse para encontrar nuevas formas de ser nosotros, el pueblo (Castells, 2012, p. 19).

INTRODUCCIÓN

Jesús María Valle Jaramillo, a quien le rendimos homenaje con este libro colectivo, encarna una vida, un ejercicio académico y profesional, dedicados a la construcción de la política con fundamento en el reconocimiento, el respeto y la defensa de los derechos humanos. A dicha lucha ofrendó incluso su propia existencia. Confrontó, con carácter y significativo grado de coraje, valentía y parresía, a poderes que ejercían violencias contra organizaciones, pueblos, comunidades y personas que han resistido a programas y políticas neoliberales, cuya imposición solo fue posible ejecutando masacres, asesinatos selectivos, desplazamientos forzados, torturas, despojos de tierras y de los bienes comunes, privaciones arbitrarias de la libertad, y un largo etcétera. La responsabilidad de estas acciones, constitutivas de graves violaciones a los derechos humanos, recae en el Estado en connivencia con esos poderes, en particular de carácter paramilitar, tal como se ha demostrado en instancias judiciales internas e internacionales.

Jesús María tomó las banderas de la defensa de los derechos humanos en Antioquia, a pesar del dispositivo de muerte desplegado en contra de sus adalides, entrañables compañeros de causa, como Héctor Abad Gómez, Leonardo Betancur Taborda, Luis Fernando Vélez, Carlos Gónima López y muchos otros. Algo que lo caracterizó en el trato con quienes compartía los escenarios de lucha por los derechos humanos, era el de convocarlos para que cada uno aportara al trabajo colectivo a partir de sus particulares condiciones; así mismo, les daba confianza respecto de sus aptitudes, enseñaba con el ejemplo y erigía la solidaridad y la autenticidad como columna vertebral del compromiso. Consecuentes con este ideario, dado que su legado pervive, consideramos que el mejor tributo para honrar su memoria es aportar elementos para la comprensión y el análisis crítico respecto de luchas actuales, las cuales se inscriben en la construcción de nuevos derechos, la resignificación y la vigencia material de otros.

Durante su vida, Jesús María Valle Jaramillo luchó contra las acciones arbitrarias y criminales que diferentes actores institucionales, políticos y económicos, desplegaron en contra de comunidades y personas en situación de vulnerabilidad. También lo hizo por el bienestar, reclamando el acceso a servicios públicos de calidad para quienes sufrían condiciones de empobrecimiento y exclusión. Lideró las luchas en contra de la deuda externa y pública del país, comprendiendo que estas terminaban desfinanciando al Estado para atender las necesidades radicales de la población. Estas batallas las libró en un contexto marcado por la puesta en marcha de las reformas neoliberales en el país, y estaban relacionadas con los efectos que las políticas tributarias de esta ideología comenzaban a generar, tanto en lo relacionado con la precarización de las condiciones de vida de la población, como con el uso de la violencia contrainsurgente como mecanismo de regulación política y económica.

Así mismo, en el ejercicio de su profesión como abogado y en la militancia política, defendió tanto a quienes eran perseguidos injustamente por el sistema penal estatal, como a los agredidos por los sistemas penales subterráneos puestos en marcha por el paramilitarismo. Estas infames persecuciones en contra de líderes y lideresas sociales, de comunidades rurales, de integrantes de organizaciones políticas de izquierda o alternativas, tenían varios propósitos: acallar las voces disidentes que cuestionaban el modelo económico neoliberal que se estaba imponiendo a lo largo y ancho del territorio nacional; despojar los bienes comunes a pueblos indígenas y comunidades rurales para desarrollar megaproyectos agroindustriales o extractivistas; sostener en el poder a una clase política corrupta, que ha favorecido las políticas de corte neoliberal a pesar de los costos socioeconómicos que éstas han tenido para vastas mayorías; y contener toda forma de movilización social mediante el terror, entre otros.

En suma, muchas de estas luchas confrontaron lo que hoy conocemos como procesos de criminalización de la pobreza, la exclusión y de la protesta social, que en el marco del Estado neoliberal se han afirmado como mecanismos privilegiados de ejercicio del poder político para controlar a la población y mantener a raya cualquier manifestación de malestar social, ante la decisión política de soslayar los problemas sociales, políticos y económicos que afectan la garantía de los derechos humanos de la mayoría de la población. El magnicidio de Jesús María Valle Jaramillo y el de muchas más personas dedicadas a la defensa de los derechos humanos tuvo como propósito debilitar estas luchas contrahegemónicas de resistencia a la imposición del modelo de desarrollo neoliberal en el país.

Este modelo, además de perdurar, se ha extendido y profundizado, tanto en sus impactos de concentración de la riqueza, el empobrecimiento, la exclusión y la desigualdad, como respecto de las violencias que le son consustanciales. Y este estado de cosas ha sido uno de los factores definitivos de los repertorios de protesta social entre los años 2019 y 2021 en Colombia, cuyas agendas, plataformas, demandas y denuncias en el marco de estas, guardan correlación directa y explícita con la violencia estructural, institucional y oficial derivadas de programas y políticas informadas por dicho modelo. Más grave aún, se constata que expresiones legítimas de resistencia propias de la protesta social, han tenido como respuesta la estigmatización, la criminalización y la represión, aduciéndose para ello, con el impudor de siempre, la defensa de la democracia y de los derechos humanos.

A partir de este contexto, se organiza este ensayo en cuatro partes. En la primera, se presenta un análisis conceptual de lo que han implicado los procesos de la globalización neoliberal en la configuración del Estado, así como algunos de sus impactos en Colombia y en el Departamento de Antioquia, territorio este último en el cual Jesús María desarrolló la mayor parte de sus luchas por la defensa de los derechos humanos.

En la segunda, se encara la relación que existe entre la democracia y la protesta social. Se concluye que esta última es un derecho humano fundamental, reconocido como tal tanto en la Constitución Política como en el Derecho internacional de los derechos humanos; así mismo, ella representa el ejercicio directo de plurales derechos humanos consustanciales al Estado democrático, en cualesquiera de sus acepciones. Además, en el caso tratado, es expresión y materialización de la democracia participativa, una reivindicación y construcción contrahegemónica *desde las calles*, que se constituye en el *foro público*, escenario de comunicación política de base, una nueva Ágora (Gargarella, 2005a, pp. 26-29 y 82-85; 2006, pp. 33-37; Pisarello & Asens, 2014, p.16; Santos, 2015). Por último, es manifestación de lo que en la teoría política y constitucional se ha nombrado como *poder constituyente*, en el cual se originan no solo los órganos del poder público sino todo fundamento de legitimidad de cualquier sistema político; por lo tanto, la protesta, se constituye en el mecanismo principal para que este poder pueda reencauzar la acción de sus representantes, cuando considera que este poder derivado se encuentra en contravía o en oposición al mandato recibido.

En la tercera parte se describe cómo la protesta social entre los años 2019 y 2021, particularmente en el Paro del 28 de abril de 2021, guarda correlación directa o tiene su raíz, en la lucha contra la erosión, vulnerabilidad y la violación grave, sistemática y generalizada de los derechos humanos, como consecuencia de impactos de planes, políticas y programas informados por imperativos del modelo neoliberal. Finalmente, en la cuarta parte, se describe y analiza la respuesta que la protesta social ha encontrado por parte del gobierno nacional y otros poderes, dando cuenta de diversos repertorios de violencia, que guardan articulación entre sí, los cuales van desde la estigmatización, hasta la criminalización y la represión de su ejercicio.

LA FORMA-ESTADO DEL NEOLIBERALISMO

Como lo hemos señalado en otro lugar (Jaramillo & Londoño, 2021) el neoliberalismo ha promovido una forma-Estado en la cual el capital financiero global se ubica en el centro de la acción política estatal, beneficiándose de una serie de medidas de protección para maximizar su capacidad de acumulación de riqueza, aumentando su rentabilidad a costa de la flexibilización de las formas de contratación laboral, la precarización de los salarios y las prestaciones sociales, así como reduciendo drásticamente los tributos al patrimonio y la riqueza. La forma-Estado neoliberal logra hacer una inversión de los principios y valores que sustentaban el modelo de Estado Social [ES]: mientras éste buscaba introducir un limitado equilibrio en la relación entre capital y trabajo a través de la constitución de unos equivalentes sociales (Castel, 2008), aquel reintroduce y exacerba el desequilibrio en esa relación, desmontando cualquier tipo de protección social, estableciendo un férreo régimen de derechos del capital, lo cual ha terminado por acentuar los mecanismos de acumulación de riqueza, con los correlativos índices de desigualdad y pobreza.

Estas transformaciones han llevado a la entronización de unos *nuevos leviatanes*, representados por los agentes del mercado global de capitales, en especial aquellos vinculados al sistema financiero. La hegemonía de estos actores es lo que ha dado impulso al desmantelamiento de las protecciones sociales ofrecidas por el Estado Social, con lo cual se han dejado en suspenso las posibilidades de acceso a condiciones socioeconómicas de un sinnúmero de personas. Como bien lo caracterizó Bourdieu (2003), el neoliberalismo logró que la mano izquierda del Estado —que representa la asistencia social destinada a la garantía de bienes y servicios que aseguren los derechos fundamentales— se haya debilitado en favor de la mano derecha, la cual se ha fortalecido y representa las protecciones que el Estado ha establecido para el capital.

La metáfora de Bourdieu es útil para analizar el papel que el neoliberalismo le asigna al Estado. Si bien es cierto que su discurso promueve una forma estatal mínima, esto no significa que defienda la idea de un modelo de Estado no intervencionista. De hecho, como lo han resaltado Sassen (2010), Capella (2008), Santos (2005 y 2009, cap. 6, pp. 290 y ss.), Escalante (2016, cap. VIII, pp. 237 y ss.) y Laval & Dardot (2017), las transformaciones que introducen los procesos de la globalización neoliberal solo han sido posibles por una intensa actividad estatal, consistente en la adecuación y ajuste institucional que son las condiciones esenciales para acrecentar la acumulación de capital.

En este sentido, más que de un proceso de desaparición del Estado o disminución de su actividad, lo que se ha presentado es la redefinición de sus funciones. En otras palabras, el debilitamiento del Estado o su no intervención en asuntos claves de la política social, es el resultado de una fuerte intervención en materia institucional y normativa y de una serie de reformas que lo *autodebilitan*, en función del mercado y la economía global. Asimismo, el sostenimiento del régimen de predominio empresarial del capital financiero global encuentra en el Estado a su mejor escudero, en la medida en que los costes sociales son transferidos a las clases medias y bajas de la sociedad a través de tributos indirectos, entretanto se desgrava el patrimonio y la riqueza. En síntesis, el Estado en el marco de las transformaciones neoliberales, en lugar de cumplir con funciones de redistribución y materialización de la igualdad, terminó constituyéndose en una institución de desposesión social no solo a través de la precarización y la flexibilización laboral sino mediante el desplazamiento de los tributos desde el capital hacia los ingresos salariales.

Si bien esta apuesta neoliberal se presenta como una especie de fundamentalismo del mercado, lo cierto es que nos encontramos, más bien, ante una forma de populismo de mercado, tal como lo señala David Graeber (2014), teniendo en cuenta que cada que se presenta una crisis capitalista se traicionan los postulados de no intervención del Estado, clamando por la ayuda, asistencia e intervención, pero para el rescate del capital financiero global. Ejemplo de esto fue lo acontecido en la crisis financiera global del año 2008, la cual requirió de la transferencia de ingentes recursos públicos para rescatar a los grandes agentes del mercado financiero, mientras que las personas endeudadas vieron como se desvaneció su patrimonio sin posibilidad alguna de recuperarlo. Algo similar está sucediendo con la pandemia del Covid-19, la cual puso de presente la fragilidad de las instituciones de protección social para la atención de la crisis sanitaria global, entretanto las grandes corporaciones, en especial las farmacéuticas, lograron acumular grandes riquezas a cuenta de las desgracias ocasionadas por la pandemia (Maya, 2021; Chuchuca, 2021; Becerra, 2020).

Para la consolidación de ese régimen de privilegios del capital, el derecho ha desempeñado un papel fundamental. Este se ha visto expuesto a una serie de transformaciones transcendentales a partir de los diversos procesos de carácter político y económico que se han presentado en el escenario de la globalización neoliberal, en procura de establecer un marco normativo e institucional adecuado a las necesidades del mercado global de capitales. Fenómenos como la crisis de la soberanía estatal y del Estado-nación, han conducido —entre otros asuntos— a una redefinición de las fuentes reales del derecho, debido a la configuración de un nuevo soberano supraestatal, de carácter abierto, difuso y policéntrico —tal como lo señala Capella (2008)— en el cual se recogerían las múltiples expresiones del poder capitalista global; esto es, que el poder soberano ya no está centrado de manera predominante y exclusiva en los Estado-nación, sino que se ha diseminado hacia múltiples agentes, tales como organismos supranacionales, multilaterales, empresas trasnacionales y multinacionales, situados en algunas ocasiones al lado de los Estados, en otras incluso por encima de ellos (Negri & Hardt, 2001).

Entre las principales expresiones de estas transformaciones del derecho, que han afectado también el régimen de garantías de los derechos humanos, se encuentran las crecientes políticas de desregulación jurídica entendidas como el progresivo desplazamiento de la capacidad normativa radicada en la esfera pública estatal hacia la esfera privada, generándose la privatización de las fuentes de producción normativa y una definición contractual de lo público entre los diferentes actores que operan en el nuevo campo de poder globalizado (Capella, 2008; Santos, 2009, cap. 6, pp. 290 y ss.).

De acuerdo con Sassen (2010), este desplazamiento que hace el mercado global de la autoridad estatal ha permitido que los intereses de agentes particulares queden representados como prioritarios en la esfera pública, lo cual implica la instauración de un nuevo orden en el que los programas estatales han terminado adoptando las exigencias y lógicas del mercado global de capitales. De esta forma, se presenta una redefinición de lo público soportada en el desdibujamiento de las fronteras entre esta esfera y la privada lo cual puede ser ilustrado, por ejemplo, con la creciente imposición de las normas de carácter financiero como los principales criterios de legitimidad en la gestión de las políticas sociales y económicas, desplazando las tradicionales concepciones de la legitimidad política, centradas en la garantía del bienestar general a través del cumplimiento irrestricto de las obligaciones derivadas de los catálogos de derechos humanos, bajo la idea de que estos operan tanto como *límites* (en sentido negativo, esto es aquello que el Estado no puede hacer, representado en el respeto por los derechos de libertad) y *vínculos* (en sentido positivo, aquello que el Estado no puede dejar de hacer, representado en los derechos socioeconómicos), tal como lo propone el garantismo (Ferrajoli, 2016; 2001, cap. 13, pp. 851 y ss.; 2008).

Desde esta perspectiva, por ejemplo, los bienes y servicios —materiales e inmateriales— que aseguran y garantizan los derechos fundamentales, son desprovistos de su carácter público, siendo ubicados, de forma general, en el escenario del mercado, lo que ha conducido a una transformación de la comprensión de categorías tradicionales como la de ciudadanía, toda vez que bajo este enfoque, más que de personas que gozan de unos derechos y participan activamente en el ámbito público para la resolución de problemas y conflictos colectivos, nos encontramos con sujetos abocados a la competencia en los escenarios del mercado para satisfacer las necesidades materiales e inmateriales (en muchos casos confundidas con deseos e impulsos consumistas), en ámbitos privados y de forma individual.

Una rápida mirada a la historia reciente nos muestra como las diferentes políticas neoliberales puestas en marcha, sentaron las bases de una nueva institucionalidad y un nuevo marco jurídico tendiente a favorecer, estimular y potenciar los procesos de acumulación capitalista en Colombia. A partir de los años noventa —lo cual se perfilaba desde los años setenta y ochenta— se dio inicio a un largo camino, tendente al establecimiento de un régimen de excepcionalidad permanente en materia económica y a la producción de una nueva espacialidad para el capital, fundamentada en la transnacionalización y desestatización de la política y la economía, configurándose así un Estado empresario —muy distante del modelo de Estado Social de Derecho consagrado en la Constitución Política de 1991—, encargado principalmente del agenciamiento y la regulación de las empresas trasnacionales e inversores extranjeros en el territorio nacional.

Las políticas gubernamentales desarrolladas desde 1986 han estado enfocadas hacia la construcción de un escenario de libre competencia insertado en el mercado mundial, para lo cual al régimen de excepcionalidad permanente en materia económica ya referido se le acompañó de una política de seguridad de corte militarista y promotora del paramilitarismo, conducente a establecer las condiciones ideales que posibilitaran la consolidación de los procesos de acumulación y de concentración de la riqueza, cuya contrapartida fue la generación de condiciones de precarización de la vida de un grueso número de la población, en particular la campesina y obrera.

Este proceso se dio en el marco de la transición de un modelo de acumulación capitalista basado en la industrialización y el desarrollismo dirigido por el Estado, hacia un modelo de acumulación flexible y de financiarización caracterizado por ser un proceso basado en la *acumulación por desposesión* (Harvey, 2004 y 2005), es decir, una acumulación fundada en la depredación, el fraude, la expoliación y la violencia. La expansión y consolidación del neoliberalismo en Colombia están directamente relacionados con el comienzo del gobierno de Álvaro Uribe Vélez (2002-2006; 2006-2010) y su propuesta de un *Estado Comunitario*, soportada en la puesta en marcha de la Política de Seguridad Democrática, fundamentada en tres ejes: *seguridad democrática, confianza inversionista* y *cohesión social*. El primer eje significó toda la estrategia militar desplegada para asegurar el control territorial por parte de la fuerza pública, así como para someter y derrotar militarmente a los actores armados ilegales del conflicto armado interno, principalmente a las organizaciones guerrilleras y sus fuentes de financiación provenientes de sus relaciones con la producción de drogas ilícitas, todo ello bajo el auspicio de la asistencia militar estadounidense a través del Plan Colombia. Además la estrategia militar estuvo articulada con la política de negociación con las organizaciones paramilitares para lograr su desmovilización, sometimiento a la justicia y reintegración a la vida civil.

No obstante que ninguno de esos objetivos se cumplió no por ello se puede afirmar que tal estrategia haya fracasado. De hecho, ésta no puede leerse de manera aislada de los otros dos ejes, sobre todo en su relación con el eje de *confianza inversionista*. La estrategia de "seguridad democrática" logró consolidar un escenario para la libre movilidad y la atracción de grandes corporaciones trasnacionales por las garantías de seguridad que se han ofrecido para su asentamiento en el territorio, las cuales no han estado solamente asociadas al control de los actores armados ilegales sino que también, bajo el eslogan de la *lucha contra el terrorismo*, se han reprimido y criminalizado a movimientos, organizaciones y luchas sociales, *librando* al capital trasnacional de la "molestia" que representan las organizaciones sindicales de trabajadores y las de defensores de los derechos humanos, protectoras del ambiente, de las comunidades y de los territorios de indígenas y afrocolombianos, etc. (cfr. Pigrau & Fraudatorio, 2012).

Entretanto, el eje de la *confianza inversionista* sirvió para profundizar el modelo de apertura económica y liberalización comercial, generando garantías y desarrollos normativos favorables a la inversión extranjera directa. Esta estrategia fue acompañada por el establecimiento de un modelo de desarrollo basado en la extracción de recursos naturales como principal vía para lograr el crecimiento económico, lo cual ha afectado a un sinnúmero de comunidades campesinas, indígenas y afrocolombianas, así como a sus territorios y al ambiente.

Se trata de un modelo de desarrollo direccionado al mercado, despreocupado por los problemas estructurales de pobreza, exclusión y marginación social, que solo vislumbró en la población un conjunto de individuos que se deben moldear de acuerdo con las necesidades de ese mercado. Bajo este modelo se redefinieron los usos del territorio en función del mercado, lo cual ha conllevado la emergencia y el establecimiento de prácticas que podemos definir como *racistas*, toda vez que se fundan en la proscripción de formas de vida y de ganarse la vida de vastos grupos poblacionales que no se enmarcan en las apuestas del desarrollo neoliberal y más bien aparecen como un obstáculo a dichos propósitos, para lo cual se han puesto en práctica dispositivos de control, dirigidos a aquellos que *se deben dejar morir*, para quienes se ponen en marcha políticas de abandono (lo que impropiamente se ha denominado ausencia estatal), o si es necesario de *hacer morir*, mediante prácticas de exterminio —desapariciones, asesinatos, ejecuciones extrajudiciales, desplazamientos forzados, etc.—, mientras no se adapten a los cambios requeridos por el modelo de desarrollo.

Todas estas transformaciones han configurado una particular forma de ser del Estado neoliberal, el cual trae prácticas de criminalización de la pobreza que van más allá del mero control del delito, toda vez que se cruzan con las estrategias contrainsurgentes desplegadas por el Estado, desde las cuales se ha configurado un enemigo bastante difuso representado en personas en situación de vulnerabilidad, que han sido instrumentalizadas en función de aparentar fortaleza no solo en el escenario del conflicto armado interno sino también en la "lucha contra el delito".

Este tipo de políticas han conllevado efectos adversos para el goce efectivo de derechos humanos fundamentales en el país y el Departamento de Antioquia, toda vez que han generado situaciones de desfinanciación pública que han imposibilitado la prestación de bienes y servicios para la materialización de los referidos derechos. Asimismo se ha observado una transferencia permanente de recursos de lo público hacia lo privado que, en lugar de mejorar condiciones salariales y de seguridad social, ha fortalecido los mecanismos de acumulación y concentración de la riqueza, como lo ilustra la situación en materia de beneficios tributarios.

De acuerdo con el economista Álvaro Pardo (2018), con el costo total de los beneficios tributarios durante los años 2010 a 2016, equivalentes a US $181.242 mil millones de dólares, se podría cubrir en un 2,5 veces el saldo de la deuda pública externa, que rondaba los US $70.000 millones; incluso a la fecha se cubriría integralmente dicha deuda que, a septiembre de 2021, se tasaba en US $100.023 millones (Portafolio, 2021), quedando disponible un significativo saldo a favor. Al momento entonces de preguntarse por las crisis de financiación que afecta el acceso a derechos fundamentales como la salud o la educación, debe tenerse en cuenta el paulatino proceso de desfinanciación pública provocado por las sucesivas políticas neoliberales que han acentuado los mecanismos de transferencia de recursos públicos hacia el sector privado.

A lo anterior se suma la puesta en marcha de una serie de dispositivos de protección e incentivos a la acumulación de riqueza, tales como las zonas francas, las cuales son una expresión de los regímenes especiales de comercio exterior impulsados por los gobiernos nacionales desde la primera década del 2000. Colombia cuenta con 102 zonas francas: 38 zonas francas permanentes y 64 zonas francas especiales. En Antioquia operan tres zonas francas permanentes —

Rionegro (la Zona Franca de Rionegro se ubica en ese municipio a 30 Km de la ciudad de Medellín), Urabá (la Zona Franca Permanente de Urabá está ubicada en el municipio de Apartadó) y Valle de Aburrá (la Zona Franca Internacional del Valle de Aburrá —ZOFIVA está ubicada en el municipio de Caldas, en el intercambio vial en la Ye de Primavera)— y nueve zonas francas especiales. A pesar de la constante promoción de este tipo de regímenes, la utilidad de los mismos no resulta clara, es más, existen indicios de que las zonas francas han servido para evitar el pago de tributos, toda vez se les han otorgado territorios libres de impuestos a empresas que, por su tamaño, igual hubieran llegado a Colombia o ya estaban aquí pero que ahora se desplazaron a producir en estas zonas que operan como *paraísos fiscales*, al ser propicios para transferir sus costos a nuestro territorio y sus ganancias a otros destinos (Estrada, 2010).

El caso del Departamento de Antioquia sirve para ilustrar algunos de los efectos desfavorables que han tenido más de tres décadas de políticas neoliberales sobre la garantía de los derechos humanos. Uno de los indicadores más preocupantes es el relativo a la concentración de las tierras, el cual se ha mantenido en la última década en un índice Gini promedio de 0,85 lo cual se traduce en que el 60% de la tierra pertenece a un 5% de propietarios (IGAC, 2012; Oxfam, 2017). De otro lado, si bien en términos generales se ha avanzado en la superación de la pobreza monetaria en Antioquia, dicha situación se ve contrastada con los niveles sostenidos de concentración de los ingresos en el Departamento, los cuales han permanecido situados en un coeficiente Gini promedio de 0.5 en los últimos años (Sánchez, 2017).

Estas situaciones de concentración de la tierra y los ingresos, se da en un contexto de conflicto armado sostenido en el tiempo que ha tenido, como uno de sus impactos más negativos, el despojo de la tierra de la población rural (CNMH, 2018b). Todas estas situaciones aquí enunciadas, evidencian una serie de obstáculos para la garantía de los derechos humanos en la región, que pasan por la imposición de un modelo de desarrollo que tiende al favorecimiento del gran capital trasnacional en desmedro de los derechos humanos fundamentales de la población.

El malestar social que se ha expresado en los procesos de movilización en las calles en los últimos años en el país, en lugar de haber sido tramitado por los canales democráticos del Estado, para escuchar y atender las demandas de la población relacionadas con la imposibilidad de acceder a los bienes y servicios que garantizan los derechos humanos, ha recibido un tratamiento represivo que criminaliza la protesta, desconociendo la legitimidad de sus reivindicaciones como ardid para seguir defendiendo los nefastos efectos que las políticas neoliberales han ocasionado. Estos serán los temas que a continuación trataremos.

EL ESTADO SOCIAL Y DEMOCRÁTICO DE DERECHO Y LA PROTESTA SOCIAL

> [...] en un sistema institucional como el nuestro delegamos la toma de decisiones, delegamos el control de los recursos económicos, delegamos el uso de la violencia, el monopolio de la fuerza en el Estado, lo mínimo que podemos hacer es preservarnos el derecho de criticar a aquellos en los que hemos delegado todo. Mucho de lo más importante de nuestras vidas está en manos de otros. Por eso es que me parece importante reclamar el derecho a la protesta como un derecho esencial. De allí que lo podamos llamar el "primer derecho" (Gargarella, 2005b).

La Democracia, es un concepto político con carácter polisémico y controversial, por tanto su significado y contenido los definen los referentes teóricos de los cuales se parta o se suscriba; en otras palabras, es un campo en disputa, en permanente tensión, que trasiega entre las pretensiones de limitarla, vaciarla de contenido, empobrecerla, dejarla en harapos o ampliarla para que comprenda derechos, intereses o necesidades de grupos excluidos, discriminados, invisibilizados y se constituya en un lugar propicio para su emancipación. Pertinente resulta entonces hacer un somero repaso de algunos referentes, debiendo advertir que, en todos, la protesta social encuentra reconocimiento como derecho, aunque con peso y relevancia divergentes.

El primero es la *democracia representativa* o *de baja intensidad*, conforme a la cual un régimen o sistema político es democrático si garantiza elecciones periódicas para los cargos de elección popular, con igualdad formal para elegir y ser elegido y la mayoría como regla de juego para resolver las disputas relativas a los asuntos de interés público. Esta acepción en el caso de Colombia es la que prevalece en el discurso institucional y en el de los poderes hegemónicos en el campo económico y político, quienes aducen estar en presencia de régimen político democrático, estable y duradero, gracias a las elecciones con rigurosa periodicidad.

Este tipo de democracia no es objetable de plano ni deleznable por sí (Kelsen, 2002; Bobbio, 1986; Bobbio, 2003, cap. VIII, pp. 490-508; Bovero, 2002; Ferrajoli, 2011, pp. 27-28; Santos y Aguiló, 2019). Sin embargo, se le cuestiona por lo acontecido con ella en el marco de la globalización neoliberal, particularmente por el desplazamiento de la soberanía de los Estados hacia el capital financiero transnacional y las corporaciones multinacionales, gracias a la cooptación o captura de las instituciones de representación a través de lobbys, la financiación de los partidos, la corrupción, etc. (Zaffaroni & Días, 2019, pp. 78-87; Wolin, 2008; Brown, 2021, pp. 21-48; Fariñas, 2005; Santos, 2015, pp. 23-24; Laval & Dardot, 2017). Por supuesto, de estas realidades hay registros en el orden nacional, dado que el Estado colombiano ha jugado un papel protagónico y definitivo en la institucionalización del modelo neoliberal, en los campos económico, político, social y cultural. Basta mencionar la financiarización de la economía o la imposición del neoextractivismo minero-energético, como formas palmarias de "acumulación por desposesión" (Estrada, 2010; Roa & Navas, 2014; Ocmal, *et al.*, 2016).

También cabe reiterar con Gutiérrez Sanín (2004) el carácter de "Orangután con sacoleva" de nuestro régimen político, concepto con el cual se significa la "anomalía" de que a la estabilidad del régimen electoral hay que contraponer, como elemento de identidad, los "ciclos de represión exterminadora", directamente políticos, lo que nos hace comparables con las peores dictaduras del continente.

Además, lo anterior coexiste con otros reparos estructurales a los procesos electorales: la violencia endémica contra los partidos, movimientos y organizaciones que encarnan proyectos de oposición o alternativos al modelo actual de desarrollo, fincado en la financiarización y el extractivismo; el clientelismo, que institucionaliza el voto como una mercancía y convierte a los partidos políticos en una famiempresa o microempresa criminal; la compra de votos, que utiliza la vulnerabilidad de los empobrecidos; los subsidios focalizados, que en el marco de la ideología neoliberal, además de paliar la miseria, contener los brotes de resistencia, reproduce el *statu quo* que la genera; y la articulación con poderes criminales —el narcotráfico y el paramilitarismo—, testimonio de lo cual es la parapolítica (Duque, 2021; CNMH, 2018a, cap. 3, pp. 141-170; Cruz, 2016; Gutiérrez, 2015; GMH, 2013, pp. 249-255; Londoño, 2016, pp. 272-275 y 318-320; López, 2010; Barrera & Nieto, 2010; García & Rebolledo, 2010, pp. 11-21). Le asiste entonces toda la razón a Santos cuando asevera que:

> Las diferencias ideológicas subyacentes de la democracia han sido sustituidas por el centrismo amorfo y la corrupción institucionalizada. Puesto que los políticos se convierten en lavadores de dinero, secuestran la democracia y permiten que sea ocupada por la codicia de las empresas, y el pueblo se ve obligado a ocupar la democracia por fuera de las instituciones democráticas. La criminalización de la protesta social, el paramilitarismo y las ejecuciones extrajudiciales complementan la escena. Los conflictos sociales dentro y entre los Estados son cada vez menos institucionalizados, los derechos humanos son violados en nombre de los derechos humanos y las vidas civiles son destruidas bajo el pretexto de la defensa de las vidas de civiles (2018, p. 27).

En consecuencia, se está muy lejos del significado de democracia, cuando esta se identifica con la cuantificación de votos producto de la coerción del hambre o de la violencia, con el voto por monigotes o badulaques ungidos por políticos que fungen como mesías, o la de salir a sufragar "emberracados" o muertos de miedo, porque de otro modo puede salir elegido "Otro", construido como enemigo demonizado.

La democracia liberal también incluye como elemento consustancial la separación de los poderes, a la manera de pesos y contrapesos. Dicho rasgo se ha perdido casi en forma absoluta, porque el gobierno del expresidente Iván Duque (2018-2022) terminó cooptando o capturando los poderes públicos diseñados por la Constitución de 1991 para su control, entre los cuales cabe nombrar la Fiscalía General de la Nación, la Defensoría del Pueblo, la Procuraduría General de la Nación, la Contraloría General de la República y la Registraduría Nacional del Estado Civil. Circunstancia agravada por el hecho que las instituciones así capturadas, se han corrompido, contaminado, pervertido, y su purulencia aniquiló la confianza ciudadana en ellas. Y esto último, tiene grave repercusión en la protesta social, porque respecto de los crímenes y abusos que sufren los participantes por parte de agentes del Estado y de "civiles" con su connivencia, no encuentran en ellas un escenario confiable y factible para la defensa de sus derechos; por el contrario y con toda razón, las reputan filadas al lado del poder policial, militar y paramilitar, y les da terror y miedo su concurso. Pero esta es precisamente la razón de la cooptación, instaurar un autoritarismo sin control.

El segundo, la *democracia sustancial,* acepción que coloca el énfasis en el carácter artificial del poder político, su condición instrumental y vincula su legitimidad a la garantía que éste le otorgue a la vigencia material, sustantiva e integral de todos los derechos y de todas las personas. Y esa obligación engloba a todos los poderes, sean públicos o privados, locales, regionales, nacionales, transnacionales o internacionales. En conclusión, consagra como apotegma la incolumidad de los derechos fundamentales de todos (v.gr. la vida, la dignidad humana, la libertad, la salud, la educación) y de las minorías, frente a las mayorías y frente al mercado (Ferrajoli, 2016; 2011, pp. 29-32 y 35 y ss.; 2008, pp. 267 y ss.).

Y es de suma importancia este referente porque tanto el gobierno nacional, la fuerza pública, los gremios empresariales, los partidos de la coalición del gobierno, los medios de comunicación de propiedad del poder económico cuestionaron la protesta social porque omitió tramitar sus demandas, reclamos y denuncias a través de las "instituciones o canales democráticos", degradando todos los demás caminos con la etiqueta de *vandalismo*, desorden, sedición, asonada, tumulto, etc. Respecto a este discurso, es perentorio indicar que, incluso dentro de la concepción restringida de democracia, la crítica que encarna la protesta social le es consustancial a su esencia. En este sentido Gargarella (2008a, pp. 24-25), cuando manifiesta que: "cuidemos hasta el último momento posible a esa persona que critica el poder público; porque, justamente, estamos en una democracia representativa y, como hemos transferido el control de los recursos económicos y el control de las armas al poder político, nos preocupa que este abuse de los extraordinarios poderes que le hemos dado. Nos debe interesar proteger hasta al último crítico, aunque sea uno solo, y sobre todo si esta persona critica el poder público, carece de recursos, y tiene dificultades para expresarse". Y en el mismo orden de ideas, son pertinentes los reparos que Aguiló le hace a la democracia representativa, a partir de lo acontecido con ella en el contexto de la globalización neoliberal:

> Una falsa democracia globalizada que se ha revelado incapaz de resolver la cuestión social, la cuestión racial, la cuestión de género y la cuestión ambiental. Es una democracia a lo Shumpeter: minimalista, partidocrática y mercantilizada que se ejerce a través del miedo, la violencia y la imposición; una democracia arrogante que descalifica como antidemocrática toda experiencia política que desborde los límites institucionales de las democracias electorales y que no está dispuesta a reconocer ni a incorporar elementos de otras concepciones y prácticas democráticas. No es extraño, por tanto, que la democracia neoliberal funcione como una cadena de transmisión de valores antisociales —corrupción, pobreza, elitismo, violencia, represión, precariedad de lo público, etc.— mediante una lógica electoral que ha generado escepticismo y un deterioro de la adhesión popular a las instituciones representativas (Santos & Aguiló, 2019, p. 240).

La interdependencia e integralidad de todos los derechos, y la vigencia material y no solo formal de ellos, es un baremo definitivo para afirmar el grado de democracia respecto de un régimen o sistema político. Y siendo la protesta social un campo de lucha por la existencia, profundización o radicalización de los derechos humanos, tal circunstancia la inviste de legitimidad ética, política y jurídica, por cuanto es parte esencial de la construcción de una auténtica y genuina democracia. En este sentido, se trae a colación a Ferrajoli, por la solidez, claridad y contundencia de su argumentación:

> La tercera razón consiste en el nexo indisoluble, ignorado por las concepciones puramente formales de la democracia, entre la soberanía popular y las dos clases de derechos fundamentales que he llamado 'primarios' o 'sustanciales'. Ante todo, en el nexo entre democracia política y derechos de libertad. La voluntad popular, en efecto, se expresa *auténticamente* solo si puede expresarse *libremente*. Y solo puede expresarse libremente mediante el ejercicio, además del derecho de voto, de las libertades fundamentales por parte de todos y cada uno: de la libertad de pensamiento, de prensa, de información, de reunión y de asociación. Por eso no hay soberanía popular ni democracia sin derechos de libertad individuales. Porque no solo la democracia y la misma soberanía popular están amenazadas —también para las generaciones futuras— por la omnipotencia de la mayoría, sino que una y otra se realizan y se alimentan solo a través del ejercicio constante de los derechos de libertad […].
>
> Por otro lado […], los derechos de libertad serán tanto más efectivos cuanto más apuntalados están a su vez por la garantía de los derechos sociales a prestaciones positivas: del derecho a la subsistencia y a la salud y, todavía más obviamente, del derecho a la educación y a la información. Sin la satisfacción de estos derechos, no solo los derechos políticos sino incluso los derechos de libertad están destinados a quedarse en el papel: porque no hay participación en la vida pública sin garantía de los mínimos vitales, es decir, de los derechos a la supervivencia, ni hay formación de voluntades conscientes sin educación e información (2016, pp. 11-12).

El tercer enfoque teórico es el de *democracia intercultural*, el cual parte de reconocer que los pueblos originarios, los afros y otros que resistieron al poder colonial y están presentes en el territorio de

América Latina, preservan prácticas culturales invaluables que desafían los preceptos impuestos por la modernidad, lo cual obliga a representarnos como una sociedad intercultural, con igualdad de trato para todas las culturas, consecuente con lo cual se deben reconocer, defender y respetar los derechos diferenciados que son el eje de la concepción que ellos tienen de una vida digna, de un *Buen Vivir*, tales como: el derecho a la autodeterminación de los pueblos, a la autonomía en sus territorios, al autogobierno y a su propia justicia; así mismo, el derecho colectivo a la consulta previa, informada, eficaz, con derecho al veto, cuando la ley, la política o la obra material, compromete su supervivencia o conlleva el riesgo de un etnocidio cultural o físico; y, por supuesto, el derecho a no ser fumigados con agroquímicos tóxicos, a no ser militarizado o paramilitarizado su territorio; finalmente, el derecho a la soberanía alimentaria, entre otros (Cruz, 2013; Carillo & Patarroyo, 2009; Wolkmer *et al.*, 2020; Wolkmer & Mânica, 2017; Herrera, 2008; Aguiló, 2010; Svampa & Viale, 2014, pp. 33-38).

El cuarto enfoque es la *democracia deliberativa*, concepto con el que se releva la participación de todos en la construcción de los asuntos concernientes a la política, en escenarios horizontales, igualitarios, con proscripción de estigmas, estereotipos y ninguneos por razones asociadas a la clase, la cultura, el sexo, la religión, las ideas políticas, etc., y en los que se delibere sobre las representaciones, imaginarios, intereses y necesidades que deben impactar planes, programas y políticas públicas, y en la decisión pesen los argumentos y las buenas razones, considerando de forma seria los puntos de vista tanto de los más afectados con ella como de quienes disienten, esto es, los que no comparten la opinión mayoritaria (Gargarella, 2016, pp. 228-236; 2011 y 2008b).

El quinto referente es la *democracia participativa*, con la cual se valoriza la participación directa de las comunidades y los pueblos en los asuntos públicos definitivos para el logro de la igualdad, la equidad, la justicia y el bien común. No se agota en la iniciativa legislativa, el referendo, el plebiscito, la objeción de conciencia, el cabildo abierto, la consulta popular, la revocatoria del mandato para los cargos de elección popular, el presupuesto participativo, la acción de grupo, la acción popular y la acción de tutela. Comprende muchas otras expresiones de disenso, que deben ser respetadas, protegidas y no estigmatizadas: la comunicación alternativa, la denuncia pública, el manifiesto, etc. Y, por supuesto, también pueden discurrir por vías menos tradicionales que la literatura de los movimientos sociales nombra "política de la disrupción", como un plantón, una marcha, un paro, un corte de ruta o bloqueo de vías públicas, que son diversas modalidades con la cual se expresa la protesta social (Quiroga & Magrini, 2020).

Finalmente, los enfoques que tienen presente los procesos de construcción de la democracia desde el Sur global, recogidos en el concepto de *democracia radical* o de *alta intensidad o posabisal*. Sus características o elementos más distintivos son: en primer lugar, se asume que existen plurales formas de democracia, una *demodiversidad* y la legitimidad no es atributo exclusivo de ninguna, consecuente con lo cual la democracia representativa, la participativa, la deliberativa, la comunitaria y la intercultural, pueden articularse y complementarse, siempre y cuando lo hagan para defenderse de las diversas formas como se manifiesta el *fascismo social*. Además, en segundo lugar, la democratización debe comprender, además del espacio-tiempo de la ciudadanía, esto es, las relaciones individuales y colectivas con el Estado, otros campos de las relaciones sociales — el doméstico, la comunidad, la producción, el mercado y el espacio mundial—. Así mismo, en tercer lugar, abarca las luchas de emancipación social contra los poderes dominantes responsables de las formas más graves de opresión: el capitalismo, el colonialismo y el patriarcado. En cuarto lugar, en el campo jurídico se debe distinguir entre legitimidad y legalidad, con lo cual se significa la primacía del derecho sobre la ley, esto es, los derechos fundamentales y los derechos humanos sobre el derecho positivo. Por último, en quinto lugar, el reconocimiento del *derecho a la igualdad* cuando la diferencia excluye e inferioriza y el reconocimiento del *derecho a la diferencia*, cuando el trato igual, trivializa y descaracteriza (Santos, 2009, cap. 9, pp. 542 y ss.; Santos, 2014, pp. 57-58; Santos & Aguiló, 2019, pp. 256-258; Aguiló & Almeida, 2021).

En todas las acepciones de democracia que se infieren de los referentes teóricos tratados, la protesta social es un derecho; además, no cabe duda de que es eje central de una democracia robusta y auténtica, respetuosa de la libertad de expresión y reunión, del pluralismo y la participación, pues por medio de su ejercicio se expresan el disenso y la crítica al poder, se resignifican y se exigen los derechos, se hacen reclamos, se manifiestan inconformidades y simpatías, y se defienden diversas posiciones políticas, filosóficas e ideológicas (Cruz, 2015; Gargarella, 2008a y 2005a). Y esta tesis adquiere mayor peso en sistemas o regímenes políticos con democracias de baja intensidad, en los cuales se delega en alto grado el ejercicio de la política, marco en el cual se hace más necesario erigir la protesta social, en el "primer derecho" (Gargarella, 2005a, pp. 19-20).

Con fundamento en lo anterior se concluye que los derechos humanos se construyen, resignifican, protegen y garantizan a través de la lucha social, cultural y política, además que su reconocimiento y vigencia integral se identifican con la eficacia de la democracia. Es por ello por lo que afirmamos que los derechos humanos no son concesiones del poder, producto de su particular generosidad, caridad, o compasión, y mucho menos, son privilegios. Tienen origen en las luchas y resistencias de los pueblos, organizaciones y colectivos, en el terreno cultural, ideológico, político, social y económico; a través de diversas formas de acción colectiva incluyendo, por supuesto, la protesta social y la movilización (Tilly, 2005 y 2010; Wolkmer, 2018; Herrera, 2008, pp. 11-17).

Un repaso por la historia de los derechos humanos demuestra, de forma contundente e irrebatible, que todos ellos han surgido en el marco de luchas políticas, sociales, comunitarias y culturales por su reconocimiento y respeto, logrando en la mayoría de los casos su institucionalización en las constituciones y en el derecho internacional de los derechos humanos (Archila, *et al.*, 2019). Pero también es perentorio considerar que con el reconocimiento formal de los derechos humanos, no basta para afirmar que se está en presencia de una auténtica o genuina democracia, dado que ésta exige que los mismos tengan vigencia material, lo cual conlleva muchas más luchas, incluso más profundas y resistentes, dada la proclividad de los poderes hegemónicos de hacer del derecho un conjuro, un mero fetiche (Lemaitre, 2009), o que su eficacia sea exclusiva o preponderantemente simbólica (García, 2014).

Y tan importante como lo anterior, es que los derechos son productos culturales y políticos históricos y, por lo tanto, no se conquistan de manera definitiva y para siempre (Herrera, 2008, pp. 22 y 26; Gallardo, 2006, p. 97). Así que una vez reconocidos por el derecho positivo, para que no sean flexibilizados, escamoteados y muchos menos revertidos, es perentorio acudir a diversos repertorios de lucha, en el terreno de la democracia representativa, en el de la directa, en la participativa, en la comunitaria, en tribunales internacionales y, por supuesto, en acciones colectivas de muy diversa naturaleza, como es el caso de la protesta social.

NEOLIBERALISMO, DERECHOS HUMANOS Y LA PROTESTA SOCIAL EN COLOMBIA

> Quienes comienzan por eliminar por la fuerza la discrepancia, terminan pronto por eliminar a los discrepantes. La unificación obligatoria del pensamiento y de la opinión solo obtiene unanimidad en los cementerios [...]. El poder público es el que debe ser controlado por la opinión de los ciudadanos, y no al contrario (Juez Robert Jackson, cit. Carbonell, 2016, p. 30).

En los párrafos precedentes se concluyó que la protesta social, además de ser un derecho humano, complementa el ejercicio de otros derechos con los cuales guarda conexidad directa, como son los de reunión, asociación, participación política, libertad de expresión, de pensamiento y de disenso. Se dijo, así mismo, que la protesta social es una de las formas de acción colectiva que tiene como propósito tanto el reconocimiento de nuevos derechos, como la vigencia material y la no reversión de los logros alcanzados respecto de los derechos constitucionales. En este orden de ideas, resulta pertinente mencionar los derechos humanos que en mayor medida han servido de plataforma a las agendas colectivas y comunitarias en el marco de la protesta social ejercida durante el Paro Nacional iniciado el 28 de abril de 2021, y que se prolongó varios meses más.

Por supuesto, la protesta social como acción colectiva, ha sido una constante entre nosotros a lo largo del presente siglo (Cruz, 2017; Archila et al., 2019). Además, es preciso advertir que el Paro Nacional estuvo precedido de prolíficas y masivas expresiones de protesta en todo el país, tanto en el año 2019, antes de la pandemia (21N), como en el 2020 (9S), con una respuesta represiva extrema en ambos casos, documentada en el primer caso por Corte Suprema de Justicia (2020) y en el segundo, por un informe solicitado a la ONU por la Alcaldesa de Bogotá, en el cual se concluye que se trató de una auténtica "Masacre" (Relatoría, 2022). Las agendas y motivos de estas expresiones de protesta van a emerger de nuevo en el Paro del 21 de abril de 2021.

El Paro Nacional se convocó para el 28 abril de 2021 y se prolongó por varios meses más. Tuvo como "detonante" la presentación al Congreso, por parte del Gobierno Nacional, de un proyecto de reforma tributaria nombrado de forma eufemística como "Ley de solidaridad sostenible" (Proyecto de Ley 594/2021 Cámara; Proyecto de Ley 439/2021 Senado). Este proyecto de ley concentraba la tributación en los ingresos de las personas naturales, particularmente de la clase media, en mucha parte ya arruinada, con motivo de la pandemia del Covid-19; incrementaba los impuestos indirectos como el IVA e incluía bienes de la canasta familiar y los gastos fúnebres, aprovechando la alta cifra de muertes por la pandemia; y persistía en las exenciones para el gran capital. A lo cual se sumaba la impudicia de proveer recursos para la compra de aviones de guerra, por valor de US $4.5 mil millones.

Los cuestionamientos pueden resumirse así: en primer lugar, el silencio absoluto sobre los costos de la deuda pública, instrumento de dominación que Zaffaroni & Dias (2019, pp. 78-84 y 90-95) califican, con toda razón, un crimen del *totalitarismo financiero transnacional*: por tener origen, en alto grado, en actos de corrupción para su adquisición; por la condición leonina de los intereses pactados; por la práctica extorsiva de obligar a «ajustes estructurales» caracterizados por modelos de sociedad excluyentes, la reducción de la dimensión social del Estado, la mercantilización profunda del trabajo; y por las privatizaciones forzadas que comportan la entrega al capital transnacional de las empresas y bienes a precios de baratija, e incluso de los mismos recursos naturales.

En segundo lugar, la provisión para compra de aviones de guerra, secundaba el programa del partido de gobierno que se comprometió con "hacer trizas la paz", cuando los esfuerzos deberían concentrarse, entre otros, en el ámbito de la salud pública para contener los efectos nefastos de la pandemia, que al momento había producido 78 mil muertes, lo cual estaba asociado a la falta de medicamentos, de vacunas, de oxígeno, las pocas unidades de cuidado intensivo (UCI), y a la ausencia de garantías laborales para los médicos, quienes fueron exaltados como héroes, a pesar de que muchos de ellos se encontraban —y se encuentran— inmersos en relaciones laborales flexibilizadas y precarizadas. Por supuesto, desde el gobierno se adujo, para justificar la compra de aviones, las amenazas para nuestra soberanía por el narcotráfico, los grupos armados ilegales (GAI), las disidencias, gobiernos vecinos, construidos como el gran enemigo. Y dado el registro de plurales bombardeos que habían comprometido la vida de niños y niñas (Elespectador.com, 2021), pertinente resulta reproducir apartes de la columna de Arias Nieto cuando puntualizó:

> Alguien debería decirles a los ministros de turno que los niños no son máquinas de guerra, sino víctimas de la guerra […]. Los niños deberían ser el blanco legítimo de la ternura, de la protección, de la educación, de los abrazos infinitos. ¡Aviones de papel, nunca más aviones bombarderos! (2021).

En tercer lugar, sumado a los miles de hogares llorando la muerte de sus seres amados debido al precario sistema de salud pública, la población soportaba —y soporta— las prácticas *extractivas* del sistema financiero, los bancos, el "gota a gota", las tarjetas de crédito, la cuenta de los servicios domiciliarios, los créditos del Icetex para la educación, los cuales constituyen una presión constante para los ingresos de los hogares que se vieron seriamente afectados por efectos de la pandemia.

En cuarto lugar, los problemas estructurales de exclusión y empobrecimiento que la reforma profundizaba. El DANE, para la época, confirmó la certeza de todos: que la pandemia del COVID-19 había aniquilado el trabajo y los ingresos de muchas familias: 21 millones en pobreza monetaria (42.5%); 7.5 millones en pobreza extrema (15.1%); 20% de desempleo; e informalidad laboral, en el 49,4% (CCEEU, 2021b). Y el impacto de las cuarentenas prolongadas sobre la capacidad de sobrevivencia de los hogares insertos en la economía informal, que en vez de una renta básica, se les aplicó represión, comparendos y multas a granel (Temblores, 2022).

En fin, el reclamo era por la justicia tributaria, que confrontara las guaridas fiscales (Pandora y Panamá Papers, por ejemplo), pusiera coto a las exenciones y beneficios tributarios al gran capital, los fraudes, y en su defecto, estableciera un sistema tributario informado por los principios de equidad, progresividad y eficiencia.

Otra reivindicación importante, se relaciona con la implementación del Acuerdo de Paz para la terminación del conflicto armado y la construcción de una paz estable y duradera, suscrito entre el Estado colombiano y el grupo insurgente de las FARC-EP (2016), que el gobierno del expresidente Duque estuvo "haciendo trizas" a través de múltiples dispositivos: la estigmatización de las instituciones surgidas en el marco de dicho Acuerdo —la Justicia Especial para la Paz (JEP), la Comisión de la Verdad, las curules en el Congreso para las víctimas del conflicto armado—; las objeciones presidenciales a la Ley Estatutaria de la JEP; la desfinanciación de todos los programas y su potencial transformador, en particular en lo relacionado con la reforma rural integral y la política de drogas y cultivos de uso ilícito; y con peso relevante, los precarios resultados de las políticas relativas al desmantelamiento de las organizaciones herederas del paramilitarismo.

Y de forma particular, el repertorio de violencias sistemáticas (asesinatos, amenazas, desapariciones forzadas, falsos positivos judiciales o sicariato judicial, atentados, desplazamientos forzados, etc.), contra quienes suscribieron el Acuerdo Final, entregaron las armas y se encuentran en proceso de reincorporación, y sus familiares (Indepaz, 2021b y 2021c). A tal grado había llegado el carácter generalizado y sistemático de los asesinatos selectivos —más de 300, a enero de 2022—, los atentados, los desplazamientos, las amenazas y las estigmatizaciones contra los firmantes del acuerdo, que la Corte Constitucional declaró como un estado de cosas inconstitucional, lo relativo a la implementación del Acuerdo respecto a las garantías de seguridad para sus vidas, sus derechos y libertades. Entre los fundamentos, la impunidad inaudita; a lo cual se suma la violencia simbólica representada por la estigmatización contra los desmovilizados, sus familias y el partido que los articula, liderada por los integrantes del gobierno y su partido (Sent. SU-020/2022, CConst). Este fallo contradice e invalida toda la parafernalia discursiva del compromiso del gobierno en la materia, cuya defensa se centraba en relievar los recursos invertidos y los organismos paralelos creados para tal fin, pero la sistematicidad y magnitud de las violencias, equivalentes a un genocidio, sugieren que se trató más de un asunto de clientelismo burocrático y un dispositivo para dar apariencia de su compromiso con la implementación.

Los pueblos indígenas y las comunidades afrocolombianas, también fueron protagónicos en el marco de la protesta, denunciando la violación de sus derechos, situación originada por políticas y prácticas como: el asesinato sistemático de sus líderes y lideresas; la militarización de sus territorios; el desconocimiento del derecho a la consulta previa, libre e informada y eficaz (con derecho al veto), respecto de megaproyectos, la gran minería, la aspersión aérea con plaguicidas (glifosato), con el pretexto de cultivos de uso ilícito, asunto este último del cual se ocupó la Corte Constitucional (Sent. T-413/2021), quien constató que la política del gobierno estaba soportada en fraude y falsedades; los planes de imponer el procedimiento del fracking para explotar el subsuelo (ONIC, 2021a y 2021b); el desplazamiento forzado, la connivencia u opacidad del Estado con el paramilitarismo y los grupos armados dedicados al narcotráfico; la falta de implementación del capítulo étnico del Acuerdo de Paz.

Los estudiantes, organizados o no, y muchos jóvenes, se articularon a la protesta social demandando educación pública gratuita y de calidad, rechazando de plano los programas y políticas que quieren hacer de este derecho una mercancía al alcance solo de quienes puedan pagarla. Así mismo, reclamaron oportunidades reales y eficaces de un empleo decente. Los movimientos y organizaciones feministas y LGBTI, reclamaron por los derechos sexuales y reproductivos; denunciaron las prácticas de erigir sus cuerpos en campos de batalla, a través de violencias y abusos sexuales por parte de agentes del Estado, en el marco o con motivo de las protestas; y confrontaron el reclutamiento de sus hijos para la guerra, su instrumentalización como víctimas de los mal nombrados "falsos positivos" o de bombardeos y, por supuesto, protestaron por todos los tráficos humanos y formas de esclavitud (Vamos Mujer *et al.*, 2021; Colombia Diversa, 2021).

Los trabajadores, demandaron el respeto por la libertad sindical, el cumplimiento de las convenciones colectivas, un trabajo decente, una reforma pensional concertada, y denunciaron el desempleo estructural, el subempleo y la precariedad de ingresos, agudizados con las políticas impuestas con motivo de la pandemia (García & Garcés, 2021). Y la casi totalidad de las organizaciones, plataformas y personas participantes en las jornadas de protesta, incluyeron como principal reclamo y denuncia, el repertorio de violencias contra líderes, lideresas de organizaciones populares, estudiantiles, sindicales, campesinas, y defensores y defensoras de los derechos humanos.

Y estos reclamos estaban revestidos de absoluta legitimidad: Colombia en el año 2020, con solo el 0.6% de los habitantes del planeta, produjo el 53.47% del total de homicidios de defensores de derechos humanos registrados en todo el orbe, esto es 177 homicidios, frente a la cifra global de 331 (Front Line Defender, 2021); cifras similares se constatan en los años precedentes (Front Line Defender, 2020, pp. 4-5; 2019). Esta violencia selectiva y sistemática contra quienes tienen un lugar protagónico en las luchas populares sirve a la estrategia de infundir terror y procurar la desorganización y la desmovilización de las organizaciones. Y a ello se suman 163 masacres, con 639 víctimas, entre el 2020 y septiembre de 2021 (Indepaz, 2021, septiembre 22); con el concepto de masacre se nombran homicidios simultáneos, intencionales, que comprometieron la vida de tres o más personas, en circunstancias de indefensión y con identidad de tiempo, modo y lugar. El gobierno de entonces, se limitó a generar una disputa lingüística, nombrándolas de forma eufemística como "homicidios colectivos", procedimiento análogo con las personas desaparecidas en el marco de la protesta social, que ahora las nombran como "personas no localizadas". A esta hecatombe humanitaria, se suman otras formas de violencia: la violencia política en el 2020, produjo, por lo menos 744 muertes —entre ejecuciones extrajudiciales, homicidios en persona protegida y asesinatos—; 33 atentados, 923 amenazas, 342 lesiones, 80 casos de tortura, 15 casos de violencia sexual, 24 desapariciones forzadas, 265 detenciones y judicializaciones arbitrarias (Cinep, 2021, pp. 322-324). La sistematicidad de estas violencias se acredita con datos similares en los años que anteceden (Cinep, 2019, pp. 323-325; HRW, 2021b).

Así mismo, todos los participantes demandaron de parte del gobierno, los partidos coaligados con él, los poderes económicos que lo avalaban, que cesara la estigmatización contra la protesta social, y la represión y criminalización contra los participantes en la misma. La impunidad institucionalizada en todos estos hechos y su reproducción propiciada por tal circunstancia, le confiere validez a lo que expresa Ferrajoli sobre estos poderes criminales:

> [...] los elementos que hacen más amenazadoras estas nuevas formas de criminalidad son su carácter organizado y el hecho de ser practicadas o, en cualquier caso, sostenidas y protegidas por poderes fuertes, ocultos, a veces subversivos; así pues, no por sujetos débiles sino por sujetos poderosos, en posición de dominio económico o político. Y esto indica un

cambio profundo en la composición social del fenómeno criminal. Al menos, por lo que se refiere a la gran criminalidad, sus rasgos de clase se han invertido. Las verdaderas "clases peligrosas" ya no provienen tanto de los sectores marginados como de las élites dirigentes, económicas y políticas [...] Hay, además, otra razón que hace gravemente peligrosa la criminalidad del poder: es el hecho de que ésta, en todas sus formas, atenta contra derechos y bienes fundamentales, tanto individuales como colectivos, incluidas la paz y la democracia. Al tratarse de la desviación no de sujetos individuales, sino de poderes desenfrenados y absolutos, se caracteriza también por una pretensión de impunidad y una capacidad de intimidación tanto mayores cuanto más potentes son las organizaciones criminales y sus lazos con los poderes públicos (2016, p. 355).

Las protestas que se dieron en los días en que el paro se prolongó, reforzaron la denuncia de la represión y criminalización de la protesta, consecuente con lo cual demandaron la supresión del ESMAD —Escuadrón Móvil Antidisturbios—, unidad especial de la policía nacional, protagonista en gran medida de las más graves violaciones de derechos humanos; así mismo, la desmilitarización de las ciudades y que cesara la connivencia de la fuerza pública con actores civiles que ejercieron violencia, incluyendo disparos con armas de fuego, contra la protesta pacífica. En conclusión, las demandas, reclamos, exigencias y denuncias por parte de los participantes de la protesta social convergen en el reconocimiento y vigencia material de derechos humanos fundamentales de vastas mayorías de la población, circunstancia que la reviste de legitimidad ética y política, por cuanto encarna una lucha por la democracia que, en estos derechos, tiene su sentido y su razón.

ESTIGMATIZACIÓN, CRIMINALIZACIÓN Y REPRESIÓN DE LA PROTESTA SOCIAL

La estrategia de respuesta a la protesta social por parte del gobierno nacional se construyó, entre otros, sobre tres ejes: la estigmatización, la represión y la criminalización. Por supuesto, los tres son formas de violencia que conllevan violaciones sistemáticas a un universo muy amplio de derechos humanos, incluyendo el derecho a la protesta.

Los trataremos en forma independiente, advirtiendo que entre ellos hay vasos comunicantes y ostentan, como propósito común, deslegitimar los demandas y denuncias, y especialmente, sembrar el terror y el miedo como dispositivo para el control social y político (Svampa, 2006, pp. 149-151; Bauman, 2008; Buhl & Korol, 2008, pp. 10-15; Korol & Longo, 2009; Ferrajoli, 2013; Nussbaum, 2019; Calveiro, 2015 y 2021). Esto es lo que constata el sociólogo Manuel Castells (2012), en su estudio de la protesta en el campo global, quien igualmente registra la fortaleza de ella al superar el miedo que el Estado impone mediante su aparato represivo:

> Se unieron. Y su unión les ayudó a superar el miedo, esa emoción paralizante de la que se vale el poder para prosperar y reproducirse mediante la intimidación o la disuasión y, si es necesario, mediante la pura violencia, manifiesta o impuesta desde las instituciones [...]. No fue solo la pobreza, o la crisis económica, o la falta de democracia lo que provocó esta rebelión polifacética. Por supuesto, todas las manifestaciones dolorosas de una sociedad injusta y de una política antidemocrática estuvieron presentes en las protestas. Pero fue fundamentalmente la humillación causada por el cinismo y la arrogancia de los poderosos, tanto en el ámbito financiero como político y cultural, lo que unió a aquellos que transformaron el miedo en indignación y la indignación en esperanza de una humanidad mejor. Una humanidad que tenía que construirse desde cero, escapando de las múltiples trampas ideológicas e institucionales que habían conducido una y otra vez a un callejón sin salida, haciendo un nuevo camino al andar. Se trataba de encontrar la dignidad en el sufrimiento de la humillación, temas recurrentes en la mayoría de los movimientos (pp. 20-21; en el mismo sentido, Zolo, 2009b).

La estigmatización

> La forma en que pensamos determina el destino de las instituciones, normas y valores que estructuran las sociedades [...]. Por eso, la lucha de poder fundamental es la batalla por la construcción de significados en las mentes (Castells, 2012, p. 23).

Una política sistemática, abanderada por el gobierno nacional, secundada por los partidos de su coalición, los medios de comunicación oficiales y oficialistas, algunos gremios y otros, consistió en construir representaciones estigmatizantes de la protesta social, a través de diversas narrativas: en primer lugar, significando que ella tiene origen en una conspiración internacional de foros de la izquierda (a la cual se le atribuye, de forma maniqueísta, ser el origen de un sinnúmero de *males* sufridos o por padecer) o apoyada por los gobiernos de la misma matriz ideológica, que pretenden desestabilizar los regímenes democráticos, entre ellos, por supuesto, el colombiano; o que ha sido financiada o infiltrada por los grupos insurgentes, la criminalidad organizada y hasta el narcoterrorismo (González, 2021; Amnistía Internacional, 2021, acápite 3.3, pp. 16-20).

En segundo lugar, equiparando miles de expresiones pacíficas de la protesta acontecidas en todo el territorio del país y durante un largo arco temporal, con hechos de violencia, en la mayoría de los casos insignificantes alteraciones de los manifestantes, circunscritos a un lugar y tiempo específico, nombrando todo como "vandalismo", "delincuencia", "terrorismo", etc.

Todos estos discursos, son funcionales a diversos propósitos: en primer lugar, despojar de legitimidad a la protesta, por falta de autenticidad de sus protagonistas, convirtiéndolos en "idiotas útiles" o meros instrumentos de propósitos ajenos; en segundo lugar, banalizar o invisibilizar sus denuncias, demandas y exigencias; en tercer lugar, justificar la criminalización y represión de todas las expresiones en el marco de ella, particularmente ante la comunidad internacional, testigo de los crímenes de Estado a través de videos divulgados por plataformas virtuales y testimonios directos recogidos en el campo; además, en cuarto lugar, degradar a los partidos y actores de oposición, que les disputan el campo político, dado su acompañamiento o respaldado a la protesta; finalmente, en quinto lugar, cerrar toda oportunidad de trámite del conflicto a través del diálogo y la negociación, lo cual se representan como una concesión o ventaja para sus opositores. La Comisión Interamericana de Derechos Humanos, sobre este tipo de narrativas, en el informe sobre su visita a Colombia en el 2021, expresó:

> La Comisión observa con preocupación la persistencia de lógicas del conflicto armado en la interpretación y respuesta a la actual movilización social. Al respecto, reitera que los desacuerdos se dan entre personas que hay que proteger y no frente a los enemigos que hay que combatir [...]. La Comisión considera que la polarización, la estigmatización, la violencia y la persistencia de lógicas bélicas dificultan todo esfuerzo de diálogo como mecanismo para alcanzar soluciones a la conflictividad social [...] (CIDH, 2021, nums. 7 y 8).

Además, no se puede subestimar la denuncia frecuente de la infiltración de agentes oficiales en el marco de las protestas, con el propósito de realizar actos para provocar la represión. No es un hecho propio solo del presente y circunscrito a nuestro país, sino que es un dispositivo de larga trayectoria y de cuyo uso hay registro en muy diversos lugares:

> No hay que perder de vista que el poder dominante también tiene su lado extrainstitucional [...]. Ese poder tiene muy claro que es preciso criminalizar la protesta social y desacreditar la extrainstitucionalidad de los oprimidos. Las acampadas, las asambleas populares, las desobediencias, las ocupaciones y demás acciones. Para ello infiltra los movimientos, en las organizaciones sociales, en las marchas y en las protestas con provocadores que buscan desencadenar la brutalidad policial (Santos & Aguiló, 2019, p. 274; véase también: Santos, 2015, p. 33; Pisarello y Asens, 2014, pp. 173-174).

La criminalización de la protesta social

> El derecho acostumbra hacer lo que no debe: maltrata a quien debe cuidar, persigue a quien debe proteger, ignora a quienes debe mayor protección, y sirve a quienes debe controlar (Gargarella (2005a, p. 19).

Por *criminalizar* entendemos el uso de mecanismos punitivos de origen estatal o paraestatal, con el fin de mantener incólumes —teniendo en cuenta el carácter selectivo del sistema penal— los intereses de las élites políticas y económicas que controlan a los órganos del poder público, incluyendo el judicial. De otro lado, dado que al Estado democrático de derecho se le impone la vigencia de un *derecho penal mínimo*, esto es, que su intervención esté estrictamente limitada a la garantía de los derechos humanos fundamentales (Baratta, 2004), tal circunstancia hace absolutamente ilegítimo, una aberración política y jurídica, un oxímoron, el criminalizar tanto el ejercicio como los reclamos de respeto y vigencia de los derechos humanos, condiciones que son consustanciales a la protesta social. Gargarella (2005b) es contundente a este respecto:

> Lo que se denomina "la protesta social", desde mi punto de vista, es un derecho. Todos los ciudadanos tienen derecho a reclamar, a peticionar [...]. Los derechos de libertad de expresión, o el de libertad de reunión, como el derecho de asociación, son derechos fundamentales, son derechos del hombre contra el Estado y que deben merecer —en una democracia— una protección especial, sobre todo cuando quienes reclaman son sectores desventajados, son sectores que dentro de la sociedad han sido excluidos, separados o marginados y que lo que tratan de hacer es poner en evidencia esta situación y lograr que el Estado de lugar a las prestaciones a que —de acuerdo con nuestra Constitución— está obligado a dar [...]. El derecho de reunión y el derecho de expresión pública, no tienen la misma jerarquía que una molestia transitoria en el acto de circular. Hay distinta jerarquía de derechos, lo que también en doctrina se analiza habitualmente...No puede tipificarse como delitos el ejercicio mismo de derechos fundamentales.

Lo anterior obliga a interrogarse sobre, ¿qué tipo de derecho penal es aquél que criminaliza el ejercicio de los derechos humanos? Esta forma de manifestarse puede ser comprendida por diversos referentes y categorías teóricas que han tratado de explicar el asunto: en primer lugar, un *Derecho penal del enemigo*, que estigmatiza y trata como enemigos a los ciudadanos que, en el ejercicio de derechos constitucionales, denuncian los crímenes del sistema, expresan su disenso en procura de tener un rol en la construcción de la democracia directa y participativa (Zaffaroni, 2010; Pisarello & Asens, 2014, pp. 13-23). En segundo lugar, se trata de un *Derecho penal autori-*

tario, que institucionaliza la violación de los derechos humanos reproduciendo la doctrina de la seguridad nacional que antepone la protección de las instituciones por encima de los derechos humanos y la dignidad de las personas (Iturralde, 2010). También, en tercer lugar, es un derecho penal propio de un neoliberalismo *bélico, criminal* (Taddei, 2020; Vega, 2010; Londoño, 2018 y 2019; Svampa, 2006, pp. 153-154; González, 2014, pp. 430-435), *necropolítico* (Mbembe, 2011, Ivanna, 2012), *terrorista* (Zolo, 2009a), esto es, un modelo político y económico que, ante la incapacidad para responder de forma satisfactoria a las demandas de bienestar por parte de la ciudadanía, acude al uso intensivo del poder punitivo estatal y paraestatal para sofocar las expresiones de malestar social, esto es, para criminalizar la protesta social. En fin, una política criminal de este corte es una forma *criminal de la política*, porque los derechos humanos son el principal baremo para definir el grado de legitimidad de la ley penal y del ejercicio del poder punitivo, por parte de los poderes públicos.

Históricamente, a la protesta social se le ha tratado en el campo del sistema penal con una amplia variedad de dispositivos penales, que se seleccionan según sea el actor, su protagonismo en la protesta, sus formas de pensamiento, su rol en la sociedad, el grado de "peligrosidad" que se le atribuye, los intereses estratégicos, la magnitud de su "enemistad" con el sistema, etc. El Código Penal contiene muchos tipos penales de contenido equívoco, gaseoso, incierto, respecto a las conductas que regula y, además, con referencia a bienes jurídicos supuestamente colectivos, de difícil determinación. Esta circunstancia le facilita al poder punitivo utilizarlos para la imputación, lo que de contera hace difícil ejercer el derecho a la defensa. Tal es el caso de los siguientes tipos penales, que la información de prensa y judicial mencionan como los que de forma prevalente se vienen imputando a los partícipes de la protesta social: terrorismo, concierto para delinquir, violencia contra la autoridad, asonada, porte o uso de explosivos, lanzamiento de objetos peligrosos, daño en bien ajeno (público o privado), incluyendo grafitis, bloqueo de vías o interrupción o afectación del servicio público colectivo u oficial.

Los cortes de ruta, por ejemplo, se intentan criminalizar en todos los supuestos excluyéndolos mediante Decreto por ser parte de la "protesta pacífica" (Dejusticia, et al, 2021; García & Garcés, 2021), contraviniendo con ello el principio de legalidad dado que la constitución establece que los derechos fundamentales, entre ellos la protesta, se regulan de forma exclusiva a través de Ley estatutaria (Sent. C-223/2017, CConst.); además, se desconoce de forma palmaria la doctrina del Derecho internacional de los derechos humanos, al igual que las recomendaciones que sobre la materia hizo la CIDH en su informe sobre el caso de Colombia (2021, parágs. 141-171), en el cual concluyó que:

> [...] los Estados deben dejar de aplicar tipos penales que convierten en actos criminales conductas comúnmente observadas en protestas, como los cortes de ruta o los actos de desorden que, en sí mismos, no afectan bienes como la vida, la seguridad o la libertad de las personas, pues en el contexto de las protestas ellas constituyen formas propias del ejercicio de los derechos de libertad de expresión, de reunión y de libre asociación (CIDH, 2001, parág. 170).

Así mismo, es igualmente notorio el uso abusivo del sistema penal a través del "rastrillo" del Código Penal, asunto cabalmente analizado por Zaffaroni (2010), en los siguientes términos:

> Siempre que, con relación a la protesta se rastrillan los códigos en busca de tipos penales y se trata de elastizarlos, necesariamente se pasan por alto los principios conforme a los cuales el derecho penal procura contener al poder punitivo mediante la interpretación estricta y los otros principios dogmáticos que deben aplicarse en la interpretación de cualquier tipo penal [...] tampoco pueden pasarse por alto o negar los principios de ofensividad, de insignificancia y de proporcionalidad (p. 8).

Respecto de la judicialización de civiles en el marco de la protesta social, son múltiples las denuncias y quejas sobre el desconocimiento de garantías que son columnas vertebrales del debido proceso. En primer lugar, una fiscalía sin credibilidad, por reputarse un órgano carente de imparcialidad: al Fiscal General de la Nación, por sus ejecutorias, se le consideró –no sin razón– un miembro más del gabinete del gobierno del presidente Duque, ejerciendo el Ministerio del Interior, el de guerra y el de comandante de la policía. En segundo lugar, por la recurrencia de casos de *falsos positivos judiciales*, mediante los cuales se usan a las y los jóvenes de las primeras líneas de resistencia como chivos expiatorios. En tercer lugar, por privilegiar la imputación de tipos penales, que además de gaseosos, conllevan penalidades escalofriantes, como el terrorismo, así como la proclividad a imputar concursos de delitos, forzando las reglas que regulan el asunto (CIDH, 2021; HRW, 2021a).

En cuarto lugar, por la asunción acrítica de las versiones policiales incriminatorias. Respecto a la credibilidad de los testimonios de la fuerza pública existe un precedente que no puede perderse de vista y que debe tener un peso significativo en este tipo de procesos. Consiste en que respecto de las ejecuciones extrajudiciales mal nombradas "falsos positivos" (Jaramillo & Londoño, 2021), se registran miles de versiones rendidas por los militares en los procesos penales ante la justicia ordinaria, la jurisdicción penal militar y en las investigaciones disciplinarias, con identidad de contenido en el sentido de que las muertes se produjeron en legítima defensa en el marco de un combate, todas las cuales luego fueron desvirtuadas en las versiones dadas por los mismos militares en el proceso que adelanta la Justicia Especial para la Paz —JEP—, al igual que en muchos de los procesos que terminaron con sentencia condenatoria por los mismos hechos.

Finalmente, en quinto lugar, otro elemento de desconfianza es el sesgo de las preocupaciones del Fiscal General de la Nación: se desgañitó cuando se refirió al bloqueo de vías, amenazando incluso con iniciar trámites de extinción de dominio; ostentó sobre su eficiencia, al judicializar el hurto de un cajero automático; amenazó con procesos penales a autoridades de elección popular y actores políticos por "participar o apoyar" el paro; judicializó, con amplio despliegue mediático, a quienes supuestamente participaron en las primeras líneas. En contraste, guardó un silencio sepulcral sobre los repertorios de violencia que sufrió la población civil en el marco del paro nacional y de las marchas: las ejecuciones arbitrarias; las desapariciones forzadas; las niñas y mujeres violadas; los capturados de forma injusta; las lesiones oculares; la participación de civiles y paramilitares en la represión de la protesta, con la connivencia de la fuerza pública, etc. (Amnistía Internacional, *et al.*, 2021; CIDH, 2021).

Y es importante referirnos a la institucionalización de una forma particular de criminalización que se viene dando en el marco de la protesta social. Se trata de la privación de la libertad de las personas por parte de los agentes policiales, aduciendo éstos encontrarse dentro del procedimiento de "traslados por protección". Este es un mecanismo previsto en el Código de Policía (Ley 1801 de 2016, art. 155), que autoriza "trasladar" a las personas a su domicilio, entregárselas a los parientes, o en su defecto, llevarlas a un "centro de protección", cuando por "grave alteración del estado de conciencia, por aspectos de orden mental", representen un riesgo para sí mismas o para terceros. Lo realmente acontecido es que al amparo de dicha figura, se ha privado de la libertad de forma ilegal y arbitraria a miles de participantes de la protesta, con omisión absoluta de las reglas que regulan el procedimiento (el registro del ingreso; la llamada inmediata de los familiares para que se hagan cargo de la persona "protegida"; la conducción a su residencia, o en su defecto, a un "centro de protección"; no superar las 12 horas en dichos centros, etc.), y ha dado pábulo a denuncias por desaparición forzada de los "protegidos"; y, además, un inmenso número de casos debidamente documentados en los cuales se han presentado tratos crueles, inhumanos y degradantes, torturas, agresión y abuso sexual, amenazas de desaparición forzada y de violencia sexual, etc. (Sent. STC 7641 de 22/9/2020, CSJ-SCC; CIDH, 2021, parágs. 102-109; Naciones Unidas, 2021b, parágs. 138-142; Naciones Unidas, 2022, parágs. 51-52).

Así las cosas, para el Estado las expresiones de protesta e indignación acaecidas en el contexto del Paro Nacional, motivadas por asesinatos de personas indefensas registrados en videos hechos públicos, el reclamo de una educación pública de calidad y gratuita, la ausencia de un compromiso auténtico del gobierno para enfrentar el genocidio de líderes y lideresas de derechos humanos, el entrampamiento e incumplimiento de los acuerdos de paz, las masacres, etc., constituyen una "patología mental", que autorizan a una agresión o violencia contra la vida, la integridad, la libertad sexual y otros importantes derechos y garantías (Naciones Unidas, 2021a, parágs. 31-33; SOS Colombia, 2021).

Se trata, entonces, de *penas ilegales* (Aniyar de Castro, 1985; Zaffaroni, 1992; Londoño, 2016, pp. 10-12), porque son violencias de agentes del Estado que afectan derechos fundamentales, que se irrogan con el pretexto de controlar a un "enemigo" haciendo uso de un castigo con funciones tanto de inocuizar a la víctima, como aterrorizar a todas las personas y colectivos que participan en la protesta. Un mensaje de disuasión para que cesen en el ejercicio de sus derechos. En este sentido es interpretada la situación en el Informe de la CIDH, a partir de lo constatado durante su visita al país, en relación con la agresión a la libertad, con el falso pretexto de proteger a las personas participantes en las movilizaciones:

> La CIDH también recibió denuncias sobre situaciones de violencia e, inclusive, tratos crueles, inhumanos y degradantes, que podrían configurar tortura, y que habrían sido realizadas bajo la figura del traslado por protección. En particular, las personas entrevistadas informaron a la CIDH que, en todo momento, fueron víctimas de golpes y maltratos durante los trasladados. En algunos casos, habrían recibido amenazas de ser desaparecidas por encontrarse participando en las protestas. Los testimonios recabados son consistentes al señalar que los traslados por protección están siendo aplicados en varios casos con fines de carácter punitivo, o como un medio para disuadir la protesta (CIDH, 2021, parágs. 107 y 108).

Por supuesto, hay resistencia a la instrumentalización del poder punitivo para estigmatizar, deslegitimar y criminalizar el ejercicio y la construcción de los derechos humanos en el marco de la protesta social. Gracias a la meritoria y valerosa labor que vienen ejerciendo medios alternativos y populares de comunicación, algunos defensores públicos, los consultorios jurídicos universitarios y organizaciones de abogados solidarios con las víctimas del sistema penal, se han podido evitar muchos falsos positivos judiciales. Se trata de una práctica "alternativa", un "positivismo jurídico de combate", para hacer efectivos los derechos y las garantías propias del debido proceso, esto es, "hacer valer las conquistas legales que son degradadas o negadas por los propios aparatos oficiales del Estado" (Wolkmer, 2018, p.189). Y se espera que los jueces, cuya legitimidad constitucional reposa en su condición de custodios de los derechos humanos (de la víctima, del imputado, del procesado y del condenado), garanticen en forma eficaz el debido proceso, esto es, la contradicción de la prueba de cargo, el derecho a la defensa, la publicidad, la valoración crítica de la prueba incriminatoria, respeten la presunción inocencia y la prevalencia de la libertad.

Hay que tener siempre presente la ilegitimidad insalvable que pesa sobre el poder punitivo, por su carácter estructuralmente clasista, aporofóbico, xenófobo, racista, populista, desigual y selectivo. Por este motivo, es importante prohijar el aserto de Gargarella (2016), del siguiente tenor:

> [...] durante décadas, la ley penal ha sido secuestrada por pequeñas élites privilegiadas que parecen emplearla en su propio beneficio, para mantener los injustos privilegios de los que aún disfrutan. Vivimos en sociedades injustas y desiguales, y es simplemente inaceptable que nuestras normas penales sean creadas, aplicadas e interpretadas por una élite que (obviamente) nunca se ve afectada por esos poderes coercitivos que administra. Ojalá, en el futuro, en circunstancias no muy remotas, las cosas acaben siendo diferentes. Quizá, en ese escenario deseado, seamos capaces de asumir que la democracia necesita proteger las voces de quienes disienten, voces que a veces dicen cosas que no nos gustan de maneras que no nos gustan, pero voces, al fin y al cabo, que nos enseñan a vivir juntos (2016, p. 238).

La represión de la protesta social

> En una democracia constitucional, fundada en el respeto de los derechos y de la dignidad de las personas (CP arts. 1º, 3 º y 5º), **el orden público no es un valor en sí mismo** [...], es **un valor subordinado al respeto a la dignidad humana**, por lo que, **la preservación del orden público lograda mediante la supresión de**

las libertades públicas no es entonces compatible con el ideal democrático** (negrillas originales; Sent. C-825/2004, CConst.).

Con este concepto comprendemos comportamientos delictivos de agentes del Estado, en el marco de las diversas expresiones de la protesta social, bien como disuasión o como retaliaciones por haber participado en ellas. Por supuesto que las cifras importan, pero no es sobre lo cual queramos hacer énfasis en este ensayo. Simplemente señalamos que difieren de manera sustancial, entre las que aportan los organismos del Estado, y las que han documentado los informes de organizaciones internacionales y nacionales que tienen como eje la defensa de los derechos humanos.

Respecto de estas últimas cabe señalar que uno de los mecanismos que las organizaciones, colectivos y plataformas que participan y apoyan la protesta, es el registro permanente, minucioso y bien fundamentado de los crímenes y otras manifestaciones de violencia oficial, en el marco de la protesta o con motivo de ésta. Tal es el caso de Temblores, Indepaz y País (2021), que en su balance de violencias contra la población civil, presentado a la CIDH, mencionan la *sistematicidad* de nueve prácticas de violencia por parte de la fuerza pública que han tenido lugar en el contexto del Paro Nacional del 28 de abril al 31 de mayo de 2021, las cuales evidencian que "existe una intención de violentar y castigar a las personas que, en el legítimo ejercicio de su derecho a la protesta pacífica, han salido a las calles a manifestarse". El saldo provisional era de 3.798 víctimas de violencia por parte de miembros de la fuerza pública (Temblores, *et al.*, 2021). Luego, el balance fue actualizado: 89 homicidios; 1.929 personas heridas, entre las cuales 97 con lesiones oculares; 106 violencias basadas en género y violencias sexuales; 343 defensores de derechos humanos agredidos; 3.546 detenciones arbitrarias e ilegales de manifestantes (Defender la Libertad, Asunto de todas, 2021a).

De otro lado, la presión ejercida por plurales actores en el orden nacional e internacional venció la reticencia del gobierno de entonces a la visita al país de la Comisión Interamericana de Derechos Humanos, la cual se produjo en el mes de junio de 2021. En este contexto, la Comisión recibió de forma directa testimonios de las víctimas y sus familiares, de organizaciones de derechos humanos y relevantes informes que registran y documentan las violaciones más graves y sistemáticas contra los derechos humanos (Defender la Libertad, Asunto de todas, 2021b; Vamos Mujer, *et al.*, 2021; ONIC, 2021a, entre otros). Del informe de esta Comisión cabe destacar el reconocimiento de la violencia estructural como la causa subyacente del descontento, representada por "la profunda inequidad en la distribución de la riqueza, la pobreza, la pobreza extrema, y el acceso a derechos económicos, sociales y culturales, en particular, educación, trabajo y salud" y por los "altos niveles de violencia e impunidad, así como la discriminación étnico-racial y de género", indignación exacerbada por las medidas adoptadas con motivo de la pandemia de la COVID-19, que han afectado el acceso a la salud, oportunidades laborales y educativas, con impacto especial, entre mujeres y jóvenes.

También, como parte de la resistencia, organizaciones, colectivos y plataformas nacionales y regionales comprometidos con la defensa de los derechos humanos, se hizo un llamado urgente para que se presentara una Misión Internacional con el propósito de visibilizar y verificar las garantías para la protesta social en Colombia y las violaciones contra los derechos humanos en el marco de su ejercicio. Esta Misión se hizo presente entre el 3 y el 12 de julio de 2021, con 41 comisionados de alta credibilidad provenientes de 14 países. Su informe comienza reconociendo que la crisis estructural agudizada por la pandemia y representada por la pobreza y la miseria, el desconocimiento de derechos fundamentales (renta básica, salud, vivienda digna, alimentación), está en el origen de la protesta social; a lo cual se suma la violencia contra los firmantes del Acuerdo de Paz y defensores de derechos humanos. Además, documenta y analiza de forma profunda, los métodos de victimización que se registraron, entre los cuales se identifican los siguientes: 1) Homicidios selectivos; 2) Desapariciones forzadas y ejecución extrajudicial; 3) Detención arbitraria-Desaparición forzada; 4) Violencias Basadas en Género; 5) Detenciones arbitrarias e Ilegales; 6) Tortura, Tratos Crueles, Inhumanos y Degradantes; 7) Judicializaciones arbitrarias;

8) Estigmatizaciones, señalamientos y persecuciones y 9) Obstrucción a la labor de las y los defensores de derechos humanos, brigadas médicas y/o de salud y periodistas de prensa alternativa (Misión SOS Colombia, 2021, pp. 24-25).

Ello permitió denunciar ante la Corte Penal Internacional a integrantes del gobierno, por crímenes de lesa humanidad contra la población civil en las protestas acaecidas el marco del Paro Nacional del 28 de abril, que se prolongó varios meses, descritos de la siguiente manera: 1595 hechos de violaciones de DD.HH, especificados así: 24 casos de asesinatos; 50 de tentativas de asesinatos; 16 víctimas de violencias sexuales; 11 víctimas de desapariciones forzadas; 129 víctimas de torturas y 1365 víctimas de detenciones irregulares (CCEEU, 2021a).

Así mismo, antes de buscar el concurso de instancias internacionales, se había acudido al poder judicial a través de la acción de tutela, la cual dio lugar a un fallo de significativa importancia proferido por la Corte Suprema de Justicia (Sent. STC 7641 de 22/9/2020, CSJ-SCC. En él, se hizo un reconocimiento categórico del derecho a la protesta; se documentaron de forma amplia las violencias producidas en el contexto de ella desde noviembre del 21 de noviembre 2019; se reconoció la "intervención sistemática, violenta y arbitraria" de la fuerza pública en manifestaciones y protestas; se cuestionó de forma severa la "estigmatización" institucional frente a quienes en forma pacífica, se movilizaron en las calles para cuestionar y criticar las políticas del gobierno; se enfatizó en el uso desproporcionado de la fuerza, el uso de armas letales y de químicos; se denunciaron las detenciones ilegales y abusivas, los tratos inhumanos, crueles y degradantes; y, finalmente, se hicieron graves reparos a los ataques contra la libertad de expresión y de prensa.

En virtud de lo anterior, la Corte Suprema de Justicia le ordenó al Ministerio de Defensa presentar disculpas por los excesos de la fuerza pública durante las protestas; al poder ejecutivo, garantizar, en cualquier circunstancia (guerra exterior, conmoción interior o estado de emergencia) de forma imparcial, el ejercicio de los derechos fundamentales a la expresión, reunión, protesta pacífica y libertad de prensa, al igual que expedir un acto administrativo que tuviera en cuenta las directrices del fallo y las señaladas por la jurisprudencia de la Corte Constitucional, la Corte IDH, las recomendaciones de Naciones Unidas, en relación con los límites impuestos al ejercicio de la fuerza por parte de agentes estatales en manifestaciones y protestas.

Otro de los dispositivos de resistencia que emergieron en el marco de la protesta, es conocido como las Primeras Líneas, un nuevo sujeto social y político, integrado de forma prevalente por jóvenes de procedencia popular, que tuvieron la iniciativa de organizarse y provisionarse de escudos, cascos y gafas, para defender la protesta de la arremetida violenta de parte de agentes del Estado y que además han tratado de impedir los intentos de dispersar la protesta. La respuesta institucional respecto de ellas ha sido el ensañamiento y la judicialización, previa estigmatización (Misión SOS Colombia, p. 55; Amnistía Internacional, 2021, pp. 40-41; García & Garcés, 2021).

Por supuesto, que son muchas más las expresiones de solidaridad y de resistencia de las que simplemente enunciamos: el acompañamiento a las víctimas; los medios de comunicación alternativos; la pedagogía para prevenir violencias el contexto de las marchas; asambleas locales y barriales, en los puntos de concentración, con énfasis en educación popular (SOS Colombia, pp. 19-20). Todo lo anterior, contrasta con la respuesta del Estado a las denuncias sobre los repertorios de violencias antes referidos: en primer lugar, insiste en estigmatizar la protesta, atribuyéndole indiscriminadamente a todas sus expresiones a lo largo y ancho del país y por un arco prolongado de meses, hechos insulares y acotados en tiempo y lugar, que han afectado a bienes y personas. En segundo lugar, una política negacionista en general, siendo particular el caso de las desapariciones forzadas, que para banalizarlas, las llega a nombrar "personas sin localizar". En tercer lugar, una defensa acérrima de la Policía, revistiéndola de honores cuando las denuncias se presentan. Como no bastara con lo anterior, en cuarto lugar, impulsó y promulgó la populista "Ley de seguridad ciudadana" (Ley 2197/2022), con la cual se incrementan las penas para los "delitos" que, en el marco de la protesta, afecten la infraestructura pública o tengan como sujetos pasivos a agentes del Estado; se consagra el delito de porte de "arma blanca" en eventos masivos; se establecen agravantes para la "reincidencia"; se institucionaliza la prisión sin condena como pena anticipada; y para guardar las apariencias, establece pena máxima para quien asesine a líderes sociales, periodistas, defensores de DD.HH.

Finalmente, en sexto lugar, al no poder ocultar los crímenes y abusos policiales, para curarse en salud el gobierno de entonces presentó una reforma a la policía, inocua, simple maquillaje, cambiando su uniforme, un supuesto énfasis en su formación en derechos humanos, un nuevo estatuto disciplinario, un Comisionado de Derechos Humanos (Ley 2179/2021; Ley 2196/2022), pero cuidándose de dejar incólumes su adscripción al Ministerio de Defensa y consecuentemente, su fuero militar. Respecto de este último cabe hacer varias consideraciones: en primer lugar, que como lo advirtió de forma categórica la CIDH (2021, parágs. 127-131) en su informe con motivo de su visita a Colombia, el fuero militar nunca podrá abarcar las conductas violatorias de los derechos humanos; en segundo lugar, que ha sido un mecanismo histórico de impunidad, que no garantiza la independencia e imparcialidad en los procesos; y, finalmente, en tercer lugar, que además de aniquilar el derecho al acceso de la justicia para las víctimas, hay suficientes evidencias de que propicia la revictimización. Entre la vastedad de referencias en este sentido, baste señalar el informe de la Misión SOS Colombia, en el cual se hace constar:

> Las pocas investigaciones penales y disciplinarias contra integrantes de la Fuerza Pública demuestran el fenómeno de impunidad que se ha venido desarrollando, lo cual fue denunciado por las víctimas, familiares y organizaciones y que fue constatado por la Misión, ya que la impunidad ha sido un elemento transversal en el actuar de agentes estatales, empresarios y del fenómeno paramilitar durante este Paro Nacional [...]. El temor de denunciar se evidencia en testimonios de personas que han puesto en conocimiento los abusos que han sufrido y, a continuación,

son víctimas de señalamientos, persecuciones, hostigamientos, y amenazas de muerte (2021, pp. 51-53).

CONCLUSIONES

El estallido social que se presentó desde finales del año 2019 y que tuvo especial intensidad a partir del Paro del 28 de abril de 2021, arco temporal que coincide con la pandemia del Covid-19, desnudó las falacias del modelo de desarrollo neoliberal. La precariedad de los sistemas e instituciones de salud pública y la inexistencia de un verdadero sistema de protección social, que se corresponda con los postulados del modelo de Estado de Bienestar, dejó en evidencia el alto grado de riesgo social al que se encuentra expuesta la población, después de décadas de políticas de liberalización de la economía, desregulación jurídica y económica, y favorecimiento desmedido de las grandes corporaciones globales de los sectores financiero y extractivista.

Llegada la crisis, en lugar de establecer políticas destinadas a atender las necesidades en materia de salud pública, asistencia social y protección del trabajo, el gobierno repitió y profundizó el recetario neoliberal, trasladando ingentes recursos a los mismos sectores de la economía, sosteniendo beneficios y exenciones tributarias injustificables que han generado un progresivo proceso de desfinanciación de lo público, afectando de forma grave la capacidad de las entidades gubernamentales de asegurar el acceso a los bienes y servicios que materializan los derechos fundamentales, en especial los socioeconómicos y, por ende, las condiciones de bienestar y satisfacción de las necesidades básicas.

En este contexto resulta innegable la legitimidad y validez de la protesta social. Máxime cuando las formas de la democracia representativa dejaron de corresponderse con las demandas de la ciudadanía. En escenarios de democracias de baja intensidad, el ejercicio directo de la acción política mediante vías disruptivas busca recuperar el propio modelo democrático, presionando desde los diferentes repertorios de acción colectiva y de resistencia el encauzamiento del ejercicio del poder político hacia las finalidades constitucionalmente consagradas, referidas a la salvaguarda de la vida e integridad personal, la vigencia de los derechos fundamentales y el respeto por la dignidad humana. Por identidad de circunstancias, tiene pertinencia para el caso aquí tratado, la conclusión de Pisarello & Asens (2014), en el siguiente sentido:

> Las acciones de protesta, ciertamente, pueden causar molestias o reputarse inoportunas. Pero muchas veces constituyen un vehículo de expresión política para captar la atención de una sociedad que, de otro modo, permanece indiferente a intereses públicos relevantes o a las necesidades de colectivos en situación de vulnerabilidad. Razón suficiente, pues, para que los poderes públicos se abstengan de sacar las cosas de quicio y de responder con actuaciones desproporcionadas. O, lo que es peor, con equiparaciones frívolas con "actos de terrorismo" o de "guerrilla urbana" [...]. Una sociedad que se pretenda democrática no puede valerse de alegaciones genéricas al "orden público" o la "razón de Estado" para desnaturalizar o privar de contenido derechos sin los cuales el propio procedimiento democrático resultaría falseado. Por el contrario, debe protegerlos con especial celo. Y debe hacerlo, sobre todo, si las vías institucionales se encuentran bloqueadas, si lo que está en juego son derechos generalizables, y no simples caprichos o privilegios, o si quienes protestan son colectivos en especial situación de vulnerabilidad (pp. 19-20).

A pesar de esto, la reacción estatal y de sectores que componen las élites políticas y económicas hegemónicas, desconocieron la legitimidad de la protesta social, fueron refractarias a cualquier tipo de cambio en la orientación de las políticas públicas, afincándose en el malhadado modelo neoliberal. La respuesta fue, entonces, hacer un uso indiscriminado de las formas de represión estatal y paramilitar, reafirmando que este modelo político-económico —el neoliberal— es incapaz de ofrecer respuestas distintas a la de criminalizar la protesta social, dada su falta de interés y voluntad de atender las necesidades básicas con acciones propias de los modelos de Estado de bienestar.

No obstante la represión, debe destacarse y celebrarse el valor expresado por el plural número de manifestaciones políticas que hoy en día siguen resistiendo. Si bien siempre se ha dicho que los tiempos del capital son más largos que los de la resistencia, en el caso colombiano, de la mano de las diversas expresiones de la protesta social y otras gestas de lucha popular, la acción colectiva muestra una fortaleza inédita y ha puesto a tambalear a las élites hegemónicas. Se reafirma entonces la célebre frase de Jesús María Valle: ¡*Aquí estamos y estaremos siempre!*

REFERENCIAS

Aguiló, A. J. & Almeida, L. (2021). Teoría de la democracia de Boaventura de Sousa Santos: radicalización y descolonización democrática. *Utopía y Praxis Latinoamericana*, N.º 94, 256-271.

Aguiló, A. J. (2010). Hermenéutica diatópica, localismos globalizados y nuevos imperialismos culturales: orientaciones para el diálogo intercultural. *Cuadernos Interculturales*, vol. 8, N.º 14, 145-163.

Amnistía Internacional; PAIIS y Temblores (2021). *Tiros a la vista. Traumas oculares en el marco del paro nacional.* Amnistía Internacional.

Amnistía Internacional (2021). *Cali: en el epicentro de la represión. Violaciones a los derechos humanos durante el paro nacional 2021 Cali, Colombia.* Amnistía Internacional.

Aniyar de Castro, L. (1985). Los Derechos Humanos, modelo integral de la ciencia penal, y sistema penal subterráneo. *Revista del Colegio de Abogados Penalistas del Valle*, N.º 13, 301y ss.

Archila, M. & García, M. C.; Parra, L.; Restrepo, A. M. (2019). *Cuando la copa rebosa. Luchas sociales en Colombia 1975-2015.* Fundación Centro de Investigación y Educación Popular – Programa por la Paz CINEP-PPP.

Arias, G. (2021, octubre 11). *Protegerlos, ¡no matarlos!* https://www.elespectador.com/opinion/columnistas/gloria-arias-nieto/protegerlos-no-matarlos/

Baratta, A. (2004). Principios del derecho penal mínimo. En A. Baratta. *Criminología y sistema penal. Compilación in memoriam* (pp. 299-333). B de F.

Barrera, V. A. & Nieto, C. (2010). Parapolítica: una discusión sobre sus interpretaciones. *Controversia*, N.º 195, 111-141.

Bauman, Z. (2008). *Miedo líquido. La sociedad contemporánea y sus temores.* Paidós.

Becerra, M. (2020). Farmacéuticos, propiedad intelectual y derechos humanos. En busca de un equilibrio. *Derecho Global. Estudios sobre Derecho y Justicia*, vol. V, N.º 15, 143-177.

Bobbio, N. (1986). *El futuro de la democracia*. Fondo de Cultura Económica.

Bobbio, N. (2003). *Teoría general de la política*. Trotta.

Bourdieu, P. (2003). *Contrafuegos. Reflexiones para servir a la resistencia contra la invasión neoliberal*. Anagrama.

Bovero, M. (2002). *Una gramática de la democracia: contra el gobierno de los peores*. Trotta.

Brown, W. (2021). *En las ruinas el neoliberalismo. El ascenso de las políticas antidemocráticas en Occidente*. Traficante de Sueños.

Buhl, K. & Korol, C. (Orgs.) (2008). *Criminalización de la protesta y de los movimientos sociales*. Instituto Rosa Luxemburg Stiftung & Rede de Justiça e Direitos Humanos Rua Castro Alves.

Calveiro, P. (2015). Políticas de miedo y resistencias locales. *Athenea Digital*, 15(4), 35-59. http://dx.doi.org/10.5565/rev/athenea.1577.

Calveiro, P. (2021). *Resistir al neoliberalismo. Comunidades y autonomías*. Clacso & Siglo XXI Editores.

Capella, J. R. (2008). *Fruta Prohibida. Una aproximación histórico-teorética al estudio del derecho y del estado*. Trotta.

Carbonell, M. (2016). *Derechos fundamentales y democracia*. Instituto Nacional Electoral.

Carrillo, D. & Patarroyo, N. S. (2009). *Derecho, interculturalidad y resistencia étnica*. Universidad Nacional de Colombia. Facultad de Derecho, Ciencias Políticas y Sociales. Instituto Unidad de Investigaciones Jurídico-Sociales Gerardo Molina (UNIJUS).

Castells, M. (2012). *Redes de indignación y esperanza. Los movimientos sociales en la era de Internet*. Alianza.

Centro de Investigación y Documentación Socioeconómica (CIDSE) (2021). *Pensar la resistencia: Mayo del 2021 en Cali y Colombia*. Facultad de Ciencias Sociales y Económicas. Universidad del Valle.

Centro de Investigación y Educación Popular (CINEP/PPP) (2019). *Violencia Camuflada. La base social del riesgo*. Centro de Investigación y Educación Popular Programa por la Paz.

Centro de Investigación y Educación Popular (CINEP/PPP) (2020). *Revista Noche y Niebla*, N.º 60, Julio-diciembre de 2020. Centro de Investigación y Educación Popular Programa por la Paz.

Centro de Investigación y Educación Popular (CINEP/PPP) (2021). *Revista Noche y Niebla*, N.º 62, Julio-diciembre de 2021. Centro de Investigación y Educación Popular. Programa por la Paz.

Centro Nacional de Memoria Histórica —CNMH— (2018a). *Paramilitarismo. Balance de la contribución del CNMH al esclarecimiento histórico.* CNMH.

Centro Nacional de Memoria Histórica —CNMH— (2018b). *Tierras : balance de la contribución del CNMH al esclarecimiento histórico.* CNMH.

Chuchuca, J. (2021). *Capitalismo pandémico. La fractura del metabolismo universal.* Ediciones Opción.

Colombia Diversa (2021). *Nada que celebrar. 2020 el año con la cifra más alta de violencia policial, asesinatos y amenazas contra personas LGBT.* https://colombiadiversa.org/c-diversa/wp-content/uploads/2021/06/Nada-que-celebrarColombia-Diversa-cifras-de-asesinatos-a-personas-LGBT.pdf

Comisión Interamericana de Derechos Humanos —CIDH— (2021). *Observaciones y recomendaciones. Visita de trabajo a Colombia (8 al 10 de junio de 2021).*

Coordinación Colombia Europa Estados Unidos —CCEEU— (2021a). *Denuncian ante la Corte Penal Internacional y ante Naciones Unidas crímenes de lesa humanidad durante manifestaciones en Colombia.* https://coeuropa.org.co/denuncian-ante-la-corte-penal-internacional-y-ante-naciones-unidas-crimenes-de-lesa-humanidad-durante-manifestaciones-en-colombia/

Coordinación Colombia Europa Estados Unidos —CCEEU— (2021b). *Por qué protesta la gente en Colombia.* https://ddhhcolombia.org.co/2021/06/28/informe-por-que-protesta-en-colombia/ [Fecha de consulta: mayo de 2021].

Criscione, G. (2018). La muerte como técnica de gobierno en los tiempos de la Seguridad Democrática. *Nómadas,* N.° 45, 59-73. Universidad Central.

Cruz, E. (2013). *Pensar la interculturalidad. Una invitación desde Abya-Yala. América Latina.* Abya-Yala.

Cruz, E. (2015). El derecho a la protesta social en Colombia. *Pensamiento Jurídico,* N.° 42, 47-69.

Cruz, E. (2017). *Caminando la palabra. Movilizaciones sociales en Colombia (2010-2016).* Desde Abajo.

Cruz, M. (2016). Corte Suprema de Justicia y Parapolítica en Colombia (2007-2013). Una interpretación socio-jurídica. *Dikê,* N.° 20, 237-270.

Defender la libertad, asuntos de todas (2021a). *El sometimiento de la Democracia. Un balance del derecho a la protesta social en Colombia en el año 2021.* https://defenderlalibertad.com/el-sometimiento-de-la-democracia-un-balance-del-derecho-a-la-protesta-social-en-colombia-en-el-ano-2021/

Defender la libertad, Asunto de todas (2021b). *El riesgo de defender la libertad en las calles. Informe sobre agresiones a personas defensoras de derechos humanos en Colombia desde el 28 de abril de 2021 en el marco de las jorna-*

das del Paro Nacional desde la Campaña Defender la Libertad: Asunto de Todas. Junio. https://defenderlalibertad.com/project/informe-el-riesgo-de-defender-la-libertad-en-las-calles/

Dejusticia & Coljuristas, et al. (2021, junio 23). *Modificación del Decreto 003 de 2021 sobre el derecho a la protesta es inconstitucional.* https://www.coljuristas.org/nuestroquehacer/item.php?id=546

Duque, J. (2021). Gobernanza criminal. Cogobiernos entre políticos y paramilitares en Colombia. *Revista mexicana de ciencias políticas y sociales*, vol. 66, N.° 241, 347-380.

Elespectador.com (2021, noviembre 23). *Durante el gobierno Duque han muerto 22 niños y jóvenes en bombardeos: Cepeda.* https://www.elespectador.com.

Escalante, F. (2016). *Historia mínima del neoliberalismo.* Turner & El Colegio de México.

Estrada, J. (2010). *Derechos del capital. Dispositivos de protección e incentivos a la acumulación en Colombia.* Universidad Nacional de Colombia.

Fariñas, M. J. (2005). *Mercado sin ciudadanía. Las falacias de la globalización neoliberal.* Biblioteca Nueva.

Ferrajoli, L. (2001). *Derecho y Razón. Teoría del garantismo penal* [5ª ed.]. Trotta.

Ferrajoli, L. (2008). L. *Democracia y garantismo.* Trotta.

Ferrajoli, L. (2011). *Poderes salvajes. La crisis de la democracia constitucional.* Trotta.

Ferrajoli, L. (2013). El populismo penal en la sociedad del miedo. En L. Ferrajoli; E. R. Zaffaroni; S. G. Torres & R. A. Basilico [Eds.]. *La Emergencia del Miedo* (pp. 57-76). EDIAR.

Ferrajoli, L. (2016). *Principia iuris. Teoría del derecho y de la democracia. 2. Teoría de la democracia* [2a. ed.]. Trotta.

Front Line Defenders (2019). *Análisis Global 2018.* Front Line, the International Foundation for the Protection of Human Rights Defenders.

Front Line Defenders (2020). *Global Analysis 2019.* Front Line, the International Foundation for the Protection of Human Rights Defenders.

Front Line Defenders (2021). *Análisis Global 2020.* Front Line, the International Foundation for the Protection of Human Rights Defenders.

Gallardo, H. (2006). *Derechos humanos como movimiento social.* Desde Abajo.

García, M. C. & Garcés, S. (2021). Notas sobre un "estallido social" en Colombia. El Paro nacional 28 A. *Revista Cien Días*, N.° 102, 41-52.

García, M. & Revelo, J. E. (2010). *Estado alterado. Clientelismo, mafias y debilidad institucional en Colombia.* Dejusticia.

García, M. (2014). *La eficacia simbólica del derecho. Sociología política del campo jurídico en América Latina*. Penguin Random House.

Gargarella, R. (2005a). *El derecho a la protesta. El primer derecho*. Ad-Hoc.

Gargarella, R. (2005b) *No hay democracia sin protesta. Las razones de la queja*. Entrevista por Esteban Rodríguez.http://www.ciaj.com.ar/images/pdf/No%20hay%20derecho,%20sin%20protesta.%20Entrevista%20a%20Roberto%20Gargarella.pdf>

Gargarella, R. (2006). *Carta abierta sobre la intolerancia: apuntes sobre derecho y protesta*. Siglo XXI.

Gargarella, R. (2008a). El derecho frente a la protesta social. *Revista de la Facultad de Derecho de México*, vol. 58, N.° 250, 183-199.

Gargarella, R. (2008b). Un diálogo sobre la ley y la protesta social. *Derecho PUCP*, N.° 61, 19-50.

Gargarella, R. (2011). Entre el derecho y la protesta social. *Ecuador Debate*, N.° 83, pp. 75-94.

Gargarella, R. (2016). *Castigar al prójimo. Por una refundación democrática del derecho penal*. Siglo XXI.

Gobierno Nacional y FARC-EP. (2016, noviembre 24). *Acuerdo final Gobierno de Colombia-FARC-EP para la terminación del conflicto y la construcción de una paz estable y duradera*. Bogotá. https://www.jep.gov.co/

González, F. (2021). "En Colombia, nadie representa a nadie". Una aproximación preliminar al análisis del significado político del Paro. *Revista Cien Días*, N.° 102, 25-40.

González, P. (2015). *De la sociología del poder a la sociología de la explotación: Pensar América Latina en el siglo XXI*. Siglo XXI & CLACSO.

Graeber, D. (2014). *En deuda. Una historia alternativa de la economía*. Ariel.

Grupo de Memoria Histórica —GMH— (2013). *¡Basta Ya! Colombia: memorias de guerra y dignidad*. Imprenta Nacional.

Gutiérrez, F. (2014). *El orangután con sacoleva. Cien años de democracia y represión en Colombia (1919-2010)*. IEPRI & Debate.

Gutiérrez, F. (2015). Conexiones Coactivas: Paramilitares y Alcaldes en Colombia. *Análisis Político*, N.° 85, 131-157.

Harvey, D. (2004). *El nuevo imperialismo*. Akal.

Harvey, D. (2005). El 'nuevo' imperialismo: acumulación por desposesión. En L. Panitch y C. Leys (Eds.), *Socialist Register 2004: El nuevo desafío imperial* (pp. 99-129). Consejo Latinoamericano de Ciencias Sociales.

Herrera, J. (Ed.) (2000). *El vuelo de Anteo: Derechos Humanos y crítica de la razón liberal*. Desclée de Brouwer.

Herrera, J. (2008). *La reinvención de los derechos humanos*. Atrapasueños.

Human Rights Watch —HRW— (2021a). *Colombia: brutalidad policial contra manifestantes.* https://www.hrw.org/es/news/2021/06/09/colombia-brutalidad-policial-contra-manifestantes.

Human Rights Watch —HRW— (2021b). *Líderes desprotegidos y comunidades indefensas. Asesinatos de defensores de derechos humanos en zonas remotas de Colombia.* Human Rights Watch.

Indepaz, et al. (2019). *Todos los nombres. Todos los rostros. Informe de derechos humanos sobre la situación de líderes/as y defensores de derechos humanos en los territorios.* Separata de actualización.

Indepaz (2020). *Informe especial sobre agresiones a líderes/as sociales y personas defensoras de los derechos humanos y de los acuerdos de paz.* Instituto de Estudios para el Desarrollo y la Paz.

Indepaz (2021a). *Informe de masacres en Colombia durante el 2020 y 2021. Corte al 3 de mayo de 2021.* Indepaz.

Indepaz (2021b). *#CONLIDERESHAYPAZ. Agresiones contra la paz en Colombia, Noviembre 2016-Abril 19 de 2021.* Indepaz y otros.

Indepaz (2021c). *Líderes sociales y defensores de derechos humanos asesinados en 2020.* http://www.indepaz.org.co/lideres/

Instituto Geográfico Agustín Codazzi —IGAC— (2012). *Atlas de la distribución de la propiedad rural en Colombia.* IGAC.

Iturralde, M. (2010). *Castigo, liberalismo autoritario y justicia penal de excepción.* Siglo del Hombre, Universidad de los Andes, Universidad Pontificia Javeriana & Pensar.

Ivanna, A. (2012). Necropolítica: Los aportes de Mbembe para entender la violencia contemporánea. En A. Fuentes Díaz (Ed.), *Necropolítica, violencia y excepción en América latina* (pp. 11-31). Benemérita Universidad Autónoma de Puebla.

Jaramillo, J. E. & Londoño, H. L. (2021). La criminalización de la pobreza en el marco del Estado neoliberal. En A. O. Pérez, et al., *Criminología y Derecho penal para el debate. Homenaje a Roberto Bergalli* (pp. 407-433). Temis.

Kelsen, H. (2002). *Esencia y valor de la democracia.* Comares.

Korol, C. & Longo R. (2009). Criminalización de los movimientos sociales en Argentina. Informe General. En C. Korol (Coord.), *Criminalización de la pobreza y de la protesta social* (pp. 17-110). El Colectivo, América Libre.

Laval, C. & Dardot, P. (2017). *La pesadilla que no acaba nunca: el neoliberalismo contra la democracia.* Gedisa.

Lemaitre Ripoll, J. (2009). *El derecho como conjuro: fetichismo legal, violencia y movimientos sociales.* Siglo del Hombre Editores & Universidad de los Andes.

Londoño, H. L. (2016). *Sistemas Punitivos y Derechos Humanos. El caso de la Comuna 13 de Medellín-Colombia*. Universidad de Antioquia & Ediciones Jurídicas Andrés Morales.

Londoño, H. L. (2018). Las funciones políticas de la muerte: ejecuciones extrajudiciales en Colombia, 2002-2010. *Abya Yala: revista sobre acesso à justiça e direitos nas Américas*, vol. 2, N.º 3, 65-100.

Londoño, H. L. (2019). El precio por la muerte aniquila el valor de la vida: ejecuciones extrajudiciales, mal nombradas "falsos positivos" en Colombia (2002-2010). En G. Portilla Contreras y F. Velásquez (Dirs.). *Un Juez para la democracia. Libro homenaje a Perfecto Andrés Ibáñez* (cap. 35, pp. 683-711). Dykinson.

López, C. (Ed.) (2010). *Y refundaron la patria.... De cómo mafiosos y políticos reconfiguraron el Estado Colombiano*. Corporación Nuevo Arco Iris & Random House Mondadori.

Maya, G. (2021). Las multinacionales y la pandemia actual. *Ensayos de Economía*, vol. 31, N.º 59, 8-12.

Mbembe, A. (2011). *Necropolítica seguido de El gobierno privado indirecto*. Melusina.

Misión S.O.S. Colombia (2021, Octubre 7). *Informe Final. Misión SOS Colombia. Del 3 al 12 de julio de 2021*.

Naciones Unidas. Asamblea General (2021a, Marzo 17). *Situación de los derechos humanos en Colombia. Informe de la Alta Comisionada de las Naciones Unidas para los Derechos Humanos*. A/HRC/46/76.

Naciones Unidas. Oficina del Alto Comisionado de las Naciones Unidas para los Derechos Humanos (2021b, diciembre). *El Paro Nacional 2021: Lecciones aprendidas para el ejercicio del derecho de reunión pacífica en Colombia*. https://www.hchr.org.co/documentoseinformes/documentos/Colombia_Documento-lecciones-aprendidas-y-observaciones-Paro-Nacional-2021.pdf

Naciones Unidas. Consejo de Derechos humanos (2022, febrero 25). *Situación de los derechos humanos en Colombia. Informe de la Alta Comisionada de las Naciones Unidas para los Derechos Humanos*. A/HRC/49/19

Negri, A. & Hardt, M. (2001). *Imperio*. Ediciones desde abajo.

Negri, A. (2003). *La forma-Estado*. Akal.

Nussbaum, M. C. (2019). *La monarquía del miedo. Una mirada filosófica a la crisis política actual*. Paidós.

Observatorio de Conflictos Mineros en América Latina —OCMAL— & CENSAT (2016.). *Minería, violencia y criminalización en América Latina. Dinámicas y tendencias*. Ántropos.

Organización Nacional Indígena de Colombia —ONIC— (2021a, Junio 10). *Informe Ejecutivo sobre el contexto y las afectaciones a los derechos de los Pueblos Indígenas dentro del Paro y Minga Nacional en Colombia*. ONIC.

Organización Nacional Indígena de Colombia —ONIC— (2021b, Septiembre 30). *Informe de afectaciones a los derechos humanos y territoriales en los pueblos indígenas de Colombia*. ONIC.

Oxfam (2017). *Radiografía de la desigualdad. Lo que nos dice el último censo agropecuario sobre la distribución de la tierra en Colombia*. Oxfam.

Pardo, Á. (2018). *Los mitos de la realidad tributaria del país*. Red de Justicia Tributaria.

Pigrau, A. & Fraudatario, S. (Eds.) (2012). *Colombia entre violencia y derecho. Implicaciones de una Sentencia del Tribunal Permanente de los Pueblos*. Desde Abajo.

Pisarello, G. & Asens, J. (2012). *No hay derecho(s). La ilegalidad del poder en tiempos de crisis*. Icaria.

Pisarello, G. & Asens, J. (2014). *La bestia sin bozal. En defensa del derecho a la protesta*. Catarata.

Pisarello, G. (2012). *Un largo termidor. La ofensiva del constitucionalismo antidemocrático*. Trotta.

Portafolio (2022, Enero 11). Deuda externa de Colombia llega al 53 % del PIB del país. https://www.portafolio.co/economia/finanzas/deuda-externa-de-colombia-a-octubre-del-2021-560428

Quiroga, M. V. & Magrini, A. L. (2020). Protestas sociales y cuestión social en América Latina contemporánea. *Revista Temas Sociológicos*, N.º 27, 275-308.

Relatoría para el esclarecimiento de los hechos ocurridos los días 9 y 10 de septiembre de 2020 en Bogotá (2022). *Informe Final*.

Roa, T. & Navas, L. M. (2014). *Extractivismo. Conflictos y resistencias*. Difundir Ltda.

Sánchez-Torres, R. M. (2017). Desigualdad del ingreso en Colombia: un estudio por departamentos. *Cuadernos de Economía*, N.º 72, 139-178.

Santos, B. de S. & Aguiló, A. (2019). *Aprendizajes globales. Descolonizar, desmercantilizar y despatriarcalizar desde las epistemologías del Sur*. Icaria.

Santos, B. de S. (2005). *El milenio huérfano. Ensayos para una nueva cultura política*. Trotta & ILSA.

Santos, B. de S. (2009). *Sociología jurídica crítica. Para un nuevo sentido común en el derecho*. ILSA & Trotta.

Santos, B. de S. (2014). *Derechos humanos, democracia y desarrollo*. Dejusticia.

Santos, B. de S. (2015). *Revueltas de indignación y otras conversas*. Alice & Centro de Estudios Sociales.

Santos, B. de S. (2018). Introducción a las Epistemología del Sur. En M.P. Meneses y K.A. Bidaseca (Coords.). *Epistemologías del Sur* (pp. 25-62). CLACSO & Centro de Estudos Sociais.

Sassen, S. (2010). *Territorio, autoridad y derechos. De los ensamblajes medievales a los ensamblajes globales*. Katz.

Sentencia C-825 (2004, agosto 31). Demanda de inconstitucionalidad. [Expediente: D-5082]. Magistrado Ponente: Rodrigo Uprimny Yepes. Corte Constitucional [Colombia].

Sentencia C-223 (2017, abril 20). Demanda de inconstitucionalidad. [Expedientes: D-11604 y D-11611]. Magistrado Ponente: Alberto Rojas Ríos. Corte Constitucional [Colombia].

Sentencia STC 7641 (2020, septiembre 22). Acción de Tutela. [Radicado: 11001-22-03-000-2019-02527-02]. Magistrado Ponente: Luis Armando Tolosa Villabona. Corte Suprema de Justicia. Sala de Casación Civil [Colombia].

Sentencia T-413 (2021, noviembre 29). Acción de tutela. [Expediente T-8.020.871]. Magistrada Ponente: Cristina Pardo Schlesinger. Corte Constitucional [Colombia].

Sentencia SU-020 (2022, enero 27). Acción de Tutela. [Expedientes acumulados: T-7.987.084, T-7.987.142, T-8.009.306 y T-8.143.584 AC.]. Magistrada Ponente: Cristina Pardo Schlesinger. Corte Constitucional [Colombia].

Svampa, M. (2006). Movimientos sociales y nuevo escenario regional: Las inflexiones del paradigma neoliberal en América Latina. *Cuadernos del CISH*, N.º 19-20, 141-155.

Svampa, M. & Viale, E. (2014). *Maldesarrollo. La Argentina del extractivismo y el despojo*. Katz & Fundación Rosa Luxemburgo.

Taddei, E. (2002). Crisis económica, protesta social y "neoliberalismo armado" en América Latina. *OSAL*, (7), 29-36.

Temblores (2022). *Trapitos al sol del autoritarismo, la política de seguridad durante la pandemia y sus efectos para la democracia*. https://www.temblores.org/_files/ugd/7bbd97_037258b00e924aabbd6cf087a33b5395.pdf

Temblores & Indepaz y PAIIS (2021). *Informe de Temblores ONG, Indepaz y PAIIS a la CIDH sobre la violación sistemática de la Convención Americana y los alcances jurisprudenciales de la Corte IDH con respecto al uso de la fuerza pública contra la sociedad civil en Colombia, en el marco de las protestas acontecidas entre el 28 de abril y el 31 de mayo de 2021*. https://indepaz.org.co/informe-de-temblores-ong-indepaz-y-paiis-a-la-cidh/

Tilly, Ch. (2005). La democratización mediante la lucha. *Sociológica*, N.º 57, pp. 35-59.

Tilly, Ch. (2010). *Democracia*. Akal.

Vamos Mujer & Colombia Humanas; Sisma Mujer; Casa de la Mujer; Ruta Pacífica de Mujeres; Women's Link Worldwide, et al. (2021). *Violencias sexuales y otras violencias contra mujeres en el contexto del Paro Nacional de Colombia 2021. Informe presentado a la CIDH durante su visita a Colombia entre el 8 y el 10 de junio de 2021.* https://www.sismamujer.org/wp-content/uploads/2021/08/Comunicado-_VisitaCIDH-_mujeres-y-personas-LGBTIQ_2021.06.09.pdf

Vega, R. (2010). *Los economistas neoliberales: nuevos criminales de guerra. El genocidio económico y social del capitalismo contemporáneo.* Impresol Ediciones. https://otrasvoceseneducacion.org/wp-content/uploads/2020/08/libro-economistas-neoliberales.pdf

Wolin, S. (2008). *Democracia S. A. La democracia dirigida y el fantasma del totalitarismo invertido.* Katz.

Wolkmer, A. C. & Mânica, S. (2017). Refundación de la teoría constitucional latino americana: pluralidad y descolonización. *Derechos y libertades: Revista de Filosofía del Derecho y derechos humanos,* N.º 37, 31-50.

Wolkmer, A. C. & Wolkmer, M. de F.S. (2020). *Horizontes contemporâneos do direito na América Latina: pluralismo, buen vivir, bens comuns e princípio do "comum".* UNESC-Universidade do Extremo Sul Catarinense.

Wolkmer, A. C. (2018). *Teoría crítica del Derecho desde América Latina.* Akal.

Zaffaroni, E. R. & Dias, I. (2019). *La nueva crítica criminológica. Criminología en tiempos de totalitarismo financiero.* Grupo Editorial Ibáñez.

Zaffaroni, E. R. (1992). Las penas crueles son penas. *Revista de Derecho Penal y Criminología,* N.º 47-48, pp. 31-42.

Zaffaroni, E. R. (2008). *La criminalización de la protesta social: el debate Zaffaroni-Pitrola.* Rumbos.

Zaffaroni, E. R. (2010). Derecho penal y protesta social. En E. Bertoni (Comp.). *¿Es legítima la criminalización de la protesta social? Derecho penal y libertad de expresión en América Latina* (pp. 1-15). Universidad de Palermo.

Zolo, D. (2006). *Globalización. Un mapa de los problemas.* Ediciones Mensajero S.A.U.

Zolo, D. (2009a). *Terrorismo humanitario. De la guerra del Golfo a la carnicería de Gaza.* Ediciones Bellaterra.

Zolo, D. (2009b). Miedo e inseguridad. *Anales de la Cátedra Francisco Suárez,* N.º 43, 151-163.

La prisión preventiva en Centroamérica: ¿Qué ha pasado en los últimos veinte años?[*]

Javier Llobet Rodríguez[**]

RESUMEN: La reforma procesal penal en Centroamérica emprendida en la década de los noventa del siglo pasado, se basó la propuesta de Código Modelo para Iberoamérica de 1988. Sin embargo, con respecto a la prisión preventiva los códigos aprobados se separaron del Código Modelo. En los últimos 20 años se aprecia una disminución del porcentaje de presos en prisión preventiva, aunque algunos países como Guatemala, Honduras y Panamá, siguen con un porcentaje extremadamente alto. Se agrega a ello Belice, que no forma parte del proceso de ese proceso reformatorio. La disminución del porcentaje de presos en prisión preventiva no ha implicado, en general, una disminución de la cantidad de presos en prisión preventiva por cada cien mil habitantes. La disminución del porcentaje se debe fundamentalmente al aumento desmedido de la cantidad de privados de la libertad.

Palabras claves: Centroamérica, prisión preventiva, causales de prisión preventiva, porcentaje de presos en prisión preventiva, privados de libertad por cada cien mil habitantes.

---

[*] Los datos estadísticos sobre las personas privadas de libertad y los presos preventivos, son tomados de The World Prison Brief. Instituto for Crime & Justice Policy (ICPR) y University of London. World Prison Brief | an online database comprising information on prisons and the use of imprisonment around the world (prisonstudies.org). Esto a excepción de los datos de los años 1981-1982, que son de Carranza, Houed, Mora, & Zaffaroni (1988, p. 22).

[**] Profesor Emérito de la Universidad de Costa Rica. Correo electrónico: javiereduardollobet@gmail.com

LA PRISIÓN PREVENTIVA Y SU PROBLEMÁTICA EN CENTROAMÉRICA EN LA DÉCADA DE LOS OCHENTA DEL SIGLO XX

El problema de la prisión preventiva, como central en Latinoamérica, quedó reflejado en una investigación publicada por el ILANUD, en 1983, denominada "El preso sin condena en América Latina", que determinó que el 67.28% de los presos de los países americanos con un sistema continental europeo, se encontraban en prisión preventiva, de modo que la regla era la privación de libertad en esa condición y la excepción era el sufrir una privación de libertad luego del dictado de una sentencia condenatoria. Así, en 1982, Costa Rica tenía un porcentaje de presos sin condena del 47.40%; El Salvador en 1981 del 82.57%; Guatemala en 1981 del 53.92%; Honduras en 1981 del 58.36% y Panamá en 1981 del 66.52% (Carranza et al., 1988, p. 22; Llobet, 1994, pp. 375-382; Llobet, 1994a, pp. 335-373; Llobet, 1995). Se determinó en dicha investigación, que el problema no era solamente la práctica judicial sino también la deficiente legislación procesal, con una gran tendencia inquisitiva. Se partía del dictado de la prisión preventiva, para luego discutir la excarcelación del imputado, resultando que la alternativa a la prisión preventiva era la caución monetaria, que llegaba a fijarse en montos que impedían la liberación del imputado con respecto al cual se había dictado esa medida cautelar.

LA REFORMA PROCESAL PENAL CENTROAMERICANA, EMPRENDIDA EN LA DÉCADA DE LOS NOVENTA DEL SIGLO XX, COMO RESPUESTA AL SISTEMA INQUISITIVO Y A LA PROBLEMÁTICA DE LA PRISIÓN PREVENTIVA

En la década de los noventa del siglo pasado existía una gran esperanza por la estructuración de un sistema procesal penal respetuoso de los derechos humanos en Latinoamérica, que superara los quebrantos producidos por las dictaduras. Así, se emprendió en la mayoría de los países latinoamericanos una reforma procesal penal inspirada en el Proyecto de Código Procesal Penal Modelo para Iberoamérica de 1988, cuyo principal autor fue el argentino Julio Maier. Este proyecto fue presentado dentro del Instituto Iberoamericano de Derecho Procesal, quien luego lo editó (1989; sobre el texto, Llobet, 1992). Se estimaba que el procedimiento inquisitivo imperante en la mayoría de los países latinoamericanos había contribuido al quebranto de los derechos humanos, de modo que el secretismo y falta de garantía del derecho de defensa habían contribuido a la tolerancia de las detenciones arbitrarias, la tortura y las desapariciones forzadas.

Uno de los temas centrales del Proyecto de Código Modelo era realizar una reforma a la prisión preventiva, conforme a los principios de presunción de inocencia y de proporcionalidad, para el cual la prisión preventiva, en contra de lo que existía en la práctica latinoamericana, debía ser absolutamente excepcional. Debe considerarse que la temática de la prisión preventiva siempre ha sido fundamental en la discusión latinoamericana, en particular por los límites trazados por la presunción de inocencia y el principio de proporcionalidad. Ello se reflejó en el Código Modelo, dado que dentro de los aspectos principales del proyecto estuvo proponer un fin procesal para la prisión preventiva, de modo que solamente se autorizaran como causales el peligro concreto de fuga y el peligro concreto de obstaculización (Llobet, 1995; Llobet, 2008), como lo había defendido un sector de la doctrina latinoamericana, bajo la inspiración de Julio Maier, y como se había previsto en el Proyecto Alternativo alemán sobre la prisión preventiva, presentado en 1983 (Amelung, 1983). Además, el Proyecto Iberoamericano contemplaba una serie de alternativas a la prisión preventiva y límites a la duración de la misma, igual que el control periódico de su duración.

Poco después de iniciado el proceso de reforma latinoamericano, cuando se habían aprobado Códigos en Guatemala, El Salvador y

Costa Rica, la Corte Interamericana de Derechos Humanos dictó la sentencia en el caso Suárez Rosero Vs. Ecuador, de 12 de noviembre de 1997. Se trata de una decisión paradigmática, dado que ha marcado una línea constante en la Corte, reflejada en numerosas sentencias (Llobet, 2020; Navas, 2010). Concordante con lo propuesto por el Código Modelo, la Corte ha afirmado que la prisión preventiva es una medida cautelar y no punitiva [Corte IDH. Caso Tibi Vs. Ecuador (Excepciones Preliminares, Fondo, Reparaciones y Costas) Sentencia de 7 de septiembre de 2004. Serie C No. 114, Párrafo 180; Corte IDH. Caso García Asto y Ramírez Rojas Vs. Perú (Excepción Preliminar, Fondo, Reparaciones y Costas) Sentencia de 25 de noviembre de 2005. Serie C No. 137, Párrafo 106; Corte IDH. Caso Chaparro Álvarez y Lapo Íñiguez. Vs. Ecuador (Excepción Preliminar, Fondo, Reparaciones y Costas) Sentencia de 21 de noviembre de 2007 Serie C No. 170, Párrafo 145; Corte IDH. Caso Bayarri Vs. Argentina (Excepción Preliminar, Fondo, Reparaciones y Costas) Sentencia de 30 de octubre de 2008. Serie C No. 187, Párrafo 69; Corte IDH. Caso Norín Catrimán y otros (Dirigentes, miembros y activista del Pueblo Indígena Mapuche) Vs. Chile (Fondo, Reparaciones y Costas) Sentencia de 29 de mayo de 2014. Serie C No. 279, Párrafo 342; Corte IDH. Caso Argüelles y otros Vs. Argentina (Excepciones Preliminares, Fondo, Reparaciones y Costas) Sentencia de 20 de noviembre de 2014. Serie C No. 288, Párrafo 131].

Ha señalado que no puede convertirse en una pena anticipada [Corte IDH. Caso Suárez Rosero Vs. Ecuador (Fondo) Sentencia de 12 de noviembre de 1997. Serie C No. 35, Párrafo 77; Corte IDH. Caso Ricardo Canese Vs. Paraguay (Fondo, Reparaciones y Costas). Sentencia de 31 de agosto de 2004. Serie C No. 111, Párrafo 162; Corte IDH. Caso Tibi Vs. Ecuador (Excepciones Preliminares, Fondo, Reparaciones y Costas) Sentencia de 7 de septiembre de 2004. Serie C No. 114, Párrafo 180; Corte IDH. Caso J. Vs. Perú (Excepción Preliminar, Fondo, Reparaciones y Costas) Sentencia de 27 de noviembre de 2013. Serie C No. 275, Párrafo 159; Corte IDH. Caso Norín Catrimán y otros (Dirigentes, miembros y activista del Pueblo Indígena Mapuche) Vs. Chile (Fondo, Reparaciones y Costas) Sentencia de

29 de mayo de 2014. Serie C No. 279, Párrafo 361; Corte IDH. Caso Argüelles y otros Vs. Argentina (Excepciones Preliminares, Fondo, Reparaciones y Costas) Sentencia de 20 de noviembre de 2014. Serie C No. 288, Párrafo 131; Corte IDH. Caso Andrade Salmón Vs. Bolivia (Fondo, Reparaciones y Costas) Sentencia de 1 de diciembre de 2016. Serie C No. 330, Párrafo 141].

Ha establecido que solamente son admisibles las causales de prisión preventiva de peligro concreto de fuga y peligro concreto de obstaculización [Corte IDH. Caso Suárez Rosero Vs. Ecuador (Fondo). Sentencia de 12 de noviembre de 1997. Serie C No. 35, Párrafo 77; Corte IDH. Caso Ricardo Canese Vs. Paraguay (Fondo, Reparaciones y Costas) Sentencia de 31 de agosto de 2004. Serie C No. 111, Párrafo 129; Corte IDH. Caso Tibi Vs. Ecuador (Excepciones Preliminares, Fondo, Reparaciones y Costas) Sentencia de 7 de septiembre de 2004. Serie C No. 114, Párrafo 180; Corte IDH. Caso Acosta Calderón Vs. Ecuador (Fondo, Reparaciones y Costas) Sentencia de 24 de junio de 2005. Serie C No. 129, Párrafo 111; Corte IDH. Caso Palamara Iribarne Vs. Chile (Fondo, Reparaciones y Costas) Sentencia de 22 de noviembre de 2005. Serie C No. 135, Párrafo 198; Corte IDH. Caso Chaparro Álvarez y Lapo Íñiguez. Vs. Ecuador (Excepción Preliminar, Fondo, Reparaciones y Costas) Sentencia de 21 de noviembre de 2007. Serie C No. 170, Párrafo 145; Corte IDH. Caso Bayarri Vs. Argentina (Excepción Preliminar, Fondo, Reparaciones y Costas) Sentencia de 30 de octubre de 2008. Serie C No. 187, Párrafo 110; Corte IDH. Caso Usón Ramírez Vs. Venezuela (Excepción Preliminar, Fondo, Reparaciones y Costas) Sentencia de 20 de noviembre de 2009. Serie C No. 207, Párrafo 144; Corte IDH. Caso J. Vs. Perú (Excepción Preliminar, Fondo, Reparaciones y Costas) Sentencia de 27 de noviembre de 2013. Serie C No. 275, Párrafo 159; Corte IDH. Caso Norín Catrimán y otros (Dirigentes, miembros y activista del Pueblo Indígena Mapuche) Vs. Chile (Fondo, Reparaciones y Costas) Sentencia de 29 de mayo de 2014. Serie C No. 279, Párrafo 312; Corte IDH. Caso Herrera Espinoza y otros Vs. Ecuador (Excepciones Preliminares, Fondo, Reparaciones y Costas) Sentencia de 1 de septiembre de 2016. Serie C No. 316., Párrafo 143].

Ha requerido la fundamentación de ese peligro [Corte IDH. Caso Usón Ramírez Vs. Venezuela (Excepción Preliminar, Fondo, Reparaciones y Costas) Sentencia de 20 de noviembre de 2009. Serie C No. 207, Párrafo 144; Corte IDH. Caso J. Vs. Perú (Excepción Preliminar, Fondo, Reparaciones y Costas) Sentencia de 27 de noviembre de 2013. Serie C No. 275, Párrafo 166; Corte IDH. Caso Norín Catrimán y otros (Dirigentes, miembros y activista del Pueblo Indígena Mapuche) Vs. Chile (Fondo, Reparaciones y Costas) Sentencia de 29 de mayo de 2014. Serie C No. 279, Párrafo 312], a lo que hace mención el carácter concreto del mismo. La Corte ha desautorizado que la prisión preventiva persiga la prevención general y la prevención especial. Ha afirmado el carácter excepcional de la prisión preventiva [Corte IDH. Caso "Instituto de Reeducación del Menor" Vs. Paraguay (Excepciones Preliminares, Fondo, Reparaciones y Costas) Sentencia de 2 de septiembre de 2004. Serie C No. 112, Párrafo 228; Corte IDH. Caso Tibi Vs. Ecuador (Excepciones Preliminares, Fondo, Reparaciones y Costas) Sentencia de 7 de septiembre de 2004. Serie C No. 114, Párrafo 106; Corte IDH. Caso Acosta Calderón Vs. Ecuador (Fondo, Reparaciones y Costas) Sentencia de 24 de junio de 2005. Serie C No. 129, Párrafo 74; Corte IDH. Caso Palamara Iribarne Vs. Chile (Fondo, Reparaciones y Costas) Sentencia de 22 de noviembre de 2005. Serie C No. 135, Párrafo 197; Corte IDH. Caso López Álvarez Vs. Honduras (Fondo, Reparaciones y Costas) Sentencia de 1 de febrero de 2006. Serie C No. 141, Párrafo 142; Corte IDH. Caso Andrade Salmón Vs. Bolivia (Fondo, Reparaciones y Costas) Sentencia de 1 de diciembre de 2016. Serie C No. 33, Párrafo 141] y la prioridad que deben tener las alternativas a la misma.

Un amplio desarrollo de las alternativas a la prisión preventiva se llevó a cabo por la Corte Interamericana de Derechos Humanos en el caso Andrade Salmón Vs. Bolivia, resuelto por sentencia de 1 de diciembre de 2016 (párrs. 141-149). En el caso Norín Catrimán la Corte IDH hizo mención de que las medidas que restringen la libertad "deben ser necesarias, es decir, es preciso que sean absolutamente indispensables para conseguir el fin deseado y que no exista una medida menos gravosa con respecto al derecho intervenido entre todas aquellas que cuentan con la misma idoneidad para alcanzar el objetivo propuesto".

Ha señalado que no puede superar el plazo razonable [Corte IDH. Caso Ricardo Canese Vs. Paraguay (Fondo, Reparaciones y Costas) Sentencia de 31 de agosto de 2004. Serie C No. 111, Párrafo 162; Corte IDH. Caso Tibi Vs. Ecuador (Excepciones Preliminares, Fondo, Reparaciones y Costas) Sentencia de 7 de septiembre de 2004. Serie C No. 114, Párrafo 180; Corte IDH. Caso Acosta Calderón Vs. Ecuador (Fondo, Reparaciones y Costas) Sentencia de 24 de junio de 2005. Serie C No. 129, Párrafo 111; Corte IDH. Caso Chaparro Álvarez y Lapo Íñiguez. Vs. Ecuador (Excepción Preliminar, Fondo, Reparaciones y Costas) Sentencia de 21 de noviembre de 2007. Serie C No. 170, Párrafo 146; Corte IDH. Caso Usón Ramírez Vs. Venezuela (Excepción Preliminar, Fondo, Reparaciones y Costas) Sentencia de 20 de noviembre de 2009. Serie C No. 207, Párrafo 144; Corte IDH. Caso Argüelles y otros Vs. Argentina (Excepciones Preliminares, Fondo, Reparaciones y Costas) Sentencia de 20 de noviembre de 2014. Serie C No. 288, Párrafo 131].

Además, la Corte Interamericana de Derechos Humanos, ha establecido como contrario a la Convención Americana de Derechos Humanos que la gravedad del delito atribuido, por sí sola, pueda justificar la prisión preventiva [Corte IDH. Caso Norín Catrimán y otros (Dirigentes, miembros y activista del Pueblo Indígena Mapuche) Vs. Chile (Fondo, Reparaciones y Costas) Sentencia de 29 de mayo de 2014. Serie C No. 279, Párrafo 312]. Se han desautorizado las prohibiciones excarcelatorias, tan frecuentes en Latinoamérica [Corte IDH, Caso Manuela y otros vs. El Salvador, sentencia de 2 de noviembre de 2021, (Excepciones Preliminares, Fondo, Reparaciones y Costas), No. 104].

El Código Procesal Penal Modelo para Iberoamérica de 1988, sirvió de base para la reforma procesal en Centroamérica, de modo que se llegaron a aprobar Códigos con líneas generales de garantías y de política criminal muy similares (Llobet, 2005; Llobet, 2005a). En países, como El Salvador, la reforma procesal penal era parte de los acuerdos de paz, que dieron fin a la guerra civil en dicho país (Membreño, 2000, p. 413; Binder, 2000, p. 18). En forma similar, en Guatemala la reforma procesal había sido recomendada por enviados de la ONU, que habían estudiado las violaciones de los derechos humanos en Guatemala (Ramírez et al., 2000, p. 277; Ramírez & Urbina, 2000, p. 467; Binder, 2000, p. 202). Con respecto a las violaciones de los derechos humanos en la década de los ochenta en Guatemala y el reclamo de que se reformara la justicia penal (Rivera, 2000, pp. 243-245; sobre la situación bajo el antiguo Código Procesal en Honduras: Suazo, Valladares & Palacios, 2000, pp. 401-402). Debe tenerse en cuenta además que las discusiones estaban relacionadas también con el proceso de democratización en Centroamérica (Binder, 2000, p. 17).

Guatemala fue el primer país latinoamericano, que aprobó un Código Procesal Penal, basado en el Código Procesal Penal Modelo para Iberoamérica de 1988. Ello ocurrió en 1992, entrando en vigencia el Código en 1994. El Salvador aprobó un nuevo Código en 1996, entrando en vigencia en 1998. En 2009, se aprobó un nuevo código salvadoreño, introduciéndose reformas, especialmente con respecto al sistema de pruebas. En Costa Rica, se aprobó un Código en 1996, que entró en vigencia en 1998. En Honduras se aprobó un nuevo Código en 1999, que adquirió plena vigencia en 2002. En Panamá se aprobó un Código en 2008, que entró gradualmente en vigencia, a partir de 2009. Nicaragua aprobó un Código en 2001, que entró en vigencia en 2002. Sin embargo, este último Código, aunque fue influenciado en cierta medida por el Código Modelo, se apartó, en general, de lo contemplado en el mismo.

Todos estos Códigos, con la excepción indicada de Nicaragua, aunque no siguieron literalmente lo establecido en el Código Modelo, se basaron en el mismo, presentando líneas político criminales similares, en la regulación de los diversos institutos procesales. Debe reconocerse, sin embargo, que en uno de los aspectos en que dichos Códigos se apartaron del Código Modelo, fue en la regulación de la prisión preventiva, desatendiéndose, con ello, también lo establecido por la Corte Interamericana de Derechos Humanos.

El Código Modelo autorizaba solamente las causales de peligro concreto de fuga y de peligro concreto de obstaculización, mientras que los diversos Códigos previeron otras causales de prisión preventiva y no dejaron de establecer prohibiciones de excarcelación de determinados delitos, como ocurrió en Nicaragua y El Salvador. Precisamente, estas prohibiciones de excarcelación eran uno de los aspectos más criticados en la investigación del ILANUD de 1983, porque no solamente implican un quebranto al principio de necesidad, derivado del de proporcionalidad, sino que tienen relación con la prevención general [Corte IDH, Caso Manuela y otros vs. El Salvador, sentencia de 2 de noviembre de 2021 (Excepciones Preliminares, Fondo, Reparaciones y Costas) No. 104. Cfr. Llobet 1995, pp. 122-123]. El Salvador, Nicaragua y Costa Rica, previeron causales de prisión preventiva, basadas en el peligro de reiteración delictiva, lo que tiene relación con la prevención especial negativa y por ello se trata de una causal inadmisible.

En Honduras, en principio, no se previó la causal de peligro de reiteración delictiva pero podría llegar a sostenerse que se basa en dicho peligro la causal de que el imputado se reintegre a la organización delictiva, a la que se sospecha que pertenece. Con todo, una interpretación que realizara un control de convencionalidad, debería llevar a relacionar el reintegro a la organización delictiva con la exigencia del peligro concreto de fuga o de obstaculización, que debe ser fundamentado (Llobet & Pascua, 2021, pp. 214-215). Nicaragua contempló la prisión preventiva en el supuesto de criminalidad organizada. Debe tenerse en cuenta también lo indicado sobre esta con respecto a Honduras. Se trata de causal inadmisible, en cuanto no se exija que se fundamente el peligro concreto de fuga o de obstaculización. Se está ante una causal que hace recordar las prohibiciones excarcelatorias (Llobet, 2016, pp. 241-242).

El Salvador, en el Código de 1996, contempló la alarma social, relacionada con la prevención general positiva [sobre ello: Corte IDH,

Caso Manuela y otros vs. El Salvador, sentencia de 2 de noviembre de 2021, (Excepciones Preliminares, Fondo, Reparaciones y Costas), No. 103. Cfr. Llobet,1995, pp. 123-128]. Previó también el dictado de la prisión preventiva cuando el delito tuviera contemplada una pena superior a 3 años. La regulación del Código de Guatemala es similar al respecto. Las disposiciones guatemaltecas, sin embargo, no son claras, puesto que, en principio, establecen solamente como requisitos materiales de la prisión preventiva la existencia de sospecha suficiente de culpabilidad y el respeto de la proporcionalidad. Sin embargo, se establece (art. 261 del C.P.P.) que no es necesario el dictado de la prisión preventiva, cuando se esté ante, lo que lo que denomina como delitos menos graves, salvo que exista peligro de fuga o de obstaculización. Con ello, se llega a una previsión similar a la salvadoreña. Este tipo de causales, que parten del dictado de la prisión preventiva a partir de la pena contemplada en el delito, se han justificado en Latinoamérica, con base en un peligro presunto de fuga. Sin embargo, en realidad envuelven criterios de prevención general, no admisibles (Llobet, 1995, pp. 112-119; CIDH, 2013, p. 87). Acerca de la inadmisibilidad de partir de la prisión preventiva cuando la pena contemplada es mayor de 3 años de prisión y la exigencia de una modificación de la legislación [Corte IDH, Caso Manuela y otros vs. El Salvador, sentencia de 2 de noviembre de 2021, (Excepciones Preliminares, Fondo, Reparaciones y Costas), No. 103 y 290]. Debe tenerse en cuenta que, como lo ha dicho la Corte Interamericana de Derechos Humanos, el peligro de fuga, debe ser concreto y por ello debe ser fundamentado.

Debe reconocerse que los Códigos centroamericanos contemplaron alternativas a la prisión preventiva. Sin embargo, no dejaron de contemplarse delitos no excarcelables, como sucedió en Nicaragua y el Salvador, a lo que se hizo mención. Por otro lado, no todos los países establecieron plazos máximos de prisión preventiva. Se agrega a ello que no todos los países establecieron un control de oficio de la prisión preventiva, como se había previsto en el Código Modelo.

Luego de aprobados los Códigos centroamericanos indicados se han producido una serie de contrarreformas, que han pretendido otorgarle a la prisión preventiva un carácter punitivo como consecuencia de los reclamos de ley y orden. En el triángulo norte, comprendido por Guatemala, Honduras y El Salvador, durante los primeros años del siglo XX, se desarrolló una política de detenciones masivas, basadas en la apariencia, ello con respecto a aquellos, que se consideraba, formaban parte de las maras (Llobet, 2019). Se trata de una política que dio lugar a detenciones arbitrarias y produjo graves problemas de hacinamiento carcelario. A ello se refirió la Corte Interamericana de Derechos Humanos en el caso Pacheco Teruel Vs. Honduras, sentencia de 27 de abril de 2012 [Corte IDH. Caso Pacheco Teruel y otros Vs. Honduras (Fondo, Reparaciones y Costas). Sentencia de 27 de abril de 2012 Serie C No. 241].

Además, se ha producido en Centroamérica una serie de contrarreformas con respecto a la prisión preventiva, como parte del reclamo a favor de la seguridad ciudadana (acerca de las contra-reformas legislativas a la prisión preventiva, como parte del reclamo de seguridad ciudadana: Comisión Interamericana de Derechos Humanos (2017), No. 22 y 86), que han facilitado el dictado de la prisión preventiva, contrariándose lo establecido por la Corte Interamericana de Derechos Humanos y dejándose de realizar un examen de convencionalidad, como lo ha exigido ésta. Por ejemplo, se contemplan prohibiciones excarcelatorias en El Salvador, Honduras, Guatemala y Nicaragua. En el caso de Honduras, se ha atribuido por la Comisión Interamericana la problemática del alto porcentaje de presos en prisión preventiva a la prohibición excarcelatoria con respecto a determinados delitos (Comisión Interamericana de Derechos Humanos, 2013, No. 69, 95-96. Cfr. Llobet & Pascua, 2021, p. 223).

Debe anotarse que la Comisión Interamericana de Derechos Humanos ha enfatizado el quebranto a la Convención Americana de Derechos Humanos, a partir de las prohibiciones de excarcelación (CIDH, 2013, No. 87). Lo dicho por la Comisión Interamericana de Derechos Humanos tiene sustento también en lo indicado por la Corte Interamericana de Derechos Humanos [Corte IDH, Caso Manuela y otros vs. El Salvador, sentencia de 2 de noviembre de 2021 (Excepciones Preliminares, Fondo, Reparaciones y Costas), No. 104]. Recientemente, por Decreto No. 36-2020, publicado el 10 de junio de 2020, en Honduras, como respuesta al problema de la pandemia del Coronavirus, se redujo la cantidad de delitos que no permiten en ese país la excarcelación, pero sigue existiendo una gran cantidad de delitos que la prohíben (Llobet & Pascua, 2021, pp. 222-224).

El peligro de reiteración delictiva, relacionado con la prevención especial negativa, ha sido desautorizado por la Comisión Interamericana de Derechos Humanos y por la Corte Interamericana de Derechos Humanos. Sin embargo, es previsto como causal de prisión preventiva en Nicaragua, Costa Rica, Panamá, El Salvador y Guatemala. En el caso costarricense, inicialmente, el Código contemplaba el peligro concreto de reiteración, pero luego se previeron también supuestos de peligro de reiteración presunto. Se ha llegado a prever en Costa Rica, también, el peligro para la víctima, que podría estar relacionado con el peligro concreto de obstaculización, pero que algunos relacionan con el peligro de reiteración delictiva. En Costa Rica, se regula en determinados casos de flagrancia, el dictado de la prisión preventiva (sobre la inadmisibilidad de la flagrancia como supuesto que por sí mismo dé lugar a la prisión preventiva: Comisión Interamericana de Derechos Humanos, 2013, No. 190). Se trata de una causal inadmisible, relacionada con la alarma social, que se producía si se libera al atrapado en flagrancia (Llobet, 1995, p. 126). Además, una causal de este tipo, parte de una presunción de culpabilidad, siendo conforme a lo que se ha llamado por algunos la concepción psicológica de la presunción de inocencia, que no tiene en cuenta que dicha presunción rige, en forma invariable, hasta sentencia firme (Llobet, 1995, pp. 83-85; Llobet, 2016, pp. 168-172). El estar ante un supuesto de delincuencia organizada, es previsto, por ejemplo, en Panamá, Nicaragua y Costa Rica, a lo que se agrega la previsión hondureña, antes mencionada. Se trata de un supuesto que no debería ser autorizado, si no se relaciona en el caso concreto con la existencia de un peligro concreto de fuga o de obstaculización.

En El Salvador, en el Código de 2009, se mantuvo el dictado la prisión preventiva cuando el delito atribuido tenga una pena mayor de 3 años.

Una contra-reforma reciente, es la aprobada en Nicaragua por Ley No. 1060 de 2 de febrero de 2021, que llegó a permitir la detención de una persona por entre 15 y 90 días, a petición del Ministerio Público, mientras se realiza la investigación de un presunto delito, variándose el plazo que existía de 48 horas. Se dice que la fijación del plazo tomará en consideración la gravedad del hecho, la complejidad de la investigación, la pluralidad de afectados, imputados o conductas, cuando la investigación se trate de delitos vinculados al crimen organizado, o se trate de delitos de relevancia social y trascendencia nacional y cualquier otra información o elemento de prueba que ayude a fundamentar la procedencia de la solicitud (Art. 253 bis). Se trata de una normativa que ha sido muy criticada, por la gran ampliación que se produjo del plazo, lo mismo que por la indeterminación de los supuestos previstos. Debe tenerse en cuenta que esta detención se dispone antes de la audiencia preliminar, en la que, según la legislación nicaragüense, se debe conocer sobre la acusación y decidir sobre las medidas cautelares (Art. 255), incluyendo la prisión preventiva. Todo ello plantea el problema de los requisitos de la detención, que se permite hasta por 90 días.

EN LOS ÚLTIMOS 20 AÑOS SE HA PRODUCIDO UNA DISMINUCIÓN DEL PORCENTAJE DE PRESOS EN PRISIÓN PREVENTIVA, PERO SUBSISTEN PORCENTAJES ELEVADOS DE LA MISMA

En Centroamérica entre los años 2000 y 2020 ha disminuido el porcentaje de presos sin condena, variando de acuerdo con cada país. Sin embargo, hay países que, a pesar de la reforma procesal, continúan con un porcentaje altísimo como Guatemala, Honduras y Panamá. En otros países, como El Salvador, Costa Rica y Nicaragua, aunque ha disminuido el porcentaje de presos en prisión preventiva, el mismo aun no llega a parámetros aceptables, resultando que en los últimos años, por ejemplo, en Nicaragua y Costa Rica, más bien se ha producido un cierto aumento del porcentaje de presos en prisión preventiva. Por otro lado, Belice, que no forma parte de la reforma procesal penal centroamericana presenta porcentajes muy elevados de presos en prisión preventiva y más bien se ha producido un aumento en los guarismos.

Honduras presentaba un porcentaje de presos en prisión preventiva, en 1999, de 88%. En 2005 de 63.5%; en 2010 de 50.1%; en 2014 de 51.8 y el 31 de diciembre de 2018 de 54.1%. El porcentaje de Honduras, incluso superior al 50%, revela que la reforma procesal penal, aunque ha disminuido el porcentaje de presos en prisión preventiva, no ha evitado que la regla siga siendo la privación de libertad bajo prisión preventiva. Se aprecia, además, en Honduras, un retroceso en el porcentaje de 2018, comparándolo con años anteriores.

Guatemala tenía un 58.7 de presos en prisión preventiva en 2001; 43.9% en 2005; 54.4% en 2010; 48.6% en 2015 y 48.6 el 28 de diciembre de 2021. En 1981, tenía 53.92%. Puede apreciarse el porcentaje elevadísimo de presos en prisión preventiva, que marca que la reforma procesal penal no ha tenido mayor impacto con respecto a la prisión preventiva. Además, se ha producido un retroceso, por ejemplo, comparándolo el porcentaje existente en 2005. Panamá sigue presentando un porcentaje muy alto de presos en prisión preventiva. El mismo era de 37.2% el 30 de noviembre de 2021. El porcentaje debe reconocerse que ha disminuido desde 2000, aunque sigue siendo elevadísimo. En 2000 era de 63.2%; en 2005 de 62.8%; en 2010 de 65.5% y en 2015 de 59.7%. En 1981 el porcentaje era de 66.52%.

Costa Rica tenía en 2001 un porcentaje de presos en prisión preventiva de 24%; en 2005 de 29.4%; en 2010 de 23.5%; en 2014 de 17.2% y el 31 de agosto de 2021 de 19.9%. En 1981 era de 47.4%. Se aprecia una disminución, pero un aumento entre 2014 y 2021.

Nicaragua tenía, en 1999, el 30.8% de presos en prisión preventiva; en 2004: 14.4%; en 2008: 21.2% y en octubre de 2016: 21.4%. El porcentaje ha disminuido desde 1999, pero se produjo un aumento entre 2008 y 2016.

El Salvador en 2001 tenía un porcentaje de presos sin condena de 54.3%. En 2005 de 28.2%; en 2010 de 34.2%; en 2015 de 26.9% y en 2021 de 23.1%. Se aprecian grandes variaciones a través del tiempo, que revelan una mejoría en la disminución de los porcentajes de presos en prisión preventiva, aunque sin llegar un guarismo aceptable. Debe tenerse en cuenta que en 1981, antes de la reforma procesal penal, el porcentaje era de 82.57%.

En el caso de Belice, que forma parte del sistema jurídico anglosajón y no se vinculó a la reforma procesal penal centroamericana basada en el Código Modelo, el porcentaje de presos en prisión preventiva el 30 de junio de 2021 era de 35.8%, un guarismo altísimo. En 2001 era de 14.5%, en 2005 de 25.6%, en 2010 de 21.8% en 2015 de 30.1%.

EN LOS ÚLTIMOS 20 AÑOS, LA DISMINUCIÓN DE LOS PORCENTAJES DE PRESOS EN PRISIÓN PREVENTIVA EN CENTROAMÉRICA, EN GRAN PARTE HA OCURRIDO POR EL AUMENTO DESMEDIDO DE LA CANTIDAD DE PRESOS POR CADA CIEN MIL HABITANTES QUE CUMPLEN PENA PRIVATIVA DE LIBERTAD

La disminución del porcentaje de presos sin condena, es provocada en gran parte por un aumento más que significativo de la cantidad de privados de libertad por cada cien mil habitantes, a título de prisión preventiva o de pena privativa de libertad. Hay más presos en prisión preventiva actualmente que en el año 2000.

El Salvador, en 2000, tenía 132 presos por cada cien mil habitantes, mientras el 22 de marzo de 2021, presentaba 564 presos. Ello ha convertido a ese territorio en uno de los países del mundo con mayor cantidad de presos. Es cierto, que allí se bajó el porcentaje de presos en prisión preventiva del 54.3% en 2001, al 23.1% en 2021. Sin embargo, la cantidad de presos en esa situación subió de 86 en 2001, a 130 en 2021. Se trata de un porcentaje extremo de presos en prisión preventiva. Se aprecia, pues, un aumento significativo de la cantidad de presos en esa condición entre 2001 y 2021. En definitiva, la disminución del porcentaje de presos en prisión preventiva en El Salvador es consecuencia de un aumento mucho mayor de la cantidad de condenados, que el aumento de los presos en prisión preventiva.

Costa Rica, en 2002 tenía 198 presos por cada cien mil habitantes. A finales de agosto de 2021, tenía 298 presos. El porcentaje era de 24% en 2002. En 2021 de 19.9%. Sin embargo, la cantidad de presos en prisión preventiva, subió de 46 en 2002 a 59 en 2021. Puede, pues, apreciarse el aumento de presos en esa condición entre 2002 y 2021.

Panamá tenía 183 presos por cada cien mil habitantes en 2000. En diciembre de 2021, era de 446. Se ha ubicado de esta manera como uno de los países con más presos del mundo. En 2000 tenía un 63.2%, mientras en 2021: 37.2%. El porcentaje sigue siendo elevadísimo. A pesar de que, debe reconocerse que se produjo una disminución del guarismo entre 2000 y 2021, la cantidad no sufrió mayor cambio. Era de 169 en 2000, mientras en 2021 se presenta una ligera disminución a 164.

Guatemala presentaba 62 presos por cada cien mil habitantes en 2000. En enero de 2022, tenía 132. En 2000 tenía un 58.7% de presos en prisión preventiva, mientras en 2021 era del 48.6%. La cantidad de presos era de 37 en 2001. Aumentó a 65 en 2021. Se constata el aumento importante de presos en prisión preventiva entre 2001 y 2021.

Nicaragua tenía 128 presos por cada cien mil habitantes en 2000, mientras que en 2016 llegó a 238. El porcentaje de presos en esa condición era de 30.8% en 1999. En octubre de 2016 era de 21.4%. La cantidad de presos era de 33 en 1999, llegando a 51 en 2016. Se aprecia un aumento importante de la cantidad de presos en prisión preventiva, a pesar de la disminución del porcentaje.

Honduras tenía 175 presos por cada cien mil habitantes en 2000. En octubre de 2018 tenía 213. El porcentaje de presos sin condena era de 88% en 1999. En 2018, era del 54.1%, un guarismo elevadísimo. A diferencia de los otros países centroamericanos la cantidad de presos en prisión preventiva, disminuyó de 157 en 1999 a 125 en 2018. Sin embargo, esa cantidad sigue siendo elevadísima. Debe considerarse, además, que Honduras llegó a tener 75 presos en prisión preventiva por cien mil habitantes en 2010, con un porcentaje del 50.1%. Sin embargo, la cantidad aumentó entre 2010 y 2021.

Belice, en 2000, tenía 310 presos por cada cien mil habitantes. En 2019, esa cantidad fue de 296, disminuyendo así ligeramente la cifra que existía en 2000, luego de que en 2012 había llegado a 457. En cuanto a los presos en prisión preventiva tenía un 14.5% en 2001. En 2021 subió a 35.8%. La cantidad de presos en tal condición subió de 51 en 2000, a 92 en 2021, un aumento muy significativo.

CONCLUSIONES

La reforma procesal penal emprendida en los años noventa del siglo pasado en Centroamérica, que pretendía superar el sistema inquisitivo que regía en la mayoría de los países, no fue lo suficientemente lejos en materia de prisión preventiva, apartándose en ello del Código Modelo para Iberoamérica de 1988. Por otro lado, la reforma que se llevó a cabo en materia de la prisión preventiva, no es concordante con los lineamientos señalados por la Corte Interamericana de Derechos Humanos, resultando que más bien reformas posteriores han llevado aun mayor distanciamiento de lo indicado por ella.

Así, a pesar de que la presunción de inocencia es reconocida en general por las diferentes constituciones centroamericanas, ya sea en forma expresa o implícita, la temática de la prisión preventiva refleja el abismo existente entre el reconocimiento formal del principio de presunción de inocencia, la legislación procesal penal vigente y la práctica judicial. Ello mismo puede afirmarse con respecto al principio de proporcionalidad, que ha sido recogido expresamente en los Códigos centroamericanos y, al igual que la presunción de inocencia, ocupa un lugar importante en los límites a la prisión preventiva trazados por la jurisprudencia de la Corte Interamericana de Derechos Humanos.

En los últimos veinte años ha disminuido, en general, el porcentaje de presos sin condena en Centroamérica, pero el mismo sigue siendo muy elevado. La reforma procesal penal emprendida en los años noventa del siglo pasado no ha dado, en definitiva, los resultados esperados con respecto a la prisión preventiva, en parte por las deficiencias sobre la misma y las contrarreformas que ha tenido, pero también porque en la práctica se ha tendido hacia un endurecimiento del sistema penal, reflejado no solamente en la normativa legal, sino también en la práctica judicial, en la que la prisión preventiva no ha llegado a ser la excepción. Se aprecian todavía porcentajes extremadamente elevados en Guatemala, Panamá y Honduras, lo mismo que en Belice.

Todo ello ha llevado a que haya en Centroamérica, en general, más presos en prisión preventiva, que los que existían hace veinte años. Debe reconocerse que el porcentaje ha disminuido, pero ello obedece a que el aumento de privados de libertad por cien mil habitantes ha aumentado mucho más que el incremento de presos en prisión preventiva.

REFERENCIAS

Amelung, K. (1983). *Arbeitskreis Strafprozeßreform: Die Untersuchungshaft. Gesetzentwurf mit Begründung*. Müller Juristischer Verlag.
Arbeitskreis Strafprozeßreform (1983). *Die Untersuchungshaft. Gesetzentwurf mit Begründung*. Müller Juristischer Verlag.
Binder, A. (2000). *Ideas y materiales para la reforma de la justicia penal*. Ad-hoc.
Carranza, E., Houed, M., Mora, L. P. & Zaffaroni, E. R. (1988). *El preso sin condena en América Latina y el Caribe*. ILANUD.
Comisión Interamericana de Derechos Humanos (2013). *Informe sobre el uso de la prisión preventiva en las Américas*. http://www.oas.org/es/cidh/ppl/informes/pdfs/informe-pp-2013-es.pdf
Comisión Interamericana de Derechos Humanos (2017, julio 3). *Medidas para reducir el uso de la prisión preventiva en las Américas*. OEA/Ser.L/V/II.163. Doc. 105. http://www.oas.org/es/cidh/informes/pdfs/prisionpreventiva.pdf

Instituto Iberoamericano de Derecho Procesal (Ed.) (1989). *Código Procesal Penal Modelo para Iberoamérica*. Hammurabi.

Llobet, J. (1992). El nuevo Proyecto de Código Procesal Penal Modelo para Iberoamérica (en comparación con el Derecho alemán). *Revista Judicial* (Costa Rica), No. 57, 33-92.

Llobet, J. (1994). Situación actual de la regulación de la prisión preventiva en los países latinoamericanos con un sistema continental europeo, y perspectivas a la luz del nuevo proyecto de Código Procesal Penal Modelo para Iberoamérica. En Masa & Schipani. *Un "Codice Tipo" di Procedura Penale per L' America Latina* (pp. 375-382). Cedam.

Llobet, J. (1994a). Die Untersuchungshaft in den mittel- und südamerikanische Länder. En Dunkel, F. & Vaag, J. (Edits.): *Untersuchungshaft und Untersuchungshaftvollzug-International vergleichende Perspektiven zur Untersuchungshaft sowie zu den Rechten und Lebensbedingungen von Untersuchungsgefangenen*, Partes 1 y 2 (pp. 335-373). Max-Planck-Institut für ausländisches und internationales Strafrecht.

Llobet, J. (1995). *Die Unschuldsvermutung und die materiellen Voraussetzungen der Untersuchungshaft*. Max Planck Institut für ausländisches und internationales Strafrecht.

Llobet, J. (2005). *Derecho Procesal Penal. I. Aspectos generales*. Editorial Jurídica Continental.

Llobet, J. (2005b). Die strafprozessuale Reform in Lateinamerika (unter besonderer Berücksichtigung Mittelamerikas). En: *Menschengerechtes Strafrecht. Festschrift für Albin Eser zum 70 Geburtstag* (pp. 549-560). Verlag C. H. Beck.

Llobet, J. (2008). Prisión preventiva, presunción de inocencia y proporcionalidad en el Código Procesal Penal Modelo para Iberoamérica de 1988. En *Instituto Iberoamericano de Derecho Procesal. Memoria de las Jornadas* (pp. 325-360). Universidad de Lima.

Llobet, J. (2016). *Prisión preventiva. Límites constitucionales*. Grijley.

Llobet, J. (2019). Las maras centroamericanas según la jurisprudencia de la Corte Interamericana de Derechos Humanos. En Ruiz, L. R. & G. González (Comps.). *Transiciones de la Política penal ante la violencia. Realidades y respuestas específicas para Iberoamérica* (pp. 125-195). Editorial Jurídica Continental.

Llobet, J. (2020). *La Corte Interamericana de Derechos Humanos y las garantías penales*. Ulpiano Editores.

Llobet, J. & Pascua, F. J. (2021). *Intervención del fiscal en las etapas preparatoria e intermedia (en el proceso penal hondureño)*. NCSC/Ministerio Público.

Membreño, J. R. (2000). El Salvador. En Maier, J., Ambos, K. & Woischnik, J. (Eds.). *Las reformas procesales penales en América Latina*. Ad-hoc et al.

Navas, A. (2010). Remarcar el fundamento y aplicación de la prisión preventiva, a partir del límite del Derecho Internacional de los Derechos Humanos. *Revista de Ciencias Penales*, N.º 27, 93-108.

Ramírez, L., Cetina, G., López, F., Urbina, M. & Paz, C. (2000). El proceso penal en Guatemala. Zaffaroni, E. R. (Ed.). *El proceso penal. Sistema Penal y Derechos Humanos*. ILANUD et al.

Ramírez, L. & Urbina, M. A. (2000). Guatemala. En Maier, J., Ambos, K. & Woischnik, J. (Eds.). *Las reformas procesales penales en América Latina*. Ad-hoc et al.

Rivera, V. M. (2000). Los derechos humanos y su relación histórica con el Derecho Procesal Penal. En: Zaffaroni, E. R. (Ed.). *El proceso penal. Sistema Penal y Derechos Humanos*. ILANUD et al.

Suazo, R., Valladares, L. & Palacios, J. M. (2000). El proceso penal en Honduras. En E. R. Zaffaroni (Ed.). *El proceso penal. Sistema Penal y Derechos Humanos*. ILANUD et al.

The World Prison Brief (2022). Instituto for Crime & Justice Policy (ICPR) y University of London. World Prison Brief | an online database comprising information on prisons and the use of imprisonment around the world. prisonstudies.org.

El proceso penal en Colombia: ¿Un instrumento para desconocer derechos humanos? A propósito del procesamiento penal de las personas inimputables

Ricardo Molina López[*]

> *Est animi ingenui, cui multum debeas eidem plurimum velle debere* [Es propio de un espíritu noble querer deber mucho a aquel a quien mucho debes] (Cicerón, *Epistulae ad familiares* 2, 6, 2).
> Esta es una pequeña contribución para honrar la memoria de Jesús María Valle Jaramillo. A él debemos mucho: nos enseñó, con su entrega y compromiso, la importancia de defender los derechos humanos.

RESUMEN: Este artículo pretende demostrar cómo la regulación del proceso penal colombiano establece para las personas inimputables un trato discriminatorio e incoherente, violando la presunción de inocencia e imposibilitando la aplicación de la normativa penal sustantiva. Por ello, se aboga por la introducción de herramientas legales que permitan superar este estado de cosas y posibiliten darles a los sujetos inimputables un tratamiento digno y acorde con su condición.

Palabras claves: Proceso penal, inimputables, discriminación, presunción de inocencia.

---

[*] Profesor de la Facultad de Derecho de la Universidad de Los Andes (Uniandes), Bogotá (Colombia). Miembro del Grupo de Investigaciones en Derecho penal, Procesal Penal y Justicia Transicional "Cesare Beccaria" de Uniandes. Correo electrónico: ricarmol@hotmail.com

A MANERA DE INTRODUCCIÓN: EL PROCESO PENAL Y SU RELACIÓN CON EL DERECHO PENAL SUSTANTIVO

Bien es sabido que el derecho penal material o sustantivo requiere necesariamente del proceso penal para su aplicación a los supuestos fácticos acontecidos en el mundo real. Y él, además, debe ser adelantado por una autoridad judicial competente. Así, pues, el derecho penal, a diferencia de otros órdenes normativos, solo puede ser aplicado a través de un debido proceso y dentro de un ejercicio de autoridad de un órgano jurisdiccional competente para ello. El proceso penal puede estar compuesto a su vez de dos fases o etapas: en primer lugar, aparece el proceso penal de carácter declarativo por medio del cual el órgano jurisdiccional competente establece la realización o no del supuesto de hecho prefijado en la norma penal sustantiva y deriva, de allí, la consecuencia jurídica correspondiente. En caso de que la conducta realizada por una persona sea susceptible de ser encuadrada dentro del supuesto de hecho prohibido u ordenado en la norma penal sustantiva —bien sea que se trate de una conducta punible comisiva u omisiva—, el órgano judicial competente, por medio de la sentencia de carácter condenatorio, declara la responsabilidad penal y crea la norma particular a través de la cual resuelve el caso. Toda esta actuación, valga recordar, debe estar gobernada por el respeto a la presunción de inocencia. Pero, dado el supuesto de una sentencia condenatoria, surge —en segundo lugar— el proceso penal de carácter ejecutivo o de ejecución penal con el que se materializa o ejecuta la consecuencia jurídica derivada de la declaratoria de la responsabilidad penal. Esta última fase tiene como presupuesto haber desvirtuado la presunción de inocencia, toda vez que para llegar a la ejecución penal la persona ha tenido que ser vencida en un juicio.

Según lo dicho, el proceso penal es un instrumento necesario para realizar la aplicación del derecho penal sustantivo. Sirve, por tanto, para emitir una decisión declaratoria de la responsabilidad penal como para llevar a cabo la ejecución de la consecuencia jurídica impuesta (Roxin & Schünemann, 2019, p. 57). En la relación entre el derecho penal sustantivo y el proceso penal se puede apreciar claramente cómo este último es el medio que posibilita la materialización de aquél. Y teniendo en cuenta que el derecho penal sustantivo contiene los fines que se persiguen con la criminalización de conductas, resulta fácil concluir que entre el proceso penal y el derecho penal se configura una relación de medio a fin (Molina, 2012, p. 83).

De esta manera debe entenderse que el proceso penal debe posibilitar la realización del derecho material. Las categorías dogmáticas —y sus contenidos—, propias de la concepción de la conducta punible asumida en un ordenamiento penal, deben ser susceptibles de ser materializadas a través de un proceso penal. La dogmática penal no puede crear categorías abstractas de impecable factura lógica que luego no ofrezcan rendimientos prácticos u operativos en el proceso penal, bien sea que se trate del declarativo o del de ejecución penal (Binder, 2002, p. 37). Tampoco el proceso penal puede ser configurado de tal manera que no posibilite la aplicación de los contenidos de las normas penales sustantivas. Tiene que existir, por tanto, una relación de coherencia e instrumentalidad a través de la cual el proceso penal se erija como instrumento idóneo, y a la vez como garantía, que permita la aplicación racional y civilizada de las normas penales sustantivas (Molina, 2012, p. 87).

En Colombia, desde la expedición de la Ley 906/2004, por medio de la cual se introdujo en el ordenamiento jurídico un modelo de proceso penal basado en el modelo norteamericano, se ha venido percibiendo un desajuste en la relación entre el proceso penal y el derecho penal. En efecto, la estructura del proceso penal contenida en la Ley 906/2004 no está diseñada, entre otras cosas, para posibilitar la realización de la concepción dogmática del delito establecida en el Código Penal (Ley 599/2000). De hecho, al igual que aconteció en todos los países de América Latina, se introdujo un modelo de proceso penal etiquetado como acusatorio, pero paradójicamente todo indica que ni es acusatorio y mucho menos proceso penal. Como acertadamente lo sostiene un sector de la doctrina (Gómez, 2008), hablar de proceso penal acusatorio es un pleonasmo o redundancia, porque se entiende que en un Estado de derecho el proceso penal necesariamente debe partir de una acusación basada en un conocimiento obtenido válidamente a partir de la realización de actos de investigación. Y es evidente que en la Ley 906/2004 se halla una forma de "procesamiento" en la cual la acusación se construye fundamentalmente a partir de la autoincriminación del investigado. Desde la implementación avasallante de las instituciones de justicia premial (Velásquez, 2019, p. 41), la acusación en una *rara avis* que solo se puede apreciar en muy pocas actuaciones. Las estadísticas dan cuenta de que casi en el 85% de los casos la acusación está fundada en una aceptación de responsabilidad ofrecida por el investigado a la fiscalía con el fin de obtener beneficios punitivos. Como una consecuencia de ello aparece, por tanto, la eliminación del proceso penal. No hay juicio y el proferimiento de la sentencia termina siendo casi que un acto de naturaleza notarial, revestido formalmente con el ropaje judicial. Así pues, en la mayoría de los casos, en sentido estricto, no hay investigación, ni acusación, y mucho menos proceso penal. Con todo, y más allá de estas situaciones, es necesario analizar la operatividad que tienen ciertas categorías dogmáticas definidas en el Código Penal dentro de la estructura del Código de Procedimiento Penal (Ley 906/2004).

De manera específica se examina la posibilidad de aplicar la definición de inimputabilidad que presenta el Código Penal (Ley 599/200) a los casos que son objeto de procesamiento por medio de la Ley 906/2004, teniendo en cuenta además el tratamiento procesal dispensado a las personas que pueden ser consideradas como tales.

TRATAMIENTO PROCESAL A LOS INIMPUTABLES

La inimputabilidad, para efectos penales, se establece a partir de una definición jurídica de carácter normativo que se encuentra en el artículo 33 del Código Penal del año 2000, pero hunde sus raíces en la conceptualización ofrecida en su momento por Reyes Echandía (1976, p. 49) cuando se realizaban las discusiones para la elaboración del Código Penal de 1980. En la Ley 599/2000 se entiende que es inimputable para efectos jurídico-penales la persona que: i) no tiene la capacidad mental para llegar a comprender la ilicitud de la conducta que realiza; o ii) que, teniendo la capacidad para comprender la ilicitud de su conducta, no es capaz de determinar su voluntad de acuerdo con esa comprensión, y iii) que estas situaciones se presenten por inmadurez psicológica, trastorno mental, diversidad socio cultural o estados similares. Teniendo en cuenta esa definición es pertinente señalar que el ordenamiento jurídico otorga un tratamiento diferencial para el inimputable en las conductas punibles en las cuales este actúe como victimario o como víctima.

El inimputable como víctima de la conducta punible

La ley penal otorga una especial protección a los inimputables cuando son instrumentalizados para llevar a cabo la comisión de conductas punibles o cuando resultan víctimas de aquellas. En efecto, en varias disposiciones del Código Penal está prevista como una circunstancia de agravación punitiva el hecho de que la conducta punible se ejecute utilizando a una persona que sea considerada "inimputable", aunque no es del todo claro si ese concepto coincide con el del artículo 33 del Código Penal. Así, por ejemplo, se considera una circunstancia genérica de mayor punibilidad el hecho de que la conducta punible se ejecute valiéndose de una persona inimputable (Código Penal, art. 58, num. 11º). El delito de homicidio doloso se agrava cuando éste se comete valiéndose de la actividad de un inimputable (Código Penal, arts. 103 y 104, num. 5º). Exactamente lo mismo ocurre en relación con los delitos de hurto (Código Penal, art. 241, num. 3º) y de violencia sobre animales (Código Penal, art. 339-B), agregando que en este último se agrava además cuando la conducta se ejecuta en presencia de un menor o de un inimputable.

De otro lado, en la ley procesal penal se observa una valoración especial a la conducta punible cuando ésta recae sobre una persona inimputable. Así, en los delitos querellables, en los cuales se debe presentar una querella como requisito de procesabilidad para que la fiscalía inicie la persecución penal, cuando se trate de conductas punibles en las cuales la víctima sea una persona considerada inimputable, esa condición no es exigible y, por tanto, la fiscalía debe iniciar sus actividades de investigación oficiosamente (Ley 906/2004, art. 74, parágrafo). También puede apreciarse una protección especial para los inimputables en cuanto a la posibilidad de utilizar mecanismos de justicia restaurativa tales como la mediación (Ley 906/2004, art. 523). En este caso se prevé que el inimputable solo puede participar en un proceso de mediación con su victimario por medio de un representante legal.

En síntesis, puede decirse que tanto la ley penal sustantiva como la procesal penal, establecen una serie de normas a favor de las personas "inimputables" cuando estas son utilizadas como instrumento para la comisión de conductas punibles o son víctimas de tales conductas. Y ello se entiende razonable por la vulnerabilidad misma que genera su situación, lo cual hace que sean consideradas como sujetos de especial protección, tal como lo ha señalado expresamente la Corte Constitucional (C-330/2013, CConst.). En esta decisión la Corte dijo que los inimputables pertenecen a un grupo de las personas en condición de discapacidad física, sensorial y psíquica y, por lo tanto, el trato que la sociedad y el Estado debe dispensarles no es el de "*igual consideración y respeto*" sino el de "*especial consideración, respeto y atención*" (Constitución Política, art. 47). Precisamente por su misma condición, y en obedecimiento a los principios de respeto a la dignidad humana y de solidaridad, sobre los cuales se edifica el Estado Social de Derecho (Constitución Política, art. 1).

El inimputable como sujeto activo de la conducta punible

Las personas consideradas inimputables pueden ser penalmente responsables. Como anteriormente se indicó, el Código Penal prescribe que la responsabilidad penal de los inimputables se fundamenta en la realización de una conducta típica, antijurídica, esto es, un injusto penal. Pero además se requiere verificar que frente a la persona que realiza dicho injusto no se presenten circunstancias que excluyan la posibilidad de predicar de ella un juicio de culpabilidad (Código Penal art. 9 inc. 2). Es decir, que si un presunto inimputable realiza un injusto penal debe constatarse que no está actuando en una circunstancia que eliminaría su culpabilidad. En el Código Penal se establecen circunstancias que excluyen la culpabilidad, tales como el obrar bajo insuperable coacción ajena (Código Penal, art. 32 num. 8°), el miedo insuperable (Código Penal art. 32, num. 9°) y el error de prohibición directo e indirecto cuando sea invencible (Código Penal, art. 32, nums. 10° y 11°).

Estas prescripciones normativas datan del año 2000. Por ello, es importante considerar que su aplicación se ha realizado a través de dos formas de procesamiento penal diferentes, las cuales se encuentran reguladas en las Leyes 600/2000 y 906/2004. Tal como se ha señalado, el proceso penal debe tener la capacidad de rendimiento para posibilitar la aplicación de las normas penales sustantivas a las hipótesis fácticas que acontecen en la vida real. Sin embargo, en estas materias, esto es, cuando la conducta punible es cometida por una persona inimputable, se hace evidente que las prescripciones normativas contenidas en los artículos 9° y 33 del Código Penal resultan de muy dudosa efectividad, cuando se trata de un proceso penal según las normas que se hayan en la Ley 906/2004, como se pasa a demostrar.

No obstante que el artículo 29 de la Constitución Política configura el derecho fundamental al debido proceso a partir del respeto a la presunción de inocencia, razón por la cual la carga de la prueba recae en la fiscalía, sin embargo, cuando se trata del procesamiento penal de las personas inimputables se trastocan los términos de la aludida norma constitucional. Según la regulación procesal contenida en la Ley 906/2004, la inimputabilidad debe ser demostrada por la persona que la alega. Así pues, en el mencionado estatuto procesal, la inimputabilidad —más que una condición propia de ciertas personas— es considerada como una coartada para evadir la responsabilidad penal y, por tanto, quien pretenda alegarla debe asumir la carga probatoria.

La Ley 906/2004 a diferencia de otros estatutos procesales no presenta normas que dispongan un tratamiento especial para los inimputables en atención a sus condiciones particulares. Otros códigos de procedimiento penal que lo antecedieron sí lo hacían, es decir, fijaban unas reglas de procesamiento especial referidas a las personas inimputables. Es posible observar cómo el Código de Procedimiento Penal contenido en la Ley 600/2000 prescribía una serie de medidas procesales que buscaban ofrecer a los inimputables un trato conforme a su condición. De hecho, en el Título II de ese Código, en el cual se ubican las normas que regulan los actos de instrucción, aparecía todo un capítulo, el VII, dedicado a las "Medidas de protección y libertad para inimputables". Dentro de ese capítulo, el artículo 374 disponía que adquirida la calidad de sujeto procesal y verificado que se trata de un inimputable —además estando demostrada la existencia de un injusto penal— la fiscalía podía disponer en favor del investigado una medida de protección. A título de ejemplo, se podría mencionar la internación en establecimiento psiquiátrico o una clínica adecuada para su rehabilitación, de acuerdo con lo aconsejado por un perito (Ley 600/2000, arts. 374 y 375). Además, esta ley ordenaba que en los casos trastorno mental transitorio sin secuelas y cuando fuera procedente la imposición de una medida cautelar de detención preventiva, la persona procesada penalmente suscribía un acta de compromiso, pero no era privada de su libertad (Ley 600/2000, art. 380). Esta regulación estaba armonizada con lo dispuesto en el Código Penitenciario y Carcelario (Ley 65/1993). En este cuerpo normativo es donde se regula lo atinente a la ejecución no solo de las penas sino de las medidas de seguridad imponibles a los inimputables, y de las medidas cautelares que se imponen en el curso del proceso penal tanto a imputables como a los inimputables.

En el Código Penitenciario y Carcelario, reformado en el año 2014 a través de la Ley 1709, puede observarse que se destinan establecimientos de reclusión para inimputables por trastorno mental permanente o transitorio con base patológica y para personas con trastorno mental sobreviniente. Dichos establecimientos, se supone que deberán estar bajo la dirección y coordinación del Ministerio de Salud (Ley 65/1993, art. 20, num. 5º). Además, esta ley prevé que para las personas que sufran un trastorno mental sobreviniente a la conducta punible presuntamente realizada, el juez de control de garantías, durante la etapa de investigación, podrá disponer la "detención hospitalaria" para someterlas a tratamiento psiquiátrico, según el dictamen del perito adscrito al Instituto Nacional de Medicina Legal (Ley 65/1993, art. 24 parágrafo). También se dispone que en el evento de imposición de una medida cautelar el juez de control de garantías deberá señalar el centro de reclusión o el establecimiento de rehabilitación, teniendo en cuenta además que en los casos de trastorno o enfermedad mental sobrevinientes el juez deberá ponerlas a disposición del Servicio de Salud (Ley 65/1993, art. 72).

A diferencia de la Ley 600/2000, en la Ley 906/2004 se presenta un tratamiento procesal para los inimputables a partir del cual su condición personal no es objeto de una especial protección por parte del Estado y de su órgano de persecución penal. Por el contrario, toda la estructura de garantías que se supone debe ofrecer el proceso penal se vuelve en su contra. De esta manera las normas sustantivas que regulan la inimputabilidad son transformadas en un "divertimento lingüístico" (Gaviria, 2005, p. 46). La Ley 906/2004 concibe a la a la inimputabilidad no como una situación fáctica real, sino como una estrategia defensiva que puede ser alegada en el juicio. Así, el artículo 344 inciso segundo de la citada ley impone a la defensa el deber de ofrecer el descubrimiento probatorio a la fiscalía de los exámenes periciales que le hubiesen sido practicados al acusado y a partir de los cuales se pretenda fundar la alegación de inimputabilidad durante el juicio oral. En armonía con ello, debe tenerse en cuenta que los exámenes periciales y, por tanto, las declaraciones de los peritos para que estos puedan ser introducidos como prueba en el juicio oral, no pueden referirse a la imputabilidad o inimputabilidad del acusado (Ley 906/2004, art. 421).

Sobre este par de disposiciones normativas puede decirse lo siguiente: en primer lugar, el artículo 344 inciso segundo genera para la defensa una carga probatoria que va en contravía de le presunción de inocencia —núcleo del derecho fundamental al debido proceso— reconocida en el artículo 29 de la Constitución Política. Según la ley procesamiento penal a la fiscalía no le corresponde probar que la persona es inimputable y, por tanto, que ha cometido un injusto típico en el cual no se presentan circunstancias que excluyan la culpabilidad. Por el contrario, la ley procesal establece una presunción legal de imputabilidad, la cual deberá ser derrumbada por la defensa en juicio a través del ejercicio de una defensa afirmativa (López, 2016, p. 195). Esta situación es validada por la Corte Constitucional (Sent. C-591/2005, CConst.) en el control de constitucionalidad de la mencionada ley. En segundo lugar, la Ley 906/2004 pareciera restringir la inimputabilidad a situaciones que el citado artículo 421 denomina como de "insanidad mental", dejando de lado que la inimputabilidad también puede provenir de inmadurez psicológica, de diversidad sociocultural o estados similares, de acuerdo con lo prescrito en el artículo 33 del Código Penal y lo dicho por la Corte Constitucional (C-107/2018, CConst.):

> Sobre el particular, el Código Penal prevé que son tres las situaciones que conllevan a una declaratoria de inimputabilidad, la inmadurez psicológica, el trastorno mental o estados similares. La inmadurez psicológica corresponde a *"la falta de maduración global, severa y perfectamente instaurada, que cobija una o varias áreas de la personalidad del sujeto y que explícitamente impidió, en el momento de cometer su acción, obrar con pleno conocimiento de causa y con libre capacidad de autodeterminación"*. Incluye algunos trastornos como la discapacidad intelectual, trastornos del desarrollo y déficit del proceso global de aprehensión de la realidad sociocultural como el caso de los discapacitados sensoriales con severa deprivación de información, que puede ocurrir en la sordomudez o marginalidad social extrema.

Esta postura reduccionista de la inimputabilidad que contiene el artículo 421 de la Ley 906/2004 es avalada por la Corte Suprema de Justicia. Este órgano judicial en varios pronunciamientos se limita a reiterar que las declaraciones de los peritos en el juicio no pueden referirse a la inimputabilidad del acusado, sin detenerse a considerar que esta norma restringe la inimputabilidad a lo que allí refieren como "insanidad mental" (Sent. 13/2/2013, rad. 39565, CSJ-SCP). También puede apreciarse que esta disposición normativa, por medio de la cual se les impide a los peritos pronunciarse sobre la inimputabilidad del acusado, no guarda armonía con lo prescrito en el Código Penitenciario y Carcelario (Ley 65/1993). En este código de ejecución penal, según se indicó, el dictamen pericial sobre la inimputabilidad tiene incidencia directa sobre las decisiones judiciales que deben ser adoptadas en relación con el sitio de internamiento que se debe asignar para estas personas.

La Ley 906/2004, se insiste, le otorga a los inimputables un tratamiento procesal a partir de una presunción legal de imputabilidad que le correspondería desvirtuar a la defensa durante la audiencia del juicio oral. Pero mientras se llega a ese momento procesal, la persona es sometida a un régimen idéntico al establecido para los imputables. De esta manera se desconocen las normas del Código Penitenciario y Carcelario, a las que ya se ha hecho alusión, generando un tratamiento jurídico no solo incoherente (Molina, 2013, p. 1356) sino que además desconoce el principio de igualdad. Pero más que eso, con lo que es considerado por algunos como un trato "irracional" (Oviedo, 2009, p. 58), se estaría contrariando a la Constitución Política, no solo en lo atinente al desconocimiento de la presunción de inocencia como núcleo del derecho fundamental al debido proceso (art. 29), sino porque de manera flagrante se violaría el principio de igualdad (art. 13). No obstante, existen pronunciamientos de la Corte Constitucional en los cuales se expresa la diferencia de trato que debe disponer el ordenamiento jurídico para la inimputables (Oviedo, 2009, p. 66). A título de ejemplo, es pertinente a traer a colación una sentencia de ese tribunal proferida en el año de 2005:

> La igualdad no consiste en la identidad absoluta, sino en la proporcionalidad equivalente entre dos o más entes, es decir, en dar a cada cual lo adecuado según las circunstancias de tiempo, modo y lugar. Además, la norma funda la distinción —que no es lo mismo que discriminación— en motivos razonables para lograr objetivos legítimos, tales como la seguridad, la resocialización y cumplimiento de la sentencia, que tienen notas directas de interés general y, por ende, son prevalentes. Luego no se trata de una discrecionalidad radical, sino tan solo de un margen razonable de acción, precisamente para que se cumplan la ley y la senten-

cia [...]. Es apenas natural que los inimputables por trastorno mental o inmadurez psicológica, según dictamen pericial, tengan un tratamiento diferenciado, adecuado a sus circunstancias (C-394/2005, CConst.).

Los inimputables y la justicia premial

Desde mediados de la década de 1980 se produjo en nuestro país la introducción en el ordenamiento jurídico de la llamada justicia premial. Como es sabido, ella busca la obtención de sentencias condenatorias por parte del órgano encargado de la persecución penal a cambio de la concesión de beneficios para la persona investigada. De manera palmaria se puede apreciar el fundamento utilitarista de este tipo de instituciones. A partir de aplicar las teorías relativas de la pena al caso, la fiscalía puede negociar con la persona investigada y llegar a un acuerdo sobre los fundamentos y las consecuencias de la aceptación de la responsabilidad penal (Molina, 2012, p. 104). También puede la persona aceptar su responsabilidad penal frente a la imputación que al comienzo de la investigación realice la fiscalía ante el juez de control de garantías. En cualquier caso, ambas formas de justicia premial tienen como presupuesto la formulación de la imputación por parte de la fiscalía y conllevan la renuncia al derecho a un juicio justo.

En la regulación que hace la Ley 906/2004 sobre estas formas de justicia premial no se observa ninguna norma que haga referencia expresa a la situación de las personas inimputables. De hecho, en el año 2013 la Corte Constitucional (C-330/2013, CConst.) —al resolver una demanda de constitucionalidad sobre el tema, no obstante que se declaró inhibida para resolver de fondo— sí manifestó que existe una omisión legislativa absoluta en relación con los mecanismos de justicia premial y su aplicación en relación con las personas inimputables.

Como ya se indicó, la justicia premial tiene como presupuesto la formulación de la imputación por parte de la fiscalía a una persona ante un juez de control de garantías y ella debería tener como presupuesto la acreditación por parte de la fiscalía de la imputabilidad de la persona. Ello es apenas lógico, porque si bien es cierto que las personas inimputables también pueden ser declaradas como penalmente responsables, también lo es que el fundamento de su responsabilidad, como ya se señaló, es diferente al de los imputables, según lo prescribe al artículo 9º del Código Penal. La relevancia entonces de establecer como un presupuesto del acto de imputación la imputabilidad de la persona, tiene consecuencias no solo en el programa metodológico de investigación que debe desarrollar la fiscalía (Ley 906/2004, art. 207), sino también en todas las decisiones restrictivas de derechos fundamentales que se derivan de la formulación de la imputación: así, por ejemplo, la eventual imposición de una medida cautelar, la cual tendría que ser especial, tratándose de una persona inimputable. También cabría considerarse la procedencia de las formas de justicia premial, atendiendo la calidad de inimputable y la causa específica que genera la imputabilidad.

PROPUESTA DE APLICACIÓN NORMATIVA

Más allá de la regulación deficitaria e inconstitucional que frente a los inimputables presenta el Código de Procedimiento Penal (Ley 906/2004), a partir de las normas existentes en el Código Penal (Ley 599/2000) y en el Código Penitenciario y Carcelario (Ley 65/1993), es posible presentar una propuesta hermenéutica encaminada a que se brinde un trato acorde con el respeto de la dignidad humana y las garantías constitucionales (Sotomayor, 1990, p. 212) a las personas que puedan ser consideradas inimputables en el ordenamiento jurídico. Los anterior es viable sin que ello implique, por supuesto, una violación del principio de igualdad en relación con las personas imputables desde la perspectiva jurídico penal (C-297/2002, CConst.).

Como resultado de un ejercicio de interpretación sistemática, pueden plantearse soluciones jurídicas que resulten válidas dentro del marco constitucional vigente, así:

i) Al momento de formular la imputación, la fiscalía debería establecer oficiosamente la posible imputabilidad o inimputabilidad de la persona frente a la cual se pretender reclamar la responsabilidad penal. La misma Corte Suprema de Justicia ha dicho que la fiscalía, como garante de los derechos fundamentales, cuando en un caso pueda vislumbrar que el procesado encuentra en una situación de minusvalía relacionada con las facultades de comprensión y determinación en sus comportamientos, ha de disponer lo necesario en el curso de investigación con el fin de determinar la condición de inimputabilidad del procesado, en aras de brindarle el tratamiento judicial y punitivo adecuado (Auto 2/5/2012, rad. 38607, CSJ-SCP; Auto 11/9/2019, rad. 54058, CSJ-SCP; Sent. 25/11/2020, rad. 52671, CSJ-SCP). Pero más allá de que la fiscalía vislumbre una situación de inimputabilidad, lo que aquí se plantea es un mandato de verificación de las cuestiones previas a resolver antes de proceder con la formulación de imputación. Eventualmente, ante una omisión de la fiscalía en ese sentido, podría el juez de control de garantías, como juez constitucional, ordenar de manera oficiosa los dictámenes procedentes a efectos de verificar la situación (Posada, 2015, p. 79).

Sobre este punto es interesante resaltar que la Corte Suprema de Justicia señaló a finales del año 2020 que si el juez de control de garantías "[...] advierte que el indiciado presenta alguna discapacidad mental, intelectual o sensorial, previo a viabilizar la imputación, deberá interrogar al fiscal del caso sobre las actividades investigativas pertinentes y las gestiones realizadas para garantizar el tratamiento igualitario de aquél; además, podrá solicitar información al mismo indiciado, a sus familiares y/o acompañantes, y a su defensor" (Sent. 25/11/2020, rad. 52671, CSJ-SCP).

ii) Si se determina que la persona es inimputable, deberían ser establecidas además las causas de la inimputabilidad, porque de ello dependerá el régimen procesal subsiguiente. Así, por ejemplo, si la inimputabilidad se deriva de diversidad sociocultural, no sería procedente la imposición de medidas cautelares de carácter personal, ni medidas de protección, según lo ha establecido expresamente la

Corte Constitucional (C-370/2002, CConst.). Frente a otras causas de inimputabilidad, como el trastorno mental transitorio o permanente con base patológica, sería procedente la internación en establecimientos de carácter asistencial especializados en tratamiento psiquiátrico y rehabilitación mental, con miras a la inclusión familiar, social y laboral (Ley 65/1993, art. 24). En ningún caso se podría ordenar la detención preventiva en centro carcelario. Sin embargo, las medidas cautelares no privativas de la libertad (Ley 906/2004, art. 307, lit. B) podrían ser consideradas por el juez de control de garantías, siempre y cuando sean adecuadas la situación de las personas *sub judice* teniendo en cuenta los fines de las medidas cautelares.

iii) También la posibilidad de acudir a los mecanismos de justicia restaurativa dependería del tipo de inimputabilidad. Así, en lo que respecta a la mediación, la persona inimputable podría hacer uso de ésta en su condición de victimario, siempre y cuando esté asistida por su representante legal (Ley 906/2004, art. 525, inc. 2°). En los casos de trastorno mental transitorio, con base y sin base patológica, sería procedente la indemnización integral frente a las víctimas. Ese hecho procesal, la indemnización integral, generaría como consecuencia jurídica la extinción de la acción penal a favor de la persona investigada o acusada (Ley 599/2000, art. 75).

iv) En materia de justicia premial, el diagnóstico temprano de la inimputabilidad y de las causas que la generan también tendría relevancia. Así, en los casos de trastorno mental transitorio, sería viable tanto la aceptación de la imputación como los preacuerdos con la fiscalía, teniendo presente –por supuesto– que atendiendo a la calidad de inimputable la consecuencia jurídica derivada sería una medida de seguridad y no una pena (Código Penal, arts. 5° y 69). En algunos eventos procedería la imposición de una pena accesoria o restrictiva de otros derechos, cuando esta sea necesaria para posibilitar el cumplimiento de los fines de la medida de seguridad.

v) Nada de lo anterior obsta para que en los casos en los cuales la actuación avance hasta la etapa de juicio se realice allí la discusión sobre la inimputabilidad de la persona procesada. Pero, se advierte, teniendo en cuenta que durante el trámite previo la persona haya sido objeto de consideración de acuerdo con sus circunstancias particulares establecidas desde el momento previo a la formulación de la imputación. Esto resulta de especial importancia, porque muchas veces el diagnóstico de la inimputabilidad resulta muy tardío (Agudelo, 2019, p. 30), y mientras que este llega se puede materializar una injusticia que las más de las veces solo podría ser solucionada a través del ejercicio de una acción de revisión (Ley 906/2004, art. 191, inc. 3º).

CONCLUSIONES

Luego de los planteamientos expresados a lo largo de este texto se puede arribar a las siguientes conclusiones: en primer lugar, el modelo de proceso penal contenido en la Ley 906/2004, no presenta una idoneidad de cara a la aplicación de las normas penales sustantivas atinentes a la regulación de la responsabilidad penal de los inimputables. En sentencia de finales del año 2020 la Corte Suprema de Justicia se pronunció en un sentido similar sobre este aspecto y dijo que en el modelo de proceso penal según la Ley 906/2004 "[…] se establecen reglas procesales idénticas para todos los destinatarios sin tener en cuenta que pueden llegar a convertirse en barreras de acceso a garantías fundamentales frente a grupos poblacionales que se encuentran en condiciones físicas o psicológicas desiguales" (Sent. 25/11/2020, rad. 52671, CSJ-SCP). Ello es evidente si se observa el trámite ordinario de un proceso penal conforme a las previsiones de la Ley 906/2004, en cuya virtud los aspectos relativos a la inimputabilidad únicamente pueden plantearse en sede de la audiencia del juicio oral siempre y cuando, de manera previa, en la audiencia de formulación de la acusación la defensa haya manifestado que "hará uso de la inimputabilidad". En el caso de las actuaciones que terminan con aceptación temprana de la responsabilidad penal el asunto es más dramático aún: la persona, incluso siendo posiblemente inimputable, puede renunciar al juicio de manera válida y someterse a una de las formas de justicia penal contempladas en la ley, tales como el allanamiento a los cargos formulados en la imputación o la celebración de un preacuerdo con la fiscalía. Sobre este punto, la Corte Constitucional admite que se presenta una omisión legislativa absoluta, es decir, que el tribunal reconoce que el legislador no creó normas específicas que regulen estas materias. Sin embargo, se sigue admitiendo como válida la aceptación de responsabilidad penal de los inimputables. De esta manera se le otorga a estas personas un trato diferenciado totalmente desfavorable, declarando en su contra una responsabilidad penal como imputables y siendo, por tanto, destinatarios de la imposición de penas en vez de la eventual medida de seguridad que le habría correspondido. Todo esto parecería hacerle honor a la falta de garantías y la desprotección que históricamente han afectado a los inimputables (Sotomayor, 1986, p. 318).

También se puede evidenciar, a modo de una segunda conclusión, que la normatividad existente está permeada por un alto nivel de incoherencia. En este sentido se observa que la regulación del Código Penal (Ley 599/2000) presenta una estructuración dogmática de la inimputabilidad y unas consecuencias jurídicas derivadas de ésta que no tienen acogida en las estructuras procesales de la Ley 906/2004. Además, las previsiones normativas de esta última distan mucho de lo que prescribe el Código Penitenciario y Carcelario (Ley 65/1993) en lo que toca con las medidas cautelares imponibles y su ejecución, cuando se trata del procesamiento penal de una persona inimputable. Esto comporta para el operador jurídico la necesidad de realizar un ejercicio de interpretación sistemática para lograr una aplicación de todo el conjunto normativo que vaya en armonía con el texto de la Constitución Política y los pronunciamientos de la Corte Constitucional que abogan por un tratamiento procesal favorable para los inimputables, atendiendo a sus especiales condiciones y a su vulnerabilidad frente al ordenamiento jurídico.

Puede afirmarse también, en tercer lugar, que las normas de la Ley 906/2004 privilegian la forma sobre el fondo, y en este tema no se ha presentado el debate adecuado de cara a racionalizar y humanizar el tratamiento procesal para los inimputables. De hecho, la jurisprudencia de la Corte Suprema de Justicia, en su gran mayoría, solo hace énfasis en que la imputabilidad es una estrategia defensiva que debe ser anunciada por parte de la defensa en la audiencia de formulación de la acusación. Resulta paradójico que la etapa de investigación, según lo prescribe la Ley 906/2004, comience con la formulación de la imputación; y sin embargo no exista el mandato expreso para que la fiscalía realice un diagnóstico previo de imputabilidad. Así, pues, la imputabilidad debería ser considera como un presupuesto para vincular a una persona a la investigación. Con todo, la ley presume que todas las personas que son objeto de una investigación son imputables y que dicha presunción puede ser desvirtuada por la defensa, siempre y cuando se llegue al juicio. A no dudarlo esta forma de entender las cosas evidencia una transgresión el derecho fundamental al debido proceso, dado que por esa vía se invierte la carga de la prueba toda vez que al titular de la persecución penal se le exonera de cumplir con la demostración de los presupuestos de la responsabilidad penal.

De todo lo anterior aparece una cuarta conclusión: urge la realización de una reforma legislativa orientada a llenar los vacíos legales existentes y dotar de coherencia el ordenamiento jurídico en estas materias. En efecto, tratándose de la aceptación de responsabilidad penal por medio de la renuncia al juicio, la Corte Constitucional ha reconocido que existe un vacío legislativo absoluto. No obstante que ese pronunciamiento data del año 2013, hasta el día de hoy nada se ha hecho por remediar esta situación en sede legislativa. Tan solo a finales del año 2020 la Sala de Casación Penal de la Corte Suprema de Justicia emitió una decisión de casación en la cual urge a realizar una reforma legal en estos temas. Afirmó el máximo órgano de la jurisdicción penal ordinaria que "[...] resulta indispensable que el Congreso de la República, sin más demora, estructure reformas al proceso penal, inclusive la creación de uno especial de ser necesario, que sean suficientes y pertinentes para garantizar el acceso efectivo de los procesados que se encuentren en esa situación especial, especialmente por razones mentales y/o sensoriales, más aún cuando la misma pueda tener relación con una causal de inimputabilidad" (Sent. 25/11/2020, rad. 52671, CSJ-SCP). Así, pues, está claro que las normas penales sustantivas sobre la inimputabilidad no guardan armonía con la regulación del proceso penal de la Ley 906/2004, y que este no es un medio idóneo que posibilite su aplicación u operatividad real. Quizá pueda advertirse que entre el Código Penitenciario y Carcelario (Ley 65/1993) exista cierta coherencia con lo que prescribe el Código Penal. Por ello, se hace urgente actualizar los contenidos de la Ley 906/2004 para que esta pueda ser ubicada satisfactoriamente dentro del engranaje jurídico del sistema penal colombiano y la Constitución Política.

Finalmente, y como coloquialmente fuera expresado hace cuatro décadas, hoy también cabe hacer una "súplica por los locos" (Escobar, 1982): no obstante que desde el año 1991 la sociedad suscribió una constitución política que declara a Colombia como un Estado social de derecho fundado en el respeto a la dignidad humana (Const. Pol., art. 1), en pleno siglo XXI se deja de lado a las personas que según el artículo 33 del Código Penal pueden ser consideradas inimputables, desconociendo su particular situación de vulnerabilidad y dejándolas a la deriva, en un verdadero estado de indefensión, dentro de un proceso penal que no ha sido diseñado para garantizar sus derechos.

REFERENCIAS

Agudelo, N. (2019). *El trastorno mental transitorio sin base patológica: fundamentos para su diagnóstico*. Ediciones Nuevo Foro.
Binder, A. (2002). *Introducción al derecho procesal penal* [2º ed.]. Ad-Hoc.
Auto (2012, mayo 2). Recurso de casación. Radicado 38607. Magistrado Ponente: Julio Enrique Socha Salamanca. Corte Suprema de Justicia, Sala de Casación Penal [Colombia].
Auto AP3862-2019 (2019, septiembre 11). Radicado 54058. Magistrado Ponente: Eugenio Fernández Carlier. Corte Suprema de Justicia, Sala de Casación Penal [Colombia].
Escobar, J. G. (1982). Súplica por los locos. *Nuevo Foro Penal, 12* (13), 549-565.
Gaviria, J. (2005). La inimputabilidad: concepto y alcance en el Código Penal colombiano. *Revista colombiana de psiquiatría*, vol. XXXIV, N.º 1, 26-48.

Gómez, J. L. (2008) *El sistema de enjuiciamiento criminal propio de un Estado de Derecho*. Instituto Nacional de Ciencias Penales.

López, A. M. (2016). Estándar de la prueba y defensas afirmativas en el proceso penal. Análisis con referencia al caso colombiano y español. *Nuevo Foro Penal, 12* (86), 151-192.

Molina, R. (2012). *La conformidad en el proceso penal*. Grupo Editorial Ibáñez, Uniandes & Universidad Pontificia Bolivariana.

Molina, R. (2013). El desordenamiento jurídico penal colombiano. En: F. Velásquez et al. [Coords.]. *Derecho penal y crítica al poder punitivo* (Tomo 2, pp. 1353-1364). Grupo Editorial Ibáñez, Uniandes & Universidad Pontificia Bolivariana.

Oviedo, M. L. (2009). Evolución del concepto de la inimputabilidad en Colombia. *Via Iuris*, N.º 6, 54-70.

Posada, R. (2015). Hacia un nuevo modelo procesal acusatorio para los inimputables y quienes padezcan un grave estado de salud mental. En A. F. Duque Pedrosa (Coord.), *Perspectivas y retos del proceso penal* (pp. 57-81). Universidad Pontificia Bolivariana.

Reyes, A. (1976). *La imputabilidad*. Universidad Externado de Colombia.

Roxin, C. & Schüneman, B. (2019). *Derecho procesal penal* [29º ed. Alemana]. Didot.

Schünemann, B. (2005). *La reforma del proceso penal*. Dykinson.

Sentencia C-394 (1995, septiembre 7). Demanda de inconstitucionalidad [Expediente D-800]. Magistrado Ponente: Vladimiro Naranjo Mesa. Corte Constitucional [Colombia]. https://www.corteconstitucional.gov.co/relatoria/1995/C-394-95.htm

Sentencia C-297 (2002, abril 24). Demanda de inconstitucionalidad [Expediente D-3745]. Magistrado Ponente: Eduardo Montealegre Lynett. Corte Constitucional [Colombia]. https://www.corteconstitucional.gov.co/relatoria/2002/C-297-02.htm

Sentencia C-370 (2002, mayo 14). Demanda de inconstitucionalidad [Expediente D-3751]. Magistrado Ponente: Eduardo Montealegre Lynett. Corte Constitucional [Colombia]. https://www.corteconstitucional.gov.co/relatoria/2002/c-370-02.htm

Sentencia C-591 (2005, junio 9). Demanda de inconstitucionalidad [Expediente D-5415]. Magistrada Ponente: Clara Inés Vargas Hernández. Corte Constitucional [Colombia]. https://www.corteconstitucional.gov.co/relatoria/2005/c-591-05.htm

Sentencia C-330 (2013, junio 5). Demanda de inconstitucionalidad [Expediente D-9386]. Magistrado Ponente: Luis Ernesto Vargas Silva. Corte

Constitucional [Colombia]. https://www.corteconstitucional.gov.co/relatoria/2013/C-330-13.htm

Sentencia C-107 (2018, octubre 31). Demanda de inconstitucionalidad [Expedientes D-12608 y D-12625]. Magistrado Ponente: Luis Guillermo Guerrero Pérez. Corte Constitucional [Colombia]. https://www.corteconstitucional.gov.co/relatoria/2018/C-107-18.htm

Sentencia (2013, febrero 13). Acción de revisión 39565. Proceso N.º 22814. Magistrado Ponente: Gustavo Enrique Malo Fernández. Corte Suprema de Justicia, Sala de Casación Penal [Colombia].

Sentencia SP4760-2020 (2020, noviembre 25). Recurso de casación. Radicado 52671. Magistrada Ponente: Patricia Salazar Cuéllar. Corte Suprema de Justicia, Sala de Casación Penal [Colombia].

Sotomayor, J. O. (1986). Consideraciones sobre el fundamento de las medidas de seguridad en el derecho penal colombiano. *Nuevo Foro Penal, 12* (33), 297-322.

Sotomayor, J. O. (1990). Crítica a la peligrosidad como fundamento y medida de la reacción penal frente al inimputable. *Nuevo Foro Penal, 12* (48), 199-213.

Velásquez, F. (2019) El proceso penal de tendencia acusatoria: entre la inoperancia y el reformismo. *Revista de Ciencias Sociales*, N.º 74, 39-82.

Notas para una reforma a la legislación penitenciaria y carcelaria

Jesús Antonio Muñoz Gómez[*]

A la memoria de Jesús María Valle Jaramillo, defensor de derechos humanos.

RESUMEN: La legislación penal en materia de penas tiene como eje la privación de la libertad lo cual no posibilita la resocialización del penado; hoy no solo ha hecho crisis el modelo resocializador sino también sus elementos fundamentales, el trabajo y la moral del trabajo. A pesar de la crisis, el modelo resocializador sigue vigente en el sistema jurídico, desde las normas de mayor jerarquía, pasando por la ley, la Jurisprudencia, hasta llegar a los reglamentos carcelarios y penitenciarios. Este trabajo muestra los diversos aspectos a considerar de cara a una futura reforma del Código Penal y Penitenciario; no obstante, advierte que no hay conciencia de la necesidad de una reforma ni tampoco voluntad política para hacerla. Sin embargo, postula que debe hablarse de ella y definirla como una necesidad.

Palabras claves: Resocialización, crisis, privación de la libertad, hacinamiento carcelario, reforma.

INTRODUCCIÓN

La legislación de penas, a partir del primer código, el Decreto 1405 de 1934, pasando por el Decreto 1817 de 1964, la Ley 65 de 1993 y la reforma del 2014 (Ley 1709), tuvo como eje el modelo resocializador. Esta última reforma, a pesar de importantes avances, al introducir la oralidad

---

[*] Abogado en ejercicio; profesor universitario. Autor de diversos trabajos en materia de penología y criminología. Correo electrónico: tonomunoz29@hotmail.com

en las actuaciones que se desarrollan en la ejecución de la sanción penal, el enfoque diferencial, al traer nuevas formas punitivas —v. gr. la seguridad electrónica— como sustitutivas de la prisión, las audiencias virtuales, los avances en salud, entre otros, dejó intacto el modelo del Código en cuanto a que su eje sigue siendo la resocialización.

La legislación de penas tiene como centro la privación de la libertad, como si ella fuera la única forma de castigo, la pena por excelencia, la pena por naturaleza. Ignora las demás formas punitivas. El problema del hacinamiento carcelario, fuente de conflictos y corrupción se ha tornado permanente (Sent. T-153/1998, CConst.; Sent. T-388/2013, CConst.; Sent. T-762/2015, CConst.). Aunque del año 2019 al 2021 se presentó una disminución considerable en el índice de hacinamiento —del 54,3% al 20,5%— en los establecimientos del orden nacional (INPEC, 2022, p. 24), este fenómeno continúa siendo una dificultad central. Esta caída se presentó más por cambios en las construcciones jurídicas de los operadores judiciales y la parálisis de la justicia frente a la pandemia, que por aplicación del Decreto 546 del 2020, que expidió el gobierno para "proteger" a la población reclusa del coronavirus; este Decreto estableció muchas restricciones para sustituir la pena de prisión y detención preventiva, por prisión y detención domiciliarias, razón por lo cual fue calificado como una legislación ineficaz y meramente simbólica (Manifiesto, 2020).

Estos tres aspectos, la crisis de la resocialización, la exclusión de las otras formas punitivas y el hacinamiento justifican una reforma, que ya no debería llamarse legislación carcelaria y penitenciaria, sino denominarla con otro nombre en cuya virtud se indique que la privación de la libertad no es la única forma de castigo. Lo anterior implica que se debe cambiar algo más que la legislación carcelaria y penitenciaria.

ELEMENTOS TEÓRICOS UTILIZADOS

Son útiles para la construcción de un marco teórico adecuado de una reforma a la legislación penitenciaria y carcelaria, los siguientes elementos teóricos:

Los conceptos de sistema penal y criminalidad

Se entiende por sistema penal no un complejo estático de normas sino un conjunto dinámico de funciones (Baratta, 1982, p. 24), que abarca los procesos formales e informales de criminalización. Es decir, comprende las reacciones oficiales de creación de las normas penales, su aplicación por parte de las autoridades policivas, administrativas y judiciales y la fase de ejecución de las sanciones penales. Igualmente, comprende las reacciones sociales informales a los anteriores procesos. Ello permite comprender que, lo sucedido en el último eslabón del sistema penal, en la ejecución de las sanciones penales, no es algo aislado e independiente de lo que sucede en sus otros segmentos. También nos permite identificar las fuerzas económicas, sociales y culturales que animan las distintas reacciones (Garland, 2005, p. 20). En este contexto parece de mucha utilidad la perspectiva de la totalidad del campo del control del delito y de la justicia penal propuesta por Garland, solo que esta vez se debe utilizar no para entender una reforma ya producida sino para promover un cambio.

Estrechamente ligado al concepto anterior, se concibe la criminalidad como una realidad socialmente construida a través de complejos procesos de acción y reacción, de definición y selección. No es entonces una realidad ontológica, naturalística. Ello implica que se esté atados fatalmente a una determinada situación penitenciaria. Como construcción es posible que se haga de otra manera.

El modelo integral de ciencia penal

Por último, se necesita utilizar un modelo integral de ciencia penal (Ferrajoli, 2011), que permita a través de la convergencia de varias disciplinas conocer la eficacia de las penas, sus funciones reales y establecer mecanismos de control para responsabilizar al sistema penal de sus consecuencias indebidas.

ASPECTOS A TENER EN CUENTA EN UNA REFORMA PENITENCIARIA Y CARCELARIA

Una reforma a la legislación de penas debería tener en cuenta las siguientes materias.

El origen de la prisión. El concepto de lo penitenciario. Moralidad y penalidad

Se hace una breve referencia a la génesis de la institución carcelaria, porque ella ha marcado hasta hoy el modelo penitenciario. Para entender cabalmente la posición expuesta sobre las reformas penitenciarias, es necesario remontarse muy brevemente a las interpretaciones que se dieron en los años 70 y 80 del siglo XX sobre el porqué de la prisión. Se hace referencia a los trabajos de Michel Foucault, Darío Melossi y Massimo Pavarini porque son los estudiosos más representativos de visiones que se consideran antagónicas, aunque podrían más bien entenderse como complementarias.

El análisis de Foucault parte de un problema que debe resolverse, porque plantea una discontinuidad. Consiste en explicar por qué razón la prisión a partir del Código Penal francés de 1791 conquista casi todo el ámbito de la penalidad, cuando era una forma de pena que no estaba presente en los proyectos de reforma de los legisladores franceses del siglo XVIII. Además, era criticada por muchos reformadores por varias razones: No respondía a la diversidad de los delitos; estaba desprovista de efectos sobre el público; era inútil, perjudicial, costosa; mantenía a los reos en el ocio; multiplicaba sus vicios; era incontrolable; generaba arbitrariedad; y, en fin, porque era ejercicio de la tiranía (Foucault, 1978, p. 118).

Esta forma de penalidad es lo más contrario a las ideas de Beccaria y los reformadores franceses porque no intenta señalar lo que es socialmente útil, sino que trata de ajustar al individuo. La penalidad del siglo XIX insistirá en el control y la reforma sicológica y moral de los individuos. Desde esta visión, el concepto desarrollado fue el de *la peligrosidad*, para el cual el sujeto debe ser evaluado más sobre la base de sus virtualidades que de sus actos (Foucault, 1980, pp. 96 y ss.). Esta labor de disciplinamiento no se puede realizar en una única institución. Tendrá lugar en toda una red institucional de secuestro.

¿Para qué sirve esta red institucional de secuestro, se pregunta Foucault (1980, p. 129)? En primer lugar, las instituciones pedagógicas, siquiátricas, médicas, penales, industriales, etc. controlan la casi totalidad del tiempo de los individuos (Foucault, 1980, pp. 129 y ss.). La sociedad moderna es relativamente indiferente al control espacial. En ella lo que importa es el control del tiempo; que lo pongan a su disposición. Es preciso que el tiempo de los hombres se convierta en tiempo productivo, de trabajo.

La segunda función de estas instituciones de secuestro, según Foucault, consiste en controlar el cuerpo de los sujetos, que adquiere una significación diferente: deja de ser el blanco de tormentos y suplicios, para tornarse en algo que debe ser educado, formado, debe adquirir aptitudes, etc. Es decir, debe convertirse en fuerza de trabajo (Foucault, 1980, pp. 132-133), esto es, "la disciplina fabrica así cuerpos sometidos y ejercitados, cuerpos dóciles" (Foucault, 1978, pp. 141-142).

La tercera función de las instituciones de secuestro consiste en la creación de un nuevo poder que tiene muchas aristas, un poder polimorfo, polivalente (Foucault, 1980, pp. 132-136). En algunos casos hay una especie de poder económico. En las fábricas está representado en un salario a cambio de la fuerza de trabajo. En otras instituciones por el valor de los servicios que prestan. Es a su vez poder político, en cuanto las directivas imponen reglamentos, dan órdenes, toman medidas, aceptan o expulsan sujetos, etc. Es también, una especie de poder judicial. Piénsese en los sistemas disciplinarios presentes en las prisiones, en las escuelas, en las fábricas, en los cuarteles, en los colegios, etc.

Por último, ellas desarrollan un poder epistemológico, la posibilidad de extraer un saber sobre los internos. Este saber se manifiesta de dos maneras: en primer lugar, como saber técnico, extraído de su forma de actuar. En segundo término, hay un saber que se forma de la observación y clasificación de los sujetos, del registro, del análisis de sus comportamientos, etc. Es el saber que han desarrollado la Siquiatría de la observación de los locos, la Criminología de la observación de los delincuentes, la Pedagogía de la observación de los educandos, la Medicina de la observación de los hospitalizados, etc. Todas estas nuevas formas de saber, darán lugar a nuevas formas de poder y control. Por ello, cuando se examinan esta serie de instituciones de secuestro, nos encontramos ante una envoltura general, un gran mecanismo de transformación que tiene por objeto hacer que el tiempo y el cuerpo de los hombres se transforme en fuerza productiva. Esta red institucional de secuestro asegura este objetivo (Foucault, 1980, p. 136).

Todo este análisis permite explicar por qué razón la prisión, que era una institución extraña al derecho penal, logró imponerse en el ámbito de la penalidad. Ella "era la forma concentrada, ejemplar, simbólica, de todas las instituciones de secuestro creadas en el siglo XIX" (Foucault, 1980, p. 137). Tiene la misma estructura de todas las demás instituciones de secuestro. "La prisión es la imagen de la sociedad, su imagen invertida, una imagen transformada en amenaza" (Foucault, 1980, p. 137). Ella emite dos discursos: he aquí lo que la sociedad es. Por ello no me pueden condenar porque soy igual a las demás instituciones. Hago a los internos lo que diariamente les hacen en la fábrica, la escuela, etc. Pero al mismo tiempo emite otro discurso: la mejor prueba de que no estáis en prisión, es que existo como institución independiente solo aplicable a infractores de la ley penal (Foucault, 1980, p. 137).

De esta forma, "la prisión se absuelve de ser tal, porque se asemeja al resto y al mismo tiempo absuelve a las demás instituciones de ser prisiones, porque se presenta como válida únicamente para los que cometieron una falta" (Foucault, 1980, p. 137). Esta ambigüedad de la prisión, es lo que para el autor explica su éxito. Según Foucault, "La práctica de la prisión no estuvo por lo tanto, implicada en la teoría penal. Nació en otra parte y se formó por otras razones" (Harcourt,

2016, p. 338). Penitenciario viene de penitencia. La penalidad proviene de la infracción a la ley. De lo definido como socialmente perjudicial, sin referencia a la falta moral o religiosa. Se trata entonces de aquello que según la ley causa un daño social.

Lo específico de lo penitenciario, extraño a lo penal, es la moral, que se va a formar sobre la base de la moral del contrato. Es decir, sobre la base del respeto de la propiedad privada, de la diferenciación de los ilegalismos de bienes y sobre los derechos y el disciplinamiento de la fuerza de trabajo.

> Este es el origen del análisis genealógico de la forma prisión: una genealogía por abajo del asceta cuáquero, que convierte el cuerpo indócil en fuerza de trabajo, donde se despliega la idea de la falta y el pecado y donde encontramos la primera mención del término "penitenciario" (*penitentier*): "término increíble", dice Foucault. Es "el primer verdadero injerto de la moral cristiana en el sistema de la justicia criminal". Este primer injerto, ligado al concepto de penitencia según los cuáqueros, da origen al sistema penitenciario, al registro de antecedentes penales, al "criminal como objeto de saber, a las ciencias criminológicas y sicopatológicas y a la incorporación de los sacerdotes a la prisión" (Harcourt, 2016, pp. 338-339).

Se trata sin duda de algo paradójico puesto que, de un lado, se presenta la distinción entre moral y derecho, aspecto presente en el discurso de los reformadores y, de otro lado, la moralización del castigo a través de lo penitenciario. Esta ambigüedad nunca superada subsiste hasta hoy. Así, por ejemplo, el C. Pen., art. 62, inciso 2.º, establece que al ingresar un condenado a una penitenciaria éste será sometido al examen de que trata el artículo anterior —se refiere al examen de ingreso— y, además, se iniciará su evaluación social y moral de acuerdo a las pautas señaladas para la aplicación del régimen progresivo, debiéndose abrir la respectiva cartilla biográfica. Igualmente, al tratar sobre la educación como elemento del tratamiento penitenciario, el art. 94 del C. Pen. señala que, el método pedagógico tendrá en cuenta los propios del sistema penitenciario el cual enseña y reafirmará en el interno, entre otros, su sentido moral.

La moralización de lo penal, que hace parte de una pretensión de una moralización general de la nueva clase dominante, es la condición de aceptabilidad de la forma prisión. En consecuencia, es el elemento de la penitencia el que, insertado en el sistema penal por la moralización de la criminalidad y el castigo, "hará tolerable la prisión y permitirá su difusión. El elemento coercitivo de la moralidad y la penitencia es la "condición de aceptabilidad de la prisión" (Harcourt, 2016, p. 339). Ya no se necesita la moralidad como condición de aceptabilidad de la prisión, como en sus orígenes, puesto que ella logró afianzarse en forma sólida como institución social y, por el contrario, precisa un discurso que ayude más bien a desmontarla, y para ello en la actualidad debe utilizarse el discurso de los derechos humanos.

La obra de Melossi y Pavarini es mucho más compleja, porque integra el economicismo de Rusche y el aporte de la disciplina de Foucault, integración a la que le da una base sólida a partir de los postulados marxistas sobre la formación del proletariado. Para estos autores, la transformación del siervo de la gleba en trabajador libre, o en otros términos, la formación del proletariado, es el aspecto fundamental a considerar (Melossi & Pavarini, 1980, pp. 29 y ss.). Las casas de corrección y posteriormente la cárcel tienen una muy precaria significación como lugar de producción de mercancías. Por el contrario, adquieren gran importancia si se les considera como instituciones productoras de hombres disciplinados, dóciles, susceptibles de ser aprovechados por un aparato productivo (Melossi & Pavarini, 1980, p. 36).

Para estos autores, la función de la casa de trabajo, en Inglaterra y Holanda, ese antecedente inmediato de la moderna prisión, es más compleja que la de tasar simplemente el salario libre o al menos hay que entender este aspecto en su significado más amplio, como control de la fuerza de trabajo, de su educación y domesticación. Esto es, como el aprendizaje de la disciplina de su nuevo estado, o transformación del ex trabajador agrícola expulsado de su tierra en obrero (Melossi & Pavarini, 1980, p. 36). El poder saber del que habla

Foucault, dio lugar al nacimiento del conocimiento criminológico y se constituyó en la base del tratamiento penitenciario, junto con el disciplinamiento del trabajador y su moralización. Todo ello, tendiente a lograr la nueva finalidad dominante de la sanción penal, la resocialización del delincuente.

En síntesis, tenemos dos aspectos importantes a considerar, en relación con el aspecto histórico: el disciplinamiento del trabajador, destacado por Foucault y Melossi-Pavarini, y el aspecto moral y el conocimiento del hombre encarcelado resaltados por Foucault. Pero ello es el pasado, que, a pesar de serlo, todavía incide, puesto que fue la base del modelo resocializador.

Lo importante de la revisión histórica, es que permite ver las profundas raíces que la prisión tiene con lo social, el vínculo con el desarrollo capitalista, en su aspecto material y con el mundo de las relaciones sociales, y a su vez, posibilita una reflexión profunda. ¿Esos vínculos se conservan en la actualidad? ¿Hay relación entre la cárcel actual y el capitalismo financiero dominante, o con el llamado capitalismo de la vigilancia? (Zuboff, 2020, p. 21). Sin duda, ese nexo es cada día más tenue, en primer lugar, porque hoy es más importante el disciplinamiento para el consumo que para la producción. Y, en segundo lugar, porque el conocimiento que se obtiene de los sujetos, ya no parte de la observación y la clasificación de los que sufren el encierro, sino del hecho de estar conectados a las redes de computadores. Piénsese en que el llamado capitalismo de la vigilancia obtiene su materia prima del rastro que se deja al navegar por las redes, procesa esa información con inteligencia de máquinas para obtener un conocimiento y perfil de los individuos, que le sirve para controlar el comportamiento humano, con fines comerciales (Zuboff, 2020, p. 21). Pero este conocimiento y control pueden variar para otros fines, como los políticos o los simplemente penales.

Es de esperar entonces que el mundo de lo digital deje sentir su influencia en una futura reforma de los sistemas de penas. Y ello es preocupante, porque es invasivo, desconocido, imperceptible, secreto y además está controlado por el neoliberalismo. Que no pase con lo digital, lo mismo que le sucedió a Beccaria con las disciplinas. Según Foucault (1980, p. 101) fue un gran reformador, pero no vio que los mecanismos disciplinarios lo invadían por todas partes. La historia social muestra como en sus orígenes las prisiones aportaron su granito de arena para el despegue de un sistema que generó mucha riqueza, pero que a su vez produjo también desigualdad. Uno de los grandes retos de una reforma carcelaria y penitenciaria es impedir que se amplíe la cobertura de la prisión y ello genere más desigualdad, en un país como Colombia caracterizado por profundas desigualdades. O lo que es peor, que los poderes digitales invadan a plenitud los espacios y terminen aniquilando no solo la libertad de los penados, sino la de todos.

Además, se debe tener en cuenta que nuestro pasado es diferente como se expone a continuación.

¿Cómo fue en Colombia el proceso de introducción de las prisiones?

Deben tenerse en cuenta dos aspectos. El primero, es que la potencia colonizadora –España– no tenía un desarrollo capitalista y utilizó para el control de la población nativa más el sistema religioso que el penal. Los bienes representativos de la riqueza en esa época eran los metales, el oro sobre todo y la tierra, y ellos eran de propiedad de los nativos. El poder colonial requería legitimar el despojo de esos bienes por parte de los conquistadores y colonizadores. Y, el segundo, que cuando se produjo la independencia del poder colonial no se accedió al desarrollo capitalista. No existió un aparato productivo que demandara mano de obra disciplinada en los términos de la racionalidad capitalista, puesto que aquí el capitalismo fue prácticamente inexistente antes de finales del siglo XIX y las primeras décadas del siglo XX.

El proceso de introducción de las prisiones fue muy diferente. Los intentos de industrialización en Colombia no se pueden ubicar antes de la década de los años 30 del siglo XX. De suerte que las legislaciones que introdujeron la privación de la libertad durante el siglo

XIX, no se correspondían con el desarrollo económico y social del país. Es más, la legislación de comienzos del siglo XX, más coherente con el desarrollo del país, insistía en la creación de colonias agrícolas penales, con la idea de expandir la frontera agrícola y disciplinar la figura del campesino y no de la inexistente clase obrera. La sumisión de las clases bajas se realizó de otra forma, a través de instituciones tales como la encomienda, la esclavitud, la mita, los obrajes, el concierto, la colonización, etc., y con finalidad diferente a la racionalidad capitalista. Por ello, existen hoy burocracias torpes, ineficientes, pero sumisas y obedientes.

La excepción fue la industrialización antioqueña, cuyas características se asemejan más al modelo europeo. En sus comienzos, los empresarios paisas pretendieron difundir las labores de tejidos en los orfelinatos y prisiones. Fabricato, que puede considerarse el modelo de industrialización antioqueña, utilizó un internado anexo a la empresa, para el disciplinamiento de sus trabajadoras, pero, además, controló el sindicato, la recreación, la utilización del tiempo libre, la salud, la vivienda, la educación, las creencias religiosas y la sexualidad (Arango, 1991, p. 36). Esta función de disciplinamiento de la clase obrera que en sus orígenes cumpliera la prisión ya no es posible que la desarrolle. Hoy en día éste se obtiene desde el nacimiento de los sujetos en otras instituciones, en forma más eficaz y con menores costos (Wacquant, 2000).

Cuando el desarrollo capitalista encontraba las condiciones favorables para la industrialización, la sociedad colombiana cayó en una profunda crisis, que no solamente frustró la industrialización, sino que puso entre paréntesis sus principales instituciones, las cuales no funcionaron, entre ellas el sistema penal y la privación de la libertad. Los particulares ejercieron "justicia" por cuenta propia, el Estado lo hizo por fuera de las vías institucionales. Fue la violencia de los años 50 del siglo pasado. Estas violencias se han reproducido hasta nuestros días, con la intervención de grupos armados al margen de la ley, guerrillas, grupos paramilitares, delincuencia organizada de narcotraficantes, entre otros. Los costos en derechos humanos han sido muy altos para la sociedad.

Por ello urge una nueva ética, bajo la óptica del respeto a los Derechos Humanos, empezando por el respeto al derecho a la vida y demás derechos individuales, a los derechos económicos, sociales y culturales y el respeto del medio ambiente; la Corte Constitucional señaló que la protección de los derechos humanos de los condenados es uno de los elementos del estándar mínimo que debe cumplir una Política Criminal coherente (Sent. T-762/2015, CConst.). Una reforma penitenciaria debe tener como directriz una ética respetuosa de los derechos humanos. La vieja ética contractual con la cual se forjó el proceso de disciplinamiento de la época del nacimiento de la prisión ha quedado atrás. Se necesita una ética respetuosa de la vida y los derechos humanos, del medio ambiente, antes que una moral religiosa, contractual o del consumidor. La moral religiosa propia del medioevo, se basa en la divinidad y en el temor a las sanciones del más allá. La modernidad introdujo una moral basada en el individuo y sus derechos, pero tomó de la anterior, la noción de deuda infinita, el deber absoluto, el culto al deber. La postmodernidad destruyó el culto al deber e introdujo una moral *ligth*, hedonista, indolora, individualista, narcisista, basada en los derechos subjetivos, la moral del consumidor (Lipovetsky, 1994, pp. 36 y ss.).

Conocer el proceso histórico que ha vivido el país es importante para una reforma carcelaria y penitenciaria, porque se debe ser conscientes de que la mezcla de controles penales y religiosos tiene un arraigo de vieja data, muy difícil de cambiar. Pero, además, se debe determinar qué tipo de criminalidad se controla con el encarcelamiento, con los sistemas punitivos paralelos, y las consecuencias reales de uno y otros. También para evitar que las prácticas de encierro generen situaciones indeseables, como el aumento de la desigualdad, la privatización carcelaria, el fomento de la industria del control del crimen, entre otras (Christie, 1993). La Ley de seguridad ciudadana (L. 2197/2022), permite la vigilancia privada de sindicatos y asociaciones público-privadas para diseñar, construir y operar cárceles, normas que abren la puerta para la privatización carcelaria y para la llamada por Nils Christie industria del control del crimen.

CRISIS DE LA RESOCIALIZACIÓN

Hoy la resocialización está en crisis (Muñoz Conde, 1982, pp. 131-154; Garland, 2005; Sancha, 1989, pp. 87 y ss.; Bauman, 2000 y 2001; Muñoz Gómez, 2006; von Hirsch, 1998; Wacquant, 2000 y 2010). El cambio de una sociedad de productores a una de consumidores, con sus secuelas, como la crisis del Estado de Bienestar, afectó el modelo resocializador. Sencillamente, una sociedad de consumidores ya no necesita grandes masas de trabajadores disciplinados, sino consumidores disciplinados (Bauman, 2001, p. 106). Con ello, el modelo resocializador perdió su soporte material. Y una vez ocurrido lo anterior, le llovieron críticas de todo orden, entre ellas las siguientes:

i. El rechazo de sus dos supuestos tácitos, hoy en día inaceptables, la creencia en la anormalidad del delincuente que por ello debe ser resocializado y la idea de que las causas del delito se encuentran en el individuo y no en lo social.

ii. La obligatoriedad del tratamiento, con violación de su dignidad y con pocas probabilidades de éxito.

iii. La imposibilidad, en una sociedad democrática y pluralista de imponer al condenado el sistema de valores oficiales, que en los casos más extremos puede llevar hasta un verdadero lavado de cerebro.

iv. El elevado costo de los tratamientos resocializadores y su poco éxito.

v. La poca aptitud de su institución estrella, la prisión, para mejorar el comportamiento de los penados. No se puede enseñar a vivir en comunidad, aislando a los sujetos de la sociedad.

vi. La incomprensión de cómo se construye la criminalidad y la identidad desviada. A partir de las teorías de la reacción social, se ha podido entender que los seres humanos construyen su personalidad en interacción con los otros, en donde van y vienen definiciones que los afectan y que terminan haciéndolas suyas, para formar su yo. Si ello es así, el proceso judicial y sobre todo el encarcelamiento, pueden verse como un permanente bombardeo de definiciones del procesado como delincuente y un tratamiento acorde con esas definiciones, las que terminará haciendo suyas y comportándose como es definido socialmente. El resultado no será otro que la consolidación de la identidad desviada y el inicio de una carrera criminal.

vii. Desconocimiento de la alta selectividad de los tratamientos resocializadores, lo cual no podría ser de otra manera, dado que todo el sistema de justicia penal lo es, generando más desigualdad. Piénsese, en las diferencias en las condenas y su ejecución, bajo el criterio de la necesidad de la resocialización para sujetos que han cometido un mismo hecho, pero que tienen un *status* social y una historia de vida diferente.

Todas estas críticas se encuentran vigentes y no pueden ser desconocidas en una eventual reforma al sistema de penas. En síntesis, ha hecho crisis no solo el modelo resocializador, sino también sus elementos fundamentales, el trabajo y la moral del trabajo. Y la moral del consumo, es inadecuada para los estratos sociales bajos, clientela favorita de las prisiones, ya que no tienen capacidad de consumo. La moral del consumo es incompatible con el encierro carcelario, puesto que está basada en la seducción y en la libertad de opciones del consumidor, irrealizables en el encierro.

A pesar de la crisis, el modelo resocializador sigue vigente en el sistema jurídico, desde las normas de mayor jerarquía, pasando por la ley, la jurisprudencia, hasta llegar a los reglamentos carcelarios y penitenciarios. La Constitución no tiene una norma que se refiera expresamente a las finalidades de la sanción penal, pero hay dos instrumentos internacionales, ratificados por el Estado que forman parte del bloque de constitucionalidad y que aluden a ella como finalidad de la privación de la libertad. Se trata de Pacto Internacional de

Derechos Civiles y Políticos (art. 10, num. 3º) y la Convención Americana sobre Derechos Humanos, Pacto de San José (art. 5º, num. 6º).

En cuanto a la legislación, ya se señaló que el modelo resocializador es el eje del Código Penitenciario y Carcelario —C. Pen.—. En relación con la jurisprudencia, la Corte Constitucional en forma reiterada se ha referido a la resocialización como fin principal de la pena. Para efectos del presente artículo baste destacar dos sentencias. La primera, la T-762 de 2015, que reitera el estado de cosas inconstitucional en los centros de reclusión, en la cual fijó el estándar constitucional mínimo que debe cumplir una política criminal. Uno de los elementos de ese estándar, es buscar como fin primordial la efectiva resocialización de los condenados.

La segunda, es la Sentencia C-294 de 2021, que declaró inexequible el Acto Legislativo 1 de 2020, que modificaba el artículo 34 de la Constitución Política, para introducir la prisión perpetua revisable. La Corte consideró que el Estado Social y Democrático de Derecho, fundado en la dignidad humana, es uno de los ejes que define la Constitución. Con base en ese eje, dijo, el derecho a la resocialización es el fin principal de la privación de la libertad. Ese fin está de acuerdo con la dignidad humana, porque solo si el condenado puede regresar a la sociedad, es posible la modificación de su comportamiento y el desarrollo de su autonomía y libre determinación. La prisión perpetua, sin revisión, se puede constituir en una pena cruel, inhumana y degradante, prohibida por los instrumentos internacionales, porque anula la esperanza razonable y efectiva de salir de la prisión y margina al individuo definitivamente de la sociedad. La revisión a los 25 años, dijo la Corte, no cumple con los estándares para considerarla una pena respetuosa de la dignidad humana. La indeterminación de la revisión, sujeta a un tiempo y a unos hechos futuros e inciertos, sustituye la Carta y viola varios principios constitucionales en materia penal. Las sentencias antes mencionadas, le dan un nuevo aire a la resocialización.

El Plan Nacional de Política Criminal 2021-2025 del Consejo Superior de Política Criminal (2021), adopta la finalidad resocializadora de la pena privativa de libertad y la pone como la prioridad número cuatro del Plan, en los siguientes términos: "Humanizar el Sistema Penitenciario, fortalecer la Resocialización y disminuir la Reincidencia Criminal". Un refuerzo adicional del modelo resocializador proviene de los descubrimientos del capitalismo de la vigilancia para el control del comportamiento humano. Uno de los problemas complejos del modelo resocializador fue el del pronóstico del comportamiento futuro del condenado, siempre incierto. Pero si el capitalismo de la vigilancia puede predecir el comportamiento de los usuarios y utilizarlo para sus fines comerciales, con unos altos porcentajes de certeza, a través de la recolección de millones de datos de sus usuarios, el tratamiento de tales datos con inteligencia de máquinas, lo mismo podría realizarse con los penados. El problema que ello traería, no sería de orden técnico, sino su costo social, que a la larga no sería otro que la pérdida de la libertad de los seres humanos.

También las normas de Justicia y Paz le dan un nuevo refuerzo al modelo resocializador; como se dice más adelante, uno de los requisitos que exige la Ley 975 de 2005 para que el desmovilizado pueda gozar del beneficio de la pena alternativa, es la colaboración para su resocialización. El respaldo dado por las normas que regulan el proceso de paz con las Farc es más matizado, pues solo habla de que los fines de las penas ordinarias son los previstos en la ley penal, dentro de los cuales la resocialización es el fin principal del castigo. Recuérdese que, en la JEP, el fin de las penas propias es restaurativo y reparador y el de las alternativas es esencialmente retributivo.

Frente a la crisis del modelo resocializador, las finalidades de la sanción penal que podrían remplazarla, tales como el resurgimiento de la retribución, la prevención-integración, o la prevención especial negativa, no resultan aceptables en razón de su incompatibilidad con normas constitucionales. Ante la situación expuesta, a pesar de crisis del modelo resocializador, no sería sensato, al menos a corto plazo, pensar que se pudiera prescindir de él, en una eventual reforma a la legislación de penas. Nos veríamos obligados a tenerlo en cuenta, despojándolo de sus aspectos inaceptables, y redefiniéndolo en términos de ofrecimiento de servicios, en lugar de tratamientos obligatorios y bajo la consigna de la menor utilización posible de la prisión, tal como lo propuso A. Baratta (2004, pp. 376-393; Sancha, 1989, pp. 87-102). Ello se vuelve necesario, si se quiere darle vigencia al Estado Social consagrado en la Constitución, en desarrollo del cual algo hay que hacer en favor del delincuente sin violar otros principios centrales de la Constitución. Sin embargo, es preciso señalar que ese saber-poder que las instituciones totales como las prisiones desarrollan sobre los sujetos que contienen, no debe ser utilizado para aumentar la desigualdad, ni para implementar procesos selectivos en la aplicación de las sanciones penales.

Un enfoque a tener en cuenta, ante la crisis de la resocialización es sin duda el modelo de justicia restaurativa que no ha logrado despegar a pesar de estar consagrado en la Ley 906 de 2004. En este aspecto un ejemplo importante lo constituyen las sanciones propias de la JEP, al cual se alude más adelante.

EL DISCIPLINAMIENTO DEL ESTADO. LA IDEA DEL ESTADO DE DERECHO

Paralelamente al proceso de afianzamiento de la privación de la libertad como forma principal de castigo, la modernidad desarrolló la idea del Estado de derecho, proceso que para solo los efectos comparativos se puede denominar como de disciplinamiento del Estado. La idea del Estado de derecho es en realidad sencilla: Es la pretensión de poner límites al poder estatal; el poder sujeto a límites. Para el desarrollo del Estado de derecho fueron fundamentales dos principios: el de legalidad y el de la separación de poderes. Estos dos axiomas han tenido un escaso desarrollo en el ámbito penitenciario. En cuanto a la legalidad en materia penal, es posible reconocer sus tres aspectos: legalidad de los delitos, de las penas y de la ejecución de la sanción penal. El de menos desarrollo es indiscutiblemente este último.

Un adecuado desarrollo del principio de legalidad debe empezar porque los aspectos centrales de la vida carcelaria debe regularlos la ley, entendida esta como norma expedida por el órgano de representación popular. No hay legalidad en la ejecución de la sanción penal, cuando los aspectos centrales de la vida en prisión los determinan las autoridades carcelarias por medio de reglamentos. Esto es lo que sucede con el Código Penitenciario y Carcelario como se expone más adelante.

En cuanto al principio de separación de poderes también su desarrollo en el ámbito penitenciario es precario. El control de legalidad en la ejecución de la sanción penal debe ser ejercido por el órgano independiente del poder: el judicial. En otros términos, debe ser llevado a cabo por el juez de ejecución de penas y medidas de seguridad. En el sistema penitenciario muchos aspectos escapan al control de legalidad por parte del juez de ejecución de penas y medidas de seguridad y son reglamentados, ejecutados y controlados por la autoridad penitenciaria. Es decir, no hay separación de poderes sino concentración de poder; y esta última es terreno fértil para el autoritarismo y la corrupción.

La vida en una institución total (Goffman, 1973), cuyo mejor ejemplo son las prisiones, implica no solo concentración de actividades sino también su supervisión y control por una autoridad única. Es decir, existe una tendencia a la concentración de los distintos micropoderes que se desarrollan en las instituciones totales. Por tanto, función importante de una ley penitenciaria es evitar que estos distintos micropoderes se concentren en la autoridad penitenciaria. Pero, además, una reforma debe ser cuidadosa de no comprometer al juez de ejecución de penas y medidas de seguridad con la ejecución del castigo, porque no podrá a su vez ejercer la otra función de control de la legalidad en la ejecución de la sanción penal. Es decir, debe conservarse la separación de poderes.

Motivos de la indisciplina. Poco desarrollo del principio de legalidad

El Código Penitenciario y Carcelario desarrolla muy poco el principio de legalidad, puesto que los aspectos centrales de la vida carcelaria no los regula el código como expresión del órgano de representación popular, sino que los remite a los reglamentos general e interno expedidos por las autoridades penitenciarias. Aquí es necesario hacer referencia a la jurisprudencia que declaró exequibles algunas de las normas que aquí se comentan, y, por tanto, constituyen cosa juzgada constitucional. Algunos de los criterios utilizados por la Corte son muy discutibles, como aquel según el cual

> [...] la ejecución de que trata, no es la ejecución de penas, potestad jurisdiccional en cabeza de los jueces de penas, sino de una ejecución de carácter administrativo, a nivel interno, compatible con la función natural del gobierno, y así entendida la norma no contraviene en nada ni la letra ni el espíritu de la Carta Política. No ocurre lo mismo con respecto a la reglamentación de penas accesorias fijadas en el Código Penal, pues, la Corte considera que dicha reglamentación corresponde al legislador, y al otorgarle el artículo en comento esa facultad al gobierno, contraviene el artículo 113 superior (Sent. C-394/1995, CConst.).

Lo que no se entiende muy bien es la diferencia de la reglamentación administrativa aplicable a la privación de la libertad y la reglamentación de las penas accesorias que corresponde exclusivamente al legislador. Por supuesto, lo más cuestionable es hablar de una "función natural" del gobierno, puesto que no hay gobiernos naturales ni funciones naturales de los gobiernos. Igualmente, cuestionable resulta hablar de que la facultad concedida al director del INPEC de elaborar el reglamento general no usurpa la potestad reglamentaria del presidente de la República, dado que esa potestad no existe, sino el ejercicio de una potestad secundaria implícita en cabeza del director del INPEC. Así las cosas, resulta como mínimo preocupante que la ejecución de la privación de libertad se rija por una potestad secundaria del director del INPEC; pero independiente de los criterios que utilizó la Corte para declarar exequibles algunas de las normas de la Ley 65 de 1993, lo que aquí se trata no es la constitucionalidad de la facultad de elaborar los reglamentos general e internos por parte de autoridades administrativas, sino de la conveniencia para el adecuado desarrollo del principio de legalidad, desconocido cuando los aspectos más importantes para la vida del recluso se determinen en los reglamentos carcelarios y penitenciarios.

Se necesita, entonces, una reforma que garantice el desarrollo adecuado del principio de legalidad en la cual sea la ley, como manifestación del órgano de representación popular, esto es, El Congreso, la que regule los aspectos más importantes de la vida carcelaria. En el actual sistema carcelario y penitenciario dominan no las leyes sino los reglamentos general e interno, expedidos y modificados por las autoridades penitenciarias. Así, por ejemplo:

1. La Ley 1709 de 2014 (art 6) —que introduce el artículo 10A en el C. Pen.— es una burla al principio de legalidad. El artículo que lleva por título *"intervención mínima"* establece que el sistema penitenciario velará por el cumplimiento de los derechos y las garantías de los internos, los que solo podrán ser limitados según lo dispuesto en la Constitución, los tratados internacionales, las leyes y los reglamentos del régimen interno del establecimiento penitenciario y carcelario. Con una norma como esta, toda la vida en prisiones va a ser regulada por los reglamentos general e interno.

2. El artículo 52 del C. Pen. dispone que el INPEC expedirá el reglamento general al cual se sujetarán los reglamentos internos de los diferentes establecimientos de reclusión. El reglamento contendrá los principios contenidos en el código, en los convenios y en los tratados internacionales suscritos y ratificados por Colombia. Establecerá, así mismo, las normas aplicables sobre clasificación de internos, consejos de disciplina, comités de internos, juntas de distribución y adjudicación de patios, celdas, visitas, orden del día, de servicios, locales designados a los reclusos, higiene personal, vestuario, camas, elementos de dotación de celdas, alimentación, ejercicios físicos, servicios de salud, disciplina y sanciones, medios de coerción, contacto con el mundo exterior, trabajo, educación, recreación de los reclusos, directrices y orientaciones generales sobre seguridad, manual de funciones, elementos permitidos en las celdas, entre otros. La cantidad y amplitud de los temas que deben contener los reglamentos

permiten afirmar que regulan toda la vida al interior de los establecimientos de reclusión.

3. Además del reglamento general, cada establecimiento tiene su propio reglamento interno expedido por el respectivo director del centro de reclusión y previa aprobación del director del INPEC (art. 53 del C. Pen). El reglamento interno tendrá como apéndice confidencial los planes de defensa, seguridad y emergencia; y toda reforma al régimen deberá ser aprobada por el director del INPEC.

4. El régimen de traslados es otro aspecto en el que parece claro el escaso desarrollo del principio de legalidad y del control de legalidad. Los traslados de los condenados los decide el director del INPEC y no hay una clara norma de competencia para que el juez de ejecución de penas y medidas de seguridad ejerza el control de legalidad al respecto. Si bien es cierto hay causales para los traslados y ellos deben ser motivados —C. Pen., art. 75—, ellas son muy amplias y por eso deben tener control de legalidad por parte del juez de ejecución de penas y medidas de seguridad.

5. En la regulación que le da el C. Pen. a los elementos del tratamiento, es notorio que en gran medida la remite a los reglamentos general, e interno, a la dirección del INPEC y en algunos casos al gobierno nacional. Así, por ejemplo, el trabajo, principal elemento del tratamiento penitenciario, en torno al cual el artículo 79 del C. Pen. establece que las labores realizadas por los internos deben estar reglamentadas por la dirección general del INPEC. Y su parágrafo dispone que el ministerio de Trabajo, durante el año siguiente a la expedición de la Ley 1709 de 2014, expedirá la reglamentación sobre las especiales condiciones del trabajo de las personas privadas de la libertad.

El artículo 80 señala que la dirección del INPEC determinará los trabajos que deban organizarse en cada centro de reclusión, los cuales serán los únicos válidos para redimir la pena. La protección laboral y social se precisará en el reglamento general e interno (C. Pen., art. 86, inc. 3º). Y, el artículo 89 del C. Pen. —modificado por la Ley 1709 de 2014, art. 58—, sobre prohibición de manejo de dinero en los establecimientos, dispone que el pago de la remuneración se hará de acuerdo a lo que disponga el gobierno nacional en reglamentación que expedirá dentro de los 6 meses siguientes a la expedición de la citada ley.

6. El artículo 101 del C. Pen., otorga un poder desmedido al personal penitenciario para efectos de la concesión de la rebaja de pena por trabajo, estudio y enseñanza. En efecto, establece esta norma que el juez de ejecución de penas y medidas de seguridad para conceder o negar la redención de pena, deberá tener en cuenta la evaluación que se haga del trabajo, la educación y la enseñanza, al igual que la conducta del interno. Cuando la evaluación sea negativa, el juez de ejecución de penas y medidas de seguridad se abstendrá de concederla. Como se puede observar, el C. Pen. deja en manos de la autoridad administrativa todo lo relativo al trabajo de los reclusos. Por el contrario, creemos que ha de ser la ley misma la que lo realice.

7. La dirección general del INPEC, de conformidad con lo descrito en el C. Pen., reglamenta lo relativo al estudio —art. 95—, las actividades literarias, deportivas, artísticas y las realizadas en comités de internos —art. 99— para efectos de la redención de pena, las visitas —arts. 112, 115—, el sistema de información —art. 110—, las comunicaciones con el núcleo social o familiar a través de correspondencia, telecomunicaciones o visitas y redes de comunicación interconectadas o internet de uso colectivo —art. 111— y los medios coercitivos —art. 125—.

8. El trabajo comunitario previsto en la Ley 415 de 1997, art. 2º, permite que los condenados a penas de prisión o arresto que no excedan de cuatro años puedan desarrollar trabajos comunitarios de mantenimiento, aseo, obras públicas, ornato o reforestación en el perímetro urbano o rural de la ciudad o municipio sede del establecimiento, labores que implican una rebaja de pena de acuerdo a las normas de la Ley 65 de 1993. El inciso 4º de esta norma establece que el gobierno nacional reglamentará la materia dentro de los tres meses siguientes a la vigencia de esa normativa.

Como se puede observar en las normas anteriores, siempre hay una remisión a normas o reglamentos que expedirán el gobierno o las autoridades penitenciarias. Estas regulaciones deben ser materia de ley.

Afortunadamente, el artículo 64 de la Ley 1709 de 2014 adicionado como artículo 103A del C. Pen., estableció que la redención de pena es un derecho que será exigible una vez que la persona privada de la libertad cumpla con los requisitos contemplados para ella. Y adicionó que todas las decisiones que afecten la redención de pena podrán controvertirse ante los jueces competentes. Este es un avance importante para el desarrollo del control de legalidad en la ejecución de la sanción penal, en la medida en que las decisiones de la autoridad administrativa, tales como la evaluación y la certificación sobre trabajo, estudio y enseñanza, tendrán control jurisdiccional. Lo lamentable es que esta norma se limitó a la redención de pena por trabajo, estudio y enseñanza, y no se hizo extensiva a otros aspectos tales como los traslados o las sanciones disciplinarias.

9. El régimen disciplinario es otro de los elementos del tratamiento penitenciario en el que la regulación la realizan las autoridades administrativas. El artículo 116 del C. Pen., modificado por el artículo 76 de la Ley 1709 de 2014, dispone que el INPEC con el concepto favorable del ministerio de Justicia y del Derecho, expedirá el reglamento disciplinario al cual se sujetarán los internos de los establecimientos de reclusión conforme a lo dispuesto en el Código; esta reglamentación contendrá normas que permitan el respeto al debido proceso y sus garantías. Esa normativa fue expedida por medio de la Resolución 5817 del 18 de agosto de 1994 del INPEC.

El artículo 117 del C. Pen. —modificado por la Ley 1709 del 2014, art. 77—, contempla el principio de legalidad. Las sanciones disciplinarias y los estímulos estarán contenidos en la referida ley y en el reglamento general. Ningún recluso podrá ser sancionado por una conducta que no esté previamente enunciada en esta ley o en el reglamento general, ni podrá serlo dos veces por el mismo hecho. Nótese cómo para efectos del principio de legalidad, en la descripción típica, el reglamento general es equiparado a la ley.

El artículo 134 del C. Pen. sobre debido proceso no prevé la posibilidad de la defensa técnica. Como se observa, los reglamentos penitenciarios juegan un papel de primer orden en los aspectos disciplinarios, igualando su importancia a la ley misma. La regulación del Código es deficiente. Se hace necesario entonces que, en una eventual reforma, sea la ley la encargada de regular los aspectos centrales del sistema disciplinario.

En todos los ejemplos mencionados es visible un déficit de legalidad y un escaso control por parte del juez de ejecución de penas y medidas de seguridad, aspectos que deben ser corregidos en una eventual reforma a la legislación carcelaria. Se debe, entonces, disciplinar al Estado a través de un desarrollo adecuado de los principios de legalidad y del control judicial de la ejecución penal.

AUMENTOS PUNITIVOS INDISCRIMINADOS Y CREACIÓN DE NUEVAS FIGURAS DELICTIVAS

Estos dos fenómenos sin cálculos del impacto en el sistema carcelario y penitenciario, son otro claro ejemplo de la indisciplina del Estado. A título de ejemplo, se tiene el aumento generalizado de penas introducido por la Ley 890 de 2004, con el pretexto de la entrada en funcionamiento del sistema penal acusatorio y de dotar de mayores herramientas a la Fiscalía para reforzar su función de órgano de investigación y acusación penal, finalidad por demás ilegítima para justificar un aumento punitivo, dado que no se corresponde con lo que el delincuente ha hecho sino en un incremento de la eficacia de la Fiscalía General de la Nación (Cfr. Sent. C-108/2017, CConst.; el aumento punitivo del artículo 14 de la Ley 890 de 2004 fue declarado exequible por la Corte Constitucional, pero los fundamentos del fallo tuvieron que ver con el principio de proporcionalidad). Otros ejemplos son los aumentos punitivos consagrados en el Estatuto Anticorrupción, la Ley 1751 de 2015 que introdujo la figura del feminicidio, los incrementos punitivos que en materia de delitos sexuales introdujo la ley 1236 del 2008, la Ley 1774 del 2016 que introdujo los delitos contra la vida, la integridad física y emocional de los animales, entre otros ejemplos.

La nueva Ley de Seguridad Ciudadana (L. 2197/2022), es otro caso claro de la política criminal de acrecentamientos punitivos. En efecto, en ella se agravan las penas para el delito de daño en bien ajeno cuando se afecte la infraestructura destinada a la seguridad ciudadana, el sistema de transporte masivo y las instalaciones militares y de policía; y para el delito de instigación para delinquir cuando se realiza para cometer delitos que puedan ocasionar grave perjuicio a la comunidad. Igualmente, esa normativa le introduce una causal de agravación punitiva a la regulación del delito de perturbación al transporte público u oficial, cuando se empleen máscaras o armas convencionales y no convencionales. Esta misma Ley modifica el artículo 239 del C. P. en materia de hurto, estableciendo penas diferenciadas según la cuantía del objeto hurtado determinando que hasta 4 SMMLV se impone pena de prisión de 32 a 48 meses y en cuantía igual o superior a los 4 SMMLV de 48 a 108 meses.

Los anteriores ejemplos demuestran que no se comprende cómo se construye la criminalidad y que, con la inflación normativa existente, un leve aumento de la eficacia en la aplicación de las normas colapsa el sistema penitenciario. Y la solución para ello es la construcción de más cárceles, ahora mediante el mecanismo de las asociaciones público-privadas (Ortiz, 2022). Igualmente, son patrones a partir de los cuales se infiere que no hay voluntad política para hacer una reforma que disminuya el uso de la privación de la libertad. En definitiva, este tipo de políticas criminales debe abandonarse en una reforma a la legislación de penas.

REFORMA AL RÉGIMEN DE PENAS Y CAMPAÑAS ELECTORALES

Un proceso de reforma al sistema de penas debe evitar que los proyectos se conviertan en promesas electorales como sucedió con la antepasada campaña presidencial, en la cual el presidente Duque presentó como parte de su programa de gobierno la introducción de la cadena perpetua para violadores y homicidas de niños. Como se recordará, el proyecto fue aprobado como Acto Legislativo 1 del 2020 y se alcanzó a expedir la ley que lo reglamentaba —Ley 2098 de 2021—, pero más tarde la Corte Constitucional lo declaró inconstitucional (Sent. C-294/2021, CConst.).

Este proceso muestra algunos de los indicadores de los cambios que se produjeron en Estados Unidos e Inglaterra, en la modernidad tardía, según Garland (2005, pp. 41 y ss.), como son el declive del modelo resocializador, el resurgimiento de los modelos de la justicia expresiva, la reinvención de la prisión ahora como institución de neutralización del delincuente, el desplazamiento de los técnicos en los procesos de las reformas penales y su remplazo por los políticos y la opinión pública, el retorno de las víctimas y la protección del público como prioridad. Las iniciativas de reforma en el medio reflejan la influencia de lo que ha sucedido en las potencias occidentales, algo que se debe evitar puesto que no constituyen el mejor modelo de reacción al delito o a comportamientos indeseables.

EL RESPETO AL MEDIO AMBIENTE

Un aspecto importante como el relativo al cuidado del medio ambiente, es descuidado por la ley penitenciaria y carcelaria. Se trata de lo dispuesto en el artículo 33 del C. Pen. —modificado por la L. 1709/2014, inc. 4º—, según el cual no se requerirá licencia urbanística de urbanización, parcelación, construcción o subdivisión, en ninguna de sus modalidades, para la construcción, adecuación, o ampliación de la infraestructura penitenciaria y carcelaria. También aquí la indisciplina del Estado es notoria. ¿Por qué razón él no se somete a sus propias normas sobre urbanización? Este inciso fue declarado exequible por la Corte Constitucional (Sent. C-145/2015, CConst.), en el entendido de que las obras de infraestructura carcelaria se deben desarrollar conforme a la reglamentación de usos del suelo aplicables.

Así las cosas, la conservación del medio ambiente como norte de una reforma al sistema de penas adquiere importancia si se olvida la privación de libertad y se le dan contenidos restaurativos a las penas, en forma parecida a los programas propuestos en la JEP como se verá más adelante.

DESARROLLO DE LOS PRINCIPIOS CONSTITUCIONALES

Las normas de la Constitución y del bloque de constitucionalidad deben tenerse en cuenta en cualquier reforma al régimen penitenciario y carcelario, puesto que constituyen el fundamento y límite del poder punitivo del Estado. Pero la idea no es reproducir las normas constitucionales y del bloque de constitucionalidad, sino desarrollarlas adecuadamente. Por ejemplo: introducir una norma que diga que queda proscrita toda forma de ejecución de la pena en condiciones de hacinamiento, en desarrollo del principio de dignidad humana; o una que prohíba al funcionario judicial decretar la detención preventiva o a título de pena, si no tiene asegurado un cupo carcelario; o una norma que le prohíba al director de los establecimientos de privación de libertad recibir a una persona afectada por una detención preventiva o condenada si no tiene un cupo disponible. En fin, todas las normas constitucionales que se refieren a las penas son susceptibles de ser desarrolladas adecuadamente.

Otro de los desarrollos importantes que debe hacerse con las normas constitucionales es establecer qué derechos de las personas pueden ser afectados y cuáles no y frente a los primeros, en qué grados se pueden afectar. Con ello se definirían con mayor precisión los alcances reales de penas como las privativas de libertad dándole un mayor vigor al principio de legalidad. A título de ejemplo, el derecho a la vida y a la integridad personal, el libre desarrollo de la personalidad, la libertad de expresión, la libertad de cultos y de conciencia, el derecho a la personalidad jurídica, no pueden afectarse por la ejecución penal (Urbano, 2000).

Justicia y Paz

Con la llamada Ley de Justicia y Paz y con el proceso de paz con las FARC se dieron pasos importantes para la concepción de las penas. Con ellos se introdujo el sistema de penas alternativas y los derechos de las víctimas a la verdad, justicia, reparación y no repetición como contenido propio de las penas. La Ley de Justicia y Paz (L. 975 de 2005) es un ejemplo de cómo se definen las penas y sus contenidos a través de leyes penales. En ella se definió qué tipo de sanciones penales se aplicarían a los miembros de los grupos armados organizados al margen de la ley por los delitos cometidos durante y con ocasión de su pertenencia a esos grupos, que hubieren decidido desmovilizarse y contribuir decisivamente a la reconciliación nacional. Se definió, entonces, como alternatividad el beneficio consistente en suspender la ejecución de la pena determinada en la respectiva sentencia por una pena alternativa que se concede por la contribución a la consecución de la paz nacional, la colaboración con la justicia, la reparación a las víctimas y su adecuada resocialización.

El tribunal superior determina la pena que corresponda a los delitos cometidos de acuerdo al Código Penal. En caso de que el condenado haya cumplido con los requisitos exigidos por la Ley 975 de 2005, la sala respectiva le impondrá una pena alternativa que consiste en la privación de la libertad por un periodo mínimo de 5 y no superior a 8 años, tasada de acuerdo con la gravedad de los delitos y su colaboración efectiva en el esclarecimiento de los mismos. Para tener derecho a la pena alternativa se requiere que el beneficiario se comprometa a contribuir con su resocialización a través del trabajo, estudio o enseñanza durante el período que permanezca privado de libertad y a promover actividades orientadas a la desmovilización del grupo armado al margen de la ley al cual perteneció. Cumplidas la pena alternativa y las condiciones impuestas en la sentencia, se le concederá la libertad a prueba por término de la mitad de la pena alternativa impuesta, periodo durante el cual el beneficiario se compromete a no reincidir y a presentarse periódicamente ante el tribunal superior, e informar cualquier cambio de residencia. Cumplidas las anteriores obligaciones y transcurrido el periodo de prueba se declara extinguida la pena principal; en caso contrario, se revoca el beneficio de la libertad a prueba y se cumple la pena principal.

Con esta Ley se dieron nuevos contenidos a las penas. Con ella, en efecto, quedó claro que la pena no es solo el ejercicio de la potestad punitiva del Estado sino que también tiene como contenido los derechos de las víctimas y de los pueblos que no se pueden desconocer y que el país y la comunidad internacional reclaman. Los derechos a la verdad, a la justicia y a la reparación, que incluye la restitución, la indemnización, la satisfacción y la garantía de no repetición se constituyen en parte del contenido de la pena. Así el artículo 44 de la Ley 975 de 2005 estableció que, para gozar del beneficio de libertad a prueba, el beneficiario debía proveer al Fondo para la Reparación de las Víctimas bienes destinados a tal fin. Y establece que son actos de reparación integral los siguientes: La entrega al Estado de bienes, la declaración pública que restablezca la dignidad de la víctima y de las personas vinculadas a ella, el reconocimiento público de haber causado daño a las víctimas, la declaración pública de arrepentimiento, la solicitud de perdón dirigida a las víctimas, la promesa de no repetir tales conductas punibles, la colaboración eficaz para la localización de personas secuestradas o desaparecidas, la localización de cadáveres de las víctimas, la búsqueda de desparecidos y los restos de personas muertas y la ayuda para identificarlos y volverlos a inhumar según las tradiciones familiares y comunitarias.

A su vez, el artículo 46 señala como restitución la realización de actos que tiendan a la devolución a la situación anterior a la violación de sus derechos, e incluye el restablecimiento de la libertad, el retorno a su lugar de residencia y la devolución de sus propiedades. El artículo 47 entiende por rehabilitación la atención médica y sicológica para las víctimas o sus parientes en primer grado de consanguinidad. Y el artículo 48 entiende por medidas de satisfacción y no repetición: la verificación de los hechos y la difusión pública y completa de la verdad judicial, en la medida en que no provoque más daños innecesarios a la víctima, los testigos u otras personas, ni cree un peligro para su seguridad; la búsqueda de los desaparecidos o de las personas muertas y la ayuda para identificarlas y volverlas a inhumar de acuerdo a las tradiciones familiares y comunitarias; la decisión judicial que restablezca la dignidad, la reputación y los derechos de la víctima y la de sus parientes dentro del primer grado de consanguinidad; la disculpa, que incluya el reconocimiento público de los hechos y la aceptación de las responsabilidades; la aplicación de sanciones a los responsables; las órdenes para conmemoraciones, homenajes y reconocimientos a las víctimas; la prevención de las violaciones de los derechos humanos; y, en fin, la asistencia a cursos de capacitación en materia de derechos humanos a los responsables de las violaciones.

Si bien algunos de estos nuevos contenidos de la pena son exclusivos de la justicia transicional en realidad la mayoría de ellos, sino todos, ya venían contemplados en las normas internacionales sobre los derechos de las víctimas y se van a quedar en forma definitiva como parte del contenido de la pena para todo tipo de delitos; ello refleja la influencia de la globalización en el derecho. Independientemente de los resultados finales de Justicia y Paz, en buena forma frustrados por la extradición de los principales jefes paramilitares, circunstancia que obstaculizó el reconocimiento de la verdad y la reparación de las víctimas, fue un paso importante hacia una nueva concepción de las penas que no debe ser olvidado en una reforma sobre legislación de penas. Sin embargo, Justicia y Paz no superó la centralidad de la privación de la libertad.

El proceso de paz con las FARC

Mediante el proceso de paz adelantado con este grupo armado se producen avances importantes. En primer lugar, se empieza a superar la centralidad de la privación de la libertad, puesto que la sanción para los desmovilizados que cumplan los requisitos, no consiste en la privación de la libertad sino en formas restrictivas de la libertad. En segundo lugar, los derechos de las víctimas son el eje del proceso y del contenido de las penas. Estos avances, son aspectos que se deben rescatar en un proyecto de reforma a la legislación penitenciaria y carcelaria. En efecto, el alto contenido restaurativo de las penas propias así lo indica.

El artículo 141 de la Ley Estatutaria de la JEP —L. 1957 de 2019— establece que las sanciones propias, aplicables a quienes reconozcan verdad y responsabilidad exhaustiva, detallada y plena ante la Sala de Reconocimiento de Verdad y Responsabilidades, por delitos muy graves, tendrán un contenido restaurativo y reparador, así como restricciones efectivas de libertades y derechos tales como la libertad de residencia y movimiento que sean necesarias para su ejecución. Las sanciones garantizarán la no repetición. Según el artículo 127 de la Ley Estatutaria de la JEP, "restricción efectiva" significa que haya mecanismos idóneos de monitoreo y supervisión para garantizar el cumplimiento de buena fe de las restricciones ordenadas por el Tribunal, de tal modo que esté en condiciones de supervisar oportunamente el cumplimiento y certificar que se cumplió.

La JEP determina las condiciones de restricción efectiva de libertad que sean necesarias para garantizar el cumplimiento de la sanción, condiciones que en ningún caso se entenderán como cárcel o prisión, ni adopción de medidas de aseguramiento equivalentes. Lo anterior da a entender que el núcleo de la pena no son las restricciones de las libertades y derechos, sino el contenido restaurador de la sanción.

Un segundo aspecto importante es que las sanciones propias parten de la voluntad del sujeto, que libremente acepta verdad y responsabilidad. Además, ellas como producto del Acuerdo Final de Paz de 2016 están diseñadas con base en él y deben ser coherentes con lo acordado en los puntos del acuerdo de paz, sobre: 1. Reforma rural integral, 2. Participación política y 3. Solución al problema de las drogas ilícitas. Estos contenidos de voluntad y consenso de las penas propias son importantes, porque para que una reacción alcance el grado de pena legítima debe ser aceptada por el penado. Además, recuérdese que los comparecientes a la JEP pueden presentar un proyecto restaurativo, sujeto a condiciones que debe ser aprobado por la Sala de Reconocimiento y Responsabilidades y por el Tribunal de Paz. Ese proyecto podrá tener los siguientes contenidos:

A. *En zonas rurales*: Participación/ejecución en programas de: reparación efectiva para los campesinos desplazados, protección medioambiental en zonas de reserva, construcción y reparación de infraestructuras en zonas rurales: escuelas, carreteras, centros de salud, viviendas, centros comunitarios, infraestructuras de municipios, etc., desarrollo rural, eliminación de residuos en zonas necesitadas, mejora de la electrificación y conectividad en comunicaciones de las zonas agrícolas, sustitución de cultivos de uso ilícito, recuperación ambiental de las áreas afectas por cultivos de uso ilícito, construcción y mejora de las infraestructuras viales necesaria para la comercialización de productos agrícolas de zonas de sustitución de cultivos de uso ilícito, alfabetización y capacitación en diferentes temas escolares.

B. *En zonas urbanas*: Participación/ejecución en programas de: construcción y reparación de infraestructuras en zonas urbanas: escuelas, vías públicas, centros de salud, viviendas, centros comunitarios, infraestructuras de municipios, etc., desarrollo urbano, acceso a agua potable y construcción de redes y sistemas de saneamiento, alfabetización y capacitación en diferentes temas escolares.

C. Limpieza y erradicación de restos explosivos de guerra, municiones sin explotar y minas antipersona, de las áreas del territorio nacional afectadas por estos artefactos. Participación/ejecución en programas de: limpieza y erradicación de restos explosivos de guerra y municiones sin explotar, limpieza y erradicación de minas antipersonal y artefactos explosivos improvisados.

El enorme potencial de los programas mencionados para darle un contenido útil a las penas, de tal forma que puedan contribuir a la solución de nuestros problemas reales, no fue entendido. Buena parte de la sociedad colombiana rechazó las penas de la JEP, sin haberlas estudiado; ese potencial debe rescatarse para una futura reforma al sistema de penas.

CONCLUSIONES

1. La necesidad de una reforma penitenciaria y carcelaria viene dada por la crisis del modelo resocializador, la exclusión de otras formas punitivas y por el hacinamiento.

2. La reforma ha de tener en cuenta el proceso histórico y, con el fin encontrarle una utilidad al castigo frente a problemas reales, evitar que aumente la desigualdad y genere otras situaciones no deseadas.

3. La moral religiosa, la contractual y la del consumidor no pueden fundamentar una reforma. Ellas deben ser remplazadas por el discurso de los derechos humanos y el respeto al medio ambiente.

4. A pesar de su crisis, no se puede prescindir de la finalidad resocializadora. Sin embargo, su modelo debe ser redefinido como servicio y despojársele de sus elementos inaceptables.

5. Hay en la regulación de las penas un déficit de legalidad. Dominan los reglamentos general e interno expedidos por la administración. En una eventual reforma, la ley debe regular los aspectos centrales de la ejecución penal.

6. Una reforma al sistema de penas ha de tener como fundamento los principios constitucionales y del bloque de constitucionalidad que imponen límites al poder punitivo del Estado y desarrollarlos adecuadamente.

7. Los aportes conceptuales de Justicia y Paz y del Proceso de Paz con las FARC, deben tenerse en cuenta en una reforma de la legislación sobre penas.

8. No existe en la actualidad la conciencia de la necesidad de una reforma, ni el conocimiento adecuado de la forma como se construye la criminalidad y, mucho menos, la voluntad política de hacerla.

Sin embargo, se debe empezar a construirla, definiéndola como algo necesario y urgente.

REFERENCIAS

AA. VV. (2020). Manifiesto: Rumbo a un genocidio carcelario. *Cuadernos de Derecho Penal*, N.º 23, 167-169.

Arango, L. G. (1991). *Mujer, Religión e Industria. Fabricato 1923-1982* [1ª ed.], Editorial Universidad de Antioquia, Universidad Externado de Colombia.

Baratta, A. (1982) Criminología y Dogmática Penal. Pasado y Futuro del Modelo Integral de la Ciencia Penal. En S. Mir *et al. Política Criminal y Reforma del Derecho Penal* (pp. 28-63). Temis.

Baratta, A. (2004). Resocialización o Control Social. Por un Concepto Crítico de Reintegración Social del Condenado. En A. Baratta, *Criminología y Sistema Penal (Compilación in Memoriam)* (pp. 376-393). B. de F.

Bauman, Z. (2000). *Trabajo, Consumismo y Nuevos Pobres.* Gedisa.

Bauman, Z. (2001). *La globalización. Consecuencias Humanas* [2ª. ed.]. Fondo de Cultura Económica.

Consejo Superior de Política Criminal (2021) "Plan Nacional de Política Criminal 2021-2025". https://www.politicacriminal.gov.co/Portals/0/Plan-Nacional-Politica-Criminal/Plan-Nacional-de-Politica-Criminal-2021-2025.pdf visitada 03-01-2022.

Christie, N. (1993). *La Industria del Control del Crimen ¿La nueva forma del Holocausto?* Editores del Puerto.

Ferrajoli, L. (2011). *Principia Iuris. Teoría del Derecho y de la Democracia*, tomo 1. Trotta.

Foucault, M. (1978). *Vigilar y Castigar. Nacimiento de la Prisión* [2ª. ed.]. Siglo XXI Editores.

Foucault, M. (1980). *La Verdad y las Formas Jurídicas.* Gedisa.

Foucault, M. (2016). *La Sociedad Punitiva. Curso en el Collége de France (1972-1973).* Fondo de Cultura Económica.

Garland, D. (2005). *La Cultura del Control. Crimen y Orden Social en la Sociedad Contemporánea.* Gedisa.

Gobierno Nacional y FARC-EP. (2016, noviembre 24). *Acuerdo final Gobierno de Colombia-FARC-EP para la terminación del conflicto y la construcción de una paz estable y duradera.* Bogotá, D. C. https://www.jep.gov.co/Normativa/Paginas/Acuerdo-Final.aspx,

Goffman, E. (1973). *Internados.* Amorrortu Editores.

Harcourt, B. E. (2016). La situación del Curso. En M. Foucault, *La Sociedad Punitiva. Curso en el College de France (1972-1973)*. Fondo de Cultura Económica.

Instituto Penitenciario y Carcelario —INPEC—. (2022, Enero 18). *Informe Estadístico No 12*, Población Privada de la Libertad-INPEC. Oficina Asesora de Planeación y Grupo Estadística.https://www.inpec.gov.co/web/guest/estadisticas/informes-y-boletines/-/document_library/6SjHVBGriPOM/view_file/1387953?_com_liferay_document_library_web_portlet_DLP

Lipovetsky, G. (1994). *El Crepúsculo del Deber* [2ª. ed.]. Anagrama.

Melossi, D. & Pavarini, M. (1980). *Cárcel y Fábrica. Los orígenes del Sistema Penitenciario (siglos XVI-XIX)*. Siglo XXI Editores.

Muñoz, F. (1982). La resocialización del delincuente: Análisis y Critica de un Mito. En S. Mir et al., *Política Criminal y Reforma del Derecho Penal. Pasado y Futuro del Modelo Integral de la Ciencia Penal* (pp. 131-154). Temis.

Muñoz, J. A. (2013). *Los Sistemas Punitivos a la luz de un Modelo de la Complejidad*. Editorial Ibáñez.

Ortiz, M. I. (2022, enero 3). Ministro de Justicia habla sobre los grandes retos de su cartera en 2022. *El Tiempo* (p. 2). https://www.eltiempo.com/justicia/delitos/entrevista-con-wilson-ruiz-grandes-retos-de-la-justicia-para-este-2022-642603

Posada, R. et al. (2019). Consideraciones sobre la implementación de la Pena de Prisión Perpetua en Colombia. Comisión Asesora en materia de Política Criminal. https://caracol.com.co/descargables/2019/07/15/35bbaf4e-10c83e929c6979e446032629.pdf

Rusche, G. & Kirchheimer, O. (1984). *Pena y Estructura Social*. Ed. Temis.

Rusche, G. (1983). Mercado de trabajo y ejecución penal. *Revista Derecho Penal y Criminología*. VI(19), 95-109.

Sancha, V. (1989). Entrevista con Alessandro Baratta. Escuela de Estudios Penitenciarios. *Revista de Estudios Penitenciarios*, N.º 241, 87-102.

Sandoval, E. (1996). *Penología. Parte General y Especial*. Ediciones Jurídicas Gustavo Ibáñez.

Sentencia C-394 (1995, septiembre 7). Demanda de inconstitucionalidad [Expediente D-800]. Magistrado Ponente: Vladimiro Naranjo Mesa. Corte Constitucional [Colombia].

Sentencia T-153 (1998, abril 28). Acción de tutela [Expediente T-137.001 y 143.950]. Magistrado Ponente: Eduardo Cifuentes Muñoz. Corte Constitucional [Colombia].

Sentencia T-388 (2013, junio 28). Acción de tutela [Expedientes T-3526653, T-3535828, T-3554145, T-3645480, T-3647294, T-3755661, T-3759881,

T-3759882, T-3805761]. Magistrada Ponente: María Victoria Calle Correa. Corte Constitucional [Colombia].

Sentencia C-145 (2015, abril 6). Demanda de inconstitucionalidad [Expediente D-10442]. Magistrada Ponente: María Victoria Sáchica Méndez. Corte Constitucional [Colombia].

Sentencia T-762 (2015, diciembre 16). Acción de tutela [Expedientes T-3927909 et al.]. Magistrada Ponente: Gloria Stella Ortiz Delgado. Corte Constitucional [Colombia].

Sentencia C-108 (2017, febrero 23). Demanda de inconstitucionalidad [Expediente D-11528]. Magistrado Ponente: Luis Ernesto Vargas. Corte Constitucional [Colombia].

Sentencia C-294 (2021, septiembre 2). Demandas de inconstitucionalidad [Expedientes D-13.915 y D-13.945]. Magistrada Ponente: Cristina Pardo Schlesinger. Corte Constitucional [Colombia].

Urbano, J. J. (2000). Constitución Política y teoría de la pena. En J. Bernal: *XXV Jornadas Internacionales de Derecho Penal. Memorias* (pp. 343-390). Publicaciones U. Externado de Colombia.

Von Hirsch, A. (1998). *Censurar y Castigar*. Ed. Trotta.

Wacquant, L. (2000). *Las Cárceles de la Miseria*. Ed. Manantial

Wacquant, L. (2001) *Parias Urbanos: Marginalidad en la Ciudad a comienzos del Milenio*. Ed. Manantial.

Wacquant, L. (2010). *Castigar a los Pobres: el Gobierno Neoliberal de la Inseguridad Social*. Gedisa.

La sana crítica ha dejado de existir

Andrés Fernando Nanclares Arango[*]

RESUMEN: El trabajo muestra como en el Código de Procedimiento Penal vigente desapareció el sistema de la sana crítica como instrumento para valorar la prueba, en su lugar hizo entrada el método sistémico que se corresponde con un diseño de proceso penal acusatorio. En este sentido, las sentencias penales que a todos los niveles se dictan desde el 2005 están fundadas en una violación directa de la ley sustancial por aplicación indebida de una norma derogada, según reza la fórmula casacional; por ello, pues, lo adecuado es valerse para esos efectos judiciales del *método sistémico* de apreciación probatoria.

Palabras clave: sana crítica, pruebas, reglas, método sistémico, Ley 906 de 2004, sistema acusatorio.

Las sentencias penales que se vienen profiriendo desde el 2005 —las de los jueces, los tribunales y la misma Corte—, están fundadas en una violación directa de la ley sustancial por aplicación indebida de una norma derogada. A partir de ese año, el método que debe utilizarse en la apreciación de las pruebas es el *sistémico*. El modo de apreciar las pruebas por medio de las *reglas de la sana crítica,* fue derogado por la Ley 906 de 2004.

Hubo, sin duda, una derogatoria tácita de las normas que consignaban ese método. En el Código de Procedimiento Penal —Ley 906/2004—, ese sistema o método de apreciación probatoria, no fue

---

[*] Ex Juez y Ex magistrado auxiliar de la Sala de Casación Penal de la Corte Suprema de Justicia. Correo electrónico: nanclaresarango@hotmail.com Mientras se revisaban las pruebas de este texto, a comienzo del mes de septiembre, dejó su existencia terrena el muy recordado amigo y colega el Dr. Andrés Fernando Nanclares Arango (1954-2022) quien –valga la pena recordarlo– fue el primero en enviar su contribución para este homenaje (Q. E. P. D.).

incluido en ninguna de sus normas, como sí estaba consagrado expresamente en la Ley 600 de 2000. En el último Código, no se menciona. Y eso es apenas explicable. Voy a decir por qué.

En un *sistema inquisitivo*, a una apreciación probatoria hecha de acuerdo con el método de la *sana crítica*, corresponde una sentencia fundada en la *certeza racional* (art. 232, inciso 2º, de la Ley 600 de 2000). En un *sistema acusatorio*, en cambio, a una apreciación probatoria hecha de acuerdo con el *método sistémico* corresponde una sentencia fundada en la *certeza discursiva* (artículo 381 de la Ley 906 de 2004).

La Ley 600 de 2000, era un cuerpo normativo que le daba entidad al *sistema inquisitivo* que rigió en el país hasta el 2005. Este Código, en el artículo 238, tenía fijado el método que debía ser utilizado en el proceso judicial de apreciación de las pruebas. Esto decía ese artículo: "Art. 238. Las pruebas deberán ser apreciadas en conjunto, de acuerdo con las reglas de la sana crítica. El funcionario judicial expondrá siempre razonadamente el mérito que le asigne a cada prueba".

El soporte general del método de la sana crítica es la *lógica silogística*, conocida también como *lógica formal* o *lógica aristotélica*, en razón de que ella fue creada por el estagirita. La estructura de ese método está integrada por tres elementos: 1) *Reglas de la lógica*: principio de identidad, principio de contradicción, principio de implicación y principio del tercero excluido. 2) *Principios de la ciencia*: universalidad, síntesis, verificación, racionalidad y contrastabilidad. 3) *Máximas de la experiencia*: constituidas por todas aquellas cláusulas protocolarias surgidas de la inmediatez del conocimiento perceptivo. Cada uno de estos pilares, lo reitero, está hecho con la argamasa de la lógica silogística. En el análisis de una prueba, en los tres casos, el sentenciador debe observar rigurosamente la fórmula siguiente: "*Dadas la premisa A (mayor) y la premisa B (menor), necesariamente debe concluirse C (conclusión).*

En el sistema inquisitivo, no se admiten, por lo menos como racionalmente válidos, un análisis probatorio que se haga y una sentencia judicial que se dicte al margen de esta fórmula estructural. Su lógica es constrictiva, rígida, inmutable. La inferencia lógica propia de este modo de raciocinar, no puede estar atravesada por una *falacia*, un *sofisma* o un *paralogismo*. Si por descuido o por decisión intencional del juez, se filtra en el proceso de formación del juicio una de estas tres clases de errores, el sentenciador incurre en un *falso raciocinio*. En caso contrario, cuando el proceso de pensamiento no está interferido por ninguno de estos defectos, se dice que se está frente a un argumento y un juicio ceñidos a la lógica formal o silogística.

Para llegar a una conclusión o sentencia (*certeza racional*) el fallador debe no solo ser fiel a esa estructura silogística sino argumentar lógicamente. Esa *argumentación lógica*, por su carácter *constrictivo*, solo permite emitir *juicios lógicos*. Dadas la premisa mayor y la premisa menor, se impone, por fuerza, emitir un juicio acorde con esas premisas. La *lógica formal* o silogística, entonces, es de la entraña del sistema penal *inquisitivo*. La almendra de este sistema, la encarna el método de la *sana crítica*; al juez que actúa de conformidad con un sistema penal de estas características, solo se le permite *argumentar lógicamente*.

A ese juez, dicho de otra forma, únicamente se le faculta para analizar las pruebas mediante el método de la **sana crítica** (reglas de la lógica, principios de la ciencia y máximas de la experiencia). Por tanto, a ese juez le está vedado emitir juicios diferentes a los *juicios lógicos*. Eso significa que en el sistema penal inquisitivo, una sentencia judicial es un *juicio lógico* sustentado en la *certeza racional* (artículo 232, inciso 2º, de la Ley 600 de 2000). Ese soporte, es la *certeza racional* que el juez obtiene acerca de la existencia del delito y de la responsabilidad del acusado. Y esas dos certezas las obtiene, no por obra del pálpito o por efecto del capricho, sino gracias al uso del método de análisis de la sana crítica.

En el *sistema penal acusatorio*, las cosas son *cualitativamente* diferentes. Voy a intentar una explicación. La Ley 906 de 2004, es un conjunto de normas que conforman el *sistema penal acusatorio*. Ese es el *modo* de investigar y juzgar que actualmente gobierna los procedimientos penales en el país. Este Código, en los artículos 380, 273, 404, 420, 452 y 381, establece la *manera como se deben apreciar las pruebas* en un determinado proceso y fija los *requisitos para condenar* a la persona que ha cometido una infracción a la ley penal.

Esos preceptos determinan, pues, el *estándar de prueba* que se exige para examinar los medios de convicción y el *estándar de prueba* que debe estar presente al momento de proferir una sentencia. Esto dicen esos preceptos: "Art. 380. Criterios de valoración. Los medios de prueba, los elementos materiales probatorios y la evidencia física, se apreciarán en conjunto. Los criterios para apreciar cada uno de ellos, serán señalados en el respectivo capítulo". Por su parte, el artículo 273, referido de modo específico a la valoración de los elementos materiales probatorios y la evidencia física, dice:

> Artículo 273. Criterios de valoración. La valoración de los elementos materiales probatorios y la evidencia física, se hará teniendo en cuenta su legalidad, autenticidad, sometimiento a la cadena de custodia y grado actual de aceptación científica, técnica o artística de los principios en que se funda el informe.

Y el artículo 404, que hace referencia a la apreciación del testimonio, reza:

> Artículo 404. Apreciación del testimonio. Para apreciar el testimonio, el juez tendrá en cuenta los principios técnico científicos sobre la percepción y la memoria y, especialmente, lo relativo a la naturaleza del objeto percibido, al estado de sanidad del sentido o sentidos por los cuales se tuvo la percepción, las circunstancias de lugar, tiempo y modo en que se percibió, los procesos de rememoración, el comportamiento del testigo durante el interrogatorio y el contrainterrogatorio, la forma de sus respuestas y su personalidad.

Respecto de la forma de apreciar la prueba pericial, expresa el artículo 420:

> Artículo 420. Apreciación de la prueba pericial. Para apreciar la prueba pericial, en el juicio oral y público, se tendrá en cuenta la idoneidad técnico científica y moral del perito, la claridad y exactitud de sus respuestas, su comportamiento al responder, el grado de aceptación de los principios científicos, técnicos o artísticos en que se apoya el perito, los instrumentos utilizados y la consistencia de del conjunto de respuestas.

Por último, el artículo 432, precisa la forma como se debe apreciar la prueba documental:

> Artículo 432. Apreciación de la prueba documental. El juez apreciará el documento teniendo en cuenta los siguientes criterios: **1.** Que no haya sido alterado en su forma ni en su contenido. **2.** Que permita obtener un conocimiento claro y preciso del hecho, declaración o atestación de verdad, que constituye su contenido. **3.** Que dicho contenido sea conforme con lo que ordinariamente ocurre.

En estas normas, conectadas entre sí, está consagrado el *método sistémico* que reclama un sistema acusatorio a la hora de valorar las pruebas y emitir un juicio de responsabilidad penal. La ley procesal penal, a través de este método, dota al juzgador de una *serie de elementos* —ojo: una serie de elementos—, como se desprende de las normas transcritas, para que sobre la base de esos elementos, y de manera *no constrictiva*, ARME, CONSTRUYA su criterio en torno a la calidad esclarecedora, bien sea de la prueba testimonial, la documental, la pericial, la evidencia física o de los elementos materiales probatorios, según el caso.

Lo que pone este método a disposición del fallador, no es un esquema acabado, estático, rígido e inflexible, como lo era el del sistema inquisitivo. Lo que le ofrece este método al juzgador, es una *serie de piezas diversas* para que él, valido de los principios *dialógico, conector, holográmatico y recursivo, construya su criterio*, a la manera de quien arma un mecano, respecto de la eficacia probatoria de cada uno de los medios de convicción por separado y de todos ellos de manera conjunta.

El soporte general del *método sistémico*, es la *lógica de lo razonable* o, si se quiere, la *lógica de lo aceptable*. Lo razonable es aquel modo de conocer mediante el cual se admite que el principio de identidad, el principio de contradicción, el de implicación y el del tercero excluido, no son categorías absolutas e inmutables, como lo tenía establecido el método de la sana crítica, fiel a la lógica silogística. Lo *razonable*, lo que se entiende por razonable, es la postura epistemológica de quien admite que un juicio de condena no puede ser lógico de manera pura y simple. Lo razonable es aquello que acepta, en su conformación, la interferencia de elementos contradictorios, extra-lógicos o emocionales. Para decirlo de manera sintética, es un modo de ver la realidad desde la *complejidad* de lo *razonable* y no desde la *simplicidad* de lo *racional*.

Cuando expresamos que algo es *razonable*, decimos que es algo que *puede aceptarse* de manera pacífica, a pesar de no estar sometido a la estructura lógica del pensamiento. Y cuando aseveramos que algo es *racional*, decimos que es lo que se expresa, previa operación mental, *dentro* de las reglas de la lógica. Subrayo: dentro de las reglas de la lógica. Quien se aventure a hacer un rastreo a lo largo del articulado de la Ley 906 de 2004, valido de los instrumentos de la exégesis o de la interpretación sistemática, no hallará vestigios de que lo *racional*, alma del método de la *sana crítica*, aún pervive en el nuevo sistema penal.

En cambio, encontrará que lo *razonable* es lo que atraviesa de lado a lado, o de manera transversal, como dicen ahora los sociólogos, el *corpus* del modo de investigar y juzgar que se ha instaurado a partir del 2005. Pero eso no significa que se ha entronizado en la práctica judicial, como temen algunos, el *principio de la íntima convicción*, mediante el cual el juez queda facultado para decidir de espaldas a la prueba allegada y sobre la base de su propio convencimiento. Esto significa que al sistema penal acusatorio se le signa el *principio de la libre convicción* mediante el cual el juez, valiéndose del *método sistémico* de apreciación de las pruebas, puede condenar o absolver a una persona de conformidad con las *reglas del pensamiento complejo*.

Ese es el *salto epistemológico* que ha propiciado el advenimiento del sistema acusatorio. Ahora, como en el pasado, sigue rigiendo el *principio de la libre convicción* de apreciación probatoria. Pero su fundamento no son ya las reglas del método de la *sana crítica*. Son las propias del *método sistémico* de valoración probatoria. Atención: lo *racional*, dicho de otro modo, ha sido sustituido por lo *razonable*. De acuerdo con el paradigma de la *lógica de lo razonable*, cualquier cosa puede ser y no ser al mismo tiempo (en contra del principio de identidad); o algo puede ser igual a otro y a la vez no serlo (en contra del principio de contradicción); o que cuando dos partes son contradictorias, ninguna de las dos partes puede ser excluida porque ambas pueden ser falsas y verdaderas a la vez, y alternativamente, verdaderas o falsas (contra el principio del tercero excluido); o que el efecto de un fenómeno, puede ser también su causa, o a la inversa (contra el principio de implicación).

La estructura de ese *método sistémico*, está compuesta por cuatro principios supra-lógicos, llamados también *reglas del pensamiento complejo*: 1) *Principio dialógico*. Es el que permite extraer una síntesis de la confluencia de las identidades, las contradicciones y la falta de racionalidad de determinadas situaciones o fenómenos. Es el que permite articular elementos disímiles, lógicos y emocionales, objetivos o subjetivos, a la hora de formarse un criterio acerca de la capacidad demostrativa de una prueba determinada. 2) *Principio recursivo*. Se sintetiza del modo siguiente: los efectos o las consecuencias, pueden ser, a la vez, y de manera circular, causas de aquello que los produjo. 3) *Principio hologramático*. Se enuncia así: el todo está en la parte y, a su vez, la parte está en el todo. Y, 4) *Principio conector*. Puede sintetizarse con estas palabras: todo está conectado con todo.

Estos cuatro principios, unidos, dan lugar a lo que se conoce como *método sistémico* de apreciación probatoria, esencia de los sistemas acusatorios, ellos son los que le dan cuerpo a la estructura de ese método. Son los pilares que lo sostienen. Estos sostenes, *por separado y en conjunto*, dan cuenta de que lo que bulle debajo de este método, es la *lógica de lo razonable*. Estos cuatro principios, relacionándolos entre sí a la hora de efectuar un análisis probatorio, arrojan *un nuevo tipo de comprensión*, obviamente de diferente factura a la que ofrece la *lógica silogística*, sobre los hechos y sus circunstancias. Por efecto de la aplicación de estos principios, se llega a comprender que la *conclusión* que se extraiga en torno a la esencia de determinado hecho o fenómeno, *no necesariamente tiene que ser lógica*. Le basta con ser *aceptable*. Le basta con ser razonable.

Esto constituye un cambio trascendental en la forma de investigar y juzgar las conductas de las personas. Esto da entrada a un *cambio cualitativo* en la lógica y la epistemología de la actividad de jueces y fiscales. Esto pone de resalto que el paso del sistema inquisitivo al sistema acusatorio, no fue apenas de forma. Fue de lógica interna. Fue de epistemología. Fue de principios. Fue un cambio hondo. De visión del derecho y de la justicia. No apenas aparente. Hubo un verdadero volantín, no solo en la parafernalia del proceso penal, sino en su esencia.

Por tanto, se puede concluir que la *lógica de lo razonable*, no es otra cosa que la *lógica de lo aceptable*. Y por ser eso, es algo distinto. Algo que se sale de los principios de la lógica formal o aristotélica, aunque en ocasiones también pueda valerse de ellos, dados su dinamismo y su plasticidad. En este sistema penal, y mediante el *método sistémico* de apreciación probatoria, le está permitido al funcionario sacar una conclusión a partir de la articulación o confluencia de elementos disímiles, lógicos o no, afines entre sí o no, racionales o no.

Es un método flexible de apreciación probatoria, por oposición al método de la sana crítica, cuyos distintivos son su carácter constrictivo, su rigidez y la inmutabilidad de su esquema de premisas mayores y menores. En el sistema acusatorio, se admiten como *razonablemente* válidos, un análisis probatorio que se elabore y una sentencia judicial que se conciba al margen de la fórmula estructural de la *lógica silogística*. La inferencia propia de este modo de razonar, puede estar fundada en una falacia, en un sofisma o en un paralogismo. Eso es admisible, reitero, porque su argumentación no es lógica sino discursiva, retórica, creativa.

Para llegar a un *juicio de condena* en un sistema acusatorio (o a la *certeza discursiva sobre el delito y la responsabilidad*), el fallador no está obligado a argumentar lógicamente. Su deber, acorde con el *método sistémico*, es *argumentar discursivamente*. Y como la argumentación discursiva no es constrictiva, el juez está autorizado para emitir *juicios de valor*. Digo que esa argumentación no es *constrictiva*, y no lo afirmo *a priori*, porque esa clase de raciocinio no está sometido a la camisa de fuerza de los principios de la lógica formal o silogística. Este tipo de argumentación —holgada, flexible—, es el conducto a través del cual se puede efectuar la *conexión funcional* entre las *normas rectoras* de la ley penal y los *valores y principios* de la Constitución Política.

La *lógica de lo razonable*, entonces, es de la esencia del sistema penal acusatorio. Y el hueso de uva de este sistema, lo encarna el *método sistémico* de análisis probatorio. Al juez que actúa dentro de un sistema de estas características, se le faculta para *argumentar discursivamente*. A ese juez, dicho de otra forma, se le permite analizar las pruebas a través de la utilización de los principios del *método sistémico* (principio dialógico, principio recursivo, principio hologramático y principio conector). Esas, y no las de la sana crítica, son sus herramientas gnoseológicas. Y, como consecuencia de esa facultad, se le autoriza para emitir *juicios de valor* sobre la capacidad esclarecedora de las pruebas y sobre la autoría y la responsabilidad penal de quien ha sido acusado de cometer un delito.

Por tanto, en el sistema penal acusatorio, una sentencia judicial es un *juicio de valor* (y no un juicio lógico) fundado en la *certeza discursiva* (y no en la certeza racional) que el juez haya obtenido en torno al hecho punible y la responsabilidad del acusado. Ese método de la sana crítica, previsto en el artículo 238 de la Ley 600 de 2000, fue derogado por la Ley 906 de 2004. Y lo derogó, hay que subrayarlo, porque la naturaleza del sistema acusatorio, flexible y dinámica por definición, es *decididamente incompatible* con el método de la sana crítica, fundado sobre la rigidez de la lógica aristotélica y su sistema estático de premisas mayores y menores.

El método de apreciación de las pruebas en el sistema acusatorio, no es ya el de la *sana crítica*. En este sistema, ese método de apreciación de los medios de convicción es el *método sistémico*. Y en ese sistema, por eso mismo, los fallos de los jueces no pueden ser producto de la *certeza racional* (juicios lógicos) sino de la *certeza discursiva* (juicios de valor). Por esa razón, a mi manera de ver, las sentencias penales que a todos los niveles se vienen dictado desde el 2005, están fundadas en una *violación directa de la ley sustancial por aplicación indebida de una norma derogada,* según reza la fórmula casacional.

En esas providencias, se han analizado las pruebas mediante un método que no corresponde al del sistema penal vigente —el de la *sana crítica*—, cuando lo adecuado es valerse, para esos efectos judiciales, del *método sistémico* de apreciación probatoria. Pero, además, esas sentencias han sido producto de la *certeza racional,* propia del sistema penal derogado, y no de la *certeza discursiva,* que es la que le da entidad al sistema penal acusatorio.

REFERENCIAS

Aristóteles (1966). *El arte de la retórica.* Eudeba.
Barros, N. (1970). *Introducción a la lógica formal.* Ediciones Humanismo.
Demory, B. (1995). *Convencer con la palabra.* Ediciones Granica.
Chomsky, N. (1986). *El lenguaje y el entendimiento.* Seix Barral.
Gadamer, H.G. (1998). *Arte y verdad de la palabra.* Paidós.
Morin, É. (1994). *Introducción al pensamiento complejo.* Gedisa.
Perelman, Ch. *et al.* (1989). *Tratado de la argumentación.* Gredos.

El falso juicio de raciocinio en la casación colombiana

Víctor Alonso Pérez Gómez[*]

RESUMEN: Este ensayo busca brindar algunos elementos en torno a los fundamentos que deben orientar el "falso juicio de raciocinio" en el recurso extraordinario de casación en Colombia. Particularmente, se desarrollan las bases epistémicas y gnoseológicas de las máximas de la experiencia, las reglas científicas y los principios lógicos para una adecuada valoración racional de la prueba; al efecto se parte de la doctrina y de la jurisprudencia más relevante.

Palabras claves: Recurso de casación, falso juicio de raciocinio, máximas de la experiencia, reglas científicas, principios lógicos.

EL RECURSO EXTRAORDINARIO DE CASACIÓN EN COLOMBIA

El recurso extraordinario de casación se ha diseñado como un mecanismo orientado a corregir los yerros en que incurrieron las instancias judiciales —nada distinto de lo que ocurre en otras legislaciones—, pero de tal naturaleza que autoricen derruir la presunción de acierto y legalidad con la que vienen precedidas las sentencias judiciales; yerros que pueden ser errores en la adjudicación del derecho —*in iudicando*— o en el procedimiento propio de las causales de nulidad sea por violación al debido proceso o al derecho de defensa.

Tradicionalmente, las instancias judiciales pueden equivocarse mediante una infracción directa de la ley; (i) por la falta de aplica-

---

[*] Abogado de la Universidad de Medellín; filósofo de la Universidad de Antioquia; profesor universitario. Correo electrónico: vperezgomez@hotmail.com

ción; (ii) una indebida aplicación; (iii) o una interpretación errónea de una norma del bloque de constitucionalidad, de la Constitución Política o de orden legal. El juez desacierta en la escogencia de la norma a aplicar, bajo cualquiera de las tres modalidades anunciadas y, por ende, que todo el debate sea estrictamente jurídico, no hay discusiones de naturaleza fáctica, *i.e.*, respecto a la prueba. De tal manera que los hechos se aceptan como fueron reconocidos en las instancias judiciales.

Una segunda forma de yerro, pasible del recurso de casación, se estructura cuando el fallador incurre en falsos juicios respecto a la producción y apreciación de la prueba, que le llevan de forma mediata a no aplicar, aplicar indebidamente, o interpretar erróneamente un precepto constitucional o legal; de este modo, se cumplirían la funciones asignadas al recurso extraordinario de casación, *inter alia*, respeto de las garantías de las partes, los agravios inferidos a éstas y la unificación de la jurisprudencia. En este escenario, el juez incurre en una equivocación, pero respecto a la fijación judicial de los hechos, esto es, a la prueba (para una comprensión más amplia de cada uno de los errores de juicio, tanto en la modalidad de violación directa como indirecta, puede verse: Fernández, 2000, p. 107; Castañeda & Huertas, 2006, p. 51; Rodríguez, 2008, pp. 234, 361; Pabón, 2011, p. 173; Ramírez, 2011, p. 281; Moreno, 2013, p. 121; Pérez, 2014, pp. 171-177; Peña, 2019, p. 33. En materia civil, pueden ser consultados: Morello, 2005, p. 354; Murcia, 2010, p. 297; Calamandrei, 2016, p. 287; Blanco, 2019, p. 281).

Pese a la amplia discusión que se ha dado en torno a la artificialidad de separar la *quaestio iuris* de la *quaestio facti* (Nieva, 2000, p. 95), lo cierto es que nuestra realidad jurídica aún no admite teorías monistas en torno a las premisas fácticas y jurídicas en el debate casacional. Así las cosas, se razona con base en los lineamientos sentados por la Corte Suprema de Justicia como errores *in iudicando*. Tampoco se abordan los yerros en el procedimiento o vicios de actividad, sea que se les califique como defectos de estructura o de garantía.

DE LA VIOLACIÓN INDIRECTA DE LA LEY

Como se dijo *ut supra*, se trata de un error de juicio de naturaleza probatoria, que se contrae a la realidad fáctica del proceso con incidencia final en la aplicación de un precepto jurídico. El error, además, debe ser trascendente en las conclusiones de la sentencia y en el medio tiene una tradición centenaria, como que desde comienzos del siglo XX se ha previsto, lo que no ocurre en muchos países en que se han limitado sustancialmente el acceso del órgano de cierre al examen de cuestiones de hecho. A título de ejemplo, recuérdense estas normatividades:

Ley 94 de 1938, art. 2°:

> Cuando por errada interpretación o apreciación de los hechos, en la sentencia se le haya atribuido un valor probatorio que no tienen, o se les haya negado el que sí tienen, o no se les haya tomado en cuenta a pesar de estar acreditados en el proceso, o cuando resulte manifiesta contradicción entre ellos; siempre que sean elementos constitutivos del delito, determinantes, eximentes o modificadores de la responsabilidad de los autores o partícipes, o circunstancias que hayan influido en la determinación de la sanción.

Decreto 409 de 1971, art. 580:

> Si la violación de la ley proviene de apreciación errónea o de falta de apreciación de determinada prueba, es necesario que se alegue por el recurrente sobre este punto, demostrando haberse incurrido en error de derecho, o error de hecho que aparezca manifiesto en los autos.

Decreto 1861 de 1989, art. 220:

> Si la violación de la norma sustancial proviene de error en la apreciación de determinada prueba, es necesario que así lo alegue el recurrente. Si el error fuere de hecho, este debe aparecer, además, manifiesto en los autos; cuando sea por violación de normas probatorias, deberán indicarse estas y explicarse en qué consiste aquella.

Adicional a ello, el Decreto 2700 de 1991 en su art. 220, señalaba: "Si la violación de la norma sustancial proviene de un error en la apreciación de la prueba, es necesario que así lo alegue el recurrente"; así mismo, la Ley 600 de 2000, art. 207, expresa: "Si la violación de la norma sustancial proviene de error de hecho o de derecho en la apreciación de determinada prueba, es necesario que así lo alegue el demandante".

Estos yerros fueron, de forma paulatina, depurados conceptualmente por la jurisprudencia hasta alcanzar lo que hoy en día se califican como errores de hecho y de derecho. Los primeros se clasifican en falsos juicios de existencia —se incurre en ellos, cuando el juez ignora una prueba (omisión) válidamente incorporada o supone una inexistente (suposición)—, de identidad —el juez le da una interpretación errónea a la prueba con lo cual trastoca su contenido (tergiversación) o la deforma, poniéndole a decir algo que no dice (distorsión) o la mutila en su expresión material, quitándole aspectos relevantes de su contenido (cercenamiento) o le pone a decir algo que objetivamente no se desprende de su literalidad (adición)— y de raciocinio —el error del juez en este caso implica una valoración de la prueba ajena a la sana crítica, entendida como desconocimiento de alguna ley científica, un principio lógico o una máxima de la experiencia— y miran con la fase de valoración de la prueba. Los segundos, en falsos juicios de convicción —también tienen que ver con la valoración de la prueba y consisten en desconocer el previo valor tarifado que la ley ha previsto frente a cierto medio de prueba; son de escasa aplicación, teniendo en cuenta que el modelo de apreciación probatoria existente es tributario de la sana crítica o apreciación racional— y de legalidad —se pregona para aquellos eventos en los que el sentenciador le concede eficacia a una prueba incorporada con violación de derechos fundamentales o las formalidades legales—, referidos tanto a la valoración como a la producción de la prueba.

EL FALSO JUICIO DE RACIOCINIO

La jurisprudencia, y en especial la de la Sala de Casación Penal de la Corte Suprema de Justicia, ha construido no hace más de dos décadas una de las modalidades que autorizan casar una sentencia por error de hecho en la apreciación de las pruebas frente al desconocimiento del método de la sana crítica, que es el "falso juicio de raciocinio". Adicional a ello, la Corte Constitucional en su labor de casuística, ha hecho avances en la misma dirección cuando se trata de una valoración ajena al método de apreciación racional de la prueba, para lo cual construyó la categoría del fallo contraevidente propio de un defecto fáctico. Sin embargo, la construcción dogmática empleada por la Corte Suprema de Justicia en su Sala de Casación Penal cuenta con un mayor rigor conceptual.

Anteriormente, no se advertía en el escenario de la casación penal cómo pudiera dirigirse o encaminarse la denuncia de un fallo en que haya incurrido en desconocimiento de la sana crítica (inicialmente se trató como un "falso juicio de identidad": Auto de 17/4/ 1997, rad. 9573, CSJ-SCP; Auto de 10/12/1997, rad. 13930, CSJ-SCP; Auto de 10/2/1998, rad. 13003, CSJ-SCP; Auto de 6/5/1998, rad. 10949, CSJ-SCP) a través de no aplicar o aplicar de forma errática, una máxima de la experiencia, una regla científica o un principio lógico. En esos casos, tímidamente se le daba el trato de un "falso juicio de identidad", hasta que en el año 2000 se le define claramente:

> 2º. Desde el enunciado se falta a la técnica, pues éste es equívoco, no sabiéndose si reprocha al fallador por haber incurrido en error de hecho por falso juicio de identidad o por falso juicio de raciocinio, confusión que mantiene en el desarrollo de la censura, por lo que desde ya se manifiesta que está condenada al fracaso. 2.1. Así, es preciso que la Sala reitera que estas dos clases de desatinos de hecho son distintos, surgiendo el primero cuando al apreciarse la prueba se falsea su tenor literal, poniéndola a decir lo que su texto no reza. Eso es, no hay identidad o correspondencia entre lo que la prueba expresa y lo que el sentenciador manifiesta que su texto dice. Es de carácter objetivo, contemplativo. En cambio, la segunda modalidad se comete cuando el fallador al analizar el mérito de un elemento de convicción sujeto a apreciación racional, lo hace vulnerando ostensiblemente las leyes de la ciencia, los principios de la lógica o las reglas de la experiencia. Es de carácter valorativa (Auto de 29/3/2000, rad. 12784, CSJ-SCP).

Pese a la existencia de esta modalidad de yerro, su concreción práctica resulta bastante polémica, en virtud de que la mayoría de los debates puestos a consideración del órgano de casación se decantan por considerar que se trata de simples disparidades entre el censor y el fallador de instancia y, por esta vía, se desecha el recurso con el argumento de que la Corte no es una tercera instancia. Independientemente de la técnica sugerida para su proposición, la discusión encierra la natural subjetividad que posee toda labor de estimativa jurídica. El recurrente, pues, debe indicarle a la Corte: (i) El medio de conocimiento que fue erróneamente valorado por los jueces de instancia; (ii) qué infirieron de él los juzgadores de instancia; (iii) cuál fue el postulado o la regla de la sana crítica que se vulneró, es decir, qué principio científico, cuál máxima de la experiencia o qué principio lógico y explicar el aporte correcto de esa regla en la valoración de la prueba, además, como se ha dicho antes, todo error debe ser trascendente.

Sin embargo, condición de posibilidad del examen del falso juicio de raciocinio, es abordar, así sea brevemente, qué se ha entendido como un método de apreciación racional de la prueba o modelo de la sana crítica y cuáles sus reglas. El sintagma "sana crítica" proviene del derecho español, donde por primera vez lo encontramos en los artículos 147 y 148 del Reglamento sobre el modo de proceder de los negocios contenciosos de la Administración que se ventilan en el Consejo Real, después de Estado, de 30 de diciembre de 1846 (al respecto, *Vid.* Alcala-Zamora,1945, p. 51). Es más, históricamente se han blandido todo tipo de objeciones a la locución "sana crítica". Es prácticamente un lugar común encontrar en toda la literatura probatoria un continuo reproche, al considerar que ese término no dice nada, es vacío, o en el mejor de los casos ambiguo. Aquí, por el contrario, reconociendo que el concepto carece de la claridad deseada, se estima que él permite sí construir unas metodologías que finalmente sirven de garantía a las partes frente a los eventuales abusos del poder jurisdiccional.

LA APRECIACIÓN RACIONAL DE LA PRUEBA

Para comenzar es una realidad indiscutible la necesidad de que las pruebas en un proceso judicial sean valoradas, pero solo una concepción racional de la valoración de la prueba materializa el derecho fundamental a la misma (Taruffo, 2002, p. 373; Ferrer, 2000, p. 154). Desde ya debe decirse que el marco conceptual bajo el cual se desarrolla la concepción aquí expuesta en torno a la prueba, es el propio de la tradición racionalista caracterizada por el hecho de que: (i) el objetivo institucional de la actividad probatoria es la averiguación de la verdad —entendida como correspondencia con la realidad—, una por supuesto, relativa; (ii) que, dada la falibilidad del acceso epistémico a hechos acontecidos en el pasado, la averiguación de la verdad se complemente con el objetivo de minimizar o reducir los errores consistentes en declarar probadas proposiciones falsas y, añádase, en declarar no probadas proposiciones verdaderas; (iii) que las reglas procesales deben propender porque el juez se guíe por la *epistemología general* en la adquisición y valoración de las pruebas (al respecto, *Vid.* Aguilera, 2017, p. 144).

Entendida la valoración como un razonamiento —inferencia—, esto es, un proceso que a partir de un cierto conjunto (finito) de enunciados tomados como punto de partida (a los que se llama premisas) conduce a aseverar de modo justificado otro enunciado (que constituye la conclusión). Y se emplea inferencia como sinónimo de razonamiento, para indicar el paso *justificado* de premisas a conclusiones (Tuzet, 2021, p. 119), justamente ese *iter* le concede el carácter crítico del juicio (Varela, 2007, p. 86) y no simplemente psicológico o subjetivo, se trata de un juicio que trascienda al sujeto para que pueda ser intersubjetivamente controlado. Paradójicamente, la "apreciación racional de la prueba" se utiliza en muchas ocasiones para desconocer la misma racionalidad que debe inspirar las decisiones judiciales que para avalarla. Solo, a modo de ejemplo, cuando los jueces aduciendo la libertad probatoria consideran que no es necesario emplear un método científico para determinar la autenticidad de los diálogos fruto de una interceptación telefónica y consideran que ello se suple con el reconocimiento que hace un testigo, como lo es la policía judicial. Al respecto se señala:

> Es cierto que el mecanismo científico de cotejo de voces puede ser el más idóneo para la identificación de quienes intervienen en una grabación, pero no el único, por lo que tal acreditación puede hacerse a través de cualquier medio de prueba, con fundamento en el principio de libertad probatoria y en la valoración conjunta de los elementos de convicción obrantes en el proceso […]. En síntesis, el hecho de que no se haya practicado el cotejo de voces aludido, *en nada demerita el crédito otorgado a las multicitadas interceptaciones telefónicas, puesto que, por un lado, los funcionarios de policía judicial tenían identificados a los interlocutores* […] —Cursivas añadidas— (Sent. SP1209-2021 de 7/4/2021, rad. 54384, CSJ-SCP).

Esta postura es contradictoria con la posición que no menos de veinte días antes, había sostenido la misma Corporación:

> La libertad probatoria prevista en el artículo 373 de la citada ley, se refiere a la posibilidad de demostrar los extremos de la relación jurídico procesal penal por cualquiera de los medios de conocimiento relacionados en el artículo 382 de la Ley 906. Sin embargo dicha libertad no es absoluta sino relativa, en cuanto que la idoneidad del medio probatorio depende del juicio de pertinencia, esto es, que sirva para probar los hechos y circunstancias de la conducta punible que se pretende demostrar. En este sentido el delito de falsedad material se puede probar mediante la pericia de un grafólogo; en el de lesiones personales para establecer el tipo penal donde debe ubicarse la conducta para establecer su sanción, resulta ineludible el dictamen del forense […]. En ese orden, habrá casos en los que, atendiendo sus particularidades, sin que implique el establecimiento de un sistema tarifado, se requiera acompañar la prueba pericial, como cuando no de otra manera sea posible corroborar una condición física o psíquica (Sent. SP-907-2021 de 17/3/2021, rad. 53295, CSJ-SCP).

La prueba que por antonomasia determinaría con mayor grado de fiabilidad la autoría del diálogo, es la de espectografía de voces. Considerar que el medio idóneo es lo que diga un investigador judicial, por el hecho de que fue la persona que hizo el seguimiento, es suplantar el conocimiento especializado por el simple saber vulgar. Al respecto, recuerda Muñoz Conde (2007):

> Esta es una consecuencia inmediata de la racionalidad del derecho de prueba que liga la práctica y valoración de la prueba pericial a una metodología científica empírica característica de la cultura de nuestro tiempo [...]. La trayectoria de una bala o el nivel de alcohol en sangre son cuestiones que sólo pueden resolverse aplicando una determinada metodología empírica universalmente admitida y con un alto grado de fiabilidad (p. 101).

Es que, a partir, del *thema probandum* y conforme a la naturaleza de las cosas, es la prueba científica la llamada a demostrar la autenticidad, porque solo este tipo de prueba permite su refutabilidad y contrastabilidad. Se corre el riesgo de convertir el juicio en apreciaciones subjetivas, donde se sustituye la objetividad por la intuición, particularmente por los sesgos cognitivos que corren parejos a la labor investigativa bajo el modelo abductivo. De otra parte, recaer en la policía judicial la decisión en torno a si una de las personas que participa en un diálogo interceptado es o no el imputado, implicaría un yerro gnoseológico, porque el objeto de conocimiento no lo puede modificar el sujeto cognoscente. Bien señala el profesor Hassemer (1984):

> La racionalidad del derecho de prueba implica que cada prueba tiene su particularidad, su especificidad que condiciona su valoración, así, por ejemplo, la valoración de una prueba pericial sobre balística o de análisis de sangre, viene condicionada por unas reglas empíricas absolutamente vinculantes para el Juez, que no pueden sustituirlas por sus creencias particulares o por la revelación divina (p. 137).

Ahora bien, con razonamiento probatorio, se hace referencia a un juicio concerniente a las pruebas, que a modo de premisas permiten reconstruir un acaecimiento, finalmente de relevancia jurídica y ese modo de pensar, emplea casi siempre inferencias deductivas, inductivas y abductivas (Tuzet, 2021, p. 130). Pero, a su vez, el razonamiento que aquí interesa en punto a discernir el "falso juicio raciocinio" como motivo casacional, es el que va de la hipótesis a la prueba:

> Nótese que el razonamiento probatorio parte de las pruebas de que se dispone en un inicio encaminándose hacia la formulación de hipótesis que expliquen los hechos ya conocidos [...]. Piénsese en la actividad del detective que recolectando una serie de pruebas o de indicios intenta encontrar la clave del caso, la hipótesis que explica lo sucedido. Esta dimensión del razonamiento probatorio es importante porque es aquella de la que parte la investigación en un primer momento [...] una vez elaborada una hipótesis sobre la base de las pruebas debe intentar verificarla o falsarla, o al menos tratar de encontrar algo que la confirme o desmienta. ¿Cómo es posible hacer esto? Todavía una vez: con una forma de razonamiento probatorio, pero una que no vaya de las pruebas a las hipótesis, sino que se pregunte a partir de las hipótesis formuladas qué pruebas potenciales podrían confirmarlas o desmentirlas. Esta dimensión del razonamiento probatorio puede sintetizarse del siguiente modo de las hipótesis a las pruebas. Se trata de partir de las hipótesis y, precisamente, ponerlas 'a prueba'[...] (Tuzet, 2021, p. 120).

Razonamiento que como se dijo *ut supra*, no obedece a una concepción emotiva (propia de la íntima convicción) (un valioso estudio en torno a las emociones como "función justificativa" de las decisiones judiciales, *vid*. González, 2020, p. 130), sino al predicado de que una prueba posee objetivamente ciertas características, constatables por los demás sujetos cognoscentes, mediante el empleo de instrumentos racionales que conducen a mostrar que existen elementos o razones suficientes para asumir una aserción como fundada (Guzmán, 2006, p. 99). Esos instrumentos racionales, como, por ejemplo, las generalizaciones derivadas de las máximas de la experiencia, no son absolutas para todo ámbito porque pueden variar en cada época e incluso, en distintas regiones; *verbi gratia*: el desarrollo social puede incidir en el patrón de conducta de un conjunto de personas; no son idénticos los patrones conductuales de los habitantes de un país escandinavo al comportamiento social de personas con profundas precariedades económicas en países latinoamericanos.

Así, entonces, al proceso las partes llevan aserciones fácticas a modo de hipótesis —luego de un ejercicio investigativo en el que predomina la abducción— y las pruebas que se incorporen, cotejadas individual (modelo atomista) y en conjunto (modelo holístico) en su contenido y respecto a su fiabilidad, deben confirmar o desvirtuar esas hipótesis; esa confirmación o refutación de las hipótesis en juego, obedece a un razonamiento probabilístico, porque nunca será posible alcanzar certezas racionales. Ese ejercicio intelectual constituye precisamente la valoración.

BREVE HEURÍSTICA FRENTE A LA VALORACIÓN RACIONAL DE LA PRUEBA

Hasta aquí simplemente se ha querido exponer cómo la valoración debe acudir a unos criterios objetivos pero esa evaluación debe pasar por unos filtros o parámetros, que no son nada distinto a los ofrecidos en su gran mayoría por la racionalidad moderna. Por ello, de manera fundada, aquí se sostiene que un método racional de valoración probatoria no puede ser más que tributario del pensamiento filosófico moderno que inicia con el renacimiento, pasa por la revolución científica, sigue con el racionalismo clásico, alcanza el empirismo, confluye en el siglo de las luces y luego el kantismo y el idealismo como modelos de pensamiento que marcan muchas de las estructuras del razonamiento judicial. Ello sin desconocer el empleo cotidiano del legado antiguo, particularmente, la lógica aristotélica (al respecto *Vid.* Reale, 2010, p. 21; Hazard,1958, p. 49; Windelband, 1951, p. 12; Cassirer, 1994, p. 21; Arango, 1993, p. 165).

Al respecto recuerda Taruffo (2008, p. 134) que el sistema de prueba legal colapsó por varias razones, pero una de ellas obedeció al surgimiento de la cultura filosófica de la ilustración, que se deshizo de los viejos conceptos de racionalidad para abrir camino a nuevos métodos de razonamiento (en el mismo sentido: Damaska, 2015, p. 37); es el cambio del método científico, entendido hasta el siglo XVII en su tradición aristotélico-tomista, ello si se puede hablar válidamente de un método científico. La nueva visión se preocupa por una lectura crítica de la realidad y termina prevaleciendo sobre toda aquella apriorística del legado escolástico. Y, en términos de Taruffo, para la ciencia jurídica se debe adoptar una concepción débil de la racionalidad, propias de las modernas teorías del razonamiento jurídico. Justamente, entre los criterios razonables de racionalidad de la valoración de las pruebas se puede destacar una breve heurística:

a. Que la valoración de la prueba no se realice con métodos calificados como irracionales por la cultura común del contexto social (Taruffo, 2002, p. 423); este criterio guarda cierta identidad con el hecho de prohibir a los jueces que resuelvan los casos conforme su intuición o pálpito. Es también lugar común —*topoi*— prohibir a toda costa la utilización de criterios que apelen a elementos subjetivos del decisor cuando se trata de escrutar la prueba para inferir lo que representa; no es desde ningún punto de vista admisible que esa labor tenga como fuente las creencias personales del juzgador (al respecto: Ferrer, 2021, p. 29; así mismo, Ferrajoli, 1995, p. 43, quien estima que el convencimiento subjetivo, no puede más que calificarse como un juicio sin verdad).

b. La utilización en el juicio del hecho y para la adopción de la decisión, del mayor número de datos empíricos disponibles —concepción cognoscitiva de la prueba—. Una aclaración crítica respecto a cuántas y qué pruebas, puede verse en Tuzet:

> En efecto, adviértase que la corroboración es una cuestión de grados, no categórica no existen hipótesis corroboradas o no corroboradas, sino hipótesis más o menos corroboradas. Por tanto, ¿es sensato que el proceso maximice la incorporación de las pruebas relevantes? Se puede pensar que lo sea a los fines de la corroboración y del control racional de las hipótesis: mientras más pruebas se tengan (incluso del mismo tipo), más posibilidades se tiene de testar la hipótesis en juego y corroborar una más que otra. A esto se puede replicar rápidamente que en el proceso existen exigencias de tiempos y costos (la economía procesal) que impiden adoptar un enfoque de este tipo, más adecuado a la investigación científica que a la dialéctica procesal (2021, p. 168).

Una decisión irracional por supuesto es la que no se funda en aquella información empírica o es selectiva; una concepción racional del libre convencimiento o sana crítica es epistémicamente válida, en la medida que admite —e incluso requiere— que la valoración de las pruebas se dirija hacia la determinación de la verdad de los hechos (Taruffo, 2012, p. 199). En términos de Ferrer:

> [...] los enunciados declarativos de hechos probados son enunciados relacionales... No se puede afirmar de modo absoluto que una proposición p está probada, sino únicamente con relación a un determinado conjunto de elementos de juicio (o medios de prueba). Que la proposición p está probada, en este sentido, significa que ese conjunto de elementos de juicio aporta apoyo suficiente para p [...]. Ese conjunto de elementos de juicio, en el ámbito de la prueba judicial, estará delimitado por los medios de prueba admitidos y practicados en el proceso judicial y obrantes en el expediente (2005, p. 35).

Nuevamente, una concepción racional basa la justificación de la decisión sobre los hechos probados en el método de la corroboración de hipótesis, no en la creencia de sujeto alguno o en criterios puramente intuitivos (Ferrer, 2007, p. 65). Resulta necesario que el juez emplee un proceso mental externalizable (Muñoz, 2001, p. 85), de modo que sus juicios puedan ser escrutados por las partes y la misma ciudadanía. Esta metodología permite una reconstrucción verdadera de los hechos como condición necesaria (no suficiente) para la justicia y legitimidad de la decisión final (Taruffo, 2013, p. 207).

c. El empleo de esquemas adecuados de argumentación, en los que exista una validez racional del paso de un punto a otro del razonamiento (Taruffo, 2002, p. 424), de tal manera que la construcción de las inferencias devenga lógica tanto desde el punto de vista formal como material. Un razonamiento es una secuencia de dos o más enunciados asertivos, formulada con la pretensión o creencia de que uno de los enunciados de la secuencia es apoyado o justificado por los restantes integrantes de la secuencia. Es así que pueden encontrarse marcadores de razonamiento como "dado que", "por consiguiente", "luego", "en consecuencia". En este sentido, las secuencias de enunciados, aquí llamados razonamientos, también son denominados "inferencias".

Así las cosas, es cierta la afirmación de que en un razonamiento su conclusión se infiere, o es inferida, de sus premisas. De modo que por el mero hecho de formular un razonamiento se crea una relación, relación inferencial, entre las premisas y la conclusión del razonamiento. En este campo cobra particular importancia el indicio y, con él, la lógica, pues la tarea central de la lógica consiste en determinar si un enunciado asertivo B es o no consecuencia lógica de uno o más enunciados asertivos A1, A2... (para una muy buena profundización, *Vid.* Hernández, 2013, p. 40).

Este aspecto es de suma importancia en torno a la discusión del "falso juicio de raciocinio" como error de hecho en la apreciación de las pruebas. Como dice Anderson, cuando hay un conjunto de pruebas a considerar, habrá muchas cadenas de razonamientos que considerar. Evaluar la fuerza probatoria de un conjunto de pruebas requiere que la fuerza probatoria de cada una de las cadenas sea evaluada y que las evaluaciones individuales sean combinadas para determinar el valor probatorio neto del conjunto respecto al *probandum* final. Ciertamente, a mayor número de pruebas y contra pruebas la tarea del juez se torna mucho más exigente, pero no menos importante (Anderson *et al.*, 2015, p. 107).

d. El empleo correcto de las generalizaciones, entendidas tradicionalmente como máximas de la experiencia y los principios científicos, en el razonamiento inferencial. Al respecto se señala:

> Típicamente estas generalizaciones no son posibles de establecer como correlaciones exactas y completamente determinadas, como las leyes del movimiento de Newton, porque el nivel de los fenómenos con los cuales ellas se relacionan es totalmente abigarrado y complejo. Ellas funcionan en cambio como suposiciones de sentido común, que establecen qué es normalmente lo que se espera, pero son rebatibles en sus aplicaciones a una situación particular si se puede mostrar que son normales en algún sentido relevante (Cohen, 2017, p. 219).

e. Frente a distintas hipótesis, contradictorias entre sí, la valoración debe inclinarse por un criterio de aceptabilidad prevaleciente, de modo que sería irracional si la valoración optara en dar por demostrada la hipótesis dotada de un grado inferior de confirmación a otra con un soporte fáctico más sólido. Se trata de privilegiar la hipótesis con mayor capacidad explicativa en comparación con otras —modelo hempeliano—.

f. El empleo de modelos resolutivos-compositivos (Descartes, 1996, p. 87) al examinar la fiabilidad de los datos probatorios, *i.e.*, comenzar con el análisis de cada prueba y posteriormente, emplear un estudio holístico o conjunto de toda la información probatoria y esto supone a su vez que, a cada paso del razonamiento probatorio que se produce normalmente en cadena, se asuman como ciertas las hipótesis que han sido aceptadas como probadas anteriormente. Un ejercicio intelectivo diferente, significa desconocer la lógica formal en la cadena de razonamientos.

g. La necesidad de establecer garantías epistemológicas cuando de extraer conclusiones de la prueba se trata (Gascón, 1999, p. 44); el enfoque epistemológico pretende asegurar el máximo grado de racionalidad y de fiabilidad al juicio, por lo que se busca generar un diseño que permita una óptima ordenación del razonamiento probatorio. Resulta de vital importancia cuando se trata de abordar la prueba pericial, en tanto la filosofía de la ciencia se pregunta por el estatus científico de ciertos métodos, los estándares de evaluación, los modelos de explicación y predicción, que, finalmente, tienen incidencia frente al peso y a la fuerza probatoria de los medios de conocimientos periciales. Esto es fácilmente constatable en la doctrina jurisprudencial que históricamente se edifica en torno a la prueba científica, *verbi gratia* los factores Daubert y post-Daubert (cfr. Caso Joiner y caso Kumho). La fuerza probatoria de la pericia científica reside entre otros elementos en los siguientes: (i) Que la conclusión científica tenga fundamento fáctico; (ii) Que se hayan integrado principios y metodologías fiables y (iii) que la conclusión sea aplicable a lo sucedido de manera verificablemente correcta (*vid*. Vásquez; 2015, p. 103; Sánchez; 2019, p. 362). Y, al lado de la epistemología, como fuente de apoyo en el discernimiento del contenido de la prueba, se debe contar también con la gnoseología (la teoría del conocimiento se pregunta por las condiciones de posibilidad del conocimiento; las relaciones sujeto—objeto cognoscente; los criterios de verdad, de suyo fundamentales cuando el juez aborda intelectualmente la prueba) y, por supuesto, con la lógica.

LAS REGLAS DE LA SANA CRÍTICA

Con todo lo dicho, no estaría aún claro con qué instrumentos se aborda racionalmente la estimativa probatoria, porque como se expresó *ut supra*, a pesar de que el sintagma "sana crítica" es un concepto bastante gaseoso y etéreo, la doctrina y la jurisprudencia desde antaño buscaron anclarlo a lo que se pudiera denominar epistémicamente como "criterios de verdad". Fue así, entonces, como se planteó que la libre apreciación racional de la prueba o el libre convencimiento racional o la sana crítica se concretaba en el uso intelectual del juez de las máximas de la experiencia (figura conceptual que realmente tuvo su mejor desarrollo con Stein en el siglo XIX), los principios lógicos y las leyes científicas (las reglas de la sana crítica pertenecen al orden de la ciencia o al de la experiencia?, se preguntaba Couture, 1990, p. 4), como preceptos en palabras de Couture, de higiene mental al momento de extraer el contenido de un medio probatorio.

Tampoco hay consenso en la doctrina en torno a si resulta legítimo calificar a las máximas y principios científicos y lógicos como reglas de sana crítica; sin embargo, la discusión a nuestro juicio es más retórica que práctica, porque independiente de la denominación que les asignemos, lo cierto es que tienen la indiscutible función y privilegio de servir de límite a la arbitrariedad y eso es lo que en últimas importa para el ciudadano. No basta acudir al mantra de que se le concede crédito al testigo o al perito o al documento, conforme la "sana crítica", en un claro salto de la percepción al juicio, sin explicitar cómo se aplica el criterio de verdad; ora la máxima, ora el principio científico. Lo que se exige es hacer explícitos los patrones del razonamiento. El profesor Contreras Rojas (2015), recuerda que

> [...] la libertad de valoración requiere que el juez ajuste su actividad a la observancia de ciertas reglas, no ya jurídicas, pues eso sería ir en contra de la naturaleza misma de la institución, pero sí a regulaciones que indican la forma en que el ser humano debe razonar correctamente (p. 142).

Realmente, los modelos de tarifa legal aplicados en el medioevo no son tan ajenos a un modelo de apreciación racional, en la medida en que muchas de las reglas de apreciación que hoy se consideran como excedentes extralegales, antes eran positivizadas. Es común observar que muchas de lo que conocemos como máximas de la experiencia o principios lógicos, se han contemplado expresamente como criterios de valoración racional en las disposiciones legales; *verbi gratia*: La apreciación del testimonio bajo los principios que ha sentado la psicología experimental en torno a la percepción, la memoria, los procesos de rememoración; la apreciación de la prueba pericial, al pedir que se tenga en cuenta la aceptación por la comunidad científica de los principios en que se apoya el peritazgo; frente a la prueba documental, al exigir que el análisis del contenido documental sea conforme con lo que ordinariamente ocurre —*id quod plerumque accidit*—, de allí que si el contenido de un documento revela una historia inverosímil, la eficacia probatoria del documento para dar por probada la hipótesis fáctica disminuye. Era, pues, una manera de asegurar la fiabilidad de la decisión más cuando la formación de los jueces era precaria.

Las máximas de la experiencia y los principios científicos

Ambos conceptos son generalizaciones empíricas. Las primeras expresan lo que normalmente ocurre en el modo ordinario de ser de las cosas —*id quo plerumque accidit*— y se construyen a partir de un procedimiento inductivo que se resuelve, como se dijo, en una generalización de datos objetivos. Lo que hace la máxima es una constatación de uniformidades en el acaecimiento de eventos semejantes (Ubertis, 2017, p. 81) y, a su vez, permite que se convierta en el "acervo de conocimiento" del hombre medio razonable, ajeno a impresiones, anécdotas, mitos, etc.

Las segundas —principios científicos—, a pesar de que también obedecen a un procedimiento inductivo que conduce a una generalización, gozan de un mayor estatus epistémico en tanto hacen parte de todo un aparato nomológico o teórico que va más allá de la misma experiencia empírica y goza del aval del método científico sin caer, por supuesto, en el mito de la ciencia o, aún peor, admitir la ciencia basura o la pseudociencia. El solo empleo en muchas de ellas del saber matemático, métodos de falsabilidad con amplia base empírica, mayores grados de contratabilidad, amplia probabilidad lógica, etc.

Incluso, en el marco de la ciencia, hay conocimientos de diverso grado de fiabilidad, porque no es lo mismo una regla propia de las conocidas como ciencias duras —ciencias de la explicación—, como la química, la física, la genética, a los paradigmas de la ciencia blanda —ciencias de la comprensión— como la historia, la psicología, la sociología, etc. La solidez epistémica de ambos tipos de ciencia es diversa e incluso, son de dudosa aplicación algunos criterios de corrección desarrollados por el caso *Daubert* a las ciencias blandas, *verbi gratia*: la tasa de error. Estas consideraciones tienen un alto impacto en la decisión al momento de aplicar una regla científica.

Ahora, estos criterios de estimativa probatoria, no son más que "reglas de garantía" en términos de Toulmin, o sea "[…] el interlocutor pide garantías, es decir, enunciados que indiquen cómo los hechos en los que estamos de acuerdo están conectados con la tesis o conclusión que se ofrece" (Toulmin & Rieke, 2018, p. 79). De un dato se debe hacer un puente a una conclusión, y él no es nada distinto que la regla de garantía. Es que la conclusión nunca podrá ser una creación *ex nihilo* —de la nada—, que es uno de los errores judiciales más frecuentes.

Al decir de González (2020, p. 143), toda argumentación parte de una pretensión, que es aquello que se sostiene, pero a través de hechos, que llamaríamos razones. Pero en ocasiones, la mayoría en el razonamiento probatorio, la explicación del por qué una razón apoya la pretensión, reside en el enunciado que expresa una regularidad que correlaciona el tipo de hechos con la pretensión. Esa es la regla de garantía o regla de inferencia, que, llevada al campo probatorio, se compagina con una máxima de la experiencia o con un principio científico y que, a su vez, se puede catalogar como la premisa mayor de un razonamiento silogístico-deductivo, *i.e.*, una auténtica generalización, pero a su vez contingente y variable, conforme el momento histórico, cultural y geográfico.

Ahora bien, independiente de la amplia discusión en torno al origen de las máximas de la experiencia y los principios científicos, la posición que compatibiliza de mejor manera la decisión judicial con la seguridad jurídica es la máxima que forma parte de la cultura del hombre medio en un cierto lugar y en un cierto momento (Horvitz & López, 2004, p. 149), con lo cual se quiere desterrar la idea de que las máximas tienen su origen en la experiencia vital del Juez. Esta posición es compartida por la Corte Suprema de Justicia, cuando define lo que considera como una auténtica máxima de la experiencia:

> Como así lo ha precisado la Sala, un postulado adquiere la connotación de *máxima de la experiencia* cuando se deriva de los usos o prácticas sociales con carácter reiterado, que son generalmente admitidos por un conglomerado que se desenvuelve en similares circunstancias de tiempo, modo y lugar. En resumen, «la experiencia, entonces, es una forma de conocimiento que se concreta en prácticas sociales consuetudinarias, enunciadas bajo *proposiciones que se expresan bajo la fórmula "siempre o casi siempre que se da A, entonces sucede B"*» (Sent. SP1591-2020 de 24/6/2020, rad. 49323, CSJ-SCP).

Al respecto también se señala la jurisprudencia de la Sala de Casación Penal de la Corte Suprema de Justicia:

> Sobre esta concreta materia, debe partirse de qué se entiende por experiencia. Respecto a este tópico, la Corte tiene dicho: «La experiencia es una forma específica de conocimiento que se origina por la percepción inmediata de una impresión. Es experiencia todo lo que llega o se percibe a través de los sentidos, lo cual supone que lo experimentado no sea un fenómeno transitorio, sino un hecho que amplía y enriquece el pensamiento de manera estable.

Del mismo modo, si se entiende la experiencia como el conjunto de sensaciones a las que se reducen todas las ideas o pensamientos de la mente, o bien, en un segundo sentido, que versa sobre el pasado, el conjunto de las percepciones habituales que tiene su origen en la costumbre; la base de todo conocimiento corresponderá y habrá de ser vertido en dos tipos de juicio, las cuestiones de hecho, que versan sobre acontecimientos existentes y que son conocidos a través de la experiencia, y las cuestiones de sentido, que son reflexiones y análisis sobre el significado que se da a los hechos

Así, las proposiciones analíticas que dejan traslucir el conocimiento se reducen siempre a una generalización sobre lo aportado por la experiencia, entendida como el único criterio posible de verificación de un enunciado o de un conjunto de enunciados, elaboradas aquéllas desde una perspectiva de racionalidad que las apoya y que llevan a la fijación de unas reglas sobre la gnoseología, en cuanto el sujeto toma conciencia de lo que aprehende, y de la ontología, porque lo pone en contacto con el ser cuando exterioriza lo conocido.

Atrás se dijo que la experiencia forma conocimiento y que los enunciados basados en ésta conllevan generalizaciones, las cuales deben ser expresadas en términos racionales para fijar ciertas reglas con pretensión de universalidad, por cuanto, se agrega, comunican determinado grado de validez y facticidad, en un contexto histórico específico.

En ese sentido, para que ofrezca fiabilidad una premisa elaborada a partir de un dato o regla de la experiencia ha de ser expuesta, a modo de operador lógico, así: siempre o casi siempre que se da A, entonces sucede B" (Sentencia del 21 de noviembre de 2002, radicación N.º 16472; Auto de 14/2/2006, rad. 24611, CSJ-SCP).

De otro lado, cuando se habla de hombre medio, se ubica allí también al "hombre científico".

En lo que respecta a su estructura lógica, el razonamiento en el que media una regla de garantía, se expresa; "Si P, entonces, <u>casi siempre</u> Q", es decir, como un enunciado fáctico condicional o hipotético, porque tiene siempre un referente empírico y prototípicamente probabilístico (Schum, 2016, p. 189). Esa es la importancia de la regla de garantía, que permite su contrastabilidad. Y se habla de casi siempre, porque la regla puede ser derrotada, en el sentido de que no es absoluto que siempre se dé la consecuencia. Ni siquiera en la ciencia. Lo que hace realmente científica a una teoría, es su falsabilidad, y a nuestro juicio, un criterio de demarcación válido en el marco del derecho probatorio (*Vid.*, Popper, 2004, p. 39; una posición contraria sostiene Susan Haack. En el ámbito de las ciencias duras, muy ilustrativos: Hempel, 2001, p. 76 y Lakatos, 1983, p. 134). La fortaleza de ese ligamen que une a los enunciados depende del grado de regularidad y por supuesto, ello es lo que torna como más probable o menos probable la conclusión. Limardo, en un valioso ensayo, lo sintetiza así:

> De esta manera, la verdad o falsedad de estos enunciados dependerá de la verificación, en primer lugar, de la existencia de la correlación y, a su vez, de la correspondencia entre el grado de intensidad de esa asociación expresado y aquel constatable en la realidad… podemos afirmar que su utilización en el razonamiento probatorio busca *legitimar el paso* entre un dato (que proviene de un medio de prueba) y una conclusión (o enunciado fáctico a probar) al cumplir el rol de *garantía* en un argumento sobre hechos (2021, p. 126).

Ahora bien, las generalizaciones que gozan de un rol importante en la valoración de la prueba, son las que tradicionalmente se califican como "no espurias" porque su peso reside en la fortaleza que les da una amplia base empírica, de lo contrario se puede caer en sesgos cognitivos propios de los prejuicios o los estereotipos. En relación con lo primero se señala:

> De este modo, Schauer considera que una generalización contará con apoyo empírico sólido cuando: a) se trate de una de las caracterizadas como *universales*; b) describa con precisión las características de una mayoría de los integrantes de una clase; o c) retrate a los miembros de la clase x que tienen un rasgo o característica con mayor prevalencia respecto del conjunto z (conjunto mayor del que también forma parte x), aunque el rasgo o característica aparezca en menos que la mayoría de los integrantes de ambos grupos (Limardo, 2021, p. 134).

Y se añade sobre los estereotipos:

> Pues bien, una vez identificada la generalización, para cumplir ese objetivo debe analizarse si cuenta o no con apoyo empírico o base em-

pírica sólida. Como se mencionó más arriba, las expresiones «apoyo empírico» o «base empírica sólida» reflejan tanto: 1) la verificación de vínculos que expresan *asociaciones universales* (por ejemplo, relaciones causales en sentido estricto como la ley de gravitación o características presentes en todos los integrantes de una clase, como una altura menor a x en las personas humanas); 2) la constatación de una característica en, al menos, más de la mitad de los miembros de una clase (lo que podríamos llamar una *asociación fuerte*); 3) casos de un alto grado de representatividad de una clase menor respecto de una mayor en punto a la presencia de una característica (que se podría denominar como *asociación por representatividad*) [...]. La validez de una generalización implica que la pertenencia a la clase que conforma su antecedente hace más probable poseer la característica prevista en su consecuente (Limardo, 2021, p. 136).

Una problemática adicional es que muchas veces no se exterioriza o explicita en el marco argumentativo la regla de garantía, de modo que la refutabilidad se hace más compleja. La solidez de la generalización difiere, como arriba se indica, de si se está frente a reglas que surgen de conocimientos científicos bien afianzados o simples reglas más propias del sentido común, lo que finalmente incidirá en la capacidad confirmatoria del dato probatorio. En el primer caso —principios científicos— hay un fundamento cognoscitivo sólido que respalda la inducción que da origen a la generalización, particularmente por la serie de ensayos y test realizados, que delimitan un grado de probabilidad superior. Pese a ello, la actitud crítica frente a la ciencia es un apotegma imprescindible, porque lo que caracteriza a la ciencia no es su permanencia, sino el cambio. No en vano, como se dijo, el falsacionismo Popperiano lo puso más que de presente y en particular, en el campo del derecho probatorio y en lo relativo a las ciencias forenses es aún más problemático.

Recuérdese que para el año 2019, el último informe del Consejo de Asesores del Presidente de los EE. UU. sobre Ciencia y Tecnología, descalifican la validez científica de los métodos de identificación por comparación como el de huellas dactilares, exámenes de balística, confrontaciones grafológicas. Métodos que, por cierto, son el fundamento de las condenas en todos los tribunales de justicia. Al parecer, estos saberes no se basan en una inducción ampliativa sólida. La misma Corte Suprema de Justicia se ha pronunciado sobre la fiabilidad de la prueba de absorción atómica:

> La Sala rememora, en cuanto a la prueba de absorción atómica, que por medio de esta se «*pretende identificar residuos de disparo (pólvora y otras partículas que escapan por la parte posterior de un arma de fuego cuando es accionada y se depositan en la mano de quien la manipuló), y su realización se ve frustrada cuando dichos residuos son eliminados por el sudor o el lavado.*». Asimismo, la Corte ha reconocido que «*el mencionado estudio científico por sí solo no descarta ni demuestra la autoría en el delito*». Como puede observarse, la prueba de absorción atómica tiene un objetivo claro y delimitado: identificar si hay o no residuos de pólvora en la mano de quien presuntamente accionó el arma, sin que por sí sola demuestre o descarte la autoría en el punible. En línea con lo anterior, esta Colegiatura precisa que la ausencia de la prueba de absorción atómica no se traduce en la imposibilidad del juez para emitir el fallo condenatorio, puesto que es factible que arribe a la conclusión de la comisión del reato y la responsabilidad del procesado a través de otros medios de convicción que hayan sido debidamente incorporados al proceso (Auto AP643-2020 de 26/2/2020, rad. 53370, CSJ-SCP).

Las máximas de la experiencia y los principios científicos adquieren un papel protagónico en la valoración de la prueba indiciaria, particularmente en lo que respecta a la gravedad del indicio. Recuérdese que el criterio que permite distinguir las circunstancias superfluas de las útiles y, por tanto, seleccionar los indicios, es el de su relevancia lógica. Y esa relevancia, como dice Taruffo (2015), "depende de si con base en él, se puede plantear una conclusión sobre un *factum probandum*" (p. 117). Con esta afirmación, Taruffo pone el dedo en la llaga, y es la "fuerza de la inferencia", es decir, el grado de predictibilidad de la conclusión que se extrae de ella, depende directamente de la naturaleza y del contenido del criterio que se emplee —algo que se olvida de forma recurrente por los jueces—. Bajo esa lógica, resulta de vital importancia, la regla de garantía, de modo que si se tiene una ley natural como mediadora en el razonamiento, hay un mayor grado de previsibilidad de la conclusión. Se diría hay mayor fuerza probatoria. Pero si la inferencia, tiene como fundamento una generalización, que carece incluso de un valor significativo de probabilidad estadística, ya la gravedad del indicio cede.

Las reglas de la lógica

A diferencia de las máximas de la experiencia y los principios científicos, las reglas lógicas no proporcionan información sobre la realidad, pero sí constituye un límite al modo cómo se razona y autorizan calificar una inferencia como inválida. En ese contexto, las reglas de la lógica se desenvuelven bajo un modelo deductivo, entendido como aquél a partir del cual ciertas informaciones previas permiten obtener una conclusión que se infiere inevitablemente de lo expresado por el contenido de las premisas (Contreras, 2015, p. 88).

Lo peculiar de la lógica, es que no se identifican con un contenido específico del saber, de modo, que puede ser aplicada a cualquier campo del conocimiento, manteniendo así su vigencia y validez. Por ello, el hecho de que la conclusión se ajuste al contenido de las premisas, solo permitirá predicar la validez del argumento, pero no su veracidad; sin embargo, el control lógico a la estructura de la argumentación del juez *per se* resulta significativamente valioso de cara al acierto de las decisiones. Sobre la corrección lógica de los argumentos, expresa Contreras Rojas (2015):

> Esto se debe a que si las premisas contienen información falsa o errónea, pero es posible obtener una conclusión que se desprenda lógicamente de esas premisas, ese razonamiento podrá considerarse como formalmente válido, pero no será verdadero. Por el contrario, si las premisas son verdaderas y se obtiene una conclusión válida, ella necesariamente será verdadera, de modo que si la conclusión resulta falsa ello se debería a un error en el proceso deductivo. De esa manera, pueda afirmarse que el razonamiento deductivo solo cuenta con las herramientas que le permiten una revisión lógica o formal del proceso de inferencia, mas no acerca de su contenido material, por lo que no permite controlar la verdad de sus enunciados (p. 89).

En efecto, es posible que los argumentos de la decisión judicial sean contradictorios entre sí, por ejemplo, se afirma A y no A; esto es, se da por probado un hecho y luego la parte resolutiva de la providencia adopta la forma y sentido como si el hecho hubiera sido inexistente. Muchas veces se emplean reglas de inferencia contradictorias o incompatibles en el mismo contexto.

ALGUNOS EVENTOS EN LOS QUE RESULTA PREDICABLE EL "FALSO JUICIO DE RACIOCINIO"

A continuación, se indican solo a modo de ejemplo, algunos casos en los que se advierte la aplicación práctica de las reglas de garantía como criterios de valoración racional: sea expresados en máximas de la experiencia, leyes científicas o principios lógicos.

El principio de razón suficiente

La Corte de forma reiterada ha sostenido que cuando el juez formula una aserción fáctica sin ninguna prueba que lo contraste, incurre en un falso juicio de raciocinio (Sent. de 13/9/2006, rad. 21393, CSJ-SCP; Sent. de 13/2/2008, rad. 21844, CSJ-SCP; Sent. de 21/10/2011, rad. 34491, CSJ-SCP; Sent. SP2467 de 27/6/2018, rad. 48451, CSJ-SCP; Auto AP4979-2014 de 27/8/2014, rad. 44036, CSJ-SCP; Auto AP1365-2019 de 10/4/2019, rad. 43529, CSJ-SCP; Auto AP161-2018 de 17/1/2018, rad. 47403, CSJ-SCP; Auto AP4235-2018 de 26/9/2018, rad. 52486, CSJ-SCP; Auto AP1490-2019 de 30/4/2019, rad. 52134, CSJ-SCP). Es en principio un defecto motivacional del fallo, sin embargo, en todo el proceso de enjuiciar los fundamentos fácticos que soportan la sentencia, el juez termina haciendo afirmaciones sin ningún respaldo probatorio y se prefiere calificarlo más como una violación indirecta de la ley.

> Ahora bien, la ley de razón suficiente que informa la lógica consiste en que nada existe sin razón suficiente. Por tal motivo, para considerar que una proposición es completamente cierta, debe ser demostrada, es decir, han de conocerse suficientes fundamentos en virtud de los cuales dicha proposición se tiene como verdadera, esto es, que tanto en la ciencia

como en la actividad cotidiana no es posible aceptar nada como artículo de fe, sino que es necesario demostrarlo y fundamentarlo todo.

El cumplimiento de esta ley confiere al pensamiento calidad de demostrado y fundamentado y, por lo mismo, constituye una condición necesaria de la exactitud y de la claridad del pensamiento, así como de su rigor lógico y de su carácter demostrable.

Esta ley de la lógica encuentra cabal desarrollo en el sistema de la sana crítica que impone al funcionario judicial consignar en las providencias el mérito positivo o negativo dado a los elementos de juicio, puesto que toda decisión, máxime cuando en la sentencia, con claro desarrollo del debido proceso, se deben construir los juicios de hecho y de derecho.

Tal construcción impone igualmente que la providencia contenga las razones por la cuales se llega al grado de conocimiento determinado en la ley para concluir en la ocurrencia y en la responsabilidad del acusado, y así como también los fundamentos por los cuales se estima que las normas escogidas eran las llamadas a gobernar el asunto (Sent. SP-371-2021 de 17/2/2021, rad. 52150, CSJ-SCP).

Falacia de lógica de "afirmación del consecuente"

En lógica, existe una falacia formal, denominada "afirmación del consecuente", también conocida como "error inverso", que se puede formalizar de la siguiente manera: 1º. Si A, entonces B; 2º. B; 3. Por lo tanto, A. Ello significa que la verdad de las premisas no garantiza la verdad de la conclusión, podría ser que todas las premisas fueran verdaderas, y sin embargo, la conclusión falsa, y a este error lógico, se llega fruto de una falacia argumentativa, conocida como "Olvido de alternativas" (Atienza, 2003, p. 10), en el sentido, que existiendo otras alternativas distintas que explican el fenómeno, éstas no se justiprecian en su debido valor, llegando así a una conclusión falsa, pese a que el razonamiento parte de premisas verdaderas.

El desconocer por los jueces esa regla lógica, termina por incidir en lo que se conoce como gravedad o univocidad de la inferencia. La Corte Suprema de Justicia en un caso en el cual una joven es hallada en posesión de 81 gramos de marihuana, opta por absolverla en tanto consideró que confluían distintas hipótesis frente a la tenencia del alucinógeno, esto es, para consumo personal o para venta y se decanta por la primera; obsérvese:

> La jurisprudencia ha señalado, en tal sentido, que la ponderación del indicio «exige al juez la contemplación de todas las hipótesis confirmantes e invalidantes de la deducción, porque sólo cuando la balanza se inclina seriamente hacia las primeras y descarta las segundas, puede afirmarse la gravedad de una prueba que por naturaleza es contingente»....La obligación de considerar todas las variables que pueden afirmar o desvirtuar la inferencia extraída de un determinado hecho indicante, surge de la naturaleza contingente del indicio, la cual impone, para otorgársele valor probatorio, que no se trate de una simple posibilidad entre muchas otras.
>
> 3.2.3. Para el Tribunal la huida del hombre que acompañaba a A.L.J.O. indica que en el lugar ocurría una situación ilegal porque si sólo estuviesen consumiendo no se habría evadido, pues los adictos saben que tienen derecho a su dosis personal. <u>Sin embargo, la evasión del sujeto que acompañaba a la acusada —hecho indicador— no permite colegir que ella estaba vendiendo marihuana, porque podía ser la compradora y el hombre el expendedor o, incluso, pudo ser otro adicto con el que compartía la sustancia. Se trata, por tanto, de un hecho equívoco del que surgen varias hipótesis fácticas.</u> Esa circunstancia, por <u>tanto</u>, no tiene la entidad suficiente para demostrar que la sentenciada se dedicaba al expendio de estupefacientes la noche de su captura (Sent. SP4126-2020 de 28/10/2020, rad. 55641, CSJ-SCP. Subrayas añadidas).

Carácter espurio de una máxima de la experiencia

Uno de los indicios clásicos para inferir la intención de causar la muerte a otra persona, ha sido la existencia de desavenencias precedentes entre la víctima y el imputado. La Corte Suprema consideró que esta era una inferencia carente de una auténtica máxima de la experiencia y declaró la existencia de un falso juicio de convicción en los juzgadores:

> Lo primero que se advierte es que para el Tribunal, la **intención** de causar la muerte a *Luis Francisco Monroy Jiménez,* surgió por las desave-

nencias que existían entre él y los procesados H. y A.R.P., con lo cual el *Ad-quem* creó una regla <u>tácita</u> de la experiencia, conforme con la cual, siempre que surjan problemas entre las personas, nace la intención de causar la muerte a su contendor, enunciado que, sin dudarlo, no puede ser reputado como una máxima de la experiencia, en tanto que no reúne una vivencia o experiencia de la cotidianidad que dé cuenta de la forma como casi siempre suceden las cosas (universalidad o generalidad); ni se trata de un hecho que reúna el comportamiento sistemático y verídico que resulte aplicable a este asunto, en tanto, carece del carácter abstracto y general, por ser constante, reiterado e histórico.

Además, tal afirmación resulta del todo carente de veracidad, pues, el sólo hecho que entre las personas existan desavenencias en el pasado, no implica que siempre surja en alguna de ellas la intención de causarle la muerte a su adversario; en efecto, las personas a lo largo de la vida tienen conflictos con los otros, pero ello, de modo alguno, conduce a concluir que <u>por ese sólo hecho</u> —la existencia de un conflicto— surja el deseo de matar.

Por lo tanto, cuando el Tribunal infirió que la **intención** de causar la muerte a L.F.M.J. nació por las desavenencias que existían entre él y los procesados, aplicó un enunciado —siempre que surjan problemas entre las personas, nace la intención de causar la muerte a su contendor— que no reúne la categoría de regla de la experiencia, incurriendo así en una violación indirecta de la ley sustancial por error de hecho por falso raciocinio (Sent. SP-371-2021 de 17/2//2021, rad. 52150, CSJ-SCP).

Como se puede observar, para Corte las desavenencias no pueden ser una conclusión propia de una inducción ampliativa de modo que ni siquiera la hipótesis es probable. Ese hecho es una máxima espuria porque carece de todo fundamento cognoscitivo. En el mismo sentido se ha considerado que el supuesto indicio de huida no constituye una máxima de la experiencia:

> El nivel de generalidad (o mayor cobertura del enunciado general y abstracto) incide en la solidez del argumento, por tanto, lejos está de constituir una máxima de la experiencia el aserto de la defensa que, en esencia, equivale a decir, *contrario sensu*, «el que nada debe, nada teme» pues, así como se ha considerado (CSJ SP 6 oct. 2004, rad. 20266. Reiterada, entre otras, en CSJ SP 13 sep. 2006, rad. 23251; CSP SP 2 feb. 2011, rad. 26347 y CSJ SP 13 feb. 2013, rad. 28465) que aquel adagio no pue-

de ser extendido al campo de la responsabilidad penal, para imponer al procesado una especie de *deber de comparecencia*, cuya transgresión permita la edificación de un indicio de responsabilidad ante una actitud huidiza de la justicia, tampoco la circunstancia de permanecer en el lugar de los hechos, apodícticamente implique inocencia. En otras palabras, tanto puede ser inocente el que huye, como culpable el que no lo hace (Auto AP689-2020 de 26 de febrero de 2020, rad. 54193, CSJ-SCP).

REFERENCIAS

Aguilera, E. (2017). *Iusnaturalismo procedimental, debido proceso penal y epistemología jurídica*. Tirant lo Blanch.

Alcalá-Zamora, N. (1945). *Derecho procesal penal*, t. III. Edit. Guillermo Kraft.

Anderson, T., Schum, D. & Twining, W. (2015). *Análisis de la prueba*. Marcial Pons.

Arango, I. D. (1993). *La reconstitución clásica del saber*. Editorial Universidad de Antioquia.

Atienza, M. (2003). *Las razones del derecho: teorías de la argumentación jurídica*. UNAM.

Auto (1997, abril 17). Recurso de Casación [Radicado 9573]. Magistrado Ponente: Jorge Aníbal Gómez Gallego. Corte Suprema de Justicia, Sala de Casación Penal [Colombia].

Auto (1997, diciembre 10). Recurso de Casación [Radicado 13930]. Magistrado Ponente: Dídimo Páez Velandia. Corte Suprema de Justicia, Sala de Casación Penal [Colombia].

Auto (1998, febrero 10). Recurso de Casación [Radicado 13003]. Magistrado Ponente: Jorge E. Córdoba Poveda. Corte Suprema de Justicia, Sala de Casación Penal [Colombia].

Auto (1998, mayo 6). Recurso de Casación [Radicado 10949]. Magistrado Ponente: Jorge Aníbal Gómez Gallego. Corte Suprema de Justicia, Sala de Casación Penal [Colombia].

Auto (2000, marzo 29). Recurso de Casación [Radicado 12784]. Magistrado Ponente: Jorge E. Córdoba Poveda. Corte Suprema de Justicia, Sala de Casación Penal [Colombia].

Auto (2006, febrero 14). Recurso de Casación [Radicado 24611]. Magistrado Ponente: Yesid Ramírez Bastidas. Corte Suprema de Justicia, Sala de Casación Penal [Colombia].

Auto AP4979-2014 (2014, agosto 27). Recurso de Casación [Radicado 44036]. Magistrado Ponente: José Luis Barceló Camacho. Corte Suprema de Justicia, Sala de Casación Penal [Colombia].

Auto AP161-2018 (2018, enero 17). Recurso de Casación [Radicado 47403]. Magistrada Ponente: Patricia Salazar Cuéllar. Corte Suprema de Justicia, Sala de Casación Penal [Colombia].

Auto AP4235-2018 (2018, septiembre 26). Recurso de Casación [Radicado 52486]. Magistrado Ponente: Luis Antonio Hernández Barbosa. Corte Suprema de Justicia, Sala de Casación Penal [Colombia].

Auto AP1365-2019 (2019, abril 10). Recurso de Casación [Radicado 43529]. Magistrado Ponente: Luis Antonio Hernández Barbosa. Corte Suprema de Justicia, Sala de Casación Penal [Colombia].

Auto AP1490-2019 (2019, abril 30). Recurso de Casación. [Radicado 52134]. Magistrado Ponente: Luis Guillermo Salazar Otero. Corte Suprema de Justicia, Sala de Casación Penal [Colombia].

Auto AP643-2020 (2020, febrero 26). Recurso de Casación [Radicado 53370]. Magistrado Ponente: José Francisco Acuña Vizcaya. Corte Suprema de Justicia, Sala de Casación Penal [Colombia].

Auto AP689-2020 (2020, febrero 26). Recurso de Casación [Radicado 54193]. Magistrado Ponente: Jaime Humberto Moreno Acero. Corte Suprema de Justicia, Sala de Casación Penal [Colombia].

Blanco, G. (2019): *La casación civil*. Grupo Editorial Ibáñez.

Calamandrei, P. (2016). *La casación civil*. Edit. Bibliográfica Argentina.

Cassirer, E. (1994). *Filosofía de la ilustración*. Fondo de Cultura Económica.

Castañeda, A. & Huertas, O. (2006). *El recurso extraordinario de casación y la acción de revisión en el sistema penal acusatorio*. Ediciones Nueva Jurídica.

Cohen, L. J. (2017). *Lo probable y lo demostrable*. Editorial Orión Vargas.

Contreras, C. (2015). *La valoración de la prueba de interrogatorio*. Marcial Pons.

Couture, E. (1990). *Las reglas de la sana crítica*. Editorial Ius.

Damaska, M. (2015). *El derecho probatorio a la deriva*. Marcial Pons.

Descartes, R. (1996). *Reglas para la dirección del espíritu*. Alianza Editorial.

Fernández, H. (2000). *La acción de casación*. Grupo Editorial Leyer.

Ferrajoli, L. (1995). *Derecho y razón*. Trotta.

Ferrer, J. (2005). *Prueba y verdad en el derecho*. Marcial Pons.

Ferrer, J. (2007). *La valoración racional de la prueba*. Marcial Pons.

Ferrer, J. (2021). *Prueba sin convicción. Estándares de prueba y debido proceso*. Marcial Pons.

Gascón, M. (1999). *Los hechos en el derecho. Bases argumentales de la prueba*. Marcial Pons.

González, D. (2020). *Emociones sin sentimentalismo. Sobre las emociones y las decisiones judiciales*. Palestra.

Guzmán, N. (2006). *La verdad en el proceso penal. Una contribución a la epistemología jurídica*. Editores del Puerto.

Hassemer, W. (1984). *Fundamentos del Derecho penal*. Editorial Bosch.

Hazar, P. (1958). *El pensamiento europeo en el siglo XVIII*. Ediciones Guadarrama.

Hempel, G. (2001). *Filosofía de la ciencia natural*. Alianza Editorial.

Hernández, R. (2013). *Razonamientos en la sentencia judicial*. Marcial Pons.

Horvitz, M. & López, J. (2004). *Derecho procesal penal chileno*, tomo II. Editorial Jurídica de Chile.

Lakatos, I. (1983). *La Metodología de los Programas de Investigación*. Alianza Editorial.

Limardo, A. (2021). Repensando las máximas de la experiencia. *Quaestio facti, Revista Internacional sobre razonamiento probatorio*, 2, 115-153.

Morello, A. (2005). *La casación*. Edit. Abeledo Perrot.

Moreno, L. (2013). *La casación penal. Teoría y práctica bajo la nueva orientación constitucional*. Ediciones Nueva Jurídica.

Muñoz, F. (2007). *La búsqueda de la verdad en el proceso penal*. Hammurabi.

Muñoz, Ll. (2001). *Fundamentos de prueba judicial civil. Ley de Enjuiciamiento Civil/2000*. Tirant lo Blanch.

Murcia, H. (2010). *Recurso de casación civil*. Edit. Gustavo Ibáñez.

Nieva, J. (2010). *La valoración de la prueba*. Marcial Pons.

Nieva, J. (2000). *El hecho y el derecho en la casación penal*. J. M. Bosch Editor.

Pabón, G. (2011). *De la casación penal en el sistema acusatorio*. Universidad de los Andes.

Peña, J. (2019). *Las pruebas frente a la casación penal*. Ediciones Nueva Jurídica.

Pérez, A. O. (2014). *Introducción al estudio de la casación penal*. Editorial Temis.

Ramírez, Y. (2011). *Casación penal*. Editorial Leyer.

Reale, G. (2010). *Historia de la filosofía I. De Spinoza a Kant*. Sociedad de San Pablo.

Rodríguez, O. (2008). *Casación y revisión penal. Evolución y garantismo*. Editorial Temis.

Sánchez, A. (2019). *La prueba científica en la justicia penal*. Tirant lo Blanch.

Schum, D. (2016). *Los fundamentos probatorios del razonamiento probabilístico*. Xpress Estudio Gráfico y Digital.

Sentencia (2006, septiembre 13). Recurso de Casación [Radicado 21393]. Magistrado Ponente: Jorge Luis Quintero Milanés. Corte Suprema de Justicia, Sala de Casación Penal [Colombia].

Sentencia (2008, febrero 13). Recurso de Casación [Radicado 21844]. Magistrado Ponente: Julio Enrique Socha Salamanca. Corte Suprema de Justicia, Sala de Casación Penal [Colombia].

Sentencia (2011, octubre 26). Recurso de Casación [Radicado 34491]. Magistrado Ponente: Jorge Luis Quintero Milanés. Corte Suprema de Justicia, Sala de Casación Penal [Colombia].

Sentencia SP2467-2018 (2018, junio 27). Recurso de Casación [Radicado 48451]. Magistrado Ponente: Luis Antonio Hernández Barbosa. Corte Suprema de Justicia, Sala de Casación Penal [Colombia].

Sentencia SP1591-2020 (2020, junio 24). Recurso de Casación [Radicado 49323]. Magistrado Ponente: Luis Antonio Hernández Barbosa. Corte Suprema de Justicia, Sala de Casación Penal [Colombia].

Sentencia SP4126-2020 (2020, octubre 28). Recurso de Casación [Radicado 55641]. Magistrado Ponente: Luis Antonio Hernández Barbosa. Corte Suprema de Justicia, Sala de Casación Penal [Colombia].

Sentencia SP-371-2021 (2021, febrero 17). Recurso de Casación [Radicado 52150]. Magistrado Ponente: Diego Eugenio Corredor Beltrán. Corte Suprema de Justicia, Sala de Casación Penal [Colombia].

Sentencia SP-907-2021 (2021, marzo 17). Recurso de Casación [Radicado 53295]. Magistrado Ponente: Gerson Chaverra Castro. Corte Suprema de Justicia, Sala de Casación Penal [Colombia].

Sentencia SP1209-2021 (2021, abril 7). Recurso de Casación [Radicado 54384]. Magistrado Ponente: Diego Eugenio Corredor Beltrán. Corte Suprema de Justicia, Sala de Casación Penal [Colombia].

Stein, F. (1988). *El conocimiento privado del juez*. Editorial Temis.

Taruffo, M. (2002). *La prueba de los hechos*. Trotta.

Taruffo, M. (2008). *La prueba*. Marcial Pons.

Taruffo, M. (2012). *Teoría de la prueba*. Ara Editores.

Taruffo, M. (2013). La aplicación de estándares científicos a las ciencias forenses. En C. Vásquez (Ed.). *Estándares de prueba y prueba científica* (pp. 203-213). Marcial Pons.

Taruffo, M. (2015). El manejo de la prueba indiciaria. En H. Tejada (Ed.). *Nuevas tendencias del derecho probatorio* (pp. 101-117). Universidad de los Andes.

Toulmin, S.; Rieke, R. & Janik, A. (2018). *Una introducción al razonamiento*. Palestra.

Tuzet, G. (2021). *Filosofía de la prueba jurídica*. Marcial Pons.

Tuzet, G. (2020). *La prueba razonada*. Ceji.

Popper, K. R. (2004). *La lógica de la investigación científica*. Tecnos S. A.

Ubertis, G. (2017). *Elementos de epistemología del proceso judicial*. Trotta.

Vásquez, C. (2015). *De la prueba científica a la prueba pericial*. Marcial Pons.
Varela, C. (2007). *Valoración de la prueba*. Astrea.
Windelband, W. (1951). *Historia de la filosofía moderna*, t. I. Edit. Nova.

La responsabilidad del superior en la Jurisdicción Especial para la Paz

Rubén Darío Pinilla Cogollo[*]

RESUMEN: El derecho internacional ha reconocido la responsabilidad del superior de vieja data. Si bien ésta tiene elementos comunes con el delito de comisión por omisión, entre ellos hay algunas diferencias. En Colombia su aplicación surge a raíz de la entrada en vigencia de la Ley de Justicia y Paz y, más claramente, a partir del Acuerdo Final, suscrito entre el Estado y las FARC-EP y la legislación que lo desarrolla. Sin embargo, entre el derecho internacional, el Acuerdo Final y la legislación interna que lo implementó hay diferencias significativas en la regulación de la responsabilidad del superior, que limitan la responsabilidad de los comandantes y jefes militares, especialmente de la fuerza pública, respecto de los graves crímenes cometidos durante el conflicto armado interno. Pero, a pesar de esas limitaciones, son varias las alternativas para investigar, juzgar y sancionar seria y adecuadamente la responsabilidad de los comandantes y jefes militares.

Palabras claves: Responsabilidad, superior, Jurisdicción Especial para la Paz, Acuerdo Final.

A MANERA DE INTRODUCCIÓN

Aunque es un título de imputación con una larga trayectoria en el Derecho internacional, la responsabilidad del mando se incorporó recién al sistema jurídico nacional. Primero, de una manera vaga e imprecisa, a partir de la aplicación de la Ley 975 de 2005, que estableció el proceso de justicia y paz para juzgar a los grupos paramilitares

---

[*] Ex magistrado del Tribunal Superior de Medellín, profesor universitario. Correo electrónico: dariopinilla@live.com

que suscribieron con el Gobierno Nacional el Acuerdo de Santa Fe de Ralito para Contribuir a la Paz de Colombia y, más recientemente, a raíz del Acuerdo Final para la Terminación del Conflicto y la Construcción de una Paz Estable y Duradera (AFP), suscrito el 24 de noviembre de 2016 entre el Estado colombiano y las Fuerzas Armadas Revolucionarias de Colombia-Ejército del Pueblo (FARC-EP).

De esa clase de responsabilidad se ocupó el autor de este texto cuando se desempeñó como magistrado de la Sala de Justicia y Paz del Tribunal Superior de Medellín (Sent. de 30/1/2017, TS de Medellín) —con algunas imprecisiones debe reconocerse ahora, derivadas de no haber distinguido debidamente la responsabilidad del superior y los delitos de omisión impropia—, para decidir sobre la responsabilidad de un superior civil, más que militar, en varios casos de violencia sexual cometidos por combatientes del Bloque Pacífico de las Autodefensas Unidas de Colombia (AUC) sobre los cuales tenía autoridad. Pero es más relevante ahora para juzgar la responsabilidad de los comandantes y mandos de todos los niveles de las FARC-EP y la fuerza pública, especialmente en los casos de ejecuciones extrajudiciales, sumarias o arbitrarias (los llamados falsos positivos), desapariciones forzadas, violencia sexual y otros crímenes graves cometidos por los hombres bajo su mando o autoridad y que no pueden resolverse a la luz de la doctrina de la autoría mediata a través de aparatos organizados de poder u otras formas de imputación penal. A ese tipo de imputación se le debe denominar como la responsabilidad del superior no solo para evitar los equívocos presentados en la práctica judicial y los de la responsabilidad fundada únicamente en el mando o la jerarquía, sino porque es un término mucho más comprensivo.

ORIGEN Y FUNDAMENTO DE LA RESPONSABILIDAD DEL SUPERIOR

La doctrina de la responsabilidad del superior se aplicó por primera vez después de la Segunda Guerra Mundial, en el juicio al comandante del ejército japonés en Filipinas Tomoyuki Yamashita, quien fue declarado penalmente responsable por su conducta omisiva en relación con los crímenes cometidos por sus subordinados, y luego por las condenas pronunciadas por el Tribunal de Nuremberg a los líderes y militares alemanes (sobre ello, Kiss, 2017, pp. 40 y ss.; Pérez-León, 2007, p. 156; Rocha, 2018, p. 18 y ss.). Posteriormente, fue incluida en el artículo 86.2 del Protocolo Adicional a los Convenios de Ginebra del 12 de agosto de 1949, relativo a la Protección de las Víctimas de los Conflictos Armados Internacionales (Protocolo I), de donde pasó a los estatutos de los tribunales ad-hoc para la Antigua Yugoslavia y Ruanda y, finalmente, al Estatuto de Roma de la Corte Penal Internacional (ERCPI), pero su tratamiento no ha sido uniforme.

El fundamento de esta especie de responsabilidad es el deber de los comandantes y jefes militares, y otros superiores con autoridad, de velar por el cumplimiento de las normas internacionales aplicables a los conflictos armados e impedir su violación o en su caso, reprimir y/o denunciar tales infracciones y adoptar las medidas necesarias al efecto (Protocolo I, art. 87). Ese deber se deriva de los compromisos internacionales de los Estados, del carácter vinculante de dichas normas para todas las fuerzas que participan en un conflicto, sean regulares o irregulares y las responsabilidades anejas al ejercicio del mando o la autoridad sobre dichas fuerzas.

Al margen de los vaivenes históricos que ha tenido su tratamiento y las discusiones dogmáticas sobre su naturaleza, la responsabilidad del superior por los crímenes de sus subordinados surge entonces de la omisión de sus deberes de mando, supervisión y control sobre las tropas.

LA RESPONSABILIDAD DEL SUPERIOR EN EL DERECHO INTERNACIONAL

Las previsiones y los elementos de la figura

La responsabilidad del superior por los crímenes de guerra, de lesa humanidad, o las graves violaciones a los derechos humanos cometidas por sus subordinados, que se deriva del principio de responsabilidad del mando, ha sido reconocida por la jurisprudencia internacional y actualmente se encuentra consagrada en los artículos 86.2 y 87 del Protocolo I, que entró en vigencia para el Estado colombiano el 1 de marzo de 1994 por no haber sido improbado por la Comisión Especial Legislativa surgida de la Asamblea Nacional Constituyente, la Convención Internacional para la Protección de Todas las Personas Contra las Desapariciones Forzadas (art. 6.1. b), aprobada por la Ley 1418 de 2010, el art. 7.3 del Estatuto del Tribunal Penal Internacional para la Antigua Yugoslavia (Resolución 827 del 25 de mayo de 1.993 del Consejo de Seguridad de las Naciones Unidas), el art. 6 del Estatuto del Tribunal Penal Internacional para Ruanda (Resolución 955 del 8 de noviembre de 1.994 del Consejo de Seguridad de las Naciones Unidas) y el Estatuto de Roma (art. 28), aprobado mediante la Ley 742 de 2.002. El Comité Internacional de la Cruz Roja también reconoció la responsabilidad del mando como una de las Normas Consuetudinarias del Derecho Internacional Humanitario (Regla 153):

> Los jefes y otros mandos militares son penalmente responsables de los crímenes de guerra cometidos por sus subordinados si sabían, o deberían haber sabido, que éstos iban a cometer o estaban cometiendo tales crímenes y no tomaron todas las medidas razonables y necesarias a su alcance para evitar que se cometieran o, si se habían cometido, para castigar a los responsables (Sent. C-674/2017, CConst.).

El Estatuto de Roma (art. 28) recoge el recorrido y las vicisitudes que ha sufrido el concepto de la responsabilidad del mando desde la segunda guerra mundial y constituye hoy un resumen del punto al que actualmente ha llegado el derecho internacional en esa materia. De conformidad con éste, *i)* la responsabilidad del superior se aplica a los comandantes o jefes militares, regulares (*de jure*) o de hecho (*de facto*) ("El jefe militar, o el que actúe efectivamente como jefe militar" [(ERCPI, art. 28, a)] y al superior político, civil o militar, distinto de los anteriores, investido de autoridad (*de jure*) [(ERCPI, art. 28a)]; *ii)* en el caso de los comandantes o jefes militares, por los crímenes cometidos por las "fuerzas bajo su mando y control efectivo" o bajo su "autoridad y control efectivo" (en este segunda hipótesis para el caso de los jefes *de facto*) y en el caso de los otros superiores, por los crímenes de los "subordinados bajo su autoridad y control efectivo"; y, *iii)* en ambos eventos, por no haber ejercido un control adecuado sobre sus fuerzas o quienes les estaban subordinados y no haber tomado las medidas "necesarias y razonables" a su alcance para *prevenir* o reprimir las infracciones o ponerlas en conocimiento de la autoridad.

De allí que la responsabilidad del superior en el caso de los comandantes o jefes militares deba reunir varios elementos: *i)* que el sujeto ostente la posición de comandante o jefe militar, bien sea porque le ha sido formalmente atribuida (*de jure*), ora porque actúa de hecho en esa condición (*de facto*); *ii)* que, en esa condición, tenga mando —tratándose de comandantes *de jure*— o autoridad —en el caso de los comandantes *de facto*, según ha entendido la jurisprudencia— y control efectivo sobre las tropas que resultan involucradas en la comisión de los delitos; *iii)* que, como consecuencia de lo anterior, tenga la capacidad material de prevenir los crímenes o castigar a los responsables, o poner el caso en conocimiento de la autoridad; *iv)* que tenga conocimiento o, en razón de las circunstancias de ese momento, hubiere debido saber que las fuerzas estaban cometiendo los crímenes o se proponían cometerlos; y, *v)* que omita su deber de control sobre las fuerzas y no adopte "todas las medidas necesarias y razonables a su alcance para *prevenir* o reprimir su comisión o para poner el asunto en conocimiento de las autoridades competentes a los efectos de su investigación y enjuiciamiento".

Pero, a efecto de establecer la responsabilidad del superior, en el Derecho internacional lo relevante es que el comandante o jefe militar tenga un control efectivo sobre las tropas que se proponen cometer o están cometiendo los crímenes, derivado de su mando o autoridad y tenga la capacidad material para tomar las medidas necesarias y razonables para *prevenir* que se cometan, castigarlos o ponerlos en conocimiento de la autoridad. Ambos requisitos están íntimamente relacionados, porque la capacidad material del superior para adoptar tales medidas le viene de su control efectivo sobre las fuerzas y una de las manifestaciones de éste es su capacidad material de tomarlas:

> Por lo tanto, la esencia del control efectivo es la capacidad material, no formal (legal), de controlar a los subordinados. Por consiguiente, la responsabilidad del mando se plantea para todos los comandantes de la respectiva cadena de mando, incluidos los que están lejos del lugar del crimen, siempre que mantengan su capacidad material de prevenir, reprimir o someter los crímenes de sus subordinados a las autoridades competentes (Ambos & Aboueldahab, 2020, p. 47).

Esa fue también la conclusión en el reciente caso de Jean-Pierre Bemba en que se discutió arduamente el tema. En el caso de los superiores políticos, civiles o militares diferentes a los comandantes o jefes militares de las fuerzas en conflicto es necesario, además, que los crímenes guarden relación con las actividades bajo su responsabilidad y control efectivo [(ERCPI, art. 28, b), ii)].

La cuestión de la causalidad

El requisito de la causalidad ha sido abordado de diferentes maneras en el Derecho internacional. En los términos de la Corte Suprema de Justicia (Sent. SP5333-2018, 5/12/2018, rad. 5333, p. 99, CSJ-SCP):

> La jurisprudencia de la Corte Penal internacional ha establecido como un requisito esencial de la atribución de responsabilidad a los comandantes militares que exista una relación causal entre el incumplimiento de los deberes del superior y la materialización de los punibles perpetrados por sus tropas. En tal sentido, ese Tribunal ha mantenido que la violación de los deberes de prevención y represión del comandante militar debe haber facilitado o alentado la comisión de los mismos, o cuando menos, incrementado el riesgo de su ocurrencia.

La Sala de Primera Instancia de la CPI también afirmó la necesidad de un nexo de causalidad como elemento de la responsabilidad del mando. Del tema se ocupó igualmente la Sala de Cuestiones Preliminares. Para ésta es necesario la existencia de un nexo causal entre la omisión del superior y la conducta criminal de los subordinados. Pero para darlo por satisfecho es suficiente establecer que, de haberse realizado la acción debida, hubiera disminuido el riesgo de que el resultado se hubiera producido (teoría de la disminución del riesgo), sin que sea necesario probar que, de haberse realizado, se habría evitado el resultado. Una opinión distinta es la del profesor Kai Ambos:

> Es por esta última razón —la imputación directa de los crímenes de los subordinados al comandante— que los requisitos de la responsabilidad del mando, con inclusión en forma especial del elemento de causalidad, deben ser interpretados estrictamente. Por decirlo de otra manera: Una imputación justa de los crímenes de los subordinados al comandante requiere más que un mero aumento del riesgo (o cualquier contribución en el sentido de las conclusiones de la TC arriba citadas), a saber, la prueba de que los crímenes no se habrían cometido si el comandante hubiera supervisado adecuadamente a sus subordinados (la causalidad "de no ser por") (Ambos & Aboueldahab, 2020, p. 55)

La naturaleza de la responsabilidad del superior y la cuestión de la causalidad

Esta última problemática está relacionada de alguna manera con el tipo penal que subyace tras la figura de la responsabilidad del superior y su naturaleza jurídica. Aunque el asunto no está exento de polémicas, el fundamento de la responsabilidad del superior es similar al de la posición de garantía y su estructura tiene elementos comunes con el delito de comisión por omisión así pueda tener algunas diferencias con éste; si se usara el concepto de definición aristotélico, el delito de comisión por omisión actúa como su género próximo y habría que establecer su diferencia específica. De hecho, el ERCPI no consagra un tipo de responsabilidad penal por omisión, el único es el de la responsabilidad del superior.

La jurisprudencia, al examinar la responsabilidad de los altos mandos militares en la Masacre de Mapiripán, reconoció la responsabilidad del superior con fundamento en la posición de garante y la describió de forma similar al delito de comisión por omisión:

> En efecto, en las relaciones de jerarquía, el superior con autoridad o mando, tiene el deber de tomar medidas especiales (deberes de seguridad en el tráfico) para evitar que personas que se encuentran bajo su efectivo control, realicen conductas que vulneren los derechos fundamentales. V. g. Si el superior no evita —pudiendo hacerlo— que un soldado que se encuentra bajo su inmediata dependencia cometa una tortura, o una ejecución extrajudicial, o en general un delito de lesa humanidad, por ser garante se le imputa el resultado lesivo del inferior y no el simple incumplimiento a un deber funcional (Sent. SU-1184/2001, CConst.).

En el Derecho internacional el superior no responde por la simple omisión en la supervisión y control de sus subordinados, es necesario que el crimen se haya cometido y el superior no haya tomado las medidas necesarias y razonables para *evitarlo*, teniendo los medios a su alcance, y pudiendo hacerlo. El crimen del subordinado funciona así como el resultado en el tipo de omisión impropia (Velásquez, 2009, p. 671), lo cual, a diferencia de lo que sostienen algunos autores, lo acerca al delito de comisión por omisión.

Ahora, si el superior tenía el deber de evitar que los crímenes se cometieran, el control efectivo sobre los autores (sus subordinados) y la capacidad material de tomar las medidas para impedir su comisión, el asunto se asemeja a la posición de garantía y el tipo de los delitos de omisión, pues en tal caso debía impedir el resultado, pudiendo hacerlo, pues tenía control sobre el curso causal y estaba en capacidad de detenerlo e interrumpir la producción del resultado (el crimen), siempre que se entienda que su deber es *evitar* que dicho resultado se produzca. Solo que su capacidad de actuar no sería directamente sobre el resultado natural o físico, como en los delitos de omisión impropia (por ejemplo, la muerte en el delito de homicidio), sino sobre la acción que lo produce (la conducta de los subordinados).

Con todo, el hecho de que la norma del ERCPI, al referirse al objetivo de las medidas que debe tomar el superior, utilice el verbo *prevenir*, en vez de impedir o evitar la comisión de los crímenes, introduce otra diferencia que no parece ser menor, pues una cosa es realizar la conducta debida para impedir que un determinado resultado se produzca y otra diferente es realizar una acción debida (tomar las medidas) para prevenir que sobrevenga ese resultado. Una es de tipo sustancial, pues implica el deber de interrumpir el curso causal y evitar la producción del resultado (el crimen, en este caso), estando en las manos del agente hacerlo, mientras que la otra es una acción preventiva, que impone "simplemente" la obligación de tomar las medidas necesarias y razonables para anticiparse (prevenir) a la comisión del delito. Pero tomar medidas de prevención no significa, ni evita necesaria o forzosamente que un determinado resultado se presente, aunque para que pueda imputarse responsabilidad al superior se requiere que éste (el crimen) se produzca. En tal caso, la comisión efectiva de los crímenes podría tenerse como una condición objetiva de punibilidad y lo que se castigaría sería la omisión de las medidas de prevención.

A pesar de la fórmula usada por el ERCPI, la jurisprudencia y la doctrina internacionales han construido un requisito de nexo o relación de causalidad entre la omisión y el delito cometido por los subordinados. Quizá por eso la naturaleza y la construcción de ese nexo ha suscitado tantos debates y se define o concibe de diferentes maneras. Pero el que se exija una relación causal entre la omisión y la comisión de los delitos nos estaría hablando de un deber de evitarlos, que aproxima la responsabilidad del superior, de nuevo, al delito de comisión por omisión, pues entonces lo que se castigaría sería el no haber evitado el resultado, debiendo y pudiendo hacerlo, con base en su posición de garantía, a menos que el nexo de causalidad se entienda solo como una disminución del riesgo, que mantendría el deber "simplemente" al nivel de la prevención, lo cual distanciaría y más que eso, significaría una diferencia sustancial entre la responsabilidad del superior y los delitos de omisión impropia.

La cuestión adicional a determinar, y que serviría para establecer linderos con el delito de comisión por omisión, es si el comandante o jefe militar es responsable aún en el caso que el crimen de los subordinados se quede en el grado de tentativa, por circunstancias ajenas a él (Portilla, 2017, p. 141). Según la respuesta que se le dé a este interrogante, podría haber una diferencia significativa con el delito de omisión impropia, pero esa discusión, con lo interesante que es, es ajena a los propósitos de este artículo. Habría que hacer la salvedad respecto del artículo 86.2 del Protocolo I, pues éste sí le exige al superior tomar las medidas para *impedir* las infracciones, al igual que lo hace el AL 1 de 2017 en el caso de la fuerza pública.

Con todo, hay otra diferencia importante entre la responsabilidad del superior, tal como está regulada en el Derecho internacional y los delitos de comisión por omisión. Como se expone más adelante, para el ERCPI es indiferente que la conducta del superior obedezca a una actuación dolosa o negligente, pues se aplican a todos los delitos y la sanción es la misma en uno y otro caso. Los delitos de comisión por omisión distinguen entre el tipo de omisión doloso y el tipo de omisión imprudente o culposo, la sanción es diferente en uno y otro caso y los delitos de omisión imprudentes solo se sancionan si la ley prevé el respectivo tipo culposo. No hay, por ejemplo, un delito de desaparición forzada culposo y no podría entonces sancionarse a alguien por una desaparición forzada a título de omisión culposa. Si se aplica el tipo de responsabilidad del superior, conforme está regulado en el ERCPI, sí podría sancionarse a un comandante por no haber impedido una desaparición forzada por una omisión negligente suya, sobre la base que debió haber sabido. La conducta también podría desplazarse a otro título de imputación, si el superior tenía conocimiento de la situación y la posibilidad de evitar los crímenes, e intencionalmente dejó que sus subordinados lo cometieran.

Distinto es el caso de las medidas para reprimir o poner en conocimiento de la autoridad porque aquí ya no se trata de prevenir o impedir un resultado, sino más de un delito de omisión propia que se castiga por el solo hecho de no realizar la acción ordenada.

El tipo de conocimiento exigido en el derecho internacional

Este aspecto también es diferente, según sea el caso. Para el comandante o jefe militar es suficiente que conociera o, "en razón de las circunstancias del momento", hubiere debido saber que las fuerzas bajo su mando o autoridad estaban cometiendo los crímenes o se proponían cometerlos [(ERCPI, art. 28, a), i)].

El segundo caso ("hubiere debido saber") alude a una conducta negligente en el conocimiento de la situación. En efecto, la responsabilidad del comandante o jefe militar cuando no conocía que los subalternos se proponían cometer los delitos o los estaban cometiendo, pero, en las circunstancias del momento, debió haberlo sabido —estaba en condiciones de conocer la situación y prevenir las violaciones, de haber actuado con la diligencia debida— se funda en que, en este evento, actúa con negligencia en el cumplimiento de sus deberes de supervisión y control de las fuerzas bajo su mando y la conducta de sus subordinados. De no haber sido por su conducta negligente, hubiera conocido la situación y habría podido prevenir las infracciones. La responsabilidad devendría así de una omisión culposa, solo que para el caso vale tanto saber (dolo), como haber debido saber (negligencia), pues el ERCPI no distingue la responsabilidad por omisión a título doloso o intencional, o a título de culpa, pues las incluye en la misma norma y no les asigna efectos o consecuencias diferentes.

Eso quiere decir que el artículo 28, a) del ERCPI contiene dos hipótesis, una intencional o dolosa y otra negligente o culposa y que la responsabilidad del superior no obedece a un único título de imputación, ni tiene una estructura uniforme, así en todos los casos se trate de conductas omisivas. En ese sentido, se pronunció también la CPI, tesis resumida por Cote Barco (2020), así:

> Respecto del elemento subjetivo, la Sala de Cuestiones Preliminares II admite que en el art. 28 (a) (i) ECPI se acogieron dos estándares distintos: el conocimiento efectivo del superior de que los subordinados estaban cometiendo crímenes de competencia de la CPI o el incumplimiento negligente del deber de conocer esta circunstancia [...]. El

incumplimiento negligente del deber de conocer las acciones de los subordinados se desprende, según la Sala, de la expresión "hubiere debido saber" ("should have known") del art. 28 (a) ECPI. La Sala explica que este estándar requiere un deber activo por parte del superior, consistente en tomar las medidas necesarias para asegurarse de tener conocimiento sobre la conducta de sus tropas y para indagar al respecto, sin importar si al momento de la perpetración de los crímenes existía o no información disponible (p. 108).

En cambio, en el caso del superior civil, político o militar diferente de los anteriores, es preciso que tuviera un conocimiento efectivo o estuviera en posesión de "información que indicase claramente" que sus subordinados estaban cometiendo los delitos o se proponían cometerlos y deliberadamente haya hecho caso omiso de ella, lo cual alude a una conducta intencional, al menos al nivel del dolo eventual, en el cumplimiento de sus deberes de supervisión, prevención y control.

El tipo de conocimiento que se le exige al superior en los estatutos del TPIY y el TPIR es si éste tenía razones para saber que los subordinados estaban a punto de cometer tales crímenes o los habían cometido ("if he ... had reason to know that the subordinate was about to commit such acts or had done so") y es similar al nivel de conocimiento que exige el artículo 86.2 del Protocolo I ("si éstos sabían o poseían información que les hubiera permitido concluir, en las circunstancias del momento, que ese subordinado estaba cometiendo o iba a cometer tal infracción"). En este caso, no se está ante una negligencia respecto del conocimiento de la situación, o el deber de proporcionárselo, que es anejo al deber de supervisión y control del comandante o jefe militar sobre las tropas bajo su mando, sino ante un conocimiento e información suficientes para actuar y la indiferencia para confirmar la información, de ser necesario, cumplir los deberes propios de su posición de garante y tomar las medidas necesarias y razonables para prevenir los crímenes, reprimirlos o ponerlos en conocimiento de la autoridad, lo que lo coloca en el ámbito del dolo eventual, en el mejor de los casos.

Pero estos instrumentos no distinguen entre el comandante o jefe militar con fuerzas bajo su mando de los otros superiores políticos o civiles investidos de autoridad, como lo hace el ERCPI.

LA RESPONSABILIDAD DEL SUPERIOR EN EL AFP

Esta figura fue materia del punto 5º del Acuerdo Final sobre las víctimas del conflicto armado. En el caso de los miembros de la fuerza pública se estableció que su responsabilidad por los crímenes de sus subordinados debería fundarse i) "en el control efectivo *de la respectiva conducta*; ii) el "conocimiento basado en la *información a su disposición antes, durante y después*" de su realización, y iii) en "los medios a su alcance para *prevenir, y de haber ocurrido*, promover las investigaciones procedentes" (AFP, p. 152, num. 44). El numeral, sin embargo, incluía un segundo inciso, que fue una de las reformas que se le introdujeron al Acuerdo luego de que no fuera aprobado en el plebiscito del 2 de octubre de 2016. Conforme a dicho inciso, por control efectivo se debía entender la posibilidad real de haber ejercido un control *apropiado* sobre la conducta de sus subalternos, "tal y como indica el artículo 28 del Estatuto de Roma". Pero el inciso, que hacía directamente aplicable el Estatuto de Roma, desapareció del Acuerdo Final por un acto unilateral del gobierno, como una clara concesión a las FF. MM.

La responsabilidad de los mandos o jefes de las FARC-EP quedó consagrada en el AFP en similares términos con una diferencia significativa:

> La responsabilidad de los mandos de las FARC-EP por los actos de sus subordinados deberá fundarse en el control efectivo de la respectiva conducta, en el conocimiento basado en la información a su disposición antes, durante y después de la realización de la respectiva conducta, así como en los medios a su alcance para *prevenirla*, y de haber ocurrido adoptar las decisiones correspondientes. La responsabilidad del mando no podrá fundarse exclusivamente en el rango o la jerarquía. Se entiende por control efectivo de la respectiva conducta, la posibilidad real que

el superior tenía de haber ejercido un control *apropiado* sobre sus subalternos, en relación con la ejecución de la conducta delictiva, tal y como se establece en el derecho internacional (AFP, p. 164, num. 59).

En su caso, también se adicionó un segundo inciso, igual al que se introdujo para la fuerza pública, pero a diferencia de lo que sucedió con éste, no se suprimió sino que se modificó para establecer que por el control efectivo sobre la conducta de los subordinados debía entenderse "la posibilidad real de haber ejercido un control *apropiado* sobre la conducta de sus subalternos, tal y como se establece en el derecho internacional". De ese modo, se cambió la referencia al artículo 28 del ERCPI, por una remisión genérica e indeterminada al derecho internacional. Dicha modificación no constituye un cambio relevante, pues el derecho internacional incluye los tratados e instrumentos internacionales que prevén la responsabilidad del superior, entre los cuales está el Estatuto de Roma, que resultaría entonces directamente aplicable a los mandos y jefes militares de las FARC-EP.

En suma, de conformidad con el AFP, mientras a los miembros de las FARC-EP le son aplicables directamente las normas del derecho internacional de los derechos humanos, el derecho internacional humanitario y el derecho penal internacional por los crímenes cometidos por sus subordinados, a los miembros de la fuerza pública, en principio, no les serían aplicables dichas normas, salvo el derecho internacional humanitario, al que se hace referencia más adelante, porque su aplicabilidad surge del AL 1 de 2017.

Tal y como quedó redactado finalmente, el Acuerdo estableció dos diferencias importantes con el derecho internacional, que la legislación posterior conservó. En primer lugar, modificó el requisito del control efectivo que el comandante o jefe militar debe tener sobre las *fuerzas* bajo su mando, por un control efectivo "sobre la conducta respectiva", entendiendo por tal la conducta criminal del hombre que le está subordinado, que es un estándar mucho más restringido (Bensouda, 2017, p. 6, num. 12 y 13; Ambos & Aboueldahab, 2020, p. 44; García, 2019, p. 41). El control efectivo sobre las tropas puede ejercerse en cualquier tiempo, independiente del día y la hora, desde distintos lugares —aún a distancia— y a través de distintos medios (por escrito, radio o por medio de estafetas o ayudantes) e instrumentos (órdenes o instrucciones operacionales, disposiciones, manuales, etc.). El control sobre la conducta criminal requiere de otras condiciones (relación y comunicación directa con el subordinado, personal a disposición, distancia), además de un conocimiento más inmediato.

En segundo lugar, modificó la naturaleza de las medidas que debería tomar el comandante o jefe militar, al menos respecto de las FARC-EP, porque respecto de la fuerza pública se suprimió ese inciso. El Acuerdo Final parece entender que el control efectivo es aquel que le permite al superior ejercer real o materialmente un control *apropiado* (adecuado o proporcionado al fin) sobre la conducta de sus subalternos. En vez de las medidas necesarias y razonables para prevenir o reprimir la comisión de los crímenes que exige el derecho internacional, el AFP exigiría medidas apropiadas para prevenir que sus subalternos cometieran la conducta delictiva. De acuerdo con el sentido de la expresión, medidas apropiadas serían aquellas adecuadas o proporcionadas (idóneas) para alcanzar el fin, lo cual es diferente a las necesarias (que pueden ser necesarias, pero no suficientes) y razonables (las realizables o las que la razón aconseja de acuerdo al fin, los medios, las circunstancias).

LA RESPONSABILIDAD DEL SUPERIOR EN LA LEGISLACIÓN DERIVADA DEL AFP

No obstante lo dispuesto en el AFP, las normas que lo desarrollaron introdujeron cambios sustanciales sobre la responsabilidad del superior en el caso de los miembros de la fuerza pública, destinadas a restringir más su ámbito de responsabilidad (Olásolo & Canosa, 2018, pp. 446 y ss.).

La Ley Estatutaria de la JEP (L. 1957 de 2019, art. 23), en armonía con el AFP y el AL 1 de 2017 (art. transitorio 5, inc. 7), estableció que el derecho aplicable (o el marco de referencia, como lo llama el AFP) a los miembros de las FARC-EP estaría constituido por el Código Penal, el derecho internacional de los derechos humanos, el derecho internacional humanitario y el derecho penal internacional, sin establecer diferencia en el tema de la responsabilidad del superior. En cambio, de acuerdo con el citado AL, el derecho aplicable a los miembros de las fuerza pública en materia de *responsabilidad del superior* estaría conformado solo por el Código Penal, "el *Derecho Internacional Humanitario como ley especial*, y las reglas operacionales de la Fuerza Pública en relación con el DIH" (cursiva añadida) (AL 1 de 2017, art. transitorio 24).

Si bien el num. 19 del AFP establece que el Tribunal para la Paz hará la calificación jurídica de las conductas con base en el Código Penal, el DIDH, el DIH y el DPI, los artículos 23 y 68 de la Ley Estatutaria de la JEP prevén expresamente que a los miembros de la fuerza pública, en materia de responsabilidad del superior, se les aplicarán las normas establecidas en el AL 1 de 2017. El artículo transitorio 24º de éste excluiría la aplicación del Estatuto de Roma y la Convención Internacional para la Protección de Todas las Personas contra las Desapariciones Forzadas, que contienen normas sobre responsabilidad del superior, pero incluiría los artículos 86 y 87 del Protocolo I, como parte del derecho internacional humanitario, que también consagran dicha responsabilidad.

Igualmente, el artículo 67 de la Ley Estatutaria diseñó la responsabilidad de los mandos y jefes de las FARC-EP en los mismos términos del AFP. Entretanto, el AL 1 de 2017 agregó que la obligación de los comandantes y jefes de la fuerza pública de usar los medios a su alcance para *impedir* los crímenes, reprimirlos o denunciarlos, estaba supeditada a que las "condiciones fácticas" se lo permitieran o lo hicieran posible e igualmente, le adicionó varias condiciones a la existencia de mando y control efectivo sobre la conducta de sus subordinados, las cuales debían reunirse de forma concurrente, lo que significa que todas deben estar presentes:

i) Que los crímenes se hubieran cometido dentro del área de responsabilidad asignada a su unidad militar, según su nivel de mando;

ii) Que guardaran relación con las actividades bajo su responsabilidad, y el superior tuviera; *iii)* La "capacidad legal y material de emitir órdenes, de modificarlas o de hacerla cumplir"; *iv)* La "capacidad efectiva de desarrollar y ejecutar operaciones" en el área donde se cometieron los crímenes, de acuerdo con su nivel de mando; *v)* La "capacidad material y *directa* de tomar las medidas adecuadas para *evitar* o reprimir" la conducta de sus subordinados, siempre que, *vi)* Tuviera conocimiento *actual o actualizable* de su comisión:

> La responsabilidad de los miembros de la Fuerza Pública por los actos de sus subordinados deberá fundarse en el control efectivo de la respectiva conducta, en el conocimiento basado en la información a su disposición antes, durante, o después de la realización de la respectiva conducta, así como en los medios a su alcance para prevenir que se cometa o se siga cometiendo la conducta punible, *siempre y cuando las condiciones fácticas lo permitan*, y de haber ocurrido, promover las investigaciones procedentes.
>
> Se entenderá que existe mando y control efectivo del superior militar o policial sobre los actos de sus subordinados, cuando se demuestren las siguientes condiciones concurrentes:
>
> a. Que la conducta o las conductas punibles hayan sido cometidas dentro del área de responsabilidad asignada a la unidad bajo su mando según el nivel correspondiente y que tengan relación con actividades bajo su responsabilidad;
>
> b. Que el superior tenga la capacidad legal y material de emitir órdenes, de modificarlas o de hacerlas cumplir;
>
> c. Que el superior tenga la capacidad efectiva de desarrollar y ejecutar operaciones dentro del área donde se cometieron los hechos punibles, conforme al nivel de mando correspondiente; y
>
> d. Que el superior tenga la capacidad material y directa de tomar las medidas adecuadas para evitar o reprimir la conducta o las conductas punibles de sus subordinados, siempre y cuando haya de su parte conocimiento actual o actualizable de su comisión (AL 1 de 2017, art. transitorio 24).

De entrada se observan tres diferencias en la manera como se reguló la responsabilidad del superior en el caso de la fuerza pública y las FARC-EP, al menos expresamente: *i)* Mientras a los miembros de éstas el derecho aplicable (el marco de referencia) incluye por remisión el derecho internacional de los derechos humanos, el derecho internacional humanitario y el derecho penal internacional, a los miembros de la Fuerza Pública, además del Código Penal, únicamente se les aplica el derecho internacional humanitario y de forma tácita, pero clara, se excluye el derecho internacional de los derechos humanos y el derecho penal internacional; *ii)* en el caso de la fuerza pública, el deber de los comandantes y jefes militares es *evitar* que se cometa o se siga cometiendo la conducta punible por parte de sus subordinados y el uso de los medios a su alcance para lograr ese fin, está supeditado de manera expresa a que las circunstancias fácticas le permitan hacer uso de ellos (capacidad material). El deber de los comandantes o jefes de las FARC-EP, por lo menos expresamente, es *prevenir* su comisión y la capacidad material de hacer uso de los medios a su alcance y adoptar las medidas apropiadas se deduce de las normas (el tema de la capacidad material para adoptar las medidas para prevenir y, en su caso, reprimir o denunciar los crímenes que los subordinados se proponían cometer o estaban cometiendo fue un aspecto central de la discusión en el reciente caso de Jean-Pierre Bemba) y ya se sabe la diferencia entre "evitar" y "prevenir"; *iii)* mientras a los comandantes o jefes de las FARC-EP puede exigírseles responsabilidad por los crímenes de sus subordinados cuando se establezca que tenían un control efectivo sobre la conducta criminal de éstos (capacidad material), en el caso de los comandantes y superiores de la fuerza pública no solo se exige la capacidad material, sino que es preciso que se reúnan de manera concurrente una serie de condiciones expresamente establecidas en el AL, entre las cuales varias hacen referencia a su capacidad jurídica (*de jure*) para tomar las medidas apropiadas para *evitar*, reprimir o denunciar los crímenes, de tal forma que a falta de una, no podría predicarse la existencia de mando y control efectivo y otras limitan el área de responsabilidad.

La primera de dichas condiciones concurrentes limita el control efectivo al "área de responsabilidad asignada a la unidad" al mando del superior, de tal manera que si sus subordinados se salen de su área y cometen los crímenes por fuera de ella, el superior no sería responsable de los delitos, así mantenga o pueda ejercer un control material sobre su conducta. Esa condición es contraria al derecho, y no solo al derecho internacional. El hecho de que sus subordinados se salgan del área de responsabilidad geográfica asignada y realicen operaciones por fuera de ella, incluyendo la comisión de diversos crímenes, lo que revela es una omisión en la supervisión y control que debe ejercer el superior y es su omisión la que lo exonera de responsabilidad, lo cual es tanto como alegar su propia incuria o torpeza en su favor.

La condición no solo limita la responsabilidad al área geográfica entregada al superior, sino a la asignada legalmente, conforme a las normas establecidas o las reglas e instrucciones operacionales, porque no hay otra forma de asignar un área específica a una unidad militar (compañía, batallón, brigada, etc.), lo que restringe también la responsabilidad del superior a su área de responsabilidad legal (*de jure*), con independencia del control efectivo y su capacidad material de adoptar las medidas. Esta condición es contraria al derecho internacional y las decisiones de la CPI porque el control del superior que genera responsabilidad no es aquél que se basa en sus facultades de derecho (*de Jure*), sino en su capacidad material (*de facto*); en efecto se ha dicho:

> Este no es un requisito de la responsabilidad del mando con arreglo al derecho internacional consuetudinario ni al artículo 28 del Estatuto de Roma. Pero lo central es que a través de limitar la responsabilidad del superior al área que le hubiese sido asignada formalmente, el artículo transitorio 24 revive los requisitos *de jure* para establecer la existencia de control efectivo, e ignora la realidad de los poderes que el superior *tuviese realmente*.
>
> 16. A los efectos de determinar la responsabilidad como jefe militar, ni el derecho internacional consuetudinario ni el Estatuto de Roma dan importancia jurídica alguna al concepto del "área de responsabilidad". Por el contrario, la cuestión jurídicamente importante es solamente si el superior tenía "control efectivo" sobre los autores de los crímenes al momento en que fueron cometidos, en el sentido de la capacidad material de prevenir sus crímenes futuros o de castigar los crímenes pasados. Esto es una cuestión de prueba, no de derecho [...].

20. La referencia en el Artículo transitorio 24 al concepto de "área de responsabilidad" como un requisito jurídico es, por consiguiente, incompatible con el derecho internacional consuetudinario y con el Estatuto de Roma. La disposición efectivamente excluiría la responsabilidad penal de los jefes militares que tenían el poder y la autoridad de prevenir (o castigar) el crimen de un subordinado, pero carecían de autoridad de jure sobre el área en la que (o en el contexto en el que) los crímenes tuvieron lugar (Bensouda, 2017, pp. 7-9, nums. 15, 16, 20).

La segunda condición es que las conductas punibles "tengan relación con actividades bajo su responsabilidad". Entiéndase, que se hayan cometido en actividades u operaciones que estaban bajo el ámbito de responsabilidad del superior o en otros términos, dentro de las tareas específicamente asignadas a él. Un oficial de inteligencia, bajo esa condición, solo respondería por los crímenes cometidos por sus subordinados en las actividades de inteligencia y no en otras tareas u operaciones sobre las cuales tuviera control. De esa forma, se limita la responsabilidad, ya no solo al área geográfica asignada legalmente, sino a las actividades o tareas encomendadas por una disposición o acto jurídicos, así sea de tipo operacional, pues es la única manera de asignar responsabilidades vinculantes. Quizá por eso el AL incluye dentro del derecho aplicable las reglas operacionales de la fuerza pública.

En el Estatuto de Roma [(ERCPI, art. 28, b, ii)], esta condición es propia de los superiores políticos o civiles, sin mando sobre las fuerzas que participan directamente en las hostilidades, a los que se les hace responsables solo cuando los delitos guardan relación con las actividades bajo su responsabilidad porque, como autoridad política o civil, no puede extender sus competencias y controles más allá del ámbito legal que les ha sido asignado. El comandante o jefe militar, en cambio, tiene un amplio margen de atribuciones derivadas de su jerarquía y el mando sobre las tropas, que le permiten impartir una extensa gama de órdenes que surgen de la unidad de mando, la disciplina militar y el deber de obediencia. Tiene también la condición de garante que le asignan y/o reconocen el Protocolo I, el AFP, el AL y las normas que los desarrollan, condición que lo obliga a garantizar el cumplimiento de las normas internacionales aplicables a los conflictos armados e impedir o reprimir su violación.

Como anota Kai Ambos (2020), en el derecho internacional este requisito solo está previsto respecto de los superiores civiles, pues "el factor decisivo para el control efectivo de un comandante militar es su capacidad material (*de facto*) para prevenir o reprimir los crímenes internacionales cometidos por los subordinados, con independencia del alcance normativo de su poder legal (*de jure*)" (p. 44), como lo estableció la Sala de Apelación de la CPI en el caso Jean-Pierre Bemba.

Con la inclusión de ese elemento se le agrega otra condición más al control efectivo sobre la conducta de los subordinados, que restringe la responsabilidad de los comandantes y jefes de la fuerza pública, a quienes se trata como si fueran autoridades políticas o civiles en la conducción de las tropas y las operaciones militares y tuvieran el limitado ámbito de responsabilidad que tienen éstas sobre sus subordinados en los asuntos civiles. No solo se restringe la responsabilidad por los crímenes de los subordinados al área geográfica, al área de responsabilidad legal y a las actividades asignadas directamente al superior. En tercer lugar, se exige que el superior tenga la facultad legal de "emitir órdenes, de modificarlas o de hacerlas cumplir". Eso significa que en él debe reunirse el mando y la capacidad jurídica (*de jure*) y material para emitir y hacer efectivas las órdenes o medidas adoptadas en ejercicio del mando. Esto último pareciera ser una redundancia, pues ya se había establecido que su responsabilidad solo podía fundarse en los medios a su alcance para prevenir la comisión de los crímenes, siempre y cuando las condiciones fácticas se lo permitieran.

Pero lo relevante en este punto es su facultad legal de emitir órdenes y hacerlas cumplir. Tratándose de fuerzas regulares que se rigen por normas jurídicas previamente establecidas, lo usual es que solo puedan hacer aquello que les está legalmente permitido. Eso justificaría que en el caso de los jefes militares de la fuerza pública se exija que tengan la facultad de emitir las órdenes adecuadas para impedir o castigar la comisión de los crímenes, pues de lo contrario podría hablarse de un caso de abuso de función pública (C. P., art. 48). Esa razón no parece suficiente para exonerarlos de responsabilidad si, estando en capacidad de hacerlo, omitieron tomar las medidas para impedir su comisión, pues tienen un deber de garantía y la obligación de realizar los actos adecuados para impedir que las fuerzas bajo su mando cometan delitos, lo cual no depende de que tenga una expresa facultad legal para dar las órdenes para impedir que los cometan.

La cuarta condición parece agregarle a la capacidad material para dar y hacer cumplir las órdenes, la capacidad efectiva de desarrollar y ejecutar operaciones militares en el área de responsabilidad en la cual se cometieron los crímenes. Pero el requisito también parece redundante porque si el superior solo responde por los delitos cometidos por sus subordinados dentro de su área de responsabilidad geográfica y se requiere que dentro de ésta tenga la capacidad material de hacer cumplir las órdenes y las condiciones fácticas le permitan hacer uso de los medios a su alcance, es porque tiene la capacidad efectiva de desarrollar y ejecutar operaciones militares. Al fin y al cabo estamos hablando del área geográfica asignada a él, salvo algún imponderable que se lo impida. Pero en este caso se echarían de menos los otros requisitos (la capacidad material para hacer cumplir las órdenes operacionales, las condiciones fácticas para hacer uso de los medios a su alcance, etc.).

Por último, el AL exige también que el superior tenga la "capacidad material y *directa*" de tomar las medidas *adecuadas* para *evitar* o reprimir los crímenes de sus subordinados. No se trata solo de la posibilidad de tomar las medidas razonables y suficientes para *prevenir* o castigar los delitos, como en el Estatuto de Roma (ERCPI), sino de la capacidad material para adoptar las medidas adecuadas para evitarlos, de manera directa, no a través de otro, o por interpuesta persona, como podría ser un mando medio. En tanto adecuadas, debe entenderse que las medidas a su alcance deben ser apropiadas e idóneas para evitar la comisión de los crímenes (resultado), porque de no tener la capacidad material para impedirlos tampoco sería responsable, lo cual nos traslada al terreno de la causalidad entre la omisión del superior y los crímenes cometidos por sus subordinados.

El requisito también pone sobre el tapete de la discusión el tema de la cercanía e inmediatez en la cadena de mando, que también fue un asunto debatido por la Sala de Apelación en el reciente caso de Jean-Pierre Bemba. En ese sentido, debe entenderse la opinión de los magistrados Van Den Wyngaert y Morrison para limitar la responsabilidad del superior a quien tiene el mando directo e inmediato sobre los subordinados

> [...] párr.. 33 ("lo que se exige de un comandante, tanto en lo que respecta a la proximidad con que debe supervisar a las tropas como a las medidas que se espera que adopte para prevenir el comportamiento delictivo, depende de la proximidad con que se encuentren los perpetradores físicos en la cadena de mando"), párr. 34 ("No es tarea del comandante de nivel superior microgestionar a todos los comandantes de nivel inferior [...]"), párr. 36 ("[...] la Corte debe atenerse al principio de que la responsabilidad del mando no es una responsabilidad objetiva y que no pedimos lo imposible al comandante militar" (ICC-01/05-01/08-3636-Anx2, 8 de junio de 2018, párr. 3, citado en: Ambos & Aboueldahab, 2.020, p. 48).

Aunque suena odioso, sobre todo por la observación que hizo la Fiscal de la CPI, podría decirse que mientras el asunto sea objeto de controversia en la jurisprudencia no podría tacharse este aspecto como claramente contrario al derecho internacional, en tanto se mantenga dentro de los límites de éste y la jurisprudencia respectiva y no conlleve la impunidad de los responsables de mayor rango porque el derecho internacional, nuestra Constitución y los compromisos adquiridos por Colombia, no patrocinan esa clase de impunidad. Obsérvese lo dicho por la entonces Fiscal de la CPI:

> 25. Con arreglo al derecho internacional consuetudinario, la responsabilidad del mando no se limita al superior directo. La omisión por parte de los jefes militares de mayor rango de adoptar las medidas necesarias para prevenir o castigar los crímenes de sus subordinados también daría lugar a su responsabilidad penal. Que haya o no subordinados intermedios entre el superior y los autores de los crímenes es irrelevante,

en la medida que se demuestre que hubo control efectivo. La pregunta independiente de si, debido a la proximidad o la lejanía, el superior realmente poseía control efectivo es, de nuevo, una cuestión de prueba, no de derecho sustantivo.

26. La formulación actual podría excluir la responsabilidad penal de los superiores de mayor jerarquía que ejerzan el control efectivo a través de subordinados intermedios. Esto podría llevar al resultado paradójico de sustraer de responsabilidad penal a aquellos individuos que potencialmente tienen algunas de las responsabilidades más grandes (Bensouda, 2017, pp. 10-11, nums. 25 y 26).

De la capacidad material y la responsabilidad del superior inmediato se escaparían de suyo algunas conductas, como la de investigar y sancionar a los responsables, porque dicha función está asignada a otras autoridades y, por ende, no tendría directa y materialmente dicha capacidad, a no ser que viole la ley. A lo sumo podría dar traslado de la información disponible, si se entiende que ésta es una medida adecuada para *reprimir* —más allá de investigar— la respectiva conducta.

LA CUESTIÓN DE LA CAUSALIDAD EN LA JEP

Este asunto no parece haber sido incluido expresamente en el AL y la Ley Estatutaria, pero puede deducirse de las normas que consagran la responsabilidad del superior. Si de los comandantes o jefes militares de la fuerza pública se predica, y exige, el control de la conducta y están obligados a tomar las medidas adecuadas (idóneas para alcanzar el fin) para "*impedir*" que sus subordinados cometan los delitos, debe poderse hablar de una relación de causalidad entre el incumplimiento del deber y la comisión de los crímenes.

Eso aplica también en el caso de los mandos o jefes militares de las FARC-EP. Aunque en el caso de éstos su deber sea *prevenir* la comisión de las infracciones, al menos literalmente, de ellos también se reclaman medidas apropiadas (proporcionadas e idóneas para alcanzar el fin propuesto) y eso nos habla de un deber de evitación y una relación o nexo con el resultado.

LA CUESTIÓN DEL CONOCIMIENTO EXIGIBLE

El AL también exige que el superior tenga un conocimiento actual o *actualizable* de la comisión de los crímenes. A diferencia de otras opiniones, al exigir el conocimiento actual o actualizable deja abierta la posibilidad de adjudicarle responsabilidad al superior no solo fundada en el conocimiento que tenía de que sus subordinados se proponían o iban a cometer los crímenes o los estaban cometiendo, con base en la información a su disposición antes, durante y después de la realización de la respectiva conducta, sino también con base en que pudo o estuvo en condiciones de saberlo con una adecuada diligencia, el nivel de información que exige el Estatuto de Roma ("debió haber sabido"). Actualizable es aquello que se puede actualizar. Una de las acepciones de actualizar es "poner al día", otra es "hacer actual una cosa" (RAE, 2000, p. 35). Actualizarse, es ponerse al día, traer al presente algo que no se tiene. En otros términos, actualizable es la cosa (que puede ser el conocimiento) que no se tiene, pero puede ponerse al día, traerse al momento presente, al tiempo actual. Aplicado al caso, es el conocimiento que no tengo en el momento, pero puedo llegar a tener con la información y los medios para obtenerlo y/o que puedo proporcionarme.

Lo actualizable, para poder actualizarse, requiere de una acción. Si no se realiza, teniendo el deber de hacerlo, equivale a una negligencia, del mismo tipo del "debió haber sabido" con base en la información o circunstancias del momento, del artículo 28 del Estatuto de Roma. La información disponible antes, al momento o después de los hechos, es lo que le habría permitido al superior "actualizar" el conocimiento (poner al día, hacer actual) sobre la conducta de sus subordinados, lo que se proponían hacer o habían hecho, lo cual nos ubica en el terreno de la negligencia en el conocimiento de la situación.

Distinto, como se dijo, piensan otros estudiosos:

> Mientras que el requisito de conocimiento positivo del ECPI corresponde al estándar de "conocimiento actual" del art. 24 d) transitorio, este no es el caso de la segunda alternativa. El criterio de "hubiera debido saber" de la CPI, que equivale a negligencia, es claramente más estricto que el criterio de conocimiento "actualizable" del art. 24 d) transitorio, el cual parece referirse al conocimiento de crímenes ya cometidos y, por lo tanto, implica un conocimiento directo (Ambos & Aboueldahab, 2000, p. 56; también: Bensouda, 2017, p. 11, nums. 27-28).

Así las cosas, si ello es así, el estándar del AL es más estricto que el de algunos de los tribunales internacionales para los cuales un estándar más allá de esto, que obligara al superior a mantenerse constantemente informado de las acciones de sus subordinados, "es inconsistente con la jurisprudencia del TPIY. Así, la Sala afirmó que un superior no es responsable por la 'negligencia de un deber de adquirir [...] conocimiento' [...]" (Ambos & Aboueldahab, 2020, p. 58). Pero no se trata de estar "constantemente informado de las acciones de sus subordinados", si no de tomar las acciones debidas para conocer (actualizar el conocimiento) de sus conductas contrarias al derecho, con base en la información antes, al momento o después de los hechos.

No es, pues, cualquier negligencia, sino aquella basada en información (no hacer lo suficiente para saber, a pesar de tener información que le advertía de la comisión de los crímenes), un tipo de negligencia que no recae sobre el resultado, sino sobre el conocimiento de la situación y la posibilidad de procurárselo o adquirirlo (información suficiente para prever que se están o pueden estarse cometiendo los crímenes y no hacer nada para establecerlo y evitarlo), que permitiría hablar de una indiferencia maliciosa, que la aproxima al dolo eventual. Esta negligencia es diferente a la negligencia fundada en el simple deber de vigilar y controlar y que castiga la omisión de procurarse información. Esa diligencia es tanto más exigible si los superiores, como mandos con responsabilidad, tienen el deber de garantes.

¿QUÉ HACER? EL JUICIO SOBRE LAS NORMAS DE RESPONSABILIDAD DEL SUPERIOR

En primer lugar, el juicio sobre las normas aplicables en materia de responsabilidad del superior debe partir de reconocer que, de conformidad con el preámbulo y los compromisos adquiridos entre las partes y hechos efectivos, el AF entre las FARC-EP y el Estado colombiano se suscribió como un acuerdo especial en los términos del artículo 3º común a los Convenios de Ginebra de 1949 y se depositó como tal en el Consejo Federal Suizo. Eso quiere decir que las partes del Acuerdo que tratan sobre derechos humanos y derecho internacional humanitario se entienden como un tratado, si se sigue el concepto del CICR que se incorporó al acuerdo y son obligatorias por ser parte de las obligaciones internacionales del Estado y el bloque de constitucionalidad.

El artículo 1º del AL 1 de 2016, para reafirmar el valor y el alcance del AFP, también introdujo a la Constitución un artículo transitorio, "Procedimiento legislativo especial para la paz", en cuyo literal h) se estableció que "[l]os proyectos de ley y de acto legislativo solo podrán tener modificaciones siempre que se ajusten al contenido del AFP y que cuenten con el aval previo del Gobierno nacional". El AL 2 de 2017, igualmente, introdujo un artículo transitorio conforme al cual las normas del AFP que correspondieran a derechos fundamentales y conexos con éstos o a normas de derecho internacional humanitario "serán obligatoriamente parámetros de interpretación y referente de desarrollo y *validez* de las normas y las leyes de implementación y desarrollo del Acuerdo Final", y agregó que

> [...] las actuaciones de todos los órganos y autoridades del Estado, los desarrollos normativos del Acuerdo Final y su interpretación y aplicación deberán guardar coherencia e integralidad con lo acordado, preservando los contenidos, los compromisos, el espíritu y los principios del Acuerdo Final.

Las normas sobre la responsabilidad de los superiores garantizan la verdad, la justicia y la no repetición y en esa medida pueden entenderse como parte de las normas del derecho internacional de los derechos humanos y el derecho internacional humanitario que protegen los derechos de las víctimas a interponer recursos y obtener reparaciones (AFP, 2016, punto 5, pp. 124-125). Las normas sobre la efectividad de los derechos, como el acceso efectivo a la justicia (CADH, art. 27.2), son normas de garantía de tales derechos y en ese sentido, las que garantizan el acceso a la JEP y el juicio de los responsables de más alto rango podrían también entenderse como normas sobre derechos humanos. Todas ellas cumplirían las condiciones establecidas en el AFP y el AL 2 de 2017 para tenerse como disposiciones de un tratado y referente de validez de las normas que desarrollan el AFP, además de parámetros de interpretación.

La manera como quedó consagrada la responsabilidad del superior es contraria a los principios y objetivos del AFP, entre estos el de "satisfacción de los derechos de las víctimas a la verdad y la justicia", el "principio de reconocimiento de responsabilidad" por parte de todos los que participaron de manera directa o indirecta en el conflicto, el de "rendición de cuentas sobre las violaciones a los derechos humanos e infracciones al DIH ocurridas a lo largo del conflicto" y el de no repetición, "mediante la aplicación de todas las medidas del Sistema" (AFP, 2016, punto 5.1., pp. 127-128).

El Sistema Integral de Verdad, Justicia, Reparación y No Repetición contribuye a garantizar la no repetición mediante el reconocimiento de las víctimas como ciudadanos con derechos que fueron gravemente vulnerados y la lucha contra la impunidad. En tal sentido, las medidas en materia de verdad y de justicia, en particular la atribución y reconocimiento de responsabilidades, la rendición de cuentas por lo ocurrido y la imposición de sanciones por parte del Tribunal para la Paz deben contribuir a la prevención y disuasión de la comisión de nuevas infracciones y la terminación de la violencia que por razón del conflicto ha sufrido el país, como una garantía de la no repetición de las violaciones, según lo establece el AFP (punto 5.1.4., pp. 186-188). La disminución de los estándares en materia de responsabilidad, la elusión de ésta y la impunidad de los responsables a distintos niveles no permiten alcanzar el nivel de verdad y justicia que las víctimas, los instrumentos internacionales sobre derechos humanos y el Acuerdo pretenden garantizar y estimulan la continuidad de las violaciones, si no se reconocen, aceptan y sancionan (Sierra, 2019, p. 231).

Así mismo, en segundo lugar, la reglamentación de la responsabilidad del superior —especialmente en lo que respecta a la fuerza pública— también contradice el derecho aplicable (o marco de referencia) establecido en el AFP y que debe guiar las decisiones de la JEP. De conformidad con el AFP (2016), debe hacer una calificación jurídica de las conductas que "se basará en el Código Penal colombiano y/o en las normas de Derecho Internacional en materia de Derechos Humanos (DIDH), Derecho Internacional Humanitario (DIH) o Derecho Penal Internacional (DPI)" (Punto 5.1.2., num. 19, p. 147). Esta fue una de las reformas que se introdujeron al acuerdo inicial, luego de que no fuera aprobado en el plebiscito del 2 de octubre y dicho marco de referencia (o derecho aplicable) fue reiterado en el artículo 5º Transitorio, inciso 7º, del AL 1 de 2017:

> La JEP al adoptar sus resoluciones o sentencias hará una calificación jurídica propia del Sistema respecto a las conductas objeto del mismo, calificación que se basará en el Código Penal Colombiano y/o en las normas de Derecho Internacional en materia de Derechos Humanos (DIDH), Derecho Internacional Humanitario (DIH) o Derecho Penal Internacional (DPI), siempre con aplicación obligatoria del principio de favorabilidad (A.L. 1/2017, art. transitorio 5).

Dicha norma es de carácter general y la JEP tiene el deber de aplicarla a todas las personas sometidas a su jurisdicción, no solo a los miembros de las FARC-EP, pues la disposición no hace diferencias. Es cierto que el artículo transitorio 22 del Capítulo VII del AL 1 de 2017, que trata de "De Las Normas Aplicables a los Miembros de la Fuerza Pública para la Terminación del Conflicto Armado y la Construcción de una Paz Estable y Duradera", estableció que, respecto de éstos, la calificación jurídica de sus conductas debía hacerse con base "en el Código Penal colombiano vigente al momento de la comisión del hecho, en las normas de Derecho Internacional de los Derechos Humanos (DIDH) y de Derecho Internacional Humanitario (DIH)", excluyendo la aplicación del derecho penal internacional. Más adelante, el artículo transitorio 24 estrechó más el campo y limitó el derecho aplicable a ellos en materia de responsabilidad del superior al Código Penal, el derecho internacional humanitario "como ley especial" y las reglas operacionales de la fuerza pública, excluyendo así tácita, pero claramente, el derecho internacional de los derechos humanos y el derecho penal internacional en esa materia. Pero también es cierto que en la Constitución no es posible distinguir entre normas generales y especiales para aplicar el principio de especialidad y hacer prevalecer las últimas, para el caso, las específicas de los miembros de la fuerza pública, como lo ha decantado la jurisprudencia constitucional, porque ambas tienen el mismo nivel constitucional.

En sentido contrario a esa línea jurisprudencial, al revisar el proyecto, la Corte Constitucional (Sent. C-080/2018, CConst.) declaró exequible el artículo 68 de la Ley Estatutaria de la JEP, de acuerdo con el cual el derecho aplicable a los miembros de la fuerza pública en materia de responsabilidad del mando sería el establecido en el Capítulo VII del AL 1 de 2017, del cual hacen parte tanto el artículo transitorio 22, como el artículo transitorio 24 citados. Entendió la Corte que el mencionado artículo transitorio 22 era norma especial y debía aplicarse de preferencia a los miembros de la fuerza pública, contrariando su jurisprudencia precedente. Sin embargo, en un extraño esguince al sistema de control constitucional consagrado en la Carta, dejó abierta la posibilidad de que en cada caso concreto "la JEP pondere la norma especial aplicable para la Fuerza Pública, con los derechos de las víctimas para que los hechos sufridos no queden en la impunidad", dándole a la JEP la posibilidad de inaplicar por vía de excepción o "ponderar" la aplicación de una norma constitucional declarada exequible sin condicionamiento alguno. Vale la pena reproducir *in extenso* la argumentación:

> La Corte advierte es que el artículo transitorio 22 del Capítulo VII del mencionado Acto Legislativo, aplicable a los miembros de la Fuerza Pú-

blica, no incluye el Derecho Penal Internacional dentro de las normas aplicables para efectos de la calificación jurídica de la conducta en la Jurisdicción Especial para la Paz, razón por la que cabría precisar que la JEP no aplicaría el Estatuto de Roma de la Corte Penal Internacional en relación con los miembros de la Fuerza Pública. Cabe señalar que el Estatuto de Roma, las "Reglas de Procedimiento y Prueba" y los "Elementos de los Crímenes de la Corte Penal Internacional", ratificados por Colombia, no tienen aplicación directa en el ordenamiento interno, pues el Acto Legislativo 02 de 2001 señaló que: '[l]a admisión de un tratamiento diferente en materias sustanciales por parte del Estatuto de Roma con respecto a las garantías contenidas en la Constitución tendrá efectos exclusivamente dentro del ámbito de la materia regulada en él'.

Ahora bien, el artículo 5º transitorio sí recogió el Derecho Penal Internacional como una fuente aplicable en la JEP. Sin embargo, dicha norma es de aplicación general, por lo que, en principio, prima la norma especial aplicable a la Fuerza Pública, es decir, el artículo transitorio 22. Lo anterior no impide que, en cada caso concreto, la JEP pondere la norma especial aplicable para la Fuerza Pública, con los derechos de las víctimas para que los hechos sufridos no queden en la impunidad, dentro de un parámetro de igualdad entre ellas, y con la aplicación ponderada del principio de favorabilidad penal expuesto antes.

Es claro que el efecto de la aplicación del régimen sustancial especial aplicable a la calificación de la conducta no puede llevar al extremo de dejar en la impunidad hechos que cometidos por otro agente responsable de los hechos sí sería sancionable. Esta interpretación desconocería el igual derecho de todas las víctimas a acceder a la justicia, y la posición de garante de los miembros de la Fuerza Pública como agentes del Estado. También iría en contra del principio de simultaneidad en el tratamiento diferencial, contemplado en el mismo Acto Legislativo 01 de 2017, llevando a la consecuencia inconstitucional de que un grave crimen contemplado en el Estatuto de Roma sería sancionable ante la JEP para cualquier persona que lo cometa en el marco del conflicto armado, y no así para la Fuerza Pública, dejando desprotegidas a las víctimas de hechos de su responsabilidad (Sent. C-080/2018, pp. 412-413, CConst).

El mismo artículo le manda a la JEP respetar las obligaciones internacionales de investigación, juzgamiento y sanción, entre las cuales están las derivadas del Estatuto de Roma aprobado por Colombia. Mas allá de lo anterior, los artículos 86.2 y 87 del Protocolo I también consagran la responsabilidad del superior cuando sabía o tenía información que le permitiera concluir, en las circunstancias del momento, que sus subordinados iban a cometer o estaban cometiendo una infracción a los Convenios de Ginebra o al Protocolo. Éste obliga a Colombia, hace parte del derecho internacional humanitario que el propio artículo transitorio 24 incluye como derecho aplicable a los miembros de las fuerza pública en materia de responsabilidad del superior y sus disposiciones son, entonces, fuente de derecho en esa materia y a él podría acudirse para esos efectos sin dificultad alguna.

En desarrollo de esas normas los magistrados de la JEP pueden modular el artículo 24 transitorio con las normas del AFP o las distintas normas que hacen parte de la Constitución y el bloque de constitucionalidad. Aunque de manera limitada, la Sala de Reconocimiento de Verdad, de Responsabilidad y Determinación de Hechos y Conductas (SRVR), con base en la decisión de la Corte al revisar el proyecto de ley, entendió que debían *armonizarse* el derecho interno y el derecho internacional:

> Así, con base en las normas constitucionales, estatutarias y legales descritas, esta Sala de Justicia considera que en la calificación jurídica propia de los hechos y conductas atribuibles a los miembros de la Fuerza Pública debe aplicar **armónicamente** el derecho interno y el derecho internacional. Atendiendo el mandato constitucional expreso del artículo 22 transitorio, respecto de los miembros de la Fuerza Pública no cabe el uso **exclusivo** del derecho internacional (Auto No. 125 de 2021, 158, num 553, SRVR, JEP).

No obstante, concluyó que las condiciones consagradas en el artículo transitorio 24 del AL 1 de 2017, a las que se hizo referencia más arriba, no podían limitar la responsabilidad de los comandantes o jefes militares de la fuerza pública.

> Es en este sentido que la Sala considera se deben tener en cuenta los cuatro literales del art. transitorio 24 del Acto Legislativo 01 de 2017, los cuales, según esta misma norma, permiten establecer la existencia de mando y control efectivo. Sin embargo, dado que los criterios allí enunciados se refieren, como criterios concurrentes, tanto a la capacidad formal como material para tomar medidas, la Sala advierte que lo

decisivo es la capacidad de facto, como se desprende del derecho internacional. Teniendo en cuenta que el art. transitorio 24, tal y como lo estableció la Corte Constitucional1, únicamente constituye un **criterio auxiliar de interpretación**, más no el fundamento de la responsabilidad penal, estos literales pueden ayudar a determinar las medidas que en cada caso estaba en capacidad de tomar el compareciente, pero sin que constituyan requisitos sine qua non. Dicho de otra manera, a pesar de que, desde el punto de vista gramatical, el artículo transitorio 24 se refiere a los criterios enunciados en sus cuatro literales como "condiciones concurrentes", una interpretación sistemática y teleológica de la norma lleva a concluir que lo dispuesto en estos numerales no puede reducir el ámbito de responsabilidad de los superiores jerárquicos según el derecho penal nacional e internacional (negrillas añadidas) (Auto N.º 125 de 2021,198, nm. 699, SRVR, JEP).

De esa forma, más que armonizarlos, inaplicó el citado artículo transitorio de la Constitución que, a diferencia de lo que opina la Corte Constitucional, no es una norma "auxiliar de interpretación", sino que configura una serie de condiciones de la conducta típica que funda la responsabilidad penal. A donde no llegó la Sala fue a entender que las distintas normas están al mismo nivel constitucional y la especial no puede primar sobre la general, ni excluir su aplicación con base en el principio de especialidad o las demás reglas que regulan los conflictos de normas, como lo ha entendido tradicionalmente la Corte Constitucional.

Así mismo, en tercer lugar, el artículo 23 de la Ley Estatutaria estableció y perpetuó una diferencia de trato al consagrar que el derecho aplicable a los miembros de las FARC-EP es diferente del aplicable a los miembros de la Fuerza Pública. Es más, el artículo 66 de la Ley Estatutaria reiteró esa diferencia en lo que se refiere a la responsabilidad del superior, pues en esa materia a los miembros de las FARC-EP le son aplicables "el Derecho Internacional Humanitario, el Derecho Internacional de los Derechos Humanos y el Derecho Internacional Penal", mientras que a los miembros de la fuerza pública se les aplica lo dispuesto en el Capítulo VII del AL 01 de 2017, que excluye el Derecho Internacional de los Derechos Humanos y el Derecho Penal Internacional (Ley 1957 de 2019, art. 68), como he dicho antes.

La Corte Constitucional (Sent. C-674/2017, CConst.), es cierto, desestimó que el artículo transitorio 24 del AL 1 de 2017, que regula la responsabilidad del superior para los miembros de la fuerza pública y hace parte del citado capítulo VII, hubiera desconocido el deber del Estado de investigar, juzgar y sancionar las violaciones a los derechos humanos y las infracciones al Derecho Internacional Humanitario. Aunque reconoció que en la Sentencia C-577 de 2014 afirmó que la prohibición de impunidad exige la investigación, juzgamiento y sanción de los máximos responsables de las peores formas de criminalidad, en particular, de los delitos de genocidio, crímenes de guerra y de lesa humanidad y dicha regla constituía el referente del juicio de sustitución de la Constitución, concluyó que el citado artículo transitorio no comportaba "una sustitución del deber del Estado de investigar, juzgar y sancionar a los máximos responsables de las graves violaciones a los derechos humanos y de las infracciones al Derecho Internacional Humanitario". No siendo una sustitución de la Constitución, no había lugar a declarar la inexequibilidad de la norma porque *i)* "los elementos estructurales de la figura delineados en el derecho internacional se encuentran reflejados en el artículo transitorio 24" y *ii)* las hipótesis que a la luz del derecho penal internacional y del derecho humanitario deben ser criminalizadas bajo la figura de la responsabilidad de mando, en la legislación doméstica "podrían ser objeto de investigación, juzgamiento y sanción bajo las categorías de la dogmática penal" (Sent. C-674/2017, pp. 341 y 344, CConst.).

A dicha conclusión llegó con base en varios errores de razonamiento, como creer que "el Estatuto de Roma no contiene títulos directos de imputación, sino mandatos de criminalización para el Estado, que deben ser materializados en el derecho interno", afirmación que no es cierta; obsérvese:

> [L]a fórmula de la responsabilidad de mando del Estatuto de Roma no debe ser entendida como un tipo penal autónomo ni como una estructura rígida e inamovible que deba ser incorporada directamente en el derecho interno, sino como un deber de penalización que puede materializarse a través de las categorías que el constituyente o el legisla-

dor estime convenientes para enfrentar ese fenómeno específico (Sent. C-674/2017, p. 342, CConst.).

Una cosa es que no sea directamente aplicable en el derecho interno y otra que el Estatuto de Roma no contenga un título de imputación y sea simplemente un mandato al Estado de penalizar ese tipo de responsabilidad, como si es un mandato de penalización, por ejemplo, el artículo 6.1 de la Convención Internacional para la Protección de Todas las Personas contra las Desapariciones Forzadas. Entendió, igualmente, que a la fuerza pública le sería aplicable la autoría mediata a través de aparatos organizados de poder como forma de imputación, lo cual desconoce las bases de dicha doctrina, que parte del supuesto de que la organización tiene unos fines o propósitos contrarios al orden jurídico y está por fuera de la ley. Como dice Roxin (2020):

> [...] de la estructura del dominio de la organización se deduce que éste solo puede existir allí donde la estructura en su conjunto se encuentra al margen del ordenamiento jurídico, puesto que en tanto que la dirección y los órganos ejecutores se mantengan en principio ligados a un ordenamiento jurídico independiente de ellos, las órdenes de cometer delitos no pueden fundamentar dominio, porque las leyes tienen rango supremo y normalmente excluyen el cumplimiento de órdenes antijurídicas, y con ello el poder de voluntad del sujeto de detrás (pp. 276-277).

Salvo que al interior de una organización legal (el Ejército) pueda hablarse de una organización criminal enquistada dentro de ella, del tipo de aparato organizado de poder, sea que coincida, o no, con una unidad militar (compañía, batallón, brigada), similar a la que describe la SRVR en el Caso 03, Subcaso Norte de Santander, a la que se le pueda aplicar dicha teoría, lo que no es claro y no parece tener aceptación en la doctrina y la jurisprudencia, pues más parece un caso de coautoría, como el de cualquier empresa criminal. Obsérvese:

> La contrastación y análisis del acervo probatorio del subcaso Norte de Santander del Caso No. 03 le permite a la Sala determinar que el patrón de macrocriminalidad que resultó en el asesinato de 119 civiles (más un intento) en el Catatumbo durante los años 2007 y 2008 fue perpetrado

por los comandantes y miembros más importantes del estado mayor y plana mayor de la BRIM15 y del BISAN, asociados con otros oficiales, suboficiales y soldados. Estos crearon unas organizaciones criminales enquistadas al interior de las respectivas unidades militares. Estas dependían de relaciones personales y de confianza entre sus miembros, pero no tenían nombres, ni distintivos, ni cuarteles secretos, ni ritos de iniciación, más allá de los propios de la institución militar oficial en la cual se enquistaron. Cada una contaba sí con objetivos criminales compartidos por sus integrantes, y un plan criminal común para lograr estos objetivos. El plan contemplaba una distribución de las tareas criminales entre sí y la utilización de sus posiciones de mando en la jerarquía militar, sus facultades y poderes legales y los recursos públicos de ambas unidades militares para cometer los crímenes. Los objetivos, planes y modus operandi criminales eran muy similares en ambas organizaciones (Auto N.º 125 de 2021, 144, nm. 494, SRVR, JEP).

Y claro, pasó por alto las dificultades para utilizar las estructuras de imputación tradicional del derecho penal a ciertos casos de los superiores de la fuerza pública que omiten el control sobre sus subordinados que cometen crímenes, con lo cual comprometió gravemente la posibilidad de investigar, juzgar y sancionar a los máximos responsables, que es la base del juicio de sustitución, en palabras de la Corte, a pesar de que citó al profesor Kai Ambos sobre la diferencia entre la responsabilidad del mando y las estructuras de imputación tradicional. Obsérvese:

> Kai Ambos sostiene, por ejemplo, que propiamente hablando, el citado instituto no es una modalidad de omisión impropia, ni una forma de responsabilidad por participación, ni un crimen doloso con o sin representación, ni una forma de autoría mediata: no se trataría de una comisión por omisión porque lo que se castiga no son los delitos de base que le serían atribuidos por no evitar un resultado que tendría el deber jurídico de evitar como garante, sino por incumplir un deber de control de los subordinados; tampoco se trataría de una modalidad de participación, teniendo en cuenta que la responsabilidad del superior se estructura en función de la omisión de las medidas de control orientadas a impedir el hecho principal y en función del conocimiento positivo de la ignorancia negligente sobre la inminente comisión de los delitos, mientras que en la participación se estructura en función la contribución o

ayuda a la comisión de los delitos y de la intención y querer deliberado en la realización de los hechos punibles; y tampoco podría ser asimilada a la autoría mediata, ya que esta última supone la emisión de una orden y en todo caso de una conducta positiva que tiene por objeto y efecto la comisión del crimen, mientras que en la responsabilidad del superior el delito se configura por la infracción a un deber de control, es decir, por una conducta omisiva (Sent. C-674/17, p. 342, CConst.).

Pero lo que no hizo la Corte, porque ese no era el cargo de la demanda, fue juzgar si el tratamiento diferente superaba un juicio de igualdad, en tanto trata más favorablemente a la fuerza pública, que está obligada a cumplir la ley y está llamada a servir de garante de los derechos. Y si esa violación de la igualdad, tratándose de violaciones a los derechos humanos, de crímenes de guerra y lesa humanidad, implicaba una sustitución de la Constitución, pues por más que se presuma la legalidad de los actos de la fuerza pública, dicha presunción no puede servir como una forma de impunidad.

Si se mira a los comandantes y a los jefes de las FARC-EP y de la fuerza pública habría que concluir que ambos hacían parte de fuerzas que participaban en el conflicto armado interno, tenían mando sobre las tropas y las responsabilidades propias de éste, estaban obligados a respetar el DIH y habrían omitido su deber de supervisión y control. La única diferencia relevante es que unos pertenecían a un fuerza irregular, por fuera de la ley y los otros a una fuerza que actuaba en el marco del Estado de derecho y con arreglo a la ley, pero ese aspecto no lo toma en cuenta el derecho internacional para establecer diferencias sobre sus obligaciones y responsabilidades en un conflicto armado.

Podría decirse que por el hecho de ser una fuerza regular la actuación de sus miembros está sujeta a normas jurídicas y no puede exigírseles responsabilidad más allá de sus competencias legales. Al contrario, el que los miembros de la fuerza pública representen la legitimidad del Estado y tengan los poderes y facultades que les otorga éste, los obliga a respetar, en mayor medida, los derechos humanos, el derecho internacional humanitario y las normas jurídicas y los hace responsables de su violación, por lo menos al mismo nivel de una fuerza irregular, cuando no superior. Más si, como lo prevén la Constitución y la legislación interna y lo reconoce el AFP, la fuerza pública tiene un deber de garantía de los derechos y está obligada a protegerlos e impedir su violación, por lo que deben responder aún por negligencia. Y en tanto representan al Estado y tienen mando sobre las tropas están obligados a garantizar el cumplimiento de las normas internacionales aplicables a los conflictos armados, que aquél se comprometió a cumplir y a sancionar su violación.

La aplicación de dos normatividades diferentes, una que incluye al derecho internacional de los derechos humanos y al derecho penal internacional en materia de responsabilidad del mando y otra que proscribe éstos, respecto de sujetos que están en una similar situación de hecho, sin que nada justifique un tratamiento diferente y favorable a los miembros del Estado, subvierte las bases del Estado de Derecho, que se edifica sobre el principio de igualdad formal y material de todas las personas ante la ley, la garantía y respeto por parte del Estado de sus derechos y su sujeción al ordenamiento jurídico y sus obligaciones internacionales, más si se hace para privilegiar a quienes detentan el poder del Estado. La Corte Constitucional al examinar el AL no hizo ese juicio. Los magistrados de la SRVR lo hicieron, pero no como un juicio de sustitución de la Constitución sino para señalar el derecho aplicable al hacer la calificación jurídica de las conductas y definir la responsabilidad de los superiores de la fuerza pública y la FARC-EP, más como un parámetro de interpretación (Auto N.º 125 de 2021, 159 y ss., 196, SRVR, JEP).

Además, en cuarto lugar, la Corte Suprema de Justicia (Sent. SP5333-2018, 5/12/2018, rad. 5333, p. 107 y ss., CSJ-SCP) ha sostenido que el artículo 28 del Estatuto de Roma es aplicable directamente por remisión. Dicho artículo, dice, "que consagra la responsabilidad del superior por omisión, hace parte integrante del derecho nacional y es aplicable a este caso" y expone una serie de razones para sustentar su conclusión. Una opinión distinta sostiene el profesor Fernando Velásquez (2020, pp. 123-134), pero el asunto lo dirimió la Corte Constitucional, en el sentido que las normas del Estatuto de Roma en materia de responsabilidad del superior y aquellas que contienen tratamientos diferentes al derecho interno solo se aplican en el ámbito de la CPI:

> Luego de analizar el contenido del Estatuto de Roma, la Corte encontró que algunas de sus disposiciones establecen tratamientos diferentes a los previstos en nuestro ordenamiento constitucional, los cuales fueron expresamente autorizados por el Acto Legislativo No. 02 de 2001, siempre que se refieran a materias sustanciales y éstas surtan efectos exclusivamente dentro del ámbito de la materia regulada en el Estatuto. Entre dichas disposiciones se destacan las siguientes: [...] "3) El artículo 28 del Estatuto de Roma establece la responsabilidad de jefes militares, ya sea de un ejército regular o de un grupo armado irregular, por crímenes de competencia de la Corte Penal Internacional cometidos por fuerzas bajo su mando. Así mismo, extiende la responsabilidad del comandante a superiores civiles respecto de crímenes cometidos por sus subordinados en las circunstancias establecidas en el Estatuto de Roma. Este sistema de responsabilidad especial fue autorizado por el Acto Legislativo No. 02 de 2001 para los casos que lleguen al conocimiento de la Corte Penal Internacional [...]
>
> (5) Como el ámbito del Estatuto de Roma se limita exclusivamente al ejercicio de la competencia complementaria atribuida a la Corte Penal Internacional y a la cooperación de las autoridades nacionales con ésta, el tratado no modifica el derecho interno aplicado por las autoridades judiciales colombianas en ejercicio de las competencias nacionales que les son propias dentro del territorio de la República de Colombia (Sent. C-578/2002, CConst.).

La aplicación directa del ERCPI no es entonces una alternativa válida, con arreglo a nuestro derecho interno y la jurisprudencia constitucional.

También, en quinto lugar, de todos modos siempre quedará la opción de otros títulos de imputación si no se reúnen las estrictas condiciones de la responsabilidad del superior previstas en el AL 1 de 2.017 y la Ley Estatutaria de la JEP. La responsabilidad por omisión sobre la base de la posición de garantía establecida en la legislación interna es uno de ellos, aplicable tanto a los comandantes o jefes militares de la fuerza pública, como de las FARC-EP, aunque dejaría una brecha de impunidad: los casos de comisión por omisión de tipo imprudente en aquellos delitos en que la ley no prevé un tipo culposo, como los de desaparición forzada de personas, violencia sexual, reclutamiento de menores, entre otros.

El AFP reconoce, como es apenas natural, que "en el caso de los agentes del Estado, la aplicación de la Jurisdicción Especial para la Paz parte del reconocimiento de que el Estado tiene como fin esencial proteger y garantizar los derechos de todos los ciudadanos", de donde surge "la calidad de garante de derechos por parte del Estado" (AFP, punto 5.1.2., num. 32, p.149; la Ley Estatutaria reafirma esa condición, art. 63).

Las FARC-EP, sus comandantes o jefes militares no tienen esa condición. Pero la posición de garantía también surge de la conducta previa del sujeto quien, con su conducta ilícita o antijurídica, crea una situación de riesgo para los derechos o bienes jurídicos de otros y en consecuencia, tiene el deber de evitar que dicho riesgo se materialice (C. P., art. 25, inc. 4º, num. 4).

De conformidad con lo anterior, los comandantes o jefes militares no solo tienen una posición de garante y son responsables por la conducta de sus subordinados. De esa condición se deriva el deber de tomar medidas oportunas e idóneas para controlar los riesgos derivados del conflicto armado y evitar que sus tropas vulneren los derechos y bienes jurídicos de otros, en especial de quienes no participan en las hostilidades. Si no lo hacen o no toman medidas para castigar a sus subalternos que violan los derechos y bienes jurídicos de otras personas, son responsables por omisión.

Las personas no están exentas de culpa, así desconozcan la situación que puede causar un daño a los derechos de otra persona y no tenga plena conciencia de su posición de garante. Si la persona desconoce o no se entera del curso de los acontecimientos, o no se representa esa situación, o de su deber de actuar porque es negligente en el cumplimiento de sus deberes de garante, o no los cumple diligentemente, debe responder por omisión imprudente o negligente, a menos que el hecho le sea atribuible a título de dolo eventual.

La Sala de Reconocimiento de Verdad, de Responsabilidad y Determinación de los Hechos y Conductas de la JEP, concluyó que la responsabilidad del superior del derecho internacional correspondía al delito de comisión por omisión en el derecho interno y podía sancionarse como tal, olvidando que los delitos de omisión impropia de tipo imprudente (que equivaldrían al "debió haber sabido" del Estatuto de Roma) solo pueden sancionarse si en el Código Penal está previsto expresamente el tipo culposo, lo que constituye una diferencia importante con el derecho penal internacional, pues éste no distingue si la responsabilidad del superior es dolosa o culposa y las sanciona por igual, sin hacer diferencia entre ellas. Obsérvese:

> Cuando se examina el artículo 25 del Código Penal, en comparación con la institución de responsabilidad de mando del derecho internacional, se nota claramente que el 25 CP permite sancionar el incumplimiento del deber de evitar la comisión de los crímenes por parte de los subordinados [...] Es decir, a la luz del derecho interno, la responsabilidad por el mando, cuando se ha incumplido el deber de evitar los crímenes, corresponde a la comisión por omisión u omisión impropia, forma de imputación regulada en el art. 25 del Código Penal (Auto N.º 125 de 2021, nm.197, SRVR, JEP).

En ese sentido, la decisión olvida que delitos como la desaparición forzada de personas y la violencia sexual, por ejemplo, no pueden sancionarse a título de culpa porque la ley no prevé un tipo culposo. La decisión tampoco repara en la diferencia entre control efectivo de las fuerzas bajo el mando del superior del Estatuto de Roma y el control efectivo de la conducta criminal del subordinado del AL y la Ley Estatutaria (Auto N.º 125, nm. 198, nm. 698, SRVR, JEP), ni en la diferencia entre prevenir y evitar, tratada más arriba, entre otros aspectos.

Por último, en sexto lugar, importa destacar que el AFP, ni el AL, ni la Ley Estatutaria trataron expresamente la situación de los superiores políticos o civiles, a pesar de que los agentes del Estado y los civiles pueden someterse a la JEP y ser sujeto de sus procesos.

REFERENCIAS

Acto Legislativo 1 (2016, julio 7). Por medio del cual se establecen instrumentos jurídicos para facilitar y asegurar la implementación y el desarrollo normativo del Acuerdo Final para la terminación del conflicto y la construcción de una paz estable y duradera. Congreso de la República [Colombia]. *Diario Oficial No. 49.927 de 7 de julio de 2016.* Imprenta Nacional.

Acto Legislativo 1 (2017, abril 4). Por medio del cual se crea un título de disposiciones transitorias de la Constitución para la terminación del conflicto armado y la construcción de una paz estable y duradera y se dictan otras disposiciones. Congreso de la República [Colombia]. *Diario Oficial No. 50.196 de 4 de abril de 2017.* Imprenta Nacional.

Acto Legislativo 2 (2017, mayo 11). Por medio del cual se adiciona un artículo transitorio a la Constitución con el propósito de dar estabilidad y seguridad jurídica al Acuerdo Final para la terminación del conflicto y la construcción de una Paz Estable y Duradera. Congreso de la República [Colombia]. *Diario Oficial No. 50.230 de 11 de mayo de 2017.* Imprenta Nacional.

Acuerdo de Santa Fe de Ralito para Contribuir a la Paz de Colombia (2003, julio 15). Santa Fe de Ralito. http://www.archivodelosddhh.gov.co/saia_release1/almacenamiento/ACTIVO/2016-07-19/166275/anexos/1_1468931125.pdf

Ambos, K. & Aboueldahab, S. (2020). La responsabilidad del mando y el proceso de paz colombiano. En K. Ambos & F. Velásquez (Eds.), *El Caso Bemba y la Responsabilidad del Mando. Comentarios y Traducción de la Sentencia de Apelación* (pp. 23-68). Tirant lo Blanch.

Ambos, K. (2020). Responsabilidad del Mando en la jurisprudencia de la Corte Penal Internacional: Caso de Jean-Pierre Bemba Gombo. En K. Ambos & F. Velásquez (Eds.) (2020). *El Caso Bemba y la Responsabilidad del Mando. Comentarios y Traducción de la Sentencia de Apelación* (pp. 137-144). Tirant lo Blanch.

Ambos, K. & Velásquez, F. (Eds.) (2020). *El Caso Bemba y la Responsabilidad del Mando. Comentarios y Traducción de la Sentencia de Apelación.* Tirant lo Blanch.

Auto No. 125 (2021, julio 2). [Radicado: 202103009840]. Presidenta: Magistrada Nadiezhda Natazha Henríquez Chacín, Jurisdicción Especial Para la Paz, Salas de Justicia, Sala de Reconocimiento de Verdad, de Responsabilidad y Determinación de Hechos y Conductas. [Colombia].

Bensouda, F. (2017, octubre 18). Escrito de *Amicus Curiae* de la Fiscal de la Corte Penal Internacional sobre la Jurisdicción Especial para la Paz. https://www.icc-cpi.int/itemsDocuments/2017-10-18-icc-otp-amicus-curiae-colombia-spa.pdf

Convención Americana sobre Derechos Humanos (1969, noviembre 22). [Pacto de San José]. Organización de los Estados Americanos.

Convención Internacional para la Protección de Todas las Personas Contra las Desapariciones Forzadas, 20 de diciembre de 2.006.

Cote, G. E. (2020). El caso Bemba: ruptura o continuidad en el desarrollo de la responsabilidad de mando en el derecho penal internacional. En K. Ambos & F. Velásquez (Eds.), *El Caso Bemba y la Responsabilidad del Mando. Comentarios y Traducción de la Sentencia de Apelación* (pp. 69-122). Tirant lo Blanch.

Estatuto de Roma de la Corte Penal Internacional, 17 de julio de 1.998.

García, A. K. (2019). Concepto restringido de la responsabilidad de mando en el marco jurídico transicional en Colombia, ¿puerta giratoria hacia la intervención de la Corte Penal Internacional? *ANIDIP*, 7, 32-68. http://dx.doi.org/10.12804/ revistas.urosario.edu.co/anidip/a.8490

Gobierno Nacional y FARC-EP. (2016, noviembre 24). Acuerdo Final Gobierno de Colombia FARC-EP para la terminación del conflicto y la construcción de una paz estable y duradera. Bogotá. https://www.jep.gov.co/Marco%20 Normativo/Normativa_v2/01%20ACUERDOS/Texto-Nuevo-Acuerdo-Final.pdf?csf=1&e=0fpYA0

Henckaerts, J. M. & Doswald-Beck, L. (2007). *El Derecho Internacional Humanitario Consuetudinario, Vol. 1: Normas*. Comité Internacional de la Cruz Roja.

Kiss, A. (2016). La responsabilidad penal del superior ante la Corte Penal Internacional. *Zeitschrift für Internationale Strafrechtsdogmatik*, 1, 40-66. En: www.zis-online.com

Ley 16 (1972, diciembre 30). Por medio de la cual se aprueba la Convención Americana sobre Derechos Humanos «Pacto de San José de Costa Rica», firmado en San José, Costa Rica el 22 de noviembre de 1969. Congreso de la República [Colombia]. *Diario Oficial No. 33.780 de cinco de febrero de 1973*. Imprenta Nacional.

Ley 599 (2000, julio 24). Por la cual se expide el Código Penal. Congreso de la República [Colombia]. *Diario Oficial No. 44.097 de 24 de julio de 2000*. Imprenta Nacional.

Ley 742 (2002, junio 5). Por medio de la cual se aprueba el Estatuto de Roma de la Corte Penal Internacional, hecho en Roma, el día diecisiete (17) de julio de mil novecientos noventa y ocho (1998). Congreso de la República [Colombia]. *Diario Oficial No. 44.826 de 7 de junio de 2002*. Bogotá: Imprenta Nacional.

Ley 975 (2005, julio 25). Por la cual se dictan disposiciones para la reincorporación de miembros de grupos armados organizados al margen de la ley, que contribuyan de manera efectiva a la consecución de la paz nacional y se dictan otras disposiciones para acuerdos humanitarios. Congreso de la República [Colombia]. *Diario Oficial No. 45.980 de 25 de julio de 2005.* Imprenta Nacional.

Ley 1418 (2010, diciembre 1). Por medio de la cual se aprueba la "Convención Internacional para la Protección de todas las Personas contra las Desapariciones Forzadas", adoptada en Nueva York el 20 de diciembre de 2006. Congreso de la República [Colombia]. *Diario Oficial No. 47.910 de 1 de diciembre de 2010.* Imprenta Nacional.

Ley 1592 (2012, diciembre 3). Por medio de la cual se introducen modificaciones a la Ley 975 de 2005 "por la cual se dictan disposiciones para la reincorporación de miembros de grupos armados organizados al margen de la ley, que contribuyan de manera efectiva a la consecución de la paz nacional y se dictan otras disposiciones para acuerdos humanitarios" y se dictan otras disposiciones. Congreso de la República [Colombia]. *Diario Oficial No. 48.633 de 3 de diciembre de 2012.* Imprenta Nacional.

Ley 1957 (2019, junio 6). Estatutaria de la Administración de Justicia en la Jurisdicción Especial para la Paz. Congreso de la República [Colombia]. *Diario Oficial No. 50.976 de 6 de junio 2019.* Imprenta Nacional.

Olásolo, H. & Canosa, J. (2018). La Responsabilidad del Superior en el Acuerdo de Paz en Colombia a la luz del Derecho Internacional. *Política Criminal*, Vol. 13, N.º 25, 444-500. http://www.politicacriminal.cl/Vol_13/n_25/Vol13N25A12.pdf

Pérez-León, J. P. (2007). La Responsabilidad del Superior "Sensu Stricto" por Crímenes de Guerra en el Derecho Internacional Contemporáneo. *Revista Colombiana de Derecho Internacional*, N.º 10, 153-198.

Portilla, G. (2017). Responsabilidad penal omisiva de los superiores jerárquicos en el Acuerdo Final para la terminación del conflicto y la construcción de una paz estable y duradera de 24 de noviembre de 2016 de Colombia. *Nuevo Foro Penal, 13* (88), 113-149.

Protocolo Adicional a los Convenios de Ginebra del 12 de Agosto de 1.949 Relativo a la Protección de las Víctimas de los Conflictos Armados Internacionales (Protocolo I), 8 de junio de 1.977.

Real Academia Española (2000). *Diccionario de la Lengua Española* (t. I). Espasa Calpe.

Resolución 827 del Consejo de Seguridad de las Naciones Unidas (Estatuto del Tribunal Penal Internacional para la Ex-Yugoslavia), 25 de mayo de 1.993.

Resolución 955 del Consejo de Seguridad de las Naciones Unidas (Estatuto del Tribunal Penal Internacional para Ruanda), 8 de noviembre de 1.994

Rocha, M. (2018). ¿Cuáles son las obligaciones de un comandante militar en campo? Evolución Jurídica de la Doctrina de la Responsabilidad del Superior Jerárquico: de Yamashita a Bemba Gombo en la Corte Penal Internacional. *ANIDIP*, 6, 10-58. http://dx.doi.org/10.12804/revistas.urosario.edu.co/anidip/a.7150

Roxin, C. (2000). *Autoría y Dominio del Hecho en Derecho Penal*. Ediciones Jurídicas y Sociales.

Sentencia SU-1184 (2001, noviembre 13). Acción de Tutela [Expediente T-2882730]. Magistrado Ponente: Eduardo Montealegre Lynett. Corte Constitucional [Colombia].

Sentencia C-578 (2002, julio 30). Revisión de constitucionalidad [Expediente LAT-223]. Magistrado Ponente: Manuel José Cepeda Espinosa. Corte Constitucional [Colombia].

Sentencia C-579 (2013, agosto 28). Acción de inconstitucionalidad [Expediente D-9499]. Magistrado Ponente: Jorge Ignacio Pretelt Chaljub. Corte Constitucional [Colombia].

Sentencia C-674 (2017, noviembre 14). Revisión de constitucionalidad [Expediente RPZ-003]. Magistrado Ponente: Luis Guillermo Guerrero Pérez. Corte Constitucional [Colombia].

Sentencia C-080 (2018, agosto 15). Control automático de constitucionalidad [Expediente RPZ-010]. Magistrado Ponente: Antonio José Lizarazo Ocampo. Corte Constitucional [Colombia].

Sentencia SP5333-2018 (2018, diciembre 5). Recurso de Apelación [radicado 50236]. Magistrado Ponente: Eugenio Fernández Carlier. Corte Suprema de Justicia, Sala de Casación Penal [Colombia].

Sentencia (2017, enero 30). Magistrado Ponente: Rubén Darío Pinilla Cogollo. Tribunal Superior de Medellín, Sala de Justicia y Paz.

Sierra, Y. L. (2019). La Responsabilidad de Mando en el Acuerdo de Paz y en la normativa interna de implementación. *Misión Jurídica*, Vol. 12, N.º 16, 217-234. https://doi.org/10.25058/1794600X.991

Velásquez, F. (2009). *Derecho Penal. Parte General* [4ª. ed.]. Librería Jurídica Comlibros.

Velásquez, F. (2020). Una sentencia absurda. A propósito de la decisión de la Corte Suprema de Justicia de Colombia de cinco de diciembre de 2018. En K. Ambos & F. Velásquez (Eds.), *El Caso Bemba y la Responsabilidad del Mando. Comentarios y Traducción de la Sentencia de Apelación* (pp. 123-134). Tirant lo Blanch.

La prohibición de la tortura, los tratos inhumanos y degradantes desde la perspectiva del Tribunal Europeo de Derechos Humanos

Guillermo Portilla Contreras[*]

RESUMEN: Este trabajo se ocupa de la prohibición de la tortura en la jurisprudencia del Tribunal Europeo de Derechos Humanos; en ese contexto, aborda la dignidad de la persona como bien jurídico, muestra con base en qué criterios se deben distinguir las modalidades de tortura, tratos inhumanos y tratos degradantes. Además, examina la problemática del sujeto activo de las acciones que prohíbe el artículo 3º del Convenio Europeo de Derechos Humanos; adicional a ello, responde al interrogante en torno a si es o no posible la exculpación en esos casos. También, aborda la problemática atinente a la denuncia de la práctica de torturas y del inicio de investigaciones por parte del Estado; muestra que el Estado es garante de las agresiones en fase de identificación, detención o prisión. Además, discurre en torno al uso innecesario de la fuerza policial y el rigor excesivo en las prisiones; asimismo, remata con el estudio de los casos de condena por parte del TEDH a naciones cuyas autoridades han incurrido en torturas, entregas de presos extraordinarias, vuelos ilegales y han mantenido cárceles secretas.

Palabras claves: Tortura, Tribunal Europeo de Derechos Humanos, dignidad humana, entregas extraordinarias, vuelos ilegales, cárceles secretas.

---

[*] Catedrático de Derecho Penal, Universidad de Jaén, Jaén, España. Correo electrónico: portilla@ujaen.es

INTRODUCCIÓN

La prohibición de la tortura, de los tratos inhumanos y degradantes prevista en el Convenio Europeo de Derechos humanos y en la Carta Europea de Derechos Fundamentales debe ser interpretada conforme a la jurisprudencia del Tribunal Europeo de Derechos Humanos (Mangas, 2008, p. 838). El Convenio europeo de Derechos Humanos en el artículo 3º dispone que "Nadie podrá ser sometido a tortura ni a penas o tratos inhumanos o degradantes". Por su parte, la Carta Europea de Derechos Fundamentales, en el artículo 4º, establece la "prohibición de la tortura y de las penas o los tratos inhumanos o degradantes. Nadie podrá ser sometido a tortura ni a penas o tratos inhumanos o degradantes". Estos textos tienen un mismo contenido y alcance, tal como indica el apartado tercero del artículo 52 de la Carta, y, en consecuencia, los dos poseen el mismo significado, extensión y restricciones.

La prohibición contenida en el Convenio y la Carta divergen semánticamente del artículo 5º de la Declaración Universal de Derechos Humanos que extiende el ámbito de protección a las "penas o tratos crueles", al igual que el artículo 7º del Pacto Internacional de Derechos Civiles y Políticos. También se diferencian del artículo 5.2 de la Convención Americana sobre Derechos Humanos, que añade como novedad este apartado: "toda persona privada de libertad será tratada con el respeto debido a la dignidad inherente al ser humano".

Pese a ser muy amplia la proscripción de la tortura en las normas mencionadas adolece, sin embargo, de una peligrosa falta de concreción que tampoco la jurisprudencia del TEDH ha resuelto hasta el momento (Moreno, 1995, p. 247). Se hace referencia a los confusos límites entre los conceptos de tortura, tratos inhumanos y degradantes. Una indefinición que permite a los Estados-Nación configurar el contenido de estas figuras con una discrecionalidad, se diría, casi absoluta. Quizá estos textos deberían haber adoptado una definición más precisa sobre el contenido de los delitos de tortura, tratos inhumanos o degradantes al estilo del artículo 1º de la Declaración sobre

Protección de todas las Personas contra la Tortura y otros Tratos o Penas Crueles, Inhumanos o Degradantes (Resolución R/3452, XXX Asamblea General de las Naciones Unidas de 9 de noviembre de 1975):

> 1. A los efectos de la presente Declaración, se entenderá por tortura todo acto por el cual un funcionario público, u otra persona a instigación suya, inflija intencionadamente a una persona penas o sufrimientos graves, ya sean físicos o mentales, con el fin de obtener de ella o de un tercero, información o una confesión, de castigarla por un acto que haya cometido, o de intimidar a esa persona o a otras. No se considerarán torturas las penas o sufrimientos que sean consecuencia únicamente de la privación legítima de la libertad, o sean inherentes o incidentales a ésta, en la medida en que estén en consonancia con las Reglas Mínimas para el Tratamiento de los Reclusos. 2. La tortura constituye una forma agravada y deliberada de trato o pena cruel, inhumano o degradante.

De hecho, podrían haber asumido la definición aún más precisa del artículo 1º de la Convención contra la Tortura y otros Tratos o Penas Crueles, Inhumanos o Degradantes (Asamblea General de las Naciones Unidas, Resolución A/39/46, 10 de diciembre de 1984) que interpreta por tortura:

> 1. […] todo acto por el cual se inflija intencionadamente a una persona dolores o sufrimientos graves, ya sean físicos o mentales, con el fin de obtener de ella o de un tercero información o una confesión, de castigarla por un acto que haya cometido o se sospeche que ha cometido, o de intimidar o coaccionar a esa persona o a otras, o por cualquier razón basada en cualquier tipo de discriminación, cuando dichos dolores o sufrimientos sean infligidos por funcionario público u otra persona en el ejercicio de funciones públicas, a instigación suya, o con su consentimiento o aquiescencia. No se considerarán torturas los dolores o sufrimientos que sean consecuencia únicamente de sanciones legítimas o que sean inherentes o incidentales a éstas. El presente artículo se entenderá sin perjuicio de cualquier instrumento internacional o legislación nacional que contenga o pueda contener disposiciones de mayor alcance.

A su vez, tampoco han aceptado la versión más amplia que de estos delitos hace el artículo 2º de la Convención Interamericana para prevenir y sancionar la Tortura, adoptada el 9 de diciembre de 1985:

> Para los efectos de la presente Convención se entenderá por tortura todo acto realizado intencionalmente por el cual se inflija a una persona penas o sufrimientos físicos o mentales con fines de investigación criminal, como medio intimidatorio, como castigo personal, como medida preventiva, como pena o con cualquier otro fin. Se entenderá también como tortura la aplicación de métodos tendentes a anular la personalidad de la víctima o a disminuir su capacidad física o mental, aunque no causen dolor físico o angustia psíquica. No están comprendidos en el concepto de tortura las penas o sufrimientos físicos o mentales que sean únicamente consecuencia de medidas legales o inherentes a estas, siempre que no incluyan la realización de los actos o la aplicación de los métodos a que se refiere el presente artículo.

En consecuencia, al no concretarse en el Convenio y la Carta qué se entiende por tortura, tratos inhumanos o degradantes, surgen las discrepancias en la Unión Europea en torno a la interpretación de si determinados comportamientos integran o no alguna de las tres modalidades previstas, si deben o no regularse de modo autónomo e, incluso, si alguno de ellos debe ser incriminado. Por tal motivo, el verdadero alcance de la prohibición de la tortura y de los tratos inhumanos o degradantes únicamente puede conocerse mediante el análisis de la jurisprudencia del Tribunal Europeo de Derechos Humanos (TEDH).

LA PROHIBICIÓN DE LA TORTURA SEGÚN LA DOCTRINA DEL TRIBUNAL EUROPEO DE DERECHOS HUMANOS

La dignidad como bien jurídico

El TEDH fundamenta la persecución de las conductas del artículo 3º del Convenio en la protección de la dignidad humana. En la Sentencia del TEDH Bouyid c. Bélgica, 28 de septiembre de 2015, se alude a que la prohibición de la tortura y los tratos o penas inhumanos o degradantes "es un valor de la civilización estrechamente ligado al respeto de la dignidad".

De forma reiterada el TEDH insiste en que la dignidad junto a la libertad humana son los valores esenciales del Convenio Europeo (Svinarenko y Slyadnev c. Rusia, 17 de julio de 2014, § 118; CR c. el Reino Unido, 22 de noviembre de 1995, § 42, Serie A n.º 335-C; y SW c. el Reino Unido, 22 de noviembre de 1995, § 44, Serie A N.º 335-B; Pretty c. el Reino Unido, 29 de abril de 2002, N.º 2346/02, § 65, ECHR 2002-III). Es más, fue la Comisión Europea de Derechos Humanos la que en 1973 resaltó que la expresión "trato degradante" pretendía la prevención de ataques especialmente graves para la dignidad del hombre (*East African Asianns v. Reino Unido*, informe de la Comisión de 14 de diciembre de 1973, Decisiones e Informes 78-A, § 192).

La primera vez que el TEDH manejó el concepto dignidad fue en el caso Tyrer c. Reino Unido, 25 de abril de 1978. Se estimó que el trato otorgado a la víctima fue degradante, lesionó su dignidad, pues, aunque no sufrió ningún efecto físico severo o duradero, fue tratado como un objeto en poder de las autoridades (§ 33). Esa vinculación entre los conceptos de "trato degradante" y el ataque a la "dignidad" se delinea en diversas sentencias (Kudła c. Polonia, 26 de octubre de 2000, N.º 30210/96, § 94, ECHR 2000-XI; Valašinas c. Lituania, 24 de julio de 2001, N.º 44558/98, § 102, TEDH 2001-VIII; Yankov c. Bulgaria, 11 de diciembre de 2003, N.º 39084/97, § 114, ECHR 2003-XII); y Svinarenko y Slyadnev, citado, § 138).

Ahora bien, si la dignidad fuera realmente el único valor tutelado en la prohibición de los comportamientos del artículo 3º, no podría establecerse una escala gradual entre ellos puesto que todos conllevan un ataque a la dignidad como dominación, subordinación y cosificación del sujeto. Por el contrario, las diferencias residen en el plano de la mayor o menor intensidad del dolor físico o psíquico generado, en la prolongación del método de interrogatorio, en las características de la víctima, su especial vulnerabilidad, etc. Por eso el TEDH, a la hora de delimitar estas figuras, aprecia la lesión de la dignidad como un mínimo necesario, evaluando a continuación la intensidad del sufrimiento subjetivo de la víctima.

En España una opinión mayoritaria suele identificar la dignidad con el bien jurídico "integridad moral" que aparece en el Título VII que recoge los delitos de torturas. Sin embargo, no es una opinión unánime. La jurisprudencia del Tribunal Constitucional subraya que el artículo 15 de la Constitución garantiza

> [...] el derecho a la integridad física y moral, mediante el cual se protege la inviolabilidad de la persona, no solo contra ataques dirigidos a lesionar su cuerpo o espíritu, sino también contra toda clase de intervención en esos bienes que carezca del consentimiento de su titular (STC 120/1990, de 27 de junio, TOL119.205).

Algún constitucionalista, siguiendo la pauta marcada por este Tribunal, definió la integridad moral como "el derecho de la persona a no ser sometida contra su voluntad a tratamientos susceptibles de anular, modificar o herir su voluntad, ideas, pensamientos o sentimientos" (García, 1980, p. 144). Ahora bien, este último planteamiento —que deja sin concretar el concepto— puede desembocar, además, en la confusión de identificar el derecho a la "integridad moral" con los derechos de la libertad de formación de la voluntad.

La tesis que identifica el derecho a la inviolabilidad de la persona con el concepto de integridad moral, se ha reproducido en diversas sentencias (STC 137/1990, de 19 de julio, TOL119.206, Fundamento jurídico n. 6). Sorprendentemente, de modo incoherente con la defensa de ese valor, en esta última Sentencia se estimó, contradiciéndose, que no se atentaba contra la inviolabilidad personal y, por ende, a la integridad moral de unos reclusos del G.R.A.P.O. —en huelga de hambre— a los que se alimentó forzadamente, pues entendió que hay que cohonestar el derecho a la integridad física y moral de los internos en un Centro Penitenciario y la obligación de la Administración de defender su vida y su salud aunque sea contra su voluntad. Del mismo modo, olvidando el concepto de inviolabilidad personal que deriva de la integridad moral, en otra sentencia se afirmó que la orden de un funcionario de prisiones obligando a un recluso a desnudarse completamente ante aquél y a realizar flexiones durante el registro que le fue efectuado después de una comunicación especial,

> [...] ni por su finalidad ni por su mismo contenido o por los medios utilizados, hubiera podido acarrear un sufrimiento de especial intensidad o provocar una humillación o envilecimiento del sujeto pasivo y constituir, por tanto, un trato vejatorio y degradante, prohibido por el artículo 15 CE (STC n.57/ 1994, de 28 de febrero. TOL82.465. Fundamento jurídico n.4 B).

Como puede verse, ese primer intento de la jurisprudencia constitucional de definir la integridad moral como inviolabilidad personal resultó insuficiente dado que seguía siendo un término demasiado ambiguo. Esto explica que el Tribunal Supremo haya intentado definir el concepto de integridad moral más precisamente relacionándolo con el valor dignidad. Se concibe así la integridad moral como

> [...] un atributo de la persona, como ente dotado de dignidad por el solo hecho de serlo; esto es, como sujeto moral, fin en sí mismo, investido de la capacidad para decidir responsablemente sobre el propio comportamiento. La garantía constitucional de la dignidad, como valor de la alta calidad indicada, implica la proscripción de cualquier uso instrumental de un sujeto y de la imposición al mismo de algún menoscabo que no responda a un fin constitucionalmente legítimo y legalmente previsto (STS de 3 de octubre de 2001, TOL66.676).

En coherencia con un bien jurídico derivado de la dignidad humana en la citada sentencia se sanciona a unos funcionarios por obligar a la víctima —poniendo la pistola, previamente montada, en su nuca— a exhibirse sin pantalones, en presencia de otras personas. Asimismo, otras sentencias (STS de 20 de julio de 2004. TOL509.815; STS de 6 de abril de 2000. TOL48.084; STS 819/2002, de 8 de mayo de 2002, TOL173.436), se decantan por vincular el concepto de integridad moral con todas las facetas de la personalidad, como la de la identidad individual, el equilibrio psicofísico, la autoestima, o el respeto ajeno que debe acompañar a todo ser humano (Quintero, 2016, p. 112). Llegándose a afirmar que la integridad moral es una categoría conceptual propia, un valor de la vida humana independiente del derecho a la vida, integridad física, libertad, etc., sin que quepa confundir la integridad moral con el derecho fundamental a la misma (STS de 2 de noviembre de 2004, TOL526.565). Sin duda, esta reciente línea jurisprudencial parece asumir el concepto de integridad moral sustentado en el artículo 5º de la Carta Africana sobre Derechos Humanos cuando dice:

> [...] toda persona tiene derecho a la dignidad inherente al ser humano y al reconocimiento de su status jurídico. Todas las formas de explotación y degradación del hombre especialmente la esclavitud, el tráfico de esclavos, la tortura, el castigo y el trato cruel, inhumano o degradante serán prohibidos.

De lo expuesto se desprende que el debate sobre el bien jurídico "integridad moral" difiere, en consecuencia, del que se mantuvo en relación con el delito de torturas en el Código Penal de 1973. Recuérdese la ubicación de esa conducta criminal como un delito contra la seguridad interior del Estado, en la sección dedicada a los delitos cometidos por funcionarios públicos contra el ejercicio de los derechos de la persona reconocidos por las leyes. En aquél momento, debido a su asiento como delito contra el Estado, la doctrina se debatía en torno a diferentes alternativas relativas al bien jurídico: para un sector doctrinal, eran las garantías constitucionales reconocidas al privado de libertad; para otros era "la propia existencia y consistencia del Estado de Derecho" (Queralt, 1992, p. 776); en otros casos se hacía hincapié en el abuso de poder de los funcionarios respecto a los particulares lo que supone "para todo el cuerpo social la frustración de su expectativa de que aquéllos que están a su servicio se comporten de acuerdo con la legalidad constitucional vigente" (Maqueda, 1986, p. 450). Sin embargo, ya en aquella época surgieron opiniones divergentes que acentuaban, no tanto el prevalimiento de la función pública y la defraudación de las expectativas generales por parte de los funcionarios sino la lesión de los valores de la personalidad. En este sentido, De La Cuesta Arzamendi (1990), sugirió que el objeto de protección se centraba en "las garantías personales más básicas, reconocidas por la Constitución (vida, incolumidad personal, libertad), en cuanto plasmación de los valores constitucionales "humanidad" y "dignidad" (pp. 122 y ss.). Más específicamente, otros autores matizaron que era la dignidad humana, que acoge en su seno valores como la libertad, la seguridad, la integridad, la salud, la idea de humanidad, la incolumidad personal, el bienestar (Barquín, 1992, pp. 230 y ss.).

Tras la aparición del Código Penal de 1995, la estructura de estos atentados punibles, ubicados entre los delitos contra la libertad y los delitos contra la libertad sexual, la autonomía del Título VII —"De las torturas y otros delitos contra la integridad moral"— favorece la idea de que estamos ante un bien jurídico independiente de otros como la vida, la integridad física, la salud, libertad, el honor, etc. Sin duda, las tesis que abogan por la autonomía del bien tutelado se ven reforzadas, por la inclusión en el artículo 177 de una regla concursal que permite la sanción por separado cuando, además del ataque a la integridad moral, se produce la lesión de otros bienes jurídicos como la integridad física o psíquica, el honor, u otros bienes de carácter personal, etc.

Asumida la emancipación del bien jurídico, ahora la discusión se centra en aclarar el contenido del concepto "integridad moral". También a día de hoy hay tesis para todos los gustos: Desde los que interpretan, siguiendo la estela inicial del Tribunal Constitucional, que el valor tutelado es la inviolabilidad de la persona concebida como el derecho a ser tratado como uno mismo, como un ser humano libre, siendo, en definitiva, la indemnidad personal y su incolumidad el bien jurídico protegido (Carbonell & González, 1996, pp. 894-895; también, García & López, 1996, p. 105); otras, admitiendo que se trata de un derecho autónomo e independiente, lo plantean como una manifestación de los aspectos esenciales de la dignidad humana y lo circunscriben al sustrato material de la inviolabilidad del espíritu (Pérez, 2005, p. 162); mientras, en la dirección que vincula integridad moral y dignidad, otros autores sustentan que, aunque es un concepto directamente relacionado con la dignidad humana que se distingue de ésta al disponer de un ámbito material, es un concepto que hay que delimitar desde la idea de personalidad (Rebollo, 2004, pp. 230-240); finalmente, desde la defensa de la autonomía se ha llegado incluso a definir el bien jurídico como el derecho de la persona a no sufrir sensaciones de dolor o sufrimientos físicos o psíquicos, humillaciones vejatorias o envilecedoras (Muñoz, 2004, p. 50).

Es evidente que el legislador ha pretendido otra cosa, ha intentado crear un bien autónomo desligado de las lesiones de la integridad física y psíquica, independiente de los delitos contra la vida y la libertad, de los delitos contra el honor, de los delitos relativos a la discriminación (Del Rosal, 2015, p. 183; Cuerda, 2019, p. 188). Desde luego, lo ha conseguido, pero, eso sí, a través de la inseguridad jurídica que deriva de una tremenda indefinición. Mientras en el trato degradante se viola exclusivamente la integridad moral, por el contrario, en los supuestos de violencia física o psíquica, o en los casos de humillación o vejación efectuados por representantes del Estado contra ciudadanos indefensos durante períodos de aislamiento —reclusión, detención (piénsese que los derechos fundamentales pueden verse substancialmente restringidos en esos períodos de privación de libertad)—, no solo se quebranta la integridad moral sino que el delito se convierte en pluriofensivo, y, junto a la protección de aquel valor, se sanciona el prevalimiento del cargo del funcionario que afecta a derechos fundamentales de la persona privada de libertad (Muñoz, 2004, pp. 183-184: el mismo, 2021, p. 189; Rebollo, 2004, p. 269).

El motivo de la especial agravación está condicionado por la defraudación de las expectativas generadas por funcionarios públicos que tienen el deber de velar por la seguridad e integridad de las personas custodiadas y que, lejos de cumplir con ese mandato legal, se sirven del cargo para transgredir garantías esenciales del sujeto. Es innegable entonces que la víctima también puede ser humillada por un particular, pero es más grave el comportamiento del funcionario que aprovecha la situación de indefensión que le permite el escenario de privación de libertad para lograr la humillación del interno, preso o detenido. En resumen: para que el abuso de poder pueda cualificar

—agravando el hecho— es imprescindible que el prevalimiento de la situación conlleve el ejercicio de los medios necesarios para infringir las garantías constitucionales del privado de libertad; por lo tanto, cuando se ejerza utilizando las ventajas que el cargo le ofrece.

¿Cómo distinguir las modalidades de tortura, tratos inhumanos y degradantes?

Las acciones prohibidas por el artículo 3º del Convenio abarcan formas muy diferentes caracterizadas todas por afectar a la dignidad de la víctima, su capacidad para destrozar la resistencia moral o física de un individuo y generar sentimientos de miedo, angustia e inferioridad (Casos Bouyid, citado §§ 8788; Shmorgunov y otros c. Ucrania, 21 de enero de 2021). Como ya se ha expuesto, en el plano de la dignidad no es factible diferenciar entre torturas, tratos inhumanos y degradantes. De hecho, no siempre se ha sancionado la lesión de la dignidad humana efectuada por funcionarios públicos. En ese sentido, el TEDH diferencia entre aquellos actos prohibidos por el artículo 3º y ciertos excesos y "brutalidades" que son consideradas "normales", adecuadas socialmente, como las "bofetadas" o "golpes dados con la mano sobre la cabeza o la cara" (C.E.D.H. Premiére Affaire Grecque: Rc 3321, 3322, 3323, 3344/67, Dinamarca, Noruega, Suecia y Países Bajos c. Grecia). Igualmente, en el Asunto "Irlanda contra Reino Unido" de 18 de enero de 1978, respecto al trato dado a los encarcelados en Ballykinler, el Tribunal estimó que el Ejército siguió una práctica deshonrosa y censurable, pero que no lesionó el artículo 3º. Siguiendo esa línea de exclusión del ámbito del artículo 3º de las conductas que no son humillantes a juicio de terceros (tesis que hoy afortunadamente ya no sigue el TEDH), en el caso Campbell y Cosans c. Reino Unido, 22 de marzo de 1983, el Tribunal negó la existencia de torturas y de tratos degradantes en un supuesto en el que no se demostró que "los alumnos de una escuela en la que se emplean castigos corporales sean, debido al mero peligro de que se les impongan, humillados o envilecidos a los ojos de los demás".

Una vez que el TEDH concluye que se cumple el mínimo de gravedad necesario para formar parte del elenco de acciones prohibidas del artículo 3º, procede a la graduación de la conducta como tortura, trato inhumano o degradante. Pues bien, para resolver estas cuestiones el TEDH emplea la misma receta: la decisión sobre si se cumple o no el mínimo exigido y la diferencia entre los diversos conceptos es siempre relativa, va a depender de un conjunto de elementos a analizar en cada caso: La duración del maltrato, de los efectos físicos o mentales, del sexo, la edad y el estado de salud de la víctima (entre otros, Costello-Roberts c. Reino Unido, 25 de marzo de 1993, TEDH 1993, 17, ap. 30, Series A N.º 247-C; Ribitsch c. Austria, 4 de diciembre de 1995, TEDH, 1995, 53, ap. 38, Serie A N.º 336; Tekin c. Turquía , 9 de junio de 1998, TEDH, 1998, 78, aps. 52-53, 1998-IV; A. c. Reino Unido, 23 septiembre 1998, ap. 20, Informes 1998-VI, Irlanda c. Reino Unido, citado, § 162; Kudła contra Polonia, citado [GC], N.º 30210/96, § 92, ECHR 2000-XI; Jalloh c. Alemania, 11 de julio de 2006, § 67; Gäfgen c. Alemania, 1 de junio de 2010, § 88; Asunto Darraj contra Francia, 4 de noviembre 2010, STEDH 2010/109; Gladovic c. Croacia, 10 de mayo 2011, TEDH/2001/44; El Shennawy c. Francia, 20 enero 2011, TEDH 2011\13; Jalloh, citado, 67; Svinarenko y Slyadnev, § 114; Rooman c. Bélgica, 31 de enero de 2019, N.º 18052/11, § 141; Aggerholm c. Dinamarca, 15 de septiembre de 2020). Junto a estos factores, a la hora de decidirse por una u otra figura, hay que añadir el propósito por el cual se infligieron los malos tratos, esto es, cuál fue la intención o motivación del funcionario (Aksoy contra Turquía, 18 de diciembre de 1996, § 64, Informes 1996-VI; Egmez contra Chipre, 21 de diciembre de 2000, 30873/96, § 78, ECHR 2000-XII; y Krastanov c. Bulgaria, 30 de septiembre de 2004, N.º 50222/99, § 53; Gäfgen, citado, § 88). Tampoco debe olvidarse el contexto en el que se infligieron los malos tratos (Selmouni, c. Francia, 28 de julio de 1999, § 104; y Egmez, citado § 78; Gäfgen, citado § 88).

El criterio dominante esgrimido por el TEDH en la distinción entre tortura, tratos inhumanos y degradantes, siempre ha sido la intensidad del sufrimiento de la víctima y la exigencia de un elemento subjetivo, el motivo del método empleado contra la víctima. En una escala figurada, la tortura sería el comportamiento más grave y el trato degradante el más leve, ocupando una posición intermedia el trato inhumano (Mendiola, 2014, p. 185). Para que un acto sea calificado como tortura por el TEDH debe concurrir un sufrimiento físico o psíquico de cierta gravedad, así como la finalidad del funcionario de obtener una información o castigar a la víctima. De ese modo, la tortura sería "un supuesto extremo de trato inhumano que provoca sufrimientos graves y crueles", al hilo de lo expuesto en el artículo 1º. «in fine» de la Resolución 3452 (XXX), aprobada por la Asamblea General de las Naciones Unidas el 9 de diciembre de 1975, que declara: «La tortura constituye una forma agravada y deliberada de penas o de tratos crueles, inhumanos y degradantes» .

La opción elegida por el TEDH sigue sin responder a la cuestión de cómo se mide la dignidad, cómo se calcula el sufrimiento de la víctima, en definitiva, cómo se determina en la práctica las diferencias entre estas figuras. El error no reside en considerar que la tortura es una forma agravada de trato inhumano sino en no emplear esta figura cuando se dan todos los requisitos exigidos. Así, en, posiblemente, la sentencia más controvertida y censurable del TEDH, la relativa al Asunto "Irlanda contra Reino Unido" de 18 de enero de 1978 (A.P. n. 23. 1987, pp.1099 y ss.), no se calificó como tortura la creación prolongada de un estado de sufrimiento físico y psíquico con el fin de lograr determinas informaciones. A tal fin, se usaron contra las víctimas del IRA cinco técnicas (que, de hecho, han servido de modelo para el ejercicio actual de la tortura): los obligaron a mantenerse de pie contra la pared durante algunas horas en una postura de tensión; tenían permanentemente la cabeza encapuchada con un saco excepto durante los interrogatorios; se les sometió a un ruido constante consistente en un silbido fortísimo; se les privó del sueño y se restringió al máximo el consumo de alimentos sólidos y líquidos. Tras admitir el TEDH que "las cinco técnicas, utilizadas conjuntamente, con premeditación y durante muchas horas, causaron a los que las sufrieron si no verdaderas lesiones, por lo menos intensos sufrimientos físicos y morales; y, además, trastornos psíquicos agudos durante los interrogatorios", sin embargo, se interpretó que tales conductas no daban lugar a la tortura. De forma incoherente el TEDH, aun reconociendo que los métodos empleados tenían por objeto arrancar confesiones, denuncias o informaciones y se aplicaban de forma sistemática, valoró que presentaban las características de un trato inhumano y degradante dado que esas técnicas no causaron sufrimientos de la intensidad y de la crueldad especial que exige tal concepto. No calificar como tortura el uso de los métodos habituales de la política criminal antiterrorista del Reino Unido y otros Estados europeos fue una decisión manifiestamente injusta que con el paso del tiempo ha admitido el propio TEDH.

En la sentencia Selmouni c. Francia, 28 de julio de 1999, se asumen los errores de otras épocas en las que se calificó como trato inhumano, de gravedad inferior, lo que en realidad era tortura. Concretamente, al decidir si el "dolor o sufrimiento" infligido al señor Selmouni podía o no definirse como "severo" en el sentido del artículo 1º de la Convención de las Naciones Unidas, el TEDH considera que esta "severidad" es, como la "severidad mínima" requerida para la aplicación del artículo 3º, relativa; depende de todas las circunstancias del caso, como la duración del tratamiento, sus efectos físicos o mentales y, en algunos casos, el sexo, la edad y el estado de salud de la víctima, etc. Por ello, continúa, "habida cuenta de que la Convención es un instrumento vivo debe interpretarse a la luz de las condiciones actuales" (Tyrer c. Reino Unido, 25 de abril de 1978, Serie A N.º 26, págs. 15-16, § 31; Soering citado, pág. 40, § 102; y Loizidou contra Turquía, 23 de marzo de 1995, Serie A N.º 310, págs. 26-27, § 71). De ese modo, el TEDH recapacita que ciertos actos que fueron estimados en el pasado como "tratos inhumanos y degradantes" y no "tortura" podrían ser calificados de manera muy diferente en el futuro, llegando a la conclusión de que la protección de los derechos humanos y las libertades fundamentales exige un patrón más alto, que se corresponda con una mayor firmeza en la evaluación de las violaciones de los valores fundamentales de las sociedades democráticas. Atendiendo a estas razones, el Tribunal concluye que en el asunto Selmouni hubo tortura en las acciones efectuadas durante varios días de interrogatorio como: ser arrastrado por el pelo; obligar al detenido a correr por un pasillo con policías colocados a cada lado para empujarle y hacerlo tropezar; amenazar con un soplete y con una jeringa; orinar sobre él, etc.

Sin lugar a dudas, al distinguir el artículo 3º del Convenio la tortura de los tratos inhumanos y degradantes, lo que se pretende es adjudicar a la tortura un papel agravado respecto a los tratos inhumanos, de modo que la tortura siempre será un trato inhumano que provoca sufrimientos crueles, muy graves al que se une un elemento subjetivo, la intención de lograr una finalidad concreta. Solo en casos de especial gravedad el TEDH recurre a la tortura. Esto ocurre en la Sentencia Aksoy c. Turquía de 18 de diciembre de 1996, en el que las pruebas médicas evidencian que los malos tratos provocaron una parálisis duradera de ambos brazos. Igualmente, en el caso Aydin c. Turquía de 25 septiembre de 1997. Esta vez se trató de la violación efectuada por un funcionario, sin identificar, a una detenida. El TEDH destaca que la tortura es una modalidad de maltrato grave y execrable debido a la especial vulnerabilidad de la víctima y a la facilidad que encuentra el autor para la comisión del delito.

Se aplicó también la tortura en la sentencia Chitayev and Chitayev c. Rusia 18 de enero de 2007. A los detenidos se les mantuvo en un estado de permanente dolor físico y ansiedad durante el período de su detención. Como el objetivo era extraerles una confesión o información sobre los delitos de los que eran sospechosos, el TEDH concluyó que, valorando la finalidad y gravedad, los malos tratos en cuestión fueron particularmente graves y crueles y capaces de causar dolores y sufrimientos "severos" y equivalieron a tortura en el sentido del artículo 3º del Convenio.

De modo similar a la definición contenida en el artículo 1º de la Convención de las Naciones Unidas contra la Tortura y otros Tratos Crueles, Inhumanos o Degradantes o Castigo, que define la tortura en términos de infligir intencionalmente dolor o sufrimiento severo con el objetivo, entre otras cosas, de obtener información, infligir un castigo o intimidar (Saribekyan y Balyan c. Azerbaiyán, 30 de enero de 2020, § 83; Shmorgunov y otros c. Ucrania, 21 de enero de 2021). Este elemento intencional se convierte, pues, en una peculiaridad de la tortura frente a los tratos inhumanos (Aksoy contra Turquía, 18 de diciembre de 1996, § 64, Informes 1996-VI; Egmez contra Chipre, citado, N.º 30873 / 96, § 78, ECHR 2000-XII; Krastanov c. Bulgaria, 30 de septiembre de 2004, N.º 50222/99, § 53, y El-Masri c. Macedonia, 13 de diciembre de 2012, § 196; Irlanda c. Reino Unido, 18 de enero de 1978, § 162, Serie A N.º 25; Jalloh c. Alemania, citado [GC], N.º 54810/00, § 67, TEDH 2006-IX; El Nashiri c. Rumanía de 31 de mayo de 2018).

Por esta razón, en ausencia del elemento subjetivo, por muy severos que sean los castigos infligidos el TEDH ha estimado que no es tortura sino trato "inhumano" el aplicado durante varias horas seguidas causando sufrimiento y lesiones físicas y mentales (Labita c. Italia [GC], 6 de abril de 2000, N.º 26772/95, § 120, ECHR 2000IV; Zlii c. Serbia de 26 de enero de 2021: İlhan contra Turquía [GC], 27 de junio de 2000, N.º 22277/93, § 85, ECHR 2000-VII; El-Masri, citado, § 197; Al Nashiri c. Polonia, 24 de julio de 2014, § 508; y Husayn (Abu Zubaydah) contra Polonia, 24 de julio de 2014, § 500). Siguiendo esa regla, se entiende que la amenaza de las conductas prohibidas por el artículo 3º, siempre que tal intimidación sea real e inminente con la finalidad de lograr la confesión, puede ser constitutiva de tortura. En otra dirección, aunque no descarta la tortura, el TEDH estima que amenazar a una persona con la práctica de la tortura puede ser constitutiva al menos de un trato inhumano (Gäfgen c. Alemania [GC], citado, N.º 22978/05, § 91, TEDH 2010; y Husayn (Abu Zubaydah) contra Polonia, citado § 501).

El requerimiento de un excelso grado de crueldad y severidad para recurrir a la tortura, explica que el TEDH se decante frecuentemente por la figura del trato inhumano y degradante. Así, en el Asunto Caloc c. Francia, 20 de julio de 2000, (TEDH, 2000, 400, N.º 33951/96, aps. 100-101, TEDH 2000-IX), admitió trato inhumano y degradante en un supuesto en el que se llevó a cabo un procedimiento que causó dolores y sufrimientos físicos en la víctima. Sin embargo, al analizar la edad, el estrés post-traumático y el sentimiento de miedo, angustia e inferioridad creado, descartó la tortura. Por su parte, en el caso Gladovic c. Croacia, 10 de mayo de 2011, el maltrato también fue considerado como «inhumano» porque se sometió al detenido durante horas a un estiramiento que causó lesiones corporales y un sufrimiento intenso físico y moral, pero no fue un sufrimiento extremo y no se perseguía una determinada finalidad (al igual, El Shennawy c. Francia, 20 enero 2011 TEDH 2011\13; también Labita c. Italia, citado, GS TEDH 2000, 120, N.º 26772/95, ap. 120, TEDH 2000-IV).

Al valorar más la intensidad del sufrimiento que la lesión de la dignidad, en esa escala gradual el trato "degradante" queda reducido a aquellas acciones que provocan sentimientos de miedo, angustia e inferioridad, que son capaces de humillar, degradar y quebrar la resistencia física o moral sin que haya un sufrimiento físico. En las sentencias de 25 de febrero de 1982 y 28 de enero de 1978, el TEDH habla de una conducta desde la habitualidad, una conducta repetida más en relación a situaciones de menor entidad, aunque siempre vulneradoras de la dignidad porque suponen en todo caso una situación de menosprecio y humillación de la víctima (Hurtado contra Suiza, 28 de enero de 1994, informe de la Comisión, § 67, Serie A N.º 280, y Wieser c. Austria, 22 de febrero de 2007, N.º 2293/03, § 36; El Shennawy c. Francia, 20 enero 2011, TEDH 2011\13; Bouyid c. Bélgica [GC], citado, §§102-112, ECHR 2015), al igual que la ansiedad mental constante causada por la amenaza de violencia física (Rodi y otros c. Bosnia y Herzegovina, 27 mayo de 2008, N.º 22893/05, § 73).

En conclusión, cuando el trato humilla o degrada a una persona, se muestra una falta de respeto al detenido, se entra en la esfera del trato degradante del artículo 3º (Vasyukov c. Rusia, 5 de abril de 2011, N.º 2974/05, § 59; Gäfgen, citado, § 89; Svinarenko y Slyadnev, citado, § 114; Tyrer c. el Reino Unido, 25 de abril de 1978, § 32, Serie A n.º 26; y MSS c. Bélgica y Grecia 21 de enero de 2011 [GC], n.º 30696/09, § 220, ECHR 2011). Así, en el caso Bouyid v. Bélgica, se interpretó que una bofetada, una lesión corporal leve sin sufrimiento físico o mental grave, es un trato degradante dado que afecta a la dignidad de la víctima. En este y otros casos, para que exista el trato degradante, el TEDH reitera que es suficiente que la víctima se sienta humillada, es decir, una percepción subjetiva alejada de la tesis que anteriormente defendió basada en la necesidad de que la humillación fuera percibida por terceras personas.

Otros casos en los que el TEDH aplica tratos inhumanos y degradantes en detenidos bajo custodia policial (Gäfgen c. Alemania [GC], N.º 22978/05, § 89, TEDH 2010); en la misma dirección caso Dulatov y Asanov c. Rusia; Trocin c. Modalvia y Vagapov and Yefremov c. Rusia, los tres de 16 de marzo de 2021). El TEDH ha condenado reiteradamente el uso confesiones obtenidas a través de la violencia policial, como resultado de torturas o tratos inhumanos. En estos casos la prueba obtenida siempre alcanza la consideración de ilícita (Gäfgen c. Alemania [GC], no. 22978/05, § 166, ECHR 2010, y Turbylev contra Rusia, no. 4722/09, § 90, 6 de octubre de 2015; Orazbayev y otros c. Rusia, 13 de julio de 2021; Muñoz, 2021, 191). A veces, el TEDH también ha aplicado el trato degradante en ausencia de la intención de humillar o degradar a la víctima (Svinarenko y Slyadnev, citado, § 114).

El sujeto activo de las acciones prohibidas por el artículo 3º del Convenio

El TEDH reconoce que la naturaleza de estos atentados es la de un delito especial, aunque abierto a la participación de particulares incitados por los funcionarios. De los artículos 1º, 2º y 16.2 de la Convención de las Naciones Unidas contra la tortura, se deduce que las legislaciones internas pueden incluir junto a los funcionarios a otros sujetos sin incurrir en incompatibilidad con tal Convención (Campbell y Cosans, 25 de febrero de 1982, pp. 779 y ss.). En esa línea, el sujeto activo de estos comportamientos siempre será el "funcionario público u otra persona a instigación suya" (Declaración sobre protección de Todas las Personas contra la Tortura y otros Tratos o Penas Crueles, Inhumanos o Degradantes, Artículo 1º), o por "funcionario público u otra persona en el ejercicio de funciones públicas, a instigación suya, o con su consentimiento o aquiescencia" (Convención contra la Tortura y otros Tratos o Penas Crueles, Inhumanos o Degradantes, Artículo 1º).

¿Cabe en algún caso la exculpación para el delito de tortura?

De los artículos 3º y 15.2 del Convenio Europeo para la protección de los derechos humanos y de las libertades fundamentales, del artículo 4º de la Carta Europea de Derechos, y del artículo 3º de la Declaración contra la Tortura de la Asamblea General de las Naciones Unidas, se desprende un absoluto rechazo a cualquier clase de justificación o exculpación de las acciones prohibidas por el artículo 3º del Convenio al tratarse de una prohibición absoluta con efectos *erga omnes* (Cuerda, 2004, p. 702; Sobrino, 2008, p. 166; Bolea, 2019, p. 195). El TEDH defiende incesantemente que el artículo 3º es uno de los preceptos esenciales del Convenio al consagrar los valores fundamentales en los que deben fundarse las sociedades democráticas (Pretty contra el Reino Unido, 29 de abril de 2002, N.º 2346/02, § 49, TEDH 2002-III e Ilias y Ahmed c. Hungría [GC], 21 de noviembre de 2019, N.º 47287/15, § 124; Zlii c. Serbia de 26 de enero de 2021). Es más, en el caso Gäfgen c. Alemania, citado, se planteó la posibilidad de obtener una confesión a través de la práctica de un trato inhumano; el TEDH rechazó esta opción, pues, de admitirla, se estarían sacrificando los valores democráticos y, al tiempo, constituiría un descrédito para la Administración de Justicia.

A diferencia de las demás disposiciones del Convenio, está formulada en términos absolutos, sin ninguna clase de excepción (Chahal c. Reino Unido, 15 de noviembre de 1996, § 79, Informes 1996-V, y Rooman c. Bélgica [GC], 31 de enero de 2019, N.º 18052/11, § 141). Es más, no puede recurrirse a la tortura ni en casos extremos como puede ser la lucha contra el terrorismo o el crimen organizado (Chahal c. El Reino Unido, citado, § 79, Reports 1996-V; véase Labita contra Italia [GC], citado, N.º 26772/95, § 119, ECHR 2000-

IV; *Darraj c. Francia*, 4 de noviembre 2010, STEDH 2010/109; Öcalan contra Turquía [GC], 12 de mayo de 2005, N.º 46221/99, § 179 TEDH 2005-IV; El-Masri, citado, § 195; Al Nashiri contra Polonia, citado, párrafo 507; Husayn (Abu Zubaydah) contra Polonia, citado, párrafo 499; y Nasr y Ghali, 23 de febrero de 2016, § 280; El Nashiri c. Rumanía de 31 de mayo de 2018; Selmouni c. Francia [GC], citado, N.º 25803/94, § 95, ECHR 1999V y, J.K. y otros c. Suecia [GC], 23 de agosto de 2016, N.º 59166/12, § 77). El TEDH recalca que en aquellos supuestos en los que el sujeto mantenga vínculos con una organización terrorista tampoco puede ser objeto de las acciones prohibidas en el artículo 3 (K.I. c. Francia de 15 de abril de 2021). En el caso de Tomasi c. Francia de 27 de agosto de 1992, el Tribunal calificó los golpes recibidos por la víctima como trato inhumano y degradante sin encontrar ninguna justificación en el hecho de que la víctima estuviese siendo investigada por su probable vinculación al terrorismo.

Repítase, al tratarse de un derecho absoluto no cabe ningún tipo de restricción, "ni siquiera en los casos de que exista un peligro público que suponga la amenaza para la supervivencia de la nación" (TEDH 28 de septiembre 2010, Asunto Isasa c. España, 28 de septiembre de 2010; Asunto *Selmouni c. Francia* [GC], citado, N.º 25803/94, § 95, CEDH 1999-V, *Assenov y otros c. Bulgaria, 28 de octubre de 1998*, § 93; *Chahal c. Reino unido*, 15 de noviembre de 1996, § 79, *Repertorio de sentencias y decisiones* 1996-V; Gladovic c. Croacia, 10 de mayo 2011, TEDH/2001/44; Soering, citado, § 88; Labita contra Italia [GC], citado, N.º 26772/95, § 119, ECHR 2000-IV; Ilaşcu y otros, § 424; Shamayev y otros contra Georgia y Rusia, citado, N.º 36378/02, § 375, ECHR 2005-III; El-Masri, citado, § 195; véase también Al-Adsani contra el Reino Unido [GC], 21 de noviembre de 2001, N.º 35763/97, §§ 26-31, ECHR 2001-XI; El Nashiri c. Rumanía, 31 de mayo de 2018). Sin embargo, pese a una prohibición tan tajante, se ha admitido la conducta típica de tortura como causa de justificación en supuestos especiales muy concretos (Manjón, 2021, pp. 879 y ss.).

Como puede observarse, la justificación o exculpación de la tortura es contraria a los tratados y acuerdos internacionales. Si un Estado habilitara la figura del estado de necesidad en tales supuestos, no solo se opondría al Convenio, sino que pugnaría con la formulación dogmática de una eximente que no es compatible en ningún caso con la práctica de la tortura (Maqueda, 1986, p. 473). En efecto, al ser los funcionarios garantes de los derechos personales del privado de libertad, son ellos los encargados de velar por el respeto de las garantías constitucionales en esa situación de especial vulnerabilidad de la persona detenida. Lo contrario significaría poner en peligro el propio sistema democrático.

Si se comprueba que existe el riesgo de una posible violación del derecho por parte de un Estado integrado en la Unión Europea, de que su legislación puede favorecer la práctica de torturas, tratos inhumanos o degradantes, el Consejo Europeo, según el artículo 7.1 y 3 del TUE, puede emitir recomendaciones para evitar la lesión del derecho y, posteriormente, en caso de confirmarse la vulneración del mismo, podrá sancionar al Estado infractor con la suspensión de diversos derechos derivados de la aplicación de los Tratados como el derecho de voto en el Consejo. A propósito, ya se han planteado diversas denuncias, alegándose trato inhumano o degradante por las medidas antiterroristas adoptadas en la Unión Europea sobre restricciones financieras e incremento de vigilancia y restricciones de libertad de movimientos. Sin embargo, el TEDH, sin llegar a entrar en el fondo del asunto, las ha desestimado (Sion/Consejo, Auto del presidente del TPI, 15 de mayo de 2003, T-47/03 R, REC.2003; caso Ayadi/Consejo, TPI, 12 de julio de 2006, T-253/02, Rec. 2006), con el argumento de que las resoluciones del Consejo de Seguridad son normas superiores del derecho internacional que conforman el *ius cogens*.

La denuncia de la práctica de torturas y el inicio de la investigación por parte del Estado

Siempre que se alegue la comisión de algunas de las acciones prohibidas por el artículo 3º del Convenio, el TEDH demanda que el Estado afectado despliegue una investigación oficial efectiva (Assenov y otros contra Bulgaria, 28 de octubre de 1998, § 102, Reports 1998VIII; Labita, citada, §131; Bouyid, citado, § 124; y Almaši contra Serbia, 8 de octubre de 2019, N.º 21388/15, § 60). Indagación que debe culminar inevitablemente con la identificación y el procesamiento de los funcionarios responsables. De no ser así, la prohibición de la tortura y los tratos inhumanos o degradantes quedaría en papel mojado, sería ineficaz en la práctica y conllevaría sistemáticamente la impunidad de cualquier abuso cometido contra las personas privadas de libertad (Assenov y otros c. Bulgaria, 28 de octubre de 1998, § 102, Informes de sentencias y decisiones 1998-VIII; Ilaşcu y otros, citado, §§ 318, 442, 449 y 454; Corsacov contra Moldova, 4 de abril de 2006, N.º 18944/02, artículo 68, El-Masri, citado, § 182; Al Nashiri contra Polonia, citado, § 485; Husayn (Abu Zubaydah) contra Polonia, citado, § 479; Mocanu y otros contra Rumania [GC], 17 de septiembre de 2014, N.º 10865/09, § 317, ECHR 2014 (extractos), Cestaro c. Italia, 7 de abril de 2015, N.º 6884/11, §§ 205-208; Nasr y Ghali, citado, § 262; Armani Da Silva c. Reino Unido [GC], 30 de marzo de 2016, N.º 5878/08, § 233, ECHR 2016; y Georgiy Bykov, 14 de octubre de 2010, Párrafo 60; Vladimir Romanov c. Rusia, 24 de julio de 2008, N.º 41461/02, § 78; Gäfgen, citado, §§ 116 y 119). En el caso Cestaro v. Italia, 7 de abril 2015 N.º 6884/1, se violó el artículo 3º al no identificarse a los autores de actos de malos tratos durante las manifestaciones de la cumbre del G8 en Génova (López Martínez c. España, 9 de marzo de 2021).

El TEDH exige que la investigación de las denuncias sea intensa, rigurosa, rápida y exhaustiva, debiendo obtenerse todas las pruebas posibles (Assenov y otros, citado, § 103, y Batı y otros contra Turquía, 3 de junio de 2004, núms. 33097/96 y 57834/00, § 136, TEDH 2004-IV; Tanrıkulu c. Turquía [GC], 8 de julio de 1999, N.º 23763/94, § 104, ECHR 1999-IV y Gül contra Turquía, 14 de diciembre de 2000, N.º 22676/93, § 89). Además, la investigación debe ser siempre independiente del ejecutivo (Oğur c. Turquía [GC], 20 de mayo de 1999, N.º 21594/93, §§ 91-92, TEDH 1999-III, y Mehmet Emin Yüksel c. Turquía, 20 de julio de 2004, N.º 40154 / 98, § 37). Junto a estas exigencias, también se solicita que la víctima participe en la investigación (Oğur, citado, § 92; Ognyanova y Choban c. Bulgaria, 23 de febrero de 2006, N.º 46317/99, § 107, Khadzhialiyev y otros contra Rusia, 6 de noviembre de 2008, N.º 3013/04, § 106; Denis Vasilyev contra Rusia, 17 de diciembre de 2009, N.º 32704/04, § 157; y Dedovskiy y otros contra Rusia, 15 de mayo de 2008, N.º 7178/03, § 92; El-Masri, citado, §§ 183-185; Al-Skeini y otros c. Reino Unido [GC], 7 de julio de 2011, N.º 55721/07, § 167, ECHR 2011; Al Nashiri contra Polonia, citado, § 486; Husayn (Abu Zubaydah) contra Polonia, citado, § 480; y Mocanu y otros, citado, §§ 321-323; Krsmanovi contra Serbia, 19 de diciembre de 2017, N.º 19796/14, § 74; y Almaši c. Serbia, 8 de octubre de 2019, §62).

Precisamente, por no poner en marcha los mecanismos de investigación idóneos tras las denuncias realizadas, el TEDH ha condenado en diversas ocasiones a España. La razón, el no aportar las pruebas necesarias para demostrar la inexistencia del delito de torturas. Así, en el caso Beristain Ukar c. España, de 8 de marzo de 2011/ 29, no se investigó un supuesto de torturas llevado a cabo durante el arresto y detención. La tortura consistió en golpes, sesiones de asfixia poniéndole al afectado una bolsa de plástico en la cabeza, humillaciones, vejaciones sexuales, amenazas de muerte y de violación. En este caso, el TEDH concluyó que el tribunal español no indagó seriamente acerca de las alegaciones del demandante por lo que hubo una violación del artículo 3º del Convenio en su parte procesal.

Del mismo modo, en el caso Isasa c. España, TEDH 28 de septiembre 2010, también se condenó al Estado por no investigar la denuncia de la víctima consistente en haber sufrido sesiones de asfixia, humillaciones, vejaciones sexuales y amenazas de muerte y violación. Otros casos similares: Otamendi Egiguren c. España, N.º 47303/08, 16 de octubre de 2012; Etxebarria Caballero c. España, N.º 74016/12, §§ 26-32, 7 de octubre de 2014; Ataun Rojo c. España, N.º 3344/13, 7 de octubre de 2014; Arratibel Garciandia c. España, N.º 58488/13, 5 de mayo de 2015; Beortegui Martínez c. España, 31 de mayo 2016; González Etayo c. España. 19 de enero de 2021. Todos estos casos tienen que ver con torturas presuntamente infligidas por guardias civiles a detenidos en régimen de incomunicación; en todos el TEDH encontró al menos una violación del artículo 3º de la Convención en su aspecto procesal.

Una de las causas que posibilitan el ejercicio de la tortura en España, como vienen advirtiendo el TEDH y algunas organizaciones humanitarias (Amnistía Internacional, Asociación Pro Derechos Humanos, entre otras), es la supresión de determinadas garantías durante el periodo de incomunicación de detenidos y presos. Los afectados por la incomunicación no disponen ni de las medidas procesales de tratamiento ni de las garantías generales de los detenidos o presos —artículo 520/522 a 526— (artículo 527 de la LEcrim, Ley Orgánica 13/2015, de 5 de octubre). En cuanto a los derechos de que dispone el incomunicado, éste no puede elegir libremente abogado porque es designado de oficio, contraviniendo el artículo 6.3 del Convenio Europeo de Derechos Humanos que establece el derecho general a la libre designación. Tampoco tiene derecho a comunicar al familiar o persona que desee el hecho de la detención y el lugar de custodia en que se encuentre. Además, no puede entrevistarse con su abogado al término de la práctica de la diligencia en que hubiera intervenido —artículos 527 y 520 LECrim—. Una modalidad de "asistencia" letrada que increíblemente ha sido declarada válida por el Tribunal Constitucional (STC 196/ de 11 de diciembre de 1987 y 199/ de 16 de diciembre de 1987). Ahora bien, debe quedar claro que una vez decretada la incomunicación ésta debe llevarse a cabo sin perjuicio del derecho de defensa (art.520 bis). En realidad, lo que el artículo 527 de la Ley de Enjuiciamiento criminal (LECrim) impide al incomunicado es designar libremente al abogado, pero en ningún caso el detenido puede ser privado del derecho a la asistencia letrada durante el período de incomunicación, pese a las limitaciones que establecen los artículos 384 y 523 in fine de la LECrim al afirmar que "la comunicación con el abogado defensor no podrá impedírsele mientras estuviera en comunicación", o la considerable restricción de tal derecho en el artículo 527. Del análisis de la actual legislación se desprende que la incomunicación de asistencia letrada durante ese periodo sería siempre inconstitucional (Circular de la Fiscalía General del Estado de 5 de septiembre de 1983 y 17 de enero de 1983), puesto que incluso el apartado primero del artículo 55 de la Constitución, cuando establece que los derechos de los artículos 17 y 18 "...pueden ser suspendidos, exceptúa el apartado tercero del artículo 17 para el supuesto de declaración de estado de excepción" (Muñagorri, 2008, pp. 104 y ss.). En relación con los plazos, ya en sí excesivos, se amplían de forma desproporcionada en materia de terrorismo, bandas armadas, delincuencia organizada de dos o más personas, al concedérsele al juez o tribunal la posibilidad de acordar la detención o prisión incomunicadas hasta un máximo de diez días. Sin duda, esta ampliación desmesurada de los plazos de detención puede favorecer la práctica de la tortura. En principio, según indica el artículo 509 de la Ley de Enjuiciamiento Criminal, la incomunicación de los detenidos o presos solo podrá durar el tiempo absolutamente preciso para practicar con urgencia diligencias tendentes a evitar los peligros citados, sin que por regla general deba durar más de cinco días. Ahora, si bien la incomunicación no puede extenderse más allá de cinco días, cuando la acción afecte a actividades propias de la delincuencia organizada se admite una prórroga de otros cinco días.

El reconocimiento médico del detenido se realizará con una frecuencia de al menos dos reconocimientos cada veinticuatro horas. Justamente, sobre las dudas existentes en tono a la objetividad de los forenses, en el caso González Etayo c. España, 19 de enero de 2021, el TEDH reitera la importancia de adoptar las medidas recomendadas por el CPT para mejorar la calidad del examen forense de las personas en régimen de incomunicación (Otamendi Egiguren, citado, § 41). Finalmente, también aconseja que las autoridades españolas elaboren un código de conducta claro sobre el procedimiento para realizar interrogatorios de los detenidos que garantice su integridad física. Asimismo, ordena al Estado español que se adopten las medidas de control judicial adecuadas al fin de prevenir abusos y proteger la integridad física de los detenidos bajo el régimen de incomunicación.

El Estado como garante de las agresiones en fase de identificación, detención o prisión

El TEDH sostiene que las autoridades tienen la obligación de proteger la integridad física de las personas privadas de libertad. De hecho, si el detenido al ser privado de libertad por los funcionarios goza de buena salud, y al ser liberado presenta un cuadro de lesiones, es el Estado el que debe proporcionar una explicación plausible de cómo se causaron tales afectaciones a la integridad física. De lo contrario, se puede presumir que ha existido tortura o trato inhumano (Tomasi c. Francia, 27 de agosto de 1992, Serie A N.º 241-A, págs. 40-41, §§ 108-111, y Selmouni c. Francia [GC], citado, N.º 25803/94, § 87, ECHR 1999-V; Chitayev and Chitayev c. Rusia, 18 de enero de 2007; Rivas c. Francia, 1 de abril de 2004, N.º 59584/00, § 38; Turan Çakır c. Bélgica, 10 de marzo de 2009, N.º 44256/06, § 54; Mete y otros c. Turquía, 4 de octubre de 2012, N.º 294/08, § 112; Gäfgen, citado, § 92; y El-Masri, citado, § 152; Bouyid v. Bélgica, citado). En consecuencia, toda lesión o defunción sobrevenida durante este período da lugar a presunciones de hecho, por lo que la carga de la prueba pesa sobre las autoridades, que deben ofrecer una explicación satisfactoria y convincente (Isasa c. España, 28 de septiembre 2010; *Salman c. Turquía*, N.º 21986/93, § 100, CEDH 2000-VII; Gladovic c. Croacia, 10 de mayo 2011, TEDH/2001/44; Corsacov c. Moldavia, N.º 18944/02, ap. 55, 4 de abril de 2006, TEDH 2006, 25; Bursuc c. Rumania, N.º 42066/98, ap. 80, 12 de octubre de 2004, TEDH, 2004, 73; Selmouni, citado, N.º 25803/94, ap. 87, TEDH 1999-V). En todos estos casos el Gobierno está obligado a presentar las pruebas contra la versión ofrecida por la víctima (Tomasi c. Francia, 27 de agosto de 1992, TEDH 1992, 54, aps. 108-111, Serie A N.º 241-A; Ribitsch, 4 de diciembre de 1995, TEDH, 1995, 53, Berktay c. Turquía, 1 de marzo 2001, N.º 22493/93, ap. 167, TEDH 2001, 208; Büyükdag c. Turquía, 21 de diciembre 2000, N.º 28340/95, ap. 51, TEDH 2000, 695; Berktay, citado, TEDH, 2001, 208, ap. 168; McCann *y otros c. Reino Unido*, 27 septiembre de 1995, § 161, serie A no 324, *Kaya c. Turquía,* 19 de febrero de 1998, § 86; *Yasa c. Turquía*, 2 septiembre de 1998, § 98;

Dikme c. Turquía, 11 de julio de 2000, N.º 20869/92, § 101, CEDH 2000-VIII).

Se argumenta que el Estado responde como garante del delito que no evita en comisión por omisión en aquellos supuestos en los que el detenido ingresa sin ninguna afección física y en el momento de ser liberado se pueden constatar diversas lesiones (Aksoy c. Turquía, citado), incluso cuando el que provoca la lesión no es un funcionario sino otro detenido (TEDH, Sentencia de 4 de diciembre de 1995, Ribitsch c. Austria, 18896/91; TEDH, sentencia de 20 de julio de 2000, c. Francia, 33951/96). El Estado ostenta la función de protección de la seguridad del detenido puesto que las personas privadas de libertad se encuentran en una situación de una especial vulnerabilidad (Darraj c. Francia, 4 de noviembre 2010, STEDH 2010/109; Gladovic c. Croacia, 10 de mayo 2011, TEDH/2001/44; Sarban c. Moldavia, 4 octubre 2005, N.º 3456/05, ap. 77, Prov 2005, 219239; Mouisel c. Francia, PROV 2003, 48552, 14 de noviembre de 2002, N.º 67263/01, ap. 40, TEDH 2002-IX).

Un deber que surge por no haber adoptado, pudiendo hacerlo, las medidas razonables para evitar el riesgo de torturas que sabían o deberían haber sabido que podían producirse (Mahmut Kaya c. Turquía, 28 de marzo de 2000, N.º 22535/93, § 115, ECHR 2000-III y El-Masri, citado, § 198). En el caso Bouyid v. Bélgica, se analiza la específica vulnerabilidad de las personas que se encuentran bajo custodia policial o cuando son trasladados para efectuar un control de identidad. Esa indefensión genera un deber de amparo en los funcionarios que tienen la custodia de protección (Bouyid, citado, §§ 100-01, y Saribekyan y Balyan c. Azerbaiyán, 30 de enero de 2020, N.º 35746/11, § 81; Shmorgunov y otros c. Ucrania, 21 de enero de 2021). Durante esos periodos de privación de libertad es cuando se pone de relieve la superioridad del funcionario y la inferioridad de la víctima pudiendo despertar en ellas un sentimiento de arbitrariedad, injusticia e impotencia (Petyo Petkov c. Bulgaria, 7 de enero de 2010, N.º 32130/03, §§ 42 y 47). Cuando, además, los malos tratos se ejercitan contra menores el impacto psicológico puede llegar a ser incluso mayor (Rivas, 1 de abril de 2004, §

42; y Darraj contra Francia, 4 de noviembre 2010, N.º 34588/07, § 44). El TEDH ha destacado en numerosas ocasiones la vulnerabilidad de los menores en el contexto del artículo 3º de la Convención (Okkalı c. Turquía, citado, N.º 52067/99, TEDH 2006-XII; Yazgül Yılmaz c. Turquía, 1 de febrero de 2011, N.º 36369/06, y Lurcu contra la República de Moldova, 9 de abril de 2013, N.º 33759/10).

El uso innecesario de la fuerza policial y el rigor excesivo en las prisiones

En la práctica de la detención el TEDH subraya, como es lógico, que el artículo 3º no prohíbe el uso necesario y proporcionado de la fuerza en cumplimiento del deber por parte de los funcionarios policiales (Annenkov y Otros c. Rusia, 25 de julio de 2017, N.º 31475/10, § 79). Ahora bien, cuando la fuerza empleada es excesiva y no ha sido estrictamente necesaria, afecta directamente a la dignidad humana y constituye, en principio, una infracción del artículo 3º del Convenio (Asunto Sheydayev c. Rusia, 7 diciembre 2006, N.º 65859/01, ap. 59, Prov. 2006 283266; Ribitsch c. Austria, 4 diciembre 1995, TEDH 1995, 53, ap. 38, Series A N.º 336; Krastanov c. Bulgaria, 30 de septiembre 2004, N.º 50222/99, ap. 53, PROV 2004, 270800; Ivan Vasilev contra Bulgaria, 12 de abril de 2007, N.º 48130/99, § 63). Por cierto, España ha sido condenada por no investigar el exceso de fuerza policial empleada en el desarrollo de una manifestación cerca de la sede del Congreso (López Martínez c. España, 9 de marzo de 2021). El TEDH estima que las autoridades españolas no llevaron a cabo una investigación eficaz, a lo que debe añadirse su incapacidad para identificar e interrogar a los agentes de policía involucrados, así como para evaluar correctamente la proporcionalidad de sus acciones (Hristovi, 11 de octubre de 2011, § 91).

De otra parte, como se ha analizado anteriormente en los casos de probable uso desproporcionado de la fuerza en sede policial, la carga de la prueba recae siempre en el Gobierno (ver Rehbock contra Eslovenia, 28 de noviembre de 2000, N.º 29462/95, § 72, ECHR 2000XII, y

Boris Kostadinov contra Bulgaria, 21 de enero de 2016, N.º 61701/11, § 53; R.R. y R.D. c. Eslovaquia de 1 de septiembre de 2020). El mismo criterio se sigue respecto al exceso de la fuerza empleada por los funcionarios en las instituciones penitenciarias (Gömi y otros contra Turquía, 21 de diciembre de 2006, N.º 35962/97, § 77, y Gablishvili y otros c. Georgia, 21 de febrero de 2019, N.º 7088/11, párrafos 62, Starenkyy y otros c. Ucrania, 24 de junio de 2021). En general, el TEDH asume que en determinadas ocasiones el uso de la fuerza puede ser imprescindible para garantizar seguridad penitenciaria, el orden o para la prevención de delitos. Ahora bien, esta violencia solo se podrá esgrimir si es indispensable (necesaria) *ex ante* y no es desproporcionada (Vladimir Romanov c. Rusia, 24 Julio de 2008, N.º 41461/02, § 63 y Karabet y otros, 17 de enero de 2013, § 325).

Las penas y la ejecución de penas inhumanas y degradantes

La referencia a la prohibición de las penas inhumanas o degradantes del artículo 3º del Convenio y del artículo 4º de la Carta, se ha convertido en la práctica en una declaración simbólica y prácticamente irrelevante puesto que el TEDH no llega a condenar la sanción más degradante de todas: la pena de muerte (Chamaïev y otros 12 c. Georgia y Rusia, sentencia de 12 de abril de 2005, 36378/02). Efectivamente, este es uno de los lunares negros del TEDH. Es inadmisible que el órgano encargado de velar por el respeto de los derechos humanos admita la pena de muerte o la cadena perpetua, con condiciones, al aceptar la prisión permanente revisable. En el caso de Lebedyev y otros c. Ucrania, 22 de julio de 2021, el Tribunal explica que la Convención no prohíbe la imposición de cadena perpetua para los supuestos especialmente graves de asesinato (Chistyakov y otros c. Ucrania, 10 de junio de 2021; Lopata y otros c. Ucrania, 10 de diciembre de 2020). Sin embargo, para ser compatible con el artículo 3º el condenado debe gozar de cierta esperanza de liberación y, por tanto, de la posibilidad de revisión de su condena (Vinter y otros contra el Reino Unido [GC], 9 de julio de 2013, núms. 66069/09 y otros 2, §§ 59-81, ECHR 2013 (extractos)). En el caso Petukhov c.

Ucrania (N.º 2), 12 de marzo de 2019, N.º 41216/13, el TEDH condenó a Ucrania por violación del artículo 3º.

Por otro lado, también se desentiende de los efectos perjudiciales, físicos y psíquicos, que representa la privación de libertad. En esos supuestos, el TEDH mantiene que, aunque suele ir acompañada de sufrimiento, la reclusión en sí misma no plantea ningún problema en el ámbito del artículo 3º del Convenio (Caso Flaminzeanu c. Rumanía, 12 de abril de 2011; Kudla c. Polonia, 26 de octubre de 2000, TEDH 2000 163, N.º 30210/96, ap. 93, TEDH 2000-XI). De modo similar, el Tribunal Constitucional español no considera trato inhumano o degradante el cumplimiento de la sanción penal salvo que se "acarreen sufrimientos de una especial intensidad o provoquen una humillación o sensación de envilecimiento que alcance un nivel determinado, distinto y superior al que suele llevar aparejada una condena" (SSTC 65/86, de 22 de mayo; 89/87, de 3 de junio y 150/91).

Sin embargo, paradójicamente el TEDH ha defendido que en determinadas circunstancias la situación del detenido en el corredor de la muerte sí podría considerarse como trato inhumano o degradante (*Soering* c. Reino Unido, citado). En resumen, en ningún caso el TEDH cuestiona las penas solo las condiciones de cumplimiento (sobre el aislamiento en *celdas negras* sigue este mismo criterio la STC 2/1987 de 21 de enero), que la ejecución de la sanción

> [...] sea compatible con el respeto de la dignidad humana, que los medios de ejecución de las medidas no sometan a la persona a una angustia o a una prueba que exceda el nivel inevitable de sufrimiento inherente a la reclusión y que, dadas las exigencias prácticas del encarcelamiento, la salud y el bienestar del recluso se aseguren de manera adecuadas, incluida, en particular, la administración de cuidados médicos requeridos (El Shennawy c. Francia, 20 enero de 2011, TEDH 2011\13; Kudla y Paladi c. Moldavia [GS], 10 de marzo de 2009, N.º 39806/05, ap. 71, PROV 2009, 100311).

Así, el TEDH ha condenado al Estado por infracción del artículo 3º de la Convención, en su versión de trato degradante, por las condiciones de vida existentes dentro de la prisión: hacinamiento, espacio limitado de la celda (vid. Ananyev y otros c. Rusia, 10 de enero de 2012, núms. 42525/07 y 60800/08, §§149159; Melnik contra Ucrania, no. 72286/01, 28 de marzo de 2006, y Sukachov c. Ucrania, 30 de enero de 2020, N.º 14057/17); el TEDH decidió que un espacio personal de menos de 3 m² en una celda colectiva genera una fuerte presunción de violación del artículo 3º del Convenio (caso Pîrjoleanu c. Bélgica, 16 de marzo de 2021; Paramushchak y Shpakovskyy c. Ucrania, 10 de diciembre de 2020), acceso restringido a las duchas, traslado a los exámenes médicos en un vehículo inadecuado, condiciones sanitarias y de higiene incompatibles con el sistema de reclusión, etc. (Nisiotis contra Grecia, 10 de febrero 2011; Todireasa c. Rumanía, 3 de mayo de 2011/ JUR/2011/140521, Flaminzeanu c. Rumania, 12 de abril de 2011; Porumb c. Rumanía, 7 de diciembre 2010, JUR 2010/4000810; Coman c. Rumanía, 26 de octubre 2010, JUR/2010/359559; Timshyn y otros c. Ucrania, 10 de junio de 2021). En este último caso el TEDH observa que estuvieron detenidos en unas condiciones execrables: falta de aire fresco, celda sucia, restringido el acceso a la ducha, masificación, mala calidad de la comida y de la ropa de cama. También se ha sancionado como degradante el uso de baldes, cubos, en ausencia de instalaciones sanitarias dentro de la celda (Radev contra Bulgaria, 17 de noviembre de 2015, N.º 37994/09, § 43 con más referencia; Iliev c. Bulgaria, 20 de abril de 2021). Excepto en situaciones específicas que planteen riesgos de seguridad reales y graves (Malechkov c. Bulgaria, 28 de junio de 2007, N.º 57830/00, § 140).

Asimismo, el TEDH se ha pronunciado sobre las condiciones de los traslados de los detenidos y la necesidad de que ellos se realicen respetando su dignidad (Aleksanyan contra Rusia, 22 de diciembre de 2008, N.º 46468/06, § 140; Tomov y otros c. Rusia, 9 de abril de 2019, núms.18255/10 y otros 5, §§ 123-28). En lo que respecta específicamente al transporte de presos con problemas de salud, el Tribunal ha concluido que su traslado en camionetas no adaptadas desde la prisión podría dar lugar al desconocimiento del artículo 3º (Tarariyeva c. Rusia, 14 de diciembre de 2006, N.º 4353/03, §§ 112-17, ECHR 2006XV, extractos). En lo que respecta a los casos de detenidos con discapacidad, el Tribunal estima que debe existir un especial cuidado en garantizar las condiciones que correspondan a las necesidades especiales derivadas de su discapacidad (Z.H. c. Hungría, 8 de noviembre de 2012, N.º 28973/11, § 29, y Jasinskis c. Letonia, 21 de diciembre de 2010, N.º 45744/08, § 95). En el caso de Jhangiryan c. Armenia, 18 de mayo de 2021, se denunció que no se le brindó asistencia médica al detenido cuando estuvo detenido; que fue obligado a participar en el juicio a pesar de su mala salud y que, mientras estuvo detenido, fue transportado al tribunal en una camioneta de la prisión no apta para transportar detenidos con esos problemas de salud.

En otras ocasiones, junto a las condiciones de vida en prisión también se consideran degradantes los cacheos, aunque el TEDH reconoce que los registros corporales, incluso con desnudo integral, pueden resultar necesarios en ocasiones para garantizar la seguridad en una prisión —incluida la del propio recluso—, defender el orden o prevenir los delitos (Francesco Schiavone c. Italia [Dec.], 13 de noviembre 2007, N.º 65039/2001, Ciupercescu c. Rumanía, 15 de junio 2010, N.º 35555/2003, ap. 116, JUR 2010, 192882), siempre que no resulten estrictamente necesarios porque la investigación pueda realizarse mediante elementos electrónicos o de cualquier otra forma (Caso Gladovic c. Croacia, 10 de mayo 2011, TEDH/2001/44; El Shennawy c. Francia, 20 enero 2011, TEDH 2011\13).

LA CONDENA POR EL TEDH DE LAS TORTURAS, CÁRCELES SECRETAS Y ENTREGAS EXTRAORDINARIAS EFECTUADAS POR LA CIA EN COOPERACIÓN CON LOS SERVICIOS SECRETOS EUROPEOS

El Parlamento europeo, las torturas de la CIA y la cooperación activa y omisiva de las democracias europeas

Antes de que el TEDH adoptara alguna decisión en contra de las "entregas extraordinarias" y los interrogatorios mediante torturas y tratos inhumanos a detenidos de "alto valor" efectuados por la CIA, el Parlamento Europeo decidió investigar la implicación de los gobiernos europeos y su colaboración con los servicios secretos de EE. UU. en la creación de cárceles secretas y en los vuelos ilegales. A tal fin, el pleno de la Eurocámara aprobó el 18 de enero de 2006 la proposición de crear una Comisión específica encargada de analizar la realidad de las cárceles secretas, y de verificar la presencia de vuelos secretos con presos de distintos países. Días más tarde, el 24 de enero de 2006, un representante del Consejo de Europa, Dick Marty, reconoció ante la Asamblea Parlamentaria que se habían probado unas cien detenciones ilegales de sospechosos de terrorismo en Europa llevadas a cabo por los servicios secretos norteamericanos, así como la subcontratación de la tortura mediante el traslado a países donde ésta se aplica habitualmente. Al menos un centenar de vuelos —lista facilitada por Eurocontrol— efectuaron escalas desde Europa hasta Guantánamo, Irak o Afganistán.

Tras esta investigación, la Organización de las Naciones Unidas, en aplicación de la Resolución de la Asamblea General 60/251, de 15 de marzo de 2006, titulada "Consejo de Derechos Humanos", se pronunció sobre la práctica habitual de EE. UU. de detenciones ilegales, torturas, vuelos y cárceles secretas, un método que vulnera el artículo 9º del Pacto internacional de Derechos Civiles y Políticos. Además, denunció la existencia de centros de detención secretos, ubicados fuera de los territorios sometidos a la jurisdicción de Estados Unidos y administrados por la CIA, lugares donde se aplican técnicas de interrogatorio contrarias a los Convenios internacionales. Igualmente, en esta misma Resolución se confirma la realización de "entregas extraordinarias" extrajudiciales para que los detenidos fueran interrogados por agentes de inteligencia extranjeros.

Posteriormente, un Informe provisional del Parlamento Europeo de 15 de junio de 2006, sobre la supuesta utilización de países europeos por la CIA para el transporte y la Detención ilegal de presos (2006/2027 (INI)), de la que fue ponente Claudio Fava, analizó las tres modalidades de detención ilegal practicadas usualmente por EEUU: Las «entregas extraordinarias», en las que las personas eran puestas a disposición de otro gobierno para ser interrogadas en régimen de incomunicación y mediante torturas, en instalaciones que están bajo el control de los Estados Unidos o de las autoridades locales; las «detenciones secretas», mediante las cuales las personas son trasladadas a lugares bajo control de los Estados Unidos; y, finalmente, las «detenciones por cuenta de terceros», en las cuales las personas son entregadas a la custodia de un tercer país por orden de los Estados Unidos.

En este Informe también se cuestionó el comportamiento de los gobiernos europeos, su cooperación activa u omisiva en las detenciones secretas, cuestionándose que no tuvieran conocimiento de las actividades relacionadas con las "entregas extraordinarias" que se estaban desarrollando en su territorio; asimismo, se denunció la colaboración policial europea con la CIA por no impedir las detenciones ilegales. En conclusión: se exigió un mayor control de las actividades de los servicios secretos extranjeros que socavan el principio de soberanía. A la par, se afirmaba que sociedades pantalla de la CIA habían utilizado el espacio aéreo y los aeropuertos europeos para eludir las obligaciones jurídicas impuestas a las aeronaves estatales establecidas en el Convenio de Chicago, permitiendo de este modo la entrega ilegal de personas sospechosas de terrorismo a la custodia de la CIA, del ejército estadounidense o de otros países —entre ellos Egipto, Jordania, Siria y Afganistán—.Tras este Informe provisional tuvo lugar la expedición de la Resolución del Parlamento Europeo sobre la supuesta utilización de países europeos por la CIA para el transporte y la detención ilegal de presos, de 14 de febrero de 2007 (2006/2200(INI)) P6_TA(2007)0032).

En esa normativa no solo se confirma que se perpetraron las "entregas extraordinarias" sino que los servicios secretos y las autoridades de algunos países europeos toleraron y disimularon dicha práctica; además, se condenó toda participación en el interrogatorio de personas que han sido víctimas de entregas extraordinarias, aun cuando el que interroga no haya tenido responsabilidad directa en el secuestro, detención, tortura o maltrato de las víctimas. De otro lado, se ratificó que al menos 1.245 vuelos operados por la CIA habían sobrevolado el espacio aéreo europeo o aterrizado en aeropuertos europeos entre finales de 2001 y finales de 2005. Al mismo tiempo, en la Resolución se insiste en que algunos países europeos renunciaron al control que debían ejercer sobre su espacio aéreo y aeropuertos, cerrando los ojos o admitiendo vuelos operados por la CIA, eludiendo la aplicación del artículo 3º de la Convención de Chicago. Según este precepto, no se admite la realización de vuelos militares y/o policiales sobre el territorio de otro país o con destino al mismo sin recabar la autorización previa del mismo, debiendo establecerse una prohibición o un sistema de inspecciones para todas las aeronaves operadas por la CIA que se sepa o se sospeche que han estado implicadas en una entrega extraordinaria.

Transcurridos dos años desde la publicación de aquel documento, tuvo lugar la Resolución del Parlamento Europeo, de 19 de febrero de 2009, sobre la supuesta utilización de países europeos por la CIA para el transporte y la detención ilegal de presos (Diario Oficial nº C 076 E de 25/03/2010 p. 0051-0054. P6_TA, 2009, 0073). Nuevamente se solicitó a los Estados miembros, al Consejo y a la Comisión que llevaran a la práctica las recomendaciones formuladas por el Parlamento en su Resolución de 14 de febrero de 2007, incumplidas sistemáticamente. Además, se vuelve a denunciar que los Estados miembros y el Consejo nunca adoptaron las medidas necesarias para desenmascarar el programa de entregas extraordinarias, para descubrir la intromisión de EE. UU. en la soberanía nacional —a través de los vuelos ilegales— y para ejecutar las recomendaciones del Parlamento.

Era esta la primera vez que la ONU, el Parlamento europeo y el Consejo de Europa reconocían el uso sistemático de la detención ilegal y la tortura por parte de la Administración de EE. UU., con la complicidad de los gobiernos y policías europeas, dentro del territorio europeo. El mérito de ese reconocimiento descansa en que esas resoluciones se producen cuando aún los Tribunales europeos no se habían pronunciado y, por tanto, no existían condenas. Más tarde, la Resolución del Parlamento Europeo de 11 de septiembre de 2012, trató el asunto de la supuesta utilización de países europeos por la CIA para el transporte y la detención ilegal de presos: seguimiento del informe de la Comisión TDIP del Parlamento Europeo (2012/2033(INI)). Tras insistir en que ningún Estado miembro había cumplido plenamente sus obligaciones de proteger, mantener y respetar los derechos humanos internacionales, reprochó al Consejo de Europa que habiendo admitido el 15 de septiembre de 2006 la existencia de centros de detención secretos, sin embargo, no había condenado la participación de algunos Estados en el programa de la CIA, a pesar de que las autoridades políticas y judiciales de esos países miembros ya habían reconocido el uso del espacio aéreo y el territorio europeo por parte de la CIA. Igualmente, se defendió frente a alguna decisión judicial (caso Abu Omar) que el secreto de Estado no debía prevalecer sobre los derechos fundamentales. En esta misma Resolución se solicitó a algunos Estados como Finlandia, Dinamarca, Portugal, Italia, el Reino Unido, Alemania, España, Irlanda, Grecia, Chipre, Rumanía y Polonia, que revelaran toda la información necesaria sobre todos los aviones sospechosos asociados con la CIA en sus respectivos territorios.

Para finalizar, la Resolución del Parlamento Europeo, de 10 de octubre de 2013, sobre la supuesta utilización de países europeos por la CIA para el transporte y la detención ilegal de presos (2013/2702(RSP)), se lamentó de que el Consejo, la Comisión, los Gobiernos de los Estados miembros, los países candidatos y los países asociados, la OTAN y las autoridades de los EE.UU., no hubieran respetado ninguna de las recomendaciones de resoluciones anteriores, que no hayan evitado la impunidad y las graves violaciones de los derechos fundamentales sufridas por las víctimas de los programas de la CIA, las operaciones en las que se ha privado de libertad y torturado a cientos de personas en el marco del programa de la CIA en instalaciones secretas situadas en su territorio.

La jurisprudencia del TEDH sobre las "entregas extraordinarias", las detenciones secretas y las torturas practicadas por la CIA con la complicidad de los servicios secretos europeos

En estos últimos años, de la condena sistemática del Parlamento europeo de aquellas acciones contrarias al artículo 3º del Convenio cometidas por la CIA con la cooperación de los servicios secretos europeos, se ha pasado al reconocimiento judicial de una barbarie que hace vacilar los pilares básicos del sistema democrático. Hoy es posible confirmar la generalización de la tortura en el espacio europeo, la excepción se ha convertido en regla y a ella han contribuido los gobiernos europeos, no solo restringiendo las garantías a través de su legislación excepcional, sino participando y tolerando las entregas extraordinarias, las detenciones secretas y las torturas practicadas por funcionarios de EE. UU. en su propio territorio. La condena por el TEDH, y algún otro Tribunal europeo, de los delitos cometidos por la CIA puede ayudar a esclarecer la realidad de la estrategia delictiva puesta en práctica por EE. UU. con el consentimiento de algunos gobiernos europeos. En ese sentido, son significativos los casos de Italia, Alemania y España.

El primer precedente judicial: caso ABU OMAR y el TEDH

El primer precedente judicial en el que se enjuició un supuesto de entrega extraordinaria con la complicidad entre los servicios secretos italianos y la CIA, se encuentra en las Sentencias del Tribunal de Milán, de 4 de noviembre de 2009, y en la de Apelación, de 15 de diciembre de 2010. El Tribunal de Milán verificó que la detención ilegal de Nasr Osama Mustafá Hassan, alias Abu Omar, se ejecutó en el contexto de la práctica antiterrorista de la Administración norteamericana, por un comando compuesto por agentes de la CIA con la ayuda del funcionario italiano Luciano Pironi. El delito fue planificado, programado y perpetrado por los agentes de la CIA. Tras la detención, introdujeron al retenido en un furgón transportándolo al aeropuerto de Aviano para, con posterioridad, trasladarlo en vuelo hasta la base de Ramstein al Cairo, donde fue encarcelado y torturado. Toda esta actividad fue programada con el apoyo de los responsables de la CIA en Milán y Roma, con la ayuda del Comandante de EE. UU. de la base aérea de Aviano. Asimismo, se reconoce la relación existente entre la autoridad organizativa italiana, Niccolo Pollari, director de los Servicios para la información y la seguridad militar (SISMI), y la máxima autoridad responsable del servicio secreto de EE. UU., los funcionarios, Castelli, Russomando, Medero, De Sousa y Lady. Además, se confirmó que, con el deseo de entorpecer la investigación, el agente de la CIA en Roma, Russomando, comunicó a la policía italiana la falsa noticia de que Abu Omar podría encontrarse en los Balcanes. De igual modo, el director de los servicios secretos italianos, N. Pollari, declaró el 6-3-2006 ante la Comisión del Parlamento europeo, que el SISMI no tuvo conocimiento de la detención ilegal, falsedad que reiteró el 15-7-2007, cuando fue interrogado nuevamente.

Tras demostrar cada uno de estos hechos, el Tribunal condenó (en rebeldía, porque no se presentaron al proceso) a varios agentes estadounidenses de la CIA a penas de entre cinco y ocho años de prisión por los delitos de secuestro de persona y favorecimiento del delito. No obstante, pese a las pruebas existentes, no se pudo condenar a todos los que realmente participaron debido al recurso al "secreto de Estado" y a la inmunidad diplomática de alguno de ellos.

Sin ocultar el enorme valor de estas sentencias —las primeras que reconocen la existencia de entregas extraordinarias y sancionan a funcionarios de la CIA por la detención ilegal de un ciudadano con la colaboración de los servicios secretos— no es menos cierto que el resultado queda empañado por la aparición de figuras jurídicas de dudosa constitucionalidad como el secreto de estado o la inmunidad. La admisión de las mismas imposibilitó la sanción de los cargos más relevantes que participaron en el delito. Justificar la ilicitud de las pruebas obtenidas respecto al delito cometido por la necesidad de no revelar las relaciones existentes entre los servicios secretos italianos y la CIA, esgrimir la razón de Estado para no perseguir delitos tan graves, es un flaco favor al Estado de Derecho. Frente a esa conclusión judicial debe afrontarse que los representantes de órganos oficiales del Estado tienen la obligación de salvaguardar los derechos fundamentales, entre los que se encuentran el derecho a la vida, a la libertad, a la integridad física y moral, el interés de la Administración de Justicia en la investigación de los delitos, etc. No puede apelarse a la razón de Estado para vulnerar el sistema de garantías constitucionales. No puede aceptarse que los funcionarios que detienen ilegalmente y torturan se sustraigan a la investigación en nombre de la seguridad del Estado. La única seguridad de Estado pasa por garantizar los derechos de los ciudadanos y no por quebrantarlos en defensa de organizaciones criminales como, en este caso, la CIA y los servicios secretos.

Posteriormente, la Corte di Cassazione en Sentencia N.º 46340 del 19/9/2012, confirmó la condena de los 23 ciudadanos estadounidenses por el secuestro de Abu Omar. Además, mantuvo que el secreto de Estado no podía emplearse respecto a acciones que no entraban dentro de la función institucional y no estaban autorizadas, anulando la decisión del Tribunal de Apelación de Milán de 15 de diciembre de 2010, relativa a la no enjuiciar a los cinco agentes de los servicios secretos italianos. A continuación, la Sentencia del Tribunal de Apelación de Milán, de 12 febrero de 2013, concluyó que estos miembros de los servicios secretos eran culpables al ser valoradas las actas de los interrogatorios en la fase de instrucción y las declaraciones allí contenidas. De ese modo, se confirmó la sanción de Di Troia, Di Gregori y Ciorra a seis años, a Mancini a nueve años, y a Pollari a diez años de prisión.

Finalmente, en contra de estas decisiones se pronunció el Tribunal Constitucional, mediante Sentencia 24/2014, de 14 de enero de 2014 (Sentencia del Tribunal de Casación, de 19 de septiembre de 2012, N.º 46340, resoluciones del Tribunal de Apelación de Milán, de 28 de enero de 2013, y de 4 de febrero de 2013, y la sentencia del Tribunal de Apelación de Milán, de 12 de febrero de 2013). Su decisión fue anular las sentencias del Tribunal de Casación y la sentencia del Tribunal de Apelación de Milán. La tesis central que se sostuvo en esta providencia es que la defensa del secreto de Estado implica necesariamente la protección de la seguridad del Estado, siendo inevitable la injerencia del secreto de Estado en otros principios constitucionales. En el caso analizado la prueba manejada contra el servicio secreto italiano estaba amparada por el secreto de Estado, primando la seguridad del Estado sobre cualquier otro interés personal o de la Justicia. Asimismo, se descartó que el secreto de Estado no abarcara las conductas de los funcionarios, por no actuar dentro del ejercicio de sus funciones, dado que los agentes habían sido condenados con la agravante de "abuso del poder inherente a sus funciones". En conclusión, el secreto de Estado cubría todo lo referente al secuestro y traslado de Abu Omar (hechos, información, documentos relacionados con las directivas, relaciones con los servicios exteriores), siempre que los actos cometidos por los agentes del Estado estuvieran guiados por el propósito de proteger la seguridad del Estado. Por último, el Tribunal de Casación, Sentencia de 24 de febrero de 2014, N.º 20447/14, anuló la condena al tener en cuenta los efectos del secreto de Estado.

Un par de años más tarde, el TEDH se pronunció sobre este asunto (Ghali c. Italia., 23 de febrero de 2016). El Tribunal llegó a la conclusión de que las autoridades italianas conocieron la operación de "entrega extraordinaria" que formaba parte del programa de detenidos de alto valor de la CIA. Asimismo, dictaminó que los servicios secretos italianos cooperaron activamente durante la fase inicial de la operación, es decir, en la detención de Abu Omar y su traslado fuera de Italia. Por estas razones, se condena a Italia porque las autoridades italianas sabían, o deberían haber sabido, que esta operación exponía al demandante a un riesgo concreto de sufrir tortura. Además, el TEDH denuncia que el trabajo de investigación judicial fue absolutamente ineficaz desde el momento en que el Presidente de la República concedió el indulto, en abril de 2013, al coronel Joseph Romano y el 23 de diciembre de 2015, a B. Medero, cuya sentencia fue anulada, y a Lady, cuya sentencia fue reducida de nueve años a siete años de prisión. Igualmente, manifestó su sorpresa ante el hecho de que ningún organismo público italiano solicitara a las autoridades estadounidenses la extradición de los miembros de la CIA.

Entregas extraordinarias y vuelos ilegales en Alemania

La Resolución del Parlamento Europeo sobre la supuesta utilización de países europeos por la CIA para el transporte y la detención ilegal de presos de 14 de febrero de 2007 (2006/2200, INI, P6_TA, 2007-0032), describe los supuestos en los que se ha confirmado la colaboración entre funcionarios alemanes y la CIA en detenciones ilegales y torturas. La normativa relata la entrega extraordinaria de Murat Kurnaz, ciudadano turco residente en Alemania, detenido en Pakistán en noviembre de 2001, entregado por la policía pakistaní a las autoridades estadounidenses del otro lado de la frontera, en Afganistán, sin ningún fundamento jurídico ni asistencia letrada, y finalmente trasladado a Guantánamo a finales de enero de 2002, donde fue liberado el 24 de agosto de 2006 sin cargo alguno y tras haber sido torturado en todos los lugares en los que estuvo detenido. Este ciudadano fue interrogado en dos ocasiones, en 2002 y en 2004, por agentes alemanes en Guantánamo, donde estuvo sin cargos formales, sin ser procesado y sin asistencia letrada. Los agentes alemanes le denegaran toda asistencia y solo estaban interesados en interrogarle. Igualmente, la Comisión Temporal ha demostrado el traslado ilegal de al menos seis argelinos de Tuzla a Guantánamo, haciendo escala en Incirlik, actividad planificada en la base militar del Comando Europeo de los EE. UU (USEUCOM) (United States European Command), cerca de Stuttgart. Además, se denuncian las 336 escalas en aeropuertos alemanes realizadas por aviones operados por la CIA que procedían o se dirigían a países vinculados a los circuitos de entregas extraordinarias o de transporte de detenidos. Así, se realizaron diversas escalas en aeropuertos alemanes de aeronaves que, en varias ocasiones, según se ha probado, permitieron que la CIA llevara a cabo las entregas extraordinarias de Bisher Al-Rawi, Jamil El-Banna, Abou Elkassim Britel, Khaled El-Masri, Binyam Mohammed, Abu Omar y Maher Arar, así como la expulsión de Ahmed Agiza y Mohammed El-Zari.

Participación activa y omisiva de funcionarios españoles en las detenciones ilegales y torturas practicadas por la CIA en España

Hay decisiones judiciales en las cuales se recuerda la existencia de espacios biopolíticos en los que los derechos se suspenden de modo permanente. Precisamente, el Auto de la Audiencia Nacional 336/2014, 17 de noviembre de 2014, que archivó el caso de los vuelos ilegales de la CIA en España, es un ejemplo paradigmático. No se consideró delictivo el comportamiento permisivo de unos funcionarios españoles respecto a los aviones de EE. UU. que hicieron escala en aeropuertos españoles trasladando a detenidos de forma ilegal y sometiéndolos a torturas. El argumento empleado por el tribunal fue que no hubo dolo, ni siquiera eventual, en la conducta de los funcionarios al estimar que:

> [...] para poder imputárselos a los denunciados sería necesario que tuvieran racional y puntual conocimiento de lo que estaba ocurriendo, y no meras sospechas sobre la existencia de centros de detención secretos en diferentes puntos del mundo. Por otro lado, no olvidemos la fecha en la que se produjeron los vuelos (año 2002), de tal suerte que los hechos relacionados fundamentalmente en Guantánamo, todavía siguen siendo investigados en la actualidad, tanto en EEUU, como en España como en otros países; exigirles en aquel momento a los imputados un conocimiento suficiente de lo que podía estar ocurriendo (todavía imprejuzgado en estos momentos), va mucho más allá de una imputación por dolo eventual.

Frente a esta inadmisible tesis, el magistrado De Prada Solaesa formuló un impecable y motivado Voto Particular en el que demostraba la colaboración directa entre los funcionarios españoles y los de EE. UU. en la práctica de diversos delitos. Este magistrado expone cómo las autoridades norteamericanas

> [...] entraron en contacto diplomático directo…con las autoridades españolas, sin utilizar el procedimiento ordinario a través del Comité Permanente Hispano Norteamericano, previsto en el Convenio bilateral de Defensa existente entre ambos países. El Consejero político-militar de la Embajada de EEUU en Madrid estableció contacto con el Director General de Política Exterior para América del Norte del Ministerio de Asuntos Exteriores, comunicándoles que los EEUU iban a iniciar muy próximamente vuelos para trasladar prisioneros talibanes y de Al Qaeda desde Afganistán hasta base de Guantánamo, en Cuba y que para tal

fin querían disponer de autorización del gobierno español para utilizar algún aeropuerto de nuestro país. El contenido de este encuentro fue puesto inmediatamente en conocimiento del Ministro y del Secretario de Estado de Asuntos Exteriores, como también del Ministerio de Defensa a través del Secretario General de Política de Defensa. El Consejo de Ministros se reunió el propio día 11 de enero de 2002 y se comunicó al Ministro de Asuntos Exteriores que la Secretaria de Estado y la propia Dirección General de Política Exterior para América del Norte eran partidarios de contestar afirmativamente en la misma fecha a las autoridades norteamericanas.

En efecto, estos hechos fueron confirmados por Moratinos (Cortes Generales Diario de Sesiones del Congreso de los Diputados. Comisiones Año 2008, IX Legislatura N.º 170, Asuntos Exteriores, Sesión N.º 10 celebrada el miércoles 10 de diciembre de 2008), en su comparecencia de 2008, donde reveló diversos asuntos relacionados con los vuelos irregulares de la CIA. En esta reunión Moratinos admitió la existencia de varios documentos secretos que explicaban el orden cronológico de los acontecimientos: en primer lugar, un escrito elaborado por el entonces Director general de América del Norte, Miguel Aguirre de Cárcer (citado en el auto de la AN de 17 de noviembre de 2014) —que consta a f. 3910-3911 de las actuaciones— "con el sello de "Muy Secreto", titulado: "Informe N.º NUM034" de la "Dirección General de Política exterior para América del Norte y Seguridad y Desarme del Ministerio de Asuntos Exteriores", que consta fechado el 10 de enero de 2002, como destinatario principal el Señor Ministro de Asuntos Exteriores y otros destinatarios el Secretario de Estado de Asuntos Exteriores del MAE, en el cual se hace constar como asunto: "solicitud EEUU de escalas aéreas en caso de emergencia", y en él se relata que

> [...] el Consejero político-militar de la Embajada de EEUU en Madrid ha solicitado venir a verme con urgencia (...) para llevar a cabo la siguiente gestión: Los EEUU van a iniciar muy próximamente vuelos para trasladar prisioneros talibanes y de Al Qaeda desde Afganistán hasta base de Guantánamo, en Cuba, [...] el gobierno de EEUU quisiera disponer de autorización del gobierno español para utilizar algún aeropuerto de nuestro país. El Gobierno de EEUU asegura que estas escalas serían

> por el tiempo mínimo imprescindible para poder trasladar otro avión al aeropuerto en cuestión para continuar vuelo [...] en todo momento EEUU se haría cargo de la seguridad de las personas transportadas. He señalado que sería preferible, en todo caso, utilizar aeropuertos en bases militares como Morón o Rota, en vez de aeropuertos civiles [...].

Igualmente, en el voto particular de De Prada Solaesa se recoge el documento que aparece en f. 3.909 de las actuaciones, se trata de una carta firmada por el Director General de Política Exterior para América del Norte y para la seguridad y el desarme, de fecha 11 de enero de 2002, dirigida al Secretario General de Política de Defensa del Ministerio de Defensa. En la misma se sugiere que el Secretario de Estado de Exteriores y el Director del Departamento de Internacional y Seguridad del Gabinete de la Presidencia del Gobierno, "eran lógicamente partidarios de contestar hoy afirmativamente a las autoridades norteamericanas". Junto a este documento, existe una nota de 11 de enero de 2002, en la que, con membrete del Secretario general de Política de Defensa, Javier Jiménez Ugarte, "Nota informativa para SEGENPOL", se cita textualmente el contenido del informe 3329/02, y se indica:

> En conversación con el secretario de Estado de Política Exterior y con el director general de Norteamérica, así como con el gabinete de Política Exterior del presidente del Gobierno, se ha acordado que Exteriores contestaría afirmativamente a la petición norteamericana. Se añadiría que nuestra preferencia, de acuerdo con las indicaciones del presidente de la sección española del Comité Permanente Hispano-norteamericano, es que se utilice la base de Morón. El almirante Calvo ha añadido que desde el pasado 6 de enero se encuentran en el citado aeropuerto militar cuatro aviones de transporte C-17, que podrían servir para dicha tarea de traslado en caso de avería de los aviones provenientes de Afganistán. En todo caso, podría el ministro Piqué comentar este tema al ministro Trillo-Figueroa en algún próximo contacto.

El otro documento citado por De Prada Solaesa es el que consta en f. 3913 de las actuaciones "para la Secretaría General de Política de Defensa", firmado por (Comité Permanente Hispano Norteamericano) de 11 de enero de 2002, sobre "Asunto: Solicitud de EEUU de escalas aéreas en caso de emergencia", subtitulado comentarios a su fax de fecha 11.01.2002, que se refiere al fax que consta a f. 3908, en que la Secretaría General de Política de Defensa remite al Comité Permanente Hispano Norteamericano la carta anterior del Director General de Política Exterior para América del Norte y para la seguridad y el desarme del Ministerio de Asuntos Exteriores. En dicho documento, se indica: "Se estima que el aeropuerto más discreto es el de la Base de Morón y alternativo Rota"; y "considero debe tenerse en cuenta la posibilidad de que algunas de las personas transportadas tengan nacionalidad europea y sopesar consecuencias legales".

De la lectura de tales escritos se desprende, no solo que los cuatro funcionarios citados autorizaron la escala en aeropuertos civiles y bases militares españolas de vuelos de EE. UU. que trasladaban prisioneros talibanes, de Al Qaeda y "civiles" a Guantánamo sino, además, que tras esa decisión se encontraba el visto bueno concedido por el Presidente del Gobierno y los Ministros de Asuntos Exteriores y de Defensa. Es evidente, por lo tanto, que Aznar consintió, como reconoció el propio Moratinos en la reunión de 2008, concedió carta blanca a EE. UU. para que aterrizara o sobrevolara el espacio aéreo español, que permitió el traslado de personas detenidas ilegalmente y torturadas sin ninguna clase de control por las autoridades españolas. Bien es cierto, que ulteriormente Moratinos intentó justificar tal concesión (pensando quizá en la responsabilidad por omisión del Gobierno socialista en los años posteriores) en virtud del compromiso adquirido por el Gobierno español en la operación "Libertad Duradera" iniciada por EE. UU. tras los atentados del 11 de septiembre de 2001. Obligación que, según Moratinos, se fundaba en la Resolución 1386 de Naciones Unidas, en las medidas adoptadas el 4 de octubre de 2001 por el Consejo del Atlántico Norte tras la invocación del artículo V del Tratado del Atlántico Norte, que incluían el permiso para sobrevuelos y escalas de aeronaves militares de Estados Unidos en los países aliados, y las conclusiones del Consejo Europeo de 18 de octubre de 2001.

¿Es cierto que las citadas normas forjaron un compromiso legal entre el Gobierno español y EE. UU. sobre el uso de vuelos irregulares, detenciones ilegales y torturas? Debe comenzarse por la Resolución 1386 de Naciones Unidas (Resolución 1386 (2001) Aprobada por el Consejo de Seguridad en su 4443ª sesión, celebrada el 20 de diciembre de 2001). En ella se alienta, junto a la posibilidad de autorizar el despliegue en Afganistán de una fuerza internacional de seguridad, en el apartado N.º 7, expresamente a los Estados vecinos y a otros Estados Miembros a que proporcionen a la Fuerza internacional la asistencia necesaria que pueda solicitarse, incluidas la autorización de sobrevuelos y el tránsito. Sin embargo, de tal solicitud no se deriva la anuencia de la tortura, una cosa es que se autoricen sobrevuelos o el tránsito de detenidos y otra que se consienta la detención ilegal o la tortura. Ahora bien, junto a esta Resolución, el origen de la obligación adquirida por el Gobierno español reside en las medidas adoptadas el 4 de octubre de 2001 por el Consejo del Atlántico Norte en torno al artículo 5 del Tratado de Atlántico Norte. Este precepto dice lo siguiente:

> Las partes convienen en que un ataque armado contra una o contra varias de ellas, acaecido en Europa o en América del Norte, se considerará como un ataque dirigido contra todas ellas y, en consecuencia, acuerdan que si tal ataque se produce, cada una de ellas, en ejercicio del derecho de legítima defensa individual o colectiva, reconocido por el artículo 51 de la Carta de las Naciones Unidas, asistirá a la Parte o Partes así atacadas, adoptando seguidamente, individualmente y de acuerdo con las otras Partes, las medidas que juzgue necesarias, incluso el empleo de la fuerza armada, para restablecer y mantener la seguridad en la región del Atlántico Norte. Todo ataque armado de esta naturaleza y toda medida adoptada en consecuencia se pondrán, inmediatamente, en conocimiento del Consejo de Seguridad. Estas medidas cesarán cuando el Consejo de Seguridad haya tomado las medidas necesarias para restablecer y mantener la paz y la seguridad internacionales.

Pues bien, al decidir el Consejo del Atlántico Norte que el ataque a las Torres Gemelas había procedido del extranjero, se optó por poner en marcha el plan articulado en torno al artículo 5º. En esa dirección, unos días más tarde, el 4 de octubre 2001, la OTAN acordó un paquete de medidas de apoyo a los Estados Unidos con los embajadores de Bélgica, Canadá, República Checa, Dinamarca, Francia, Alemania, Grecia, Hungría, Islandia, Italia, Luxemburgo, Holanda, Noruega, Polonia, Portugal, España, Turquía y Reino Unido. Entre esas medidas, seguramente se encontraba la autorización incondicional de sobrevuelos, escalas y vuelos irregulares, relacionados con operaciones antiterroristas. Esto es, se adoptaron medidas lícitas —permitir el acceso a puertos y aeródromos en territorio de la OTAN— junto a otras ilícitas —facilitar las "entregas extraordinarias", detenciones ilegales y torturas—. Se dice seguramente porque el texto del acuerdo adoptado por esos países sigue siendo secreto, nunca se hizo público. De hecho, la OTAN nunca ha querido facilitárselo al Consejo de Europa.

En el informe Marty (Doc. 11.302, 11 de junio 2007, "Detenciones secretas y traslados ilegales de detenidos...") se recoge parte del contenido de la autorización concedida por la OTAN para las operaciones de Estados Unidos en la "guerra contra el terror". Se trata de ocho medidas: mejorar el intercambio de inteligencia y la cooperación, tanto bilateral como en los órganos correspondientes de la OTAN, en relación con las amenazas planteadas por el terrorismo y las acciones a tomar en contra de ella; asistir a los Estados sometidos a crecientes amenazas terroristas como resultado de su apoyo a la campaña contra el terrorismo; proporcionar una mayor seguridad para los Estados Unidos y otras instalaciones aliadas en territorio de la OTAN; apoyo de las operaciones de lucha contra el terrorismo; proporcionar autorizaciones de vuelo para los Estados Unidos y otros aliados de aviones para vuelos militares relacionados con las operaciones contra el terrorismo; proporcionar acceso a los puertos y aeródromos en territorio de la OTAN, incluyendo por recarga de combustible, por Estados Unidos y otros aliados para las operaciones contra el terrorismo; implementar elementos de las Fuerzas Navales Permanentes de la OTAN en el Mediterráneo oriental, si se le pide; e implementar elementos de la OTAN *Airborne Early Warning* para apoyar las operaciones contra el terrorismo, si se les solicita.

Debe aclararse que esas son solo algunas de las medidas conocidas, las realmente adoptadas siguen siendo secretas. En definitiva: se sospecha que los aliados de la OTAN, el 4 de octubre de 2001, otorgaron a la CIA plena capacidad para llevar a cabo las entregas extraordinarias y practicar la tortura a los detenidos de alto valor. Según el Informe Marty (2007) el asesor Legal de la OTAN, Baldwin De Vidts, reconoció que no se refiere a un documento formal firmado por los Estados miembros sino a una decisión interna y que la hoja de la decisión del Consejo del Atlántico Norte, de 4 de octubre 2001, es un documento clasificado. Posiblemente, ese texto suscrito por los aliados, real pero desconocido, es el que habilitó las acciones delictivas de la CIA, el que facilitó que sus aviones no pudieran ser abordados o inspeccionados por las autoridades extranjeras. En definitiva, estas medidas secretas de colaboración entre el Gobierno español y EE. UU., son las que han hecho posible la práctica de detenciones ilegales y torturas de las personas trasladadas. En su Voto particular, De Prada Solaesa insiste en que:

> La autorización concedida a las autoridades de los EEUU no solo obviamente contaba con el beneplácito y respaldo del gobierno de la nación, que de otra forma no se podría haber dado, sino que, con suma probabilidad, fue adoptada por éste, por su presidente y con la directa implicación de los ministros concernidos, el de exteriores y el de defensa.

Un dato revelador del conocimiento y admisión por parte del Gobierno español y su Presidente es, cita De Prada Solaesa, la modificación del Protocolo de Enmienda de 10 de abril de 2002, art. 25 del Convenio entre el Reino de España y los Estados Unidos de América sobre cooperación para la Defensa de 1 de diciembre de 1988. En efecto, de la autorización pormenorizada y controlada, estudiando caso por caso, se pasó a una permisión trimestral decididamente discrecional. De ese modo, el artículo 25, 2, dispone:

> Las aeronaves operadas por o para la Fuerza de los Estados Unidos de América en misiones de apoyo logístico no incluidas en el párrafo 1 y que no transporten personalidades, mercancías peligrosas, ni pasajeros o carga que pudieran ser controvertidos para España, pueden sobrevo-

> lar, entrar y salir del espacio aéreo español y utilizar las Bases especificadas en el anejo 2 de acuerdo con una autorización general de carácter trimestral concedida por el Comité Permanente.

A su vez, el apartado 3º permite:

> A otras aeronaves operadas por o para la Fuerza de los Estados Unidos de América no contempladas en los párrafos anteriores se les podrá conceder autorización para sobrevolar el espacio aéreo español y utilizar las Bases del anejo 2, así como cualquier otra base, aeródromo o aeropuerto español, solicitando dicha autorización a través del Comité Permanente con una antelación de 48 horas.

Una vez aclarado que determinados funcionarios con la aquiescencia del Presidente del Gobierno y los Ministros de Exteriores y Defensa, consintieron y autorizaron expresamente las detenciones ilegales, torturas y participaron activamente en las "entregas extraordinarias" con dirección a otros países. Verificado que el Gobierno socialdemócrata no denunció ni evitó con posterioridad tales delitos, es el momento de tipificar las conductas descritas. Sin embargo, antes debe aclararse la condición de los pasajeros trasladados ilegalmente: si eran particulares, combatientes, presos de guerra, etc. En el supuesto del traslado de talibanes, los detenidos tenían la condición de prisioneros de guerra. Por tanto, les era aplicable el tercer Convenio de Ginebra de 12 de agosto de 1949, relativo al trato debido a los prisioneros de guerra. Más dudosa resulta definir la condición de los detenidos miembros de Al Qaeda. Probablemente, no pertenecían a ninguno de los grupos clasificados como prisioneros guerra. En ese supuesto debería haberse aplicado el artículo 5º, que especifica que, si hay alguna duda sobre la cualidad de prisionero de guerra del combatiente, éste "debe ser tratado como tal hasta que su estado haya sido determinado por un tribunal competente". Por tanto, el Estado, como se expuso es garante de la integridad y dignidad de los detenidos (art. 12), estando prohibida cualquier clase de violencia o intimidación contra ellos (arts. 12 y 13).

Finalmente, hay que determinar la categoría jurídica de los civiles detenidos como presuntos terroristas. Si descartamos que son prisioneros de guerra, debería analizarse nuevamente si se trata o no de personas protegidas por el cuarto Convenio de Ginebra. Hay que recordar que el artículo 4º del cuarto Convenio de Ginebra relativo a la protección debida a las personas civiles en tiempo de guerra, sustenta que hay personas que no quedan amparadas por los derechos y privilegios de Convenio cuando existen serias razones para pensar que esa persona protegida resulta fundamente sospechosa de dedicarse a actividades perjudiciales para la seguridad del Estado o se demuestra que se dedica de hecho a tales actividades (artículo 5º). Como en este caso EE. UU. estima que los detenidos eran presuntos terroristas, se interpreta que estarían poniendo en peligro la seguridad del Estado y, por ende, no gozarían de los derechos que reconoce la Convención. Este es el método empleado por la Administración norteamericana en el campo de concentración de Guantánamo o en todos sus centros secretos de detención. Si los "terroristas" tienen la condición de combatientes ilegales (no pertenecen a un ejército ni responden a una cadena de mando militar), no son soldados, tampoco personal civil por lo que no serían aplicables las Convenciones de Ginebra. Junto a este argumento el gabinete jurídico de Bush consideró que la Convención de Ginebra solo se aplicaba a los Estados y no a grupos como Al Qaeda. De este modo, se configura un nuevo *homo sacer*, el "detenido" en Guantánamo mientras que se instituye la tortura como técnica de control.

A pesar de lo expuesto, el tercer párrafo del artículo 5º especifica que en tales situaciones estas personas siempre serán tratadas con humanidad y, en caso de diligencias judiciales, no quedarán privadas de su derecho a un juicio equitativo y legítimo, mientras que el artículo 32 prohíbe la práctica de la tortura y el 37 impone que los detenidos o privados de libertad serán tratados con humanidad. Decidida la condición de cada uno de los grupos de detenidos, en el caso de los talibanes y miembros de Al Qaeda, al estar vinculadas las agresiones a acciones de guerra, debería aplicarse el artículo 609 CP. De otro lado, en el caso de presuntos terroristas civiles, los tipos penales serían los de detenciones ilegales del art. 163.1 y las torturas de los artículos 174, 175 y 176 CP.

Circunscribiéndose al caso de los presuntos terroristas civiles detenidos ilegalmente en aeronaves militares o a civiles en aeropuertos civiles o militares, el comportamiento de los cuatro funcionarios que autorizaron el aterrizaje de esos vuelos y el traslado de detenidos ilegalmente o las entregas extraordinarias puede ser evaluado de dos formas: Si la autorización se admite como un acto de disposición, estamos ante un supuesto de cooperación dolosa —dolo directo— en el delito permanente de detenciones ilegales del artículo 163.1, CP y en el delito de torturas. Por el contrario, si se considera que la mera autorización no es un comportamiento activo sino omisivo, serían responsables por no haber evitado, siendo garantes y con el control del riesgo generado, la detención ilegal —163.1— y la tortura —artículo 176—. Estos funcionarios, con obligación de conocer lo que sucedía en el interior de los aviones de la CIA que aterrizaron en España, de estar al tanto del desarrollo de las maniobras realizadas en su territorio, de impedir cualquier vulneración de los derechos fundamentales reconocidos legalmente, consintieron la práctica de las detenciones ilegales y torturas.

En una dirección contraria a la aquí defendida, el magistrado ponente del Auto de la Audiencia Nacional de 17 de noviembre de 2014, Enrique López, interpretó que los funcionarios no eran responsables penalmente al no ser dolosa su actuación, ni tan siquiera a título de dolo eventual. El argumento que se sustenta para negar la existencia del dolo eventual es que en 2002 aún no se conocía la política criminal de EE. UU. en su "lucha contra el terror", cómo se había decidido transgredir legalidad internacional. Explicación poco convincente dado que el 4 de octubre de 2001 España junto a otros países pactaron con EE. UU. modificar sus leyes de navegación aérea para hacer posible las entregas extraordinarias. Al mismo tiempo, en 2001 se sabía que la CIA utilizaba el método de las "entregas extraordinarias".

Es más, el programa de interrogatorios de "detenidos de alto valor" ("Programa HVD") o el Programa de Interrogatorios ("Programa RDI") comenzó inmediatamente después del 11 de septiembre de

2001. Concretamente, el 17 de septiembre de 2001, Bush otorgó a la CIA competencias relacionadas con la detención de sospechosos de terrorismo y creación de centros secretos de detención fuera de Estados Unidos. Para ello contó con la cooperación de los gobiernos de los países afectados, la disponibilidad de los aliados para que sus aeropuertos fueran utilizados para el traslado de detenidos a centros de tortura de otros países. En esa fecha, Bush firmó un memorándum "referente a la autorización a la CIA para establecer centros de detención fuera de Estados Unidos" en el que se daban instrucciones sobre métodos coactivos de interrogatorio. Posteriormente, el 20 de julio del 2007, Bush dictó una orden ejecutiva según la cual el Artículo 3º común a los Convenios de Ginebra "será aplicable a un programa de detención e interrogatorio llevado a cabo por la Agencia Central de Inteligencia" (CIA).

Ahora bien, hizo hincapié en que eso sería así siempre y cuando "las condiciones de reclusión y las prácticas de interrogatorio del programa" se mantengan dentro de los límites establecidos en la orden ejecutiva. En ese contexto, se concedió al Presidente norteamericano la facultad de decidir el uso de determinados métodos coercitivos durante los interrogatorios —esto es, de nuevo el soberano decide sobre el estado de excepción—. Esta misma orden permitió a la CIA hacer uso de la tortura contra detenidos a los que se consideraba fuentes potenciales de información "de alto valor", bajo el formato de "técnicas intensivas de interrogatorio". Posteriormente, la CIA ha reconocido en un Informe elaborado por John Helgerson, Inspector General de la CIA ("Central Intelligence Agency, Inspector General, Counterterrorism Detention and Interrogation activities") (septiembre 2001-octubre 2003) (2003-7123-IG), 7 mayo 2004) las detenciones secretas y las técnicas de torturas (técnicas intensivas de interrogatorio) empleados desde septiembre 2001 a octubre 2003. Precisamente, estos materiales desclasificados de la CIA permiten conocer que las autoridades europeas colaboraron unas veces y permanecieron pasivas otras, con demoras excesivas en la investigación, nunca justificadas (Al Nashiri contra Polonia, citado, § 492; y Husayn (Abu Zubaydah) contra Polonia, citado, § 486).

De hecho, la detención y el interrogatorio del primer detenido con el "rango de alto valor" (Abu Zubaydah) fue en marzo de 2002, con él se emplearon las nuevas técnicas físicas y psicológicas propuestas por la CIA en los interrogatorios. Fue sometido continua y sistemáticamente a 12 técnicas de torturas, una a una o combinadas. Solo en agosto de 2002 fue sometido a 83 sesiones de *waterboard*. Además, sufrió golpes con el uso de un collar; confinamiento en una caja; exposición a temperaturas extremadamente bajas; privación de alimentos, entre otras. A este período inicial de interrogatorio extremo de los detenidos de alto valor, le siguió otra clase de interrogatorios basados en recompensas con una mejora gradual de las condiciones de detención, aunque reforzado por la amenaza de volver a los métodos anteriores (Abu Zumaydah c. Polonia, citada, 2014).

Es más, otro dato demostrativo del conocimiento del Gobierno de Aznar (o debería haber sabido) sobre la condición ilegal de los detenidos y la continua práctica de la tortura a la que estaban siendo sometidos por la CIA, fue la participación de varios policías españoles en la práctica de interrogatorios a detenidos en Guantánamo. Como mínimo dos agentes policiales españoles, funcionarios de la Unidad Central de Información Exterior —UCIE— se desplazaron a la base militar de Guantánamo los días 23 y 24 de Julio de 2002 y se "entrevistaron" con un detenido, sin previa información de derechos, sin asistencia letrada y sin autorización ni mandato de la autoridad judicial española competente, según reconoce la STS de 20 de julio de 2006 (TOL 984.845). En esta Sentencia se declara la nulidad del interrogatorio efectuada por los miembros de la UCIE (Unidad Central de Información Exterior) en Guantánamo, la nulidad de las declaraciones de estos funcionarios en el Plenario, y la nulidad de las intervenciones telefónicas. En consecuencia,

> [...] toda diligencia o actuación practicada en ese escenario, debe ser declarada totalmente nula y como tal inexistente. Ello supone tener por inexistente la, eufemísticamente, denominada por el Tribunal sentenciador "entrevista policial", lo que en realidad fue un interrogatorio porque éste se produce en una situación de desigualdad: una parte pregunta y la otra responde, y en este caso, el que respondía, estaba, además, pri-

vado de libertad. La entrevista sugiere una situación de igualdad de los contertulios, que, obviamente, no existió en el presente caso.

La citada Sentencia, que revisa otra de 4 de octubre de 2005 de la Sección Cuarta de la Sala de lo Penal de la Audiencia Nacional, absolvió a Hamed Abderrahaman (apodado Hmido), del delito de pertenencia de banda armada por vulneración de las garantías procesales en torno a su detención y traslado a Guantánamo y posterior puesta a disposición del Juez Central de Instrucción N.º 5, el 13 de febrero de 2004. Finalmente, esta Sentencia concluye denunciando que:

> La detención de cientos de personas, entre ellas el recurrente, sin cargos, sin garantías y por tanto sin control y sin límites, en la base de Guantánamo, custodiados por el ejército de los Estados Unidos, constituye una situación de imposible explicación y menos justificación desde la realidad jurídica y política en la que se encuentra enclavada. Bien pudiera decirse que Guantánamo es un verdadero "limbo" en la Comunidad Jurídica que queda definida por una multitud de Tratados y Convenciones firmados por la Comunidad Internacional, constituyendo un acabado ejemplo de lo que alguna doctrina científica ha definido como "Derecho Penal del Enemigo".

El traslado de los funcionarios españoles a Guantánamo, el interrogatorio del detenido sin respetar las garantías del artículo 17 CE, la visión del campo de concentración *in situ*, es otra evidencia que demuestra el conocimiento que se tenía de las entregas extraordinarias y torturas practicadas por la CIA. Por lo que respecta al interrogatorio practicado por los policías españoles en Guantánamo el mismo puede ser analizado como un supuesto de complicidad activa en el delito del 167 con relación al 163.1, dado que al tratarse de un delito permanente cualquier acto de colaboración se convertiría en un acto de participación. Más discutible sería pensar en la responsabilidad penal como autores del delito del 537 (al realizarse el interrogatorio sin la presencia de asistencia letrada como reconoce la STS de 20 de julio de 2006) o del 530 porque en ningún caso hay causa por delito ni se pretende la entrega del detenido a la autoridad judicial, etc. Además, los policías españoles responderían por el delito del artículo 176 que, como se ha detallado anteriormente, sanciona a los funcionarios que no impiden la práctica de la tortura (comportamientos descritos con anterioridad) a la que se encontraba sometida en esos momentos la persona interrogada.

A favor de la tesis aquí defendida y en contra del argumento sustentado en el auto de la Audiencia Nacional, De Prada Solaesa, ha sostenido que:

> [...] no puede razonablemente esgrimirse desconocimiento en la participación de estos delitos descritos, tanto de los referidos a crímenes de guerra como de los de detención ilegal. Se trataría de una participación relevante, consciente y voluntaria, no solo de las personas que se encuentran imputadas en el procedimiento, también de aquellas que tomaron las decisiones políticas, además de las que permitieron que la situación continuara en el tiempo.

Aunque reconoce la dificultad de apreciar dolo directo respecto a las torturas, al menos en los momentos iniciales, pero si claramente de dolo eventual:

> La existencia de las detenciones en las indicadas condiciones de privación absoluta de derechos y el anuncio del programa de interrogatorios las hacían sumamente previsibles y sin embargo los imputados y quienes adoptaron las decisiones políticas que sirvieron de base para la prestación de la colaboración, aceptaron con pleno conocimiento el grave riesgo de que se produjeran y dieron su consentimiento para la utilización de la infraestructura aérea española para posibilitar el transporte de las personas privadas ilegalmente de libertad hacia o desde los campos de tortura y centros de reclusión; por lo que lo mismo se utilice la teoría de la previsibilidad o incluso la de la aceptación, no cabe sino apreciar el dolo eventual en las conductas de los imputados.

Y continúa:

> Pero, es más, se constata a partir de un determinado momento que se estaban produciendo las torturas y se adquiere certeza de que mediante la autorización de uso de las infraestructuras aéreas españolas se estaba posibilitando el transporte de personas que previsiblemente, más que con mucha probabilidad, con certeza en algunos casos, las iban a sufrir,

pero la situación no se corrige en absoluto, por lo que a partir de un determinado momento cabe hablar de un dolo incluso de mayor intensidad que el dolo eventual apreciable en los primeros momentos respecto del delito de tortura. La mera participación que no sea en concepto de estricto autor en los crímenes de guerra, en los delitos de detención ilegal, torturas y resto de los delitos a que se ha hecho referencia en el apartado concreto de la calificación jurídica, permite a mi juicio ser perfectamente apreciada a título de dolo eventual, en contra del criterio que se sustenta en el auto de la mayoría.

Respecto al Presidente del Gobierno, Ministros de Exteriores y Defensa, por el momento, hasta que no sean desclasificados los documentos relativos al acuerdo de 4 de octubre de 2001 sobre el artículo 5 de la OTAN, o el acuerdo del Consejo de Ministros de enero de 2001, no hay pruebas que permitan confirmar la autorización expresa para el aterrizaje de los vuelos ilegales en territorio español. Lo que no es óbice para la construcción de una participación por omisión respecto al delito de detención ilegal del artículo 163 del Código penal y al de torturas —art. 176—. La admisión de la participación omisiva en este delito de detención ilegal es asumible dado que el tipo penal permite la construcción omisiva, al no impedir tales detenciones, infringen un deber especial de velar por la seguridad de los ciudadanos que se encuentran en su territorio y, además, existe una estricta equiparación entre el comportamiento activo de partícipe y el pasivo respecto al resultado consistente en no controlar o restablecer el foco de peligro no permitido que genera el resultado. Para admitir la participación por omisión del garante se exige la demostración de que el foco de peligro no controlado es la causa del resultado y que la omisión solo facilitó lo que de todas formas se hubiera producido.

Si la participación activa en un delito de resultado y, en especial, la complicidad, se fundamenta en el aumento —a través de la actuación no esencial— del riesgo de lesión del bien jurídico, el equivalente en la participación omisiva se traduce en la necesidad de demostrar que el garante con su omisión no restableció la fuente de peligro generada por la acción y en ese sentido facilitó la realización del resultado.

La ausencia de control del Gobierno español sobre el fin de los vuelos ilegales facilitó sin duda la detención ilegal y tortura puesto que una hipotética intervención hubiera dificultado la ejecución de tales hechos. De ahí que, si se asimila la estructura de la participación omisiva y activa, existe una equivalencia absoluta entre el hecho de no dificultar de forma omisiva la acción y la correspondiente participación comisiva que facilitó la producción del resultado. Por el contrario, la omisión podría ser calificada como cooperación necesaria cuando a través de un juicio de causalidad hipotética se llegue a la conclusión de que una intervención activa de los funcionarios hubiera evitado la práctica de las detenciones ilegales y torturas.

Otras condenas del TEDH de las entregas extraordinarias y torturas practicadas por la CIA en Macedonia, Polonia, Lituania y Rumanía.

El TEDH en el caso El-Masri c. Macedonia, 13 diciembre 2012, recogió un supuesto de entrega extraordinaria que fue autorizado por el Gobierno español. El Boeing civil (entonces matriculado por la FAA (Federal Aviation Administration-la Administración Federal de aviación americana) despegó de Palma de Mallorca, el 23 de enero de 2004, y aterrizó en el aeropuerto de Skopje a las 20 h 51 de ese mismo día, antes de despegar nuevamente —tres horas más tarde— con destino a Bagdad y luego a Kabul. Fue Moratinos, en su comparecencia de 2008, el que reconoció la existencia de ese vuelo en 2008 al afirmar que otro vuelo con escala en territorio español "podría haber estado implicado en delitos cometidos, no en nuestro país, sino en territorio de terceros países, el vuelo Argel-Palma de Mallorca-Skopje, de 22 de enero de 2004, supuestamente relacionado con el caso Al Masri". La STEDH (caso El-Masri c Macedonia, 13 de diciembre de 2012), describe como El-Masri

> […] esposado y con los ojos vendados, fue llevado en coche desde el hotel hasta el aeropuerto de Skopje. Le hicieron entrar en una sala donde fue golpeado por varios hombres con las caras tapadas y vestidos

de negro. Lo desnudaron a la fuerza y lo sodomizaron con un objeto. Le pusieron un pañal y un chándal azul oscuro de manga corta. Encadenado y encapuchado, sometido a una privación sensorial total, se le arrastró por la fuerza a un avión de la CIA (un Boeing 737 con el número N313P) rodeado por agentes de seguridad macedonios. Una vez a bordo del avión, el demandante fue arrojado al suelo, atado y sedado por la fuerza. Permaneció en esa postura durante todo el vuelo a Kabul (Afganistán) vía Bagdad.

El Tribunal calificó las medidas empleadas contra El-Masri como un delito de tortura, e interpretó que Macedonia fue "responsable directo de la violación de los derechos del demandante por este concepto, puesto que sus funcionarios facilitaron activamente el trato enjuiciado y se abstuvieron de adoptar, para impedirlo, medidas que eran necesarias en las concretas circunstancias del caso" (Sentencias Miembros de la Congregación de los Testigos de Jehová de Gldani y otros contra Georgia, 3 de mayo de 2007, N.º 71156/2001, aps. 124-125; Z y otros contra Reino Unido, citada, y M.C. contra Bulgaria, 4 de diciembre de 2003, N.º 39272/1998, ap. 149, TEDH 2003-XII).

En esa misma dirección, se pronunció el TEDH en el caso Al Nashiri c. Polonia, 24 Julio 2014, al apreciar que Polonia sabía o debería haber sabido el programa de entregas extraordinarias, la existencia de cárceles secretas en *Stare Kiejkuty* y la tortura y los tratos inhumanos y degradantes a los que la CIA había sometido a los detenidos como parte de este programa. De hecho, el TEDH condenó al Estado polaco, a causa de su "aquiescencia y complicidad" en el Programa HVD de EE. UU. A la misma conclusión llegó el Tribunal en el caso Husayn (Abu Zubaydah) c. Polonia de 24 Julio 2014. Durante la detención en Polonia, además de las "medidas mejoradas", todo detenido de alto valor podría ser sometido en cualquier momento a "medidas estándar", descritas en los documentos de la CIA como aquellas "sin presión física o psicológica sustancial", como afeitarse, desnudarse, cambio de pañales (generalmente por períodos no mayores de 72 horas), encapuchado, aislamiento, música alta, luz u oscuridad continua, ambiente incómodamente fresco, dieta restringida, grilletes en posición vertical, sentada u horizontal; privación del sueño hasta por

72 horas. De acuerdo con las Directrices de la CIA de 2003, se aplicaron al menos seis "condiciones estándar de confinamiento". Incluían vendajes y capuchas dentro del centro de detención, confinamiento aislado, exposición a ruido constante, luz continua y uso de grilletes en las piernas (Abu Zubaydah c. Polonia 2014).

Al igual que en el caso anterior, el 5 de diciembre de 2002, Abu Zubaydah, junto a Al Nashiri, fue trasladado por la CIA en el marco del Programa de HVD, desde Tailandia a Polonia en un avión registrado como N63MU con la Autoridad Federal de Aviación de Estados Unidos. El vuelo de 4 de diciembre de 2002 partió de Bangkok a través de Dubai y aterrizó en el aeropuerto de *Szymany* el 5 de diciembre de 2002. Abu Zubaydah fue detenido y trasladado a la cárcel secreta, base de entrenamiento de la inteligencia polaca, en *Stare Kiejkuty*. Como ya se ha comentado, Abu Zubaydah fue el primer detenido sometido a las técnicas de interrogatorio "mejoradas" de la CIA sobre detenidos de alto valor: desnudos integrales, rehidratación rectal, alimentación rectal, manipulación dietética, dieta líquida de agua como medio de limitar los vómitos durante la práctica del submarino, bofetadas, insultos, golpes abdominales, posiciones de estrés, agua rociada a 44 grados Fahrenheit durante 18 minutos, encadenamiento de pie durante 54 horas con objeto de privar del sueño, simulacros de ejecución mediante ahogamiento, etc. (cfr. Senate select Committee Study of the Central Intelligence Agmcy´s Detention and interrogation Program, 3 diciembre 2014). En dicho Informe se indica que se mantuvo a los detenidos encadenados en completa oscuridad y aislamiento, con un balde para defecar y sin calefacción durante los meses de invierno. En cuanto al impacto psicológico tras ser sometidos a las técnicas mejoradas de interrogatorio y al aislamiento prolongado, todos presentaron problemas psicológicos y de comportamiento, incluidas alucinaciones, paranoia, insomnio e intentos de autolesión y automutilación. En los documentos desclasificados por la CIA, se admite que los efectos adversos del aislamiento extremo al que fueron sometidos los HVD podían alterar "la capacidad del detenido para interactuar con otras personas".

El TEDH ha examinado las técnicas empleadas contra los detenidos de alto valor como parte integral del Programa HVD (Al Nashiri c. Polonia, citado, §§ 514-515; y Husayn (Abu Zubaydah) c. Polonia, citado, § 510). Circunscribiéndose al caso de Abu Zubaydah durante su detención en Lituania, denuncia que fue sometido a un régimen de detención que incluía un aislamiento sensorial prácticamente completo del mundo exterior. Padeció un estado de angustia y ansiedad emocional y psicológica permanente provocada también por los actos de tortura ya vividos en poder de la CIA. Bien es cierto que en Lituania no fue sometido a interrogatorios tan severos como en Polonia (ver Husayn (Abu Zubaydah) c. Polonia, citado), pero el detenido siempre temió que podría volver a repetirse la pesadilla de las torturas sufridas si no accedía a dar la información solicitada. Se recurrió a métodos físicamente agresivos combinado con un abuso físico relativamente menor y presión psicológica. En cualquier caso, según el TEDH ambos métodos causaron un profundo miedo, ansiedad y angustia derivados de la experiencia pasada de tratos inhumanos y degradantes en manos de los interrogadores, las condiciones inhumanas de detención y la desorientación. En vista de lo anterior, el Tribunal concluye que el trato al que fue sometido por la CIA durante su detención en Polonia era equivalente a la tortura en el sentido del artículo 3º de la Convención (Abu Zubaydah c. Polonia 2014; El- Masri, § 211).

Sorprendentemente, aunque las técnicas empleadas dieron lugar a un intenso sufrimiento físico y psíquico, siguiendo la línea tradicional del Tribunal, las califica como "trato inhumano". Se aplicó el concepto de trato inhumano al régimen de "condiciones estándar de confinamiento". Un modelo que incluía, vendar los ojos o encapuchar a los detenidos con la intención de desorientarlos y evitar que se enteraran de su ubicación o la distribución del centro de detención; la depilación corporal al llegar; incomunicación; ruido continuo de alta y variada intensidad reproducida en todo momento; luz continua de modo que cada celda estuviera iluminada aproximadamente con el mismo brillo que una oficina; y el uso de grilletes en las piernas en todos los aspectos de la gestión y el movimiento de los detenidos. Todo con la intención de destruir psicológicamente al detenido, "maximizar su sentimiento de vulnerabilidad e impotencia" y "reducir o eliminar su voluntad de resistir" (Abu Zubaydah c. Lituania, 31 de mayo de 2018). Como puede comprobarse se emplearon procedimientos similares a las cinco técnicas usadas por RU contra el IRA en 1975.

En la sentencia El Nashiri c. Rumanía, de 8 de octubre de 2018, el TEDH confirmó expresamente la existencia de cárceles secretas en Europa administradas por la CIA. En cuanto a la situación de El Nashiri durante su detención en Rumanía, tras realizar una huelga de hambre, la CIA lo alimentó coactivamente por vía rectal. Su estado podía calificarse de continua depresión. Como ya ocurrió con Abu Zubaydah durante su detención en Lituania, El Nashiri no fue sometido en Rumanía a interrogatorios tan extremos como la técnica del submarino, los simulacros de ejecución, la colocación boca abajo o el confinamiento prolongado (Al Nashiri contra Polonia, antes citado, §§ 86-89, 99-102, 401 y 416). Por esa razón el TEDH, en una línea censurable ya criticada, calificó esas acciones como trato inhumano y no torturas.

En conclusión, las democracias europeas, en nombre de una siempre abstracta seguridad del Estado, han creado espacios ocultos al Derecho donde el sujeto pierde la condición de humano para convertirse en un nuevo *homo sacer*. De nada han servido las condenas del TEDH ni las Resoluciones del Parlamento europeo contra los nuevos campos de concentración creados por la Administración de EE. UU. en connivencia con la mayoría de los Estados autoritarios europeos. La instauración de la excepcionalidad permanente es ya un elemento que define las democracias autoritarias.

REFERENCIAS

Barquín, J. (1992). *Los delitos de tortura y tratos inhumanos o degradantes*. Edersa.
Barquín, J. (1999). De las torturas y otros delitos contra la integridad moral. En M. Cobo (Dir.), *Comentarios al Código Penal* [t. VI]. Civitas.
Bolea, C. (2019). Tortura. En M. Corcoy (Dir.): *Manual de Derecho Penal. Parte Especial* [t. I] (pp. 192-199). Tirant lo Blanch.

Carbonell, J. C. & González, J. L. (1996). *Comentarios al Código Penal de 1995*. Tirant lo Blanch.

Cuerda, M. L. (2019). Torturas y otros delitos contra la integridad moral. Trata de seres humanos. En J. L. González (Coord.), *Derecho Penal. Parte Especial* (pp. 187-209). Tirant lo Blanch.

Cuerda, A. R. (2004). La protección en caso de devolución, expulsión y extradición. En E. Álvarez y V. Garrido (Dirs.). *Libro II. Los derechos y libertades* (pp. 687-710). Tirant lo Blanch.

De la Cuesta, J. L. (1990). *El delito de tortura*. Bosch.

Del Rosal, B. (2015). En L. Morillas (Coord.), *Sistema de Derecho Penal. Parte Especial* [2ª ed.] (pp. 181-206). Dykinson.

García, J. (1980). *Régimen constitucional español*. Labor.

López, D. & García, M. (1996). *El Código Penal de 1995 y la voluntad del legislador*. Eurojuris.

Mangas, A. (2008). Artículo 52. Alcance e interpretación de los derechos y principios. En A. Mangas (Dir.), *Carta de los Derechos Fundamentales de la Unión Europea. Comentario artículo por artículo* (pp. 826-851). Fundación BBVA.

Manjón, A. (2021). Torturas. Otros delitos contra la integridad moral. En F. J. Álvarez (Dir.), *Derecho Penal Español. Parte Especial I* [3ª ed.] (pp. 879-918). Tirant lo Blanch.

Maqueda, M. L. (1986). La tortura y otros tratos inhumanos y degradantes. *ADPCP* 39(2), 423-486.

Mendiola, I. (2014). *Habitar lo habitable. La práctica político-punitiva de la tortura*. Edicions Bellaterra.

Moreno, A. (1995). La tipificación del delito de tortura por el Derecho Internacional. *Anuario del seminario permanente de Derechos humanos*, II, 233-288.

Muñagorri, I. (2008), Privación de la libertad y derechos fundamentales. En Observatorio del Sistema Penal y los derechos humanos de la Universidad de Barcelona (Coord.): *Privación de libertad y Derechos Humanos. La tortura y otras formas de violencia institucional en el Estado español* (pp. 97-138). Icaria.

Muñoz, F. (2004). *Derecho Penal. Parte Especial*. Tirant lo Blanch.

Muñoz, F. (2010). *Derecho Penal. Parte Especial*. Tirant lo Blanch.

Muñoz, F. (2021). *Derecho Penal. Parte Especial*. Tirant lo Blanch.

Muñoz, J. (2004). De las torturas y otros delitos contra la integridad moral. En J. L. Díez *et al.* (Coords.), *Comentarios al Código Penal, Parte Especial*, [vol. II] (pp. 35-82). Tirant lo Blanch.

Pérez, E. (1999). Los nuevos delitos contra la integridad moral en el Código penal de 1995. *Revista de la Facultad de Derecho de la Universidad de Granada.Monográfico sobre Derechos Humanos. Derechos fundamentales*, N.º 2, 141-170.

Pérez, A. I. (2005). *El delito contra la integridad moral del artículo 173.1 del vigente Código Penal. Aproximación a los elementos que lo definen*. Universidad del País Vasco.

Queralt, J. J. (1992). *Manual de Derecho Penal Español, Parte Especial*. Bosch.

Quintero, G. (2016). *Compendio de la Parte Especial del Derecho Penal*. Aranzadi.

Rebollo, R. (2004). De las torturas y otros delitos contra la integridad moral. En J. Córdoba & M. García (Dirs.), *Comentarios al Código penal. Parte Especial*, [t. I] (pp. 229-240). Marcial Pons.

Rodríguez, M. J. (2000). *Torturas y otros delitos contra la integridad moral cometidos por funcionarios públicos*. Comares.

Sobrino, J. M. (2008). Artículo 4. Prohibición de la Tortura y de las Penas o los Tratos inhumanos o Degradantes. En A. Mangas (Dir.), *Carta de los Derechos Fundamentales de la Unión Europea. Comentario artículo por artículo* (pp. 164-176). Fundación BBVA.

La narcosis como técnica que induce artificialmente modificaciones en el estado de conciencia y su valoración en el primer estrato analítico de la noción de delito dogmáticamente considerado

Plinio Posada Echavarría[*]

RESUMEN: Este texto, a partir de un examen general sobre el fenómeno de la narcosis, avanza al terreno del derecho penal concretamente a la teoría del delito y dentro de esta aborda el asunto relativo a su incidencia en la categoría de la acción que, al suprimirla, se ha valorado como una causal excluyente de la responsabilidad. En este orden de cosas, tanto los resultados lesivos de bienes jurídicos sobrevenidos de un episodio de narcosis por intoxicación aguda seguida del consumo de sustancias psicotrópicas como los ocasionados en el curso de una producción artificial del estado narcótico, son pensados como causas con potencialidad para eliminar el primer estrato del concepto de delito dogmáticamente considerado. En principio, lo que neurológicamente sucede en estos casos, con repercusión en el ámbito del derecho penal, es una alteración transitoria del contenido de la conciencia que impide al sujeto interactuar con el entorno y comprender adecuadamente la realidad que lo rodea. Dicho fenómeno lo clasifica este trabajo como un evento de incapacidad psíquica de acción, al igual que el trance hipnótico.

Palabras claves: Teoría del delito, narcosis, exclusión de la conducta, estado de conciencia, alteración de la conciencia, intoxicación.

---

[*] Ex Juez Penal, Ex procurador. Profesor Universitario. Correo electrónico: plinio.posada@gmail.com

ANOTACIONES PREVIAS

Una aproximación al abordaje de la manifestación clínica de la narcosis puede hacerse desde diferentes perspectivas, como por ejemplo, a partir de las formas en que aquella suele originarse. En este sentido vale citar, en primer lugar, la derivada del consumo de psicotrópicos, entendido el término psicotrópico como cualquier sustancia natural o sintética capaz de modificar las funciones psíquicas, por su acción sobre el Sistema Nervioso Central; en segundo lugar, la que es consecuencia de actividades médicas planeadas y controladas (narcosis quirúrgica) verbigracia, la sedación y la anestesia en la que se usan fármacos para bloquear la sensibilidad táctil y dolorosa de un paciente sea en todo o parte de su cuerpo con o sin compromiso de consciencia y que produce fenómenos conductuales y fisiológicos reversibles –inconsciencia, amnesia, analgesia y acinesia– con estabilidad de los sistemas cardiovascular, respiratorio y termorregulador (Litter, 1998, pp. 93-96). Acá viene oportuno mencionar la *narcosis basal, anestesia basal* o *sedación basal* en la que el estado de inconsciencia aunque completo es menos profundo que el de la anestesia general. Su inducción tiene lugar en pacientes quirúrgicos antes de administrar la anestesia general. Bajo sus efectos el inducido no responde a estímulos verbales, pero sí a estímulos dolorosos; en tercer lugar, la que puede surgir de manera eventual (narcosis accidental) como en el caso de inhalación involuntaria de gases a la que están expuestos los buzos en el buceo profundo por las altas presiones de nitrógeno sobre la trasmisión nerviosa (narcosis nitrogenada) (Raff & Levitzky, 2013, pp. 741-742; Hall, 2016, p. 535), ocasionando una alteración reversible del estado de consciencia; y, por último, la resultante de la modalidad clínica del narcoanálisis como método terapéutico para tratar las dolencias psíquicas y como una técnica –con nefastos antecedentes para la humanidad– para la obtención de la verdad de los prisioneros de guerra (uso del mal denominado «suero de la verdad», verdadera tortura psíquica), que después se extendió al campo de la instrucción judicial para descubrir la veracidad de las manifestaciones de los imputados de delitos como la exploración farmacodinámica de la conciencia tipo escopolamina (Dession *et al.*, 1953, p. 318; Schwarcz, 2017) o tipo pentotal).

El rasgo común apreciable en cada una de las referidas especies de narcosis es su capacidad de inducir un estado de sopor profundo que altera el contenido de la conciencia, entidad que este trabajo clasifica como un evento de incapacidad psíquica de acción. Resta precisar que por su mayor aproximación a las valoraciones jurídico-penales solo se aborda el análisis de la primera y de la última formas de narcosis, esto es, la que es fruto del consumo de sustancias psicotrópicas y la proveniente de la modalidad clínica del narcoanálisis. Dicho examen incluye la delimitación conceptual y los rasgos diagnósticos de las mismas a partir de la literatura médica y sus implicaciones en el marco del derecho penal, específica y fundamentalmente en el primer estrato analítico del concepto de delito, dogmáticamente concebido.

ESTADO DE CONCIENCIA. DELIMITACIÓN CONCEPTUAL. COMPONENTES Y ALTERACIONES

Por estado de conciencia se entiende aquel proceso fisiológico en virtud del cual se encuentran activas las funciones corticales superiores del individuo humano, esto es, la percepción, la atención, la memoria, el lenguaje, el pensamiento consciente, la conducta motora dirigida a actividad, etc. De aquí que dicho estado determina la percepción y el conocimiento del mundo psíquico individual y del mundo circundante, es decir, merced a aquel proceso el hombre mantiene un estado de alerta (entendido como la capacidad de responder a estímulos) con pleno conocimiento de sí mismo y de su entorno. Por ello, para que el individuo esté alerta ha de estar plenamente consciente y en vigilia.

Desde la semiología neurológica se suele entender el estado de conciencia integrado por dos componentes básicos: *el contenido de la conciencia*, esto es, la conciencia del entorno y de uno mismo, cuyo sustrato anatómico se encuentra en la corteza cerebral; y, *el nivel de conciencia o alerta*, que constituye clínicamente un espectro continuo de estados en el que se distinguen con fines descriptivos cinco situaciones puntuales: alerta (o vigilante), consciente, obnubilado, estuporoso y comatoso.

Las alteraciones del estado de conciencia pueden afectar a sus dos componentes, por ello se estima que cuando se usa la expresión «alteración de conciencia» para explicar la situación en la que puede hallarse un individuo, viene necesario concretar si estamos refiriéndonos a su nivel de alerta o vigilancia (entonces aquel podrá estar obnubilado, estuporoso o comatoso); o a su capacidad de interactuar con el entorno y comprender adecuadamente la realidad que le rodea (siendo así aquel podrá estar somnoliento, inconsciente o dormido). De aquí que, en el primer caso, se hable de alteraciones que afectan el nivel de conciencia y, en el segundo, de alteraciones que comprometen el contenido de la conciencia. Surge oportuno decir además que estos dos grandes componentes del estado de conciencia fisiológicamente requieren, en su orden, del funcionamiento normal del tronco encefálico y sobre todo del sistema activador reticular ascendente (SARA); y, la integridad de los hemisferios cerebrales.

El estado de conciencia puede ser inducido o modificado de forma artificial o deliberada y, también de manera patológica y no patológica. En relación con las alteraciones que involucran la consciencia del entorno y de uno mismo, esto es, el contenido de la conciencia, se clasifican a partir de un marco neuropsicológico en el grupo al que acá se ha llamado: *modificaciones del contenido de la conciencia inducidas artificialmente*. En esta categoría se engloban: la embriaguez letárgica; la narcosis y la hipnosis; las prácticas de hechicería, chamanismo, curanderismo, vudú, etc. Se acostumbra a enlistar también una variedad de neurotecnología, tal como *Hemi-Sync* que es una abreviación de *Hemispheric Synchronization* "sincronización hemisférica", también conocida como sincronización de ondas cerebrales. A partir de la psicoacústica, se consigue una estimulación electroterapéutica craneal y simulación de luces y sonido. Estos métodos intentan inducir patrones específicos de ondas de sonido para modificar las ondas cerebrales produciendo estados alterados de conciencia.

Y desde un simultáneo contexto cerebrovascular y neurológico las alteraciones que implican el nivel de conciencia pueden hallarse asociadas tanto a meros signos clínicos o síndromes como a estados patológicos, e igualmente las alteraciones alcanzan a ser súbitas y transitorias o progresivas y permanentes. A partir de estas características diagnósticas, con apoyatura en el venero de conocimientos de la Semiología Clínica se procede a ordenarlas en tres grupos. Al primero se ha intitulado como *Alteraciones súbitas y transitorias del nivel de conciencia asociadas a meros signos patognomónicos*, dentro del cual se ha incluido el siguiente complejo de síntomas: lipotimia, desmayo y síncope. Al segundo se ha llamado *Alteraciones repentinas y temporales del nivel de conciencia asociadas a estados patológicos*, en el que se han relacionado: las crisis epilépticas y la epilepsia. Y, al tercero se ha denominado *Alteraciones progresivas y permanentes del nivel de conciencia asociadas a estados patológicos*, donde se reunieron las siguientes entidades neurológicas: los estados comatosos, el estado vegetativo y el síndrome confusional agudo o *delirium*.

De acuerdo con lo expuesto la narcosis resulta ser un evento en el que se modifica artificialmente el contenido de la conciencia y cuya valoración en el ámbito del derecho penal, de acuerdo con lo que a continuación se expondrá tiene la virtualidad de excluir la responsabilidad por ausencia de conducta.

Definición de narcosis y características clínicas desde la literatura médica

Del gr. *Nárkosis*; de *nárke*, estupor. Estado de estupor e inconsciencia producido por un narcótico; sueño artificial. Basal. Inconsciencia y analgesia completas —medular, Raquianestesia— de Nussbaun. Anestesia general producida por el éter o cloroformo después de una inyección de morfina (Diccionario Terminológico de Ciencias Médicas, 1990, p. 754). Un narcótico o estupefaciente, es una sustancia medicinal que, por definición, provoca sueño o estupor y, en la mayoría de los casos, inhibe la transmisión de señales nerviosas asociadas al dolor. El grupo de los narcóticos comprende gran variedad de drogas con efectos psicoactivos, aunque terapéuticamente no se usan para promover cambios en el humor, como los psicotrópicos, sino por otras propiedades farmacológicas: analgesia, anestesia, efectos antitusivos, antidiarreicos, etc. Sin embargo, estas drogas son a menudo desviadas del círculo legal, y usadas como euforizantes. Algunos narcóticos son anestésicos como éter, cloroformo y ciclopropano; pero en su mayoría son agentes de la clase de los opioides. En general son sustancias con Remifentanilo o Ketamina (López & Sánchez, 2007, p. 47; Cutile & Rojas, 2012, p. 1346). En años anteriores, se ha considerado al Tetrahidrocannabinol, la sustancia activa del Cannabis (marihuana) como un narcótico analgésico, pero este se ha retirado de la lista de substancias narcóticas por la FDA. En cuanto a otras plantas, las semillas del ingá Inga spp., son usadas por los aborígenes amazónicos con usos narcóticos.

NARCOSIS POR CONSUMO DE SUSTANCIAS PSICOTRÓPICAS

Delimitación conceptual

En 1969 desde un criterio clínico la Organización Mundial de la Salud (OMS), definió el término droga como: "toda sustancia que, introducida en un organismo vivo, pueda modificar una o varias de sus funciones". En 1982 la misma Organización declaró como *droga de abuso* "aquella de uso no médico con efectos psicoactivos (capaz de producir cambios en la percepción, el estado de ánimo, la conciencia y el comportamiento) y susceptible de ser autoadministrada". Debido a su ambigüedad, este término no está recogido en el CIE-10 (ICD-10).

En el lenguaje coloquial, el vocablo droga suele referirse concretamente a las sustancias psicoactivas y, a menudo, de forma aún más concreta, a las drogas ilegales. Las teorías profesionales (p. ej., "alcohol y otras drogas") intentan normalmente demostrar que la cafeína, el tabaco, el alcohol y otras sustancias utilizadas a menudo con fines no médicos son también drogas en el sentido de que se toman, al menos en parte, por sus efectos psicoactivos.

Asimismo, la Organización Mundial de la Salud (OMS), por medio de la Clasificación Internacional de las Enfermedades, Décima Revisión (CIE-10), enfatiza en que la intoxicación es un estado transitorio consecutivo a la ingestión o asimilación de sustancias psicotrópicas o de alcohol "que produce alteraciones del nivel de conciencia, de la cognición, de la percepción, del estado afectivo, del comportamiento o de otras funciones y respuestas fisiológicas o psicológicas".

Clasificación de las drogas según su efecto sobre el Sistema Nervioso Central

A partir de ello las drogas suelen clasificarse en *depresoras del sistema nervioso*, *estimulantes del sistema nervioso* y *perturbadoras del sistema nervioso*. Las primeras provocan un efecto inhibitorio sobre algunas funciones del sistema nervioso central; a estas pertenecen: El alcohol, los hipnóticos (pastillas para dormir o barbitúricos), los ansiolíticos como las benzodiazepinas, los opiáceos (heroína, morfina, metadona, etc.) o los neurolépticos (Tricíclicos: Fenotiazinas; Butirofenona: Haloperidol; Benzamidas sustituidas: Sulpirida). Las segundas, producen un efecto contrario a las anteriores y son drogas excitantes, que provocan sensación de energía y estimulación del estado de vigilia; a estas corresponden: las anfetaminas, la nicotina, la cocaína, las xantinas (cafeína, teína, teofilina o teobromina). Y las últimas, también usualmente citadas como psicodélicas, son sustancias que provocan alucinaciones y cambios exagerados en la percepción. Las más conocidas son: Marihuana, Dietilamida de ácido lisérgico (LSD 25), mescalina, psilocibina, fenciclidina (PCD, polvo de ángel), ketamina, tenanfetamina (3,4-metilenedioxianfetamina, MDA), la metanfetamina (3,4-metilendioxi-metanfetamina [MDMA], referida a menudo con la palabra «éxtasis» y clasificada entre las llamadas drogas de síntesis).

Es de suma importancia vincular a este tema no solo el concepto de intoxicación ofrecido por la OMS y al cual ya se ha hecho mención en párrafos anteriores, sino además el siguiente criterio suyo, según el cual la intoxicación

> [...] depende en gran medida del tipo y la dosis de la droga y en ella influyen el grado de tolerancia de la persona y otros factores. Es frecuente consumir una droga para alcanzar el grado de intoxicación deseado. La manifestación en la conducta de un grado de intoxicación determinado depende mucho de las expectativas culturales y personales relacionadas con los efectos de la droga. El término recogido en la CIE-10 (ICD-10) para designar la intoxicación de importancia clínica es intoxicación aguda (F1x.0). Las complicaciones pueden incluir traumatismos, aspiración del vómito, delirio, coma y convulsiones, dependiendo de la sustancia y de la vía de administración. La intoxicación habitual (embriaguez habitual), aplicada fundamentalmente al alcohol, se refiere a un hábito regular o recurrente de beber hasta emborracharse. Este tipo de hábito se ha tratado a veces como un delito, por separado de los episodios aislados de intoxicación. Otros términos generales usados como sinónimos de intoxicación o intoxicado son: embriaguez, borracho, embriaguez, ebrio, estar colocado o estar bajo los efectos de (OMS, 2008, pp. 40-41).

Dado que los criterios de intoxicación de una sustancia son variables, correctamente el *Diagnostic and Statistical Manual of Mental Disorders* en su Quinta Versión, opta por incluirlos en cada sección específica de la sustancia en el capítulo alusivo a los 'Trastornos relacionados con sustancias y trastornos adictivos'. Sin embargo,

> [...] la característica esencial se refiere al desarrollo de un síndrome específico y reversible debido a la ingesta reciente de la sustancia (Criterio A). Los cambios significativos problemáticos a nivel comportamental o psicológico, asociados a la intoxicación (p. ej., la beligerancia, la labilidad emocional, el juicio deteriorado), se atribuyen a los efectos fisiológicos de la sustancia sobre el sistema nervioso central, los cuales se desarrollan durante o al poco tiempo tras el consumo (Criterio B). Los síntomas no son atribuibles a otra afección médica y no se expli-

can mejor por otro trastorno mental (Criterio D). La intoxicación es frecuente en las personas con un trastorno por consumo de sustancias, pero puede aparecer en las personas sin dicho trastorno (Ayuso *et al.*, 2014, p. 485).

Así las cosas, para conocer en concreto los criterios de intoxicación de una sustancia, será necesario, en primer lugar, identificar en la respectiva sección la clase de la sustancia por la que se inquiere, y luego consultar en el texto de la citada obra las características diagnósticas que se asignan a la intoxicación por esa específica sustancia.

Sustratos neuroanatómicos y neuroquímicos implicados en el proceso adictivo de sustancias psicotrópicas

Para llegar al conocimiento de esta compleja temática resulta vital precisar que a lo largo del haz mediano del telencéfalo, concretamente bajo el estriado ventral, destaca el *nucleus accumbens septi* (núcleo que descansa sobre el *septum*); una estructura cerebral que ha sido identificada con los procesos de la motivación y el aprendizaje, así como con el señalamiento del valor motivacional de los estímulos.

La motivación es un proceso interno que mueve a la persona a realizar unas u otras conductas según los deseos o necesidades que tenga. Ella se asocia con recompensas y castigos y representa la tendencia o el impulso para realizar una determinada conducta. El concepto de recompensa está relacionado con las consecuencias "subjetivas" producidas por la estimulación del foco de placer existente en el sistema nervioso central, experimentadas como positivas y placenteras; por ello la recompensa aumenta la frecuencia de una conducta. Esto opera exactamente a la manera de la *Ley del Efecto de Thorndike* —en referencia a Edward Lee Thorndike (1874-1949), psicólogo y pedagogo, considerado un antecesor de la psicología conductista estadounidense—, según la cual el comportamiento puede ser modificado por sus consecuencias, razón por la cual una consecuencia satisfactoria aumenta la ocurrencia de una conducta; al paso que una consecuencia insatisfactoria o incluso aversiva disminuye la ocurrencia de una conducta. De este modo, llevamos a cabo conductas con base en las consecuencias obtenidas.

El efecto placentero que provee el reforzador una vez obtenido es lo que se conoce como recompensa; ella es, entonces, un componente central para impulsar el aprendizaje basado en incentivos, las respuestas apropiadas a los estímulos y el desarrollo de conductas motivadas. Cuanto mayor sea el valor de la recompensa obtenida y la novedad de la misma, más elevado será el recuerdo generado en la memoria. La conducta motivada se encuentra regulada por tres sistemas: el sistema homeostático, el sistema hedónico y el sistema de estrés o castigo.

El *sistema homeostático* tiene relación con las señales periféricas del organismo, como cambios en la concentración de neurotransmisores, neuromoduladores, hormonas y otras sustancias químicas que llegan al hipotálamo y que marcan un desbalance en el medio interno (homeostasia). Por ejemplo, la sensación subjetiva de hambre es consecuencia del desbalance energético por el que cursa nuestro organismo por momentos; o, la sensación subjetiva de sed que obedece a un desequilibrio en la hidratación o en la concentración de sales minerales registrada progresivamente en nuestro cuerpo. Tales descompensaciones son detectadas por los *núcleos laterales* del hipotálamo, así: el *área hipotalámica lateral* regula las sensaciones de hambre y de sed. En el control de esta última está también involucrado el *órgano subfornical* [uno de los ocho órganos circunventriculares del cerebro –OCV–, localizados alrededor del tercer y del cuarto ventrículo; son áreas altamente vascularizadas que no poseen barrera hematoencefálica –BHE–]. Se trata de una pequeña estructura con funciones sensoriales [porque contiene neuronas que pueden recibir señales químicas desde la sangre, de acá la genérica denominación de órgano neurohemático] que posibilita la comunicación entre la sangre, el líquido cefalorraquídeo y el parénquima cerebral. El nombre proviene de su ubicación en la superficie ventral del fórnix [estructura en forma de C que se origina en el hipocampo extendiéndose desde allí hasta la zona frontal del encéfalo quedando arqueada alrededor del hipotálamo. La palabra fórnix significa "arco" en latín], congregándose en él la mayor parte de los osmorreceptores de *vasopresina* [una hormona liberada por la neurohipófisis que tiene un poderoso efecto antidiurético, efecto vasoconstrictor y recientemente se ha descrito un rol en el estrés].

El *sistema hedónico* regula la sensación subjetiva de placer que genera la obtención y/o consumo del reforzador, esto es, la recompensa. Y, el *sistema de estrés o de castigo* está encargado de modular la sensación subjetiva de miedo. Este sistema nos permite evitar situaciones que puedan ser perjudiciales para nuestro organismo, desde consumir un alimento descompuesto hasta visitar sitios potencialmente peligrosos que pongan en riesgo nuestra vida o integridad personal.

La información sobre la recompensa obtenida se transmite por proyecciones dopaminérgicas desde el *área ventral tegmental* hasta el estriado y el hipocampo. Las áreas del encéfalo donde se originan las sensaciones placenteras cuando son estimuladas se conoce como *vía* o *circuito de recompensa neurológico* –descrito en 1954 por los psicólogos James Olds (1922-1976) y Peter Milner (1919-2018)–. En este circuito suele abordar conceptualmente la neuropsicología, planteados de forma integral, la siguiente triada de procesos conductuales (Palmero *et al.*, 2004, p. 22) que constituyen una síntesis de lo que arriba ha sido expuesto: En primer lugar, el proceso *emocional* que corresponde al placer causado por las recompensas, o al displacer causado por los castigos. En segundo lugar, el proceso *motivacional*, relativo a la motivación que se obtiene con la recompensa o al evitar los castigos. Y, por último, el proceso *cognoscitivo* que toca con la memoria y el aprendizaje, dado que el individuo recuerda y repite las acciones que le generan placer, y evita las que le producen una sensación desagradable. En cambio, aquellas áreas del encéfalo que dan origen a sensaciones displacenteras cuando son estimuladas se conocen como *centros de castigo*. Una de las respuestas adaptativas que cualquier ser del reino animal exhibe es la de miedo. El miedo cumple la función de hacer huir al sujeto de estímulos que ponen en riesgo su vida o al menos su integridad personal.

El principal grupo poblacional de neuronas encefálicas vinculado con el sistema del placer (de búsqueda, o anhelante o de recompensa) se encuentra esparcido fundamentalmente en dos vías nerviosas: *a)* la *vía mesolímbica*, que proyecta desde el *área tegmental ventral* (ATV) al *núcleo accumbens*, el *septum* y la *amígdala*; y, *b)* la *vía mesocortical*, que proyecta desde el *área tegmental ventral* (ATV) a las *cortezas prefrontal* (CPF) y *entorrinal* (CE). El principal substrato neuroquímico que media las respuestas de las rutas de recompensa es la dopamina (DA). En razón a todo esto es por lo que al antedicho sistema se le denomina *vía dopaminérgica mesolímbica* o *sistema dopaminérgico mesolímbico-cortical*. Las sustancias psicoactivas, como ya se expusiera, aumentan la liberación de dopamina en el núcleo *accumbens*, acción que se considera muy importante en el reforzamiento de estímulos. También interactúan en este sistema neuronas GABAérgicas (tanto en el núcleo *estriado dorsal* como en el *ventral*) y glutamatérgicas (provenientes del *subículo ventral* del hipocampo y de la amígdala, estas inervan principalmente al NAcc), que liberan, en su orden, ácido *gamma-aminobutírico* y *ácido glutámico*. Viene útil recordar que el primero es el neurotransmisor inhibitorio más importante en el cerebro vertebrado adulto y el glutamato es el neurotransmisor excitatorio más abundante y extendido en el SNC, está implicado en vías excitatorias de la neocorteza, la retina y el cerebelo. Es importante destacar que, al activar el circuito de recompensa cerebral, las sustancias psicoactivas utilizan los mismos mecanismos fisiológicos que los reforzantes naturales (agua, alimentos y conducta sexual).

En relación con el sistema de estrés o de castigo puede decirse que está identificado en *el complejo o cuerpo amigdalino* (del griego *amygdala*, «almendra» –descrita por primera vez a principios del siglo XIX en humanos, por el fisiólogo alemán Karl Friedrich Burdach (1776-1847)– (García-Porrero & Hurlé, 2015, pp. 359-361), y por el *eje hipotálamo-hipófisis-suprarrenal*. Asimismo, los circuitos involucrados en este sistema están modulados por la dopamina (DA) y otros neurotransmisores como: GABA, glutamato, acetilcolina; y además está favorecido por endocannabinoides (eCBs) (Rang *et al.*, 2008, p. 348; así, Clark *et al.*, 2012, p. 163). Viene precisar que aunque cada clase de sustancia psicoactiva tiene su propio mecanismo de acción farmacológico principal, cualquiera de ellas afecta directa o indirectamente la vía dopaminérgica-mesolímbica; como se ha expresado:

> Todas las drogas de abuso provocan un efecto sobre los receptores y sobre los transportadores de los neurotransmisores, al igual que sobre las enzimas que participan en la síntesis y degradación de estos mediadores químicos. El uso repetido de la droga modifica así estructural y funcionalmente al cerebro. Estos cambios plásticos desarrollados en el sistema de la motivación-recompensa y también en el de castigo, provocan un nuevo balance entre ellos que lleva al individuo a un estado de *alostasis*, en el cual la droga se convierte en una necesidad (Méndez *et al*, 2010, p. 453).

Alostasis y *Carga Alostática* son términos que se encuentran estrechamente vinculados con el de homeostasis, por ello es importante incorporar su conceptualización. El primero, entendido como una respuesta adaptativa ante el estrés agudo, obtenido lo cual se llega a un estado de homeostasis, fue acuñado por el neurobiólogo Peter Sterling (1940) y el epidemiólogo Joseph Eyer (1944-2017). Y, el segundo, que hace referencia a la persistencia o a la disminución parcial del estrés agudo, causando efectos dañinos en las funciones fisiológica y psicológica que se van acumulando, se debe al neurocientífico Bruce S. McEwen (1938-2020). Asimismo, se advierte que frente a estos dos últimos conceptos se relaciona el constructo *resiliencia* proveniente de la física (termodinámica), siendo atribuida su introducción en las ciencias sociales en 1982 a la psicóloga infantil Emmy E. Werner (1929-2017) y a su colaboradora, Master of Education Ruth S. Smith (1928-2020), por su obra toral *Vulnerable, but invencible: A Longitudinal study of Resilient Children and Youth*. New York: McGraw-Hill, 1982.

Si cualquier tipo de estrés tiene la capacidad de poner en riesgo la homeostasis no resulta desatinado decir que también la tienen las reacciones orgánicas de disforia, irritabilidad, ansiedad y depresión consecutivas a la interrupción del adicto al consumo de drogas de abuso o de fármacos no adictivos (que es exactamente el estado emocional negativo puesto de manifiesto por el *síndrome de abstinencia* característico de esa sustancia o por el consumo de la misma u otra muy parecida, con la intención de evitar o aliviar los síntomas de abstinencia), en las que el individuo está expuesto a una importante carga de estrés (Pineda-Ortiz *et al.*, 1999, pp. 16-18). De aquí que los cambios en el sistema de castigo contribuirán de manera importante a desarrollar ese síndrome de abstinencia que hará sufrir al paciente y lo conducirá irremediablemente a la recaída.

El procesamiento de los efectos de este fenómeno como respuesta adaptativa ante el estresor se lleva a cabo a través del sistema de castigo, en el que al principio las causas del estrés son detectadas mediante una red neurobiológica que el neurocientífico estadounidense Bruce McEwen (2007, p. 890) describe con todo lujo de detalles, así:

> La corteza prefrontal, la amígdala y el hipocampo están interconectados e influyen entre sí a través de una directa e indirecta actividad neuronal. Por ejemplo, la inactivación de la amígdala bloquea el deterioro inducido por el estrés del LTP del hipocampo y la memoria espacial, y la estimulación de la amígdala basolateral mejora los potenciales de campo del giro dentado, mientras que la estimulación de la corteza prefrontal medial disminuye la capacidad de respuesta de neuronas de salida de la amígdala central. El procesamiento de recuerdos emocionales con información contextual requiere interacciones amígdala-hipocampo, mientras que la corteza prefrontal, con su poderosa influencia sobre la actividad de la amígdala, juega un papel importante en la extinción del miedo. Debido a estas interacciones, los estudios futuros deben abordar su posible papel en los cambios morfológicos y funcionales producidos por único y repetido estrés.

Posteriormente, la respuesta al estrés implica: *a)* la desactivación del sistema parasimpático, *b)* la activación simpática por la acción del *Locus Coeruleus*, asociándose con la respuesta de lucha/huida, y *c)* la activación del eje *Hipotálamo Pituitario Adrenal* (HPA) (Del Giudice, Ellis, & Shirtcliff, 2011). En este proceso se produce la liberación de la *norepinefrina* por el sistema simpático y de la *acetilcolina* en el parasimpático (al'Absi & Bongard, 2006; Everly & Lating, 2002) y, posteriormente, la liberación de la hormona liberadora de *corticotropina* (CRH), la *adrenocorticotropina* (ACTH) y, finalmente, el *cortisol* (Del Giudice *et al.*, 2011). Los efectos del cortisol incluyen la producción de glucosa, exacerbación de la irritación gástrica, incremento en la producción de urea y de la liberación de ácidos grasos en el sistema circulatorio. Además de un aumento en la susceptibilidad al proceso ateroesclerótico y de la necrosis no trombótica del miocardio, la supresión de mecanismos inmunes y del apetito, exacerbación del herpes, y asociación con sentimientos de depresión, desesperanza, indefensión y pérdida de control (al'Absi & Bongard, 2006; Everly & Lating, 2002; Lemos, 2015).

Asimismo, en la respuesta neurobiológica a las reacciones orgánicas consecutivas a la interrupción brusca del consumo abusivo de sustancias psicoactivas que como antes se anotara constituyen un verdadero cuadro de estrés, tienen lugar estos procesos fisiológicos: la hormona liberadora de *corticotropina* (CRH) se libera del hipotálamo para activar el eje *límbico-hipotalámico-hipofisiario-adrenal* (LHHA). Las neuronas que contienen CRH se encuentran en la *corteza prefrontal* y del *cíngulo, amígdala, núcleo accumbens, estría terminalis, materia gris periacueductal, locus coeruleus* y *rafe dorsal*. En la amígdala aumenta las conductas del miedo y en la corteza disminuye la expectación de recompensa; también inhibe funciones neurovegetativas (Monroy & Palacio, 2011, p. 239).

Los sistemas de recompensa y de castigo en el proceso adictivo de sustancias psicotrópicas

En sentido general la adicción se concibe como el hábito que domina la voluntad de una persona. Y desde el contexto neuropsicológico es entendida como un conjunto de trastornos psíquicos caracterizados por una necesidad compulsiva de consumo de sustancias psicotrópicas con alto potencial de abuso y dependencia que afectan significativamente el circuito de recompensa y las estructuras cerebrales estrechamente relacionadas. En efecto, todas las drogas de abuso causan un aumento de la actividad del sistema dopaminérgico mesolímbico. Durante la dinámica del consumo crónico se producen cambios neuro-adaptativos y neuro-plásticos (Martínez, 2014; Garcés & Suárez, 2014, p. 119) que alteran la estructura de este sistema.

Según la Clasificación Estadística Internacional Enfermedades y otros Problemas de la Salud de la Organización Mundial de la Salud (OMS), para que una persona sea diagnosticada como dependiente a drogas de abuso debe sentir un fuerte deseo por consumir la droga, tener dificultad para controlar su consumo, presentar síndrome de abstinencia cuando interrumpe o reduce su consumo, presentar tolerancia a sus efectos, abandonar actividades que son ajenas al consumo de la droga, ocupar el mayor tiempo en conseguir y consumir la droga y persistir en su uso a pesar de que siente que le perjudica.

Los más recientes estudios sobre las adicciones revelan que el área neural implicada en el proceso adictivo se localiza, como ya se expusiera, en la zona del cerebro donde se encuentra el circuito de recompensa cerebral. Las señales asociadas previamente con el consumo de la droga pueden hacer que el sistema dopaminérgico se vuelva activo y produzca la experiencia subjetiva del deseo. El proceso que despierta el deseo por la droga no sería consciente. Las sustancias psicotrópicas incrementan la producción de dopamina en el *nucleus accumbens*, lo que se considera un evento trascendente en el mecanismo de reforzamiento del consumo de las drogas y por ende en la adicción a estas (Crespo-Fernández & Rodríguez, 2007 p. 96). Asimismo, por medio de los llamados reforzadores conductuales positivos (RPN), tales como la ingesta de comida agradable, práctica del sexo, el dinero, el ejercicio físico, los videojuegos, la música, etc., se eleva la liberación de dopamina a dicho nivel. No debe perderse de vista que la conducta adictiva está favorecida por múltiples factores: sociales, familiares e incluso psicológicos. Sin embargo, es llamativo saber que tal como lo revelan algunos estudios hay ciertos componentes genéticos capaces de hacer que determinadas personas sean más susceptibles a las adicciones que otras. En fin, las actuales teorías sobre la adicción sugieren que los mecanismos neurocognitivos, como el procesamiento atencional, control cognitivo y procesamiento de la recompensa desempeñan un papel clave en el desarrollo y mantenimiento de la adicción.

En el contexto neurobiológico resulta oportuno anotar que los reforzadores llamados no naturales, como las drogas, se ahorran muchos pasos que utilizan los reforzadores naturales. En efecto, actúan directamente sobre los receptores de los neurotransmisores que se han mencionado en este trabajo. Así, la nicotina actúa sobre los receptores nicotínicos de la acetilcolina (ACh); el alcohol, sobre los receptores a GABA (GABAA) y a glutamato (NMDA); la marihuana, sobre los receptores a endocannabinoides (eCBs) (CB1R); la morfina y la heroína, sobre los receptores a EDFs (MOR, DOR, KOR); las anfetaminas, el metilfenidato y la cocaína, sobre el transportador de dopamina (DAT); el «éxtasis» o MDMA, sobre el transportador de serotonina (SERT). De esta forma, las drogas activan directamente al sistema de la motivación-recompensa y lo hacen con más potencia que los reforzadores naturales. Sin embargo, tienen al menos dos inconvenientes: su efecto dura poco y obviamente no producen ningún efecto benéfico al sujeto.

Precisamente, debido a su papel en inducir placer la vía dopaminérgica mesolímbica a menudo se activa cuando un individuo desarrolla adicción a las drogas. Los ejemplos de drogas adictivas incluyen cocaína, morfina, heroína y anfetaminas. Aunque estas drogas tienen diferentes mecanismos de acción, todas finalmente aumentan la cantidad de dopamina disponible en las sinapsis en la vía dopaminérgica mesolímbica. En consecuencia, el individuo experimenta un placer extremo (euforia), lo que hace que desee más de cualquiera de estas drogas (Derrickson, 2018, p. 266).

La hipótesis dopaminérgica de la adicción propone que el sistema dopaminérgico mesolímbico (sistema de recompensa) desempeña un papel en el deseo de la droga. Las neuronas dopaminérgicas del área tegmental ventral del mesencéfalo se proyectan al núcleo accumbens de los ganglios basales, hacia el sistema límbico, incluido el hipocampo, y hacia la corteza frontal. Estas regiones cerebrales pueden, por tanto, desempeñar un papel en la adicción porque el sistema mesolímbico dopaminérgico es considerado como el centro cerebral del placer y de la gratificación. Su estimulación es responsable de la farmacodependencia, en la cual el sujeto intenta encontrar el efecto euforizante. La drogadicción se caracteriza por el uso compulsivo de drogas de abuso, y se sugiere que se da la interrupción del sistema de dopamina en el núcleo accumbens. Varios estudios han sugerido que las alteraciones a largo plazo en la plasticidad sináptica (capacidad que tiene el sistema nervioso de cambiar su estructura y su funcionamiento para recuperarse y reestructurarse) asociada a la dopamina podrían estar involucradas en la fisiopatología de la adicción a las drogas (Montero, 2018, p. 27).

Debido a que las sustancias psicoactivas alteran muchos aspectos de la comunicación entre las neuronas; los cambios en la liberación o reabsorción de neurotransmisores desempeñan un importante papel en el mecanismo de acción de muchas sustancias psicoactivas, por ejemplo, la cocaína y las anfetaminas (Crespo-Fernández & Rodríguez, 2007, pp. 99-100; Pereira, 2009, p. 19) impiden la reabsorción de los neurotransmisores dopamina y norepinefrina, prolongando de este modo las acciones de estos transmisores.

En el consumo de sustancias psicoactivas, uno de los mecanismos primarios de acción de la cocaína es bloquear la recaptación de los neurotransmisores, incrementando con esto su concentración en la hendidura sináptica y también sus efectos; en cambio, las anfetaminas, actúan revirtiendo el mecanismo de recaptación, de manera que se libera un neurotransmisor a la hendidura sináptica independientemente de los potenciales de acción (Waxman, 2011, p. 20).

La dopamina, según lo antes expuesto, es el neurotransmisor que utiliza el circuito mesolímbico dopaminérgico para la transmisión de información, juega un papel primordial en la adicción debido a su habilidad para regular la influencia de la recompensa, espera de la recompensa, la motivación, las emociones y los sentimientos del placer. Como se ha expresado:

> La liberación transitoria de dopamina en el estriado ventral es un evento necesario (aunque no suficiente) en el complejo proceso de generar la sensación de recompensa o placer, su incremento parece ser directamente proporcional a la sensación de «elevación» que el sujeto experimenta. La respuesta condicionada se desencadena únicamente cuando la dopamina es liberada repetidamente en forma de agudos y transitorios picos en respuesta a las sustancias psicoactivas o medicamentos que incrementan el contenido de dopamina intracelular en las regiones límbicas, incluyendo al NAcc. El efecto de refuerzo se debe a la capacidad de la droga para superar la magnitud y duración de los rápidos incrementos de dopamina sobre el NAcc, lo que sobrepasa a los efectos provocados por reforzadores naturales como la comida y el sexo. Si los reforzadores naturales producen liberación de dopamina ¿por qué estos no conducen al proceso adictivo? Las diferencias en la liberación de dopamina pueden ser tanto cualitativas como cuantitativas, ya que cuando es inducida por sustancias psicoactivas es de mayor magnitud (de cinco a 10 veces) y duración que la producida por los reforzadores naturales. Adicionalmente, el incremento de dopamina producido por reforzadores naturales ocasiona habituación; por su parte, el incremento derivado del uso de sustancias psicoactivas no la produce (Centros de Integración Juvenil, 2016, p. 39).

O, dicho con mayor claridad: mientras el uso de psicotrópicos incrementa la liberación de dopamina en cada ocasión en que se consumen, los reforzadores naturales, dígase los alimentos, inducen una habituación, provocando que la liberación de dopamina se desvanezca y desaparezca con el acceso repetido. En conclusión, hay lugar a decir que la amplia comunicación anatómica que existe entre ambos sistemas –del placer y del castigo– constata su influencia recíproca y, aparentemente, la preponderancia de la actividad de uno de los dos determina la decisión que tomen los sistemas frontales para realizar una tarea dirigida a un objetivo:

> El sistema de castigo también sufre cambios plásticos por el uso de drogas de abuso. Pareciera que conforme el sistema de la motivación re-

compensa está más activo a consecuencia de la droga, el sistema del castigo tiene que activarse él mismo para contrarrestar más la actividad del primero, para mantener el balance que parece que se desarrolla entre los dos. Es necesario un equilibrio entre los sistemas cerebrales que producen placer y los que producen miedo para el buen desempeño del sujeto frente a su medio.[...] Conforme el sujeto continúa utilizando drogas la respuesta es más pobre, por lo que tiene que aumentar la dosis. Esto es la tolerancia. En esta condición, es como si el *set-point* del sistema de la motivación recompensa estuviera desplazado a un nivel en el que el umbral para activarlo estuviera muy alto para alcanzarlo con reforzadores naturales. Así, las drogas de abuso compiten con gran ventaja sobre el alimento, el agua, el sexo y varios otros reforzadores naturales. En el cerebro adicto a las drogas, en el que su sistema de la motivación-recompensa tiene el umbral alto, solo alcanzado por las drogas de abuso, parece que el sistema del castigo aumenta su actividad. Con esto queremos decir que si bien es cierto que hay una interacción recíproca entre los dos sistemas y las drogas han activado uno, el otro, en consecuencia, aumenta su actividad también. Así que, cuando después de un largo período de consumir drogas se evita consumirlas, como durante un proceso de rehabilitación, el sistema del castigo, que está en una actividad alta, se dejará sentir con intensidad haciendo sufrir al usuario durante el síndrome de abstinencia. Al usuario no le queda más que seguirse administrando la droga para mantener, o al menos tratar de mantener, este balance artificial, esta alostasis y con ello combatir el malestar que le produce la ausencia de droga (Méndez *et al.*, 2010, p. 453).

La narcosis como uso criminológico (policial y judicial)

> Tortura y tortura más indigna y de peor condición que los azotes constituye el anular las funciones específicamente humanas de un ser libre e independiente, sobre todo cuando posiblemente es inocente (*P. Zalba E.*)

Aunque del uso histórico de compuestos farmacológicos universalmente extendido con fines anestésicos como el óxido nitroso (1842), curare –alcaloide *tubocurarina*– (1842), éter etílico (1847), cloroformo (1847) –triclorometano o tricloruro de metilo–, hidrato de cloral (1874), etc. la comunidad médica era sabedora de los efectos sedantes que aquellos agentes anestésicos producían en los pacientes durante el curso de una intervención quirúrgica, nunca se pensó en su aplicación criminológica. Usualmente los inducidos en anestesia solían hablar y dejar en el quirófano inesperadas y comprometedoras revelaciones que en otro estado hubieran deseado seguir manteniendo ocultas. Debe precisarse, sin embargo, que la primera de las sustancias narcóticas que se empleó con fines criminológicos fue la escopolamina, cuyos efectos fueron descubiertos casualmente por el médico estadounidense Robert Ernest House (1875-1930), cuando en 1916 atendía un parto bajo la inducción de dicha sustancia aplicada en forma de inyecciones subcutáneas como era la costumbre en las intervenciones obstétricas de la época.

Lo que en tal oportunidad descubrió House en relación con los efectos fisiológicos de la escopolamina fue su capacidad de modificar el estado de conciencia de los pacientes, generando a este nivel una obnubilación más o menos profunda, pero conservándose las facultades de oír y de hablar (House, 1931, p. 261; House, 1921), a lo que en ese entonces se dio en llamar estado de sueño crepuscular. Este incidente motivó a House a experimentar si la escopolamina pudiera ser aplicada en investigaciones criminales. Indiscutiblemente que aquel afortunado e inesperado hallazgo bien puede enlistarse dentro de los múltiples y muy variados ejemplos de descubrimientos por serendipia ocurridos en el universo mágico de los seres humanos y especialmente en los ámbitos de la psicofarmacología y la criminología –materia de examen– en los que luego de ser interpretado de manera científica se convirtió en un descubrimiento fundamental. Y es, precisamente, en esto donde radica el valor de los descubrimientos serendípicos. En efecto, el beneficio o rendimiento del hallazgo fortuito depende de que sea percibido por una mente acuciosa, abierta, investigativa, deductiva y creativa, capaz de comprenderlo, explicarlo y aplicarlo para convertirlo en un descubrimiento científicamente relevante, como fue sin duda alguna el caso de House, puesto que el asunto es muy diferente cuando a quienes les acaece el evento inesperado no logran reconocer la importancia de lo que observaron. Ya se puede imaginar cuántas personas desde la época de Adán y Eva vieron caer manzanas de los árboles y solo a Newton se le ocurrió la ley de la gravitación universal, expuesta en su obra *Philosophiae Naturalis Principia Mathematica* publicada en 1687.

Siguiendo muy de cerca la opinión que tenía House sobre las bondades de la escopolamina en criminología, estima Inbau que:

> Según el Dr. House, el uso exitoso de escopolamina en la criminología se basa en el hecho de que un estímulo débil es capaz de poner en funcionamiento impulsos nerviosos que son extremadamente potentes en su efecto. Algunas inyecciones de la droga deprimirán la parte frontal del cerebro hasta tal punto que el estímulo de una pregunta puede ir solo a las celdas auditivas, desde donde una respuesta es automática enviada de vuelta, porque el poder de la razón se inhibe más que el poder de escuchar (1933-1934, p. 1154).

Al reflexionar sobre el contenido del tema de la precedente extracta colígese que se trata del mismo principio explicativo de la pérdida parcial o total de memoria en la vejez, como justamente lo expone House en esta perspicua disertación donde aborda el punto de la farmacodinamia de la escopolamina. Dice, en efecto:

> En la vejez, las células corticales de la parte frontal del cerebro se inhiben en sus funciones porque las dendritas, con sus sinapsis, se encogen. Las células corticales no transmiten fácilmente el pensamiento a sus células del pensamiento vecinas, para completar lo que se llama memoria. Es por eso por lo que las personas mayores aparentemente viven en el pasado y no recuerdan eventos recientes con facilidad. Se encontrará una condición similar en el cerebro de una persona bajo la influencia de la escopolamina, excepto que en lugar de contracción de las sinapsis hay una contracción temporal (1931, p. 333).

Posteriormente, quien por serendipia descubriera aquellos efectos desconocidos de la *hioscina* se ufanó tanto de sus éxitos en los estrados judiciales que terminó aceptando la errada denominación de *truth-serum* que los diarios de la época empezaron a usar para referirse a la escopolamina, a pesar de saber no solo que su composición química era completamente diferente a la de cualquiera de los tipos de suero conocidos: fisiológico o salino, sanguíneo, lácteo, medicinal, etc., sino también que su uso no era con fines curativos.

> En 1922 se le ocurrió a Robert House, un obstetra de Dallas, Texas, que se podría emplear una técnica similar en el interrogatorio de presuntos delincuentes, y él arregló entrevistar bajo escopolamina a dos prisioneros en la cárcel del condado de Dallas cuya culpabilidad parecía claramente confirmada. Bajo la droga, ambos hombres negaron los cargos por los cuales fueron retenidos; y ambos, durante el juicio, fueron declarados inocentes. Entusiasta por este éxito, House concluyó que un paciente bajo la influencia de la escopolamina "no puede crear una mentira... y no hay poder para pensar o razonar". Su experimento y esta conclusión atrajeron una gran atención, y la idea de una "droga de la verdad" se lanzó así sobre la conciencia pública (Bimmerle, 1961).

Por su parte, Geis (1959, p. 356) señala:

> Las objeciones legales y científicas a la escopolamina prohibieron efectivamente su uso ampliado en trabajo policial, sobre todo después de House, con su celo cruzado y su habilidad para llamar la atención del público sobre su trabajo, desapareció de la escena. A mediados de la década de 1930 la escopolamina se volvió pasada de moda a medida que los experimentos mostraban que varios derivados del ácido barbitúrico tales como pentotal sódico y amytal sódico, eran más seguros para el interrogatorio de delincuentes. Hoy en día, la escopolamina todavía sirve mucho como ayuda obstétrica, y se ha encontrado que es un excelente remedio para el mareo, probablemente debido a sus cualidades depresoras y antiespasmódicas. También se utiliza para controlar la rigidez y los temblores en Enfermedad de Parkinson, y empleado un tanto para mitigar la gravedad de los síntomas de abstinencia en adictos a los narcóticos. Fue, de hecho, en conexión con este último uso que la escopolamina supuso más recientemente en los anales de la corte, como un sospechoso confesó un crimen y luego reclamó, en desacuerdo con el tribunal de apelaciones, que una inyección de escopolamina que había recibido en la cárcel había conducido ilegalmente a la confesión.

Con el nombre de narcoanálisis se designa el procedimiento que valiéndose de barbitúricos o hipnóticos se pretende revelar la realidad psicológica (intenciones, deseos, propósitos, afectos, fantasías, etc., más o menos inconscientes). A través de dicha técnica puede llegarse a conocer la intimidad de nuestros deseos e impulsos, es decir, a poner de manifiesto amplias zonas de nuestro inconsciente. El investigador policial o el judicial reconocen que en la mente de un indiciado se anida el conocimiento de la verdad que quieren establecer. Ambos intentan obtener la deseada información por métodos directos mediante la destrucción temporal del poder de la razón y de la voluntad del sospechoso a través de la administración forzosa de tales drogas. En un sistema judicial respetuoso tanto de la dignidad de la persona humana como de otras garantías procesales y valores éticos, es absolutamente inconstitucional e ilegal el uso del narcoanálisis como medio de exploración judicial o policial, pues no cuesta ningún esfuerzo para concluir que los mismos repugnan a la naturaleza humana.

Desde el ángulo de la psicología dinámica se pretende con el narcoanálisis, como lo advierte López Gómez (1966), hacer aflorar material reprimido no accesible en vigilia al esfuerzo evocador de la memoria, es decir la ecforización de material psíquico que la censura consciente mantiene relegado a profundas zonas del inconsciente. Los hipnóticos debilitan la censura y facilitan la obtención de los complejos reprimidos en menos tiempo; y añade:

> […] En ciertas situaciones y en las condiciones que luego detallaremos, puede el narcoanálisis constituir un buen medio de trabajo clínico; pero, entiéndase bien, tal método no debe de usarse con fines puramente cognoscitivos y diagnósticos, sino en tanto en cuanto constituye una terapéutica por sí mismo (catarsis) o sirve de base a una terapéutica. De este modo empleado el narcoanálisis se convierte en una terapéutica más, que puede ejercerse con el mismo derecho y con las mismas limitaciones y respetos que una gastrectomía (p. 9).

La administración de fármacos narcóticos durante un interrogatorio o narcoanálisis crea una momentánea alteración del contenido de la conciencia. Una consciencia así puede revelar alguna verdad que esconde, pero puede falsear otras muchas. La situación creada mediante tal técnica bien puede ser comparada con el estado de la anormal locuacidad del borracho. Es posible utilizar la narcosis química para obtener confesiones forzadas de hechos falsos. De allí la conclusión crítica y razonable de López Gómez:

> No vemos qué ventajas puede tener el sistema con respecto a los procedimientos medievales de obtener una confesión. Es más aséptico, menos brutal, pero más cruel. Encierra un mayor desprecio a la persona humana, tanto más cuanto que no se usa solo, sino como coronamiento de una técnica prolongada de aniquilamientos psíquicos y físicos (1966, p. 10).

Refiriéndose Romo Pizarro al alcance de las técnicas de narcosis química y su admisión en el ámbito científico, explica que radica esencialmente en adormecer «la vigilancia» del declarante; de esta manera se le despoja de todas las resistencias y reservas psíquicas anulando las barreras que pudieran impedir su respuesta o deformarla. Diversas substancias son empleadas para estos efectos, desde el hachís y el vino, para así producir un estado de embriaguez revelador, hasta la actual inoculación de drogas. En 1925 se preconizaba la escopolamina la que, en 1931, asociada por House a la morfina, es denominada por éste «suero de la verdad»; obviamente no se trata de un suero, ni tampoco detecta siempre la verdad. Con posterioridad se usan otros fármacos, como el cloroformo, el éter, la mezcalina; barbitúricos, como el pentotal, el nembutal, etc. Estas drogas y substancias permitirán «la auscultación de la conciencia» en base a un interrogatorio dirigido hacia fines previamente señalados, sean de naturaleza diagnóstica o simplemente policiales de investigación.

Respecto a las anteriores técnicas, se objetan en general, por cuanto las reacciones que se obtienen no son siempre iguales en todos los sujetos; incluso más, la repetición de las pruebas tampoco encuentra similitud en el mismo individuo (CHAUCHARD, 1971, p. 90). La personalidad del declarante incidirá también en la reacción frente a cada estímulo, de tal manera que los de mayor labilidad sufrirán un verdadero shock emocional ante el interrogatorio hecho en esas condiciones. Serán por tanto posibles los fracasos en estas pruebas, aun cuando en determinados casos producirán los resultados esperados, siempre y cuando sean ejecutados con prudencia y por especialistas en la materia (Romo, 2000, p. 495).

De acuerdo con el reconocido criterio científico de Gisbert la narcosis consiste esencialmente en adormecer la vigilancia de un sujeto y conducirle al borde del sueño, al momento preciso en que la conciencia comienza a disolverse, en cuyo instante se intenta por el interrogatorio liberar su pensar y despojarlo de todas las resistencias y de todas las barreras que podrían impedir su exteriorización o deformación por una acción voluntaria.

> [...] La narcosis propiamente dicha empieza con una sensación vertiginosa, seguida de bostezos y, a veces, de una sonrisa beatífica. La técnica que hay que seguir difiere según se desee obtener un estado segundo en el período presoporífero o en el postsoporífero.

Para alcanzar el período presoporífero "se inyectará la menor dosis de narcótico necesaria para obtener el estado segundo buscado". Y para utilizar el período postsoporífero, anota:

> [...] se inyecta la dosis útil de narcótico que permita el adormecimiento, y después de unos 20 min. de sueño, se despierta al paciente y se le intenta captar por alguna frase que pueda despertar su interés. [...] Durante el estado segundo se producen en el sujeto, como ponen de manifiesto Cornil y Olliver, modificaciones psicológicas y neurológicas. Entre las modificaciones psicológicas adquieren especial relieve, dada la finalidad de la técnica, las siguientes: aumento de la ideación y de la autocrítica, mayor viveza de la comprensión, desaparición de la indecisión y, constantemente, hipermnesia. La afectividad se exterioriza, la voluntad se debilita, los sentimientos inhibidores, tales como el poder, la timidez y la vergüenza se desvanecen; la personalidad se agranda y la locuacidad aumenta. [...] Las modificaciones neurológicas han sido estudiadas por Targowala, Alajouanine y sus discípulos, y se traducen principalmente por alteraciones de la reflectividad, temblores, modificaciones del tono muscular (Gisbert, 1991, pp. 628-629).

Entre los diversos métodos para conocer la verdad en el ámbito judicial Altavilla (1883-1968) relaciona el que da en llamar Exploración Farmacodinámica el cual explica que se ejerce por medio de preparados especiales, con preferencia barbitúricos, para obtener un estado de inconsciencia o subconsciencia en el cual se debilitan los poderes que regulan la conducta, especialmente en relación con declaraciones procesales tendientes a hacer conocer la verdad. Usada ya por los pueblos antiguos, se habla de que se aplicó la mescalina en una tribu del río Amazonas; pero, refiriéndose a tiempos más recientes, parece que el uso del cloroformo por razones obstétricas reclamó la atención sobre una locuacidad no controlada. Las primeras utilizaciones verdaderas, por razones científicas se registraron en 1906: Moreau de Tours empleó el *haxix*; luego Tomansky el *alcohol*; y Baroni, la *mescalina*; luego se usó la *atropina*, la *somniferina*, el *éter* (Briere de Boismont), la escopolamina, combinada por algunos con clorosa (escoplorosa); el amital sódico, el pentotal, etc.

> [...] De los elementos que distinguen el narcoanálisis del sicoanálisis, de los cuales ya se ha hablado, puede deducirse que mientras este tiende a explorar el inconsciente para hacer conocer la personalidad del delincuente, y puede por ello ser más empleado en sicología criminal, el narcoanálisis tiende a relajar una voluntaria inhibición que ha impuesto un secreto, para hacer conocer una verdad a la investigación judicial (Altavilla, 1975, pp. 478-480).

Asimismo, dentro de los métodos de conocimiento para la obtención de la verdad jurídica basados en suprimir la censura consciente de los declarantes, Mira y López (1896-1964) se refiere a la hipnosis y al empleo de sustancias estupefacientes. En relación con tales métodos entrega estas autorizadas observaciones:

> [...] mientras en los ensayos de hipnotismo terapéutico se cuenta generalmente con la voluntad del enfermo, que espera un bien de su sumisión al hipnotizador, aquí es todo lo contrario, o sea que el presunto delincuente o testigo ha de oponerse con todas sus fuerzas psíquicas a ser hipnotizado, desviando su atención y su mirada, o fingiéndose dormido sin estarlo, para eludir la confesión de lo que desea ocultar. Por ello la mayoría de los autores han dirigido recientemente sus investigaciones al empleo de substancias estupefacientes que, como el éter, la morfina, la hioscina, los preparados barbitúricos (somnífeno, dial, luminal, etc.), permitiesen obtener *en cualquier* persona, y aun en contra de su voluntad, un estado de obnubilación suficiente para obscurecer el poder

de su voluntad sin suprimir por completo su capacidad de expresión o reacción automática. Así un médico norteamericano, House, lanzó en 1918 su famoso «*Truth serum*» (suero de la verdad), con el que pretendía obtener declaraciones de un 100 por 100 de sinceridad, aun en los más astutos e hipócritas delincuentes. La técnica consistía en inyectar dicho suero (según el peso y la edad del sujeto), hasta obtener el estado de semi conciencia que el autor designaba con el nombre e «automatismo onírico». Los resultados obtenidos y publicados por el autor con dicho procedimiento hicieron concebir grandes esperanzas a su eficacia práctica, pero éstas disminuyeron rápidamente en cuanto su técnica fue puesta en manos de investigadores más imparciales o quizás menos hábiles. Posteriormente se han utilizado otras substancias, tales como el éter (Claude), el cloroformo (Herrera), el pentotal (Grinker) pero todos estos procedimientos tienen el inconveniente de que en la mayoría de los casos no se puede llegar a conseguir con ellos el estado que se busca, es decir, que en tanto el sujeto conserva su conciencia, la tiene suficientemente clara para no responder con la sinceridad deseada, y cuando ya no es dueño de sí, es decir, cuando su conocimiento se obnubila, entonces no responde absolutamente nada (Mira y López, 1980, pp. 223-224).

Delimitación conceptual y tratamiento de la narcosis a partir de la doctrina penalista

Ciertamente, la narcosis ha sido empleada como método de exploración de la sinceridad de las declaraciones del imputado y de testigos, independiente de su demostrada utilidad y de la muy cuestionada licitud moral, constitucional y legal, en este trabajo han sido examinadas tanto las características que hacen práctico y utilitario dicho método, como los efectos que produce a nivel de la consciencia, lo que ha quedado claro con la delimitación que desde la ciencias médica y psicológica se viene de exponer.

No obstante, en contra de la primera afirmación se encuentra el muy respetable punto de vista de Jiménez de Asúa expuesto hace más de cinco décadas, en el que al pasar revista a las diversas opiniones, sobre todo a las enemigas del narcoanálisis, el llamado «suero de la verdad» no existe. Lo que dice el narcotizado ha de interpretarse;

gran número de reticencias subsisten, a pesar de la inyección, y, sobre todo, son posibles muchas sugestiones en la manera de preguntar, que deforman la respuesta, mucho más que en interrogatorios ordinarios, aunque se realicen capciosamente, cosa que las leyes prohíben. El valor de la confesión sería, pues, dudosísimo, como entre otros muchos:

> [...] No debe olvidarse que en el narcoanálisis se produce la liberación de los frenos inhibitorios del superyó, pudiendo resultar, como faz contraria de la cautelosa actitud de silencio que dichas inhibiciones imponen en la conducta, que emerja una posible actitud jactanciosa del yo del sujeto, que le lleve a blasonar incluso de lo que no hizo.

Continúa el autor: "con su examen sobre el tema, centrándolo en enjuiciar desde distintos frentes este proscrito procedimiento" (Jiménez de Asúa, 1964, pp. 761 a 769).

Y sobre la segunda, esto es la licitud moral, atendiendo al criterio de la proporcionalidad, como considera Etxeberría se ha realizado en el Derecho comparado (básicamente en Alemania) una clasificación de las concretas diligencias de intervención corporal que resultan admisibles y las que, por el contrario, se estiman inadmisibles por su carácter desproporcionado. Advertimos que dicha clasificación obedece a criterios objetivos, esto es, aquellos que atendiendo a la situación ordinaria en que se encuentra una persona determinan la exigibilidad o no de la diligencia en circunstancias normales. Huelga aclarar que la admisibilidad objetiva de una diligencia no impide que, atendiendo a las particulares circunstancias personales del destinatario de la misma, ésta devenga inadmisible. Se trata, pues, de una "clasificación orientativa". Dentro de dicha relación incluye el citado autor al *Narcoanálisis*, respecto del cual acota:

> En esta modalidad de investigación, consistente en el suministro de ciertas sustancias químicas al objeto de conseguir confesiones o al menos declaraciones desinhibidas, más que la salud se produce un menoscabo en la libre voluntad de la persona: su ordenación, pues, resulta inadmisible (ETXEBERRÍA, 2003, pp. 566-567).

La persona narcotizada, sobre todo después del gran descubrimiento del pentotal –introducido como "agente anestésico" en Colombia en 1934 (Herrera, 1974; Venturini, 2021)–, debe equipararse a la hipnotizada –según la opinión de Jiménez de Asúa– por lo que, como veremos, acertó el legislador argentino al asimilar a la violencia los medios hipnóticos y los narcóticos. Es evidente que el narcotizado rinde a una mayor inmovilidad que el sometido a sugestión hipnótica, y que ciertos delitos serán mucho menos posibles de ejecutar; pero no es menos cierto que se puede acudir a la narcosis para hacer que el sujeto a ella diga contra una persona lo que frena su conciencia (difamación o injuria) o que perpetre delitos omisivos o de comisión por omisión (Jiménez de Asúa, 1957, pp. 717-718).

En cambio, para Cerezo Mir (2002, pp. 67-68) los supuestos de narcosis le merecen el mismo tratamiento ofrecido en relación con los eventos de sugestión hipnótica, esto es, la afirmación de la existencia de acción en el sentido reclamado por el Derecho penal, pues la persona narcotizada –arguye– no pierde por completo la consciencia, sino que se encuentra en un estado de seminconsciencia. Si revela un secreto, profiere una expresión injuriosa o incurre en una omisión podría faltar únicamente o aparecer disminuida la imputabilidad, aplicándole la eximente completa o incompleta de intoxicación plena por el consumo de bebidas alcohólicas, drogas tóxicas, estupefacientes, sustancias psicotrópicas u otras que produzcan efectos análogos (n° 2° del art. 20).

Consultadas las distintas posturas que en el ámbito jurídico-penal se han elaborado acerca de la legalidad del narcoanálisis se suscribe la postulada por López Gómez quien, con sutil juicio crítico, la fundamenta en un brillante análisis sobre el funcionamiento de los tres científicamente conocidos tipos de narcoanálisis, vale decir, el clínico, el médico-legal y el policial o criminológico. Al respecto escribe:

> 1. *Narcoanálisis clínico*. No parece que haya nada que objetar contra el empleo del narcoanálisis en la práctica clínica con fines simplemente diagnósticos y terapéuticos, supuestas siempre las debidas cautelas

de honestidad y pericia en el medico, consentimiento del paciente y alejado el peligro de revelación indebida de algún secreto profesional del enfermo. 2. *Narcoanálisis médico-legal*: *a)* Sin exploración de la conciencia. Puede admitirse este narcoanálisis a condición de que la actividad del perito se restrinja puramente a una valoración médica del estado somato-psíquico del individuo y vaya siempre acompañada de las cautelas exigidas en la conclusión anterior. *b)* Con exploración de la conciencia. Es rechazable en todo el ámbito de la medicina legal, porque encierra una lesión cierta a los derechos naturales del individuo. 3. *Narcoanálisis policial o criminológico*. La confesión judicial para que tenga algún valor debe ser hecha con plena conciencia y libertad. Es así como el narcoanálisis viola la libertad del individuo y somete su voluntad a la influencia de drogas que ponen su estado psíquico en circunstancias de anormalidad, no debe permitirse por tanto su empleo y debe ser totalmente reprobable. Y termino resaltando que los procedimientos criminológicos son la parte más ardua de la delicada misión judicial; porque en estos procedimientos están envueltos los tres bienes de mayor importancia para el hombre, que son, su libertad, su honor y su vida. Y sin libertad, el ciudadano no estima la vida; sin honor, no estima la libertad; y sin vida civil, carece de libertad y de honor (1966, p. 45).

POSICIONAMIENTO ANTE LA TEMÁTICA EN EXAMEN

Frente a la narcosis por intoxicación aguda seguida del consumo de sustancias psicotrópicas

Primeramente, es oportuno anotar que en el tema de los trastornos relacionados con sustancias precisa distinguirse entre *trastornos por consumo de sustancias y trastornos mentales inducidos por sustancias*. En lo que atañe al examen del trastorno por consumo suele ser de especial importancia abordar, en primer lugar, el estado de intoxicación aguda consecuente a la ingesta reciente de la sustancia, luego los efectos que surgen tras el episodio de intoxicación, los cuales dependen de múltiples factores, entre ellos no se puede perder de vista la especie de sustancia ingerida; y, por último, viene la indagación en cada caso qué grado de incapacidad ha provocado el narcótico (p. ej., un estado de sueño profundo). En cuanto al análisis de los trastornos mentales inducidos por sustancias (que se distingue del trastorno por consumo en que un cortejo de síntomas cognitivos, comportamentales y fisiológicos contribuyen al consumo continuado a pesar de los problemas significativos relacionados con la sustancia), corresponde constatar, por una parte, los efectos crónicos a varios niveles, particularmente al neuropsicológico, del consumo abusivo o descontrolado de la particular sustancia consumida y, por otra, la plena certeza de que el trastorno no se puede explicar mejor por un trastorno mental independiente.

Valgan aquellas globales consideraciones para que al examen de un determinado resultado lesivo de bienes jurídicos en el contexto del derecho penal, originado en un estado de intoxicación con efectos agudos, se concluya con un juicio de impunidad. En síntesis, se considera que el trastorno por consumo de sustancias está caracterizado porque ha de ser en dosis suficientemente elevadas que provoquen un estado de intoxicación aguda en el consumidor, y porque tras él concurren unos signos o síntomas compatibles con los efectos bioquímicos y fisiológicos sobre el sistema nervioso central propios de la específica sustancia que ha sido consumida. Solo así, es decir, en presencia de un estado de intoxicación con efectos a corto plazo o «agudos», podría concluirse de manera general con la afirmación de la existencia de alteraciones en el contenido de la conciencia, estado cognitivo, percepción y afectividad, factores que impiden en el ámbito del primer estrato valorativo de la noción de delito afirmar la presencia de una conducta humana. En cambio, tratándose de algún efecto que lesione o ponga en peligro un bien jurídico sobrevenido de trastorno mental inducido por sustancias (p. ej., los trastornos psicóticos, los trastornos bipolares y relacionados, los trastornos depresivos, los trastornos de ansiedad, los trastornos obsesivo-compulsivos y relacionados, el delirium y los trastornos neurocognitivos), su enjuiciamiento en el entorno jurídico-penal ha de tener lugar en el plano analítico de la culpabilidad.

Frente a la narcosis como exploración farmacodinámica del contenido de la conciencia o a la producción artificial del estado narcótico

La narcosis química por fármacos hipnóticos administrados vía endovenosa (p. ej., Tiopentato de sodio; Litter, 1986, pp. 66-82) –Pentothal o Amital sódico o Trapanal–, Hexobarbital –Citopan, Evipan, Tobinal–, Precedex (Romera *et al.*, 2014, p. 43), Propofol (Galeotti, 2009, pp. 159-160. En el mismo sentido: Muñoz-Cuevas *et al*, 2005; Romera *et al.*, p. 42), igualmente crea una alteración (disminución) del contenido de la conciencia con capacidad para excluir la conducta en los término del derecho penal. Por ejemplo, desde el perfil farmacodinámico de agentes anestésicos como el *Tiopentato de sodio* [barbitúrico moderno ampliamente utilizado que ha suplantado en gran medida el uso del Hexobarbital como anestésico, ya que permite un mejor control de la profundidad de la anestesia] está probado que es un depresor de acción ultracorta del sistema nervioso central, cuyo efecto es una ralentización de varias funciones del cerebro]. O, como el *Precedex* que produce un nivel de sedación en el que el paciente puede abrir los ojos a la estimulación verbal y obedecer órdenes sencillas; al cesar el estímulo el inducido vuelve a dormirse y retoma el nivel de sedación previo. O, como el *Propofol* cuyos efectos farmacológicos de sedante-hipnótico sin propiedades analgésicas produce depresión del SNC dependiente de la dosis que incluye sedación, concentraciones plasmáticas bajas (0.5 a 2 g/mL), hipnosis plena y concentraciones plasmáticas > 3 g/mL, la hipnosis inicia entre los 40 y 60 s. tras la administración. Basta entonces al terapeuta, para disminuir la resistencia del narcoanalizado, una inyección lenta de cualquiera de estas sustancias para provocar en aquel un estado intermedio entre el sueño y la vigilia, durante el cual, perdido el control consciente, inhibidas también en parte las barreras inconscientes y creados estímulos vigorosos para inducir una respuesta a través de interrogatorios que liberen su pensar, llevándolo de este modo a la exteriorización de sus actos y recuerdos, tiene lugar la exploración narcoanalítica.

De acuerdo con la descripción consensuada que desde la literatura médica se viene de exponer sobre las características de la antedicha inspección farmacodinámica, se puede afirmar que con ella se suscitan momentánea y reversiblemente verdaderas modificaciones psicológicas en el explorado, entre las que por su especial importancia en el contexto de la práctica clínica se suelen citar:

> [...] aumento de la ideación y de la autocrítica, mayor viveza de la comprensión, desaparición de la indecisión y constantemente hipermnesia. La afectividad se exterioriza, la voluntad se debilita, los sentimientos inhibidores, tales como el poder, la timidez y la vergüenza se desvanecen; la personalidad se agranda y la locuacidad aumenta.

Una breve explicación acerca del procedimiento de la exploración farmacodinámica la ofrecen Bharadwaj y Suresh en cuyo país de origen, India, no existe prohibición legal al respecto. En el sentido dicho explican que:

> La prueba del narcoanálisis implica la administración de pequeñas cantidades de pentothal y amital sódico disuelto en agua destilada y mezclado con dextrosa, por vía intravenosa durante un período de tres horas. El efecto psicológico es que el sujeto pierde toda inhibición y no tiene la capacidad de manipular respuestas fácilmente. Es por eso por lo que se cree que la información revelada durante tal prueba es principalmente la verdad. Luego el sujeto es interrogado por oficiales investigadores en presencia de médicos y lo mismo se graba en audio y videocasetes. Además, los expertos preparan un informe, que se utiliza con el propósito de recolectar evidencia (2008, p. 121).

Admitiendo en gracia de discusión la legitimidad de la técnica del narcoanálisis criminológico o policial resulta pertinente considerar la valoración jurídico-penal del efecto dañoso para los bienes jurídicos (verbigracia, el derivado de una revelación de secreto) surgido, por ejemplo, en el decurso de una exploración farmacodinámica realizada por perito médico con el único fin de precisar un diagnóstico, pero que extralimitándose termina inquiriendo por los hechos de una investigación penal, no puede ser otra que la de la exclusión de la responsabilidad penal de su autor (el revelador del secreto) por ausencia de conducta humana. En efecto, la persona objeto de la mencionada exploración es sumida farmacológicamente en un estado de adormecimiento que debilita el control consciente sobre los propios actos. Aunque el tratamiento jurídico que corresponde dar al comportamiento del perito médico resulta idéntico al que ha de otorgarse al terapeuta que dirige una sesión de hipnosis con análogos fines, metodológicamente estas dos técnicas son diferentes, pues mientras que en la primera el proceso hipnótico se pone en marcha mediante la inducción de sugestiones, en la narcosis, en cambio, el procedimiento consiste en el empleo de un agente farmacodinámico (p. ej., Pentotal, Evipan, Propofol, etc.). Y, con respecto a la situación de la persona que revela el secreto durante el curso de una u otra exploración, como ya se dijo, quedaría exenta de responsabilidad penal bien con fundamento en una causal de incapacidad psíquica de acción o bien en una causal de incapacidad física de exteriorización de la voluntad personal (por fuerza psíquica irresistible), ambos motivos excluyentes de responsabilidad por ausencia de conducta.

Similares efectos jurídicos han de reconocerse frente al caso del paciente que en la mesa de cirugía y bajo los efectos de una cualquiera de las sustancias anestésicas atrás relacionadas, profiere expresiones injuriosas contra persona determinada. En verdad, que aquel ha sufrido modificaciones en su estado de conciencia generándole una reversible condición de incapacidad para interactuar con el entorno social y para comprender adecuadamente la realidad que lo rodea, evento que excluye la responsabilidad por inexistencia de conducta humana.

***

La excelsa calidad humana de amigos como Jesús María Valle Jaramillo les otorga soberana inmortalidad porque ha conseguido tatuar en nuestro corazón un imborrable sentimiento de aprecio que exaltaremos hasta el último instante de nuestra partida.

REFERENCIAS

Altavilla, E. (1975). *Sicología Judicial. Volumen I. El Proceso Sicológico y la Verdad Judicial*. Editorial Temis.

Arenas, N. A., Suaza, S. A. & Quintero, A. A. (2008). *La prueba ilícita y la Regla de exclusión*. Editorial Leyer.

Ayuso, J. L; Vieta, E. & Arango, C. (Coords.) (2014). *Manual Diagnóstico y Estadístico de los Trastornos Mentales* [5ª ed.]. Editorial Médica Panamericana.

Bharadwaj, A. & Suresh, S. (2008). Narco Analysis and Protecting the Rights of the Accused. *Nalsar Student Law Review*, 4(12), 121-133.

Bimmerle, G. (1961). "Truth" Drugs in Interrogation. *Studies in Intelligence*, 5(2),1-19.

Centros De Integración Juvenil (2016). *Cerebro y sustancias psicoactivas. Elementos básicos para el estudio de la neurobiología de la adicción*. México, D. F.

Cerezo, J. (2002). *Curso de Derecho Penal Español: Teoría Jurídica del Delito*, t. II [6ª ed.]. Tecnos.

Chauchard, P. (1971). *Hipnosis y Sugestión*. Oikos-tu.

Clark, M. A., Finkel, R., Rey, J. A. & Whalen, K. (2012). *Farmacología* [5ª ed.]. Wolters Kluwer Health, Lippincott Williams & Wilkins.

Crespo-Fernández, J. A. & Rodríguez, C. A. (2007). Bases Neuroanatómicas, Neurobiológicas y del Aprendizaje de la conducta de adicción a la cocaína. *Revista Latinoamericana de Psicología*, 39(1), 83-107.

Cutile, V. M. & Rojas, I. (2012). Anestésicos generales intravenosos. *Revista de Actualización Clínica Médica*, 27, 1345-1349.

Derrickson, B. (2018). *Fisiología Humana*. Editorial Médica Panamericana.

Dession, G. H., Freedman, L. Z., Donnelly, R. C. & Redlich, F. C. (1953). Drug-Induced. Revelation and Criminal Investigation. *The Yale Law Journal*, 62(3), 315-347.

Diccionario Terminológico de Ciencias Médicas (1990), Reimpresión. Salvat Editores.

Etxeberría, J. F. (2003). *Las intervenciones corporales: su práctica y su valoración como prueba en el proceso penal*. Imprenta Universitaria.

Fleming, A. (1945, diciembre 11). Penicillin. En *Nobel Lectures: Physiology or Medicine 1942-1962*. Elsevier Publishing Company, pp. 83-93.

Galeotti, G. (2009). Farmacocinética del propofol en infusión. *Revista Argentina de Anestesiología*, 67(2), 154-185.

Garcés, M. V. & Suárez, J. C. (2014). Neuroplasticidad: aspectos bioquímicos y neurofisiológicos. *Revista CES Medicina*, 28(1), 119-132.

Geis, G. (1959): In scopolamine veritas. The Early History of Drug-Induced Statements. *Journal of Criminal Law and Criminology*, 50(4), 347-356.

Gisbert, J. A. (1991). *Medicina Legal y Toxicología* [4ª ed.], Salvat Editores.

Gómez, L. (2003). *Las intervenciones corporales como diligencias de investigación*. Editorial Aranzadi.

Hall, J. E. (2016). *Guyton y Hall. Tratado de Fisiología Médica* [13ª ed.]. Elsevier.
Herrera, J. (1974). Historia de la Anestesiología en Colombia. *Revista Colombiana de Anestesiología*, 2, 155-161.
House, R. E. (1921). The Physiological Effects of Scopolamine –the Revised Method of «Twilight Sleep»–, 30 Medical Insurance and Health Conservation, 30, 391-394.
House, R. E. (1931). The Use of Scopolamine in Criminology. *The American Journal of Police Science* 2.4 (1931), 332–33.
Inbau, F. E. (1933-1934). Scientific Evidence in Criminal Cases. Methods of Detecting Deception, II. *Journal of Criminal Law and Criminology*, 24(6), 1140-1158.
Jiménez de Asúa, L. (1957). *Tratado de Derecho Penal: Primera Parte* [t. III]. Losada.
Jiménez de Asúa, L. (1964). *Tratado de Derecho Penal: Segunda Parte* [t. IV]. Losada.
Lemos, M. (2015). La teoría de la alostasis como mecanismo explicativo entre los apegos inseguros y la vulnerabilidad a enfermedades crónicas. *Anales de Psicología*, 31(2), 452-261.
Litter M. (1998): *Compendio de Farmacología: Anestésicos generales* [5ª ed.]. Editorial El Ateneo.
López, L. (1966). En torno a la legalidad del narcoanálisis. *Anales de la Universidad de Valencia*, vol. XL, Cuaderno I Curso Medicina, 7-45.
López, M. J. & Sánchez, C. (2007): Utilización de la Ketamina en el tratamiento del dolor agudo y crónico. *Revista Sociedad Española del Dolor*,14(1), 45-65.
Martínez, A. (2014). Comunicación entre células gliales y neuronas I. Astrocitos, células de Schwann que no forman mielina y células Schwann perisinápticas. *Revista de Medicina e Investigación*, 2(2), 75-84.
McEwen, B. S. (2007). Physiology and Neurobiology of Stress and Adaptation: Central Role of the Brain. *Physiology Review*, 87(3), 873-904.
Méndez, M., Ruiz, A., Prieto, B., Romano, A., Caynas, S. & Prospéro, Ó. (2010). El cerebro y las drogas, sus mecanismos neurobiológicos. *Salud Mental*, 33(5), 451-456.
Mira y López, E. (1980). *Manual de Psicología Jurídica*. Editorial El Ateneo.
Monroy, B. G. & Palacio, L. (2011). Resiliencia: ¿Es posible medirla e influir en ella? *Salud Mental*, 3, 237-246.
Montero, G. (2018). *Sistema de recompensa del cerebro y neuronas del placer* [Tesis de Grado]. Universidad de Sevilla.
Muñoz-Cuevas, J. H., De la Cruz-Paz, M. A. & Oliveros-Vásquez, Y. I. (2005). Propofol ayer y hoy. *Revista Mexicana de Anestesiología*, 28(3), 148-158.

Organización Mundial de la Salud (2008). *Glosario de términos de alcohol y drogas*. Ministerio de Sanidad y Consumo.

Palmero, F., Gómez, C., Carpi, A., Díez, J. J., Martínez, R. & Guerrero, C. (2004). De ciertas relaciones en Psicología de la Motivación y la Emoción. *Revista de Psicología y Psicopedagogía*, 3(1),19-57.

Pereira, T. (2009). Neurobiología de la adicción. *Revista de Psiquiatría del Uruguay*, 73(1), 9-24.

Pineda-Ortiz, J. & Torrecilla-Sesma, M. (1999). Mecanismos neurobiológicos de la adicción a drogas. *Trastornos Adictivos*, 1(1):13-21.

Raff, H. & Levitzky, M. (2013). Hipoxia e Hiperbaria. En: R. Raff y M. Levitzky, *Fisiología Médica: Un enfoque por aparatos y sistemas*. McGraw-Hill Interamericana Editores, S. A. de C. V.

Rang, H. P./ Dale, M. M./ Ritter, J. M. & Flower, R. J. (2008). *Farmacología* [6ª ed.]. Elsevier España.

Romera, M. A., Chamorro, C., Lipperheide, I. & Fernández Simón, I. (2014). Indicaciones de la dexmedetomidina en las tendencias actuales de sedoanalgesia en el paciente crítico. *Revista Medicina Intensiva*, 38(1), 41-48.

Romo, O. (2000). *Medicina Legal: Elementos de ciencias forenses*. Editorial Jurídica de Chile.

Schwarcz, Joe (2017). ¿What is "Truth Serum? En: McGill University Office for Science and Society.

Venturini, A. H. (2012). *Historia de la Anestesia en Sudamérica*. http://files.sld.cu/anestesiologia/files/2012/03/anestesia-sudamerica.pdf

Waxman, S.G. (2011). *Neuroanatomía Clínica* [26ª ed.]. McGraw-Hill Interamericana Editores, S. A. de CV.

Una aproximación histórica a la riña en el derecho penal colombiano

Ricardo Posada Maya[*]

RESUMEN: El presente texto analiza la figura de la riña desde una perspectiva histórica. Así, en primer lugar, se estudian el concepto, sus elementos y su evolución a partir de los diferentes estatutos punitivos nacionales. En segundo lugar, dicho análisis permite distinguir la riña de otros fenómenos como las infracciones deportivas o el duelo, que pueden ser definidos como combates singulares que producen resultados lesivos para los bienes jurídicos de los corriñentes. En tercer lugar, se analiza la riña en el contexto de las causales de justificación, en particular, la incompatibilidad histórica entre esta figura y la legítima defensa, así como las excepciones para la protección legítima de los derechos propios o ajenos en actos de confrontación. En cuarto lugar, se estudia la regulación vigente en materia de riña y el posible tratamiento que podría tener en la individualización judicial de la pena. Finalmente, se indican la bibliografía y la jurisprudencia empleadas en el texto.

Palabras claves: Duelo, riña, legítima defensa, deportes violentos.

A la memoria del Prof. Jesús María Valle Jaramillo, por su compromiso permanente para proteger los derechos humanos en Colombia.

---

[*] Profesor de Derecho Penal y Constitución & Democracia de la Universidad de Los Andes, Bogotá-Colombia. Correo electrónico: rposada@uniandes.edu.co. El presente artículo se inscribe en la línea de investigación destinada a los aspectos fundamentales del derecho penal sustantivo y procesal penal del Grupo de Investigaciones en Derecho Penal y Justicia Transicional "Cesare Beccaria" de la Facultad de Derecho de la Universidad de los Andes; igualmente, se inscribe en el proyecto PID2020-1174003RB-100 del Ministerio de Ciencia e Innovación del Gobierno de España, dirigido por la Prof. Dra. Laura Zúñiga Rodríguez. Quiero agradecer la colaboración de Saramaría Ortegón Vargas como asistente de investigación.

CUESTIONES PRELIMINARES

Contexto

La riña, también denominada como pelea o enfrentamiento, es una de las situaciones más usuales en la realidad colombiana, a pesar de no estar expresamente prohibida en el C. P. La figura se encuentra vigente en el C. P. italiano, art. 588, como un delito autónomo que castiga a cualquiera que participa en una riña, al tiempo que los daños causados por dicha participación son circunstancias agravantes que pueden concursarse con los delitos respectivos sin afrentar el postulado de *non bis in idem*. La legislación argentina, C. P., art. 95, la prevé como una circunstancia agravante de los delitos de homicidio y lesiones personales. El C. P. español de 1995 regula la riña en el art. 154, así:

> Quienes riñeren entre sí, acometiéndose tumultuariamente, y utilizando medios o instrumentos que pongan en peligro la vida o integridad de las personas, serán castigados por su participación en la riña con la pena de prisión de tres meses a un año o multa de seis a 24 meses.

Su historia jurídica en el ordenamiento nacional es extensa, pues fue ampliamente regulada en todos los estatutos punitivos entre 1836 y 1980, bien como un delito autónomo o como una circunstancia atenuante aplicable a los delitos contra la vida y la integridad personal; por primera vez aparece en el C. P. de 1836 (L. 1087, arts. 617 y ss.), la norma que la consagraba fue derogada como figura autónoma en el C. P. de 1936 (L. 95) y, finalmente, desapareció como circunstancia atenuante del homicidio y las lesiones en el C. P. de 1980 (Decreto-Ley 100).

Ello, sin perjuicio de haber sido prevista como una contravención penal o administrativa de policía durante el siglo XX. Actualmente, el Código Nacional de Seguridad y Convivencia Ciudadana (Ley 1801 de 2016) clasifica la riña como uno de los comportamientos que ponen en riesgo la vida y la integridad, en el libro segundo, título III, art. 27, de la siguiente manera: "1. Reñir, incitar o incurrir en confrontaciones violentas que puedan derivar en agresiones físicas" y le impone sanciones correctivas consistentes en multas. La situación es similar a lo ocurrido con el delito de amenazas, derogado por el C. P. de 2000 debido a su poca importancia y por comportar cargas procesales excesivas para el Estado, sin obtener resultados que justificasen su existencia como delito (Arenas, 1980, p. 205; Gutiérrez,1946, p. 242). Sin embargo, las recientes modificaciones populistas previeron de nuevo las amenazas como delito autónomo en la Ley 2197 de 2022 (art. 185A), de la siguiente forma: "Intimidación o amenaza con arma de fuego; armas, elementos o dispositivos menos letales; armas de fuego hechizas; y arma blanca". Incluso, debido al aumento de delitos con armas blancas o con armas hechizas, el artículo 7.º de dicha legislación modificó el art. 58 e incluyó como causal de mayor punibilidad en la individualización judicial de la pena, en el numeral 20: "Cuando para la realización de la conducta punible se hubiere utilizado arma blanca, de fuego, armas, elementos y dispositivos menos letales".

Sin embargo, la realidad demuestra que la introducción de esta contravención especial de policía no ha cumplido con los propósitos preventivos (generales y especiales) que le fueron asignados por el legislador para garantizar la convivencia ciudadana. De hecho, la falta de aplicación de la infracción ha fortalecido a la riña como un mecanismo violento de solución de los problemas personales y ha debilitado el proceso de policía como un escenario de diálogo para resolver las controversias ciudadanas, lo que resquebraja aún más los lazos de solidaridad e integración social.

Precisamente, de acuerdo con la encuesta de convivencia y seguridad realizada por el DANE (2019-2020) sobre riñas y peleas, el "[…] 0.6 % de las personas de 15 años y más informaron haber estado involucradas en algún hecho de este tipo durante el 2020 […]" (DANE, 2020). Esto, como consecuencia de actos relacionados con la intolerancia o vinculados al consumo de alcohol o sustancias estupefacientes que evolucionan hasta agresiones físicas, especialmente en contextos de interacción social que carecen de controles adecuados para impedir o disminuir los efectos de las conductas agresivas.

Según las autoridades, aunque es difícil determinar cuántas de las 81.580 lesiones personales reportadas al 31 de diciembre de 2021 fueron realizadas en circunstancias de riña, es significativo que la mayoría de dichos comportamientos punibles hayan sido cometidos con el empleo de armas blancas (27.837), armas de fuego (4.739) o elementos contundentes (44.105). De igual manera, se puede afirmar que, de los 11.973 homicidios registrados, al menos 9.069 fueron realizados con armas de fuego, 2.283 con armas blancas y 578 con armas contundentes (Policía Nacional de Colombia, 2020).

Así las cosas, las cifras mencionadas plantean un contraste curioso. Mientras que la riña no reviste importancia alguna en el ordenamiento penal desde hace más de 40 años, la realidad demuestra que ella constituye uno de los factores de riesgo social más relevantes en la comisión de los delitos de homicidio y lesiones personales. Además, es una conducta con amplia incidencia en las condiciones de medición de la seguridad ciudadana, al menos desde una perspectiva criminológica; por ello, no es claro el por qué sigue ausente del ordenamiento penal. En este sentido, el presente texto analiza la figura histórica de la riña, sus elementos y sus efectos en el ordenamiento jurídico.

Definición y evolución

Se entiende por riña la participación violenta y voluntaria (Antolisei, 1977, p. 100), el enfrentamiento físico hostil o el combate agresivo cuerpo a cuerpo o a distancia entre dos o más personas o grupos de personas opuestas (*correñidores*) que tienen la finalidad de causar un daño a la vida o integridad personal entre sí y resguardar al tiempo sus bienes jurídicos mediante golpes, vías de hecho, ataques físicos o "medios vulnerantes". Según, Irureta (1928, p. 323) y Maggiore (2000, p. 371), "Naturalmente, no puede considerarse como copartícipe de la riña al que interviene en ella como pacificador, para aplacar la contienda y separar a los contendientes" (también, Mesa, 1979, p. 94); para la jurisprudencia (Sent. del 3/3/1947, pp. 536-542, CSJ-SCP; Sent. del 19/02/1949, pp. 454-547, CSJ-SCP; Sent. del 16/8/1949, p. 504, CSJ-SCP) la riña es: "[...] una actitud violenta de lucha entre dos o más personas, o a base de cambio mutuo de golpes susceptibles de causar un mal físico" y añade: "No hay riña sin el propósito de pelear y de causar un mal al adversario" (Sent. 7/10/1949, pp. 688-692, CSJ-SCP; Sent. del 7/7/1961, pp. 455-467, CSJ-SCP; Sent. del 31/7/1961, p. 522, CSJ-SCP).

Según Arenas (1980, p. 192), los medios vulnerantes pueden ser armas propias, impropias o la fuerza física; por el contrario, el CP. español, art. 154, ata la figura de la riña al uso de instrumentos o medios idóneos que puedan poner en peligro la vida o la integridad personal de los correñidores (también, Sent. del 29/10/1980, pp. 452-453, CSJ-SCP; Sent. del 16/12/1999, rad. 11099, CSJ-SCP). Todo ello, en el marco de ciertos límites de proporcionalidad de riesgos, necesidad del enfrentamiento y racionalidad y con el propósito de dirimir conflictos de naturaleza privada diferentes a la legítima defensa personal. Aunque es obvio decirlo, el sujeto procesado debe participar de forma activa y violenta en la contienda.

Al respecto, la doctrina afirma que el intercambio de ataques verbales que anteceden a la riña podría configurar un simple altercado preparatorio o algún delito contra la integridad moral como, por ejemplo, una injuria originada por la provocación o el ultraje (C. P., arts. 220 y ss.) (Delpino, 2009, p. 498; Irureta, 1928, pp. 322-323; Maggiore, 2000, p. 369; Mesa, 1979, p. 94; Pacheco, 1972, p. 464; Pérez, 1977, p. 403; Pérez, 1957, p. 213: "Las palabras no son elementos de la riña"; también la jurisprudencia: Sent. del 31/5/1943, pp. 363-366, CSJ-SCP; Sent. del 16/12/1999, rad. 11099, CSJ-SCP). Asimismo, la doctrina discute la relevancia jurídica de la naturaleza pública o privada de la contienda, o los motivos éticos o antisociales que animan a los contendientes; en efecto, Maggiore (2000, p. 369) y Delpino, (2009, p. 498) consideran que es irrelevante; por el contrario, Arenas (1980, p. 193) e Irureta, (1928, p. 322), distinguen aquellas luchas originadas en razones de orden político o social (no simplemente sectarios o partidistas), que podrían entrar en la categoría de delitos políticos.

Por ejemplo, el C. P. de 1890, art. 667, definía el delito autónomo de riña como un "combate singular entre dos o más personas, bien sea que entren en él por mutuo consentimiento o a virtud de provocación de alguna de ellos, o por cualquier accidente fortuito"; este entendimiento del asunto imperó con variaciones importantes durante la vigencia del C. P. de 1936. Por ejemplo, Pérez (1977, p. 403), define la riña como:

> [...] un encuentro violento y repentino entre dos o más personas, no querido ni procurado por estas, acompañado o no de palabras, pero traducido en vías de hecho recíprocas, a contacto o a distancia, con el propósito de hacerse daño en el cuerpo.

De esta manera, los elementos de la riña clásica son dos. Por una parte, la voluntad hostil que manifiestan los sujetos de participar y asumir los riesgos y daños recíprocos que pueden surgir de la refriega, con independencia de su preordenación. Debido a ello, la contienda no puede ser calificada como una defensa *justa*, al menos en los términos de la legítima defensa. Por la otra, la existencia de un estado psicológico de agitación (*calor rixae*) durante la confrontación violenta, que generalmente impide reconocerle al sujeto de manera conjunta la riña y la ira o el dolor, debido a su homogeneidad psíquica, en particular cuando la pelea ha sido provocada por un comportamiento grave e injusto (Gutiérrez, 1946, p. 243, agrega que la ira es el resultado de la situación de riña; Mesa, 1979, p. 95; Pérez, 1977, p. 403; Pérez, 1957, p. 214. También la jurisprudencia: Sent. 22/02/1949, pp. 458-460, CSJ-SCP; Sent. del 15/12/1950, pp. 818-820, CSJ-SCP; Sent. del 3/6/1951, pp. 85-90, CSJ-SCP; Sent. del 3/7/1951, pp. 91-96, CSJ-SCP; Sent. del 16/1/1953, pp. 112-117, CSJ-SCP; Sent. del 26/2/1954, pp. 203-205, CSJ-SCP; Sent. del 31/7/1961, p. 528, CSJ-SCP; Auto del 18/10/1975, pp. 435-438, CSJ-SCP. Sobre riña y provocación injusta: Sent. del 13/4/1964, pp. 417-421, CSJ-

SCP, en la cual se afirma que ambas instituciones pueden aplicarse cuando no sean coetáneas).

Es importante señalar que el ordenamiento penal nunca ha exigido que la riña consista en una reyerta de mínimo tres personas (Pérez, 1957, p. 212; Sent. del 7/7/1961, p. 463, CSJ-SCP), como sí ocurre en Italia (Maggiore, 2000, p. 369; igualmente, Antolisei (1977, p. 100), considera que una riña violenta entre dos personas no pone en peligro el bien jurídico orden público; también Delpino, 2009, p. 498); a su turno, Granata (1949, p. 179), afirma que la presencia de dos personas en la riña es el presupuesto natural de cualquier delito en contra de las personas, aunque no sea un delito común por haber sido cometido "en circunstancias de particular agitación". Lo mismo en la doctrina uruguaya (Irureta, 1928, p. 322), o en Argentina en la cual Fontán (2008, pp. 114 y 115), dice que "la exigencia de que tomen parte en la riña o agresión más de dos personas no significa que la ley prevea una forma de participación en la muerte o en las lesiones"; ello no significa que sea una figura tumultuaria, como lo demanda el ordenamiento español (C. P. Español, art. 154; Felip i Saborit, 2018, pp. 85 y ss., quien analiza la exigencia de la pluralidad de personas que conforman grupos enfrentados en el contexto de la riña confusa; Herrera, 2010, p. 115; Del Rosal, 2020, p. 100; en la literatura histórica, vid. Puig, 1960, pp. 396 y ss.), con el fin de sancionar el peligro creado contra el orden público. No obstante, la doctrina y la jurisprudencia nacionales sí admitieron la riña entre distintos grupos de sujetos enfrentados aunque entre la pluralidad de corriñentes hayan actuado sujetos inimputables (Sent. 2/5/2002, rad. 12539, CSJ-SCP; Sent. del 17/6/2020, rad. 52072, CSJ-SCP; Sent. del 12/5/2021, rad. 56531, CSJ-SCP).

Desde una perspectiva subjetiva, Pacheco afirma que en la riña los sujetos tienen simultáneamente un ánimo ofensivo y defensivo:

> [...] el correñidor no se limita a ofender: él sabe que ataca, y lo hace a consciencia, pero tiene también presente que si suspende sus agresiones puede quedar desempeñando solo el papel de víctima. De esta manera, cuando procede a agredir lo hace asimismo con propósito defensivo,

por lo que frecuentemente la riña imprevista llega a confundirse con el exceso en la legítima defensa (1972, p. 465; también, Maggiore, 2000, p. 369).

Por esta razón, no habrá riña si el sujeto demuestra que su intervención ha sido pasiva, es decir, si no ha tenido ánimo ofensivo durante la confrontación o se ha retirado de ella sin causar daño (Luzón, 2016, p. 614). Lo dicho también permite explicar por qué la riña es aplicable a los supuestos preterintencionales como lo señalan la doctrina (Arenas, 1980, pp. 195-196; Pérez, 1957, p. 214; Pérez, 1977, p. 403), entendidos como un exceso ofensivo respecto a la muerte causada (C. P., arts. 24 y 105) y la jurisprudencia (Sent. del 7/3/1952, pp. 527-531, CSJ-SCP). Por el contrario, la imprudencia es incompatible con la riña, pues en ella se buscan resultados dolosos (Sent. del 15/10/1942, pp. 469-472, CSJ-SCP; Sent. del 22/5/1946, pp. 866-869, CSJ-SCP; Sent. del 7/3/1952, p. 530, CSJ-SCP; Sent. 12/12/1952, pp. 837-847, CSJ-SCP; Sent. del 31/7/1961, p. 526, CSJ-SCP; Sent. del 22/11/1961, pp. 498-506, CSJ-SCP; Sent. SP352-2021 del 10/2/2021, rad. 52857, CSJ-SCP).

Durante su evolución legislativa, la riña fue prevista como una institución polifacética (C. P. de 1890, art. 667), bien como una modalidad atenuada de homicidio o de lesiones personales (sin alevosía o premeditación; C. P. de 1837, arts. 617 a 622 y 690; C. P. de 1873, art. 466). El C. P. de 1890 (arts. 596, 602 y 661), mantuvo un régimen dual en la materia (vid. Sent. del 7/7/1953, pp. 667-669, CSJ-SCP), como un delito autónomo o contravención de policía para proteger el orden público. En la legislación histórica colombiana, la riña, como delito autónomo, fue prevista en el CP. de 1890, arts. 667 y ss., sin perjuicio de ser considerada también como una atenuante para los delitos de homicidio y lesiones personales. En Alemania se prevé en el StGB, § 227; por ello Mezger (1959, pp. 82-83), caracteriza la participación en riña como un tipo penal de peligro basado en una condición objetiva de punibilidad (la muerte o la lesión personal), sin necesidad de un nexo causal; también Roxin (1997, p. 974 § 23, 12 y 13). De otro lado, Maggiore (2000, p. 367), advierte que en Italia el objeto de esta acriminación, "fuera de proteger el orden público comprometido con la riña, es el interés de prevenir los peligros que contra la persona y su incolumidad pueden provenir de la riña. En efecto, se trata de un delito de peligro"; en igual sentido Delpino (2009, p. 498).

O bien como un marco situacional hostil caracterizado por circunstancias subjetivas que atenúan la pena, al estilo del art. 384 del C. P. de 1936: "Cuando el homicidio o las lesiones se cometieren en riña que se suscite de un modo imprevisto, las respectivas sanciones de que tratan los dos capítulos anteriores, se disminuirán de una cuarta parte a la mitad"; los demás casos eran supuestos comunes o agravados de los delitos. Por ello, debe tenerse en cuenta que como no se trata de un tipo penal independiente la riña no admite el dispositivo amplificador de la tentativa (Pérez, 1959, p. 211). Así lo indica la jurisprudencia:

> La razón filosófica o más propiamente jurídica de la atenuación [...] reside en el aspecto subjetivo intencional del delito, puesto que el calor de la violencia combativa, el sujeto o los sujetos trabados en la pelea hacen expresión de un temperamento irritable, que, si no justifica su actitud, por lo menos la explica como un *animus nocendi* sin previsión exacta de las consecuencias, por lo repentino e imprevisto del combate, que revelan en el que ataca o se defiende menos peligrosidad que en aquellos casos en que el dolo representa una elaboración intelectual más detenida o lenta y tiene un contenido preciso y directo en relación con el resultado (Sent. del 28/3/1947, pp. 147-151, CSJ-SCP).

Por añadidura, era posible atenuar la pena cuando alguno de los sujetos, luego de causar lesiones personales (heridas, maltratamientos o golpes), procuraba o proporcionaba auxilio o ayuda a otro u otros con el fin de evitar la producción de consecuencias más graves. En la actualidad, dicha situación permite aplicar la circunstancia de menor punibilidad prevista en el C. P., art. 55, num. 5: "Procurar voluntariamente después de cometida la conducta, anular o disminuir sus consecuencias", que se fundamenta en razones de política criminal.

En fin, debe recordarse que el ordenamiento regula la riña como una infracción administrativa en la Ley 1801 de 2016, art. 27, que abarca dos hipótesis complementarias. Por un lado, prohíbe los actos preparatorios de la riña, e incluye la incitación (determinación o provocación) o las provocaciones (confrontaciones) *que puedan* de manera idónea "derivar en agresiones físicas", o lanzar objetos *que puedan* "causar daño" grave o sustancias peligrosas a las personas. De otro lado, el legislador castiga la riña o el hecho de agredir físicamente a personas por cualquier medio. Al margen, resulta extraño que el legislador equipare legalmente ambas situaciones (preparatorias y ejecutivas), al tiempo que mantiene abiertos los medios de la riña o la agresión, que incluso no requieren ser violentos o físicos, a diferencia de lo que preveía la legislación penal.

Modalidades históricas de la riña en el ordenamiento nacional

Con base en los diferentes códigos vigentes durante los siglos XIX y XX, se pueden precisar las siguientes modalidades de la riña:

1. La *riña provocada por ofensa previa*, es el enfrentamiento que promueve o excita directa o indirectamente un sujeto, mediante injuria o deshonra grave, y durante el cual se le causa la muerte o se infligen lesiones personales al sujeto ofensor o la víctima, con diferentes consecuencias punitivas. El C. P. de 1890 (art. 668) señalaba que "Provoca o promueve riña o pelea el que excita, reta o desafía a otra u otras personas a reñir con él de obra, bien sea de palabra, por escrito, señales o signos, o por interpuesta persona, bien infiriendo algún ultraje a ella o alguna de (su círculo familiar) las conductas que causan afrenta, deshonra o vilipendio en el que lo recibe" (Sent. del 14/7/1936, pp. 642-644, CSJ-SCP; Sent. 7/2/1950, pp. 45-52, CSJ-SCP; Sent. del 3/6/1951, pp. 85-90, CSJ-SCP; Sent. del 13/7/1951, pp. 111-114, CSJ-SCP; Sent. del 12/9/1955, pp. 267-270, CSJ-SCP; Auto del 7/6/1963, pp. 366-371, CSJ-SCP).

Por su parte, Rendón (1973, p. 378) indica la existencia de varias situaciones de provocación, entre las cuales se advierten las siguientes: i) que la riña sea provocada de forma directa o indirecta por el homicida (o quien causa lesiones personales). Se trata del supuesto más grave y que doctrinalmente no supone la aplicación de ninguna disminución punitiva para los delitos cometidos durante su ejecución. Y ii) que la riña haya sido provocada por quien finalmente resulta muerto o herido, en cuyo caso el autor de los delitos ha actuado por una provocación que justifica la atenuación de la pena. También, cuando la persona herida o lesionada haya acometido de forma imprevista o inesperada al autor del delito (Rendón, 1973, p. 378.). Naturalmente, los casos de provocación sin ofensa o con ofensas leves eran castigados con penas menos severas e incluso si no eran aceptadas por la contraparte podían ser consideradas como hipótesis de legítima defensa (C. P. de 1890, arts. 669 y 670).

La doctrina y la jurisprudencia afirman que el *provocador* de la riña no es necesariamente su *autor*, pues este es quien primero acomete con golpes, vías de hecho, ataques físicos o "medios vulnerantes" al otro corriñente (Irureta, 1928, p. 327, con la advertencia de que el provocador también participe en la riña; Pacheco, 1972, p. 465; Pérez, 1977, p. 404; Pérez, 1957, p. 215. En la jurisprudencia: Sent. del 28/3/1947, pp. 147-151, CSJ-SCP; Sent. del 12/7/1954, pp. 164-168, CSJ-SCP; Sent. del 1/7/1959, p. 124, CSJ-SCP), haya sido este o no provocado al combate. Asimismo, debe tenerse en cuenta que no todos los sujetos pelean por la provocación del autor o bajo un estado de exaltación por lo cual esta modalidad de riña en realidad constituye una circunstancia personal subjetiva (C. P., art. 62). En todo caso, la doctrina y la jurisprudencia consideran incompatibles la riña y la provocación, cuando el provocador no participa directamente en la reyerta violenta (Delpino, 2009, p. 500).

2. Cuando los sujetos hayan acordado participar en la riña, sin que ella necesariamente sea premeditada o provocada, tendrá lugar una *riña voluntaria o aceptada* (Sent. del 23/9/1958, p. 211, CSJ-SCP; Sent. del 29/10/1980, pp. 452-453, CSJ-SCP), que puede configurar los antiguos homicidios o lesiones voluntarios. En algunos estatutos

punitivos, la sola concertación entre los sujetos o su participación en la pelea se considera como un delito autónomo.

3. Cuando no haya provocación o premeditación por parte del autor, la pelea se clasifica como *riña espontánea, accidental o imprevista* (Arenas, 1980, pp. 193 y ss.; Gutiérrez, 1946, pp. 242 y ss.; Pérez, 1977, p. 404; Pérez, 1957, p. 215); sobre las diferencias entre imprevisión y provocación debe consultarse la jurisprudencia (Sent. del 6/5/1959, pp. 707-711, CSJ-SCP; Sent. del 1/7/1959, p. 124-127, CSJ-SCP). Se trata de combates en los que el procesado o los partícipes se involucran de forma sorpresiva, lo que implica atenuar la pena a los delitos ocasionados en la reyerta (no luego de ella). La doctrina considera que esta modalidad de riña también cubre las peleas originadas por terceros o cuando los reñidores pelean bajo la influencia del alcohol u otras circunstancias que impidan tener por cierto el origen de la confrontación. Sin embargo, esta hipótesis no cubre los delitos realizados de manera súbita.

Precisamente, la jurisprudencia consideró que la riña era imprevista cuando el correñidor atacado no hubiera podido evitar la confrontación, esto es, haya sido imposible para el sujeto evitar la pelea como último recurso:

> [...] asume el carácter de imprevista cuando se presenta de un modo tan fortuito y ocasional que el combatiente no haya podido presumir su ocurrencia porque lógicamente ella, dentro de circunstancias normales, no debía producirse. En estas condiciones no será imprevista para quien verbalmente o por vías de hecho la suscitar o para quien habiendo podido evitarla incurrió en ella o la propició por aceptación más o menos calculada de la contienda (Sent. del 28/3/1947, p. 150, CSJ-SCP).

Como se sabe, entre el CP. de 1936 y el CP. de 1980, la legislación penal solo dispuso como circunstancia atenuante del homicidio y las lesiones personales a la *riña imprevista o espontánea, aceptada luego por los contendientes* (Arenas, 1980, p. 193). A su vez, Pérez (1959, p. 210) la define como "[...] un encuentro violento y repentino entre dos o más personas, no querido ni procurado por éstas, acompañado o no de palabras, producido en vías de hecho recíprocas, a contacto o a distancia, con el propósito de hacerse daño en el cuerpo"; también Rendón (1973, p. 377), aunque se opone a denominarla como *riña casual*, pues afirma que esta siempre es provocada. No obstante la observación, el autor distingue la provocación de la preordenación o premeditación de la riña.

En general este es el entendimiento de la jurisprudencia: vid. Sent. del 18/3/1942, pp. 482-484, CSJ-SCP; Sent. del 7/6/1944, pp. 619-624, CSJ-SCP; Sent. del 28/3/1947, pp. 147-151, CSJ-SCP; Sent. del 22/2/1949, pp. 458-460, CSJ-SCP; Sent. del 16/8/1949, pp. 504-507, CSJ-SCP; Sent. del 7/10/1949, pp. 688-692, CSJ-SCP; Sent. del 21/10/1949, pp. 723-728, CSJ-SCP; Sent. del 3/7/1951, 91-96, CSJ-SCP; Sent. del 29/5/1953, pp. 216-219, CSJ-SCP; Sent. del 5/7/1956, p. 290, CSJ-SCP; Sent. del 7/9/1954, p. 747, CSJ-SCP; Sent. del 23/9/1956, pp. 209-213, CSJ-SCP; Sent. del 9/9/1957, pp. 209-213, CSJ-SCP; Sent. del 7/71961, p. 462, CSJ-SCP; Sent. del 31/7/1961, pp. 522-528, CSJ-SCP (modalidades de riña imprevista); Sent. del 14/11/1962, pp. 437-447, CSJ-SCP; Sent. del 29/10/1980, pp. 452-453, CSJ-SCP; Sent. del 8/10/1981, pp. 581-583, CSJ-SCP.

En caso de haber existido concertación, previsión o premeditación, eran aplicables los delitos comunes de homicidio o lesiones (según el resultado producido) e incluso el duelo en los supuestos de confrontación armada en la cual se causa la muerte del contendiente en defensa del honor (Pérez, 1957, p. 214). De esta manera, la Sala de Casación Penal de la Corte Suprema de Justicia considera que:

> Resulta imposible atribuir el carácter de riña imprevista al combate singular, al cambio de agresiones recíprocas, con provocaciones de obra y de palabra anteriores al encuentro, porque falta el elemento que determina con mayor nitidez lo imprevisto, cual es lo fortuito del accidente, lo impensado de la lucha, su falta de estímulo provocativo por parte de alguno de los contendores; es una palabra, lo casual del lance armado (Sent. 7/2/1950, pp. 50-51, CSJ-SCP).

4. *La riña insidiosa* es aquella que se adelanta con ocultamiento de la intención homicida o de los instrumentos dispuestos para actuar con ventaja conocida, superioridad o a sobre seguro (*alevosía* o *trai-*

ción) (Gutiérrez, 1946, pp. 76-77) contra el correñidor que muere o es lesionado (en la mayoría de casos concurre con la premeditación). Según Zafra (1984):

> Este vocablo tiene hoy en la doctrina un sentido amplísimo, equivalente a sorprender al ofendido descuidado o indefenso para darle el golpe, con conocimiento o apreciación, por parte del agente, de esas condiciones de impotencia en que se halla el sujeto pasivo del delito. La alevosía, tiene, pues, un contenido objetivo y subjetivo, sin que sea de su esencia la premeditación. La dicha agravante se traduce generalmente en la ocultación moral y en la ocultación física. La primera cuando el delincuente le simula a la víctima sentimientos amistosos que no existen, o cundo le simula un estado de alma rencoroso. La ocultación física, cuando se esconde a la vista del atacado, o se vale de las desfavorables circunstancias de desprevención en las que se encuentra (p. 24).

Felip i Saborit (2018, p. 39), afirma que la *alevosía* supone que los individuos utilicen medios, instrumentos, formas de ejecución, etc. que pongan a la víctima en condiciones de indefensión o de inferioridad frente al ataque físico del sujeto correñidor. El uso de esta clase de medios asegura los resultados lesivos de la riña (la muerte o los daños en el cuerpo o en la salud), sin que el autor incurra en riesgos innecesarios; serían las agresiones imprevistas en la riña, no percibidas por el correñidor aventajado. El concepto de alevosía fue incorporado temporalmente en la legislación, mediante la Ley 2098 de 2021, art. 10.º, que reglamentó el Acto Legislativo 01 de 2020, en materia de prisión perpetua revisable que fuera declarado inexequible (Sent. C-294/2021, CConst.). Dicho artículo introdujo el art. 103A (parcialmente declarado inexequible, mediante Sent. C-155/2022, CConst.), que prevé circunstancias de agravación punitiva cuando el homicidio recae sobre niño, niña o adolescente; precisamente, los literales e), f) y g) incorporan las causales de alevosía, deliberación y desprecio, y la premeditación (también: Puig, 1960, pp. 402 y ss.).

En la doctrina actual, tales circunstancias le permiten al criminal poner a las víctimas en condiciones de indefensión o inferioridad, disminuyen su capacidad de defensa y facilitan la muerte de la víctima. Buenos ejemplos de lo anterior ocurren cuando el sujeto: i) se aprovecha de situaciones de indefensión o inferioridad etaria o biológica de la víctima; ii) la sorprenden o la atacan desapercibida; iii) se actúa con perfidia; o iv) se limita la defensa del agredido, etc. (Pacheco, 1972, p. 265, § 70). En estos casos, la riña bien pudo ser provocada por ofensa previa o haber sido aceptada voluntariamente por los contendientes.

5. *La riña premeditada* se presenta cuando la muerte del otro sujeto no se produce al momento de la incitación, provocación u ofensa (injuria o deshonra graves y relevantes), sino luego de un tiempo o intermedio suficiente que permite la reflexión y consolida la resolución homicida del promotor. Carrara (1991, pp. 110 y ss. §§ 1122 y ss.), acoge la tesis de Carmignani (*Elementa*, § 903), según la cual la premeditación es el "Propósito de dar muerte, tomado con ánimo frio y reposado, dejando cierto espacio de tiempo y buscando la ocasión para que el crimen se realice como fin deseado"; agrega que "Homicidio premeditado es, por lo tanto, el que se comete para ejecutar la resolución de dar muerte, tomada antes seriamente, aunque sin determinar modo ni tiempo" (p. 117, § 1124). Por manera que en estos casos la riña sería el modo y el tiempo en el cual se cumpliría semejante propósito. Sobre los elementos de esta última, vid. Gutiérrez (1946, p. 35), Lozano y Lozano (1979, pp. 266-294) y Pacheco (1972, p. 265, § 67). Este último agrega que a dicho intervalo temporal y a la meditación debe añadirse que el sujeto "[…] haya deliberado con ánimo sereno, pacato, frío, sobre la ejecución del hecho" (p. 267); también: Puig (1960, pp. 406 y ss.), Zafra (1984, p. 74) y la jurisprudencia (Sent. del 22/7/1937, pp. 498-502, CSJ-SCP).

A causa de ello, el combate singular resulta la ocasión propicia y el pretexto ideal para ejecutar la muerte del corriñente. En el derecho penal se exige usualmente que la premeditación esté acompañada de un motivo bajo o innoble (venganza, futilidad, etc.).

Sin lugar a dudas, la premeditación ha sido una de las instituciones más debatidas y polémicas en el derecho penal durante el siglo XX, justamente por la enormes dificultades para: i) distinguir esta figura del homicidio voluntario, en especial, cuando no media un intervalo de tiempo prolongado entre la ofensa y la situación criminal; ii) no confundir el actuar basado en la venganza o el odio con la figura de la premeditación criminal (es decir, los motivos con la deliberación); y iii) por la difícil justificación del incremento punitivo de la premeditación, cuando esta se basa en argumentos de perversidad, peligrosidad y alarma social que favorecen sanciones afines a un derecho penal de autor. En fin, el sentido de esta modalidad de riña radica en la reflexión del autor, para convertir la pelea en un escenario propicio para la ejecución de su designio criminal (Carrara, 1991, pp. 119 y ss. §§ 1125 y ss.).

A diferencia de otras modalidades de riña, la premeditada fue considerada en legislaciones previas como un homicidio proditorio (agravado) y, por consiguiente, como una modalidad de asesinato grave, castigado de forma severa en la legislación penal (Posada, 2017, pp. 3 y ss.).

6. *La riña desistida* tiene lugar cuando los actos violentos e inequívocamente dirigidos a causar daños graves al correñidor son renunciados de forma voluntaria por el sujeto, de manera que solo se produce una afectación al orden público.

Finalmente, en la doctrina colombiana hay consenso en que ninguno de los supuestos de riña descritos se puede confundir con la figura especial de la *riña tumultuaria* ("de uno contra otro, de varios contra varios, de uno contra varios o viceversa" (Pacheco, 1972, pp. 468 y ss.; en algunos ordenamientos, la riña tumultuaria exigía la participación de por lo menos tres personas, vid. Maggiore, 2000, pp. 367 y 368), caracterizada por la confusión que reina durante la reyerta. Figura que puede o no tener relación con la dudosa institución de la *responsabilidad correlativa o correspectiva*, tal y como fue prevista en el art. 385 del C. P. de 1936 (sobre esta figura, vid. Arenas, 1980, pp. 196 y ss., Gutiérrez, 1946, pp. 248 y ss., Irureta, 1928, pp. 309 y ss., Mesa, 1979, pp. 96 y ss., Pérez, 1977, p. 404, Pérez, 1957, pp. 217 y ss. y Rendón, 1973, pp. 378-379).

A nuestro juicio, la figura histórica de la complicidad correlativa, al fundarse en una "transacción probatoria" vulnera el principio de responsabilidad o culpabilidad por el hecho (C. P., art. 12), pues se sanciona penalmente por un hecho criminal a todas aquellas personas que hayan participado, cuando se desconozca quiénes son los autores o coautores del crimen de manera exacta, o quiénes pueden ser considerados como simples partícipes (cómplices materiales) en un injusto de otro. Contradice el postulado de accesoriedad limitada, arrasa la teoría de la complicidad y desconoce la garantía del *in dubio pro reo*. Por ello, en caso de riña tumultuaria, la imputación de posibles resultados debe preceder de la prueba de la identidad del correspondiente autor (de igual opinión, Fontán, 2008, pp. 115 y 117 y ss.; en España, Felip i Saborit, 2018, señala que, para aplicar la figura de la riña —art. 154—, debe existir la "[…] imposibilidad de determinar la autoría de las agresiones producidas por la confusión propia de la dinámica comisiva de tales riñas" —p. 86—; para la jurisprudencia, véase Sent. del 5/7/1956, pp. 285-290, CSJ-SCP; Sent. del 30/8/1961, pp. 637-645, CSL-SCP; Sent. del 30/4/1962, pp. 526-529, CSJ-SCP).

LA RIÑA Y SU DIFERENCIA CON OTRAS INSTITUCIONES HISTÓRICAS. EL DEPORTE EXTREMO Y EL DUELO

Los deportes extremos

Abordar este tema requiere distinguir, por una parte, los deportes extremos, como el boxeo o las artes marciales, de las riñas o enfrentamientos violentos e ilícitos; y, por otra, precisar las consecuencias de la muerte o las lesiones ocurridas como efectos de la riña o de la ejecución de actos deportivos reglamentarios o irregulares (Cfr. Covassi, 1984, pp. 118 y ss., sobre la imposibilidad de efectuar comparaciones analógicas entre los deportes extremos y la figura del duelo).

Respecto a la primera cuestión, aunque algunos deportes extremos o de contacto violento se pueden definir como combates singulares (activos y reactivos) entre una o varias personas (tal similitud le permitió a Manzini, 1949, p. 100, negar la legítima defensa en casos de luchas deportivas, debido a la recíproca provocación que las antecede), se pueden distinguir de la riña en dos aspectos: i) la existencia de reglas legítimas previas para concretar los niveles de cuidado en el desafío conjunto y aceptado, y por ello el nivel de riesgo tolerado socialmente en la ejecución de los enfrentamientos organizados. Dichas reglas permiten caracterizar los deportes como actividades sociales ordinarias desde la perspectiva de la teoría de la imputación objetiva. En contraposición, la Sala de Casación Penal de la Corte Suprema de Justicia señala la incompatibilidad de la riña y la autopuesta en peligro de la siguiente manera:

> Aunque la intervención del acusado y de la víctima en la riña, implicó la creación de riesgos inherentes a la misma contienda, los que eran conocidos y asumidos con su participación, no por ello se puede trasladar el ámbito de la responsabilidad del resultado a quien sufrió las lesiones por el solo hecho de participar en ella. El escenario de confrontación y el ánimo coincidente en que cada uno de los intervinientes pretendió lesionar al otro, hicieron que el peligro para el bien jurídico se concretara no por una conducta propia imprudente de su titular sino por la acción del oponente cuando propinó el puño en la cara de su adversario.
>
> Esa circunstancia impide la configuración de una acción a propio riesgo, pues en esta figura se requiere de la asunción conjunta del peligro a través de una actividad común, en la cual la víctima organiza, con la intervención del tercero, el peligro para sus propios bienes jurídicos, manteniendo el control sobre el alcance de la acción generadora del peligro. Dicha situación no es la que se presenta en el contexto de una riña, en la que, lejos de apreciarse una organización conjunta entre los intervinientes, se ofrece un acto de pugnacidad entre ellos y la determinación de cada uno por infligir daño a la integridad física del otro, haciéndose evidente el ámbito de responsabilidad individual por el menoscabo causado al bien jurídico ajeno.
>
> Se trata, por lo tanto, de un riesgo jurídicamente desaprobado el asumido de manera personal por los contrincantes, el cual tampoco desaparece por el hecho de que quien resultara lesionado se involucrara en la riña a sabiendas de sus propias enfermedades o de las condiciones personales que lo acompañaban y que pudieran representar alguna desventaja respecto a su oponente (Sent. SP937-2020 del 24/6/2020, rad. 47977, CSJ-SCP); cosa distinta sucede en la provocación, en la que el sujeto incluye la agresión del provocado en su plan y por ello renuncia a la defensa de sus bienes jurídicos.

Y ii) la voluntad y la finalidad del autor. Es notorio que quien participa en confrontaciones deportivas prevé, acepta y consiente exponerse a la posible concreción de lesiones normales e inherentes al desarrollo de la actividad ilícita (Covassi, 1984, pp. 54 y ss.; Roxin, 1997, pp. 387 y ss.). A no dudarlo, la finalidad competitiva de los deportes extremos resulta adecuada socialmente y por ello es opuesta a la riña, cuya finalidad desvalorada consiste en resolver disputas privadas de manera violenta. Según Carrara (1993, pp. 504 § 2911):

> Hay algunos combates en que no entra de ordinario el derecho penal, y son los desafíos *honoris certandi gratia* [para disputarse un honor], como el pugilato de los antiguos romanos, la esgrima, las justas y los torneos, que se efectúan por fines de aprovechamiento personal, o por juego y apuesta, o a manera de espectáculo y solaz público.

En cuanto a la segunda diferencia, la doctrina acepta que los casos de muerte o lesiones personales, producto de acciones reglamentarias en el marco de un deporte lícito, no son ni injustas ni sus resultados deberían ser considerados como daños punibles, debido a la legitimidad que les otorga el consentimiento de las partes, como resultados inherentes a la competición (Arenas, 1980, pp. 201-202). Al respecto, Jescheck & Weigend (2014), indican que

> Quedan cubiertas por el consentimiento las lesiones imprudentes en el deporte que tienen lugar dentro del marco reglamentario (por ejemplo, una colisión en el campo de fútbol) e, incluso, leves e inintencionadas infracciones de las reglas; no lo están, sin embargo, aquellas contravenciones dolosas o gravemente imprudentes que originan lesiones corporales (p. 636).

Por el contrario, la doctrina mayoritaria considera que, cuando las lesiones competitivas son la concreción de actos prohibidos por los reglamentos deportivos o resulten causadas por instrumentos antideportivos o tácticas desaprobadas, surge un *"delito deportivo"*. En estos casos, cabe concluir que las acciones no reglamentarias superan los límites del consentimiento manifestado por el sujeto pasivo, además de configurar un exceso intensivo en el desarrollo de la actividad lícita (C. P., art. 32, num. 5, modificado por la Ley 2197 de 2022, art. 3.º) (Arenas, 1980, p. 203); a su turno, Covassi (1984, p. 133), acoge la teoría de la aceptación del riesgo inherente al ejercicio regular de una actividad deportiva reconocida como una actividad lícita por parte del Estado.

En suma, si bien los delitos deportivos podrían ser casos similares a la riña consentida, lo cierto es que los corriñentes no solo se exponen al peligro de lesiones previsibles e inciertas causadas por otros de forma dolosa e injusta, sino que también ponen a sus contendores en grave peligro. Es más, en la medida en que cada partícipe en la riña confía en el éxito de su acción violenta, no es claro que estos hayan consentido los posibles daños que padezcan durante la pelea. En estas condiciones, la doctrina concluye que ambos sujetos habrán de responder penalmente por los daños antijurídicos que causen en la reyerta, no solo por la ilegalidad del consentimiento recíproco (Sent. del 7/3/2007, rad. 26268, CSJ-SCP), en el marco de una actividad ilegal, sino también por la ineficacia de la figura de la autopuesta o heteropuesta en peligro consentida en las riñas. Según Roxin (1997, p. 530 §13 (37), dicho consentimiento constituye un 'atentado a las buenas costumbres' en la medida en que la riña es reprobada por el legislador y produce menoscabos a los bienes jurídicos de los otros. Afirma que este es: "[…] el caso en el consentimiento en las lesiones que ponen en peligro la vida, como las que pueden producirse en riñas (…), pues del § 216 se desprende que también el consentimiento eventual en la propia muerte debe ser ineficaz". En el caso de que alguno de los riñentes estuviese ebrio o hubiese actuado con inimputabilidad disminuida" (*ibid.*, 540 § 13 (59).

Para terminar este punto, algún sector de la doctrina considera que las acciones prohibidas por los reglamentos de la comunidad deportiva, que produzcan resultados lesivos en el marco de una contienda reglamentaria, no deberían ser objeto de sanción por parte del derecho penal, pues estos son verdaderos *casos fortuitos* (resultados irresistibles) (Carrara, 1993, p. 504 § 2911; la explica: Covassi, 1984, pp. 138-139) e incluso manifestaciones de la *costumbre social* (Bettiol, 1965, p. 311); buenos ejemplos son los casos de confrontaciones de boxeo y apuestas casuales no amparadas por las ligas deportivas. Con tal punto de partida, afirman que resultan suficientes las sanciones disciplinarias previstas en los reglamentos deportivos, no solo para para proteger la integridad de los contendores, sino también para garantizar el valor social del deporte en la comunidad.

El duelo

A partir del CP. de 1936, arts. 390 y ss., el legislador penal limitó la figura a los supuestos atenuados de riña imprevista o casual e introdujo la polémica figura del duelo como una modalidad especial de riña voluntaria por motivos *honoris causa*. Según Covassi (1984, pp. 118 y ss.), la expresión *duellum* es una derivación de la guerra o combate entre dos personas armadas según las reglas de código de caballeros, originadas en el derecho medieval del siglo X. Una institución diferente a la del duelo judicial entre acusado y acusador (sobre la diferencia en la doctrina clásica entre duelo y riña, vid. Concha, 1929, pp. 247-248; Pérez, 1957, pp. 214-215). A su turno, Rendón (1973) señala que el legislador histórico reguló el duelo, no por el duelo mismo, sino con "[...] el propósito de situar en condiciones jurídicas especiales el homicidio o las lesiones que puedan resultar de esta forma de combate [...]" (p. 404). Las demás hipótesis históricas de riña desaparecieron del ordenamiento jurídico o fueron previstas como una contravención especial de policía.

Según la doctrina, el duelo es una confrontación violenta entre dos personas armadas (no bastan los golpes para su configuración) (Fontán, 2008, p. 124) que, de forma voluntaria y concertada, buscan lesionar o causar la muerte del otro duelista en defensa del honor (cuando los padrinos hubieren concertado un duelo mortal, la pena a imponer sería la prisión, C. P. de 1936, art. 394). Para el legislador, el duelo consistía en un *delito de voluntad privada* (Del Río, 1935, pp. 393-394, dice que el propósito del duelo es "mantener externamente la soberanía individual absoluta en una determinada esfera de acción") que ponía en peligro la integridad o la vida de los contendientes, el orden público y la administración de justicia (Fontán, 2008, pp. 122 y ss.; Rendón, 1973, p. 405). En caso de que la lucha fuese guiada por una intención inmoral o pecuniaria, se aplicarían las normas del homicidio común, del asesinato o de las lesiones personales, según el caso (Sent. del 27/08/1954, pp. 472-475, CSJ-SCP).

A su turno, el duelo podía ser regular o irregular. El duelo regular o leal fue definido como aquel combate singular entre dos personas, previo acuerdo entre los duelistas acerca de la forma, el lugar y el tiempo del enfrentamiento (C. P. de 1936, art. 390 y ss.). Dicho convenio debía ser atestiguado al menos por dos sujetos mayores de edad y capaces que se denominan "padrinos", dedicados a escoger las armas propias (Rendón, 1973, p. 405, exige que en el duelo se empleen "medios hábiles atentatorios contra la vida o la integridad personal"), las condiciones del desafío y a certificar que se actuó sin traición o alevosía (Fontán, 2008, pp. 123 y ss.). Los padrinos eran sujetos distintos de los cómplices en el duelo o la riña, como los auxiliadores, fautores o portadores de publicidad, tal y como los regulaba el C. P. de 1890, (arts. 675 y ss.) y el C. P. de 1936 (arts. 393 y 394).

Por el contrario, el duelo era irregular o desleal cuando la confrontación de los duelistas se surtía sin la gestión de los padrinos, en particular, sin el trámite de la querella o sin procurar evitar el enfrentamiento armado entre sus apadrinados (C. P. de 1936, arts. 274 y ss.; Fontán, 2008, pp. 127 y ss.). También era irregular cuando alguno de los duelistas hubiere incumplido las condiciones pactadas en desmedro del contrincante (C. P. de 1936, art. 392). Naturalmente, la pena del duelo irregular era mayor que la del duelo regular. La explicación de Rendón (1973), es que:

> Examinados los requisitos del duelo y la manera como el delito se estructura, puede deducirse que la ley penal pretende principalmente reglamentarlo antes que sancionarlo severamente. Por ello el duelo ceñido a todos los requisitos reconocidos por el Código, acarrea sanciones tan reducidas que prácticamente entrañan la tolerancia del hecho, mientras que el duelo no sujeto a las normas comunes, como el que se celebra sin la intervención de padrinos, se reprime con mayor fuerza (p. 405).

En teoría, la riña se distingue del duelo regular, primero, por la falta de concertación minuciosa sobre el combate singular, con independencia de que el enfrentamiento sea voluntario y aceptado. Segundo, porque la riña admite la participación de más de dos personas (e incluso puede llegar a ser tumultuaria o colectiva), mientras que el duelo solo admite dos contrincantes. Tercero, la riña puede ser *casual, imprevista, espontánea o fortuita,* lo que resulta contrario a la figura del duelo, que requiere concertación. Cuarto, la riña puede darse sin armas, mientras que el duelo exige armas idóneas. Y quinto, aunque ambas figuras obedecen al interés de resolver asuntos privados, el duelo se limita a resolver ofensas contra el honor, mientras que en la riña no interesan los motivos o los fines (ilícitos o inmorales) de los corriñentes. En todo caso, no es sencillo establecer las diferencias históricas entre la riña concertada y voluntaria y el duelo irregular, cuando se emplean armas mortales y se produce la muerte del adversario, más allá de que la legislación reciente trata severamente ambos supuestos con penas similares a las previstas para los homicidios agravados.

Naturalmente, es lógico que la figura del duelo haya desaparecido del ordenamiento penal colombiano, no solo porque hoy los valores sociales y constitucionales no permiten considerar que el honor pueda ser protegido de manera desproporcionada, con sacrificio de la integridad o la vida de las personas, sino también porque estos son principios, valores y derechos de mayor jerarquía social y normativa. Además, el duelo resulta una figura que se sustrae al carácter jurisdiccional de la administración de justicia y configura una institución incivilizada y poco "caballeresca" para la resolución de los conflictos sociales. Su existencia legítima implica la existencia de figuras paralelas como la ejecución extrajudicial de terceros.

LA RIÑA Y LA LEGÍTIMA DEFENSA: FIGURAS OPUESTAS EN MARCOS DE VIOLENCIA

Conceptos básicos

Si bien es cierto que en la legítima defensa y en la riña existe un contexto de violencia, entre ellos hay diferencias que impiden, por regla general, que pueda alegarse la legítima defensa en los supuestos de riña aceptada o el duelo (Arenas, 1980, p. 194). Fernández (2012, pp. 542-543) advierte que en la riña general, ninguna de las personas que participa en ella es "injusta agresora o provocadora de la otra, por cuanto ambas (o todas) han aceptado enfrentarse o combatir el hecho". Sin embargo, quien haya sido culpable de ella debe someterse a las restricciones del provocador frente a la justificante. Si las actuaciones recíprocas son injustas ninguno de los contendientes podrá alegar legítima defensa: Jescheck & Weigend (2014, p. 364); Jiménez de Asúa (1961, pp. 90, 92); Manzini (1949), afirma que no puede considerarse injusta la violencia física reactiva provocada por violencia física activa, "[...] de manera que las mismas personas no pueden ser simultáneamente y recíprocamente agentes por agresión y reaccionantes por legítima defensa" (p. 80); además, agrega que la necesidad de defenderse desaparece o no existe "[...] cuando el sujeto ha renunciado preventivamente, con la aceptación o la provocación de la violencia ajena, a la defensa de los propios bienes o intereses" pp. 98-99), de manera que no obra en legítima defensa el agresor que resulta agredido y quien acepta el desafío (Mir, 2015, p. 451; Del Rosal, 2020, p. 101; Roxin, 1997, p. 615 §15 (14); Salazar, 2020, p. 595).

En la jurisprudencia:

> La riña, por lo mismo que es una acción ilícita, especialmente cuando tiene el carácter de imprevista [...], implica la existencia de una lucha en que intervienen fuerzas opuestas por medio de la violencia de la contraparte. Se comprende así, por qué dicha figura es incompatible con la legítima defensa. Quien ejercita el derecho de defenderse legítimamente no obra sino en circunstancias de tal naturaleza que imposibilitan otro medio cualquiera de impedir la realización de un grave daño que amenaza a quien hace uso de aquel derecho, en virtud del cual actúa en cumplimiento de un deber y su intención no va más allá de evitar ese daño, a cuyo efecto hace uso de los medios que considera más adecuados para repeler el injusto ataque de qué es víctima. Por el contrario, quien acepta una riña y en tal sentido esgrime un arma, por el solo hecho de hacerlo está indicando que no puede pretender colocarse en las condiciones de atacado y menos en las circunstancias que perfilan los presupuestos legales que configuran la legítima defensa, o sea, eminen-

cia del peligro o necesidad de la defensa, actualidad de aquel, injusticia y proporcionalidad, todos los cuales no se encuentran en el caso de la riña, cuya existencia por sí solo implica el interés de los adversarios en causar recíproco daño y causar determinados efectos, que se traducen en una intención francamente antisocial [...] (Sent. del 12/12/1952, p. 842, CSJ-SCP; también: Sent. 23/7/1956, p. 312, CSJ-SCP; Sent. SP291-2018 de 21/2/2018, rad. 48609, CSJ-SCP; Sent. del 21/9/2009, rad. 28940, CSJ-SCP; Auto del 17/10/2012, rad. 39702, CSJ-SCP).

Así lo advierte Reyes (1981):

> Siendo, pues, la riña acometimiento mutuo de suyo antijurídico, los contendientes se ocasionan agresiones injustas, con lo que ninguno de ellos actúa en legítima defensa porque no reacciona para defenderse de ataque contrario a derecho, sino que, a su vez, ataca al adversario y se coloca con él en el mismo plano de ilicitud (pp. 174-175).

De esta forma, ambas instituciones se distinguen, *en primer lugar*, debido a la causa violenta y antijurídica que permite su aplicación. Pacheco (1972), señala:

> Pero la riña y la legítima defensa son dos fenómenos bien distintos: en la primera, el combatiente ha aceptado los riesgos del combate y no se limita solo a la defensa, sino que va más allá de la necesidad impuesta por esta, pues en él se confunden el propósito de defenderse del adversario y el de atacarlo, de quien desea vengarse y a quien quiere someter; por lo cual, cuando una persona acepta participar en una riña, voluntariamente se coloca al margen de la legítima defensa, en la que la atacado se reduce actuar dentro de los límites trazados por la necesidad de rechazar el ataque, siendo su ánimo simplemente defensivo (p. 465; y Velásquez, 2022, p. 495; y la jurisprudencia: Sent. del 25/5/2005, rad. 18354, CSJ-SCP; Sent. del 25/5/2006, rad. 21757, CSJ-SCP; Sent. SP1590-2020 del 24/6/2020, rad. 49977, CSJ-SCP).

En la legítima defensa subsiste una agresión actual o inminente de un sujeto (y por ello ajena) frente a otro que se defiende de forma proporcional y necesaria del ataque, con el fin de evitar un daño antijurídico (Fontán, 2008, p. 116). Dicha agresión se caracteriza por su *injusticia* (C. P., art. 32, num. 6, inc. 1.°, mod. Ley 2197 de 2022, art. 3.°) (Mir, 2015, p. 445; Velásquez, 2022, pp. 493 y 495; Sent. del

26/6/2002, rad. 11679, CSJ-SCP). Por el contrario, en la riña histórica se presentan actos de violencia comunes y recíprocos (actuales, nunca inminentes), *usualmente aceptados por ambas partes* e incluso provocados o excitados por alguno de ellos (Sandoval, 1994, p. 156). En todo caso, autores como Antolisei (1977, p. 101) sostienen que la legítima defensa se puede dar en supuestos en los cuales un grupo se defiende de la agresión ilegítima o injusta de otro, caso en el cual no habrá riña.

En segundo lugar, la legítima defensa y la riña se distinguen por la finalidad que las precede. En la legítima defensa uno de los sujetos actúa con ánimo de defender sus bienes jurídicos o los de un tercero de una agresión injusta *que no ha sido aceptada*; Velásquez, (2022), afirma: "[…] la persona debe obrar con conocimiento de la situación objetiva de legítima defensa y con voluntad de hacerlo" (p. 501). Por el contrario, la riña tiene la finalidad de resolver un conflicto privado, mediante la participación voluntaria en un combate violento y recíproco que busca el sometimiento del contrario (Delpino, 2009, p. 499; Sent. del 25/5/2005, rad. 18354, CSJ-SCP; Sent. del 23/1/2008, rad. 21040, CSJ-SCP). Por ello, algún sector de la doctrina caracteriza a los contendientes como "mutuos agresores injustos" (Estrada, 1981, p. 239; Sandoval, 1994, p. 156), cuya defensa no es legítima.

En tercer lugar, la legítima defensa se excluye cuando un sujeto provoca o promueve intencionalmente la agresión de otro, para luego argüir que la defensa ha sido legítima frente a la posible afectación relevante de sus bienes jurídicos (Fernández, 2021, pp. 540 y ss.; Jescheck & Weigend, 2014, p. 371; Manzini, 1949, p.101; Maurach & Zipf, 1994, pp. 446-447 y 455, §§ 22 y 42), en la última advierten:

> Dado que el provocador incluye la agresión del provocado dentro de su plan, en su conducta subyace una renuncia a la protección de su propios bienes jurídicos disponibles, la que se asemeja al consentimiento y a la asunción consciente del riesgo (también, Mezger, 1946, p. 436; Reyes, 1981, pp. 167 y ss.).

A su turno, Romero señala:

> [...] puede afirmarse que mientras la provocación no constituya en sí un ataque o sea de tal intensidad que pueda, por su propia fuerza, poner en movimiento al provocado, y si, además, en este último caso, no está dirigida a ese fin, da lugar a la legítima defensa (1969, p. 369; Roxin, 1997, pp. 641 y ss. §15 (63 y ss.); Sisco, 1949, 211 y ss.; Velásquez, 2022, pp. 496 y 497; Zafra,1984, pp. 248-251).

Al respecto, señala la Jurisprudencia:

> En cuanto a la provocación debe admitirse que si una de las condiciones de la legítima defensa es la de constituir una reacción contra la violencia injusta, el provocador no puede invocarla, pues con su acto propio reprobable o antijurídico viene a ser el autor del daño que la reacción del provocado puede ocasionar [...] (Sent. del 5/9/1947, pp. 441-442, CSJ-SCP; también: Sent. del 9/5/1950, p. 279, CSJ-SCP; Sent. del 16/10/1951, p. 611 y ss., CSJ-SCP; Sent. del 6/5/1952, pp. 242-243, CSJ-SCP; Sent. del 16/6/1961, p. 376, CSJ-SCP).

Por el contrario, hasta el C. P. de 1936, la riña provocada por una agresión u ofensa atenuaba la punibilidad, incluso si durante la riña se causaba la muerte o se infligían lesiones personales dolosas al ofensor. De manera que la provocación se ha asumido de forma diferente en ambas instituciones jurídicas. Recuérdese que la doctrina posterior al siglo XIX exige que la riña sea imprevista, mientras que esta exigencia no es un requisito de la violencia en la legítima defensa, porque impediría reconocer la agresión inminente (Liszt, 1927, p. 334; Estrada, 1981, p. 235; Sisco, 1949, pp. 158 y 163) o admitir la llamada legítima defensa preventiva.

En cuarto lugar, por sus consecuencias jurídicas, la legítima defensa es una norma permisiva concebida como una causal de ausencia de responsabilidad penal —C. P., art. 32, num. 6, mod. Ley 2197 de 2022, art. 3.º— que impide formalmente declarar la antijuridicidad de la conducta típica correspondiente. Por el contrario, la riña ha sido concebida bien como una infracción autónoma o como una circunstancia atenuante de los delitos de homicidio y lesiones personales.

En resumen, ambas figuras son una contradicción dogmática y político criminal, a tal punto que la doctrina y la jurisprudencia consideran que no es posible concebir la legítima defensa en circunstancias de riña, con algunas excepciones, como se explicará.

Excepciones a la aplicación de la legítima defensa en los contextos de riña

Según la doctrina contemporánea, es posible aplicar de forma excepcional la legítima defensa individual (y para algunos grupal), en ciertos casos de riña, así:

1. Es posible alegar la legítima defensa en aquellos enfrentamientos que *no han sido aceptados, acordados o consentidos* por alguno de los sujetos involucrados (Jiménez de Asúa, 1961, p. 93). En estas condiciones, los actos violentos se pueden clasificar como verdaderas agresiones que ameritan una defensa necesaria y proporcional. Esta excepción opera, entonces, en las hipótesis denominadas como *riñas imprevistas, casuales o inesperadas*, siempre y cuando, además, la riña sea involuntaria para el sujeto que ejecuta actos de defensa voluntarios. Al respecto, Arenas (1980) afirma que en la riña "Debe existir proporcionalidad entre las agresiones, porque si una de las partes ejerce violencia sobre otra y esta se limita a rechazarla sin exceder los límites impuestos por la necesidad no habría riña sino legítima defensa" (p. 102). Debe aclarase que la riña es lo que debe resultar involuntario o no aceptado para el sujeto, no así los actos de defensa, que claramente deben ser voluntarios. En otras palabras, el sujeto tiene como finalidad defender un derecho (propio o de terceros) y no de reñir.

2. No se podría negar la legítima defensa en los contextos de riña, cuando uno de los contendientes *no ha tenido el poder de decidir si asume el riesgo y los posibles resultados que comporta la confrontación*, bien porque puede ser considerado como inimputable —C. P., art. 33—, ora porque se encuentra en condiciones de inferioridad psíquica por efecto de la embriaguez, drogas o determinadas por la edad o

circunstancias orgánicas que lo hayan llevado a dicha participación —C. P., art. 55, num. 8—. En estas condiciones, el sujeto afronta en realidad una agresión injusta (siempre que no haya sido el autor o el provocador de la riña), pues no es un sujeto auto responsable, con capacidad de conocer los riesgos o los resultados que se puedan derivar de la confrontación. Sin embargo, es claro que cabe la legítima defensa contra individuos no culpables que agredan de manera injusta a otro, tal y como lo ha aceptado ampliamente la doctrina (Jiménez de Asúa, 1961, p. 108; Liszt, 1927, p. 334; Luzón, 1978, pp. 333-342; Maurach & Zipf, 1994, pp. 446 y 453 §§ 21 y 38; Mir, 2015, p. 449; Reyes, 1981, p. 155; Romero, 1969, pp. 366-368; Roxin, 1997, pp. 637 y 638 §15; Zaffaroni, Alagia & Slokar, 2008, p. 618). De una opinión contraria: Manzini, (1949, pp. 77, 79-80), en la primera de las cuales señala: "Es manifiesto que la injusticia de la ofensa con que se amenaza implica en el amenazante la capacidad de obrar en modo conforme o contrario a derecho".

3. Cabe la legítima defensa cuando alguno de los sujetos —que ha aceptado la riña voluntaria— rompe el equilibrio o la proporción relativa de igualdad de circunstancias y peligros del combate (Arenas, 1980, p. 195; Estrada, 1981, p. 240; Fernández, 2012, p. 543; Reyes, 1981, p. 175; Velásquez, 2022, p. 495); así lo ha señalado la jurisprudencia cuando afirma que cabe admitir la legítima defensa, aún en caso de riña, en "[…] la hipótesis de que uno de los empeñados en la lucha cambie sustancialmente sus condiciones, rompa la continuidad de los actos, como dice Carrara, pues entonces 'puede subsistir la excusa del peligro sobreviniente'" (Sent. del 5/9/1947, p. 441, CSJ-SCP; Sent. del 16/02/1999, rad. 11099, CSJ-SCP; Sent. del 7/3/2007, rad. 26268, CSJ-SCP; Sent. SP291-2018 de 21/2/2018, rad. 48609, CSJ-SCP; Sent. SP4930-2018 del 7/11/2018, rad. 52821, CSJ-SCP).

De igual opinión Herrera (2010):

> Es criterio jurisprudencial inveterado que se excluya la legítima defensa en supuestos de riña tumultuaria mutuamente aceptada, sin que ello exima al juzgador de analizar si la riña comenzó precisamente a partir de una agresión ilegítima o bien en un momento determinado de su de-

sarrollo, se emplearon de medios agresivos desproporcionados valorables como un inesperado cambio cualitativo, virándose a una situación donde algunos agreden y otros se defienden (p. 115).

Por su parte, Delpino (2009, p. 499) acepta la legítima defensa en la riña cuando alguno de los contendientes ejecuta una ofensa más grave y peligrosa de aquellas que estaban previstas en el contexto de la riña. Sin embargo, al ser la riña un delito independiente en la legislación italiana, el hecho de que la legítima defensa justifique el daño causado al bien jurídico por la agresión injusta no elimina la responsabilidad penal que se deriva de la participación concertada en la confrontación.

Un buen ejemplo de esta situación se presenta cuando uno de los contendores introduce armas o instrumentos que puedan generar un peligro adicional al que ya ha sido creado por la agresión correlativa frente a los bienes jurídicos de los contendores (Reyes, 1981, p. 175; Sandoval, 1994, pp. 156 y 163). Estrada (1981), a su turno, trae el siguiente ejemplo: "[…] un combate que dos personas sostienen con zurriagos, en igualdad de condiciones. Si una de ellas abandona el zurriago y extrae un cuchillo, el otro puede ejercer el derecho a defenderse" (p. 240). En tal situación posterior, quien carece de dicho instrumento se encuentra en una condición de inferioridad que le permite defenderse de manera legítima frente al exceso no provocado ni aceptado, antes o durante el combate; a su turno, Manzini (1949, pp. 99 y 100), en la última página dice que "la facultad jurídica de legítima defensa surge en el que riñe solo cuando en la pelea se ejerce contra él voluntariamente o se le amenace con una violencia más grave o peligrosa que aquella que él ha aceptado".

Desde luego, no basta para alegar la legítima defensa que los combatientes cambien de instrumentos vulnerantes, como en el caso de los sujetos que luego de reñir con las manos se hacen a sendos machetes y continúan la contienda en equilibrio, es decir, sin que se conceda una ventaja ostensible entre ellos, lo que mantiene la posibilidad de un daño común y proporcionado (Reyes, 1981, p. 176; Sent. del 21/9/2009, rad. 28940, CSJ-SCP).

4. Cuando uno de los sujetos enfrentados rompe la continuidad de la riña, como sucede en la *riña desistida*. Sandoval (1994) describe así la figura: "Esta caracterización varía cuando se interrumpe la continuidad de la riña y uno de los contendientes desiste de ella; si el otro persiste y ataca, contra su injusta agresión el que desistió tiene legítima defensa" (1994, pp. 156 y 163; también: Fernández, 2012, p. 543 y Reyes, 1981, p. 176).

5. En las hipótesis denominadas como *riña en gavilla*. Es decir, cuando, habiendo comenzado la riña entre dos personas, las condiciones de equilibrio terminan rotas por la intervención de más de dos sujetos (como grupo agresor organizado o espontáneo) en favor de quien ha incitado o provocado la pelea (Arenas, 1980, p. 193; Romero, 1969, p. 389); a su turno, Manzini (1949, p. 79) distingue la multitud no organizada, respecto de la cual cabe la legítima defensa individual frente a sus miembros, de la protección contra un colectivo inorgánico no organizado para el ataque, compuesto por culpables e inocentes, respecto del cual cabe la figura del estado de necesidad. En estas condiciones, el otro individuo deja de reñir para defender su propia vida o integridad personal. Es justo con la ruptura del equilibro que produce la agresión en gavilla que surge la necesidad de defensa.

6. En los casos históricos de *riña insidiosa*. Es decir, cuando el sujeto que provoca la riña o quien la acepta, actúa con alevosía o a traición, lo que implica poner al otro sujeto en condiciones de indefensión o inferioridad para repeler los ataques contra sus bienes jurídicos, ya sea porque es sorprendido, bien porque son aprovechadas las circunstancias en las que se encuentra para dificultar al máximo su defensa o disminuir sustancialmente peligros para el autor de la riña, quien actúa sobre seguro.

CONCLUSIÓN: EL TRATAMIENTO DE LA RIÑA EN EL CÓDIGO PENAL

La participación en una riña ilegal, como figura jurídica, configura una contravención especial de policía prevista en el Código de

Convivencia y Seguridad Ciudadana, art. 27, de una forma mucho más amplia que las figuras acogidas por los C. P. desde 1837 a 1936. No pervive como una circunstancia de atenuación especial para los delitos de homicidio o lesiones personales. Sin embargo, la realidad demuestra que la riña es una de las circunstancias detonantes más importantes para la producción de daños antijurídicos a la vida e integridad personal, con incidencia en la criminalidad cotidiana.

De esta manera, la regla general es que las distintas afectaciones a los bienes jurídicos causados por los corriñentes generan la responsabilidad penal individual por estos, sin que sea posible alegar la inexistencia de imputación objetiva de dichos resultados. Ello implica afirmar que los contendores crean riesgos recíprocos jurídicamente desaprobados, que superan el ámbito del riesgo permitido, al tiempo que admiten la posibilidad de sufrir graves daños en la confrontación. La jurisprudencia nacional no admite aplicar las figuras de la auto o heteropuesta en peligro del correñidor afectado, cuando es claro que dichos resultados típicos han escapado a su control y pertenecen al dominio del contrario.

En todo caso, las antiguas formas de la riña y otras figuras nuevas pueden ser parcialmente aplicadas en el derecho penal vigente. De este modo, cuando uno de los sujetos actúe durante la riña con alevosía o insidia, con el fin de causar la muerte o lesiones al contrincante, es posible aplicar la circunstancia de agravación prevista en el C. P., art. 104, num. 7, mod. Ley 2197 de 2022, art. 8.°: "Colocando a la víctima en situación de indefensión o inferioridad, o aprovechándose de esta situación". Dicha agravante se justifica por el mayor desvalor de acción objetivo (la forma de realización) que comportan las conductas punibles.

Por otro lado, es necesario considerar los posibles delitos de porte de armas (C. P., arts. 365 mod. Ley 1297/2022, art. 17; art. 366 mod. Ley 1453/2011, art. 20 y adc. Ley 1908/2018, art. 8.°) y las amenazas con arma blanca (C. P., art. 376C adc. Ley 1297/2022, art. 18) u otras conductas delictivas que puedan concurrir en la riña; en tales supuestos, debe analizarse la posibilidad de aplicar la agravante prevista en el num. 3 del art. 104 del C. P. o, de forma discutible, un concurso efectivo de tipicidades. Si la riña ha sido provocada por un acto grave e injustificado, el posible homicidio o las lesiones personales del sujeto provocador (C. P., arts. 103 y ss. 111 y ss.) se pueden atenuar por la concurrencia determinante de la ira o el intenso dolor, previstas en el C. P. art. 57 como una causa genérica de atenuación de la pena.

En el ámbito particular de la individualización judicial de la pena (C. P., arts. 39, 60 y 61) también sería posible aplicar varias circunstancias de menor punibilidad (C. P. art. 55), siempre y cuando su imposición no implique desconocer el postulado de *non bis in idem*, así: num. 3, en caso de que la ira o el dolor no puedan aplicarse y los sujetos hayan obrado en estado de emoción, pasión excusable o temor intenso. Si alguno de los corriñentes realiza acciones que procuren disminuir las consecuencias de las lesiones que ha causado, entonces podría aplicarse el num. 2 *ibid*. Igualmente, se podría conceder la menor punibilidad cuando el procesado repare a la víctima total o parcialmente (num. 6), incluso si se trata del agente provocador de la reyerta; o en caso de que el sujeto se presente de forma voluntaria ante las autoridades (num. 7). Finalmente, deben tenerse en consideración los casos de riña influidos por la falta de ilustración o por la indigencia del autor (num. 8) o motivados por condiciones determinantes de edad o por condiciones orgánicas previas, etc. (num. 9), entre otras circunstancias análogas a las anteriores (num. 10).

Por el contrario, en la individualización de la pena también se podrían aplicar algunas circunstancias de mayor punibilidad (C. P., art. 58, mod. Ley 2197 de 2022, art. 7.º), como ocurre cuando el autor ha cometido el homicidio o las lesiones personales inspirado en móviles de intolerancia y discriminación (num. 3), cuando se hayan empleado medios que produzcan peligro común (num. 4, siempre que no queden cubiertos por los delitos de porte de armas de fuego o blancas), o si luego de la riña se hacen más nocivas las consecuencias de los delitos (num. 6), entre otras. Finalmente, si alguno de los corriñentes pone a otra u otras personas en condiciones de indefensión o inferioridad, de tal manera que rompe el equilibrio de la contienda o su continuidad, estas podrán defenderse de manera legítima, necesaria y proporcional, ante lo que puede considerarse como una agresión injusta (C P., art. 32, num. 6).

Para concluir, en la actualidad la riña es una figura ilícita contextual en la comisión de algunos delitos contra la vida o la integridad personal de enorme ocurrencia en la práctica criminal. Es un instituto que no es considerado de forma adecuada en la sanción de estos comportamientos, aparte de configurar una simple contravención de policía que no ha satisfecho los niveles de protección de la ciudadanía ni salvaguarda la seguridad pública, tal y como lo pretendió la doctrina nacional a principios del siglo XX. Por ello, quizás, la doctrina actual deba repensar mejor el papel que debe desempeñar la riña en el derecho penal, con el fin de gestionar mejor la violencia privada y racionalizar la respuesta estatal desde una perspectiva preventiva, tal y como lo exigen los dictados de la política criminal.

REFERENCIAS

Antolisei, F. (1977). *Manuale di Diritto penale, Parte speciale I*, settima edizione. A. Giuffré Editore.

Arenas, A.V. (1980). *Comentarios al Código Penal y al proyecto de reforma*. Editorial Temis.

Auto (1963, junio 7). Recurso de Casación. Magistrado Ponente: Primitivo Vergara Crespo. Corte Suprema de Justicia, Sala de Casación Penal [Colombia]. *Gaceta Judicial*, t. CII, n. 2267, 366-371.

Auto (1975, octubre 18). Recurso de Casación. Magistrado Ponente: Humberto Barrera Domínguez. Corte Suprema de Justicia, Sala de Casación Penal [Colombia]. *Gaceta Judicial*, t. CLI, n. 2392, 435-438.

Auto (2012, octubre 17). Recurso de Casación [Radicado 39702]. Magistrado Ponente: Fernando Alberto Castro Caballero. Corte Suprema de Justicia, Sala de Casación Penal [Colombia].

Bettiol, G. (1965). *Derecho penal, Parte general*. Temis.

Carrara, F. (1991). *Programa de Derecho criminal, Parte especial* [vol. 1, 3ª ed.]. Editorial Temis.

Carrara, F. (1993). *Programa de Derecho criminal, Parte especial* [vol. 7, 4ª ed.]. Editorial Temis.

Concha, J. V. (1929). *Tratado de derecho penal* [7ª ed.]. Librería Americana.

Covassi, G. (1984). *L'Attivita sportiva come causa di esclusione del reato*. Cedam.
Delpino, L. (2009). *Diritto Penale, Parte Speciale* [17ª ed.]. Gruppo Editoriale Simone.
Del Río, J. R. (1935). *Derecho penal* [t. 3] Legislación penal-Delitos especiales. Nascimento.
Del Rosal Blasco, B. (2020). "Las lesiones". En L. Morillas Cueva (Dir.) *et al.*, *Sistema de derecho penal, Parte especial* (pp. 73-108) [3ª ed.]. Editorial Dykinson.
Departamento Administrativo Nacional de Estadísticas (DANE) (2022). Encuesta de convivencia y seguridad ciudadana: https://www.dane.gov.co/index.php/estadisticas-por-tema/seguridad-y-defensa/encuesta-de-convivencia-y-seguridad-ciudadana-ecsc
Estrada, F. (1981). *Derecho penal, Parte general*. Librería del profesional.
Felip i Saborit, D. (2018). "Las lesiones". En: J. M. Silva (Dir.) *et al. Lecciones de derecho penal, Parte especial* (pp. 73-92) [5ª ed.]. Atelier.
Fernández, J. (2012). *Derecho penal, Parte general, Teoría del delito y de la pena*, vol. I, El delito: visión positiva y negativa. Grupo Editorial Ibáñez.
Fontán, C. (2008). *Derecho penal, Parte especial*, Actualizador Guillermo A. C. Ledesma, [17ª ed.]. Abeledo Perrot.
Granata, L. (1949). *L'Omicidio nel diritto penale*. Edizioni dell' Ateneo.
Gutiérrez, J. E. (1946). *Delitos contra la Vida y la Integridad personal, Derecho penal especial* [vol. II]. Litografía Colombia.
Herrera, M. (2010). Lesiones, violencia y tráfico de órganos. En: M. P. Navarrete (Dir.) *et al.*, *Lecciones de derecho penal, Parte especial* [t. I] (pp. 99-121). Editorial Tecnos.
Irureta, J. (1928). *El delito de homicidio* [2ª ed.]. Barreto y Ramos.
Jescheck, H. H. & Weigend, T. (2014). *Tratado de derecho penal, Parte general* [5ª ed.]. Editorial Comares.
Jiménez de Asúa, L. (1961). *Tratado de derecho penal*, t. IV, el delito (segunda parte: las causas de justificación) [4ª ed.]. Editorial Losada.
Lozano y Lozano, C. (1979). *Elementos de derecho penal*. Editorial Temis.
Luzón, D. M. (1978). *Aspectos esenciales de la legítima defensa*. Editorial Bosch.
Maggiore, G. (2000). *Derecho penal, Parte especial*, vol. IV, De los delitos en particular, [2ª reimp. de la 2ª ed.]. Editorial Temis.
Manzini, V. (1949). *Tratado de Derecho penal*, t. III, Primera parte, Teorías generales [vol. III]. Ediar.
Maurach, R. & Heinz, Z. (1994). *Derecho penal, Parte general*, vol. 1, Teoría del derecho penal y estructura del hecho punible. Editorial Astrea.
Mesa, L. E. (1979). *Delitos contra la vida y la integridad personal/ contra la propiedad* [6ª ed.]. Universidad Externado de Colombia.

Mezger, E. (1946). *Tratado de derecho penal* [t. 1, 2ª ed.]. Revista de Derecho Privado.

Mezger, E. (1959). *Derecho penal, Parte especial* [trad. de 4ª ed.]. Editorial Bibliográfica Argentina.

Mir, S. (2015). *Derecho penal, Parte general* [10ª ed.]. Reppertor.

Pacheco, P. (1972). *Derecho penal especial* [t. III]. Editorial Temis.

Pérez, L. C. (1977). *Manual de derecho penal, Partes General y Especial* [6ª ed.]. Editorial Temis.

Policía Nacional de Colombia (2022). Estadística delictiva, https://www.policia.gov.co/grupo-informacion-criminalidad/estadistica-delictiva

Posada, R. (2017). La pena de muerte en Colombia. Una revisión de la jurisprudencia de la Corte Suprema de Justicia entre 1886 y 1910. En M. Castro de Cifuentes (Coord.), *Gaceta Judicial: 130 años de historia jurisprudencial colombiana (1887-2017)* (pp. 3-50). Editorial Temis.

Rendón, G. (1973). *Derecho penal colombiano, Parte especial* [vol. I, 3ª ed.]. Editorial Temis. Hay edición de (1953). *Derecho penal colombiano*. Universidad de Medellín.

Reyes, A. (1981). *La antijuridicidad* [3ª ed.]. Universidad Externado de Colombia.

Romero, L. E. (1969). *Derecho penal, Parte general* [vol. I]. Editorial Temis.

Roxin, C. (1997). *Derecho Penal, Parte General* [t. I]. Editorial Civitas.

Sandoval, J. (1994). *Legítima Defensa*. Editorial Temis.

Sentencia (1936, julio 14). Recurso de Casación. Magistrado Ponente: Pedro Alejo Rodríguez. Corte Suprema de Justicia, Sala de Casación Penal [Colombia]. *Gaceta Judicial* XLIII, ns. 1904-1913 (1936-1937) 642-644.

Sentencia (1937, julio 22). Recurso de Casación. Magistrado Ponente: José Antonio Montalvo. Corte Suprema de Justicia, Sala de Casación Penal [Colombia]. *Gaceta Judicial*, t. XLV, ns. 1923-1931 (1937-1938), 499-502.

Sentencia (1942, marzo 18). Recurso de Casación. Magistrado Ponente: José Antonio Montalvo. Corte Suprema de Justicia, Sala de Casación Penal [Colombia]. *Gaceta Judicial*, t. LII, ns. 1977-1982, 482-484.

Sentencia (1942, octubre 15). Recurso de Casación. Magistrado Ponente: Absalón Fernández de Soto. Corte Suprema de Justicia, Sala de Casación Penal [Colombia]. *Gaceta Judicial*, t. LII, ns. 1977-1982, 469-472.

Sentencia (1943, mayo 31). Recurso de Casación. Magistrado Ponente: Manuel Caicedo Arroyo. Corte Suprema de Justicia, Sala de Casación Penal [Colombia]. *Gaceta Judicial* LV, ns. 1993 a 1995, 363-366.

Sentencia (1944, junio 7). Recurso de Casación. Magistrado Ponente: Campos Elías Aguirre. Corte Suprema de Justicia, Sala de Casación Penal [Colombia]. *Gaceta Judicial*, t. LVII, ns. 2006-2009, 619-624.

Sentencia (1946, mayo 22). Recurso de Casación. Magistrado Ponente: Francisco Bruno. Corte Suprema de Justicia, Sala de Casación Penal [Colombia]. *Gaceta Judicial*, LX, ns. 2029-2031, 866-869.

Sentencia (1947, marzo 3). Recurso de Casación. Magistrado Ponente: Ricardo Jordán Jiménez. Corte Suprema de Justicia, Sala de Casación Penal [Colombia]. *Gaceta Judicial*, t. LXII, ns. 2046-2047, 536-542.

Sentencia (1947, marzo 28). Recurso de Casación. Magistrado Ponente: Jorge E. Gutiérrez Anzola. Corte Suprema de Justicia, Sala de Casación Penal [Colombia]. *Gaceta Judicial*, t. LXIII, ns. 2053-2054, 147-151.

Sentencia (1947, septiembre 5). Recurso de Casación. Magistrado Ponente: Agustín Gómez Prada. Corte Suprema de Justicia, Sala de Casación Penal [Colombia]. *Gaceta Judicial*, t. LXIII, ns. 2053-2054, 440-444.

Sentencia (1949, febrero 19). Recurso de Casación. Magistrado Ponente: Ángel Martín Vásquez Abad. Corte Suprema de Justicia, Sala de Casación Penal [Colombia]. *Gaceta Judicial*, t. LXV, ns. 2066-2067, 454-457.

Sentencia (1949, febrero 22). Recurso de Casación. Magistrado Ponente: Agustín Gómez Prada. Corte Suprema de Justicia, Sala de Casación Penal [Colombia]. *Gaceta Judicial*, t. LXV, ns. 2066-2067, 458-460.

Sentencia (1949, agosto 16). Recurso de Casación. Magistrado Ponente: Alejandro Camacho Latorre. Corte Suprema de Justicia, Sala de Casación Penal [Colombia]. *Gaceta Judicial*, t. LXVI, ns. 2073-2074, 504-507.

Sentencia (1949, octubre 7). Recurso de Casación. Magistrado Ponente: Agustín Gómez Prada. Corte Suprema de Justicia, Sala de Casación Penal [Colombia]. *Gaceta Judicial*, t. LXVI, ns. 2073-2074, 688-692.

Sentencia (1949, octubre 21). Recurso de Casación. Magistrado Ponente: Ángel Martín Vásquez Abad. Corte Suprema de Justicia, Sala de Casación Penal [Colombia]. *Gaceta Judicial*, t. LXVI, ns. 2073-2074, 723-728.

Sentencia (1950, febrero 7). Recurso de Casación. Magistrado Ponente: Ángel Martín Vásquez Abad. Corte Suprema de Justicia, Sala de Casación Penal [Colombia]. *Gaceta Judicial*, t. LXVII, ns. 2080-2186, 45-52.

Sentencia (1950, mayo 9). Recurso de Casación. Magistrado Ponente: Agustín Gómez Prada. Corte Suprema de Justicia, Sala de Casación Penal [Colombia]. *Gaceta Judicial*, t. LXVII, ns. 2080-2186, 278-282.

Sentencia (1950, diciembre 15). Recurso de Casación. Magistrado Ponente: Agustín Gómez Prada. Corte Suprema de Justicia, Sala de Casación Penal [Colombia]. *Gaceta Judicial*, t. LXVIII, ns. 2087-2095, 818-820.

Sentencia (1951, junio 3). Recurso de Casación. Magistrado Ponente: Alejandro Camacho Latorre. Corte Suprema de Justicia, Sala de Casación Penal [Colombia]. *Gaceta Judicial*, t. LXX, ns. 2103-2109, 85-90.

Sentencia (1951, julio 3). Recurso de Casación. Magistrado Ponente: Luis Gutiérrez Jiménez. Corte Suprema de Justicia, Sala de Casación Penal [Colombia]. *Gaceta Judicial*, t. LXX, ns. 2103-2109, 91-96.
Sentencia (1951, julio 13). Recurso de Casación. Magistrado Ponente: Francisco Bruno. Corte Suprema de Justicia, Sala de Casación Penal [Colombia]. *Gaceta Judicial*, t. LXX, ns. 2103-2109, 111-114.
Sentencia (1951, octubre 16). Recurso de Casación. Magistrado Ponente: Luis Gutiérrez Jiménez. Corte Suprema de Justicia, Sala de Casación Penal [Colombia]. *Gaceta Judicial*, t. LXX, ns. 2103-2109, 609-612.
Sentencia (1952, marzo 7). Recurso de Casación. Magistrado Ponente: Alejandro Camacho Latorre. Corte Suprema de Justicia, Sala de Casación Penal [Colombia]. *Gaceta Judicial*, t. LXXI, ns. 2110-2114, 527-531.
Sentencia (1952, mayo 6). Recurso de Casación. Magistrado Ponente: Luis Gutiérrez Jiménez. Corte Suprema de Justicia, Sala de Casación Penal [Colombia]. *Gaceta Judicial*, t. LXXII, ns. 2115-2117bis, 242-243.
Sentencia (1952, diciembre 12). Recurso de Casación. Magistrado Ponente: Ángel Martín Vásquez Abad. Corte Suprema de Justicia, Sala de Casación Penal [Colombia]. *Gaceta Judicial*, t. LXXIII, ns. 2121-2122, 837-847.
Sentencia (1953, enero 16). Recurso de Casación. Magistrado Ponente: Luis Gutiérrez Jiménez. Corte Suprema de Justicia, Sala de Casación Penal [Colombia]. *Gaceta Judicial*, t. LXXIV, n. 2124-2128, 112-117.
Sentencia (1953, mayo 29). Recurso de Casación. Magistrado Ponente: Francisco Bruno. Corte Suprema de Justicia, Sala de Casación Penal [Colombia]. *Gaceta Judicial*, t. LXXV, rad. 006964, 216-219.
Sentencia (1953, junio 7). Recurso de Casación. Magistrado Ponente: Alejandro Camacho Latorre. Corte Suprema de Justicia, Sala de Casación Penal [Colombia]. *Gaceta Judicial*, t. LXXV, ns. 2129 a 2132, 667-669.
Sentencia (1954, febrero 26). Recurso de Casación. Magistrado Ponente: Ricardo Jordán Martínez. Corte Suprema de Justicia, Sala de Casación Penal [Colombia]. *Gaceta Judicial*, t. LXXVII, ns. 2138-2139, 203-205.
Sentencia (1954, julio 12). Recurso de Casación. Magistrado Ponente: Jesús Estrada Monsalve. Corte Suprema de Justicia, Sala de Casación Penal [Colombia]. *Gaceta Judicial*, t. LXXVIII, n. 2144, R-004603, 164-168.
Sentencia (1954, agosto 27). Recurso de Casación. Magistrado Ponente: Domingo Sarasty Montenegro. Corte Suprema de Justicia, Sala de Casación Penal [Colombia]. *Gaceta Judicial*, t. LXXVIII, n. 2145, 472-475.
Sentencia (1954, septiembre 7). Recurso de Casación. Magistrado Ponente: Ricardo Jordán Jiménez. Corte Suprema de Justicia, Sala de Casación Penal [Colombia]. *Gaceta Judicial*, t. LXXVIII, n. 2144-2148, 742-748.

Sentencia (1955, septiembre 12). Recurso de Casación. Magistrado Ponente: Jesús Estrada Monsalve. Corte Suprema de Justicia, Sala de Casación Penal [Colombia]. *Gaceta Judicial*, t. LXXXI, ns. 2157-2158, R-00972, 267-270.

Sentencia (1956, julio 5). Recurso de Casación. Magistrado Ponente: Domingo Sarasty Montenegro. Corte Suprema de Justicia, Sala de Casación Penal [Colombia]. *Gaceta Judicial*, t. LXXXIII, n. 2170, 285-290.

Sentencia (1956, julio 23). Recurso de Casación. Magistrado Ponente: Ricardo Jordán Jiménez. Corte Suprema de Justicia, Sala de Casación Penal [Colombia]. *Gaceta Judicial*, t. LXXXIII, n. 2170, 312-317.

Sentencia (1957, septiembre 9). Recurso de Casación. Magistrado Ponente: Domingo Sarasty Montenegro. Corte Suprema de Justicia, Sala de Casación Penal [Colombia]. *Gaceta Judicial*, t. LXXXVI, ns. 2186-2187, 209-213.

Sentencia (1958, septiembre 23). Recurso de Casación. Magistrado Ponente: Ricardo Jordán Jiménez. Corte Suprema de Justicia, Sala de Casación Penal [Colombia]. *Gaceta Judicial*, t. LXXXIX, n. 2202, 209-212.

Sentencia (1959, mayo 6). Recurso de Casación. Magistrado Ponente: Simón Montero Torres. Corte Suprema de Justicia, Sala de Casación Penal [Colombia]. *Gaceta Judicial*, t. XC, ns. 2211-2212, 707-711.

Sentencia (1959, julio 1). Recurso de Casación. Magistrado Ponente: Simón Montero Torres. Corte Suprema de Justicia, Sala de Casación Penal [Colombia]. *Gaceta Judicial*, t. XCI, n. 2214, 124-127.

Sentencia (1961, junio 16). Recurso de Casación. Magistrado Ponente: Humberto Barrera Domínguez. Corte Suprema de Justicia, Sala de Casación Penal [Colombia]. *Gaceta Judicial*, t. XCVI ns. 2242-2244 (1961-1965), 371-378.

Sentencia (1961, julio 7). Recurso de Casación. Magistrado Ponente: Ángel Martín Vásquez Abad. Corte Suprema de Justicia, Sala de Casación Penal [Colombia]. *Gaceta Judicial*, t. XCVI, ns. 2242 a 2244, 455-467.

Sentencia (1961, julio 31). Recurso de Casación. Magistrado Ponente: Gustavo Rendón Gaviria. Corte Suprema de Justicia, Sala de Casación Penal [Colombia]. *Gaceta Judicial*, t. XCVI, ns. 2242 a 2244, 522-528.

Sentencia (1961, agosto 30). Recurso de Casación. Magistrado Ponente: Julio Roncallo Acosta. Corte Suprema de Justicia, Sala de Casación Penal [Colombia]. *Gaceta Judicial*, t. XCVI, ns. 2242 a 2244, 637-645.

Sentencia (1961, noviembre 22). Recurso de Casación. Magistrado Ponente: Humberto Barrera Domínguez. Corte Suprema de Justicia, Sala de Casación Penal [Colombia]. *Gaceta Judicial*, t. XCVII, ns. 2246 a 2249, 498-506.

Sentencia (1962, abril 30). Recurso de Casación. Magistrado Ponente: Humberto Barrera Domínguez. Corte Suprema de Justicia, Sala de Casación Penal [Colombia]. *Gaceta Judicial*, t. XCVIIII, ns. 2251-2254, 526-539.

Sentencia (1962, noviembre 14). Recurso de Casación. Magistrado Ponente: Humberto Barrera Domínguez. Corte Suprema de Justicia, Sala de Casación Penal [Colombia]. *Gaceta Judicial*, t. C, ns. 2261-2262-2263-2264, 437-450.

Sentencia (1964, abril 13). Recurso de Casación. Magistrado Ponente: Humberto Barrera Domínguez. Corte Suprema de Justicia, Sala de Casación Penal [Colombia]. *Gaceta Judicial*, t. CVII, n. 2272, 417-422.

Sentencia (1980, octubre 29). Recurso de Casación. Magistrado Ponente: Álvaro Luna Gómez. Corte Suprema de Justicia, Sala de Casación Penal [Colombia]. *Gaceta Judicial*, t. CLXIII, n. 2402, 452-453.

Sentencia (1981, octubre 8). Recurso de Casación. Magistrado Ponente: Alfonso Reyes Echandía. Corte Suprema de Justicia, Sala de Casación Penal [Colombia], *Gaceta Judicial*, t. CLXVII n. 2404, 581-583.

Sentencia (1999, diciembre 16). Recurso de Casación. [Radicado 11099]. Magistrado Ponente: Carlos E. Mejía Escobar. Corte Suprema de Justicia, Sala de Casación Penal [Colombia].

Sentencia (2002, junio 26). Recurso de Casación [Radicado 11679]. Magistrado Ponente: Fernando E. Arboleda Ripoll. Corte Suprema de Justicia, Sala de Casación Penal [Colombia].

Sentencia (2002, mayo 2). Recurso de Casación. [Radicado 12539]. Magistrado Ponente: Álvaro Orlando Pérez Pinzón. Corte Suprema de Justicia, Sala de Casación Penal [Colombia].

Sentencia (2005, mayo 25). Recurso de Casación [Radicado 18354]. Magistrado Ponente: Yesid Ramírez Bastidas. Corte Suprema de Justicia, Sala de Casación Penal [Colombia].

Sentencia (2006, mayo 25). Recurso de Casación [Radicado 21757]. Magistrada Ponente: Marina Pulido de Barón. Corte Suprema de Justicia, Sala de Casación Penal [Colombia].

Sentencia (2007, marzo 7). Recurso de Casación. [Radicado 26268]. Magistrada Ponente: Marina Pulido de Barón. Corte Suprema de Justicia, Sala de Casación Penal [Colombia].

Sentencia (2008, enero 23). Recurso de Casación [Radicado 21040]. Magistrado Ponente: Julio Enrique Socha Salamanca. Corte Suprema de Justicia, Sala de Casación Penal [Colombia].

Sentencia (2009, septiembre 21). Recurso de Casación [Radicado 28940]. Magistrado Ponente: Alfredo Gómez Quintero. Corte Suprema de Justicia, Sala de Casación Penal [Colombia].

Sentencia SP291-2018 (2018, febrero 21). Recurso de Casación [Radicado 48609]. Magistrado Ponente: Fernando Alberto Castro Caballero. Corte Suprema de Justicia, Sala de Casación Penal [Colombia].

Sentencia SP4930-2018 (2018, noviembre 7). [Radicado 52821]. Magistrado Ponente: Luis Antonio Hernández Barbosa. Corte Suprema de Justicia, Sala de Casación Penal [Colombia].

Sentencia SP937-2020 (2020, mayo 20). Recurso de Casación [Radicado 47967]. Magistrado Ponente: Eugenio Fernández Carlier. Corte Suprema de Justicia, Sala de Casación Penal [Colombia].

Sentencia SP1476-2020 (2020, junio 17). Recurso de Casación [Radicado 52072]. Magistrada Ponente: Patricia Salazar Cuéllar. Corte Suprema de Justicia, Sala de Casación Penal [Colombia].

Sentencia SP1590-2020 (2020, junio 24). Recurso de Casación [Radicado 49977]. Magistrado Ponente: Luis Antonio Hernández Barbosa. Corte Suprema de Justicia, Sala de Casación Penal [Colombia].

Sentencia SP352-2021 (2021, febrero 10). Recurso de Casación [Radicado 52857]. Magistrada Ponente: Patricia Salazar Cuéllar. Corte Suprema de Justicia, Sala de Casación Penal [Colombia].

Sentencia SP1764-2021 (2021, mayo 12). Recurso de Casación [Radicado 56531]. Magistrado Ponente: Eugenio Fernández Carlier. Corte Suprema de Justicia, Sala de Casación Penal [Colombia].

Sentencia C-294 (2021, septiembre 2). Acción de inexequibilidad [Expediente D-13915]. Magistrada Ponente: Cristina Pardo Schlesinger. Corte Constitucional [Colombia].

Sentencia C-155 (2022, mayo 5). Acción de inexequibilidad [Expediente D-14426] Magistrada Ponente: Cristina Pardo Schlesinger. Corte Constitucional [Colombia].

Sisco, L. P. (1949). *La defensa justa. Estudio doctrinario, legal y jurisprudencial sobre la legítima defensa*. Librería el Ateneo Editorial.

Velásquez, F. (2022). *Fundamentos de derecho penal, Parte general* [5ª ed.]. Editorial Tirant lo Blanch.

Zaffaroni, E. R., Alagia, A. & Slokar, A. (2002), *Derecho Penal, Parte General* [2ª ed.]. Ediar.

Zafra, L. (1984). *Doctrinas concordadas con el nuevo Código Penal*. Editorial Temis.

El Estado de Sitio y los "jueces" penales militares en Colombia

Luis Fernando Tocora López[*]

> **RESUMEN:** Esta ponencia muestra los alcances de la justicia penal militar en Colombia que, a la luz de los dictados de la Constitución de 1886 y en uso de un permanente estado de sitio, juzgaba a civiles hasta que la Corte Suprema de Justicia –en dos históricos fallos de 1987– declaró las normas que otorgaban esas competencias contrarias a la Constitución; así mismo, se muestra como la judicatura ha sido tradicionalmente vocera de quienes detentan el poder y poco refractaria al cambio en un país que a diario fluctúa entre la guerra y la paz.
>
> **Palabras clave:** Estado de sitio, justicia penal militar, guerra, paz.

Colombia ha sido una encrucijada. Un cruce de caminos geográfico entre el norte y el sur de América. Una encrucijada cultural entre el Caribe abigarrado y extrovertido, entre el recogido ancestro indígena andino y la herencia etnocentrista española; una encrucijada socio-económica entre un país de latifundismo semifeudal y un país de vertiginosas ciudades de refugiados y crecimiento caótico; entre ideologías confesionales racistas y excluyentes, e ideologías de ruptura y apertura mental que en buena parte coincidieron en la creación de la Constitución de 1991. Una encrucijada entre la "guerra fría" y la guerra de baja intensidad. Una encrucijada entre la guerra y la paz.

La violencia en Colombia tiene un primer nombre propio: "guerra civil no declarada" iniciada en los años 40s, luego del magnicidio —9 de abril de 1948— del líder popular Jorge Eliécer Gaitán, candi-

---

[*] Ex magistrado del Tribunal Superior de Buga, Colombia. Correo electrónico: ftocora@hotmail.com

dato a la presidencia con la primera opción de victoria; Gaitán fue un destacado abogado penalista que desde su afiliación al partido liberal denunció los graves problemas sociales que aquejaban a los obreros y campesinos. Era un excelente orador en las audiencias penales y también en la plaza pública. Su asesinato originó el conocido fenómeno del *Bogotazo*, para designar la reacción popular que incendió la capital y otras ciudades del país como respuesta irascible y espontánea por el sacrificio de su líder. Es cierto que las confrontaciones venían de atrás, de las guerras fratricidas pasando por la de los "Mil Días", pero la de la persecución de liberales destinada a diezmar el partido de la mayoría se potencializó con el asesinato de un líder de multitudes que le había apostado a la paz y a la reducción de las injusticias sociales. En esa guerra está el origen del movimiento subversivo. Las guerrillas se iniciaron como guerrillas liberales, forma de resistencia contra la represión de los gobiernos conservadores de Ospina Pérez y Laureano Gómez que además de las fuerzas propias del Estado habilitaron a sicarios para eliminar líderes populares del partido liberal, incluyendo el del mencionado "caudillo" Gaitán, que acababa de realizar una multitudinaria manifestación política pidiendo que cesara la represión oficial.

UNA PRETENSIÓN HEGEMÓNICA E INSURGENCIA GUERRILLERA

Esas guerrillas liberales fueron abandonadas a su suerte por los líderes del partido liberal que firmaron un pacto de paz *por arriba* con el partido conservador. Las élites se pusieron de acuerdo en un par de balnearios españoles sobre sellar la paz alternándose en el poder. Las bases populares involucradas que fueron las que más sufrieron en la confrontación, poco o nada tuvieron que ver con el acuerdo. Fue un acuerdo entre las élites y los partidarios de abajo siguieron padeciendo la violencia. Incluso un intento de amnistía ofrecida por un gobierno militar surgido de un golpe de Estado militar en 1953, que algunos en su momento llamaron "golpe de opinión" contra aquella guerra civil no declarada, se frustró por el asesinato de comandantes históricos de esa guerrilla como Guadalupe Salcedo, cometido a la manera del asesinato de Emiliano Zapata en México por fuerzas del régimen. Fue entonces cuando se retrajeron y se convirtieron al comunismo, alentadas por el triunfo de la revolución cubana y la propaganda internacional comunista sobre el progreso y la igualdad en esas sociedades.

Es paralelo a esa situación de confrontación armada que el Estado confesional colombiano derivará en un uso y abuso del Estado de Sitio, que pasará de ser un estado de excepción a un estado casi permanente, que suspenderá las garantías fundamentales de una constitución decimonónica clerical (1886) y dará cabida aún mayor, a un militarismo secular —que ha constituido un rasgo de la historia política de los países latinoamericanos; para la última postguerra, la de la guerra fría, reencontró en él un recurso prioritario para la hegemonía que garantizara el *statu quo*—, con la transferencia de la competencia para el juzgamiento de civiles a los jueces penales militares, que de suyo constituían una negación del ser judicial, porque respondían a una institución jerárquica vertical negadora de su autonomía y solamente estaban concebidos para juzgar militares que cometieran infracciones dentro del servicio. Esta Constitución que rigió más de un siglo (entre ellos nueve decenios del siglo XX) ató el Estado colombiano a la Iglesia católica, ordenando que la educación se impartiera de acuerdo a ese credo religioso; fue el producto del triunfo de las fuerzas conservadoras clericales sobre los liberales radicales y marcaron en buena parte la fuerte tendencia tradicionalista y clerical de un país que en el siglo XX fue esencialmente latifundista y señorial.

La nueva violencia en Colombia, iniciada en los 60s, ya no será entre liberales y conservadores, sino entre guerrillas comunistas y el Estado. Ya no será un movimiento popular para defenderse de un proyecto de eliminación política, sino unos movimientos que se reclaman de liberación y que enarbolan las banderas marxistas prosoviéticas o promaoístas. En este momento atravesamos de lleno la época de la "guerra fría". La doctrina de la defensa hemisférica y de la civilización cristiana occidental está en juego. Desde Washington se imparten las consignas de seguridad nacional para la defensa del hemisferio del satánico comunismo.

LA RENUNCIA TOTAL A LA FUNCIÓN JUDICIAL

La judicatura poco hizo para impartir justicia en el caso de la primera violencia: la liberal-conservadora. El genocidio de unas 200 mil personas quedó prácticamente en la impunidad. Los sicarios del régimen llamados "pájaros" tenían licencia para matar otorgada desde muchos despachos oficiales. Los "chusmeros" que era el nombre que se daba a los guerrilleros liberales también dejaron cuentas judiciales pendientes. El derecho en definitiva fue un convidado de piedra. Los jueces de los años 80s terminaron firmando en serie, sentencias de prescripción de la acción penal por el tiempo transcurrido.

Ahora entre los años 60s y 90s la justicia se prestará en gran parte para avalar el Estado de Sitio. Salvo contadas excepciones la justicia que podía ejercer contrapesos a dicho régimen de excepción, resignó su poder a través de teorías como la de los "poderes implícitos" del ejecutivo. Al respecto Rico *et al.* (2009) se refiere a los orígenes jurisprudenciales de esta doctrina en el caso colombiano:

> El 13 de noviembre de 1928 se profirió la sentencia de los poderes implícitos del presidente de la República, con el fin de justificar que la policía investigara y juzgara, en un momento en que había conflictos en la zona bananera y el gobierno deseaba evitarle contratiempos a la *United Fruit Company*. La Corte Suprema de Justicia, sin respaldo constitucional alguno, invocando equivocadamente los criterios del juez norteamericano Marshall, viabilizó el rompimiento de la estructura tripartita de los poderes públicos (p. 448).

En ese conflicto ocurrió la masacre de las bananeras, recogida por García Márquez en «Cien años de soledad», episodio traumático de la historia de Colombia en que el ejército masacró a los trabajadores de esa empresa de propiedad norteamericana, sin que la justicia hubiera deducido responsabilidades oficiales. Más adelante prosigue la cita refiriéndose a las actividades comunistas:

> [...] cuyas actividades (...) se han desarrollado y extendido a tal punto que han logrado encender el resentimiento de los países de la América Latina y del Extremo Oriente contra el gobierno y el pueblo de los Estados Unidos (...). El gobierno de los Estados Unidos tiene el propósito de no consentir tales intervenciones (...). Estos antecedentes y otros que podrían narrarse con creces, los aduce la Corte, a riesgo de ser difusa, para demostrar las proporciones magnas que en todo el mundo presenta el problema de la propaganda comunista, de la cual no está exenta Colombia, y para cuya solución no puede invocarse en nuestro país la inviolabilidad de las ordenanzas departamentales, ni los fueros de las autoridades de policía local, sino que antes bien, ha llegado el momento en que el poder legislativo y el Presidente de la República, con acción armónica, vigorosa y oportuna, den vida y aliento a la atribución constitucional de conservar el orden público en todo el territorio de la República (Rico *et al.*, 2009, pp. 449-450).

Políticamente los dos partidos tradicionales el conservador y el liberal hicieron una coalición política excluyente de otros partidos o movimientos políticos, creando un pacto llamado "Frente Nacional" en el que se alternarían cuatro periodos presidenciales, complementado el acuerdo con una paridad política burocrática en un periodo comprendido entre 1958 y 1974. El modelo político de fusión bipartidista ambientó en parte la llegada de ideas marxistas, revolucionarias y nacionalistas, como expresión del inconformismo de las nuevas generaciones que veían cómo los graves problemas sociales crecían y cómo en el mundo se agitaba con la luchas raciales, el mayo del 68 francés, el rechazo a la guerra del Vietnam, la irrupción del feminismo, los movimientos estudiantiles en las universidades latinoamericanas, las protestas en Praga, etc.

Para 1955 la Corte Suprema de Colombia andaba en la época de las cruzadas, si tenemos en cuenta su jurisprudencia del 19 de abril de dicho año en la que sostenía que "por derecho de gentes se entendía el conjunto de principios de la civilización cristiana en su lucha secular contra la barbarie" (Rico *et al.*, 2009, p. 453). Posteriormente, en Sentencia del 28 de junio de 1956 bendijo el Estado de Sitio como prerrogativa absoluta del ejecutivo, sosteniendo que no se debería estorbar su acción en relación con el cual debería aplicarse una cláusula *"in dubio pro Presidente"*. Textualmente sostuvo que:

> El régimen de las facultades extraordinarias concedidas por la Constitución al Presidente de la República en caso de guerra exterior o conmoción interna no es una excepción del Estado de Derecho (...). No corresponde a la Corte pronunciarse sobre si realmente han existido los hechos constitutivos de la conmoción interna que hayan motivado la declaración del estado de sitio, o sobre si han cesado las circunstancias perturbadoras del orden público en tal medida que se imponga el levantamiento de aquel estado. Es posible que el gobierno extralimite el uso de sus poderes en uno u otro caso, pero no es la Corte sino el Congreso quien puede juzgar la conducta del Presidente de la República y sus Ministros (Sent. de 28/6/1956, pp. 30-31, CSJ-Sala Plena).

Con ello la Corte renunciaba a su capacidad de juzgamiento de la constitucionalidad de decretos presidenciales, pues al Congreso no le estaba asignada la valoración de la exequibilidad del decreto ejecutivo en cuestión, que además versaba en esa ocasión sobre un tema más bien técnico de vacaciones judiciales. De esta manera abría un ancho boquete para la extralimitación del poder ejecutivo, lo que sucedió hasta la Constitución de 1991. Poco tuvieron en cuenta los magistrados las bases conceptuales de los "pesos y contrapesos" del Estado Liberal delineado por Montesquieu y resignaron la justicia a un rol inferior, dejando a su vez desguarnecidos los derechos fundamentales de los ciudadanos.

Sin embargo, desde antes, hubo disidencias a otras decisiones que apuntaban en el mismo sentido:

> Los señores magistrados de la mayoría no pudieron citar, ni lo podrán hacer jamás, antecedente alguno en relación con facultades implícitas del Ejecutivo en materia de punibilidad, pues el principio estricto de legalidad en lo que concierne al establecimiento de las penas para creación de incriminaciones, es un postulado universal que por primera vez se viene a desconocer en esta sentencia (Cárdenas, Salvamento de voto, 13/11/1928, p. 220, CSJ-Sala Plena).

Y también:

> La fórmula (de las facultades implícitas) tiene una amplitud desconcertante, porque queda a criterio del Presidente determinar de modo general qué actos humanos entrañan tendencias peligrosas al orden público y señalar las sanciones respectivas, que pueden ser la prisión, la multa, el confinamiento, etc., pues no dice la sentencia cuáles son esas sanciones, y ya se sabe que el concepto de orden público es mudable, incierto y hasta contradictorio según las ideas, los sentimientos, los intereses y las pasiones de los que lo invocan para conservarlo o restablecerlo (Nannetti, Salvamento de voto, 13/11/1928, p. 224, CSJ-Sala Plena).

En Colombia el Estado configurado por la Constitución de 1886 terminó siendo negado bajo su propia excepcionalidad, la del estado de sitio. Este fue su rasgo institucional más característico durante la segunda mitad del siglo XX, hasta el advenimiento de la Constitución de 1991. Desde el año 1944 en que se intentó un golpe de Estado, hasta finales de los 80s, el Estado de Sitio se transformó en el estado ordinario de la institucionalidad política en Colombia. Se lo utilizó de manera extralimitada hasta el punto de desnaturalizar el Estado, al menos formal, de Derecho. En 1949, por ejemplo, lo utilizó el presidente Ospina Pérez para evitar un enjuiciamiento por parte del Congreso, en los años 70s López Michelsen para enfrentar una huelga de médicos, y muchas veces, diversos presidentes para confrontar revueltas estudiantiles o paros laborales. Todo pretextando controlar la situación de "orden público" que se predicaba perturbada por grupos insurgentes marxistas, grupos paramilitares u organizaciones armadas de narcotraficantes.

La investigación citada (Rico *et al*, 2009) es contundente sobre este aspecto de la manipulación y el abuso del derecho:

> Sin embargo, el Estado de sitio se convirtió en Colombia, curiosamente después de la segunda guerra mundial, en el ejercicio de poderes excesivos por parte del Presidente de la República y en la respuesta a los graves conflictos, y desafortunadamente, a los justos reclamos de sectores tradicionalmente oprimidos, lo cual contribuyó al afianzamiento de una cultura de fuerza. Un muestreo sobre todas las sentencias proferidas en 20 años —1945 a 1964— arroja estos datos: decidió la Corte sobre 115

decretos y 93 leyes, lo cual demuestra el peso de las normas proferidas en estado de sitio, y solo fueron declarados contrarios a la Constitución el 20 % de los artículos acusados (pp. 451-452).

Otro ejemplo de la manipulación jurídica puede ser la Sentencia del 13 de octubre de 1977 en que declara la constitucionalidad del Decreto 2004 de 1977, que prohibió paros laborales, y cuyo artículo más relevante sostenía que

> Mientras subsista el actual Estado de Sitio, quienes organicen, dirijan, promuevan o estimulen en cualquier forma el cese total o parcial, continuo o escalonado, de las actividades normales de carácter laboral o de cualquier otro orden, incurrirán en arresto inconmutable de treinta (30) a ciento ochenta (180) días, que impondrán los gobernadores, intendentes, comisarios y el Alcalde del Distrito Especial de Bogotá, por medio de resolución motivada (D. 2004 de 26 de enero de 1977, art. 1º).

La Corte sostuvo que le correspondía al gobierno discrecionalmente estimar cómo iba a guardar el "orden público" y que

> Si dentro de ese criterio el gobierno ha estimado que los paros ilegales en sus diferentes modalidades, afectan el orden Republicano y Democrático que consagra la Carta que él tiene obligación de guardar, y que por lo mismo, quienes lo organicen y promuevan deben ser sancionados de manera especial, está dentro del ámbito de las facultades señaladas por el artículo 121 de la Carta (Sent. 13/10/1977, p. 271, CSJ-Sala Plena).

Se refiere al artículo que consagra el Estado de Sitio. De esta manera la mencionada figura de excepción servía para criminalizar derechos fundamentales y libertades públicas, por fuera de la finalidad de restauración del llamado "orden público", que era entendido de manera autoritaria abarcando la contestación, opinión, protesta o disidencia. Se burlaba así la finalidad y de contera la Constitución, que previó básicamente hipótesis de amenazas derivadas de la insurgencia armada. Para corroborar esta crítica que hacemos no hay necesidad de escudriñar en los argumentos de la "guerra fría", aquellos de la salvación de la civilización cristiana frente a la barbarie, sino en el propio salvamento de voto de dos de los magistrados:

No hay modo por fuera del inocuo derecho de petición, ejercitado respetuosa, concisa y aisladamente, de expresar una protesta, un desagrado, una oposición a una forma de gobierno. Suele indicarse, para su tolerancia, que la repulsa ciudadana, debe instrumentarse sin violencias. Pero ahora acatar esa paternal recomendación también atrae sanciones graves. Lo que se quiere entonces, es que las reacciones carezcan de eficacia y repercusión para que puedan permitirse sin el riesgo de la cárcel. Algo igual viene aconteciendo con el derecho de huelga. Se le reconoce mientras no tenga potencia. Cuando la solidaridad de los trabajadores una sus movimientos, hay más de un argumento (la economía, la seguridad, etc.) para reducirla en sus efectos, hasta llegar aunque de soslayo, a su prohibición y sancionamiento (sic) (Gómez & Velasco Salvamento de voto, 13/10/1977, p. 275, CSJ-Sala Plena).

La Corte, sin embargo, en algunos fallos excepcionales ejerció su verdadero papel de guardián de la Constitución como lo hizo en fallo del 24 de julio de 1961 cuando declaró —con diversos salvamentos de voto— inconstitucional una burda norma (Decreto Legislativo N° 12 del 4 de junio de 1959) que autorizaba a unos jueces de instrucción dependientes del ejecutivo, contra toda noción elemental de la división de poderes, a juzgar una amplia e importante gama de casos (homicidios, lesiones personales, asociación e instigación para delinquir, violación de domicilio, secuestro, violencia carnal, fuga de presos, etc.). Sentenció la Corte que se violaba la estructura jurídica primaria de la Nación y que con tales normas no se restauraba el "orden público", sino que al contrario se lo perturbaba por los propios gobernantes (Sent. 24/7/1961, pp. 8 y ss., CSJ-Sala Plena).

La teoría que predominó históricamente fue la restrictiva, que autorizaba las extralimitaciones de poder del Ejecutivo, lo cual evidenciaba la verdadera faz autoritaria de repúblicas que se predicaban liberales. De manera que cuando llegó la oleada de la seguridad nacional, Colombia contaba con unos precedentes y un cauce autoritario para dar tan solo un salto a la versión de defensa hemisférica de la "guerra fría". Así fue como inicialmente el gobierno otorgó facultades a las fuerzas armadas para extralimitarse en sus operaciones: "El hecho se justifica cuando se comete... 4°.– Por los miembros de la fuerza pública cuando intervengan en operaciones planeadas para prevenir y reprimir los delitos de extorsión y secuestro, y producción, procesamiento y tráfico de estupefacientes" (Decreto 070 de 1978).

La Corte Suprema declaró constitucional dicho Decreto, llamado popularmente el "Decreto 007" en alusión a la "licencia para matar" del agente James Bond del escritor Ian Fleming. Esgrimió la alta corporación la teoría de la defensa social:

> Se trata como atrás se dijo, de una especial medida que envuelve un derecho de defensa social, porque de un lado es legítimo que los cuerpos armados que se ven obligados a intervenir en operaciones como las indicadas, las que tienen por objeto prevenir o reprimir delitos que por su naturaleza son violentos y se ejercen sobre la base de violencia sobre personas o cosas, estén protegidos por una justificación de los hechos punibles que se vean forzados a cometer; y porque de otro, tanto el gobierno como personero de la sociedad, como ésta misma, están interesados en la defensa de ésta, y que en ella se cumpla adecuadamente por los cuerpos a quienes por ministerio de la ley, se han entregado las armas para su defensa (Sent. de 9/3/1978, p. 54 y ss., CSJ-Sala Plena).

La jurisprudencia de la Corte pareciera tener sentido, pero repasando la causal especial de justificación lo que hacía era dar una patente abierta a las fuerzas armadas en relación a unos delitos que no eran ni siquiera los más graves del Código penal, como sí lo son por ejemplo el homicidio, la violencia sexual, entre otros. Nuevamente el magistrado Gómez Velásquez —con un par de apoyos a su tesis— salvó voto dejando importantes constancias históricas:

> A la Corte siempre la convence, la interesada, caprichosa y forzada manifestación del Gobierno, en el sentido de darse 'conmoción interior', para refrendar los decretos de Estado de Sitio, los cuales indefectiblemente, se limitan a trasladar a los organismos castrenses el juzgamiento de acciones delictivas innúmeras [...]. Pero no se da nunca una confrontación con la realidad nacional para deducir si los motivos son ciertos, excepcionalmente graves, necesarias y conducentes las medidas para el pronto y efectivo restablecimiento de la normalidad. En estas circunstancias queda menos que imposible realizar lo que la Constitución quiere y manda, es decir, el ejercicio controlado del poder. Cuarenta años de casi continuo Estado de Sitio, afirman la verdad de estos asertos y demuestran que el gobernante de turno, suele interesarle el manejo del

país, a su antojo, sin las naturales molestias y equilibrios que supone el Estado democrático, en el cual se ha repartido el poder público en diversas ramas (Gómez, Salvamento de Voto 9/5/1978, p. 54, CSJ-Sala Plena).

Hay que resaltar en este Salvamento la referencia a la "realidad nacional" como criterio de aplicación de las normas, como quiera que en este "país de leyes" la retórica interpretativa se da fácilmente sobre la base de premisas normativas con desconocimiento de la facticidad que constate los presupuestos de hecho de dichas normas. Muchos de los salvamentos de voto se apoyaban en la inexistencia de nexo causal entre las leyes de estado de sitio y los temas de restauración del orden público que teleológicamente debían existir, pero la confrontación de las motivaciones de las leyes con la realidad del país se soslayaba. Ahora este Salvamento de los dos más importantes magistrados de la Sala de Casación Penal que integraron esa Corte, hablaba de criterios de veracidad, de conducencia, de extrema gravedad y de necesidad de proferir tales leyes para restaurar el orden público, los que no encontraba reunidos en el caso en cuestión.

Otro Salvamento de voto, proferido por un magistrado no penalista —Sala de Casación Civil— que vale la pena rescatar es el de Fernando Hinestrosa Forero a la Sentencia del 29 de febrero de 1968, relativa al Decreto 530 de 1966:

> En tiempos recientes han aumentado en frecuencia y duración las declaraciones de turbación del orden público y el estado de sitio de todo el país. Y con este proceso ha corrido pareja la orientación de la jurisprudencia constitucional de la Corte a favor de la mayor amplitud de los poderes presidenciales y de la órbita de ejercicio de los mismos, teniendo que aceptar como exequibles no solo los decretos de conexidad aparente con el orden público, sino todos aquellos que no muestren una total conducencia al restablecimiento de la normalidad, incluyendo aún las causas remotas de la conmoción, dentro de la idea de que para ello el gobierno, a más de sus propias posibilidades ordinarias, posee las que la Constitución concede al Congreso y fuera de todo ello, las derivadas de los poderes implícitos que otorga el Derecho de Gentes (Hinestrosa, Salvamento de voto a la Sent. 29/2/1968, CSJ-Sala Plena).

ESTADOS DE SITIO Y ESTATUTOS DE SEGURIDAD NACIONAL

En Colombia no hubo para la época de los 70s a los 80s dictadura militar, pero sí regímenes civiles de elección popular, pretendidamente democráticos, que seguían las líneas hemisféricas de la Seguridad Nacional. El Frente Nacional había creado un bloque de poder que auspició un país burocratizado, de espalda a los grandes problemas sociales, un país político clientelista que seguía unos partidos tradicionales sin mayores diferencias ideológicas, que sirvió además para protocolizar la impunidad por la violencia de los años 40s y 50s cometida principalmente desde el poder. Por eso en 1980 la inconformidad contra esa situación de inmovilidad política generó el crecimiento de un gran movimiento populista siguiendo al expresidente dictador General Gustavo Rojas Pinilla, quien había gobernado durante los 50s a partir de un golpe de Estado tradicional. Las elecciones fueron escrutadas irregularmente e impusieron la victoria del candidato del Frente Nacional Misael Pastrana Borrero, gobierno con el que terminó esta experiencia bipartidista para dar lugar a una leve apertura en 1974, más formal que real.

En 1978 se dictó el "Estatuto de Seguridad" —el Decreto 1923— que creaba nuevos tipos penales y contravencionales, aumentaba las penas, desplazaba competencias jurisdiccionales a las Fuerzas Armadas e imponía nuevas medidas de policía en relación con el ejercicio de las libertades públicas. Entraba el país con este tipo de legislación a la primera fase de la seguridad nacional, la que otros países del cono sur habían rebasado hasta alcanzar una segunda de golpe de Estado y de Actas Institucionales que reformaban la Carta Política o incluso una tercera fase de aprobación de Constituciones de Seguridad Nacional para terminar de ahogar y desangrar las débiles democracias latinoamericanas. En ellas el manejo de mantenimiento del *statu quo* se hacía bajo el concepto del enemigo con el cual se pretende destituir al disidente o al insurgente de su condición de persona considerándolo en consecuencia como cosa, objeto y no sujeto, peligroso y por ende merecedor de reducción total o incluso aniquilamiento.

La visión del delincuente como enemigo pretende sustraerlo del cuerpo social y extrañarlo como integrante de otra sociedad enemiga contra la cual se pueda plantear la confrontación y en consecuencia contraponerle algo más que el derecho: la guerra. Aceptado esto, se le puede atacar bélicamente sin ninguna consideración, sobrepasando los límites que el derecho impone a los Estados de Derecho. Pero estas realidades históricas de la seguridad nacional en su odio, intolerancia y fundamentalismo, ignoraron que el mismo derecho en sus ramas del derecho internacional humanitario o el mismo derecho internacional de los derechos humanos, establecen unos límites con el enemigo y mantienen el reconocimiento del enemigo como persona.

Por esa vía conceptual se llega al señalamiento de pueblos enteros como enemigos, uno de cuyos ejemplos más extremos lo fueron el del pueblo judío en la Alemania nazi, o la estigmatización de pueblos como el gitano, el de los afroamericanos en América, o el de los inmigrantes hoy en Europa y Estados Unidos que buscan sobrevivir después de ver expoliados sus países por los países coloniales y neocoloniales. El derecho penal del enemigo es la expresión jurídico-penal que responde a esa resaca política de dominación y exacción, de manera racista y xenofóbica. Es la ola que se devuelve. Tratadistas de derecho penal actual sostienen esa doctrina excluyente y racista, para extremar el sistema penal retributivo y eliminador, como es el caso de Günter Jakobs (2003), quien ha escrito:

> Cuando es evidente que el delincuente ya no puede prestar ninguna garantía cognitiva de su personalidad, el combate de la delincuencia y el combate de aquel son una misma cosa. Entonces ya no es persona, sino una fuente potencial de delincuencia, un enemigo […] (pp. 86-87).

Retomando el hilo histórico, la Corte Suprema colombiana (Sent. 30/10/1978, CSJ-Sala Plena) respondió a la demanda de inconstitucionalidad del "Estatuto de Seguridad" empezando por argumentar que los tratados no podían invocarse como fundamento de antinomia entre la Constitución y las leyes. Reiteró su doctrina de la discrecionalidad del ejecutivo en la elección de los medios para restaurar el orden público, permitiendo todo tipo de extralimitaciones. Entre ellas la de extender la jurisdicción penal militar sobre los civiles, homologando la situación de excepción a la de una situación de guerra, dentro de la perspectiva del derecho penal del enemigo que acabamos de mencionar. Nuevamente los penalistas ofrecieron objeciones como la de Jesús Bernal Pinzón, quien encontraba que la excepcionalidad se había convertido en arbitrariedad o poderes ilimitados, afectando el principio de legalidad penal por la creación de normas vagas e indeterminadas.

En efecto, esas cláusulas contenían categorías abstractas y relativas en extremo como las de "moralidad pública", comparables a la del "sano sentimiento del pueblo" de la Alemania nazi, o la de las "actividades contra-revolucionarias" de la Ley cubana 425 de 1959 o la del Decreto 898 de 1969 de Brasil que hablaba de "actos destinados a provocar guerra revolucionaria o subversiva". Y nuevamente los juristas Gómez Velásquez y Velasco Guerrero salvaron sus votos remarcando la brecha que tenían con la realidad nacional:

> Se ha pretendido, en efecto, con las mejores intenciones, pero con criterio profundamente equivocado, institucionalizar una especie de 'orden público criminológico", conforme al cual el auge de la delincuencia común se combate despojando de su competencia constitucional a la rama jurisdiccional para entregarla al ejecutivo, a través de los consejos verbales de guerra. Pero el crecimiento de la delincuencia es un fenómeno de patología social que obedece a múltiples y complejas causas y cuyo remedio no se logrará con la expedición de Decretos más o menos drásticos… (Velasco & Gómez, Salvamento de Voto de 9/11/1978, p. 250, CSJ-Sala Plena)

Más adelante concluían sobre las razones reales que motivaron al gobierno para dictar el disparatado estatuto:

> Lo que se deduce, fuera del tradicional propósito de alejar a los jueces ordinarios, es una severa represión a las protestas sociales, al sindicalismo activo, a la agitación estudiantil legítima, a los esfuerzos por promover una toma de conciencia y acción respecto de los problemas que sacuden el país, etc. Afortunadamente, la mayoría de las normas que

tocaban esos neurálgicos puntos y cortaban a cercén el derecho a opinar, a disentir, a informar y a ser informado, fueron declaradas inexequibles por la Corte (Velasco & Gómez, Salvamento de Voto de 9/11/1978, p. 253, CSJ-Sala Plena).

Se referían los disidentes en cuanto a las normas anuladas del estatuto, a aquellas que prohibían la distribución de propaganda subversiva o fijar en lugares públicos escritos o dibujos ultrajantes o subversivos. Se asociaba a lo subversivo, lo ultrajante, la crítica, la caricatura, la denuncia y la protesta en general. Pero lamentablemente la mayor parte del Estatuto fue confirmado por la Corte, brindándole al Ejecutivo y particularmente a las Fuerzas Armadas instrumentos de acción arbitrarios. Hasta un capitán de la policía podía ejercer como jurista e imponer una privación de la libertad inconmutable hasta por un año, mediante un procedimiento rápido carente de garantías. De otro lado, se criminalizaban conductas vagas e imprecisas que violaban el principio de legalidad, en la línea de los tipos penales abiertos y difusos.

Esta desviación de la teoría de la división de poderes, en las que se le entrega a la policía o a los militares la labor de los jueces, se apoyaba según el gobierno y en los fallos aprobatorios de la Corte, en la mayor eficacia de los jueces penales militares, concepto fácil de entender si se entiende por tal una justicia fulminante, sin recursos procedimentales, con términos ultrarrápidos, y con jueces sometidos a una orden jerárquico marcial cuya primera obligación es cumplir órdenes. Nada de autonomía ni de independencia, condiciones esenciales del ser judicial. Una investigación universitaria (Marroquín & Camacho, 1984, p. 103), fácilmente refutó esa tesis de celeridad y eficacia judicial de la justicia castrense cuando concluyó que entre la duración de un proceso penal ordinario y un consejo verbal de guerra únicamente hay 44 días de diferencia.

En la realidad colombiana, las guerrillas habían venido aumentando sus frentes y con ello sus extorsiones y secuestros, sobre todo a terratenientes, y cubriendo importantes áreas del territorio nacional con su influencia, asedio y bombardeo sobre poblaciones rurales situadas generalmente en la frontera política reconocida como "zona roja", regiones rurales generalmente apartadas de los centros urbanos. De la guerra de guerrillas los diferentes movimientos guerrilleros se habían deslizado hacia el terrorismo (bombardeos de pueblos inermes, bombas en clubes sociales) y la destrucción ambiental (voladura de oleoductos). Igualmente en los últimos decenios entraron al negocio de la producción y comercialización de drogas ilegales. En ello se llegaron a encontrar con los grupos paramilitares, bien para competir o eventual y excepcionalmente para llegar a algún acuerdo. Y, obviamente, tanto unos como otros trabaron relaciones con el crimen organizado. La guerrilla, si acaso justificaba su participación, lo hacía en términos de la necesidad de financiación de un ejército de 9.000 hombres y de la imposición de gravámenes tributarios en territorios bajo su control.

Del otro lado, se habían comenzado a generar movimientos de autodefensa (MAS, muerte a secuestradores, AUC, Autodefensas Unidas de Colombia) patrocinados por los latifundistas y en gran parte con apoyo logístico de los militares y respaldo de sectores del crimen organizado en torno al tráfico de drogas —estos, como nueva clase emergente aspirante a entrar en el bloque dominante del país—. Se creó todo un ejército paralelo, conocidos como paramilitares, que realizaron masacres indiscriminadas en pueblos sospechosos de simpatizar o colaborar con los guerrilleros, que asesinaron igualmente líderes sociales, sindicales, defensores de derechos humanos y particularmente llevaron a cabo el genocidio de la Unión Patriótica, un movimiento político afín a sectores de la guerrilla. Este genocidio fue llevado a cabo mediante una táctica de "goteo" selectivo que nunca daba resultados investigativos por parte de la policía o de las unidades de inteligencia de las Fuerzas Armadas.

La participación de la mafia en este proyecto paramilitar se identifica fácilmente. Se trata de una nueva burguesía, una narcoburguesía, que quiere hacerse aceptar en las altas clases sociales tomando partido por las fuerzas del establecimiento; para ello está dispuesta a hacer el "trabajo sucio" que los militares pueden hacer cada vez menos, dada la presión de organizaciones defensoras de derechos humanos, de cierta presión internacional adversa a la violencia oficial, y al retraimiento de la política hemisférica de la seguridad nacional. El aporte de la mafia no solo es en dinero sino en logística a partir de sus escuadrones y sicarios. En ese contexto se entiende su actitud de respaldar copiosamente a diversos candidatos presidenciales, a candidatos a los cuerpos colegiados (Senado, Cámara de Representantes, etc.) y al control de instituciones estatales poderosas como la Contraloría General de la Nación, El Departamento de la Aeronáutica Civil, etc.

Es así como se desembocará en el llamado proceso 8.000 tras la elección como presidente de la República del liberal Ernesto Samper Pizano, con un apoyo financiero denunciado por su adversario conservador, Andrés Pastrana Arango, de más de 2 millones de dólares. Pero desde antes, la participación de la mafia en las elecciones de alcaldes, gobernadores, presidentes, congresistas se venía dando a diferentes niveles. Baste con referir el apoyo a diferentes contralores nacionales (David Turbay Turbay, Rodolfo González García, Manuel Francisco Becerra Barney); la Contraloría es una institución de control paralela al ejecutivo, con poder de revisión y por eso mismo, de presión y chantaje al interior de todos los despachos de la administración pública. Si tenemos en cuenta que en nuestros países la corrupción es un elemento estructural, a partir de la cual se reembolsa el gasto de las campañas políticas, se ayuda al sostén financiero de partidos y movimientos políticos y hasta se asignan un sobresueldo los candidatos elegidos, el conocimiento de esas conductas por parte del órgano de control competente, la Contraloría, era un instrumento clave para comprar lealtades, favores, y mantener silencios por parte del crimen organizado.

En 1987 la Corte Suprema de Justicia da un viraje sustancial en la demarcación de la justicia en Colombia, que había instituido por varios decenios el juzgamiento de civiles por jueces militares, lo que permitió el atropello de los derechos fundamentales de miles de ciudadanos, muchos de ellos jóvenes estudiantes que participaban en manifestaciones, o líderes sindicales que promovían paros o protestas sociales, todo bajo un sesgo político autoritario de bipartidismo tradicional. La Corte Suprema había generalmente ejercido su función de guarda de la Constitución de manera obsecuente y permisiva al gobierno, que para los efectos de legislador extraordinario desconocía las garantías constitucionales de los ciudadanos, privilegiando la seguridad de las instituciones y la razón de Estado. Anotó la Corte en el viraje que daba, que

> Una de las más preciosas conquistas de la civilización política es la de la justicia administrada por órganos independientes, imparciales y versados en la ciencia jurídica. No hay que explayarse en demasiadas consideraciones para demostrar las bondades de este principio. Ahora bien, la Justicia Penal Militar, por su organización y por la forma como se integra y cómo funciona, no hace parte de la rama jurisdiccional, como lo exige la Constitución para el juzgamiento de la población civil. Quizá responda a la angustia y a la indignación que experimenta la opinión pública cuando se ve amenazada e inerme ante fuerzas oscuras y excepcionalmente dañinas. Pero el sentido propio de la función jurisdiccional no es encontrar responsables a todo trance, sino castigar al culpable y absolver al inocente, lo cual exige una reflexión ponderada que no suele darse cuando hay que actuar con celeridad frente a las perturbaciones del orden público (Sent. 1562 5/371987, p. 221, CSJ-Sala Plena).

Vino la Corte a consolidar una posición sana democráticamente, aunque todo hay que decirlo lo hizo esta vez en el contexto de una confrontación con el crimen organizado en torno al tráfico de drogas. El Decreto 3671 en revisión de la Corte trasladaba la competencia de la justicia civil a la justicia militar en los casos de drogas. Recién como se estaba del holocausto de la Corte y de la embestida de sus sicarios contra un ministro de justicia y otras personalidades, que se enfrentaba a un país doblegado por la mafia, no sabemos qué influyó más en el cambio de jurisprudencia de la Corte. De hecho hubo un importante número de magistrados disidentes. Uno de ellos, Gómez Velásquez, que explicó su cambio de criterio, en que el desafío que entonces se enfrentaba, no podía hacerlo una justicia ordinaria desprovista de medios, y se inclinó esta vez por un "remedio heroico" para una concreta situación excepcional (Gómez, Salvamento Voto 5/3/1987, 254 y ss.). Ya la mafia había respaldado la toma del palacio de justicia por un comando del grupo terrorista M-19, asesinado a varios jueces, periodistas y gentes que resistían la embestida de los carteles de la droga que contaban con la corrupción de gran parte de la clase política, de buena parte de la policía y con el terror de gran parte del país. En el comunicado que exigía el M-19 fuera publicado dentro del juicio que pedían se le siguiera al presidente Betancur, se reivindicaba la no-extradición de colombianos, que coincidencialmente era la mayor preocupación y bandera de la mafia. Los grupos subversivos por ese entonces no eran objeto de la extradición.

LA CORTE SACRIFICADA: EL COSTO DE UNA CIERTA AUTONOMÍA

La masacre de la Corte ocurrida los días 5 y 6 de noviembre de 1985 había sucedido en medio de la confrontación entre guerrilleros y unidades militares que pretendieron rescatar a los magistrados de la Corte convertidos en rehenes de los guerrilleros, a golpes de cañón disparados indiscriminadamente contra las oficinas de los juristas. El 5 de noviembre de 1985 un comando del M-19, grupo guerrillero de ascendencia universitaria se tomó la Corte Suprema en una acción irresponsable dirigida a adelantar un "juicio" al gobierno de entonces. Inmediatamente, una división del Ejército apareció a las puertas del Palacio de Justicia precedida de tanques y helicópteros para responder al atentado, mientras que el presidente de la Corte, Alfonso Reyes Echandía, clamaba por los medios de comunicación por un cese al fuego y por hablar con el presidente de la República, Belisario Betancur Cuartas, quien a pesar de su rango nunca le pasó al teléfono. El resultado fue más de 100 muertos, varios desaparecidos y numerosos heridos. Entre los primeros, 11 magistrados titulares y un buen número de sus magistrados auxiliares. Todo el comando de los terroristas falleció en el enfrentamiento. Semejante disparatada acción no pudo resultar sino en la muerte de la mayoría de los magistrados presentes y de sus auxiliares, revelando que en el operativo no se tuvo ninguna consideración por sus vidas. Esta falta de consideración se entiende fácilmente en la historia de la justicia penal militar, porque a pesar de haber recibido el aval de la Corte Suprema durante tantos años, terminaba siendo anulada en muchos casos por su violación de las garantías mínimas procedimentales por parte de tribunales civiles de apelaciones y sus jueces de primera instancia. Esto sucedía frecuentemente porque al levantarse los Estados de Sitio, los casos pasaban inmediatamente a conocimiento de los jueces ordinarios, quienes al toparse con la parodia de la jurisdicción penal militar, decretaban la nulidad de sus actuaciones.

El pronunciamiento de la Corte que acabó con la autorización del juzgamiento de civiles por parte de los jueces militares, se llevó a cabo como un proceso al interior de la Corte en el que se pasó de algunas disidencias en contra de tal transferencia a la sentencia en comento, pasando por un empate por el que se llamó a un conjuez que terció en favor de la inconstitucionalidad de la justicia penal militar extendida a los civiles (revisión del Decreto 1042 de 1984). Dentro de ese proceso fueron importantes la denuncia y la presión de movimientos sociales, asociaciones de defensa de los derechos humanos, investigaciones académicas y la acción de algunos jueces en defensa de los derechos fundamentales y el Estado de Derecho.

Ese proceso y la tensión entre la jurisdicción ordinaria y el estamento militar, conformó un ambiente álgido que para la toma del Palacio de Justicia por la guerrilla del M-19, influyó en el tipo de operativo optado de "tierra arrasada" contra los terroristas y sus rehenes. El militarismo que había marcado la vida política del país, como un "Estado de Derecho" fallido en favor de un "Estado de Sitio" como Estado normal y casi permanente, hizo a un lado al presidente Betancur Cuartas que antes había intentado gestiones de paz con la guerrilla, sin mayor éxito, tras lo cual tuvo que denunciar los obstáculos interpuestos por los "enemigos agazapados de la paz". No valieron para nada los llamados desesperados del presidente de la Corte ni las llamadas desde varios sectores sociales en favor de un desenlace sin arriesgar la vida y la integridad de los rehenes, produciéndose los horrendos resultados que todavía hoy lamenta el país.

No obstante la nueva posición de la Corte, el gobierno expidió el Decreto 180 de 1988 ("Estatuto de Defensa de la Democracia") concediendo facultades de policía judicial a las fuerzas armadas, además de crear algunos nuevos tipos penales y autorizar procedimientos mínimos y acelerados. La Corte declaró nuevamente inconstitucional la violación del principio de reserva judicial, en la norma del decreto que autorizaba a aprehender personas indiciadas de participar en actividades terroristas sin orden judicial o de realizar allanamientos sin el respectivo mandato.

Y nuevamente, en 1989, el gobierno insiste en la jurisdicción militar sobre los civiles y expide el Decreto Legislativo 1863 de 1989 que expresamente decía:

> Art. 1°.— Mientras subsista turbado el orden público y en Estado de sitio todo el territorio nacional, los jueces penales militares podrán practicar registros en los sitios donde se presuma existan indicios de que se encuentran las personas que hayan participado en la comisión de un delito o los objetos relacionados directa o indirectamente con el mismo.

Esta persistencia del Ejecutivo, osada frente a los últimos pronunciamientos de la Corte, quería mantener la injerencia de una institución formada para labores de fuerza, en la impartición de justicia sobre los civiles. En un país en el que existía un viejo conflicto armado, "guerra civil no declarada" según muchos estudiosos sociales, tal desviación daba lugar a una "caza de brujas" en busca de opositores al gobierno, simpatizantes de los grupos insurgentes, siempre con una proclividad al "delito de opinión" y a la disidencia. Sería necesario el advenimiento de una nueva Constitución en 1991 para que cediera el manido y perverso recurso a la militarización de la justicia.

La nueva Constitución, creada en un ambiente álgido y creciente de violencia (asesinato de candidatos presidenciales, masacres paramilitares, genocidio de la Unión Patriótica, atentados guerrilleros, atentados mafiosos —explosión de bombas, derribamiento de un avión comercial, secuestro de personalidades por el Cartel de Medellín, etc.—), busca la apertura política y la salvaguarda de los derechos fundamentales; de allí que cambie el concepto de democracia representativa por el de participativa, amplíe y precise la Carta de derechos, admita el pluralismo religioso y lingüístico, cree una Corte Constitucional encargada de preservar la propia constitución, reforme la justicia introduciendo una Fiscalía General y un Consejo Administrativo, llamado de la judicatura, crea unos instrumentos de vigencia de los derechos (tutela, acciones de grupo, *habeas data,* etc.) y en cuanto al pervertido y degradado recurso del Estado de Sitio (ahora, Estado de conmoción interior), le crea controles (debe llevar la firma de todo el gabinete ministerial, límite temporal de 30 días con posibilidad de prórroga a 90 días, control político del Congreso, concepto previo y favorable del Senado para una segunda declaratoria). En cuanto a la justicia penal militar prescribió: "En ningún caso los civiles podrán ser investigados o juzgados por la justicia penal militar" (C. N., art. 213).

En este punto culmina esta historia para este capítulo sobre el Estado de Sitio y su perversión en materia del juzgamiento de civiles por parte de la jurisdicción penal militar. Una parodia de justicia que sirvió de medio para perseguir a líderes populares, sindicales, disidentes, opositores o simples contestatarios. Esta situación de violación de los derechos humanos se dio con la complacencia y la bendición de la Corte Suprema que se negó, sistemáticamente, a realizar un control sustantivo sobre los decretos del Ejecutivo que declaraban turbado el orden público y en Estado de Sitio a la Nación. Además, generalmente, resultaba convalidando los decretos específicos dictados en virtud de ese Estado de Sitio.

Lo peor es que en la medida en que el país democrático iba ganando espacio y desembocando en una constitución política ampliada de derechos, el brazo subterráneo de la represión aumentaba su acción, desembarazándose de la justicia y del derecho, y cometiendo crímenes de lesa humanidad como el del genocidio de la Unión Patriótica. Una expresión más de la política de seguridad nacional continental y a la vez un capítulo más de la "guerra fría" que se jugaba en otra guerra local en la esquina noroeste de Suramérica. Sin pretender extender el capítulo hasta la densa historia de nuestros días debemos asociar lo que fue ese genocidio con otro que hoy está en pleno desarrollo, la eliminación de líderes sociales de restitución de tierras, defensores de derechos humanos y hasta líderes medio-ambientales, como reacción a los acuerdos de paz con las FARC y a la justicia restaurativa de reparación a las víctimas. ¿Por qué sorprenderse?, si la tierra ha sido el motor de toda esta violencia desde los años 40s en que se inició un desplazamiento de campesinos a las ciudades, que hoy ha sido contabilizado como un éxodo de refugiados de más de 3 millones de personas. Esta "guerra no declarada" ha sido para el despojo y la represión. El despojo que ha permitido la expansión de los latifundios y la represión de las masas campesinas acusadas calculadamente como colaboradoras de las guerrillas y de las urbanas que llegadas desde el campo violento acrecentaron los cinturones de miseria citadinos en busca de su supervivencia.

El abuso por parte de los gobiernos del Estado de sitio que lo llevó a convertirse en el Estado permanente, incidió en el recorte de los derechos fundamentales particularmente de vastos sectores populares. Para ello la invasión de las cortes marciales constituyó un instrumento fulminante de la represión selectiva a los opositores y disidentes políticos, lo cual en cambio de confrontar adecuadamente el movimiento insurgente —que era para lo que se declaraba el Estado de excepción— le daba oxígeno y cierta ascendencia social. En ese contexto, la incapacidad crítica y la falta de carácter de la Corte Suprema en su función de salvaguarda de la Constitución la llevó más bien a desfigurar la Carta Política fundamental que a preservarla.

El Estado de Sitio cumplió unas funciones claves de represión y legitimación del Estado colombiano. El Poder Judicial colaboró en ambas, aunque un tanto más en la última, dada su naturaleza jurisdiccional y al mismo tiempo ideológica. Salvo contadas excepciones el poder judicial renunció a sus funciones de control y limitación del poder ejecutivo e incluso del poder legislativo; justificó poderes discrecionales al gobierno que intensificó su acción a través de las Fuerzas Armadas dentro de los lineamientos de la doctrina de Seguridad Nacional. Tampoco se salva de este juicio el poder legislativo que fue permisivo con las arbitrariedades del ejecutivo a través de mayorías que casi siempre correspondían al bloque bipartidista que dominó el país prácticamente desde su iniciación republicana.

La preguntas que quedan, son: ¿qué pasó en este "país de leyes", cultor del Derecho, con una justicia que en cambio de frenar y controlar los desafueros del Ejecutivo, lo aplaudió? ¿Dónde quedó su autonomía e independencia? ¿Se está ante una rama judicial, como se ha dado en llamar y no ante un verdadero poder judicial? ¿Una rama judicial burocratizada, formalista, dogmática, autoritaria, indiferente, indolente ante tantas violaciones de los derechos fundamentales? ¿Una rama judicial que en sus diferentes instancias ha renunciado a su capacidad de pensar, cuando para decidir tiene que acudir con criterio evangélico a lo que haya dicho su superior 'jerárquico'? ¿Una rama del poder público en la que se han introducido los males de la política clientelista del país, en la que los magistrados convierten el poder de nominación en una prebenda personal, por la que reciben las venias y las opíparas atenciones de los aspirantes a ser nombrados jueces o magistrados? ¿Una Corte Suprema que trafica con los nombramientos de sus esposas, amigos y hasta de cercanas amigas en altos cargos de la Fiscalía o de la Procuraduría General de la Nación (el llamado "carrusel de los nombramientos")? ¿Qué justicia se puede esperar de quienes designan a un magistrado, no por sus condiciones intelectuales y morales, sino por la pleitesía y las dádivas que de él reciben? ¿Qué justicia se puede esperar de magistrados de la Corte Suprema que se reúnen a degustar selectos vinos y costosos manjares ofrecidos generosamente en la lujosa enoteca de un mafioso calabrés (Caso de Giorgio Sale, ciudadano italiano residente por un tiempo en Colombia, condenado en Italia por asociación mafiosa), convicto de la justicia italiana, quien era pródigo en regalos para estos ilustres visitantes (viandas, relojes Rolex, escarpines, etc.)?

La respuesta a estas preguntas las dieron los mismos magistrados cuando varios de ellos fueron sorprendidos vendiendo sus decisiones —que por cierto son colegiadas— por jugosos precios (casos de Bustos, Malo y Ricaurte, ampliamente publicitados por la prensa nacional e internacional). Los casos judiciales que negociaban no eran delitos convencionales cometidos por algún aislado delincuente, sino los crímenes cometidos por la mafia de los políticos que auspiciaban masacres para coaccionar poblaciones enteras a votar a su favor. Ni se trataba tampoco de pequeños detalles de agradecimiento lo que estos magistrados recibían, sino de jugosas sumas de dinero tasadas en dólares por su cuantía. Pobre homenaje el que hicieron estos magistrados a sus colegas sacrificados en la llamada "doble toma del Palacio de Justicia" de Bogotá. Grave injuria a la memoria de jueces como Hernando Baquero Borda, Alfonso Reyes Echandía, Manuel Gaona Cruz, Emiro Sandoval Huertas, Carlos Medellín Forero, Carlos Valencia y tantos otros.

REFERENCIAS

Cárdenas, P. Salvamento de Voto (1928, noviembre 13). Corte Suprema de Justicia, Sala Plena [Colombia]. *Gaceta Judicial*, t. XXXVI, n. 1832, 216-220.

Fiorillo, D. L., Velasco, J. M. & Coral, I. (1978, marzo 9). Salvamento de Voto. Corte Suprema de Justicia, Sala Plena [Colombia]. *Gaceta Judicial*, t. CLVII, n. 2397, 60-62.

Gómez, G. (1987, marzo 5). Salvamento de Voto. Corte Suprema de Justicia, Sala Plena [Colombia]. *Nuevo Foro Penal* N.º 36, 254-258.

Gómez, G. & Velasco, J. M. (octubre 13 de 1977). Salvamento de Voto. Corte Suprema de Justicia, Sala Plena [Colombia]. *Gaceta Judicial*, t. CLVI, n. 2396, 274-276.

Gómez, G., Luna, A. & Bernal, J. (1978, marzo 9). Salvamento de Voto. Corte Suprema de Justicia, Sala Plena [Colombia]. *Gaceta Judicial*, t. CLVII, n. 2397, 62-71.

Jakobs, G. (2003). Personalidad y exclusión en derecho penal. En E. Montealegre Lynett (Coord.), *El funcionalismo en Derecho Penal. Libro homenaje al profesor Günther Jakobs* (pp. 71-90). Universidad Externado de Colombia.

Marroquín, G. & Camacho, J. (1984). Informe de investigación, la duración real del consejo verbal de guerra. *Derecho Penal y Criminología*, 7, (24), 97-112.

Nannetti, T. (1928, noviembre 13). Salvamento de Voto. Corte Suprema de Justicia, Sala Plena [Colombia]. *Gaceta Judicial*, t. XXXVI, n. 1832, 222-228.

Rico, D.; Dueñas, O. J. & Londoño, B. (2009). Análisis de la jurisprudencia sobre dignidad, libertad, debido proceso y dignidad humana. En J. del P. Cortes Nieto et al., *Itinerario de la jurisprudencia colombiana de control constitucional como mecanismo de protección de derechos humanos* (pp. 443-493). Universidad del Rosario.

Sentencia (1928, noviembre 13). Acción de Inexequibilidad. Magistrado Ponente: Julio Luzardo Fortul. Corte Suprema de Justicia, Sala Plena [Colombia]. *Gaceta Judicial*, t. XXXVI, n. 1824-1847, 1832, 193-220.

Sentencia (1955, abril 19). Acción de Inexequibilidad. Magistrado Ponente: Aníbal Cardoso Gaitán. Corte Suprema de Justicia, Sala Plena [Colombia]. *Gaceta Judicial*, t. LXXX, n. 2153, 1-6.

Sentencia (1956, junio 28). Acción de Inexequibilidad. Magistrado Ponente: Manuel Barrera Parra. Corte Suprema de Justicia, Sala Plena [Colombia]. *Gaceta Judicial*, t. LXXXIII, n. 2169, 21-38.

Sentencia (1961, julio 24). Acción de inexequibilidad. Magistrado Ponente: José Hernández Arbeláez. Corte Suprema de Justicia, Sala Plena [Colombia]. *Gaceta Judicial*, t. XCVI, ns. 2242-2244, 8-36.

Sentencia (1968, febrero 29). Acción de Inexequibilidad. Magistrado Ponente: Adán Arriaga Andrade. Corte Suprema de Justicia, Sala Plena [Colombia]. https://www.suin-juriscol.gov.co/viewDocument.asp?ruta=CorteSuprema/30020081

Sentencia (1977, octubre 13). Acción de Inexequibilidad. Magistrado Ponente: Guillermo González Charry. Corte Suprema de Justicia, Sala Plena [Colombia]. *Gaceta Judicial*, t. CLVI, n. 2396, 269-272.

Sentencia (1978, marzo 9). Acción de Inexequibilidad. Magistrado Ponente: Guillermo González Charry. Corte Suprema de Justicia, Sala Plena [Colombia]. *Gaceta Judicial*, t. , n. 2397, 54-60.

Sentencia (1978, octubre 30). Acción de Inexequibilidad. Magistrado Ponente: Luis Carlos Sáchica. Corte Suprema de Justicia, Sala Plena [Colombia]. *Gaceta Judicial*, t. CLVII, n. 2397, 231-240.

Sentencia 1562 (1987, marzo 5). Acción de Inexequibilidad. [Expediente 1562 (235E)] Magistrado Ponente: Jesús Vallejo Mejía. Corte Suprema de Justicia, Sala Plena [Colombia]. *Gaceta Judicial*, t. CXCI, n. 2340, 212-224.

Velasco, J. M. & Gómez, G. (1978, noviembre 9). Salvamento de Voto. Corte Suprema de Justicia, Sala Plena [Colombia]. *Gaceta Judicial*, t. CLVII, n. 2397, 2406-256.

La prisión permanente revisable

Álvaro Vargas[*]
Renato Vargas Lozano[**]

RESUMEN: Este trabajo insiste en las razones que permiten mantener una opinión contraria a la inclusión de la prisión perpetua en el elenco de las penas previstas en el derecho penal interno, máxime si se trata de una pena cruel e infamante que desconoce las bases del Estado Social y Democrático de Derecho. Así mismo, señala las líneas más generales de los argumentos por los cuales la pena de prisión permanente debe rechazarse para, en su lugar, darle cabida a sanciones penales dignas en el marco del modelo de Estado que preside la Constitución Política. Por último, se apuntan unas reflexiones a modo de conclusión, y, justo después, se relacionan las fuentes citadas a lo largo del texto.

Palabras clave: Prisión permanente revisable, Constitución Política, pena, prevención, dignidad humana.

INTRODUCCIÓN

De acuerdo con el texto original del inciso 1º del artículo 34 de la Constitución Política de 1991, la pena de prisión perpetua está prohibida en el ordenamiento jurídico interno. Por eso, la introducción de tal sanción penal mediante una acto legislativo resultaba a todas luces inconstitucional y, en tal virtud, la posibilidad de recluir a una persona de por vida, como consecuencia de haber sido hallada res-

---

[*] Profesor de las Universidades Pontificia Bolivariana y Sergio Arboleda. Abogado director de la firma Álvaro Vargas Abogados. Correo electrónico: alvarovargas51@gmail.com
[**] Profesor e investigador de la Universidad Pontificia Bolivariana. Abogado en ejercicio. Correo electrónico: renatovl1@yahoo.com

ponsable por la comisión de una conducta punible, presuponía una reforma constitucional que eliminara dicha restricción. Esto explica, precisamente, que el 22 de julio de 2020, el presidente de la República hubiera sancionado el Acto Legislativo 01, "Por medio del cual se modifica el artículo 34 de la Constitución Política, suprimiendo la prohibición de la pena de prisión perpetua y estableciendo la prisión perpetua revisable". De este modo, tras eliminar la prohibición constitucional aludida, quedó allanado el camino para que,

> De manera excepcional cuando un niño, niña o adolescente sea víctima de las conductas de homicidio en modalidad dolosa, acceso carnal que implique violencia o sea puesto en incapacidad de resistir o sea incapaz de resistir, se podrá imponer como sanción hasta la pena de prisión perpetua (*Diario Oficial* No. 51.383 de 22/7/2020).

En opinión de sus promotores, la reforma indicada era necesaria para castigar a quienes cometieran delitos de homicidio doloso o de acceso carnal que implicara violencia contra los niños o los adolescentes, pues los autores de tan graves hechos, atendida la naturaleza especialmente vulnerable de sus víctimas, así lo merecían; se trataba, entonces, de endurecer aún más el sistema penal respecto de esas conductas punibles.

No obstante, en esta materia no hay unanimidad y ello dio lugar a un acalorado debate entre quienes estaban a favor y en contra de la prisión perpetua; de suerte que las objeciones formuladas a la pena comentada fueron contestadas por el legislador, que en este caso obraba como constituyente derivado, precisando que la figura era excepcional, e introduciendo, además de un control automático, la posibilidad de su revisión a los 25 años. Esto último, en consonancia con los desarrollos de la jurisprudencia del Tribunal Europeo de Derechos Humanos, el cual condicionó la conformidad de esta figura con el Convenio Europeo para la Protección de los Derechos Humanos a que la condena pueda revisarse, es decir, a que no fuera irredimible (ver, por ejemplo, las Sents. 7/7/1989, de 16/11/1999 o de 12/2/2008, todas ellas del aludido Tribunal).

Con todo, y pese al carácter excepcional y revisable de la prisión perpetua, la reforma fue declarada inexequible por la Corte Constitucional cuyos argumentos centrales fueron dos: primero, la prisión perpetua da la espalda a los avances logrados hasta ahora "en materia de humanización de las penas, en la política criminal y en la garantía de resocialización de las personas condenadas", y, segundo, el contenido del Acto Legislativo afectó un eje definitorio del Estado Social y democrático de Derecho establecido por el constituyente originario, cual es la dignidad humana, y, por consiguiente, el Congreso abusó de su facultad para reformar la Carta, pues no la modificó sino que, en ese crucial aspecto, la sustituyó (Sent. C-294/2021, CConst.). Según el texto de la sentencia referida la discusión fue intensa, al punto que tres magistrados, Paola Meneses Mosquera, Gloria Stella Ortiz Delgado y Antonio José Lizarazo Ocampo, salvaron su voto; mientras que, del lado de quienes votaron por la inconstitucionalidad de la disposición cuestionada, cuatro magistrados, Alejandro Linares Cantillo y Jorge Enrique Ibáñez Najar, Diana Fajardo Rivera y José Fernando Reyes Cuartas, presentaron aclaraciones de su voto.

El tema, que no es propiamente novedoso puesto que el Acto Legislativo indicado estuvo precedido por una veintena de proyectos que fracasaron por diversas razones, propició una discusión que dista de ser pacífica y está lejos de considerarse cerrada, lo cual es comprensible tratándose de asuntos como el debatido, pues, al final, de lo que se trata es de acordar qué y cómo se va a penar. A propósito de esto, no puede olvidarse que buena parte de la historia del Derecho Penal se resume en la lucha por refrenar el poder de castigar, racionalizar su ejercicio y humanizarlo. En este contexto, la pena privativa de la libertad y el conjunto de principios que la desarrollan y limitan son, históricamente, un paso hacia adelante en la dirección de racionalizar y humanizar el ejercicio del poder penal, en tanto que la pena de prisión permanente, que es la manifestación más extrema y grave de la privación de la libertad, supone un paso atrás en ese mismo camino.

Con todo, la afirmación según la cual la pena privativa de la libertad es un paso adelante en la racionalización y en la humanización del Derecho Penal no deja de producir entendible asombro, pues, hoy en día, no resulta fácil advertir, ni —mucho menos— defender, sus bondades, si acaso tiene alguna, teniendo a la vista, en especial, las condiciones de su ejecución. En consecuencia, inexcusable resulta aclarar por qué razón la prisión terminó convertida en una pena, y a ello se dedica el siguiente apartado. Ahora bien, dado que el proyecto finalmente aprobado por el Congreso no fue el primero, y —muy seguramente— tampoco será el último, no huelga insistir en las razones que permiten mantener una opinión contraria a la inclusión de la prisión perpetua en el elenco de las penas previstas en el derecho interno. En tal virtud, la segunda sección de este escrito se dedica a señalar las líneas más generales de los argumentos por los cuales la pena de prisión permanente debe rechazarse. Por último, en un tercer capítulo, se apuntan unas reflexiones finales a modo de conclusión, y, justo después, se relacionan las fuentes citadas a lo largo del texto.

LA PRIVACIÓN DE LA LIBERTAD COMO UN AVANCE EN LA RACIONALIZACIÓN Y EN LA HUMANIZACIÓN DEL *IUS PUNIENDI*

La pena privativa de la libertad, por más normal o familiar que parezca hoy en día, no es tan antigua como otras (Pavarini, 1983, p. 36; Zaffaroni, Alagia & Slokar, 2000, p. 886), y, aunque hay algunos antecedentes remotos de su aplicación como castigo, tal cosa era excepcional: un ciudadano romano que causaba graves daños a la comunidad, faltaba a sus deberes militares u ofendía el derecho internacional de los legados podía ser condenado, por ejemplo, a perder su condición de hombre libre (Mommsen, 1999, p. 582), y, en algunos casos, la pena de muerte podía conmutarse por el encierro permanente (González, 2015, p. 52). Otras manifestaciones igualmente extraordinarias de esta sanción eran el encierro monástico, propio del derecho canónico, o la reclusión que sufrían los llamados reos de estado, confinados en la Torre de Londres, en La Bastilla o en el Castel de Sant Ángelo (Sánchez, 2013, pp. 142-143).

Lo normal era, en fin, que la privación de la libertad apenas tuviera un carácter cautelar y no sancionatorio (Ferrajoli, 1999, pp. 390 y 391; Pavarini, 1983, p. 36; Ruiz, 2021, p. 176; Sánchez, 2013, pp. 140 y ss.; Zaffaroni, Alagia & Slokar, 2000, p. 887). Se trataba, entonces, de una medida instrumental con la que se buscaba evitar la fuga del reo, permitir su tortura para obtener información —básicamente, su confesión y la delación de otros—, al igual que garantizar su presencia en el juicio, y, claro está, asegurar la ejecución de las penas; en tal sentido, por ejemplo, las Leyes IV, Título XXXI, y VII, Título XXIX, de la Partida VII indicaban, respectivamente, que

> Siete maneras son de penas por las que pueden los juzgadores escarmentar a los hacedores de yerros [...] La cuarta es cuando mandan echar algún hombre en hierros que haga siempre preso en ellos o en cárcel o en otra prisión. E tal prisión como ésta no la debe dar a hombre libre sino a siervo, pues la cárcel no es dada para escarmentar los yerros, mas para guardar los presos solamente en ella hasta que sean juzgados (Alfonso X, p. 980). [...] Guardado debe ser el preso en aquella prisión o en aquel lugar donde el juzgador mandó que lo guardasen hasta que lo juzguen para justiciarlo o para quitarlo. E si el yerro que hizo fuere probado por testigos verdaderos o si él no se defendiere por alguna razón derecha, no le debe el juzgador mandar meter a la prisión después, mas mandar que hagan de él aquella justicia que la ley manda (Alfonso X, p. 973)

Así las cosas, la pena, para considerarse tal, ha de tener un carácter aflictivo, es decir, materialmente debe ser un mal para quien la sufre, al margen de que de ella puedan seguirse consecuencias positivas para el propio penado, para las víctimas, en particular, o, incluso, para la sociedad, en general. De ahí que, teniendo a la vista el mal que causan, las penas se suelen dividir en: la capital, que acarrea la pérdida de la vida; las corporales, que lastiman el cuerpo; las infamantes, llamadas así porque afectan el honor de quien las sufre, y las pecuniarias, que conllevan el pago de una determinada suma de dinero.

Anteriormente, tanto en la antigüedad como en el medioevo, y también hoy en día en ciertas regiones, las penas impuestas a los delincuentes eran (y son, donde subsisten), básicamente, corporales y se caracterizaban por el dolor físico que producían, al igual que por su valor simbólico. De allí la costumbre de ejecutarlas públicamente, *verbi gratia*, en las plazas y durante los días de mercado, pues el propósito era, en muy buena medida, aterrorizar y disuadir a quienes presenciaban su ejecución, aprovechando el temor de los seres humanos al dolor; así mismo, las ideas de sacrificio, penitencia y expiación, emparentadas con las diversas concepciones religiosas imperantes en aquellas épocas, también dotaban de sentido a este tipo de castigos.

Ejemplos socorridos y paradigmáticos de estas formas de castigo eran: la castración; la desorbitación o el vaciado de la cuenca de los ojos (ceguera); la amputación de diversas partes del cuerpo como los dedos, las manos, los pies, los brazos, las piernas, la nariz, las orejas, la lengua; la extracción de los dientes y la decalvación, al igual que los azotes (Iglesias, 2016; Zambrana, 2005) y la marcación, si bien esta última también se consideraba una pena infamante (Zambrana, 2010). Todo lo indicado, por supuesto, al margen de la pena capital, cuya ejecución solía estar precedida de una o varias de las anteriores, y sin perder de vista que todas las indicadas acarreaban algún grado de deshonra para quien las sufría (Cañizares, 2014, p. 111 y ss.).

A las mencionadas se sumaban las multas y la confiscación de los bienes, al igual que el destierro (esto es, la expulsión temporal o permanente de un determinado territorio que se impone a quien ha cometido un delito), pero estas penas son objeto de otra clasificación que no interesa tanto ahora. Tal estado de cosas, que se prolongó hasta los albores de la modernidad, fue cuestionado por los pensadores de la Ilustración, quienes, a partir de la idea central de dignidad humana, se opusieron a este tipo de penas y reclamaron la humanización del castigo y su racionalización (Beccaria, 2016, pp. 38-40). También se suele atribuir cierta responsabilidad en este proceso de transformación al movimiento codificador de principios del siglo XIX (Enríquez, 2012, pp. 15 y ss.; González, 2015, p. 53).

Así surge, según entienden los expertos, la idea de la privación de la libertad como pena: debido al especial valor que las sociedades y los Estados modernos conceden a la libertad, su restricción o privación es un mal en sí misma, y, en esa medida, pese a no provocar dolor (directo) en el cuerpo del penado, sí supone la privación de algo considerado especialmente valioso para él. Es en este sentido que la pena privativa de la libertad significó un paso hacia adelante en la racionalización y en la humanización de las penas, a todo lo largo y ancho de la mayor parte de los Estados de Occidente.

A favor de la pena privativa de la libertad se ha dicho, al menos desde el punto de vista teórico: (i) que permite la aplicación igualitaria y proporcional de la ley penal (por ser graduable y ajustable a la gravedad del delito); (ii) que posibilita cumplir con otros fines además de la mera retribución (en concreto, la resocialización), y (iii) que puede redimirse. Lo anterior no es óbice para admitir la grave crisis que acompaña a esta institución y formularle múltiples reparos (Foucault, 2009), tanto desde el punto de vista teórico como desde el práctico, en especial, por cuanto mira con la manera en que tiene lugar su cumplimiento. Esto último, en tanto es algo evidente, no precisa mayor desarrollo ahora mismo. Colombia comparte esa tradición jurídica occidental, y, por eso, el constituyente de 1991 prohibió expresamente la prisión perpetua (art. 34), al igual que las penas crueles, inhumanas o degradantes (art. 12). Ello, en la medida en que la dignidad humana es el pilar del Estado social y democrático de Derecho (art. 1°), y, en ese mismo orden de ideas, de su sistema penal.

Todo esto tiene mucho sentido, cuando se mira en conjunto y se tienen a la vista los hechos que han marcado el desarrollo histórico de las penas y el papel que, dentro de él, le corresponde a la privación de la libertad. Por todo lo hasta aquí expuesto, la iniciativa de reformar la Constitución Política con el objetivo de eliminar la prohibición de las penas perpetuas no solamente causó sorpresa, sino que significó un paso atrás, una suerte de involución o de retroceso, puesto que, en Colombia, la cadena perpetua fue abolida en 1910, y, luego, prohibida expresamente, como ya se dijo, por el constituyente de 1991 (art. 34).

LA PRISIÓN PERPETUA COMO UN RETROCESO

Más allá de los reparos que la fracasada modificación constitucional merece, por razón del inapropiado uso del lenguaje, de las impropiedades técnicas que la acompañan, o de las evidentes dificultades asociadas a su reglamentación, a continuación, se listan y desarrollan algunos de los argumentos de mayor peso a la hora de oponerse a semejante iniciativa.

Sobre la necesidad de endurecer las penas: el argumento retributivo

Según los promotores de la reforma, el objetivo fundamental de la modificación constitucional era endurecer el sistema penal, de modo que resultara posible imponer una pena muy severa a los autores de conductas punibles especialmente reprobables, que afectan a víctimas particularmente vulnerables. De acuerdo con esta forma de razonar, la respuesta penal ha de estar en consonancia con la gravedad del hecho que la motiva y asesinar niños o abusar sexualmente de ellos es, ¡qué duda cabe!, algo terrible.

Sin embargo, no puede perderse de vista que la respuesta punitiva ya es bastante rigurosa en esos supuestos, y, de hecho, las penas que cabe imponer no se caracterizan por su lenidad, sino, más bien por todo lo contrario: de veras, en el caso concreto de los delitos a que alude al Acto Legislativo declarado inconstitucional, las sanciones pueden alcanzar hasta los 60 años de privación de la libertad, en circunstancias de especial gravedad. Por lo demás, una consecuencia punitiva de esta magnitud conlleva, en la práctica, una condena de por vida en la generalidad de los casos, puesto que solo pueden imponerse a mayores de 18 años y la expectativa de vida promedio de un colombiano es de unos 76 años, de acuerdo con los datos disponibles para el año 2020 (El Tiempo, 2021).

A lo anterior debe añadirse que los delitos que comprometen la integridad de los menores o su libertad, integridad o formación sexuales, al igual que las medidas en materia procesal y de ejecución penitenciaria previstas para ellos, han sido objeto de un especial interés legislativo durante los últimos veinte años, tiempo a lo largo del cual se agravó buena parte de las penas existentes, se introdujeron nuevos delitos, se restringieron o eliminaron los beneficios procesales y penitenciarios, y, no hace mucho, se declaró la imprescriptibilidad de la acción penal en estos eventos (Ley 2098/2021, art. 8º). En efecto, la revisión de esta producción normativa revela con claridad el propósito de hacer mucho más gravosas las consecuencias y más estrictos, tanto el procedimiento como el régimen de ejecución, tratándose de estos delitos. Así, por ejemplo, pueden destacarse las siguientes modificaciones al Código Penal: la Ley 679 de 2001 introdujo los artículos 219A y 219B; la Ley 747 de 2002 agregó el artículo 188B; la Ley 1236 de 2008 modificó la generalidad de los delitos contra la libertad, la integridad y la formación sexuales; la Ley 1336 de 2009 reformó los artículos 218 y 219, y la Ley 1719 de 2014 adicionó los artículos 138A y 139A.

Un muy buen ejemplo de la tendencia en comento se advierte en el Código de Infancia y Adolescencia, Ley 1098 de 2006, cuyo artículo 199 previó una serie de prohibiciones que, por ilustrativas de lo indicado, justifican su transcripción:

> Artículo 199. Beneficios y mecanismos sustitutivos. Cuando se trate de los delitos de homicidio o lesiones personales bajo modalidad dolosa, delitos contra la libertad, integridad y formación sexuales, o secuestro, cometidos contra niños, niñas y adolescentes, se aplicarán las siguientes reglas:
>
> 1. Si hubiere mérito para proferir medida de aseguramiento en los casos del artículo 306 de la Ley 906 de 2004, esta consistirá siempre en detención en establecimiento de reclusión. No serán aplicables en estos delitos las medidas no privativas de la libertad previstas en los artículos 307, literal b), y 315 de la Ley 906 de 2004.

2. No se otorgará el beneficio de sustitución de la detención preventiva en establecimiento carcelario por la de detención en el lugar de residencia, previsto en los numerales 1 y 2 del artículo 314 de la Ley 906 de 2004.

3. No procederá la extinción de la acción penal en aplicación del principio de oportunidad previsto en el artículo 324, numeral 8, de la Ley 906 de 2004 para los casos de reparación integral de los perjuicios.

4. No procederá el subrogado penal de Suspensión Condicional de la Ejecución de la Pena, contemplado en el artículo 63 del Código Penal.

5. No procederá el subrogado penal de Libertad Condicional, previsto en el artículo 64 del Código Penal.

6. En ningún caso el juez de ejecución de penas concederá el beneficio de sustitución de la ejecución de la pena, previsto en el artículo 461 de la Ley 906 de 2004.

7. No procederán las rebajas de pena con base en los "preacuerdos y negociaciones entre la fiscalía y el imputado o acusado", previstos en los artículos 348 a 351 de la Ley 906 de 2004.

8. Tampoco procederá ningún otro beneficio o subrogado judicial o administrativo, salvo los beneficios por colaboración consagrados en el Código de Procedimiento Penal, siempre que esta sea efectiva.

En el ámbito procesal, también se destaca la Ley 1760 de 2015, que modificó el artículo 310 del Código de Procedimiento Penal, indicando que para estimar si el imputado representa un peligro futuro para la seguridad de la comunidad se ha de tener en cuenta que el delito realizado fuera el de abuso sexual con menor de 14 años. Por último, la Ley 2081 de 2021 —luego modificada por el citado art. 8º de la Ley 2098/2021— estableció la imprescriptibilidad de la acción penal tratándose de delitos contra la libertad, la integridad y la formación sexuales o el delito de incesto, cometidos en menores de 18 años.

En resumen, actualmente existe un variado elenco de delitos expresamente tipificados en la línea que se comenta; las penas privativas de la libertad para ellos son de muy larga duración; se han restringido los beneficios procesales y penitenciarios, y las acciones se declararon imprescriptibles. Naturalmente, la pregunta a contestar, desde luego complicada, es: ¿cuánta pena se considera suficiente? Pero no porque pueda decirse que el régimen de intervención penal existente en esta materia sea benigno, pues está claro que no lo es.

Sobre la prevención de delitos: el argumento preventivo

Una de las mayores preocupaciones que suscitan los comportamientos cuyo castigo se pretendía con la cadena perpetua, consiste en la evitación de esos hechos lamentables, vale decir, su prevención. Al hilo de ello, conviene tener presente que, de acuerdo con la doctrina especializada, la prevención de los delitos, en tanto fin de las penas, puede examinarse desde dos perspectivas: de un lado, la general, que está dirigida a la comunidad, y tiene por objeto disuadir a los posibles autores de los delitos, y, del otro lado, la especial, que se enfoca en el autor de un punible previo, y con la cual se pretende que dicho sujeto no vuelva a delinquir (Jakobs, 1997, pp. 26 y ss.; Mir, 2005, pp. 90 y ss.; Roxin, 1997, pp. 85 y ss.; Velásquez, 2022, pp. 157-158).

Ahora bien, como las variables y las causas que contribuyen a explicar los llamados 'delitos sexuales' son diversas, los expertos recomiendan implementar medidas preventivas a diferentes niveles, así: las educativas, las consistentes en atención especializada, y, por último —¡solo por último!— las de carácter penal propiamente dichas (Redondo & Mangot, 2017, p. 11). Lo indicado pone de manifiesto que la herramienta penal debe ser *ultima ratio*, no la primera, ni, mucho menos, la única, y que ha de integrarse a un sistema de intervención bastante más complejo, dentro del cual el papel protagónico corresponde a otros mecanismos previos y extrapenales.

En tal virtud, extraña que los proyectos de reforma para introducir la prisión permanente no estén acompañados de una evaluación minuciosa y realista del sistema de intervención en su conjunto, limitando la solución, por consiguiente, a un incremento de las penas, es decir, acudiendo al derecho penal como *prima ratio*, no obstante que, en clave preventiva, no puede perderse de vista que las penas, si es que llegan, lo hacen cuando el daño ya se ha producido, y, en la generalidad de los casos, luego de prolongados y extenuantes procesos. Además, no está claro que la amenaza de la privación de la libertad, incluso por largos periodos, disuada o inhiba a los autores de tan graves delitos, como tampoco resulta evidente que los integre en torno a un determinado grupo de valores. La prevención general supone que los destinatarios de las normas penales, además de conocerlas y entenderlas, obren guiados por la razón y ponderen tanto los costes como los beneficios de su actuar; no obstante, tratándose de agresiones sexuales, tal premisa se ve cuestionada, pues la decisión de delinquir no siempre es una determinación racional, basada en consideraciones utilitarias.

Aunque la explicación de los motivos que animan al delincuente sexual es algo que todavía escapa a los expertos, y sobre ello las neurociencias aún tienen mucho por decir, tal estado de cosas sí permite dudar de la eficacia preventivo general de la conminación penal en estos casos, incluso con sanciones tan extremas. La incertidumbre se torna todavía mayor, si se recuerda que el efecto disuasor o preventivo depende de la certeza y de la celeridad en la aplicación de la pena, aspectos éstos que se ven afectados por la impunidad y la morosidad judicial, que aquejan a la mayor parte de los ordenamientos jurídicos; por consiguiente, en estos delicados asuntos, la severidad de la pena no puede ser el único elemento digno de tener en cuenta.

La otra forma de prevención, como ya se dijo, es la especial, mediante la cual se busca que el delincuente no incurra en nuevos delitos, objetivo al cual ha de contribuir el internamiento en prisión, ya sea porque su mero encierro impida la reincidencia, o, bien, porque la reclusión permita su resocialización. Para lo primero, basta el confinamiento en condiciones que garanticen su aislamiento de la sociedad, pero, para lo segundo, se requieren procedimientos que prevengan o eliminen los factores de riesgo individuales o sociales (Redondo & Mangot, 2017, p. 11).

Debido a su propia naturaleza, la prisión permanente constituye, al menos teóricamente, una forma eficaz de prevenir la reincidencia, pues el penado estará 'asegurado' de por vida, y sometido a un régimen de vigilancia idóneo para garantizar su permanencia en la cárcel. No obstante, en consonancia con los instrumentos internacionales sobre el particular, la pena privativa de la libertad ha de tener una función resocializadora, lo cual torna ilegal e ilegítimo un confinamiento perpetuo, atendiendo a meras razones de prevención especial negativa; tal es la razón por la cual los Estados que incorporan la prisión perpetua contemplan su revisión en unos tiempos más o menos determinados. Esto último, por cierto, más que una pena, hace de la prisión permanente revisable una medida de seguridad impuesta a sujetos imputables.

Pero es que, según los estudios realizados en otras latitudes, la tasa de reincidencia de los delincuentes sexuales condenados no difiere mucho de la de otros delitos (Silva, 2001, p. 179, nota 8), e, incluso, es mucho menor cuando el preso ha sido sometido a tratamiento especializado (Redondo & Mangot, 2017, pp. 18 y 19). En Colombia, acorde con las cifras oficiales (INPEC, 2021, p. 66), la reincidencia para los delitos de acto sexual abusivo con menor de 14 años es del 1,6 % y de acceso carnal abusivo con menor de 14 años es de 1,3 %; bastante menos que para el hurto (20,9 %), el tráfico de estupefacientes (13,3 %), el homicidio (11,7 %), la extorsión (2,7 %) o las lesiones personales (2,2 %), por citar algunos ejemplos.

Sin perjuicio de los comentarios y ajustes que estas cifras merecerían (debido, por ejemplo, a la cantidad de hechos ocurridos que no son judicializados, o a que los menores de 14 años no agotan a las víctimas categorizadas como niños o adolescentes), el dato de reincidencia es incluso menor que el correspondiente a los Estados en los cuales se realizaron los estudios citados antes. Por eso, sin pretender restar gravedad a estos hechos ni menospreciar el sufrimiento de sus víctimas, parece válido concluir que la realidad no coincide con la idea sugerida por los promotores de la prisión perpetua, ni para justificar esta pena, ni —tampoco— su revisión tras un período particularmente largo.

Dado que los tratamientos penitenciarios sí pueden llegar a cumplir un papel importante a la hora de reducir la reincidencia en estos eventos, la sociedad no puede renunciar a la vertiente positiva de la prevención especial, cuyo éxito dependerá, en cualquier caso, de las medidas de acompañamiento para quienes sean puestos en libertad tras cumplir con sus condenas. En este sentido, resulta fundamental conocer la experiencia acumulada en otros países y realizar estudios que permitan aprehender mejor la propia realidad.

Al hilo de la prevención especial, convendría tener en cuenta que en otros ordenamientos se discute o se aplica la llamada 'castración química', sobre todo, tras episodios que han recibido una atención especial por parte de los medios de comunicación (El País, 2007). Aunque la efectividad y los efectos secundarios de estas alternativas siguen siendo objeto de polémica, y su incorporación enfrenta serios reparos constitucionales (Robles, 2007), cabe preguntarse, en gracia de discusión, si acaso el que un reo de un delito sexual acepte inhibir su deseo erótico con fármacos, permitiría entender que, al minimizar el riesgo de reincidencia, la prisión permanente resulta innecesaria; ¿podría esta opción ser viable para que los delincuentes sexuales 'no rehabilitados' eviten la cadena perpetua?

Al final, lo cierto es que ni el legislador ni las autoridades encargadas del diseño y la ejecución de la política criminal suministran elementos de juicio suficientes para tomar decisiones informadas sobre estos temas, y, si bien el debate ha sido acalorado, no ha resultado objetivo. La carencia generalizada de una base empírica que respalde las propuestas de reforma (Díaz, 2009, pp. 150 y ss.) refleja el desinterés de las autoridades en hallar soluciones verdaderamente eficaces para el problema que pretenden resolver, y confirma, si —acaso fuere necesario—, que estas iniciativas son ejemplos claros de políticas populistas.

Lo indicado también explica que sus promotores no propusieran una discusión basada en razones, sino que apelaran, sobre todo, a sentimientos, tales como la empatía con los niños víctimas de las conductas repudiadas, y al rechazo e indignación para con quienes los violan o asesinan; así planteada la cuestión, no hay manera de negarse y cualquier 'esfuerzo' parece poco. Pero sucede que, en materia penal, es decir, tratándose de definir los delitos y de establecer las penas que les corresponden, esta emocionalidad, estrechamente ligada a la irracionalidad, no conduce a nada bueno; ejemplos de ello hay muchos a lo largo de la historia y no hace falta rememorarlos ahora.

No hay, pues, motivos fundados para creer que la prisión perpetua sea una herramienta idónea para proteger a los niños y evitar que se conviertan en víctimas de tan graves delitos, toda vez que, en el mejor de los casos, su eficacia está circunscrita a controlar la reincidencia. Aumentar las penas es lo más sencillo, pero, a la vez, es una solución simplista o facilista, que, aunque genera titulares de prensa y votos, resulta muy costosa en términos económicos (INPEC, 2021, p. 68), razones por la cuales está muy lejos de resolver el problema por el que dicen preocuparse los legisladores.

LA CONTRARIEDAD DE LA PRISIÓN PERPETUA, AUNQUE SEA REVISABLE, CON EL DERECHO PENAL PROPIO DEL MODELO DE ESTADO PREVISTO EN LA CONSTITUCIÓN POLÍTICA

El artículo 1° de la Constitución Política de 1991 reconoce que la dignidad humana es el pilar del Estado social y democrático de Derecho, y esto conlleva, en esencia, la prohibición de instrumentalizar a los seres humanos y de tratarlos como cosas o mercancías, al tiempo que impone al Estado los deberes de garantizar que los individuos vivan como quieran (autonomía), que vivan bien (en cuanto a sus condiciones materiales de existencia) y sin humillaciones (respeto de los bienes no patrimoniales y de la integridad tanto física como moral), e, igualmente, supone que la existencia de cada individuo tenga sentido (Sent. C-288/2012, CConst. y Sent. C-258/2013, CConst.).

De modo general, la prisión perpetua atenta contra la dignidad humana, puesto que el encarcelamiento prolongado impide el desarrollo de la personalidad, deteriora las habilidades sociales y provoca la pérdida de contacto con la familia y con el entorno social; por eso, los expertos hablan de efectos negativos para el reo denominados 'desculturización', esto es, "la desadaptación a las condiciones que son necesarias para la vida en libertad" (Baratta, 1986, pp. 194 y 195), y 'prisionización', descrito de tiempo atrás como la pérdida de la individualidad y la asimilación del entorno penitenciario (Clemmer, 1940; Zaffaroni, Alagia & Slokar, 2000, pp. 890, 902 y 903). En tales circunstancias, los condenados pierden su condición de seres humanos, debido al encierro prolongado y a los efectos psicológicos y sociales desfavorables que ello provoca en quienes lo sufren.

Adicionalmente, es importante tener presente que la gravedad de las penas no depende tan solo de su duración, en abstracto o en concreto, sino, también, de la forma en que ella se cumple, al punto que, por causa de las condiciones de su ejecución, la privación de la libertad bien puede ser considerada una pena cruel, inhumana o degradante (Comité de Prevención de la Tortura, 2001, 16 parágrafo 33; 2016, 10, parágrafo 70). Desde luego, tal idea propone una reflexión en clave moral, pues, conforme indica Ferrajoli (1999), "un estado que mata, que tortura, que humilla a un ciudadano no sólo pierde cualquier legitimidad, sino que contradice su razón de ser, poniéndose al nivel de los mismos delincuentes" (p. 396).

Así acontece cuando los condenados son sometidos a un régimen penitenciario particularmente severo, que se desarrolla en condiciones precarias y está acompañado de prácticas humillantes y deshumanizadoras, que potencian los efectos de la reclusión prolongada (Baratta, 1986, pp. 193 a 196; Rodríguez, 2017, pp. 245 y 246). Al hilo de lo expuesto, cabe anotar que la necesidad de garantizar que la pena se cumpla en determinadas condiciones para que no constituya un trato cruel, también ha sido puesta de presente en contextos socioculturales como el de los EE. UU., concretamente en California, a propósito del caso *Brown v. Plata*, 131 S. Ct. 1910, 1923 (2011).

Esta reflexión fuerza, inevitablemente, a volver la mirada hacia el escenario local, donde se ha reconocido de forma reiterada un estado de cosas inconstitucional al interior de las prisiones colombianas, las cuales se caracterizan por el hacinamiento y la violación generalizada de los derechos de los presos, lo que impide a estos últimos cumplir sus condenas en circunstancias que se ajusten mínimamente a la dignidad humana (Sent. T-153/1998, CConst.; Sent. T-388/2013, CConst. y Sent. T-762/2015, CConst.). Ahora bien, como la dignidad humana es, precisamente, la razón de ser de la prohibición de las penas perpetuas, crueles, inhumanas y degradantes, es claro, entonces, que la aplicación de la prisión perpetua y su necesario cumplimiento en establecimientos penitenciarios que no garantizan su ejecución en condiciones aceptables, atenta contra dicho fundamento, y, por consiguiente, reniega del modelo de Estado social y democrático de Derecho adoptado por el constituyente primario, aunque dicha sanción esté sometida a un control automático o pueda ser revisada a los 25 años, como se disponía.

Naturalmente, con la posibilidad de revisar la sentencia una vez transcurridos 25 años, se pretendía eludir las críticas dirigidas a la reclusión de por vida, pero, si se mira bien, dicho plazo era suficiente para considerar que, aún en ese caso, la privación de la libertad es 'de larga duración', y, por ende, le aplican los efectos negativos asociados a ella. A más de lo anterior, no puede perderse de vista que su cumplimiento debe hacerse en circunstancias que atentan contra la dignidad humana e impiden o afectan las posibilidades de resocialización. En resumen, es una pena que atenta contra la dignidad humana, porque deshumaniza, y su ejecución constituye un trato cruel e inhumano, pese a ser revisable.

Agréguese a lo anterior, en una línea adicional de argumentación, que la inconstitucional pena de prisión perpetua, no obstante la gravedad indiscutible de los delitos para los cuales se previó, adolecía tanto de desproporción como de inequidad, puesto que, por una parte, como ya se dijo, era una medida extrema cuyas idoneidad y eficacia para proteger a los niños eran dudosas, y, por la otra, hay otros delitos que podían considerarse igual o más graves (el genocidio o la desaparición forzada), o con índices de reincidencia semejantes o mayores (el homicidio), respecto de los cuales dicha pena no se previó.

En este mismo orden de ideas, no deja de causar curiosidad la respuesta que el legislador pretendía dar a los casos en los cuales un condenado a prisión perpetua cometa otro delito, *v. g.*, traficar con estupefacientes o extorsionar desde la cárcel, pues el nuevo proceso y la subsiguiente condena parecen, a todas luces, superfluos, y, si se quiere, innecesarios. También causa cierta perplejidad que, como consecuencia de una eventual decisión favorable al momento de revisar la condena, la sanción de estos delitos terminara siendo mucho menor que la prevista actualmente para esas mismas conductas punibles en casos de especial gravedad; en este punto, la contradicción con los motivos expuestos por los promotores de la reforma era evidente.

Prosiguiendo con el asunto materia de este acápite, cabe anotar que la prisión perpetua era y es contraria a la orientación resocializadora que le reconocen a la pena instrumentos internacionales tales como el Pacto Internacional sobre Derechos Civiles y Políticos de 1966, el cual establece que "[e]l régimen penitenciario consistirá en un tratamiento cuya finalidad esencial será la reforma y la readaptación social de los penados" (artículo 10, numeral 3), o las Reglas Mínimas para el Tratamiento de los Reclusos de 1957 (sobre el particular, números 56 y ss.).

En efecto, al margen de las merecidas críticas que suscita el tema de la resocialización (Silva, 1992, pp. 29-33), lo cierto es que esta última es una de las funciones asignadas a la pena por la ley penal (art. 4° Código Penal) y la jurisprudencia, tanto de la Corte Constitucional (Sents. C-565 de 1993; C-261/1996; C-430/1996; C-656/1996; C-144/1997; C-806/2002; C-181/016), como de la Corte Suprema de Justicia (Sent. 18/9/2002, rad. 15610, CSJ-SCP; Sent. 28/11/2001, rad. 18285, CSJ-SCP; Sent. SP918-2016 de 3/2/2016, rad. 46647, CSJ-SCP).

Con fundamento en todo lo hasta aquí expuesto, es indiscutible que la introducción de la prisión perpetua acarreaba, sin duda, la sustitución de la Constitución Política, con el agravante de que, cuando el legislador obra como constituyente derivado, puede reformar la Carta, pero no 'sustituirla', es decir, cambiarla por otra (Sent. C-551/2003, CConst. y Sent. C-1040/2005, CConst.). Esto último conlleva el ejercicio de una competencia que no tiene, y, por ende, un claro abuso de sus facultades. De ahí la existencia de límites en cuanto al procedimiento, y, sobre todo, respecto del contenido; y, aunque la jurisprudencia constitucional ha dejado claro que no existen disposiciones o normas intangibles en la Constitución (Sent. C-288 de 2012, CConst.), eso no significa que el constituyente derivado pueda reformarla de forma ilimitada. En todo caso, el punto es delicado y las fronteras son difusas; sin embargo, en orden a constatar si una determinada reforma comporta o no una sustitución en el sentido antedicho, se han de considerar tanto los principios como los valores que, en conjunto, confieren identidad al ordenamiento constitucional (Sent. C-288/2012, CConst.).

Por eso, la modificación del artículo 34 superior, para eliminar la interdicción de la cadena perpetua, desconocía, a todas luces, el fundamento constitucional del sistema penal, y renegaba del Estado social y democrático de Derecho en que este último se incardina; ello por cuanto, se itera, el artículo 1° de la Carta considera a la dignidad humana como fundamento de ese concreto modelo de Estado adoptado por el constituyente de 1991, y aquélla es la razón de ser de la prohibición de las penas perpetuas, crueles, inhumanas y degradantes.

REFLEXIONES FINALES

I. Lo atinente al por qué, al para qué y al cómo castigar son cuestiones centrales en la formación y el quehacer de los penalistas; no obstante, esos mismos interrogantes, y, en especial, su respuesta, vincula a toda la sociedad con unos objetivos comunes y proyecta una imagen de lo que es o quiere ser esa comunidad. Por eso, la decisión sobre si se quiere y se puede aplicar la prisión perpetua atañe a todos, sin excepción, y la participación en semejante deliberación implica que los ciudadanos se informen, reflexionen, y, por supuesto, fijen una posición.

La pena privativa de la libertad no es la panacea, ni tampoco hay motivos para estar tranquilos con ella; todo lo contrario: los presos han sido explotados en las galeras y en las minas, o usados en la construcción de obras públicas; al mismo tiempo, las condiciones de su ejecución distan de ser mínimamente dignas e impiden el cumplimiento de sus fines resocializadores, pero, al fin de cuentas, es verdad que, en clave histórica, ha supuesto una humanización y una racionalización del castigo; un paso hacia adelante, aunque no el fin del camino. Reconocerlo así no obsta, por supuesto, para insistir en la necesidad de reformar de un modo profundo el sistema penitenciario vigente.

Sin perder de vista lo anterior, la discusión actual se centra en cuánta pena privativa de la libertad es la adecuada, y lo cierto es que una condena a prisión perpetua implicaba que una persona pase el resto de su vida en una prisión y muera en ella. La desolación que sugiere esta idea ha querido suavizarse, infructuosamente, diciendo que era 'revisable', y, así, se pretendía brindar esperanza al reo en torno a la posibilidad de recuperar algún día su libertad, y se invitaba a la sociedad a creer en la capacidad e idoneidad de las prisiones para propiciar su resocialización; pero esto último, cuya verificación es lo que permitiría la eventual revisión de la condena, es casi un imposible en Colombia, atendidas las condiciones de su sistema penitenciario, sumido en un estado de cosas inconstitucional permanente.

Expresado sin ambages o circunloquios, los argumentos centrales para justificar la prisión perpetua son, en síntesis, la necesidad de castigar tan severamente como sea posible a quien comete este tipo de hechos, e impedir que ese sujeto vuelva a cometerlos en el futuro, lo cual se garantiza, no mediante su rehabilitación, pues las cárceles no la facilitan, sino aislándolo a perpetuidad, es decir, mediante su inocuización. En definitiva: retribución y prevención especial negativa.

Sin embargo, esta manera de ver las cosas relativiza la idea de proteger a los niños, porque, al final, no se trata tanto de impedir que ocurran delitos de esa especie, cuanto de hacer 'pagar' a quien ya los cometió y de evitar que ese mismo sujeto vuelva a hacerlo. Si de prevenir se trata, el derecho penal no puede ser, se insiste, la primera opción, ni —mucho menos— la única, puesto que, como anteriormente se anotó, se requiere un esquema de intervención previo, organizado a partir de herramientas no penales.

Así mismo, para que el sistema penal funcione de acuerdo con sus fines, las penas deben ser proporcionales y han de imponerse efectivamente en un lapso razonable; de este modo, de nada sirve la amenaza de una pena severa, si la impunidad campea y la morosidad lastra las investigaciones y los juicios. Además, no debe olvidarse que la ejecución de las consecuencias, una vez impuestas, ha de hacerse en condiciones dignas y procurando garantizar la resocialización de los condenados; ese es el compromiso que recae sobre el Estado, máxime cuando se condiciona la revisión de la condena a ello, es decir, cuando la expectativa de recuperar la libertad algún día depende de haberse 'resocializado'.

II. Como la experiencia colombiana enseña que la sola creación de un delito, o el mero aumento de las penas para los existentes no cambia la realidad, a los ciudadanos les corresponde reclamar de sus gobernantes y de sus líderes una actitud acorde con la importancia de los asuntos que tratan, y los derechos de los niños son un tema, sin duda, de la mayor relevancia. Por ende, si la bandera a enarbolar y apoyar es la de garantizar la integridad, la salud, el adecuado desarrollo y la vida de los niños, que sea de verdad, con políticas integrales que comprometan a las autoridades y a las instituciones con ese propósito.

Obviamente, dentro de esas medidas han de tener cabida las penales, pero en desarrollo de una política criminal estructurada y planificada, guiada por argumentos técnicos y propuestas apoyadas en estudios previos, y que incorpore instrumentos de evaluación y seguimiento. En tal virtud, el diseño de estos mecanismos y la determinación de las medidas adecuadas para enfrentar el problema debería considerar, desapasionadamente, los aportes de los datos y los estudios nacionales e internacionales sobre las tasas de reincidencia en estos casos, los cuales sugieren, de un lado, que la reiteración en estos delitos no es tan alta como señalan los promotores de la cadena perpetua, y, del otro, que el tratamiento penitenciario (terapéutico) tiene efectos positivos.

Así razonando, es innegable que la opción de reformar la Constitución o la ley para encerrar de por vida al delincuente sexual, pese a ser la más fácil, no puede ser la única. Lo que ocurre es que brindar un tratamiento penitenciario adecuado en estos casos, y establecer un programa de seguimiento y acompañamiento para quienes queden en libertad tras cumplir su condena requiere un mayor compromiso personal e institucional.

Si el objetivo es prevenir que los condenados reincidan, estas personas deben tener acceso a un programa adecuado en la prisión, y, tras cumplir su condena, se han de garantizar las condiciones para que tengan oportunidades laborales, mantengan sus vínculos familiares o afectivos, cuenten con apoyo por parte de instituciones sociales públicas y privadas, y, por supuesto, accedan a programas de seguimiento y acompañamiento; sin un sistema de atención permanente e intervención integral, la reincorporación de estas personas será imposible, mucho más, considerando el rechazo social del cual son objeto. No obstante, todo eso supone un gran esfuerzo, un horizonte de medio o largo plazo y produce muy pocos votos.

Introducir la cadena perpetua es una decisión drástica, que requiere discutirse a partir de reflexiones juiciosas y ponderadas, no con gritos y descalificaciones personales, pues se trata de debatir con argumentos y sobre argumentos. No puede olvidarse que la legitimidad de la ley no depende únicamente de estar contenida, precisamente, en una ley, sino, también, del proceso deliberativo que acompaña su gestación.

Los delitos que han llamado la atención del legislador y de la opinión pública son muy graves, debido, sobre todo, a la condición de las víctimas y a las consecuencias que su comisión produce en ellas. Justamente, por ello, la reacción de la sociedad frente a estos sucesos no puede quedar reducida al rechazo generalizado y a la elevación de las penas; algo así es insuficiente y, por lo mismo, una política que se enfoque exclusivamente en la sola condena del victimario resulta incompleta e inadecuada.

Las iniciativas de corte populista, movidas por el apasionamiento, la ira o el afán de conseguir votos y titulares de prensa no son bienvenidas en un Estado social y democrático de Derecho, y no le hacen ningún bien a las instituciones sobre las cuales se apuntala la supervivencia misma de éste.

III. Creer que para introducir la prisión perpetua al ordenamiento jurídico colombiano bastaba con reformar un artículo de la Constitución Política supone una visión excesivamente miope, porque la prohibición contenida en el artículo 34 es una consecuencia de otros tantos derechos fundamentales consagrados en artículos de rango igualmente constitucional, como lo son, por ejemplo, la dignidad humana (artículo 1°), verdadero pilar del Estado social y democrático de Derecho asumido por Colombia; la prohibición de las penas y tratos crueles, inhumanos y degradantes (artículo 12); la prohibición de las penas imprescriptibles (art. 28), o, en fin, las disposiciones que, en esta materia, integran el bloque de constitucionalidad (artículos 93 y 94), tales como el Pacto Internacional de Derechos Civiles y Políticos (Ley 74 de 1968), o la Convención Americana sobre Derechos Humanos (Ley 16 de 1972).

Por eso, no se trataba simplemente de reformar un artículo de la Constitución Política, sino de reformular las condiciones básicas de la convivencia pacífica. Si de modificar un artículo se tratara, algún ocurrente podría levantarse un día y promover una ley para encarcelar a los deudores, permitir que el Estado confisque los bienes de los colombianos, dar por válida la posibilidad de desterrar a los delincuentes o incluir la tortura dentro de las formas de ejecución de las penas. Todo esto está prohibido en diversos artículos de la Constitución Política, pero tales prohibiciones son mucho más que meros artículos.

Adicionalmente, la experiencia reciente sugiere que, una vez retirada de la Constitución la interdicción de la prisión perpetua, los pasos siguientes serían dos: primero, endurecer formal y materialmente el régimen de cumplimiento de estas penas, que, por definición, serían aplicadas a sujetos considerados especialmente peligrosos por haber realizado delitos particularmente graves, y, segundo, ampliar de modo progresivo el número de delitos cuya gravedad ameritaría la imposición de este tipo de penas.

El anterior es un panorama nada alentador, y, por las razones indicadas a lo largo de este escrito, la fracasada reforma al artículo 34 superior, en el sentido aquí glosado, era y es una puerta que no se debe abrir.

REFERENCIAS

Acto Legislativo 01 (2020, julio 22). Por medio del cual se modifica el artículo 34 de la Constitución Política, suprimiendo la prohibición de la pena de prisión perpetua y estableciendo la prisión perpetua revisable. [Colombia]. *Diario Oficial No. 51383 de 22 de julio de 2020*. Imprenta Nacional.

Alfonso X. (2004). *El libro del fuero de las leyes (Las Siete Partidas)*. Versión de J. Sánchez-Arcilla. Reus.

Baratta, A. (1986). *Criminología crítica y crítica del Derecho Penal*. Siglo Veintiuno Editores.

Beccaria, C. (2016). *De los delitos y de las penas* [5ª ed.]. Temis.

Cañizares, J. B. (2014). Las penas infamantes en las postrimerías del Antiguo Régimen francés: tratamiento normativo y doctrinal. *Foro: Revista de ciencias jurídicas y sociales*, 17 (1), 101-137.

Clemmer, D. (1940). *The Prison Community*. Christopher Publishing House.

Comité para la Prevención de la Tortura (2001). 11.º Informe General de las actividades del Comité (2000) CPT/Inf.

Comité para la Prevención de la Tortura (2016). 25.º Informe General de las actividades del Comité (2015) CPT/Inf.

Comité de Ministros del Consejo de Europa (2003). Recomendación 23.

Díaz, L. M. (2009). Reflexiones sobre la propuesta de reforma constitucional en Colombia para la introducción de la cadena perpetua: respuesta al "*sexual predator*" en los delitos contra menores. *Derecho Penal y Criminología*, 30 (88), 135-164.

El País (2007). *Sarkozy propone un hospital y la castración química para luchar contra los pederastas.* https://elpais.com/internacional/2007/08/20/actualidad/1187560811_850215.html

El Tiempo (2021). *Aumenta la expectativa de vida en Colombia, según el DANE.* https://www.eltiempo.com/economia/sectores/dane-revela-expectativa-de-vida-en-colombia-581272

Ferrajoli, L. (1995). *Derecho y razón. Teoría del garantismo penal.* Trotta.

Foucault, M. (2009). *Vigilar y castigar: nacimiento de la prisión* (2 ed.). Siglo XXI.

González, T. (2015). Las penas de encierro perpetuo desde una perspectiva histórica. *Foro Nueva Época* 18(2), 51-91.

Iglesias, L. (2016). Las penas corporales en el derecho hispánico e inglés en la Edad Media: Estudio comparado. *Revista de estudios histórico-jurídicos* (38), 123-147.

Instituto Nacional Penitenciario y Carcelario-INPEC (2021). *Informe Estadístico* (enero). https://www.inpec.gov.co.

Jakobs, G. (1997). *Derecho Penal. Parte General. Fundamentos y Teoría de la Imputación* [2º ed.]. Marcial Pons.

Mir, S. (2005). *Derecho Penal. Parte General* [7ª ed.]. Reppertor.

Mommsen, T. (1999). *Derecho Penal Romano* [2ª ed.]. Temis.

Organización de las Naciones Unidas (1966). Pacto Internacional de Derechos Civiles y Políticos. https://www.ohchr.org/sp/professionalinterest/pages/ccpr.aspx

Organización de las Naciones Unidas (1957). Reglas Mínimas para el Tratamiento de los Reclusos. https://www.ohchr.org/sp/professionalinterest/pages/treatmentofprisoners.aspx

Pavarini, M. (1983). *Criminología crítica y crítica del Derecho Penal.* Siglo Veintiuno Editores.

Redondo, S. & Mangot, Á. (2017). Génesis delictiva y tratamiento de los agresores sexuales: una revisión científica. En: *e-Eguzkilore: Zientzia Kriminologikoen Aldizkari Elektronikoa. Revista electrónica de Ciencias Criminológicas* (2), 1-33.

Robles, R. (2007). "*Sexual Predators*". Estrategias y límites del Derecho penal de la peligrosidad. *Indret: Revista para el Análisis del Derecho* (4).

Rodríguez, C. (2017). Los estándares internacionales sobre la cadena perpetua del Comité Europeo para la prevención de la tortura y las penas o tratos inhumanos o degradantes. *Revista de Derecho Penal y Criminología* (17), 225-275.

Roxin, C. (1997). *Derecho Penal. Parte General. Fundamentos. La estructura de la teoría del delito* (t. 1) [6ª reimpresión]. Editorial Civitas.

Rubio, H. E. (2012). La prisión. Reseña histórica y conceptual. *Ciencia jurídica* 1(2), 11-28.

Ruiz, M. L. (2021). Sistema penal y revolución de las sociedades de control: suplicio, prisión e inocuización. Desde la sociedad de control al control de la sociedad. *Estudios de derecho* 78 (171).

Sánchez, C. (2013). La aparición y evolución de los sistemas penitenciarios. *Anales de derecho* (31), 139-179.

Sentencia (2001, septiembre 18). Sustitución de pena de prisión por prisión domiciliaria [Radicado N. 15610]. Magistrado Ponente: Fernando E. Arboleda Ripoll. Corte Suprema de Justicia, Sala de Casación Penal [Colombia].

Sentencia (2001, noviembre 28). Sustitución de pena de prisión por prisión domiciliaria [Radicado N. 18285]. Magistrado Ponente: Carlos E. Mejía Escobar. Corte Suprema de Justicia, Sala de Casación Penal [Colombia].

Sentencia SP918 (2016, febrero 3). Vulneración de garantías fundamentales en la fase de imposición de la pena. [Radicado N. 46647]. Magistrado Ponente: José Leonidas Bustos Martínez. Corte Suprema de Justicia, Sala de Casación Penal [Colombia].

Sentencia C-565 (1993). Demanda de inconstitucionalidad [Expediente D-341]. Magistrado Ponente: Hernando Herrera Vergara. Corte Constitucional [Colombia].

Sentencia C-261 (1996). Demanda de inconstitucionalidad [Expediente L.A.T.-066]. Magistrado Ponente: Alejandro Martínez Caballero. Corte Constitucional [Colombia].

Sentencia C-430 (1996). Demanda de inconstitucionalidad [Expediente D-1271]. Magistrado Ponente: Carlos Gaviria Díaz. Corte Constitucional [Colombia].

Sentencia C-656 (1996). Demanda de inconstitucionalidad [Expediente L.A.T.-079]. Magistrado Ponente: Alejandro Martínez Caballero. Corte Constitucional [Colombia].

Sentencia C-144 (1997). Demanda de inconstitucionalidad [Expediente L.A.T.-084]. Magistrado Ponente: Alejandro Martínez Caballero. Corte Constitucional [Colombia].

Sentencia T-153 (1998). Demanda de inconstitucionalidad [Expedientes T-137.001 y T-143950]. Magistrado Ponente: Eduardo Cifuentes Muñoz. Corte Constitucional [Colombia].

Sentencia C-806 (2002). Demanda de inconstitucionalidad [Expediente D-3936]. Magistrada Ponente: Clara Inés Vargas Hernández. Corte Constitucional [Colombia].

Sentencia C-551 (2003). Demanda de inconstitucionalidad [Expediente CFR-001]. Magistrado Ponente: Eduardo Montealegre Lynnet. Corte Constitucional [Colombia].

Sentencia C-1040 (2005). Demanda de inconstitucionalidad [Expediente D-5645]. Magistrado Ponente: Manuel José Cepeda Espinosa *et al*. Corte Constitucional [Colombia].

Sentencia C-288 (2012). Demanda de inconstitucionalidad [Expediente D-8690]. Magistrado Ponente: Luis Ernesto Vargas Silva. Corte Constitucional [Colombia].

Sentencia C-258 (2013). Demanda de inconstitucionalidad [Expedientes D-9173 y D-9183]. Magistrado Ponente: Jorge Ignacio Pretelt Chaljub. Corte Constitucional [Colombia].

Sentencia T-388 (2013). Demanda de inconstitucionalidad [Expediente T-3526 *et al*.]. Magistrada Ponente: María Victoria Calle Correa. Corte Constitucional [Colombia].

Sentencia T-762 (2015). Demanda de inconstitucionalidad [Expedientes 392790 *et al*.]. Magistrada Ponente: Gloria Stella Ortiz Henao. Corte Constitucional [Colombia].

Sentencia C-181 (2016). Demanda de inconstitucionalidad [Expediente D-10946]. Magistrada Ponente: Gloria Stella Ortiz Delgado. Corte Constitucional [Colombia].

Sentencia C-294 (2021, septiembre 2). Demanda de inconstitucionalidad [Expedientes acumulados D-13.915 y D-13.945]. Magistrada Ponente: Cristina Pardo Schlesinger. Corte Constitucional [Colombia].

Silva, J. M. (2001). El retorno de la inocuización. El caso de las reacciones jurídico-penales frente a los delincuentes sexuales violentos. *Revista de derecho* (8), 177-188.

Silva, J. M. (1992). *Aproximación al Derecho Penal contemporáneo*. J. M. Bosch Editor.

Tribunal Europeo de Derechos Humanos. Sentencia de 7 de julio de 1989, caso Soering contra Reino Unido.

Tribunal Europeo de Derechos Humanos. Sentencia de 16 de noviembre de 1999, caso T. y V. contra Reino Unido.

Tribunal Europeo de Derechos Humanos. Sentencia de 12 de febrero de 2008, caso Kafkaris contra Chipre.

Velásquez, F. (2022). *Fundamentos de Derecho Penal. Parte General* [5ª ed.]. Editorial Tirant lo Blanch.

Zaffaroni, E.R., Alagia, A. & Slokar, A. (2000). *Derecho Penal. Parte General*. Ediar.

Zambrana, P. (2005). Rasgos generales de la evolución histórica de la tipología de las penas corporales. *Revista de Estudios Histórico-jurídicos* (27), 197-229.

Zambrana, P. (2010). Tipologías de penas corporales medievales. *Cuadernos de Criminología: Revista de Criminología y Ciencias Forenses* (11), 6-12.

Protesta social, abuso del derecho y derecho penal

Fernando Velásquez Velásquez[*]
Carolina Rosas Díaz[**]

> Es lamentable que se pretenda rastrillar los códigos penales y contravencionales para proceder a la pesca de tipos y a su elastización con el objeto de atrapar conductas, que pertenecen al ámbito de ejercicio de la libertad ciudadana (Zaffaroni, 2010, p. 7).

RESUMEN: Este trabajo estudia la protesta pacífica y el abuso del derecho a cuyo efecto se hace hincapié en la imposibilidad de criminalizar la primera de ellas, además muestra en qué consiste el ejercicio abusivo del derecho y se relaciona este asunto con la indebida utilización del derecho penal. También, examina la problemática en estudio a la luz de la legislación penal para lo cual se abordan las conductas no pacíficas vinculadas directamente con la protesta social, para el caso la perturbación en el servicio de transporte, la obstrucción de vías públicas, la obstrucción a la función pública y la asonada; de igual forma, estudia los comportamientos no vinculados en forma directa con la protesta social. De igual manera, hace alusión a los comportamientos de los servidores públicos y, en especial, a las actuaciones adelantadas en el marco de la ley y las que desbordan esos ámbitos; también, se examina el papel de la internet y las redes sociales en la protesta social.

---

[*] Profesor de la Universidad Sergio Arboleda. Bogotá, Colombia. E-Mail: fernando.velasquez@usa.edu.co. Este trabajo forma parte de las incursiones académicas adelantas por el Grupo de Investigación y Ciencias Penales "Emiro Sandoval Huertas", API "Criminalidad, Justicia y Paz".

[**] Profesora de la Universidad Sergio Arboleda. Bogotá, Colombia. E-Mail: carolina.rosas@usa.edu.co. Este trabajo forma parte de las incursiones académicas adelantas por el Grupo de Investigación y Ciencias Penales "Emiro Sandoval Huertas", API "Criminalidad, Justicia y Paz".

Palabras claves: protesta social, abuso del derecho, Estado social y democrático de Derecho, libertad de expresión, criminalización, bloqueos.

INTRODUCCIÓN

La protesta social es el instituto mediante el cual se hace referencia al derecho de los ciudadanos en el seno del Estado democrático a expresarse libremente y de forma pacífica (Gargarella, 2005, p. 19); no obstante, cuando ello se lleva a cabo por fuera de los cánones demarcados por el derecho objetivo, se puede incurrir en un ejercicio abusivo. Ella, desde luego, no es un fenómeno nuevo y se pueden ver manifestaciones suyas (salvados diversos precedentes, que se remontan hasta la antigüedad: véase Páez, 2020, pp. 75 y ss.) ya a mediados del siglo XIX, con motivo de las inconformidades evidenciadas en Europa tras la revolución industrial (Hobsbawm, 1971, pp. 359 y ss.; Zaffaroni, 2010, pp. 1 y ss.); lo mismo puede decirse del fenómeno en nuestro país también por las mismas calendas (Archila, 1991, pp. 45 y ss.) y con múltiples muestras a lo largo del siglo XX (Archila, 1995, pp. 63 y ss.), sobre todo en sus comienzos durante los años veinte y treinta (Peñas, 2019, pp. 339 y ss.), amén de lo acaecido en lo que va del actual (Archila, 2010, 119 y ss.).

Esta expresión de la inconformidad ciudadana, a no dudarlo, se ha recrudecido con motivo de la crisis del Estado de bienestar, "fundamentalmente en la última década del siglo pasado, como resultado de la política de fundamentalismo de mercado" (Zaffaroni, 2008, p. 19; Bondia, 2015, 193 y ss.; Medina, 2018, pp. 225 y ss.) y por otras causas, entre las cuales la aparición de la pandemia a comienzos de 2020 es bien relevante; y ello, obsérvese, no solo en Colombia sino en América Latina (Bertoni, 2010; Rabinovich, Magrini & Rincón, 2011) y en Europa, por ejemplo en el caso español (Bondia, Daza & Sánchez, 2015, pp. 7 y ss.; Medina, 2018, pp. 224; Páez, 2020, pp. 73 y ss.).

Este trabajo, sin embargo, no hace una exposición histórica sobre la materia ni pretende disertar sobre sus rudimentos teóricos que es un asunto librado sobre todo a las construcciones sociológicas, más bien se detiene en los recientes eventos de protesta social en el país para mirarlos desde la perspectiva del derecho penal. Al efecto, se parte de lo sucedido a finales de 2019, 2020 durante los meses de abril, mayo y junio de 2021, que han suscitado múltiples manifestaciones violentas, con un saldo lamentable de muertos, lesionados, desaparecidos, daños a los bienes públicos y privados y, adviértase, con una grave incidencia en el desarrollo económico del país y una profundización de los enfrentamientos y odios entre todos, en medio de una intolerancia asustadora.

Todo ello, recuérdese, en un contexto que muestra una problemática muy compleja en todos los planos (Dane, 2021; Salazar, 2021): los indicadores de pobreza alcanzan a un 42.5% de la población, de los cuales 7,4 millones de personas viven en condiciones de pobreza extrema y con tasas de desempleo que frisan el 15,1%; la economía del país se encuentra en bancarrota y ha tocado fondo con un endeudamiento externo de proporciones insospechadas que, al terminar el segundo trimestre de este año alcanzó a US$175.917 millones–, esto es, el 50.6%– (Banco de la República, 2022); la desigualdad social es abismal, al punto de que Colombia —después de Haití y Angola— se pelea el tercer lugar con países como Honduras. La corrupción también es galopante y embarga tanto a sectores públicos como privados; el sistema electoral se encuentra muy descompuesto y es cautivo de los mismos grupos que gobiernan; la justicia privada impera en diversas franjas del territorio y distintos grupos violentos reemplazan el accionar del Estado. Y, en fin, para acabar de ajustar las violaciones a los derechos humanos son cotidianas.

Para hacer alusión a esto último y con motivo de la visita de la Comisión Interamericana de Derechos Humanos al país, el día siete de junio de 2021 la Defensoría del Pueblo hizo entrega a ese organismo de un estudio sobre la materia que, de forma resumida, fue difundido por ese mismo ente oficial (Defensoría, 2021), y del cual se extraen cifras como las siguientes: entre el 28 de abril y el tres de junio se recibieron 417 quejas, con 489 personas como posibles afectadas por presuntas violaciones a los derechos humanos en el marco de las manifestaciones, de las cuales 306 recaen sobre miembros de la Fuerza Pública (300 a la Policía y 6 al Ejército Nacional). En cuanto a personas desaparecidas, la Defensoría envió un reporte de 466 casos a la Fiscalía General de la Nación, de los cuales este ente había inadmitido 153 y en 91 se mantenía el llamado Mecanismo de Búsqueda Urgente.

En cuanto a personas fallecidas el Informe hablaba de 58 posibles casos de los cuales 45 se denunciaron en el Valle del Cauca, incluidos tres servidores públicos; al respecto, la Defensoría afirmaba que por lo menos 20 de esas muertes se habían producido en el marco de las protestas. Así mismo, en materia de hechos de violencia basada en el género –dice el Boletín, en palabras del Defensor Carlos Camargo Asís–: "[…] se han identificado un total de 113 hechos de violencias por razón del género en contra de mujeres y personas con orientaciones sexuales e identidades de género diversa durante las manifestaciones"; y, de ellos uno "corresponde a violencia por parte de manifestantes a una patrullera de la Policía y 112… por parte de funcionarios de la Policía y/o el ESMAD en contra de manifestantes".

Ese mismo documento daba cuenta de las graves afectaciones económicas derivadas de las manifestaciones y los bloqueos, entre las cuales se mencionaban 700.000 toneladas de alimentos sin movilizar; y se añadía:

> Algunos bloqueos han constituido barreras adicionales a las existentes sobre el acceso al sistema de salud del país, afectando, incluso, la vida de las personas. Lo anterior, pues han impedido el traslado de pacientes en estado crítico con necesidad inminente de una UCI, medicamentos, diagnósticos y otros procedimientos prioritarios; así como la movilización del personal de salud para que cumpla su misión. Las aglomeraciones generadas en ejercicio del derecho a la protesta han coincidido con la elevación de ocupación hospitalaria, UCI y con las muertes por Covid-19.

Así las cosas, en plan de discurrir sobre estas materias, en primer lugar, aquí se estudian la protesta pacífica y el abuso del derecho a cuyo efecto se hace hincapié en la imposibilidad de criminalizar la primera de ellas, además se muestra en qué consiste el ejercicio abusivo del derecho y se relaciona este asunto con la indebida utilización del derecho penal. En segundo lugar, se examina la problemática en estudio a la luz de la legislación penal, para lo cual se abordan las conductas no pacíficas vinculadas directamente con la protesta social, para el caso la perturbación en el servicio de transporte, la obstrucción de vías públicas y la asonada; además, se muestran los comportamientos no vinculados en forma directa con la protesta social. En tercer lugar, se hace alusión los comportamientos de los servidores públicos y, en especial, las actuaciones adelantadas en el marco de la ley y las que desbordan esos ámbitos. También, en cuarto lugar, se examina el papel de la internet, las redes sociales en la protesta social; al final, en quinto y último lugar, se plasman las conclusiones de esta reflexión académica y se introducen las referencias bibliográficas utilizadas.

LA PROTESTA PACÍFICA Y EL ABUSO DEL DERECHO

La imposibilidad de criminalizar la protesta social pacífica

La protesta no es solo un asunto que toca con el derecho constitucional contemporáneo sino también con la sociología, la cual recuerda que el conflicto es consustancial a la convivencia social, "[…] por lo que no es visto como algo negativo o perjudicial, sino que implica reconocer el dinamismo de la sociedad y la existencia de diferencias y desacuerdos en los distintos espacios de convivencia" (Bassa & Mondaca, 2019, p. 109); y, como es obvio, las dificultades empiezan cuando se trata de construir este fenómeno como un derecho (Gargarella, 2005, p. 19), porque según los críticos "[…] la sola idea de una protesta supeditada o juzgada conforme a algún estándar jurídico, es una protesta juridificada y, por tanto, susceptible de ser neutralizada por la autoridad facultada para la aplicación del Derecho" (Bassa & Mondaca, 2019, p. 116). De todos modos, más allá de ese debate de *lege ferenda* es evidente que en el ordenamiento jurídico esa manifestación de la libertad de expresión es un verdadero "derecho" como, de forma expresa, lo señalan el artículo 37 de la Constitución Política (Carrillo & Cepeda, 2020) y la jurisprudencia para la cual, además, él es subjetivo, temporal, finalístico y real (por todas, Sent. C-009/2018, CConst.), algo que también sostiene la doctrina foránea (Goig, 2012, p. 362). En el discurrir de este planteamiento, se debe aclarar que la protección descrita se da a la protesta y a la contraprotesta o contramanifestación, siempre que éstas se lleven a cabo pacíficamente, frente a las cuales el Estado y sus autoridades deben adoptar una posición neutral, no discriminatoria ni de criminalización (véase, Observación General N.º 37 del Comité de Derechos Humanos, num. 14 y 26).

Ahora bien, cuando se emplea la voz "criminalizar" no solo se alude a la utilización de la ley penal para consignar diversas conductas como punibles sino al empleo de otro tipo de mecanismos, como la represión a través de agentes estatales o paraestatales e incluso al actuar mediante el empleo de los medios de comunicación para esa tarea, mediante la estigmatización; se hace referencia, pues, al hecho de asignar como etiqueta a un individuo o grupo el carácter de criminal sin que los incriminados hayan pasado por el tamiz de un proceso penal. Por eso, se afirma que ese concepto vinculado a la protesta ha sido usado por organismos nacionales e internacionales dedicados a la protección de los derechos humanos y por las organizaciones y movimientos sociales "[...] para nombrar a un conjunto de estrategias recurridas por actores estatales y no-estatales como una forma de intimidar, inhibir y deslegitimar este tipo de luchas"; esto es, "[...] se trata de un fenómeno multidimensional que articula diferentes estrategias políticas, jurídicas y mediáticas para combatir las luchas sociales" (Alvarado, 2020, p. 26). Así las cosas, de forma más precisa el aludido concepto se puede entender como "[...] un proceso consistente en el uso de la represión física y de mecanismos legales y judiciales contra organizaciones y/o movimientos sociales como una forma de control de la protesta social" (Alvarado, 2020, p. 29).

Desde luego, no cabe duda en el sentido de que la protesta social es connatural al Estado social y democrático de Derecho, por lo cual no se concibe una organización social así rotulada que no la respete máxime si ella es reconocida en los derechos internacional e interno (una muy buena recopilación en el D. 002 de 2021); por eso, jamás su ejercicio pacífico puede configurar un ilícito sobre todo si ello sucede en un diseño constitucional afincado en el principio de la dignidad de la persona humana (Zaffaroni, 2008, p. 21; Zaffaroni, 2010, p. 6) y en las bases propias de una República pluralista y participativa (Const. Pol., arts. 1 y 40; Carrillo & Cepeda, 2020). De ahí que las conductas constitutivas de protesta social en el marco de la Constitución y la ley penal, no tengan ninguna relevancia y no se deba pensar, siquiera, si ellas encajan o no en un determinado tipo previsto en la ley penal, esto si se parte del concepto dogmático del delito o hecho punible que acoge la legislación penal nacional (C. P., art. 9.º y normas concordantes). Con razón, se indica que cuando ese ejercicio se mantiene dentro de los cauces institucionales "[...] queda excluida la primera categoría específicamente penal de la teoría estratificada del delito, esto es, la misma tipicidad de la conducta" (Zaffaroni, 2010, p. 6; también, Zaffaroni, 2008, p. 22).

Por eso, pues, el artículo 37 de Constitución Política dispone: "Toda parte del pueblo puede reunirse y manifestarse pública y pacíficamente" y agrega: "Solo la ley podrá establecer de manera expresa los casos en los cuales se podrá limitar el ejercicio de este derecho"; es más, la Ley Estatutaria de Estados de Excepción establece que —ni siquiera en ese tipo de eventos— se podrá criminalizar la protesta social: "...*el Gobierno no podrá tipificar como delito los actos legítimos de protesta social*" (Ley 137/1994, art. 44). Incluso, recuérdese, la Constitución también incorpora el derecho a la libertad de expresión que está íntimamente ligado al derecho a la protesta (Const. Pol. art. 20; sobre ello, Gargarella, 2005 p. 26); razón de más, para que la propia Fiscalía General de la Nación señale: "En ningún caso se puede procesar o judicializar a una persona por ejercer su derecho a la protesta pacífica" (D. 0002/2021, párr. 4); y, "[...] solo la protesta pacífica goza de protección constitucional y está exenta de sanción penal" (D.

0002/2021, párr. 5.). Otro tanto cabe decir de las normas del Código Nacional de Policía y Convivencia (L. 1801/2016, arts. 53 y ss.) y del D. 003 de 2021. Estas normativas son desarrollos claros de los tratados internacionales sobre derechos humanos, como la Declaración Universal de Derechos Humanos, la Declaración Americana de los Derechos y Deberes del Hombre, la Convención Americana sobre Derechos Humanos, y el Pacto Internacional de Derechos Civiles y Políticos (véase, la excelente recopilación contenida en Naciones Unidas, 2014, pp. 25 y ss.).

Se trata, pues, del respeto de los derechos, esos que tanto tienen las mayorías como las minorías y que las democracias están llamadas a asegurar, porque —como dijera Dworkin— "[…] la institución de los derechos es, por consiguiente, crucial, porque representa la promesa que la mayoría hace a las minorías de que la dignidad y la igualdad de éstas serán respetadas" (1989, p. 303). Y ello, adviértase, toca de lleno con lo dicho por los padres del Estado moderno en el sentido de que nuestros derechos y libertades terminan donde comienzan los de los demás; algo que muy bien recalca John Stuart Mill, otro ferviente liberal: "No es libre ninguna sociedad, cualquiera que sea su forma de gobierno, en la cual estas libertades no estén respetadas en su totalidad; y ninguna es libre por completo si ellas no se garantizan de forma absoluta y plena" (1864, p. 27). Es más, para citar a un pensador hispano de la época contemporánea, debe decirse:

> Sin embargo, el Estado democrático de Derecho —esto es, el sistema total de las libertades— ha de ser postulado como absolutamente válido frente a cualquier otro tipo de gobierno, aunque solo sea porque es el único legítimo. En él la libertad resulta siempre incómoda, difícil, insegura; puede, a veces, exasperarnos y hasta hacernos desesperar; pero fuera de él, es decir, allí donde la libertad se acaba, la comunidad política desaparece y la vida social pierde todo valor (Vives, 1995, p. 413).

Cosa distinta, sin embargo, sucede cuando con ocasión de la protesta se realizan conductas que desbordan el marco constitucional y legal, sea que se incurra en excesos o se aproveche el acto mismo de la expresión de inconformidad para llevar a cabo comportamientos que pongan en peligro en forma concreta o lesionan diversos bienes jurídicos tutelados por el ordenamiento jurídico penal. En estos casos, es necesario examinar esas actuaciones de cara a verificar si ellas son o no punibles sin que, *a priori*, se pueda afirmar que todas tienen relevancia penal; naturalmente, se debe investigar cada caso y someterlo al tamiz propio de los juicios que demandan las categorías del delito en sede de conducta, tipicidad, antijuridicidad y culpabilidad, sin olvidar que cada una de esas valoraciones tiene una cara positiva y otra negativa (las causales de exclusión de la responsabilidad penal en todas ellas). Esto es, se deben abordar no solo los elementos configuradores sino los que las exoneran; en otras palabras, cuando se estudia una conducta como las mencionadas el ejercicio dogmático propio de la teoría del delito es el mismo que se lleva a cabo en relación con cualquier comportamiento y, como es obvio, todos los límites al empleo de la potestad punitiva del Estado, no solo desde el punto de vista formal y material, deben ser tenidos en cuenta.

Por consiguiente, ninguna persona puede ser discriminada, acosada, vejada o procesada por el hecho de participar simplemente en una protesta, ni siquiera, aquellos que en éstos espacios cubran sus caras, ya que se considera el "anonimato" como una forma de expresión válida, salvo cuando medie un motivo legal y razonable que permita desvirtuar dicha condición (ejercicio de la violencia, porte de armas, comisión de un delito) (véase, Observación General N.º 37 del Comité de Derechos Humanos, nums. 20, 33 y 60).

El ejercicio abusivo del derecho

El abuso del derecho es un instituto de muy vieja data que se remonta hasta el Derecho romano (Vázquez, 2002, p. 38), las Partidas y el Derecho medioeval y llega al Código Civil napoleónico de 1804 que, al referirse al derecho de propiedad, lo garantizaba a condición de que no se hiciere un uso prohibido por las leyes o los reglamentos (Cuentas, 1997, pp. 468-470), a partir de lo cual se ha producido un gran desarrollo doctrinario de esta concepción (Dussault, 1961, pp.

114 y ss.). Esta construcción supone el ejercicio de un derecho subjetivo (esto es, el conjunto de facultades para ser o exigir todo aquello que la ley o la autoridad establecen en favor del sujeto de derechos) excediéndose en los límites adecuados y naturales del mismo, con la consiguiente causación de un perjuicio a los terceros y sin que ello le reporte a su titular ninguna utilidad o beneficio; naturalmente, es el derecho objetivo, concebido como conjunto normativo el que contiene el conjunto de reglas jurídicas que determinan y regulan el ejercicio de esas facultades y el cumplimiento de los deberes que integran el derecho subjetivo.

Esta elaboración, bien se ha dicho, es el resultado de la evolución del derecho como producto de los cambios que se producen en las relaciones económicas y sociales. En cualquier caso determina que las personas sean, a la vez, sujetos activos y pasivos de donde el derecho y su ejercicio permiten distinguir cuatro aspectos, que dan lugar a la noción del abuso del derecho o del acto abusivo: (a) la titularidad de un derecho subjetivo por parte de un sujeto; b) la posibilidad de que se realice el ejercicio concreto de ese derecho según una pluralidad de modalidades no predeterminadas de forma rígida; c) la circunstancia de que en un caso concreto el ejercicio del derecho, aunque sea formalmente conforme al marco legal atribuido a ese derecho, se haya realizado según modalidades censurables ("aberrantes", "deplorables", "anormales", etc.) con respecto a un determinado criterio de evaluación, ya sea legal o extralegal; y, d) la circunstancia de que, por el hecho de haber ejercido el derecho de forma censurable, exista una desproporción injustificada entre el beneficio del titular del derecho y el sacrificio que recae sobre alguna "contraparte" (Pino, 2005, pp. 161 y ss.).

Ahora bien, en cuanto al *fundamento para castigar el ejercicio abusivo* del derecho se dice que él radica en que ningún derecho es ilimitado, porque de ser así el orden social no sería posible; por eso, "[…] aquel que tiene derechos frente a los demás integrantes de la sociedad, también tiene deberes para con ellos" y se añade: "No puede existir un grupo social en que haya únicamente sujetos titulares de derecho así como tampoco puede haber una sociedad en que los hombres estén exclusivamente sujetos a cumplir deberes" (Cuentas, 1997, p. 468). El sustento para castigar el ejercicio abusivo del derecho es distinto al *fundamento del concepto de abuso del derecho* que radica en uno de estos tres criterios: la intención de dañar, la falta de un interés serio y legítimo, y la desviación del derecho de su función social, aunque hay quienes se decantan por otro punto de vista: "[...] el que ejercita su derecho de un modo socialmente reprobado por cuanto perjudica a tercero está obligado a sufrir las consecuencias de su ejercicio abusivo" (Cuentas, 1997, pp. 471 y 474).

En nuestro ordenamiento, el instituto del abuso del derecho tiene su razón de ser en los mandatos de la Constitución Política que, en su artículo 95, señala: "El ejercicio de los derechos y libertades reconocidos en esta Constitución implica responsabilidades" (inciso 3.º) y son deberes de "la persona y del ciudadano (inciso 5.º)": "1. *Respetar los derechos ajenos y no abusar de los propios*". A él se suman los de "2. *Obrar conforme al principio de solidaridad social, respondiendo con acciones humanitarias ante situaciones que pongan en peligro la vida o la salud de las personas*"; y "4. *Defender y difundir los derechos humanos como fundamento de la convivencia pacífica*". Amén de ello, y esto toca con el asunto que motiva esta reflexión académica, también las personas y los ciudadanos deben "5. *Participar en la vida política, cívica y comunitaria del país*" y "6. *Propender al logro y mantenimiento de la paz*". La Constitución, pues, no solo consagra derechos sino también unos deberes muy precisos que impiden el ejercicio abusivo del derecho. Con ese punto de partida, la jurisprudencia señala los alcances del fenómeno:

> [...] una persona comete abuso del derecho cuando (i) obtuvo el derecho de forma legítima, pero lo utiliza para fines contrarios al ordenamiento jurídico; (ii) se aprovecha de la interpretación de las normas o las reglas, con el fin de obtener resultados no previstos por el ordenamiento jurídico; (iii) hace un uso inadecuado e irrazonable del derecho, contrario a su contenido esencial y a sus fines; y (iv) invoca las normas de una forma excesiva y desproporcionada desvirtuando el objetivo jurídico que persiguen (Sent. T-103/2019, CConst.).

El abuso del derecho en la protesta social y la indebida utilización del derecho penal

Cuando la discusión sobre el abuso del derecho se circunscribe al derecho represivo, se pueden observar dos manifestaciones suyas: una, por parte de quienes escudados en el derecho subjetivo a la protesta legítima se sienten amparados para cometer diversos delitos; y, por otra, por los que —en plan de criminalizar la protesta pacífica— pretenden que el derecho penal deba ser empleado para reprimir a quienes ejercen ese mecanismo que es expresión del disenso. Se trata, pues, de dos escenarios de abuso del derecho diferentes en los cuales aparece el derecho penal como herramienta utilizada de forma inadecuada: en un caso, para mostrar a los que creen que el ejercicio de esa prerrogativa se torna en una patente para delinquir y arrasar no solo con las instituciones legítimamente constituidas sino con los derechos de los demás que tienen, por esta vía, que soportar todo tipo de ultrajes porque —se esgrime— se trata de respetar una supuesta protesta social; y, en el otro, para criminalizar a quienes ejercen el derecho al disentimiento en forma pacífica.

Pero más allá del abuso del derecho propiamente dicho, aparecen eventos en los cuales se utilizan de forma indebida ciertas competencias, atribuciones o escenarios de actuación, por parte de algunos de los integrantes del sistema penal. Piénsese, en efecto, en lo sucedido cuando los propios legisladores —escudados en la potestad de criminalizar las conductas punibles— llevan a cabo esa tarea de forma excesiva y arbitraria; o, y así lo hace el codificador, cuando al redactar las figuras relacionadas de forma directa con el fenómeno en estudio, se acude a tipos penales gaseosos, porosos, indeterminados, cuya redacción permite arropar cualquier comportamiento por inane o intrascendente que sea. Con razón, al citar al Tribunal Constitucional alemán, los profesores Jescheck y Weigend señalan que en un Estado de Derecho "Los tipos penales deben poseer una redacción lo más exacta posible que evite la remisión a conceptos extensivos, amenazar con consecuencias jurídicas inequívocas y contener tan sólo marcos penales de envergadura limitada". Y añaden que la razón del mandato de determinación reside, de un lado, en que la reserva de ley solo puede desarrollar plenamente su eficacia "[…] cuando la voluntad jurídica de la representación popular ha encontrado en el texto una expresión tan clara, que queda excluida la posibilidad de una resolución subjetiva y arbitraria por parte del juez" (Jescheck & Weigend, 2002, p. 147). Allí, pues, se evidencian claros excesos en el ejercicio de la llamada libertad de configuración legislativa, lo que supone una utilización abusiva de las competencias y diversas atribuciones en materia del derecho penal.

Otro tanto se presenta cuando los tribunales encargados de velar por la guarda de la integridad de la Carta Política —y este es un escenario más, no del abuso del derecho pero sí de las funciones—, como lo ha hecho a veces la Corte Constitucional, se declaran ajustados a la Carta Fundamental esos remedos de figuras punibles por encontrarlos conformes al principio de legalidad en su variante del apotegma de taxatividad, a cuyo efecto no se tiene empacho alguno en declarar que los tipos penales abiertos e indeterminados son, incluso, conformes a la Constitución Política (Sent. C-091/2017, CConst.). Otro ámbito, pues, mediante el cual se pisotea la legalidad y se desconocen las bases del Estado de Derecho con evidente abuso.

Desde luego, otro tanto sucede —aunque desde un ángulo contrapuesto— cuando los jueces, ávidos de plasmar en sus proveídos compatibles enfoques garantistas que reivindican la protesta social pacífica, terminan convirtiéndose en indeseables legisladores (por ejemplo, Sent. STC/7641-2020, CSJ-SCC), y hacen el uso de un neoconstitucionalismo desbordado en virtud del cual ellos no solo dicen el derecho sino que formulan eventuales correcciones a los discursos de los ciudadanos, de un modo que permite acercarlos al lenguaje jurídico produciendo relatos oficiales y definitivos (Bassa & Mondaca, 2019, p. 128). Y, en fin, todavía cabe hablar del abuso del derecho penal cuando los funcionarios adscritos a la Fiscalía General de la Nación y a la judicatura, criminalizan el mero disenso prevalidos de las figuras punibles mal redactadas, porosas, antigarantistas, etc., que el tribunal constitucional legitima a través de sus decisiones.

Esto sin olvidar a ciertos doctrinantes que con sus construcciones no velan por la consolidación de las instituciones y el respeto de los derechos humanos, sino por la legitimación de comportamientos que desbordan los fundamentos del orden jurídico, con lo cual se ponen al servicio de intereses políticos de diverso cuño. Para traer prestada la expresión de Bondia, cabe decir de ellos que "en lugar de hacer políticas de derechos humanos se dedican a hacer políticas con los derechos humanos" (2015, p. 174).

LA PROTESTA SOCIAL Y LA LEGISLACIÓN PENAL

Si se aborda el texto del Código Penal (C. P., L. 599/2000; Velásquez, 2022) —con la advertencia de que algunas conductas también pueden quedar cobijadas por el Código Nacional de Policía y Convivencia, Ley 1801/2016— se encuentran dos tipos de comportamientos: unos, que versan directamente con la protesta social; y otros que, si bien no se refieren a ese fenómeno, sí entran en cuestión porque se pueden realizar cuando se desbordan los límites propios del derecho de la protesta o, con ocasión de éste, se realizan otras conductas. Como es obvio, dado que algunas de esas actuaciones caen bajo la malla policiva es a ese ordenamiento al que, de forma preferente, se debe acudir porque el derecho penal tiene carácter de *ultima ratio*; al respecto, expresa la Fiscalía General de la Nación:

> La judicialización de los actos de violencia o el uso de medios lícitos en el marco de la protesta que afecten el orden público u otros bienes jurídicos deben ser analizados bajo el principio rector del derecho penal como *ultima ratio*. Además, es necesario tener en cuenta que otros instrumentos jurídicos, como por ejemplo los de índole policivo, contemplan mecanismos más específicos para sancionar y prevenir este tipo de actos y afectación a bienes jurídicos (D. 0002/2021, p. 5, párr. 6).

A continuación, se muestra cada uno de esos grupos de casos y se hacen los análisis correspondientes.

Las conductas no pacíficas vinculadas directamente con la protesta social

Son las que se desprenden de los artículos 353 —modificado por el art. 45 de la Ley 1453/2011, intitulado como "perturbación en servicio de transporte público, colectivo u oficial" (una verdadera legislación en materia de "seguridad ciudadana")— la prevista en el artículo 353A —también introducido por el art. 44 de la Ley 1453/2011, con la denominación de "obstrucción a vías públicas que afecten el orden público" incluidas las causales de agravación previstas en el artículo 353B (introducido por el artículo 16 de la Ley 2197 de 2022 en materia, otra vez, de "seguridad ciudadana)—; y, en fin, las consignadas en los artículos 429D —introducido por el art. 20 de la Ley 2197/2022— como obstrucción a la función pública y el artículo 469 como asonada. Naturalmente, estas redacciones típicas no deben ser aplicadas de forma caprichosa y los investigadores y jueces han de ser muy prudentes al emitir los juicios de tipicidad, antijuridicidad y culpabilidad y, en el plano procesal, deben privilegiar la aplicación del principio de oportunidad como lo expresa la Fiscalía General de la Nación: "[…] cuando se procese penalmente a las personas que hayan incurrido en delitos bajo los términos previstos en esta Directiva, deberá considerarse la aplicación del principio de oportunidad" (D. 0002/2021, p. 9, párr. 16).

La perturbación en el servicio de transporte

Mediante esa norma se castiga (con pena de prisión de cuatro a ocho años y multa de trece punto treinta y tres a setenta y cinco 75 salarios mínimos legales mensuales vigentes) al sujeto activo indeterminado que, por medios ilícitos, realice una de las conductas (o las dos, porque el tipo penal es de conducta alternativa) que se infieren de las inflexiones verbales *imposibilite* y *dañe*, la primera de ellas referida a "la circulación" en el ámbito del transporte en cualquiera de sus modalidades y, la segunda, empleada para aludir al daño que se cause a uno de los objetos de la acción: "nave", "aeronave", "vehículo" o "medio motorizado".

Desde luego, lo que la ley penal castiga no es cualquier impedimento de la libre circulación de las personas en ese contexto ni cualquier daño, entre otras cosas porque el comportamiento tiene que ser doloso en los términos de la definición adoptada por la legislación penal (C. P., art. 22) y debe poner en peligro —en forma concreta— o lesionar la "seguridad pública", que es el bien jurídico objeto de tutela; y ese concepto no se puede entender de forma caprichosa sino en el marco de las elaboraciones doctrinarias y jurisprudenciales sobre la materia, máxime si se piensa en que la figura en examen está ubicada en el capítulo II del Título XII (destinado a los atentados contra la seguridad pública), que dice prever "delitos de peligro común o que pueden ocasionar grave perjuicio para la comunidad y otras infracciones". Al respecto, por ejemplo, se debe destacar la siguiente elaboración a cuyo tenor ese concepto

> [...] hace referencia a un estado subjetivo de la colectividad, a la idea de un estado de reposo de la sociedad. La tranquilidad pública, interés que también tutela la norma, alude objetivamente al acontecer cotidiano sin sobresaltos, a la pacífica coexistencia social, y subjetivamente al sentimiento de que la paz y la tranquilidad general no están perturbadas (CSJ-SCP, Sent. 28/05/2005).

También, dice la jurisprudencia, se alude a "[...] una relación social dinámica que antes que la sola conservación del *statu quo*, tal como se utilizaba en el lenguaje del Estado demoliberal, pretende garantizar condiciones materiales mínimas para el ejercicio de los derechos humanos" (CSJ-SCP, Sent. de 29 de septiembre de 2010, radicado 29632); es más, la propia Fiscalía General de la Nación apoyada en la ley penal y en lineamentos propios de la Comisión Interamericana de Derechos Humanos, señala: "[...] es importante destacar que la puesta en peligro del bien jurídico debe ser concreta y no abstracta" (D. 0002/2021, p. 13, párr. 26).

Así las cosas, cualquier perturbación en el servicio de transporte no es constitutiva de la conducta acriminada en el artículo 353 porque para poder hablar de ello se deben reunir todas y cada una de las exigencias de la descripción comportamental allí contenidas; si no fuera así, debería admitirse que cualquier movilización de personas mediante la cual se impide el normal flujo de los vehículos en una vía es una conducta tipificada por la ley penal, con lo cual la protesta social pacífica resultaría criminalizada. En otras palabras: se debe hacer una lectura constitucional y a la luz de los principios informadores del derecho penal —con especial énfasis en la teoría del delito— del tipo penal en mención y entenderlo a partir del programa penal de la Constitución, de donde se desprenden los límites formales y materiales al ejercicio de la potestad punitiva del Estado (Velásquez, 2022a, pp. 34 y ss.). A ese respecto, bien vale la pena recordar lo dicho por la Corte Constitucional:

> En ese sentido, lo penalizado en ese fragmento, de acuerdo con la reforma de la Ley 1453 de 2011, no es cualquier nivel o grado de perturbación en el servicio de transporte público, colectivo u oficial. Por la carga semántica de los términos «*imposibilite la circulación*», y en vista de su ubicación dentro de los delitos contra la seguridad pública, <u>tiene que tratarse de una perturbación superlativa, que ni siquiera puede considerarse un grado superior de dificultad para la circulación, sino que es un estado diferente. Es hacer completamente imposible el transporte público, colectivo u oficial, y por tanto no consiste solamente en paralizar o frenar un vehículo o el servicio de transporte público, sino en eliminar cualquier posible condición para la circulación del mismo.</u> Esa no es una exigencia abierta o imprecisa, y por ende no hay razones para juzgarla contraria al principio de estricta legalidad penal (Sent. C-742/2012; subrayas propias).

Así las cosas, la perturbación en el servicio de transporte (sea en la modalidad de imposibilitar la circulación o en la de daño al objeto de la acción) debe comportar un peligro común que suponga un grave perjuicio para la comunidad; como es obvio, la conducta de dañar nave, aeronave, vehículo o medio motorizado, cuando no se reúnen esas exigencias, sí puede ser acriminada a la luz de las figuras que castigan el daño en bien ajeno (véase, C. P., arts. 265 y ss.). Es más, dicha perturbación debe basarse en actos que se han materializado y no en simples conjeturas, estimando como desproporcionada la limitación al derecho por ese simple hecho; al respecto es ilustrativa la directriz del Tribunal Europeo de Derechos Humanos cuando señaló que la simple "interrupción del tráfico en la dirección del aeropuerto no era motivo suficiente para una prohibición total de la manifestación" (Casos United Civil Aviation Trade Union y Csorba v. Hungría (2018), num. 30) y que tampoco se podía aseverar que con ello se pone en riesgo la seguridad del servicio aéreo y la vida e integridad de los pasajeros.

La obstrucción de vías públicas

Es esta la segunda norma que toca directamente con los fenómenos propios de la protesta social y en ella se castiga —con penas privativas de la libertad de prisión de 24 a 48 meses, multa de 13 a 75 SMLMV y "la pérdida de inhabilidad (sic) de derechos y funciones públicas"— a quien obstruya las vías públicas. La redacción del texto es la siguiente:

> *Obstrucción a vías públicas que afecten el orden público.* El que por medios ilícitos incite, dirija, constriña o proporcione los medios para obstaculizar de manera temporal o permanente, selectiva o general, las vías o la infraestructura de transporte de tal manera que atente contra la vida humana, la salud pública, la seguridad alimentaria, el medio ambiente o el derecho al trabajo.

A no dudarlo, la textura idiomática empleada es confusa por varias razones: en primer lugar, el título ya envuelve un contrasentido y una redacción gramatical de pésimo mal gusto, cuando se habla de la obstrucción a vías públicas "que afecten el orden público", con lo cual la conducta obstructora (aquí se habla en el lenguaje de los medios de comunicación de "bloqueos" o, en el propio de otros países como Argentina, del "corte de rutas": Gargarella, 2005, pp. 23 y ss.) no es la que afecta el orden público sino que son las vías; desde luego, un legislador respetuoso de las reglas de redacción y ortografía hablaría de la "obstrucción a (de) vías públicas que afecte el orden público", esto es, el verbo aparecería en singular y referido a la obstrucción.

Así mismo, en segundo lugar, las dificultades continúan cuando se trata de precisar cuál es la materia de la prohibición porque así el título de la disposición busque castigar la obstaculización dolosa —temporal o no, selectiva o no— de las vías o la infraestructura de transporte, para lo cual hubiese bastado solo con el empleo del verbo rector *obstaculizar*, que equivale —dice el léxico— a "impedir o dificultar la consecución de un propósito", la verdad es que construyó un galimatías. En efecto, todo indica que —en realidad— se punen cuatro conductas compuestas: a) *incitar a obstaculizar,* b) *dirigir la obstaculización,* c) *constreñir a obstaculizar*; y d) *proporcionar los medios para obstaculizar las vías o la infraestructura de transporte,* ello siempre con la utilización de medios ilícitos. O sea: todo lo contrario a la obstaculización propiamente dicha que, se repite, es la conducta que debió plasmarse si se tiene en cuenta que el título de la disposición también forma parte de la descripción típica. No obstante, itérese, la construcción lingüística empleada es desastrosa porque no respeta siquiera la estructura de la frase castellana.

Aun así, en tercer lugar, esa figura termina por identificar la conducta de "incitar" (que supone una mera participación criminal en sentido estricto) con la de "constreñir" o la de dirigir con la de proporcionar los medios. En otras palabras: como quedó el texto sin tener en cuenta la conducta anunciada en el título, se castigan solo los actos preparatorios de la obstaculización o el bloqueo o los que implican comienzo de ejecución de la conducta típica, no el bloqueo mismo; se acude, pues, cuando se equipara la consumación de la conducta típica con la tentativa, a lo que se conoce como tipos de emprendimiento (Jescheck & Weigend, 2002, p. 565).

De igual forma, en cuarto lugar, debe decirse que donde sí se acierta es en la precisión del bien jurídico que no solo es la seguridad pública a secas (derivado del encabezamiento del Título), sino que la conducta o conductas deben crear un peligro común, esto es, un riesgo grave para la comunidad, pero con énfasis en la afectación de la vida humana, la salud pública, la seguridad alimentaria, el medio ambiente o el derecho al trabajo, como reza la parte final de la cláusula.

Así mismo, para reparar en otro grave yerro, cuando se señalan las sanciones —en principio, privativas de la libertad y pecuniarias—, se añade una tercera muy extraña: la "pérdida de inhabilidad (sic) de derechos y funciones públicas por el mismo término de la pena de prisión"; todo un contrasentido, porque no se puede hablar de la "pérdida" de algo que no se tiene: la "inhabilidad". En verdad, si se quería respetar la estructura del Código Penal se debió hablar de *la inhabilitación para el ejercicio de derechos y funciones públicas* (artículos 34 y 43 inciso 1.º numeral 1.º) donde la pena privativa de otros derechos que se impone como principal es la inhabilitación, no la "pérdida" de ella; en fin, una prueba más de que los redactores del texto ignoraban no solo elementales rudimentos gramaticales y ortográficos sino nociones mínimas en materia de la teoría de las sanciones penales.

Pero, lo que por lo menos "salva" este perverso ejemplo en el arte del mal legislar para que no se sacrifiquen las garantías y se castigue la mera protesta social, es el parágrafo del artículo cuando —de forma perentoria— advierte: "Se excluyen del presente artículo las movilizaciones realizadas con permiso de la autoridad competente en el marco del artículo 37 de la Constitución Política". Desde luego, esa caprichosa construcción legislativa —por encima de la cual pasó la Fiscalía General de la Nación al expedir la Directiva 0002 de 2021, pues no le hizo ninguna observación—, que fuera demandada ante la Corte Constitucional, fue encontrada ajustada a la Carta Fundamental para lo cual ese organismo hizo diversas maniobras jurídicas de cara a darles alguna coherencia. Por eso, aunque tres magistrados salvaron su voto, empezó por advertir:

> [...] para cuestionar una disposición penal sobre la base de su posible infracción del principio de estricta legalidad penal, no bastaría con señalar una imprecisión lingüística, o exponer casos reales o hipotéticos que susciten duda, en los cuales no se sabría con seguridad si la norma

es aplicable o no, pues de acuerdo con los estudios sobre el tema siempre es posible plantear problemas que despierten incertidumbre o indeterminación ante cualquier norma expresada en lenguaje natural. El juicio de estricta legalidad de los tipos penales no puede ser entonces solo un ejercicio de control sobre la calidad del lenguaje usado por el legislador […] (Sent. C-742/2012, CConst.).

Y, entonces, con ese punto de partida, se hicieron esfuerzos denodados para afirmar que el texto demandado no desconocía el principio de taxatividad que aquí, tomando prestada la categoría de la obra de Luigi Ferrajoli (1995, pp. 235, 378) aunque sin citarlo en ningún lugar de la providencia para reconocerle esa autoría, se le llama como de "estricta legalidad"; obsérvese:

> 7.8. Con base en estos criterios, puede decirse que el artículo 44 de la Ley 1453 de 2011 no viola el principio de estricta legalidad. Aunque *prima facie* la formulación aprobada por el legislador penal podría dar pie a ciertas discusiones en torno a su aplicación a casos concretos, no por ese solo hecho la norma es inconstitucional. *Si se toma el texto de la disposición cuestionada, se lo interpreta razonablemente dentro del contexto apropiado y de acuerdo con métodos jurídicos aceptables, se obtiene como resultado una norma lo suficientemente precisa y clara.* Sus indeterminaciones preliminares son por tanto superables, como pasa a mostrarse a continuación (Sent. C-742/2012, CConst.; cursivas añadidas).

Y, entonces, después de afirmar las inexistentes "claridad" y "precisión", se hace la siguiente explicación que debe ser rescatada:

> Así, para empezar, el tipo acusado es claro en cuanto a que el sujeto activo del delito es indeterminado y singular. Por su parte, el sujeto pasivo es la comunidad, integrada por los sujetos individualmente considerados, cuyos derechos a la vida, a la salud pública, a la seguridad alimentaria, al medio ambiente o al trabajo, se verían perjudicados por esta conducta. Además de eso, por la ubicación del tipo demandado en el Título XII del Código, que trata de los delitos contra la *«seguridad pública»*, puede decirse en términos contextuales que el bien jurídico es la seguridad pública. Sobre estos dos aspectos no se ha planteado ninguna duda, y ni del texto de la disposición, ni del contexto normativo y situacional en que se inserta la norma, surge un punto oscuro que deba tratarse con mayor detenimiento. Entonces ahora corresponde identifi-

car cuál es el comportamiento tipificado en la norma que se demanda (Sent. C-742/2012, CConst.).

Y ello se concreta de la siguiente manera:

> 7.11. Así, en síntesis, la incitación, constreñimiento, dirección, o proporción de medios solo son punibles cuando se realizan por medios ilícitos. Pero el acto no puede considerarse típico del delito de obstrucción a vías públicas que afecten el orden público, mientras no se haga puntualmente *«para obstaculizar de manera temporal o permanente, selectiva o general, las vías o la infraestructura de transporte»*. La finalidad de ese obrar por medios ilícitos, debe ser entonces concretamente la obstaculización temporal o permanente, selectiva o general, de las vías o la infraestructura de transporte. Pero además, de acuerdo con el título del tipo penal y los antecedentes de su expedición, debe necesariamente presentarse una efectiva *«obstrucción a vías públicas»*, que afecte el orden público. No basta entonces, por lo tanto, con la realización de los verbos antes referidos, por más que se logren (sic) por medios ilícitos y con el propósito de obstaculizar las vías o la infraestructura de transporte. Adicionalmente, debe haber una obstrucción cierta de dichas vías o infraestructura (Sent. C-742/2012, CConst.).

De esta manera, pues, no queda clara —y no se dice ello— cuál es la materia de la prohibición; se trata de una redacción típica porosa, gaseosa, ambigua, que no responde a los dictados de la norma rectora contenida en el Código Penal (C. P., art. 10) ni tampoco a los de la jurisprudencia de la Corte Interamericana de Derechos Humanos, cuando exige que en estos casos se produzca una definición clara de la conducta incriminada que fije sus elementos y permita deslindarla de comportamientos no punibles o de conductas ilícitas castigadas con sanciones no penales, ello en atención a que la ambigüedad en la formulación de los tipos genera dudas y abre el campo a la arbitrariedad (CIDH, Caso Castillo Petruzzi y otros Vs. Perú, 1999, párr. 121). Es más, se clama porque la conducta esté prevista en la ley, tanto en sentido formal como material, y se formule de manera expresa, precisa, taxativa y previa (CIDH, Caso Kimel Vs. Argentina, 2008, párr. 63). Desde luego, en la que parece una admonición saludable para la seguridad jurídica que impide darle a semejante esperpento alcances perversos para castigar la mera protesta social pacífica, se expresa:

> 7.13. De cualquier modo, según el parágrafo del artículo 44 demandado, se deben excluir del ámbito de este tipo penal las movilizaciones realizadas, con permiso de la autoridad competente, en el marco del artículo 37 de la Constitución Política. Es decir, que nunca puede considerarse típica una movilización si se adelanta, con *«permiso de la autoridad competente»*, dentro de lo estipulado por el artículo 37 de la Constitución. Esta excepción resulta también lo suficientemente precisa y determinada. En efecto, para empezar, la expresión *«permiso de autoridad competente»*, ha de entenderse en el contexto prohibitivo, propio de un Código Penal. En ese contexto, las normas del legislador no tienen como fin asignar competencias a las autoridades, sino esencialmente prohibir determinados comportamientos, enlazar penas a las hipótesis en que aquellas se infrinjan, y establecer los requisitos para aplicar las prohibiciones y las penas. Las normas de los códigos penales solo en un sentido muy amplio y flexible asignan competencias. En este caso, el parágrafo del artículo 44 demandado no atribuye ninguna competencia para permitir o no movilizaciones, ni tampoco autoriza a ninguna autoridad para asignar una atribución semejante. 7.14. Por lo demás, la norma demandada se ha de interpretar conforme a la Constitución (CP Art. 4). Esto significa que allí donde la ley penal habla de *«permiso»*, no podría leerse que las autoridades tengan competencia para restringir el derecho de reunión, pues ese entendimiento sería inconstitucional, de acuerdo con la jurisprudencia de esta Corte (Sent. C-742/2012, CConst.).

Ahora bien, en relación con el permiso agréguese que la legislación lo contempla en las normas del Código Nacional de Policía y Convivencia Ciudadana (véase, Ley 1801/2016, Art. 53) en las cuales se observa la obligación de dar aviso a las autoridades dentro de las 48 horas previas a la realización de la reunión, además de su fecha exacta y el trayecto que ha de tener. Si bien es cierto la norma señala este deber, esto no impide que una reunión "pacífica" que carezca de este requisito esté cubierta, igualmente, por la protección que al derecho le confiere la Constitución, la ley y los tratados internacionales (véase, Observación General N.º 37 del Comité de Derechos Humanos, num. 16), reconociendo, de paso, otros escenarios como el de las reuniones esporádicas o sin planeación.

De otra parte, la Corte Interamericana de Derechos Humanos ha abordado en su jurisprudencia el reconocimiento del derecho a la reunión y protesta que se puede llevar a cabo en espacios privados y públicos, sean éstas estáticas o con desplazamiento (véase, Caso López Lone y otros Vs. Honduras (2015), num. 167; Caso Mujeres Víctimas de Tortura Sexual en Atenco Vs. México (2018), num. 171) pero no hace hincapié en la obstrucción de vías o de los llamados bloqueos; mientras que Tribunal Europeo de Derechos Humanos sí realiza un análisis un poco más detenido porque —se repite— no todo comportamiento ubicable en la borrosa descripción típica ya mencionada es punible, por lo que amerita conocer sus lineamentos jurisprudenciales fijados, por ejemplo, en el caso de los granjeros (Caso Kudrevičius y otros v. Lithuania, 2015) y sin pretender que se restrinjan los lugares de las manifestaciones y sin presumir que las reuniones no son pacíficas (Caso Lashmankin y otros v. Russia, 2017).

El Tribunal, ha reconocido en múltiples ocasiones que el ejercicio del derecho a la protesta puede traer consigo trastornos tanto para la circulación de personas como de vehículos e, incluso, el cierre temporal de vías, por lo que hace un llamado a que las autoridades tengan "cierto grado de tolerancia" cuando éstas se realicen de manera pacífica y no impidan, por ende, su ejercicio (véanse casos como: Oya Ataman v. Turquía (2006), num. 38; Primov y otros v. Rusia (2014) N.º 118; United Civil Aviation Trade Union y Csorba v. Hungría (2018), N.º 18, 28).

El conocimiento que tienen las autoridades sobre la realización de una protesta las obliga por un lado, a adoptar medidas tendientes a reducir dichas perturbaciones, así como a ofrecer alternativas (desvíos, vías alternas) (véase, Caso Éva Molnár v. Hungría (2008), num. 34) y, de otro, a tener una injerencia legítima sobre el derecho únicamente cuando exista un abuso del mismo, por lo que se requiere, a su vez, realizar un análisis concreto de cada caso, establecer el grado de perturbación pública que se genere y la comprobación (certeza) de la afectación grave a otros derechos, es decir, que se prohíbe la imposición de limitaciones por simples sospechas. Asimismo, se debe subrayar que el Tribunal dentro de su jurisprudencia ha indicado que el bloqueo de vías principales como las que unen los pueblos, superan las simples molestias naturales producidas por una protesta por lo que la intervención de las autoridades estaría dentro del rango de lo justificado (véase Caso Primov y otros v. Rusia (2014) N.º 160).

Ahora bien, las dificultades anteriores se multiplican cuando se miran las modalidades agravadas de obstrucción a las vías públicas dado que las sanciones se aumentan "de la mitad a las dos terceras partes" si "la conducta" (¿cuál?) se lleva a cabo por quien emplee "máscaras o elementos similares que sirvan para ocultar la identidad o la dificulten"; expresión en extremo vaga y violatoria del principio de taxatividad o de determinación del supuesto de hecho al punto de que cobija a quien, en épocas de pandemia, usa un tapabocas (N.º 1). También, si el sujeto activo se vale de su cargo como servidor público (N.º 2), entendida la última expresión como lo hace el Código Penal (art. 20), aunque debe quedar claro que aquí no basta con tener ese calidad sino que el sujeto activo se debe *valer de su cargo*, esto es, realizar la conducta obstructora en uso de sus funciones y/o invocándolas.

Así mismo, en lo que parece ser un nuevo salto al vacío, se castiga la conducta obstructora cuando se utiliza cualquier tipo de arma; esta afirmación se edifica sobre una construcción idiomática en extremo amplia: "Emplear en la ejecución de la conducta punible armas convencionales; armas de fuego; armas de fuego hechizas o artesanales; armas, elementos y dispositivos menos letales; y medios de cuyo uso pueda resultar peligro común" (N.º 3); y, en fin, lo que puede constituir una hipótesis de posible autoría mediata o el prevalimiento de otras personas que tienen ciertas calidades para realizar la conducta típica (y ya quedó claro que la materia de la prohibición es por completo desdibujada), se castiga la conducta obstructora cuando el sujeto activo se vale de "inimputables, niños, niñas o adolescentes" (N.º 4).

La obstrucción a la función pública

También, el citado artículo 429D introduce otra construcción legislativa destinada a conjurar la protesta social cuando castiga al que "mediante violencia o amenaza" "promueva o instigue a otro a obstruir, impedir o dificultar la realización de cualquier función pública" (primera hipótesis), o cuando el agente "busque obstruir o impida la ejecución de órdenes de captura o procedimientos militares o de policía que estén regulados a través de la ley o reglamento" (inc. 2º). Así las cosas, aquí no se pune la obstrucción de las vías públicas sino la de los funcionarios que realizan las funciones enderezadas a impedir esas conductas; es, si se quiere, el adelantamiento de las barreras de punición para castigar en fases previas a quien se apronta a obstaculizar las vías públicas para lo cual procede a impedirle a los servidores públicos el cumplimiento de sus tareas.

Una advertencia más debe hacerse: en el inc. 1º se castiga la obstrucción genérica con penas de 36 a 60 meses; y, en el inc. 2º, con esas penas incrementadas "de la mitad a dos terceras partes" cuando se trata de las hipótesis especiales allí señaladas.

La asonada

Otra figura vinculada directamente con la protesta social es la prevista en el art. 469 del Código Penal: "*Los que en forma tumultuaria exigieren violentamente de la autoridad la ejecución u omisión de algún acto propio de sus funciones…*"; la sanción señalada es la pena de prisión de 16 a 36 meses. Como es apenas obvio, también en esta materia se debe ser muy prudente al emitir los respectivos juicios de conducta, tipicidad, antijuridicidad y culpabilidad; en especial, al hablar del segundo de ellos, no se puede olvidar el bien jurídico protegido que es el régimen constitucional y legal. En otras palabras: no basta con la reunión en tumulto de varias personas que, con dolo, reclaman en forma violenta sus derechos, sino que esa conducta tiene que poner en peligro o lesionar ese bien jurídico, entendido como la estabilidad institucional en el marco del ordenamiento legal y constitucional. Mucho se ha debatido sobre la razón de ser esta figura, en torno a lo cual la jurisprudencia constitucional afirma:

> La asonada no tiene razón de ser, por cuanto con la consagración constitucional de la democracia participativa, con mecanismos eficaces para ello, no hay cabida para generar el desorden, a través de la asonada, lo cual impide la misma participación ciudadana institucionalizada. También contradice uno de los fines del Estado, como lo es el orden político, social y económico justo. La asonada, al impedir la tranquilidad, priva a los miembros de la sociedad civil de uno de sus derechos fundamentales, cual es la tranquilidad, además de desvertebrar la seguridad; al hacerlo, es injusta, luego tal conducta es incompatible con el orden social justo. Admitiendo, en gracia de discusión, que se trata de la expresión contra una injusticia, no hay legitimación in causa para la violencia, pues la justicia no admite como medio idóneo para su conservación su antinomia, es decir, la injusticia. Finalmente, contra la tranquilidad ciudadana no hay pretensión válida ya que los ataques a la población civil están expresamente prohibidos por los convenios de Ginebra de 1949 (Sent. C-009/1995, CConst.).

Las conductas no vinculadas en forma directa con la protesta social

Ahora bien, al lado de las previsiones anteriores aparecen otras conductas que se pueden realizar en una de estas dos situaciones: una, cuando las protestas sociales pacíficas se desbordan y no se trata de las tres figuras punibles examinadas en el acápite anterior; y, otra, cuando ellas son aprovechadas para realizar diversas actuaciones punibles que tienen como sujetos activos a los particulares (de los servidores públicos se habla en el acápite siguiente). Así las cosas, si se tiene en cuenta que con ocasión de los graves excesos y crímenes cometidos por quienes protestan o por terceros que aprovechan esos escenarios para realizar actos de terror, pillaje, daños a bienes públicos y privados, muertes, lesionamientos y atentados diversos, etc., los cuales muy bien se pueden percibir cuando se piensa en el escenario vivido en el país durante las semanas de protestas de finales de abril, mayo y comienzos de junio de 2021 (Defensoría, 2021), se tiene lo siguiente:

Sin duda, cuando se demostrare que se trata de episodios en los cuales se ponen en marcha formas de criminalidad organizada que se repiten con unos patrones más o menos similares en diversos lugares (por ejemplo, los gravísimos sucesos de Cali en 2021, entre los cuales se destacan el saqueo y destrucción de tiendas de cadena, o el asalto y desmantelamiento de los diez pisos de un conocida torre empresarial, donde incluso tenía su sede la ONU; la destrucción de una de las sedes de la Fiscalía General de la Nación en Popayán, previo derribamiento de los postes de alumbrado para cortar el fluido y evitar el acceso de los bomberos al lugar y el consiguiente incendio de los expedientes y/o su sustracción; el incendio de la sede de la Fiscalía en Tuluá y en otros lugares del país, etc.), se podría ventilar la posibilidad de que haya grupos de personas conformados para realizar ese tipo de atentados. Entran en escena, pues, figuras punibles como el concierto para delinquir descrito en el inciso 1.º del art. 340, así: "Cuando varias personas se concierten con el fin de cometer delitos, cada una de ellas será penada, *por esa sola conducta*, con prisión de cuarenta y ocho (48) a ciento ocho (108) meses".

Sin embargo, como ha dicho la doctrina foránea al referirse a descripciones típicas similares, estos tipos penales responden a una ideología de criminalización del movimiento obrero del siglo XIX, de modo que se deben "tomar con pinzas" (Zaffaroni, 2008, p. 30), máxime si ellos se confunden con eventos de concurso de personas en el delito (Uprimny & Sánchez, 2010, p. 70). Para aludir a esta problemática la Fiscalía General de la Nación preconiza la necesidad de investigar esos actos no de forma aislada sino en contexto, de cara a "[...] indagar por la posible vinculación de organizaciones criminales y otros grupos y actores delincuenciales que aprovechan el desarrollo de la protesta para cometer delitos que no se relacionan con ella o que desbordan claramente su objeto" (D. 0002/2021, pp. 6 y 7, párr. 9). Y ese cuidado se debe extremar máxime si se piensa en que también existen otras figuras que, perfectamente, se podrían imputar como son los daños a bienes públicos (art. 265 y concordantes), el incendio (art. 350), el empleo o lanzamiento de objetos peligrosos (art. 359), etc.

Pero, se repite, no se pueden entender estos dispositivos penales como si se tratara de verdaderas atarrayas donde se atrapa a todo tipo de conductas (sean o no relevantes para el derecho penal) y con los cuales se castiga, casi siempre con penas muy elevadas, a quienes se persigue desde el punto de vista político o se quiere castigar a como haya lugar, máxime si no se logran recolectar los medios de prueba que permitan incriminarlos. Esta práctica inicua, propia de los derechos penales de las dictaduras, ha hecho carrera en nuestro país y hoy los jueces (y ello comienza con los de más alto nivel) y fiscales, de forma generalizada, imputan las figuras de concierto para delinquir (en sus modalidades simples y complementadas agravadas: arts. 340-342) a todo aquel a quien quieren disciplinar. Así las cosas, esos supuestos de hecho se convierten en verdaderos *tipos penales de captación* con los cuales se puede procesar a cualquiera, sin brindarle posibilidad alguna de defensa y con el sacrificio de las garantías ciudadanas. Eso también sucede con otras construcciones legislativas como las del enriquecimiento ilícito, el lavado de activos, etc., que tienen esas mismas características dogmáticas y, en la práctica, permiten que el Código Penal se reduzca a pocas figuras punibles que son las imputadas, sobre todo cuando —al pisotear los derechos de las personas— en virtud de negociaciones o aceptaciones de cargos en el marco de un derecho penal premial, se les coacciona para que acepten esas acusaciones so pena de hacerse acreedoras a penas muy elevadas, como también sucede en los sistemas procesales contemporáneos (Velásquez, 2018, pp. 27 y ss.).

Otro tanto acaece con comportamientos encuadrables dentro de la difícil redacción típica contenida en el inciso 1.º del artículo 343, que castiga con penas de prisión de 10 a 15 años a quien

> […] provoque o mantenga en estado de zozobra o terror a la población o a un sector de ella, mediante actos que pongan en peligro la vida, la integridad física o la libertad de las personas o las edificaciones o medios de comunicación, transporte, procesamiento o conducción de fluidos o fuerzas motrices, valiéndose de medios capaces de causar estragos.

Se trata de una figura muy mal confeccionada que se presta para encuadrar allí comportamientos diversos para poderlos llamar como "terrorismo"; el tipo penal, pues, también se vuelve *de captación* razón por la cual se debe proceder en forma cuidadosa para que la herramienta penal no se convierta en un instrumento perverso para reprimir las meras protestas sociales, como ha sucedido en épocas de ingrata recordación —Uprimny & Sánchez, 2010, pp. 56 y ss.— y ella solo sea utilizada cuando, de verdad, se realicen conductas terroristas. Piénsese, de nuevo, en los sucesos de Popayán, Tuluá o Cali, solo para citar algunos ejemplos.

Al respecto, se debe recordar que en anterior directriz impartida por la Fiscalía General de la Nación en esta materia —que ya no tiene efectos— se había dicho: "El tipo penal de terrorismo no debe ser utilizado, bajo ninguna circunstancia, para reprimir las conductas violentas en que se incurra en una manifestación" (D. 008/2016, p. 2); hoy, sin embargo, se aboga por su empleo pero en contextos muy precisos, razón por la cual el fiscal debe "[…,] *desarrollar una carga argumentativa y probatoria sólida para imputar una conducta como tal, con el fin de verificar que se pueden configurar las exigencias propias de la norma*" (D. 0002/2021, párr. 40; cursivas añadidas).

Otras figuras susceptibles de ser realizadas, sobre todo cuando se hacen "bloqueos" a las vías públicas, son las de constreñimiento ilegal ("El que, fuera de los casos especialmente previstos como delito, constriña a otro a hacer, tolerar u omitir alguna cosa", como dice el artículo 182 del Código Penal en su actual redacción); al respecto, señalan de nuevo los estudiosos que "[…] no cualquier hipersensibilidad a la autonomía de movimiento de una persona o a la autonomía decisoria de una persona pueda configurar alguno de estos tipos penales… Realmente tiene que tratarse de amenazas o coacciones de una entidad objetiva y subjetiva" (Zaffaroni, 2008, p. 26). Y, dado que se habla de esta descripción típica, debe mencionarse la de extorsión que también implica la constricción del sujeto pasivo pero con miras económicas (C. P., art. 244); a estos efectos, recuérdense los casos de personas que exigen pagos en dinero o en especie para dejar de obstruir las vías y dar paso a los peatones y a los vehículos, casi siempre cargados de alimentos o mercancías, como tantas veces se denunció en las movilizaciones de 2021. A no dudarlo, pues, se configura una verdadera extorsión castigable con penas que fluctúan entre 192 y 288 meses de prisión y multa de 800 a 1800 salarios mínimos.

A la figura genérica de constreñimiento se debe añadir una construcción legislativa parecida, como la de amenazas contra defensores de derechos humanos y servidores públicos (art. 188E), que puede ser realizada por particulares escudados en las protestas sociales o cuando desbordan los marcos respectivos, motivo por el cual se ven incursos en penas privativas de la libertad que fluctúan entre 72 y 128 meses y sanciones pecuniarias; otro tanto, sucede con el delito de amenazas —contemplado en el art. 347, con penas privativas de la libertad entre cuatro y ocho años y multa—, la instigación a delinquir (art. 348) e incluso con la violación de la libertad de trabajo (art. 198).

Estas construcciones, por supuesto, tampoco se pueden aplicar de forma ligera sino con ponderación de las conductas realizadas y, sobre todo, precisando el alcance del bien o bienes jurídicos protegidos que son la libertad en su manifestación interna, concebida como la autonomía personal, en el primer caso, la seguridad pública en el segundo, y la libertad de trabajo y asociación en el tercero. Igual cabe decir de hipótesis punibles como el hostigamiento de la cual habla el artículo 134B y cuyos alcances han sido precisados por la jurisprudencia (Sent. SP112/2019, CSJ-SCP), amén de otras constitutivas de discriminación en términos generales (arts. 134A, 134C y 134D) y la producción de pánico en lugar público o abierto al público (art. 355). A ese respecto, tampoco se debe olvidar una conducta punible como la apología del genocidio (art. 102) también caracterizada por contornos muy borrosos que mucho desdicen de un verdadero derecho penal liberal; en fin, estas figuras normalmente implican despliegue de violencia verbal que, como norma general, no debe ser penalizada cuando se piensa en los delitos cometidos con ocasión de la protesta social no pacífica, porque la violencia debe ser sobre todo física (sobre ello, D. 0002/2021, p. 11 párrs. 22, 23).

A estas descripciones comportamentales se deben sumar las de daño en bienes ajenos —sean ellos públicos o privados—, realizadas por quienes asaltan viviendas, bancos, edificios, supermercados, tumban estatuas o efigies, etc., castigables al tenor de lo dispuesto en los artículos 265 y concordantes del Código Penal, ya citados, que también pueden concurrir con las de hurto simple y calificado, agravado o no, previstas en los artículos 239 y ss. de la misma normativa. Añádanse las de incendio de muebles e inmuebles, punibles al tenor de lo dispuesto en los tipos penales contenidos en el artículo 350 del Código Penal y el disparo de arma de fuego (arts. 356 y 356A); por supuesto, una conducta inane como la quema de unas llantas que suele ser realizada por quienes protestan no es nunca un incendio. Al respecto, dijo en su momento la Fiscalía General de la Nación: "[…] hechos insignificantes, como quemar algunas llantas, prima facie no deben ser objeto de persecución penal por sí mismos, porque con estos en principio no se causa un daño, o si este ocurrió, puede ser reparado" (D. 008/2016, p. 36, ya sin efectos).

Desde luego, también se deben mencionar las conductas de homicidio (arts. 103 y ss.) incluidas las formas de comisión por omisión (recuérdense los graves casos en los cuales, ante la obstrucción de las vías, se impide el paso de ambulancias o de vehículos que transportan heridos, mujeres parturientas o enfermos que mueren), lesiones personales (arts. 111 y ss.), desapariciones forzadas (art. 165 a 167), etc. Y para hablar de afectaciones a las personas, no se deben olvidar los repetidos casos de violencia contra servidores públicos cometidos por manifestantes (véase, art. 429 del C. P.: "El que ejerza violencia contra servidor público, por razón de sus funciones, o para obligarlo a ejecutar u omitir algún acto propio de su cargo o a realizar uno contrario a sus deberes oficiales, incurrirá en prisión de cuatro (4) a ocho (8) años") que, quebrando la proporcionalidad propia de la protesta social, reaccionan contra miembros de la Fuerza Pública u otros servidores. En algunos casos se atenta, además, contra su vida e integridad personal (recuérdese el caso del incendio al CAI en Bogotá, por parte de extremistas que querían incinerar vivos a un grupo de policías que lo ocupaban); por supuesto, también se observan otros eventos de uso desmedido de la fuerza por parte de servidores públicos de los cuales se habla en el acápite siguiente.

Y, dado que se alude a afectaciones a la integridad de las personas no se deben olvidar los casos de violencia sexual (la patrullera de la policía agredida y violada por supuestos manifestantes), comportamientos previstos como punibles en los arts. 205 y ss. de la ley penal. O, para no ir muy lejos, las retenciones contra su voluntad sufridas por diversas personas que, en casos extremos y siempre que se reúnan los presupuestos legales, pueden constituir verdaderos secuestros punidos al tenor de los arts. 168 a 171 y ss. (modalidades básicas, agravadas y atenuadas) porque, como dice la primera de estas disposiciones, el agente "arrebate, sustraiga, retenga u oculte a una persona…". Como es obvio, se debe ser muy cuidadoso para imputar estos comportamientos a manifestantes porque, dicen los estudiosos, "[…] no cualquier privación de movimiento momentánea, no porque tenga un escrache en la puerta de mi casa que me impida salir, será una privación de libertad" (Zaffaroni, 2008, p. 27, refiriéndose a la figura argentina); en otras palabras, no toda conducta que en principio encuadre en las descripciones típicas mencionadas es secuestro.

Así las cosas, todas las hipótesis anteriores se caracterizan porque no tienen un nexo funcional con el ejercicio del derecho a la protesta y, por ende, pueden caer bajo las mallas de la ley penal; al respecto, señala la Fiscalía General de la Nación que durante la protesta pacífica, se generan varios factores de riesgo a causa de la aglomeración de personas "que son aprovechados para la comisión de actos delictivos, los cuales *no tienen ninguna relación funcional ni finalística con el desarrollo de la protesta* y, por tanto, deben ser procesados penalmente" (D. 0002/2021, pág. 5, párr. 5).

LOS SERVIDORES PÚBLICOS Y LA PROTESTA SOCIAL

Ubicación

Según la Constitución Política la Fuerza Pública está integrada "[…] en forma exclusiva por las Fuerzas Militares y la Policía Nacional. Todos los colombianos están obligados a tomar las armas cuando las necesidades públicas lo exijan para defender la independencia nacional y las instituciones públicas" (Const. Pol art. 216); y, a su turno, las Fuerzas Militares permanentes están "constituidas por el Ejército, la Armada y la Fuerza Aérea" quienes tienen a su cargo la defensa de la Nación: "Las Fuerzas Militares *tendrán como finalidad primordial la defensa* de la soberanía, la independencia, la integridad del territorio nacional *y el orden constitucional*" (Const. Pol, art. 217; cursivas añadidas). Incluso, la misma Carta —al aludir a la misión de la Policía Nacional— señala que ella "[…] es un cuerpo armado permanente de naturaleza civil, a cargo de la Nación, *cuyo fin primordial es el mantenimiento de las condiciones necesarias para el ejercicio de los derechos y libertades públicas, y para asegurar que los habitantes de Colombia convivan en paz*".

Así las cosas, sin perjuicio de las responsabilidades que recaen sobre otras autoridades como las que conforman las ramas ejecutiva, legislativa y judicial del poder público —que también responden por sus acciones y omisiones en estos frentes, como lo dice al art. 6.º constitucional: por *"infringir la Constitución"* y "[…] *la omisión o extralimitación en el ejercicio de sus funciones"*—, en el contexto propio del fenómeno en estudio no se debe olvidar el papel que cumplen los servidores del Estado cuando, en plan de reprimir a los manifestantes que hacen uso del derecho legítimo a la protesta, realizan comportamientos encuadrables en la ley penal; de igual forma, cuando reprimen a criminales que se escudan en el ejercicio de ese derecho para realizar actos vandálicos diversos y subvertir el orden. Al efecto, entonces, teniendo como punto de partida los comportamientos observados durante las semanas corridas entre finales de abril y comienzos de junio de 2021, se pueden hacer las siguientes reflexiones, ocupándose por separado de cada una de esas manifestaciones.

Las actuaciones en el marco de la ley

Sin duda, cuando los servidores públicos (sobre el concepto, véase C. P., art. 20) ejercen sus funciones en el marco de la ley y de la Constitución y con el acatamiento de los principios vigentes sobre la materia (D. 003 de 2021, art. 3.º), no realizan ningún hecho punible, esto es, una conducta típica, antijurídica y culpable (C. P., art. 9.º). Así, por ejemplo, sucede cuando emplean de forma proporcional la fuerza para repeler ataques violentos contra bienes públicos o privados, personas o contra ellos mismos, casos en el cual pueden invocar las causales de exclusión de la responsabilidad penal contempladas en la misma ley penal: piénsese, en el "estricto cumplimiento de un deber legal" (C. P., art. 32 N.º 3), la "orden legítima de autoridad competente emitida con las formalidades legales" (C. P., art. 32 N.º 4), el "legítimo ejercicio…de una actividad lícita o de un cargo público" (C. P., art. 32 N.º 5), "la necesidad de defender un derecho propio o ajeno contra injusta agresión actual o inminente, siempre que la defensa sea proporcionada a la agresión" (C. P., art. 32 N.º 6) y, en fin, un estado de necesidad C. P., art. 32 N.º 7), una situación de error de tipo o de prohibición (C. P., art. 32 N.º 10 y 11) o de no exigibilidad de otra conducta, etc. Se trata, en verdad, de situaciones eximentes también previstas en el Código Penal Militar para los casos en el cual sea aplicable (Const. Pol, art. 221 y Ley 1407 de 2010, arts. 2 y ss.).

Así las cosas, la creencia generalizada en el sentido de que los miembros de la Fuerza Pública cuando ejercen sus funciones se tienen que dejar lesionar o matar es errónea; es más, la afirmación de que toda actuación policial o militar es siempre una violación de los derechos humanos es otra aseveración que no tiene razón de ser, máxime si se tiene como punto de partida un análisis puramente político. Ahora bien, esas causales están claramente consignadas en la ley penal y han sido objeto de grandes desarrollos jurisprudenciales y doctrinarios que demarcan con claridad los requisitos que se deben reunir para su reconocimiento (véase, Velásquez, 2022a, pp. 313 y ss.); incluso, la misma normativa internacional ampara el uso de la fuerza como último recurso, siempre y cuando ello se haga con estricto apego a las normas de proporcionalidad y necesidad valorando las conductas en función de la amenaza existente:

> […] en todos los casos que sea estrictamente necesario utilizar armas de fuego, los agentes de seguridad del Estado, en aplicación de los princi-

pios de proporcionalidad y moderación, tendrán como regla de actuación la reducción al mínimo de los daños y lesiones que pudieran causar al agresor (CIDH, 2009, párr. 119).

Y ello es apenas entendible porque, en diversas situaciones, los agentes de la autoridad pueden tener que utilizar la fuerza para poder cumplir con la responsabilidad que recae sobre el Estado, encaminada a mantener el orden y la seguridad y evitar las manifestaciones delincuenciales lo que, a su vez, comporta obligaciones contraídas por el Estado en virtud del propio derecho internacional; en cualquier caso, la Policía tiene que utilizar mecanismos no violentos antes que acudir al empleo de las armas (véase, D. 003/2021, arts. 29 y ss.). El concepto de "uso de la fuerza" se entiende así:

> Es el medio material, necesario, proporcional y racional, empleado por el personal uniformado de la Policía Nacional, como último recurso físico para proteger la vida e integridad física de las personas, incluida la de ellos mismos, sin mandamiento previo y escrito, para prevenir, impedir o superar la amenaza o perturbación de la convivencia y la seguridad pública (D. 003/2021, art. 32).

Las actuaciones que desbordan el marco de la ley

Pero así como muchos servidores realizan sus tareas en el marco del ordenamiento, también hay otros que se exceden y olvidan que su actuar debe regirse en todo por la proporcionalidad de su accionar, con lo cual pueden llegar a incurrir en gravísimos comportamientos enmarcables en la legislación penal y que afectan el derecho internacional de los derechos humanos y el derecho internacional humanitario (véanse Títulos I y Título II de la Parte Especial del C. P. y diversas normativas internacionales sobre la materia: Naciones Unidas, 2014; Naciones Unidas, 2020). Así las cosas, el servidor que da muerte a bala al agresor que lo lesiona levemente con un arma cortopunzante, no puede alegar el ejercicio de una legítima defensa; tampoco quien viola sexualmente a una retenida (como los casos denunciados a raíz de las protestas de 2021), o priva de la libertad de forma irregular e ilegal a los manifestantes (C. P., art. 174).

Y, para hablar de conductas muy sensibles para la causa de los derechos humanos, piénsese en las lesiones personales, las torturas, los homicidios y las desapariciones forzadas de personas que son, posiblemente, realizadas por servidores públicos teniendo como potenciales víctimas a manifestantes o a quienes realizan actos vandálicos con ocasión de las protestas. Para hacer referencia a las posibles desapariciones se debe recordar que, durante las protestas de 2021, la propia Fiscalía General de la Nación activó con la Defensoría 35 equipos compuestos por un fiscal, investigadores, policías y defensores regionales, para tratar de esclarecer esos hechos (Infobae, 2021); el asunto, desde luego, tiene ribetes dramáticos y muy graves cuando se piensa en las cifras suministradas por la propia Defensoría del Pueblo a la Comisión Interamericana de Derechos humanos (Defensoría, 2021).

También, se deben tener en cuenta los actos arbitrarios o injustos constitutivos de abusos de autoridad (C. P., arts. 416 y ss.); secuestros (C. P., arts. 169 y ss.), constreñimientos, amenazas contra defensores de derechos humanos (Art. 188 E, inciso 1º), etc. Desde luego, esta problemática es muy compleja y requeriría de un análisis más espaciado que aquí, apenas, se puede bosquejar pero que en el derecho interno e internacional tiene múltiples desarrollos (véase, a título de ejemplo, los contenidos en los "Considerandos" del D. 003 de 2021, que "establece directrices para la actuación de las autoridades de policía en sus funciones de garantía de derechos fundamentales, conservación de la convivencia ciudadana y el orden público en el marco de las manifestaciones públicas y pacíficas" (art. 1.º).

EL INTERNET, LAS REDES SOCIALES Y LA PROTESTA SOCIAL

Como se ha sostenido a lo largo de este escrito, la libertad de expresión es un derecho humano reconocido dentro del marco de los diferentes instrumentos internacionales muchos de los cuales, incluso, han sido ratificados por el Estado colombiano, hecho que obliga a armonizar la legislación interna con la internacional además de cumplir los preceptos allí dispuestos, so pena de ser sancionados. El mundo ha sido testigo, por un lado, del advenimiento de nuevas tecnologías, entre las que se cuentan las de la comunicación y, de otro, cómo éstas han transformado la forma en que nos comunicamos o nos relacionamos como individuos y como sociedad.

A pesar de que la primera interconexión de computadoras se dio a finales de los años sesenta en los Estados Unidos, sería hasta la década del noventa cuando su uso se masificaría y comercializaría, dando paso al internet como se le conoce hoy en día. Esto ha creado no solo inesperadas realidades sino nuevas formas de asumir e interpretar los derechos humanos, por lo que los Estados se han visto en la necesidad de legislar al respecto, más aún ante la evidencia de que el número de usuarios crece exponencialmente todos los días, que su interacción por estos medios es clara y que ello incide, positiva o negativamente, en el ejercicio de los derechos humanos de todas las personas.

Colombia, a partir del año 2009, con la Ley 1341, garantiza a los nacionales, el "(…) derecho al acceso a las tecnologías de la información y las comunicaciones básicas (…)" como presupuesto del ejercicio de ciertos derechos fundamentales, entre los que señala el de la libertad de expresión y el de información (véase, Ley 1341/2009, art. 2, num. 7, modificado por la Ley 1978/2019, art. 3). En 2019 ese derecho se incluye, también, en el Plan Nacional de Desarrollo 2018-2022 (véase, Ley 1955/2019, arts. 3, num. 3 y 7 y 310) mientras que, en 2021 se reconoce el acceso a internet como un servicio público esencial (véase, Ley 2108/2021, arts. 1 y 10).

Como se ha sostenido, la protesta es una manifestación del derecho a la libertad de expresión que, al igual que otros derechos, ha evolucionado y se ha extendido a escenarios nuevos como los son el internet, las plataformas digitales y las redes sociales desde donde se preparan, anuncian, convocan y también se materializan las reclamaciones. Hoy la protesta se da en la calle y en las redes sociales. En igual sentido, estas actividades deben ser resguardadas por el Estado, a través de sus autoridades, como titular de la obligación (local e internacional) pero, de la misma manera, están sujetas a restricciones bajo los mismos términos.

En cuanto a la prestación del servicio, se prohíbe impedir o limitar el uso de las TIC en el ejercicio del derecho en comento, mientras este se ejercite de manera pacífica. Por ende, se consideran contrarios actos como la no prestación del servicio de internet, las interferencias e interrupciones indebidas, la interceptación de las comunicaciones, todas éstas llevadas a cabo de manera dolosa y por fuera del marco legal previamente establecido. En torno a ello, en el año 2011 el Relator Especial de Naciones Unidas para la Libertad de Opinión y de Expresión junto con otros representantes de organismos internacionales suscribieron la "Declaración conjunta sobre Libertad de Expresión e Internet" en la que reafirman que la libertad de expresión se reconoce en internet, que las limitaciones deben ser de carácter legal, necesarias y basadas en un fin legítimo (véase, Declaración/2011, num. 1º, literal a.). Al respecto se sostiene que:

> 6. Acceso a internet. [...] b. La interrupción del acceso a Internet, o a parte de este, aplicada a poblaciones enteras o a determinados segmentos del público (cancelación de Internet) no puede estar justificada en ningún caso, ni siquiera por razones de orden público o seguridad nacional. Lo mismo se aplica a las medidas de reducción de la velocidad de navegación de Internet o de partes de este. c. La negación del derecho de acceso a Internet, a modo de sanción, constituye una medida extrema que solo podría estar justificada cuando no existan otras medidas menos restrictivas y siempre que haya sido ordenada por la justicia, teniendo en cuenta su impacto para el ejercicio de los derechos humanos (OEA, 2011).

Así las cosas, de un lado, se prohíbe estigmatizar tanto a las personas que participan o se pronuncian respecto de la protesta como el contenido que se genere en razón a ello sin importar la postura que éstas asuman, pero se obliga a que se circunscriban a lo delineado en la ley. De otro lado, en principio, toda expresión o contenido dispuesto en internet o en las redes sociales está amparado legalmente;

empero, no tienen esta cobertura, para el tema que nos ocupa: a) la incitación al genocidio, b) la incitación a la violencia o al terrorismo, c) propaganda de guerra.

La primera, incitación al genocidio, está prohibida dentro de la Convención contra el genocidio (véase, Convención, 1948, art. 3), el Estatuto de la Corte Internacional Penal (véase, Estatuto, 1998, art. 25, num. 3, lit. e), en los Estatutos de los Tribunales Internacionales Penales de la ex Yugoslavia (véase, Estatuto, 1993, art. 4, num. 3, lit. c) y el de Ruanda (véase, Estatuto, 1994, art. 2, num. 3, lit. c). Bajo los términos de este último tribunal, en el caso Fiscal vs. Akayesu ésta ha de entenderse como:

> Esta intención y fenómeno asesino se deriva del efecto combinado de discursos o proyectos de exhibición de materiales escritos o material impreso en lugares públicos o en reuniones públicas, que sientan las bases y justifican los actos, de la escala masiva de su efecto destructivo y de su naturaleza específica, que tiene como objetivo socavar lo que se considera la base de un grupo determinado. (Tribunal Penal Internacional para Ruanda Fiscal vs. Akayesu. pp.134. Caso ICTR 96-4-T. octubre 1998).

La segunda, o la incitación a la violencia, está vedada en la Convención Americana de Derechos Humanos (véase, Convención, 1969, art. 13, num. 5º), en el Pacto Internacional de Derechos Civiles y Políticos (véase, Pacto, 1966, art. 20, num. 2º), incluido el terrorismo. A su vez, la tercera, la prohibición de la propaganda de guerra, está contemplada en la Convención Americana sobre Derechos Humanos (véase, Convención, 1969, art. 13, num. 5), en el Pacto Internacional de Derechos Civiles y Políticos (véase, Pacto, 1966, art. 20, num. 1).

Pese a ello, se debe también manifestar que las mismas plataformas y redes sociales cuentan con la posibilidad de limitar, suspender o eliminar el servicio si no se atiende a los términos de uso que los propios usuarios aceptan al momento de crear el perfil. En igual sentido, se protege a aquellos que cubren las protestas, a los que se manifiestan respecto a ellas y, en razón a éstas, son vejados. Ahora, este papel lo cumplen tanto los medios privados, los públicos como los independientes. El Estado debe permitir no solo que la protesta se consolide como un mecanismo de expresión, sino que tiene la obligación de permitir que la información sobre la misma sea pública, se documente y circule.

Debe señalarse, igualmente, que las redes sociales tienen otros aspectos negativos que afectan de manera clara la libertad de expresión y otros derechos que guarden relación con ésta. Como muestra de ello encontramos la injuria, la calumnia, la manipulación de imágenes, audios o en general del contenido de manera dolosa que conducen a la desinformación. A la par, hay una creciente preocupación por el uso indebido de las TIC por parte de grupos terroristas, hecho que ha creado la necesidad en los Estados de prevenir, enfrentar y contrarrestar las llamadas ciberamenazas y/o ciberataques, sobre todo después de los hechos del 11 de septiembre de 2001 en los Estados Unidos.

Estas amenazas, que generan riesgos, ven en el ciberespacio una posibilidad de generar daño a infraestructuras sensibles además de estratégicas (la economía, la vida en sociedad, la información, los servicios de salud, los servicios públicos, etc.) de los Estados, logrando su cometido a través del mal uso de dispositivos tecnológicos y, por supuesto, de la internet. Es relevante determinar que, a mayor tecnología del método y medio utilizado, habrá un despliegue más amplio. Los criminales, pues, buscan las fisuras o fallas propias de los sistemas o de las propias redes sociales con las que cuentan, hoy, las personas naturales y jurídicas, dentro de las cuales se vincula al Estado.

Existen diferentes métodos de ciberataques como el cibercrimen, el hacktivismo, el ciberespionaje y el ciberterrorismo. Desde 2018, hackers internacionales, como *Anonymus*, han violentado webs y redes sociales de ciertos individuos (políticos, empresarios, artistas, etc.) o de Estados con el propósito de apoderarse de información estratégica de éstos o como mecanismo de protesta, tal como sucedió en el último año en Rusia, Chile y Colombia. Aquí, esos oscuros agentes delictuales anunciaron su apoyo a la protesta del 2021 y hackearon a políticos y a militares de quienes publicaron información de carácter personal (número de celular, la dirección de residencia, los mails, los chats, la información tributaria, etc.) (El Tiempo, 2021).

En Colombia, recuérdese, los delitos informáticos están plasmados en la Ley 1273 de 2009 modificatoria del Código Penal, entre los que se encuentran: el acceso abusivo a un sistema informático (art. 269A), la obstaculización ilegítima de sistema informático o red de telecomunicación (art. 269B), la interceptación de datos informáticos (art. 269C), el daño informático (art. 269D), el uso de software malicioso (Artículo 269E), la violación de datos personales (art. 269F), la suplantación de sitios web para capturar datos personales (art. 269G), el hurto por medios informáticos y semejantes (art. 269I) o la transferencia no consentida de activos (art. 269J) (véase, Ley 1273 / 2009, art. 1) (Velásquez, 2016, pp. 353 y ss.).

CONCLUSIONES

Llegados a esta altura de la exposición cabe formular las siguientes premisas para la discusión:

En primer lugar, la reunión y la protesta son derechos universalmente reconocidos en una dimensión individual y colectiva, que ha de producirse en espacios privados o públicos, sin olvidar aquellas que son estáticas o impliquen movilizaciones. Además, ellas no se asumen como un derecho absoluto sino limitado por lo que cualquier suspensión o limitación debe ser la excepción y no la regla, además de estar prevista en la ley. Esta salvaguarda cubre tanto a la protesta como a la contra protesta, siempre que se produzca de manera pacífica.

En segundo lugar, es evidente que en el seno de un Estado de derecho social y democrático que abogue por un derecho penal mínimo, de garantías, la protesta social pacífica no puede ser punida porque ella, sin lugar a discusión alguna, es un derecho subjetivo que no puede ser cercenado; de allí que cuando se utiliza el derecho penal para punir a quienes lo ejercen, se produce un evidente abuso del derecho, máxime si se trata de escenarios políticos, económicos y sociales, tan complejos como los propios de nuestro país.

Así mismo, en tercer lugar, los comportamientos realizados con ocasión de una protesta que vayan más allá de los marcos legales y constitucionales, pueden ser punidos acorde con las disposiciones vigentes, si se demuestra que se configuran todas y cada una de las categorías del delito entendido éste desde la perspectiva de la teoría del delito. Así las cosas, quienes se escudan en el carácter supuestamente "pacífico" de la protesta para ejecutar actos constitutivos de vandalismo, homicidio, daño en bien ajeno, terrorismo, etc., también abusan del derecho penal porque éste, óigase bien, no ampara todo tipo de protesta como una patente de corso para delinquir. Es deber de las autoridades evaluar la situación concreta, los riesgos existentes, las vulneraciones a los derechos y sancionar los abusos que sobre ellos se profieran, basados en la certeza y no en meras especulaciones. Si se limita el derecho en razón a éste último evento, se tendrá como un acto desproporcionado del Estado y por ende, violatorio (marco interno e internacional).

En cuarto lugar, los miembros de la Fuerza Pública que actúan dentro del marco de sus competencias legales y constitucionales cuando repelen a manifestantes que realizan comportamientos punibles, están amparados por las causales de exclusión de la responsabilidad penal que prevé la ley al efecto, con la condición de que —en cada caso— se reúnan los presupuestos exigidos para cada una de ellas, acorde con las construcciones legales, doctrinarias y jurisprudenciales. Como es obvio, todo exceso o desbordamiento en el ejercicio de la violencia estatal que sea delictivo debe ser castigado, máxime si de por medio está el respeto de los derechos humanos.

También, en quinto lugar, otro tanto puede decirse en materia del ordenamiento vigente como se infiere de las diversas previsiones constitucionales y legales, en especial el Decreto 003 de 2021, donde se señala —con toda claridad— el marco de acción de la protesta social, al consignar el llamado "Estatuto de reacción, uso y verificación de la fuerza legitima del Estado y protección del derecho a la protesta pacífica"; al efecto, se debe recordar que el mismo es un desarrollo de las órdenes dadas por la Sala de Casación Civil de la Corte ya mencionada, en un caso de tutela. Allí, pues, se echan las bases para que el derecho al disenso se pueda ejercer sin cortapisas y sin el temor de que las autoridades legítimas, al abusar de sus investiduras y competencias, lo puedan criminalizar.

Además, en sexto lugar, de cara a la administración de justicia penal es también claro que la Fiscalía General de la Nación desde hace varios años (D. 0008/2016), ha decantado los alcances de la protesta social y la forma como la persecución penal debe operar en estos casos; es más, ese mismo organismo, tras dejar sin efectos la anterior directiva, ha expedido otra contentiva de muy importantes lineamentos (D. 0002/2021), cuyas directrices generales se pueden suscribir aunque es más regresiva en algunos aspectos que la anterior.

De igual forma, en séptimo lugar, la jurisprudencia constitucional también es pródiga al sentar las bases sobre las cuales debe discurrir la protesta social pacífica y legítima, similares a las plasmadas en el derecho internacional. Otro tanto cabe decir de las decisiones de la Corte Suprema de Justicia, Sala de Casación Civil, esta última a través de una importancia sentencia de tutela en la que, no obstante, el togado se tomó atribuciones que el ordenamiento no les concede a los jueces.

En octavo lugar, debe señalarse que se impone un llamado a la racionalidad para que la protesta social se ejerza de forma pacífica y sean rechazados los criminales que, muchos de ellos de forma sistemática y organizada, aprovechan esos escenarios para hacer terrorismo, sembrar confusión o tratar de atraer incautos para sus nefastos proyectos autoritarios de todo cuño político (Velásquez, 2021, p. 27); así, pues, de lo que se trata es de que ese ejercicio sea legítimo y, de verdad, él se garantice en la vida real más allá de las múltiples previsiones normativas y de los desarrollos jurisprudenciales a los que somos tan dados.

En noveno lugar, se reconoce a las nuevas tecnologías como un medio y una oportunidad para el ejercicio del derecho a la protesta, no solo para su preparación, difusión, sino también para su desarrollo y esto, en sí mismo, ha modificado la manera en que nos relacionamos, comunicamos y ejercemos nuestros derechos.

En fin, en décimo y último lugar, los fenómenos hoy vividos en nuestro país demuestran la existencia de una serie de derechos que son objeto de reclamación por un sector de la población que tiene grandes carencias y es deber de las autoridades darles respuesta y satisfacerlas en la medida de las posibilidades, sin descuidar su tarea de hacerles frente a los violentos que quieren acabar con los vestigios de democracia existentes. Por eso, como alguna vez dijo Ronald Dworkin, "Si el Gobierno no se toma los derechos en serio, entonces tampoco se está tomando con seriedad el derecho" (1989, p. 303).

REFERENCIAS

Alvarado, A. (2020). La criminalización de la protesta social: Un estado de la cuestión. *Revista Rupturas 10*(1), 25-43.

Archila, M. (1991). *Cultura e identidad obrera: Colombia 1910-1945.* Cinep.

Archila, M. (1995). Las protestas sociales en Colombia (1946-1958). *Histórica Crítica*, N.º 11, 63-78.

Archila (2010). Protestas, movimientos sociales y democracia en Colombia (1975-2007). En M. López, C. Figueroa y B. Rajland (Edits.): *Temas y Proceso de la Historia reciente de América Latina* (pp. 119-145). Editorial Arcis-Clacso.

AA. VV. (2002). *Diccionario Jurídico Espasa.* Espasa Calpe.

Banco de la República (2022, junio). Deuda Externa de Colombia. https://www.banrep.gov.co/sites/default/files/paginas/bdeudax_t.pdf

Bassa, J. & Mondaca, D. (2019). Protesta social y derecho: una tensión irresoluble. *Izquierdas* N.º 46, 105-136.

Bertoni, E. (Comp.) (2010): ¿Es legítima la criminalización de la protesta social? *Derecho Penal y libertad de expresión en América Latina.* Voros S. A.

Bondia, D. (dir.), Daza, F. & Sánchez, A. (coords.) (2015). *Defender a quien defiende. Leyes mordaza y criminalización de la protesta en el Estado español.* Romanyà/Valls, S. A.

Bondia, D. (2015). La criminalización de la protesta: ¿Un nuevo reto para los derechos humanos". En Bondia, D. (dir.), Daza, F. & Sánchez, A. (coords.) (2015). *Defender a quien defiende. Leyes mordaza y criminalización de la protesta en el Estado español* (pp. 169-211). Romanyà/Valls, S. A.

Carrillo, F., Cepeda, M. J. & Gómez, A. (2020). *El legado constitucional. 30 años de la Constitución Política. Constitución Política de 1991. Actualizada y concordada. Antecedentes "ANC" y Jurisprudencia*. Procuraduría General de la Nación-Instituto de Estudios del Ministerio Público.

Caso Fiscalía vs. Akayesu (1998, octubre 5). Tribunal Penal Internacional para Ruanda. Caso N° ICTR-96-4-T, Sentencia del 2 de septiembre de 1998. CEJIL. https://archivos.juridicas.unam.mx/www/bjv/libros/10/4936/6.pdf

Caso de Oya Ataman vs. Turquía (2006, diciembre 5). Applications N.°s 74552/01. European Court of Human Rights. https://hudoc.echr.coe.int/fre#%7B%22itemid%22:[%22001-78330%22]%7D

Caso Éva Molnár v. Hungría (2008, octubre 7). Applications N.°s 10346/05. European Court of Human Rights. file:///C:/Users/hp/Downloads/CASE%20OF%20EVA%20MOLN%C3%81R%20v.%20HUNGARY%20-%20[Italian%20Translation]%20by%20UFTDU%20(Unione%20forense%20per%20la%20tutela%20dei%20diritti%20umani)v.pdf

Caso de Primov y otros v. Rusia (2014, junio 12). Applications N.°s 17391/06. European Court of Human Rights. https://hudoc.echr.coe.int/fre#{%22itemid%22:[%22001-144673%22]}

Caso de Kudrevičius y otros v. Lithuania (2015, octubre 15). Application N.° 37553/05. European Court of Human Rights. https://www.legislationline.org/download/id/6308/file/ECHR_Kudrevicius%20v.%20Lithuania_15.10.2015.pdf

Caso de Lashmankin y otros v. Russia (2017, febrero 4). Applications N.°s 57818/09 y otros. European Court of Human Rights. https://hudoc.echr.coe.int/eng#{%22itemid%22:[%22001-170857%22]}

Caso United Civil Aviation Trade Union y Csorba v. Hungría (2018, mayo 22). Applications N.°s 27585/13. European Court of Human Rights. CASO UNITED CIVIL AVIATION TRADE UNION Y CSORBA c. HUNGRÍA (Tribunal Europeo de Derechos Humanos) – LawEuro

Caso Castillo Petruzzi y otros Vs. Perú (1999, mayo 30). Corte Interamericana de Derechos Humanos (CIDH). Fondo, Reparaciones y Costas. Serie C No. 52. https://www.corteidh.or.cr/docs/casos/articulos/seriec_52_esp.pdf

Caso Kimel Vs. Argentina (2008, mayo2). Corte Interamericana de Derechos Humanos (CIDH). Fondo, Reparaciones y Costas, Serie C No. 177. https://www.corteidh.or.cr/docs/casos/articulos/seriec_177_esp.pdf

Caso López Lone y otros Vs. Honduras (2015, octubre 5). Corte Interamericana de Derechos Humanos (CIDH). Excepción Preliminar, Fondo, Reparaciones y Costas, Serie C No. 3025. https://www.corteidh.or.cr/docs/casos/articulos/seriec_302_esp.pdf

Caso Mujeres Víctimas de Tortura Sexual en Atenco Vs. México (2018, noviembre 28). Corte Interamericana de Derechos Humanos (CIDH). Excepción Preliminar, Fondo, Reparaciones y Costas, Serie C No. 3712. https://www.corteidh.or.cr/docs/casos/articulos/seriec_371_esp.pdf

CIDH (2009, diciembre 31). Informe sobre Seguridad Ciudadana y Derechos Humanos. Comisión Interamericana de Derechos Humanos (CIDH), OEA/Ser.L/V/II. Doc. 57. https://www.cidh.oas.org/pdf%20files/SEGURIDAD%20CIUDADANA%202009%20ESP.pdf

Cuentas, E. A. (1997). El abuso del Derecho. *Derecho PUCP: Revista de la Facultad de Derecho*, N.º 51, pp. 463-484.

DANE (2021, abril 29). Información Pobreza monetaria nacional 2020. Información actualizada el 29 de abril de 2021. https://www.dane.gov.co/index.php/estadisticas-por-tema/pobreza-y-condiciones-de-vida/pobreza-monetaria

Decreto 003 (2021, enero 5). Por el cual se expide el Protocolo de acciones preventivas, concomitantes y posteriores, denominado "Estatuto de reacción, uso y verificación de la fuerza legítima del Estado y protección del derecho a la protesta pacífica ciudadana". Presidencia de la República [Colombia]. *Diario Oficial No. 51.548 de 5 de enero de 2021*. Imprenta Nacional.

Decreto 575 (2021, mayo 28). Por el cual se imparten instrucciones para la conservación y restablecimiento del orden público. Presidencia de la República [Colombia]. *Diario Oficial No. 51.688 de 28 de mayo de 2021*. Imprenta Nacional.

Defensoría del Pueblo (2021, junio 8). Defensoría del Pueblo entrega a la CIDH balance sobre la situación de derechos humanos en el marco de la protesta. *Comunicado 57*. https://www.defensoria.gov.co/es/nube/comunicados/10172/Defensor%C3%ADa-del-Pueblo-entrega-a-la-CIDH-balance-sobre-la-situaci%C3%B3n-de-derechos-humanos-en-el-marco-de-la-protesta-CIDH-Defensor%C3%ADa.htm

Directiva 0008 (2016, marzo 27). Por medio de la cual se establecen lineamientos generales con respecto a delitos en los que se puede incurrir en el curso de la protesta social. Fiscalía General de la Nación [Colombia].

Directiva 0002 (2021, junio 4). Por medio de la cual se establecen lineamientos para la investigación y judicialización de delitos cometidos en el marco y con ocasión de la protesta social y se fijan otras directrices. Fiscalía General de la Nación [Colombia].

Dworkin, R. (1989) *Los derechos en serio*. Ariel.

Dussault, R. (1961). De l'abus des droits. *Les Cahiers de Droit*, 4 (3), 114-125.

El Tiempo. (2021). La historia detrás de los ataques de Anonymous en Colombia. Página de Tecnología (junio 4 de 2021). https://www.eltiempo.com/tecnosfera/novedades-tecnologia/anonymous-colombia-asi-opera-el-colectivo-de-hackers-en-el-paro-nacional-586212

Ferrajoli, L. (1995). *Derecho y razón. Teoría del garantismo penal*. Trotta.

Gargarella, R. (2005). *El derecho a la protesta. El primer derecho*. Ad-Hoc.

Goig, J. M. (2012). El «molesto» derecho de manifestación. *Revista de Derecho UNED*, N.º 11, 353-386.

Hobsbawm, E. J. (1971). *Las revoluciones burguesas*. Guadarrama.

Infobae (2021, junio 2). Fiscalía asegura que localizaron 290 personas reportadas como desaparecidas en el marco del Paro Nacional. https://www.infobae.com/america/colombia/2021/05/24/fiscalia-asegura-que-localizaron-290-personas-reportadas-como-desaparecidas-en-el-marco-del-paro-nacional/

Jescheck, H. H. & Weigend, Th. (2002). *Tratado de Derecho Penal, Parte General* [5.ª ed.]. Editorial Comares.

Ley 74 (1968, diciembre 26) [C. de P.P.]. Por la cual se aprueban los «Pactos Internacionales de Derechos Económicos, Sociales y Culturales, de Derechos Civiles y Políticos, así como el Protocolo Facultativo de este último, aprobados por la Asamblea General de las Naciones Unidas en votación unánime, en Nueva York, el 16 de diciembre de 1966». Congreso de la República [Colombia]. *Diario Oficial No. 32.682 de 31 de diciembre de 1968*. Imprenta Nacional.

Ley 16 (1972, diciembre 30). Por medio de la cual se aprueba la Convención Americana sobre Derechos Humanos «Pacto de San José de Costa Rica», firmado en San José, Costa Rica el 22 de noviembre de 1969. Congreso de la República [Colombia]. *Diario Oficial No. 33780 de cinco de febrero de 1973*. Imprenta Nacional.

Ley 137 (1994, junio 2). Por la cual se reglamentan los Estados de Excepción en Colombia. Congreso de la República [Colombia]. *Diario Oficial No. 41.379 de tres de junio de 1994*. Imprenta Nacional.

Ley 599 (2000, julio 24). Por la cual se expide el Código Penal. Congreso de la República [Colombia]. *Diario Oficial No. 44.097 de 24 de julio de 2000*. Imprenta Nacional.

Ley 1273 (2009, 5 de enero). Por medio de la cual se crea un nuevo bien jurídico tutelado la protección de la información y de los datos y otras disposiciones. Congreso de la Republica [Colombia]. *Diario Oficial No. 47.223. Del 5 de enero de 2009*. Imprenta Nacional.

Ley 1341 (2009, julio 30). Por la cual se definen principios y conceptos sobre la sociedad de la información y la organización de las Tecnologías de la Información y las Comunicaciones —TIC—, se crea la Agencia Nacional de Espectro y se dictan otras disposiciones. Congreso de la República [Colombia]. *Diario Oficial No. 47.426 de treinta de julio de 2009*. Imprenta Nacional.

Ley 1407 (2010, agosto 17). Por la cual se expide el Código Penal Militar. Congreso de la República [Colombia]. *Diario Oficial No. 47.084 de 17 de agosto de 2010*. Imprenta Nacional.

Ley 1453 (2011, junio 24). Por medio de la cual se reforma el Código Penal, el Código de Procedimiento Penal, el Código de Infancia y Adolescencia, las reglas sobre extinción de dominio y se dictan otras disposiciones en materia de seguridad. Congreso de la República [Colombia]. *Diario Oficial No. 48.110 de 24 de junio de 2011*. Imprenta Nacional.

Ley 1801 (2016, julio 29). Por la cual se expide el Código Nacional de Policía y Convivencia. Congreso de la República [Colombia]. *Diario Oficial No. 49.949 de 29 de julio de 2016*. Imprenta Nacional.

Ley 1955 (2019, mayo 25). Por el cual se expide el Plan Nacional de Desarrollo 2018-2022 "Pacto por Colombia, Pacto por la Equidad". Congreso de la República [Colombia]. *Diario Oficial No. 50.964 de veinticinco de mayo de 2019*. Imprenta Nacional.

Ley 1979 (2019, julio 25). Por la cual se moderniza el Sector de las Tecnologías de la Información y las Comunicaciones-TIC, se distribuyen competencias, se crea un Regulador Único y se dictan otras disposiciones. Congreso de la República [Colombia]. *Diario Oficial No. 51.025 de veinticinco de julio de 2019*. Imprenta Nacional.

Ley 2108 (2021, julio 29). Ley de internet como servicio público esencial y universal o por medio de la cual se modifica la Ley 1341 de 2009 y se dictan otras disposiciones. Congreso de la República [Colombia]. *Diario Oficial No. 51.750 de veintinueve de julio de 2021*. Imprenta Nacional.

López, M., Figueroa, C. & Rajland, B. (Eds.). (2010). *Temas y procesos de la historia reciente de América Latina*. Editorial Arcis-Clacso.

Medina, L. M. (2018). La deriva punitiva del Estado español: La criminalización de la protesta. *Oximora Revista Internacional de Ética y Política*, N.º 12, 224-241.

Naciones Unidas (1948, diciembre 09). Convención para la Prevención y la Sanción del Delito de Genocidio. https://www.icrc.org/es/doc/resources/documents/misc/treaty-1948-conv-genocide-5tdm6h.htm

Naciones Unidas (1993, mayo 25). Estatuto del Tribunal Internacional para juzgar a los presuntos responsables de graves violaciones del derecho internacional humanitario cometidas en el territorio de la ex-Yugoslavia a partir de 1991. Resolución 827 del Consejo de Seguridad de las Naciones Unidas, S/RES/827 (1993). https://www.icrc.org/es/doc/resources/documents/misc/treaty-1993-statute-tribunal-former-yugoslavia-5tdm74.htm

Naciones Unidas (1994, noviembre 8). Estatuto del Tribunal Internacional para Rwanda. Resolución 955 del Consejo de Seguridad de las Naciones Unidas, S/RES/955 (1994). https://www.icrc.org/es/doc/resources/documents/misc/treaty-1994-statute-tribunal-rwanda-5tdmhw.htm

Naciones Unidas (1998, julio 17). Estatuto de Roma de la Corte Penal Internacional. A/CONF.183/9. https://www.un.org/spanish/law/icc/statute/spanish/rome_statute(s).pdf

Naciones Unidas (2014): *Protesta social y Derechos Humanos: Estándares Internacionales y Nacionales*. Maval.

Naciones Unidas (2020, septiembre 17). Observación general N.º 37 (2020), relativa al derecho de reunión pacífica (artículo 21), Comité de Derechos Humanos. CCPR/C/GC/37. https://docstore.ohchr.org/SelfServices/FilesHandler.ashx?enc=6QkG1d%2FPPRiCAqhKb7yhsrdB0H1l5979OVGGB%2BWPAXj3%2Bho0P51AAHSqSubYW2%2FRWvqeXcmwcJPCLnvmaZpSJEbfB4flbHl%2FZJNeiAUlys1WX8gRUG7qPXbYwn%2B1weWE

Organización de Estados Americanos (1969, noviembre 22). Convención Americana sobre Derechos Humanos, "Pacto de San José de Costa Rica". https://www.refworld.org.es/docid/57f767ff14.html

Organización de Estados Americanos (2011, diciembre 31). Declaración conjunta sobre libertad de expresión e internet. Relator Especial de la Organización de Estados Americanos (OEA), OEA/Ser.L/V/II. Doc. 57. https://www.oas.org/es/cidh/expresion/showarticle.asp?artID=849&lID=2

Páez, P. M. (2020).Aproximaciones jurídico-sociales de la protesta social. Una revisión desde la legitimidad y legalidad. *Revista Electrónica Iberoamericana 14*(2), 73-108. http://www.urjc.es/ceib/

Peñas, A. H. (2019). Criminalización de la protesta social en Colombia (1919-1936). En: B. Marquardt, D. Llinás & C. Pérez (Eds.). *Querétaro 1917 & Weimar 1919. El centenario del constitucionalismo de la democracia social. Anuario VIII del Grupo de investigación Constitucionalismo Comparado* (pp. 339-390). Grupo Editorial Ibáñez.

Pino, G. (2005). L'esercizio del diritto soggettivo e i suoi limiti. Note a margine della dottrina dell'abuso del diritto. *Ragion Pratica* No. 24, pp. 161-180.

Rabinovich, E., Magrini, A. L. & Rincón, O. (Edits.) (2011). *"Vamos a portarnos mal" (Protesta social y libertad de expresión en América Latina)*. Friedrich Ebert Stiftung/Asociación por los Derechos Civiles/Centro de Competencia en Comunicación para América Latina.

Salazar, C. (2021, abril 30). Más de 21 millones de personas viven en la pobreza y 7,4 millones en pobreza extrema. *La República*. https://www.larepublica.co/economia/mas-de-21-millones-de-personas-viven-en-la-pobreza-y-74-millones-en-pobreza-extrema-3161813

Sentencia C-009 (1995, enero 17). Acción de inconstitucionalidad [Expediente No. D-630]. Magistrado Ponente: Vladimiro Naranjo Mesa. Corte Constitucional [Colombia].

Sentencia C-742 (2012, septiembre 26). Acción de inconstitucionalidad [Expediente D-8991]. Magistrada Ponente: María Victoria Calle Correa. Corte Constitucional [Colombia]. https://www.corteconstitucional.gov.co/relatoria/2012/c-742-12.htm

Sentencia C-091 (2017, febrero 15). Acción de inconstitucionalidad [Expediente D-11506]. Magistrada Ponente: María Victoria Calle Correa. Corte Constitucional [Colombia].

Sentencia C-223 (2017, abril 20). Acción de inconstitucionalidad [Expediente D-11670]. Magistrado Ponente: Alberto Rojas Ríos. Corte Constitucional [Colombia].

Sentencia C-281 (2017, mayo 3). Acción de inconstitucionalidad [Expediente D-11670]. Magistrado Ponente: Aquiles Arrieta Gómez. Corte Constitucional [Colombia].

Sentencia C-009 (2018, marzo 7). Acción de inconstitucionalidad [Expedientes D-11747 y D-11755]. Magistrada Ponente: Gloria Stella Ortíz Delgado. Corte Constitucional [Colombia].

Sentencia T-103 (2019, marzo 11). Acción de tutela [Expediente T-6.887.103] Magistrada Ponente: Diana Fajardo Rivera. Corte Constitucional [Colombia].

Sentencia STC/7641-2020 (2020, septiembre 22). Acción de tutela. [Radicación n.° 11001-22-03-000-2019-02527-02]. Magistrado Ponente: Luis Armando Tolosa Villabona. Corte Suprema de Justicia, Sala de Casación Civil Constitucional [Colombia]. https://cortesuprema.gov.co/corte/index.php/2020/09/22/corte-suprema-ordena-medidas-para-garantizar-derecho-a-protesta-pacifica/

Sentencia (2005, mayo 28). Recurso de Casación [radicado 24613]. Magistrado Ponente: Sigifredo Espinosa Pérez. Corte Suprema de Justicia, Sala de Casación Penal [Colombia].

Sentencia (2010, septiembre 29). Sentencia de única instancia [radicado 29632], proceso contra aforado constitucional. Corte Suprema de Justicia, Sala de Casación Penal [Colombia].

Sentencia SP112 (2019, enero 30). Recurso de Casación [Radicado 48388]. Magistrados Ponentes: Patricia Salazar Cuéllar y Eyder Patiño Cabrera. Corte Suprema de Justicia, Sala de Casación Penal [Colombia].

Stuart-Mill, J. (1864). *On Liberty*. Longman, Green, Longman, Roberts & Green.

Uprimny, R. & Sánchez, L. M. (2010). Derecho penal y protesta social. En E. Bertoni (Comp.), *¿Es legítima la criminalización de la protesta social? Derecho Penal y libertad de expresión en América Latina* (pp. 47-74). Voros S. A.

Uprimny, R. (2021, mayo 31). El Decreto de "asistencia militar" de Duque es inconstitucional. *La Silla Vacía*. https://lasillavacia.com/opinion/decreto-asistencia-militar-duque-inconstitucional-81799

Vázquez, E. (2002). Abuso del derecho subjetivo. En AA. VV.: *Diccionario Jurídico Espasa* (pp. 38-39). Espasa Calpe.

Velásquez, F. (2016). Criminalidad informática y Derecho penal: una reflexión sobre los desarrollos legales colombianos. En F. Velásquez, R. Vargas & J. D. Jaramillo (Comps.), *Derecho Penal y nuevas tecnologías. A propósito del Título VII Bis del Código Penal* (pp. 353-382). Universidad Sergio Arboleda & Konrad Adenauer Stiftung.

Velásquez, F. (2018). *Justicia Penal: Legalidad y Oportunidad*. Tirant lo Blanch.

Velásquez, F. (2021, junio 6). Protesta social y Derecho penal. *El Colombiano*, p. 27. https://www.elcolombiano.com/opinion/columnistas/protesta-social-y-derecho-penal-NE15112492

Velásquez, F. (2022). *Código Penal Colombiano. Anotado y concordado* [3.ª ed.]. Editorial Tirant lo Blanch.

Velásquez, F. (2022a). *Fundamentos de Derecho Penal, Parte General* [5.ª ed.]. Editorial Tirant lo Blanch.

Vives, T. S. (1995). *La libertad como pretexto*. Tirant lo Blanch.

Zaffaroni, E. R. (2008). *El debate Zaffaroni-Pitrola. La Criminalización de la protesta social*. Ediciones Rumbos.

Zaffaroni, E. R. (2010). Derecho penal y protesta social. En E. Bertoni (comp.): *¿Es legítima la criminalización de la protesta social? Derecho Penal y libertad de expresión en América Latina* (pp. 1-15). Voros S. A.

ELEGÍAS Y DISCURSOS

¡El humanista que nos quitaron!
Semblanza en primera persona de Jesús María Valle Jaramillo

Gonzalo Medina Pérez[*]

> *Hay una cierta honradez, una cierta sinceridad, que pertenece al género indisimulable.*
>
> Ernest Hemingway

INTRODUCCIÓN

Fue la radio, medio tan ligado a mi historia de vida y a mi ejercicio profesional, la que me anunció el mismo día la noticia del asesinato del abogado penalista y defensor de derechos humanos Jesús María Valle Jaramillo el 27 de febrero de 1998, dos días antes de cumplir 55 años de edad. Lo mataron tres sicarios —protegidos por otros 16 individuos—, en el mismo lugar donde lo conocí un día cualquiera de 1977, cuando yo era estudiante de comunicación de la Universidad de Antioquia, pero ya trabajaba como reportero en el Informador Ritmos, un noticiero de la emisora Radio Ritmos, pionera en Medellín de la difusión de la balada.

Su oficina del Edificio Colón, situado en la Calle Ayacucho entre Carreras Carabobo y Bolívar, fue el lugar escogido por los mensajeros de la muerte para quitarle la vida a quien un día antes había respondido en la Fiscalía una denuncia en su contra por calumnia, ratificándose en que existía una alianza entre paramilitares y miem-

---

[*] Periodista, politólogo, docente universitario y doctor en Literatura. Correo electrónico: gonzalom32@gmail.com

bros del ejército y la policía en las masacres de El Aro y La Granja, corregimientos de Ituango, su pueblo natal. A propósito, familiares de Jesús María denunciaron en esos días que cuando este fue asesinado, hubo soldados de la IV Brigada en el sector que adelantaron acciones de control de porte ilegal de armas.

Pero además de escuchar en la información radial los nombres ya familiares de Jesús María Valle Jaramillo y del Edificio Colón, identifiqué el de quien sin falta respondía al teléfono cuando yo llamaba a la oficina en busca de noticias: era Nelly, su hermana, quien fue intimidada por los dos hombres y la mujer que ingresaron a la oficina del noble litigante, del luchador por los derechos humanos y del activista social y político, a quien hicieron tender boca abajo y le descargaron dos tiros en la cabeza, no sin antes decirle: "usted para nosotros es muy importante, pero también es un problema" (Verdadabierta.com, 2010).

Como en una película de secuencia vertiginosa y envolvente, pasaron por mi mente aún sorprendida las distintas escenas que sintetizaban mi relación de amistad con quien comenzó siendo la fuente judicial privilegiada —por los procesos que seguía y los fallos que me compartía como reportero—, y después el pedagogo que explicaba a los seguidores de mi programa de televisión en Teleantioquia, cómo leer con criterio la cuenta de servicios públicos, fungiendo él como dirigente de la Liga de Usuarios de las Empresas Públicas de Medellín y aspirando en ese momento a ser su representante en la junta directiva de EPM.

Después, Jesús María se convirtió en mi amigo y hasta compañero de trabajo cuando ya me relacioné no solo con su gremio trabajando como director ejecutivo del Colegio Antioqueño de Abogados —COLEGAS, cuyo presidente era Iván Velásquez Gómez—, sino también como seguidor activo del Comité de Derechos Humanos de Antioquia, el cual pasó él a dirigir luego del asesinato del doctor Héctor Abad Gómez el 25 de agosto de 1987.

Escuché por última vez su voz profunda de orador —directa, honesta, convencida y comprometida—, la noche del 25 de agosto de

1997 en el Paraninfo de la Universidad de Antioquia, con motivo de conmemorarse el décimo aniversario de los asesinatos del propio Abad Gómez y de su colega y alumno Leonardo Betancur Taborda.

> *Por eso esta noche la presencia de todos ustedes, de la familia Abad, Betancur, del honorable magistrado de la Corte Constitucional, Dr. Carlos Gaviria, de los coordinadores del comité, de hombres y mujeres, nos llena de alegría. Y en este recinto histórico podemos decir hoy: Héctor Abad, Leonardo, Fernando, Pedro Luis, Carlos, Felipe, ¡Aquí estamos!, podemos decir, Helí Gómez, personero de El Carmen; profesores perseguidos y víctimas: ¡Aquí estamos y estaremos siempre: en el fragor de la lucha o en la quietud de la muerte!.*

EL ESTATUTO DE LAS TINIEBLAS

Con el asesinato del ex ministro de Gobierno de Alfonso López Michelsen —Rafael Pardo Buelvas—, durante el atentado que ocurrió en su propia casa el 12 de septiembre de 1978, y con el cual sus autores —Auto Defensa Obrera, ADO—, pretendieron responder a la represión y muertos que causó el paro cívico ocurrido un año atrás, el régimen de Julio César Turbay Ayala —con las facultades otorgadas al ejecutivo por la existencia del Estado de Sitio—, expidió el Estatuto de Seguridad, conjunto de medidas orientadas a restringir libertades con el argumento de garantizar el orden público. Por ejemplo: la radio y la televisión no podían informar sobre secuestros y asaltos guerrilleros, mientras no hubiera comunicación oficial del Gobierno nacional. Y de otra parte, los presuntos integrantes de grupos subversivos que fueran capturados, pasaban a disposición de la justicia penal militar, no de la justicia ordinaria, como era lo debido.

En ese contexto, y cuando yo trabajaba para Caracol, volví a coincidir con Jesús María Valle Jaramillo en la Cuarta Brigada, durante el consejo verbal de guerra adelantado contra un grupo importante de activistas sociales y políticos de Urabá, algunos de ellos militantes del Partido Comunista de Colombia o de la Juventud Comunista. Junto a Jesús María, recuerdo a penalistas como Guillermo Aníbal Gartner,

Álvaro Torres, Luisa Margarita Henao, entre otros, como defensores de quienes eran acusados de ser "auxiliadores" o "enlaces urbanos" —términos de la época—, de las FARC o del EPL.

No era fácil para los juristas enfrentar con el argumento de la ley a quienes eran jueces y parte, porque con el código de su justicia penal militar procesaban a quienes enfrentaban con las armas en campos y ciudades. Recuerdo que las audiencias eran presididas por el comandante de la IV Brigada, en esa oportunidad los generales Guillermo Jaramillo Berrío y Josué Leal Barrera, en su orden.

Detenciones arbitrarias, torturas, amenazas veladas, censura a medios de comunicación y señalamientos públicos a quienes denunciaban los abusos de poder dentro o fuera del país, se volvieron prácticas cotidianas en Colombia, siempre con la imposibilidad de que la radio y la televisión pudieran denunciar tales hechos en virtud del Estatuto de Seguridad. Solo a través de la pluma certera del caricaturista antioqueño Henry Osuna, en El Espectador, conocíamos cómo las caballerizas de Usaquén habían sido convertidas en escenario de interrogatorios ilegales o de torturas físicas y sicológicas contra los detenidos, con la ceguera premeditada —igual que sucede hoy con Margarita Cabello Blanco— del entonces Procurador Guillermo González Charry, a quien dibujaba con una venda en sus ojos.

Trabajando ya para El Mundo —diario liberal que rompió en Antioquia el amplio monopolio informativo del periódico conservador El Colombiano—, acompañé en 1979 a una delegación de abogados penalistas —entre ellos Jesús María Valle Jaramillo— a la cárcel de Bellavista para escuchar las denuncias de quienes habían sido detenidos arbitrariamente y torturados. Uno de ellos era el médico Leonardo Betancur Taborda, privado de su libertad por haber atendido a un guerrillero enfermo.

Los cuestionamientos internacionales ante tales violaciones de los derechos humanos por parte del gobierno de Turbay Ayala, eran respondidos por este con afirmaciones tan cínicas como absurdas: "el único preso político que hay en Colombia, soy yo" y "En Colombia los presos no son torturados, sino que ellos se auto-torturan para desprestigiar a mi gobierno", pasaron a ser parte del bestiario nacional de la infamia.

Y en esas mismas décadas de los setenta y ochenta, la actividad de Jesús María no se limitaba a su misión de abogado. Para entonces, uno de los hechos noticiosos de más larga vida en Antioquia —y en especial en el oriente antioqueño—, fueron las grandes y sistemáticas movilizaciones cívicas y sociales no solo para rechazar el proyecto de Empresas Públicas de Medellín para inundar a los municipios de El Peñol y Guatapé y construir allí una gigantesca represa —prometiendo levantar otro pueblo—, sino también para llamar la atención de los gobiernos departamental y nacional sobre diversas necesidades de sus habitantes, asociadas con el desarraigo derivado del hundimiento de las poblaciones.

Dos paros cívicos se realizaron en el oriente antioqueño para presionar la necesaria respuesta gubernamental al pliego de peticiones presentado por el Movimiento Cívico Regional, uno de cuyos líderes más representativos era Ramón Emilio Arcila Hurtado, a quien los enemigos de la democracia y de la justicia social le cobraron su compromiso y dedicación, asesinándolo el 30 de diciembre de 1989 en su municipio de Marinilla.

Las movilizaciones y conquistas del Movimiento Cívico del Oriente Antioqueño, llegaban a Medellín y sus distintos sectores sociales y políticos, además de los medios de comunicación, desde los cuales los periodistas dábamos cuenta de la trascendencia de la experiencia y de los avances de las organizaciones y de los dirigentes populares de esa región de Antioquia.

EL VOCERO DE LOS USUARIOS

Como lo relata Carlos Ruiz Ospina (2006) —activista incansable del movimiento social en nuestro Departamento—, "...el doctor Jesús María Valle, también encontró muchas situaciones anómalas que sucedían en Medellín y el Área Metropolitana. Son estas reflexiones las que conducen al doctor Valle a estructurar la propuesta de realizar una Política de Control Fiscal Popular, con la participación de la comunidad y la de los usuarios. Pensó que la primera entidad pública en ser fiscalizada, popularmente, debía ser las Empresas Públicas de Medellín, por ser la entidad que mayores recursos manejaba y por lo tanto la que mayores contratos realizaba" (Ruiz, 2006, p. 66).

El carisma de líder social, político y académico que identificaba a Jesús María Valle Jaramillo, aparece de nuevo pero esta vez para promover —como concreción de su consigna de ejercer el Control Fiscal Popular—, la creación de la Liga de Usuarios de las Empresas Públicas de Medellín. La legitimidad de la iniciativa del abogado penalista antioqueño, llevó a convocar la primera asamblea general de usuarios de EPM. Y con ello crear la junta provisional, redactar los estatutos de la liga, conseguir la personería jurídica y comenzar a ofrecer la urgente asesoría a los usuarios de servicios públicos en nuestra ciudad, tal como lo señala Ruiz Ospina.

El máximo logro de la Liga de Usuarios de EPM, fue conquistar un asiento en la Junta Directiva de esta entidad, mismo que sería ocupado por el abogado Jesús María Valle Jaramillo. Pero acudiendo a maniobras jurídicas e influencias politiqueras, la conquista de los usuarios de los servicios públicos, no fue reconocida. Sin embargo, la demanda fue después ganada, pero ya fue tarde porque el daño estaba hecho.

Y paralelo a tan importante conquista, debo señalar que el periodo 1987-1988 se configuró en Antioquia como una coyuntura de terror generalizado que por momentos se concentraba en Medellín y luego se desplazaba a regiones como el Magdalena Medio y el Nordeste. Dirigentes y miembros de la Comisión de Derechos Humanos de Antioquia, por ejemplo, se convirtieron en uno de los múltiples objetivos militares de las organizaciones de extrema derecha, camufladas tras de nombres engañosos como el MRN —Muerte a Revolucionarios del Nordeste—, responsable de la masacre de 46 personas el 11 de noviembre de 1988 en el municipio de Segovia, acusando a sus habitantes de simpatizar o apoyar a la Unión Patriótica y/o a la guerrilla.

La Universidad de Antioquia —en la cual se desempeñaban como docentes algunos miembros del Comité de Derechos Humanos—, se constituyó en otro blanco de la acción paramilitar en 1987-88: profesores como Pedro Luis Valencia, Luis Fernando Vélez, Argiro Trujillo y Luis Javier García —entre otros—, y estudiantes como Francisco Gaviria y Giovanni Marulanda, fueron sacrificados por sicarios que cumplían órdenes de los hermanos Fidel y Carlos Castaño.

Y fue precisamente el MRN —cuyos émulos son hoy las "Águilas Negras"— el que publicó en 1987 el comunicado que amenazaba de muerte a personajes de la política, de la cultura y del pensamiento, siempre con el pretexto reiterado de ser "agentes del comunismo internacional": el médico, docente y defensor de derechos humanos Héctor Abad Gómez, el escritor Antonio Caballero, el periodista Daniel Samper Pizano y la actriz Vicky Hernández —entre muchos otros—, figuraban en ese listado de muerte.

En la mañana del 25 de agosto de 1987, fue asesinado el profesor Luis Felipe Vélez —presidente del sindicato ADIDA— en la propia sede de la agremiación. Y allí mismo, en horas de la tarde, cuando asistían a la velación del dirigente muerto a bala, regresaron los criminales y mataron a los profesores Héctor Abad Gómez y Leonardo Betancur Taborda.

Cuando me enteré de la noticia, recordé, por una parte, la ocasión en la que entrevisté a Leonardo en Bellavista, y también cuando me encontraba los domingos en la mañana con el doctor Héctor Abad Gómez en la Emisora Cultural de la Universidad de Antioquia: a las 11.00 a.m. él hacía en vivo su programa "Pensando en voz alta", espacio en el cual denunciaba detenciones arbitrarias, desapariciones de activistas o amenazas contra estos. Y a las 11.30 a.m. yo entraba a cabina para realizar "El Salvador: entre el terror y la esperanza", programa periodístico sobre el conflicto armado en ese país, en donde estuve varios años como corresponsal de guerra, hasta cuando en 1985 el director de entonces —Juan Rafael Tobón—, ordenó cerrarlo.

Otro de los terroríficos casos de detención arbitraria, tortura y asesinato ocurridos en Antioquia en esa década, lo protagonizó Luis Fernando Giraldo Builes, quien fue capturado el 20 de agosto de 1983, acusado de ser miembro del ELN. Trabajando para Caracol-Medellín, recibí de su hermana la noticia de su desaparición, pero me abstuve de darla a conocer por su propia solicitud, a pesar de que le expliqué que denunciar a tiempo la desaparición de una persona, puede salvar su vida. Horas después, su cuerpo dinamitado y amarrado a un poste, fue encontrado en el parque principal del Barrio Aranjuez.

La información de los medios de comunicación y del propio doctor Abad Gómez, señalaba a dos oficiales del F-2 en Medellín —Luis Alberto Solanilla y Laureano Gómez Méndez—, como los autores materiales del asesinato. Y el 27 de septiembre del mismo año, la nueva víctima fue el abogado Domingo Cuello Pertuz, procurador delegado que investigaba los asesinatos de Giraldo Builes y del columnista Nelson Anaya Barreto. Las amenazas llegaron también hasta los dirigentes del Comité de Derechos Humanos de Antioquia. Uno de ellos, el abogado penalista Guillermo Aníbal Gartner Tobón, tuvo que salir forzosamente de Medellín para salvar su vida.

Pero con todo y el golpe que significó la muerte del humanista Abad Gómez, el Comité de Derechos Humanos de Antioquia se reafirmaba en su compromiso de velar por la vida y las garantías ciudadanas. De allí que el destino le tuviera asignadas nuevas tareas a Jesús María Valle Jaramillo, en particular la de asumir el liderazgo de la entidad humanitaria, con un reconocimiento nacional e internacional conquistado a pulso y a costa del sacrificio de sus mejores dirigentes.

JESÚS MARÍA, EL PEDAGOGO

Entre 1988 y 1989, yo era socio de la Cooperativa de Producción y Trabajo de Periodistas de Colombia —COOPERCOLT— y trabajaba como editor de fin de semana del Informativo de Antioquia y realizador del programa semanal "TV-Didáctico", un espacio que abordaba los temas cotidianos con un enfoque pedagógico, buscando el necesario diálogo de saberes entre aquel que tenía su visión propia de la realidad —derivada de su experiencia— y quien pensaba esa misma realidad basado en su formación científica.

Por ello invité a mi programa a Jesús María Valle Jaramillo —como delegado de la Liga de Usuarios en la junta directiva de EPM—, para un ejercicio educativo como era explicarles a los ciudadanos cómo leer y evaluar la cuenta de servicios públicos, no solo como parte de un deber ciudadano, sino también como paso previo para adelantar cualquier reclamo ante la entidad acerca de la liquidación de los consumos realizados.

Aspectos como el estrato, los consumos mínimos, los impuestos, hacían parte de la ilustración de Jesús María, quien les informaba a los consumidores de servicios públicos, que aun estando atrasados en el pago de sus facturas, EPM no podía suspenderles el servicio de acueducto, no solo porque se trataba de un recurso vital sino porque ello fue acordado entre la entidad y la Liga de Usuarios.

A comienzos de los 90, además de coincidir como docentes en la Universidad de Antioquia —él en su Facultad de Derecho y yo en la de Comunicaciones—, Jesús María asume una nueva y no menos importante responsabilidad política, cuando con otros colegas suyos se decide a participar en las elecciones de los dignatarios de la Asamblea Nacional Constituyente que habría de redactar la Carta Política de 1991.

Junto a colegas humanistas comprometidos como J. Guillermo Escobar Mejía, Iván Velásquez Gómez, Darío Arcila Arenas, Hernando Londoño Berrío y muchos otros académicos, periodistas, líderes gremiales, trabajadores, usuarios de servicios públicos, magistrados, estudiantes y militantes políticos, Jesús María lidera la creación de la "Acción Popular Independiente" —API—.

Algunos de sus postulados asumían su compromiso de apoyar *"la defensa de un nuevo pacto social, un código de paz, un proyecto histórico que incluyera la democratización de la economía, la desmilitarización de la vida nacional, la participación ciudadana, lo educativo y lo cultural. El consenso así descrito, debe construir una pirámide en cuya base, debe estar, inexorablemente el derecho a la vida*" (Ruiz, 2006, p. 105). Jesús María encabeza la lista de ese movimiento que participa en la jornada del 9 de diciembre de 1990: fueron 33 mil firmas de respaldo las que obtuvo el API, pero que no fueron suficientes para obtener una curul en la Constituyente.

Como militante de la vida, la democracia, la justicia integral y la libertad, Jesús María Valle Jaramillo continuó ejerciendo no solo su profesión de litigante en el campo penal sino la de ciudadano sensible y solidario con el sufrimiento de sus hermanos. Y es en ese contexto cuando su querido pueblo —Ituango— es el escenario de dos masacres perpetradas contra sus habitantes por fuerzas paramilitares en los corregimientos de El Aro y La Granja. Para ese momento, es gobernador de Antioquia el entonces jefe político regional Álvaro Uribe Vélez, egresado de la Facultad de Derecho de la Alma Máter, misma del valiente jurista.

El 11 de junio de 1996, un grupo de paramilitares irrumpió en el corregimiento La Granja —donde nació Jesús María—, reunió a sus habitantes y torturó y asesinó a cinco de ellos, acusándolos de ser colaboradores de las FARC. La reacción del penalista fue inmediata y constató y denunció que había connivencia entre sectores militares y los autores intelectuales de la masacre: Carlos Mauricio García —"Doble Cero"—, los hermanos Vicente y Carlos Castaño y Salvatore Mancuso. Desde ese momento entró en la polémica el gobernador Álvaro Uribe Vélez, quien acusó a Valle Jaramillo de lanzar calumnias contra el Ejército.

Y el 22 de octubre de 1997 —siguiendo órdenes de Salvatore Mancuso—, otra agrupación de paramilitares incursionó en el corregimiento La Granja y asesinó a 17 campesinos. En 2008, y desde su lugar de prisión en Estados Unidos, a donde fue extraditado por Uribe Vélez, Mancuso afirmó —por una parte—, que Pedro Juan Moreno Villa —Secretario de Gobierno de Antioquia—, estaba enterado de la masacre y no hizo nada para evitarla. Y, por otro lado, aseguró que un helicóptero de la gobernación sobrevoló el lugar de la matanza y que en ella participaron miembros del Ejército.

Jesús María Valle Jaramillo no esperó que pasaran los años para confrontar al entonces gobernador Uribe Vélez y denunciar a personal militar y policial de ser cómplice de ambas masacres. Por eso, en las paredes de su oficina del Edificio Colón —en donde lo conocí a él y a Nelly, su hermana y secretaria, en 1977—, aún resuenan las valientes y honestas palabras del abogado y humanista Valle Jaramillo, pronunciadas en el Paraninfo de la U de A. el 25 de agosto de 1997, con motivo de cumplirse los 10 años del asesinato del doctor Héctor Abad Gómez y de su colega y alumno Leonardo Betancur Taborda: *"¡AQUÍ ESTAMOS Y ESTAREMOS SIEMPRE: EN EL FRAGOR DE LA LUCHA O EN LA QUIETUD DE LA MUERTE!".*

REFERENCIAS

Ruiz Ospina, C. (2006). *Perfil Sociopolítico de Jesús María Valle Jaramillo: vigencia histórica de la lucha por la defensa de los derechos humanos.*

Verdadabierta.com. (2010, enero 4). Jesús María Valle, abogado asesinado en 1998. https://verdadabierta.com/jesus-maria-valle-abogado-asesinado-en-1998/

Semblanza de Jesús María Valle Jaramillo

Darío Valle Jaramillo[*]

Expongo esta contribución como un testimonio de lo que representó Jesús María para mí, como hermano, casi que como padre, en mi formación en todos los aspectos: materiales, espirituales, éticos y humanos.

Ello sale de la convivencia constante y de la confianza mutua en expresar lo que pensábamos sobre el desarrollo de la cotidianidad y de la vida en todos sus aspectos y sus quehaceres, hogareños, familiares, académicos, laborales, sociales, políticos, económicos y culturales.

Coloquialmente, era muy propio de Jesús hablar con uno y opinar de cualquier tema, con gran tranquilidad, seguridad y desparpajo, debido al gran conocimiento que tenía de un sinnúmero de temas, por ser una persona muy preparada y ávida por la lectura.

Jesús María Valle Jaramillo, último bastión de una generación borrada por el horror del paramilitarismo colombiano, generación de la cual hicieron parte: los médicos Pedro Luis Valencia Giraldo, Héctor Abad Gómez, Leonardo Betancur Taborda y el abogado y antropólogo Luis Fernando Vélez Vélez.

Nace en el corregimiento de la Granja, municipio de Ituango (Antioquia, Colombia), un 29 de febrero del año 1.943, década del 40, una década cruel y sórdida para Colombia, porque en ella se empieza a gestar ese cuadro macabro, de barbarie que vive todavía nuestro país, al comenzarse a hablar de ese concepto tan humano y progresis-

---

[*] El autor es economista de la Universidad de Medellín y es hermano del líder de los derechos humanos a quien se rinde este homenaje.

ta, como: "*la propiedad debe cumplir una función social*", lo cual trae consigo la reacción violenta de los sectores de poder del país.

Realiza sus estudios primarios en las escuelas públicas del municipio de Envigado, donde residíamos, y en donde a manera anecdótica sus notas no eran las mejores y era debido precisamente a esa avidez por la lectura, no iba a estudiar por quedarse en el parque de Envigado alquilando y leyendo revistas de aventuras.

Sus estudios secundarios y profesionales los lleva a cabo en nuestra Gran Alma Mater, nuestra inmensa, amada y querida Universidad de Antioquia en donde demuestra su capacidad de liderazgo, algo que lo acompañaría durante el resto de sus años de vida. Su liderazgo e interés por defender las justas peticiones estudiantiles y ecuánimemente los intereses institucionales, lo llevaron a ejercer la dirección del movimiento estudiantil en calidad de presidente del Consejo Estudiantil de la Universidad de Antioquia a finales de la década de los años sesenta, en medio del fervor revolucionario que acompañó esa época.

Como cabeza de dicho movimiento, procuró manejar con gran prudencia y valor todo aspecto negativo que allí se presentaba, por eso siempre se distinguió por ser un ferviente activista en las protestas necesarias, más en las que se daban desmanes y confrontaciones inútiles, como él las llamaba, pedía calma, serenidad y hacía todos los esfuerzos posibles para evitarlas.

Ser dirigente estudiantil lo llevó a ser señalado en algunas homilías de algún sacerdote en la ciudad, de comunista (qué sufrimiento para doña Blanca, su señora madre, bien católica, apostólica y romana que era y su hijo bien admirador de Laureano Gómez, su hijo Álvaro Gómez Hurtado y Monseñor Miguel Ángel Builes, o sea un conservador de racamandaca), además de ganarse la dedicatoria de la canción del día (canción comentada y crítica a los sucesos sociales cotidianos) por parte del periodista más prestigioso de esa época, don Miguel Zapata Restrepo en el Radio periódico Clarín. También es importante anotar, cómo, por la misma causa, después de un día de tensión, pedreas y desmanes en la ciudad por marchas estudiantiles, se presentaban a nuestra casa, al día siguiente, tipo siete de la mañana, miembros de DAS, con el fin de llevarse a Jesús y retenerlo en sus instalaciones durante todo el día, para evitar más desmanes. Allí me tocaba mi parte, debía, por solicitud de Jesús, seguirlos sin que se dieran cuenta para que en caso de desaparecer u ocurrirle algo, le comunicara inmediatamente al Doctor Carlos Gaviria Díaz, quien vivía cerca. Debía permanecer merodeando por las instalaciones del DAS (Ayacucho con Pascacio Uribe) hasta el momento que le dieran salida a Jesús, lo cual se daba en las horas de la noche. A su salida ni nos mirábamos, no nos conocíamos, llegábamos a la casa distanciados en espacio y tiempo; de ahí en adelante surge esa especie de acuerdo tácito entre ambos, "si te veo en la calle no te conozco, te saludo solo con las cejas y las pestañas".

En la citada Universidad, se gradúa de abogado en el mes de agosto del año 70; se desempeñó profesionalmente en el área del Derecho Penal.

Dentro de esta área cumplió papel descollante, por su capacidad de estudio, disciplina, profundización en el tema y su oratoria. Realizó grandes defensas penales en las cuales se le reconocía por parte de sus colegas (fiscales y jueces) su capacidad para armar y desarmar la trama del posible delito, como si fuera en términos matemáticos e informáticos un algoritmo, que lleva con gran lógica al esclarecimiento de una situación concreta. Quedaron para el recuerdo, las famosas defensas penales realizadas en los batallones militares, con los mal recordados, represivos y abusivos Consejos Verbales de Guerra, en donde Jesús les demostró con creces a los militares su mediocridad académica y su falta de conocimiento del tema.

Pero lo más importante para Jesús a partir de recibir su grado, algo que tomó con gran compromiso como proyecto de vida profesional, fue la expresión comprometida y consecuente con el humilde, el desplazado, el desaparecido, el torturado, el perseguido injustamente, el mal tratado.

Desempeñó la docencia en varias universidades de la ciudad, en las áreas del Derecho Procesal, Teoría de las Pruebas Penales y Ética.

Algo que siempre lo conversamos y discutimos y lo consideré completamente contradictorio para el pensamiento y obrar humano de Jesús, fue su adhesión en sus inicios políticos al partido Conservador, un partido anquilosado, retrógrado, un partido propio de las cavernas, inhumano, en el que sus adherentes solo piensan en su bienestar particular e individual, nunca en el bienestar colectivo.

Representó a dicha colectividad en la diputación de Antioquia, misma a la cual renunció por lo que él me decía: "Darío, qué farsa, qué mediocridad en los diputados de Antioquia, qué mezquindad en los debates, nada serio, nada que aporte verdaderamente a las necesidades más apremiantes de los habitantes del Departamento, que tristeza; allí lo que se pierde es tiempo y hay muchas cosas más importantes para hacer en pro de la gente de Antioquia".

De igual manera, inmediatamente se retiró de dicha colectividad por presentar con ella, serias discrepancias ideológicas.

Más adelante fue cofundador del movimiento político Acción Popular Independiente (API); me decía, es un movimiento político distinto, independiente que le canta a la vida, a la cual le damos todo, contrario a la muerte, a la cual jamás le daremos nada y a través del cual aspiró a representar a Antioquia en la Constituyente del año 1991 y fue concejal de su pueblo natal Ituango.

Fundó y trabajó con movimientos comunitarios como:

— *Asociación de Gravados por Valorización, Obra 276, remodelación de la Calle San Juan*. Tarifas onerosas para los contribuyentes de dicha obra llevaron a originar dicha asociación.

— *Presidente del Colegio Antioqueño de Abogados (Colegas)*, procurando siempre aplicar la verdadera ciencia del derecho y su difusión mediante la prestación de servicios de asesoría legal sin ningún costo o a precios muy favorables a las clases sociales más desprotegidas.

— *Liga de Usuarios de Empresas Públicas de Medellín (E.P.M.)*, con la cual se buscaba realizar una política de *Control Fiscal Popular* con participación abierta y decidida de la comunidad, de sus usuarios en todas sus formas de organización popular: Cooperativas, Acciones Comunales, organizaciones cívicas y culturales, organizaciones sindicales.

Hay que resaltar que el *Control Fiscal Popular* propende por una correcta, eficiente y eficaz administración de los recursos públicos, tratando de que dichos recursos comunitarios se manejen con gran pulcritud con el fin de contribuir al desarrollo económico y social de las regiones y sus municipios.

Las Empresas Públicas de Medellín (E.P.M), como ente autónomo que controla los servicios de energía, acueducto, alcantarillado de la población de Medellín, población que se ve afectada por una excesiva e injusta facturación tarifaria y que, no sabe absolutamente nada sobre su manejo financiero, el cumplimiento de sus objetivos, el costo social de sus obras, el uso del endeudamiento y en general de su no muy clara administración en todos sus aspectos, fundamentalmente en sus pérdidas inmensas, debido a sus errores (Hidroituango), en sus malas negociaciones (EN AGUAS ANTOFAGASTA, Chile; en HIDROELÉCTRICA BONYIC, Panamá; en PORCE III), lo cual llama al desconcierto, apreciando como una entidad con una excesiva expansión administrativa, con un alto poder de contratación y manipulación financiera sea orientada con excesiva personalización del poder en manos de vampiros, como el grupo empresarial antioqueño, bloque dominante de la sociedad antioqueña que quiere mantener sus privilegios a toda costa, que lo primero que le solicitan, reclaman y exigen al gobernante de turno (alcalde de la ciudad) es la gerencia de la gallina de los huevos de oro (las Empresas Públicas de Medellín), la cual ha estado a su merced, ajena a todo control fiscal.

Cabe anotar, cómo, todos los alcaldes de la ciudad de Medellín han sido obsecuentes a dichas exigencias por intereses mezquinos personales o de grupo, o por temor a esas mafias cartelizadas, pero en la actualidad, quien está como cabeza visible de la ciudad (2020-2023), elegido por voto popular, es una persona joven, inteligente, de carácter, no sumiso, a quien le duele la miseria de los más desprotegidos, el único, quien desde que comenzó su mandato, les ha dado un no rotundo a sus exigencias y pretensiones y quien con gran valor, les ha denunciado abiertamente su corruptela en el manejo de E.P.M. y los ha puesto a pagar los daños causados a dicha entidad, y quien claramente les ha dicho, como Jesús les dijo abiertamente a sus verdugos: "Hay que decir la verdad, cueste lo que cueste".

— *Presidente del Comité Permanente Para la Defensa de los Derechos Humanos en Antioquia*, luego del asesinato de los Doctores Héctor Abad Gómez y Luis Fernando Vélez Vélez.

El fundamento esencial del Comité es proteger la dignidad de todos los seres humanos, armonizando su convivencia en sociedad al igual que sus relaciones con el Estado y las obligaciones del Estado hacia ellos.

A Jesús lo defino primero que todo como una persona supremamente laboriosa, muy trabajadora, emprendedora, con él aprendí a tener el trabajo como una de las cosas más importantes en la vida de todo ser humano.

Viviendo en el barrio San Germán (Robledo), contando él con 14 años y yo con 7, me convidaba e incitaba a realizar las labores que él había acordado realizar con algún vecino, como era la de arrear vacas hasta llevarlas al establo para su ordeño por todas las mangas de la quebrada La Iguaná, además aprovechar el recorrido para recoger bultos de boñiga y venderlos en los depósitos de abono por allí existentes, lo cual nos permitía aportar algo para el sostenimiento del hogar. Realizando estas labores, anecdóticamente recuerdo como si fuera hoy, el 10 de mayo de 1957, día de la caída del gorilato militar (Gustavo Rojas Pinilla), Jesús me pidió silencio ante mamá, para él no trabajar más, montarse a una volqueta hasta el centro de la ciudad e ir gritando "Abajo el gorilato"; ahí empecé a conocer el interés político de Jesús.

Vender bolsas (armadas por él), almidón (producido por él), bombas Rock And roll (infladas y dándoles forma él) por todos los barrios de Medellín y gorros en la feria de Cali, eran muestras del interés de Jesús por trabajar, enseñarme a trabajar y aportar algo a las necesidades de la casa. Persona supremamente desprendida del dinero e interesada en ayudarle al necesitado.

Jesús, era un hombre de gran consistencia entre el decir, el hacer y el ser, supremamente serio con los compromisos contraídos, prudente, tímido, de valores y principios éticos, profundamente humano, solidario, visionario de la problemática social del país y su entorno internacional, demasiado estudioso, excelente lector (me infundió el interés por la lectura) y un apóstol en la defensa de los derechos humanos.

Tanto es así, que la frase, "*aquí estamos y estaremos siempre en el fragor de la lucha o en la quietud de la muerte*", que en sus últimos días era su frase de combate en su lucha incansable en pro de la defensa de los Derechos Humanos, tiene vigencia, porque:

* El 27 de febrero del año 1998, día luctuoso para la familia y para los más desprotegidos y sin voz en este país, sus contradictores, mataron el cuerpo, pero le dieron e imprimieron dimensión histórica y eternizaron: *Su mensaje, sus lecciones de vida, su pensamiento y su capacidad prospectiva.*

* *Mensaje*, apuntándole siempre a la igualdad, al equilibrio social y al respeto por todo ser viviente (persona, animal, planta). Al respecto me decía, Darío, qué bueno una sociedad donde todos seamos iguales, donde todos tengamos lo necesario para vivir dignamente, donde cada día se vaya cerrando y no se amplié más la brecha entre ricos y pobres, que bueno un sociedad donde se respete la dignidad humana, donde se escuche en todas partes decir, primero todos, segundo todos, tercero todos y donde se diga, yo gano si todos ganamos y en donde se tengan en cuenta loa aspectos ecológicos de respeto a la naturaleza en todos sus ámbitos.

derLecciones de vida, enmarcada en la coexistencia pacífica, en la paz (la guerra agrega más dolor al dolor y más desigualdad a la desigualdad), la conciliación, el consenso (ante el disentimiento, siempre hay que buscar soluciones de consenso y no confrontaciones inútiles), la justicia social (luchar denodadamente en contra de la injusticia social), el respeto por los derechos humanos, predicándolos, aplicándolos y exigiéndolos desde el hogar, la escuela, el colegio, la universidad, la vida laboral y la vida social en general.

Jesús evidenciaba vivencias prácticas en: los valores universales (respeto, responsabilidad, tolerancia, lealtad, solidaridad, honestidad y justicia, con, ante y por el otro) y en esos principios de vida esenciales como la libertad, igualdad y fraternidad como sueño de la humanidad; además, mostraba la transparencia en todos y cada uno de sus actos a través de la verdad como elemento esencial de vida y más ahora, como él lo decía "En un país que vive por y para las verdades a medias".

Tanto es así que sostenía: "Hay que decir la verdad cueste lo que cueste".

Y en verdad, a Jesús "lo mataron tantas verdades que dijo, en particular las denuncias sobre la connivencia del Ejército y las autodefensas en su tierra natal, Ituango". Las verdades que dijo Jesús nos llevan a reconciliarnos con la vida, y a enemistarnos con la injusticia, verdades que perduran y perdurarán por siempre, verdades que hoy, 10, 15, 20 o 23 años después empiezan a ser confesadas, públicamente, con cinismo y desfachatez por sus verdugos.

Pensamiento, imbuido en nobles ideales políticos (política con principios nobles, para servir, no para servirse de ella), económicos (economía al servicio del hombre, no al revés), culturales (cultura para la formación integral del ser humano) y sociales (equilibrio social).

Jesús lo entregó todo, incluso la vida, en aras de esos ideales, ideales proyectados dentro de un marco, ético-humano-reflexivo de cambio y cultura organizacional para Colombia. Era de inmensa preocupación para Jesús la situación social por la cual atravesaba el país, la que de continuar así, decía, iba a tener repercusiones totalmente negativas a nivel internacional.

Colombia ya se empezaba a considerar como país paria a nivel internacional y como uno de los países más violentos de la tierra, dado que asesinatos de toda índole, secuestros, extorsiones, desapariciones, tomas de poblaciones, atentados terroristas, amenazas de muerte se han vuelto parte integrante de nuestra crónica cotidiana.

Por eso predicaba con suma urgencia, la necesidad de desatar acciones para enfrentar ese plan macabro que se cernía contra Colombia. Plan macabro desencadenado por esa endemia delincuencial y terrorista que padece el país actualmente, palpable en:

— *Grupos guerrilleros* sin ideales políticos, sanguinarios (sin razón, ni justificación), extorsionando, secuestrando, asesinando.

— *Grupos paramilitares* (la contraparte), con su sadismo, crueldad y cinismo.

— *Las instituciones del Estado* (Ejército, Policía, Das y demás agentes de inseguridad del Estado), por las cuales se siente un desprecio inmenso por parte de la sociedad civil, por inútiles algunos, ineptos otros, cómplices los demás. La situación con estas instituciones se agrava aún más a partir del gobierno de la Seguridad Democrática (2002 al 2010), gobierno de Álvaro Uribe Vélez, periodo desde el cual se han convertido en sicarios institucionales, unos por acción y otros por omisión.

* *Su capacidad prospectiva*. Por los años 1993-1995, vislumbrando el fin del siglo 20 y la llegada del siglo 21, me decía: "Darío, la megatendencia a nivel mundial es adaptarnos para sobrevivir, nos movemos en un mundo lleno de *incertidumbres y de cambios*".

— La incertidumbres, la debemos mirar desde dos ángulos, uno positivo, que es el que nos incita a prepararnos, a estudiar cada día más para enfrentar los avatares de la vida, por ejemplo, actualmente los grandes avances tecnológicos que nos dejan de pronto sin trabajo; y en el otro ángulo el negativo, aquel que nos lleva a enfrentarnos repentinamente con los grandes desastres naturales o los actos terroristas que nos malogran la salud o la vida.

— El cambio, me reiteraba, "Darío, usted como economista, sé que tiene muy en cuenta esa premisa básica y fundamental del mercadeo: 'lo único que no cambia es el cambio y el que no cambia, para las épocas que se vienen, lo cambian'. Por eso tenga en cuenta lo siguiente: la competencia más grande que tiene toda empresa o todo país, está al interior de ella o de él mismo, porque no se cambia cuándo y cómo se debe cambiar, y no se cambia, porque estamos cómodos, o porque no nos interesa cambiar por intereses mezquinos o porque estamos sufriendo el síndrome del producto terminado".

OJO, Colombia necesita con urgencia un cambio. ¿Cuál será la causa para que Colombia no cambie?

Continuaba Jesús diciéndome: actualmente estamos asistiendo a la globalización en todos los aspectos, económicos, políticos, sociales y culturales. Estamos asistiendo al desarrollo de las telecomunicaciones en forma acelerada (autopistas de la información), se están destruyendo las tradicionales barreras geográficas, estamos asistiendo a la existencia de la famosa aldea global. Según la teoría del famoso tratadista de la evolución de las sociedades, Alvin Toffler, estamos empezando a vivir la tercera OLA de esa evolución (una primera OLA es la sociedad agraria, una segunda OLA es la sociedad industrializada), la *sociedad informatizada*, en la cual hace presencia el desarrollo en forma rápida e intensa de la Informática, la Telemática, la Robótica y la Biotecnología.

El crecimiento de esta sociedad informatizada, se mide más en términos cualitativos que cuantitativos, expresados en el bienestar humano, manifestado en la liberación de la fatiga muscular del trabajo, enfatizándose en la productividad del trabajo intelectual y en donde, me decía Jesús con gran énfasis, "*entre a primar la fuerza de la razón y no la razón de la fuerza*". Desgraciadamente en Colombia, en todas las épocas hasta la actualidad, prima la razón de la fuerza.

A nivel internacional, planteaba Jesús, estamos asistiendo a la formación de una estructura tripolar de poderes, emergiendo tres grandes bloques que buscan consolidarse y tener hegemonía en lo que tiene que ver con lo político, económico, cultural y social: Un bloque Americano, con Estados Unidos a la cabeza; el Bloque Europeo (Comunidad económica Europea), con Alemania unida a la cabeza; el Bloque Asiático (Tigres asiáticos) con Japón a la cabeza.

Dentro de esta proyección mundial, ubiquemos la realidad colombiana. Colombia no es una isla, debe estar inmersa en ese contexto internacional de grandes cambios y transformaciones mundiales, por lo tanto no puede quedarse rezagada. Pero para que Colombia pueda involucrarse en ese contexto mundial, debe cambiar muchas cosas, fundamentalmente en su parte ético-humana.

¿Por qué se necesita ese cambio? Porque Colombia está viviendo actualmente una de las crisis más graves de toda su historia, en todos los contextos, especialmente en la parte *humana*, en donde se han desbordado todos los límites y visto lo más degradante a lo que puede llegar una sociedad, haciéndose preciso reconocer que nos encontramos frente a una verdadera crisis de civilización política, ante una caída de los valores más elementales de la convivencia como son, la tolerancia, el respeto a la vida y el respeto a las diferencias, además, como causas adicionales encontramos aspectos como:

— Lo que para nuestros antepasados era lo *anormal, lo inconcebible y lo insólito*, pasó actualmente a convertirse en lo *normal, lo creíble y lo habitual*.

— La *honradez* y la *honestidad* que eran para nuestros viejos una *obligación*, pasó a convertirse en *virtud* para aplaudir y difundir en prensa.

— En Colombia hemos aprendido a tolerar lo intolerable, lo inhumano, hemos olvidado los principios de la civilización.

— En la inmensa mayoría de los casos, los medios más expeditos de reconocimiento y ascenso en el país se logran a través de la falsedad, el servilismo, la hipocresía, la intriga y la sumisión.

— Cuando en un país prevalecen por encima de las tesis y las ideas, el dinero y lo material, indudablemente se va cayendo en la mediocridad y en eso es en lo que está Colombia en estos momentos.

— Colombia se conoce en muchas partes del mundo como el país de las cuatro Repúblicas: La República Roja Guerrillera;

la República Blanca Cocalera; la República Gris Paramilitar; y la República Negra Petrolera.

— Para poder entender la causalidad circular de la violencia en Colombia, nos tenemos que remitir y mirar a fondo los grandes desequilibrios sociales.

— En Colombia se abre cada vez más la brecha entre ricos y pobres, tanto es así, que un político y escritor colombiano decía: "Colombia se divide en dos grandes clases sociales: La Colombia de los muchos que no comen, y la Colombia de los pocos que comen y no duermen temerosos de la revolución de esos hambrientos".

— Se agrava aún más la situación, cuando en los últimos años de la década de los ochenta, observamos en un noticiero de la televisión colombiana, que se trenzaron en franca pedrea, en el barrio Los Comuneros de Bogotá, recicladores contra recicladores en su lucha por el espacio territorial, o sea pobres contra miserables y miserables contra irredentos (qué barbaridad, qué pobreza, qué tristeza; Colombia, un país rico en naturaleza, en tierras fértiles, con todos los climas, con capacidad de producir todo tipo de vegetales, rico en minerales, en aguas, con dos mares, pero qué corrupción administrativa por parte de sus mafias empresariales y sus gobernantes).

— Todo lo anterior tiene su culmen (eso lo digo yo), cuando al instalar las mesas de conversación de San Vicente del Cagúan (enero de 1.999) con las guerrillas de las FARC, el presidente de ese entonces, en su alocución, nos plantea la crisis social y humanitaria que enfrenta Colombia en los siguientes términos:

"Colombia está dividida en tres clases sociales: "LA COLOMBIA DE LOS QUE MATAN", "LA COLOMBIA DE LOS QUE MUEREN" y "LA COLOMBIA DE LOS QUE PASAN Y SIGUEN INDIFERENTES ANTE TANTA ESCENA MACABRA". ¡QUÉ HORROR!

Es tal la indiferencia de los colombianos ante tal situación, que un poeta le escribe a otro poeta: "Esta es la Colombia Pablo, cuya admirable capacidad de aguante frente a tanta adversidad y horror, le ha permitido crear una dura costra de cinismo, indiferencia y escepticismo".

Para Jesús el elemento que ofrece verdadera cohesión social es la *credibilidad*, la cual lleva al consentimiento de las órdenes y de allí a la LEGITIMIDAD por convicción no por norma y por ende a la real *gobernabilidad*. En la actualidad, me comentaba, la legitimidad del poder en Colombia descansa por norma sobre el principio democrático de las elecciones y sabemos de antemano Darío, cómo se traman y manipulan esas elecciones, luego, la gobernabilidad en Colombia se hace cada vez más difícil debido a la falta de credibilidad en sus instituciones y gobernantes.

Me decía, además, actualmente Colombia enfrenta una gran disyuntiva: "o nos quedamos con la moral y el imperio o con la patria y la corrupción", a lo cual él mismo se respondía, "lógicamente nos quedaremos con una verdadera patria y una verdadera moral, el imperio que maneja una doble moral no nos interesa y la corrupción, menos".

De ahí que el verdadero compromiso de cada uno de nosotros los colombianos, es procurar *posicionar a Colombia* tanto a nivel interno como externo, tratando de aplicar la famosa frase de Don Antonio Nariño: "Amar a la patria es hacer todos los esfuerzos posibles para hacerla tranquila por dentro y respetable por fuera".

Y posicionamos a Colombia como es debido, dentro del contexto nacional e internacional, si todos nuestros esfuerzos los dedicamos a formar a nuestra niñez y juventud dentro de un marco de proyección práctica en lo ético y lo humano, más en el ser que en el tener y el hacer. Y lo haremos si logramos sincronizar, estructurar y darle un buen desarrollo a esos dos aspectos comportamentales presentes en todo ser humano, hablamos de sus *actitudes* y *aptitudes*.

Las *actitudes*, hacen referencia a esa voluntad imprescindible que debe existir en todo ser humano para realizar lo que se propone, a esa buena disposición de ánimo para actuar, para hacer el bien y aportar al trabajo colectivo, siempre en aras del bien común. Las *aptitudes*, hacen referencia a la capacidad para desarrollar una actividad o desempeñar una función específica.

Dos conceptos comportamentales resumidos en la siguiente frase: "En toda persona, la rectitud de la conciencia, es mil veces más importante que el tesoro de los conocimientos. Lo primero en la vida es ser bueno, luego, ser firme, después ser prudente, la ilustración viene en cuarto lugar, la pericia lo último".

La correcta comprensión y aplicación de estos dos aspectos comportamentales, nos facilitan llegar a: *identificarnos con el cambio*; *ser proactivos con el cambio*; y *enfrentar los desafíos del cambio*.

Identificarnos con el cambio, es reconocer y admitir que debemos cambiar.

Ser proactivos con el cambio, es procurar cambiar por iniciativa propia sin que nos den una orden.

Enfrentar los desafíos del cambio. El desafío del cambio es transformar significativamente los paradigmas preestablecidos, algunos de ellos: *cultura de las comodidades*; *cultura de la irresponsabilidad*; *cultura de la indisciplina*; *cultura de la deshonestidad*; y *cultura del dinero como fin no como medio*, lo cual nos ha llevado, desgraciadamente a: LA CULTURA DE LA MUERTE.

Recordemos, desarrollaremos un trabajo armónico y de muy buena calidad, si todos nuestros esfuerzos los proyectamos a cambiar los paradigmas preestablecidos, por unos paradigmas basados en los principios éticos fundamentales, cuya fuente esencial la encontramos en la retoma y puesta en práctica de:

LA AUTOESTIMA, en sus componentes auto-imagen, auto-valoración, auto-confianza, auto-control, auto-afirmación y auto-realización.

LOS VALORES, en todas sus formas, esencialmente los valores universales, respeto, responsabilidad, honestidad, tolerancia, solidaridad, lealtad y justicia.

LAS VIRTUDES SOCIALES, resumidas en: "Riqueza con trabajo honesto"; "placer con conciencia"; "conocimiento con carácter";

"ciencia con humanismo"; "Política con principios"; "comercio con moralidad".

LA CALIDAD, hace referencia al conjunto de cualidades que constituyen la manera de ser de una persona. La persona de calidad marca diferencia por poner en práctica principios éticos y aspectos vivenciales, como:

El fracaso, lo acepta y asume siempre con beneficio de inventario; *los problemas,* los percibe como las oportunidades que tenemos en la vida para demostrar nuestra grandeza; *ante la vida laboral y el trabajo* se siente realizado efectuándolo con amor y compromiso; *ante la vida académica,* aprovecha al máximo las enseñanzas que dan la escuela, el colegio y la universidad, agradeciendo profundamente las enseñanzas a sus maestros; para la persona de calidad el éxito y la gloria son efímeros, la planeación de cada una de sus actividades es prioritaria, el liderazgo y el trabajo en equipo son aspectos de gran trascendencia y siempre vive procurando dejar un mundo mejor del que encontró en todos los aspectos.

Los anteriores delineamientos éticos nos van llevando o acercando indudablemente a la verdadera: CULTURA DE LA VIDA y AL CAMBIO. Finalmente, no olvidemos qué: "La solución a los actuales problemas de corrupción e impunidad en el país, no deben buscarse con la implantación de normas, sino con la correcta aplicación de los principios éticos". "CUANDO LA ÉTICA FALLA, ABUNDAN LOS CÓDIGOS".

Testimonio

Luis Fernando Montoya Valle[*]

Toda verdad pasa por tres fases: primero es ridiculizada; segundo, se le opone violentamente; y tercero, es aceptada como evidente

Arthur Schopenhauer

Como un benefactor directo de la existencia de Jesús María Valle, la aceptación de su importancia en mi vida se revela en las tres fases de la verdad que dictamina Schopenhauer.

Mi madre, hermana de Jesús María, fue su secretaria. No siendo suficiente ese hecho para incidir en mi vida, por circunstancias económicas fuimos parte de su hogar, el cual estaba conformado de forma permanente por mis padres, tres tías, él y yo. Menciono la palabra permanente porque muchas veces la casa se convertía en un refugio transitorio de indígenas, policías atrapados como minorías en las protestas de orden público, profesores, funcionarios de ONG, desplazados, extranjeros y familiares que necesitaban un lugar de sosiego y seguridad.

De esta forma crecí escuchando su pausada voz, el ruido constante del teléfono repicando a la espera de sus palabras precisas y contundentes; observando la ventana de su habitación siempre encendida por la lectura de un libro o un expediente; respondiendo su saludo parco pero sonriente en la madrugada cuando coincidíamos a las 4:45 a.m., él para tomar una pausa en su lectura, y yo para dirigirme a mi primer entrenamiento de natación. Me fui envolviendo en sus preferencias musicales y resulté interpretando en el piano delante

---

[*] Profesional del Derecho egresado de la Universidad de Medellín y abogado en ejercicio.

de sus amigos y cada vez que me lo pedía, su canción favorita: "El Coral" que constituye el cuarto movimiento de la novena sinfonía de Beethoven y que es la musicalización del poema de Friedrich von Schiller, llamado "Oda a la Alegría".

Tuve la fortuna de compartir con él lo que considero fue su mayor fuente de alegría y motor de lucha: La celebración del 31 de Octubre con los niños de su pueblo natal Ituango y demás veredas aledañas como La Granja y Pascuita. Recuerdo ver nuestra casa, semanas previas al evento, inundada de todo tipo de juguetes, dulces y objetos como libretas, lápices, colores y máscaras por todos los corredores y habitaciones. Todas las noches nos reuníamos a organizar las bolsas para asegurar que cada niño recibiría una de ellas el día del evento. Finalmente, el 31 de Octubre, luego de un viaje de 8 horas en carretera sin pavimentar, Jesús María organizaba una festividad en el pueblo que involucraba música, concurso de disfraces, personajes en zancos que se paseaban por toda la plaza ante la mirada atónita y sorpresiva de los niños y, por último, lo que todos estaban esperando: la repartición de los regalos. Filas de niños expectantes y felices ante un juguete inesperado y un dulce nunca antes saboreado.

Recuerdo una vez haber llevado mis juguetes para divertirme y éstos, sin mi aprobación, fueron repartidos a los niños de la vereda. Ante mi reclamo airado y dramático, Jesús María respondió con una frase característica de su generosidad y desprendimiento: *"Lucho, es que ellos lo necesitan más que usted, yo le puedo comprar otro igual cuando lleguemos a Medellín, a ellos les queda más difícil conseguirlo"*.

Durante mi adolescencia empecé a cuestionar sus decisiones y comportamientos, entre ellos el regalar lo que no le pertenecía. ¿Por qué y para qué estudiaba tanto si no era para una prosperidad individual o familiar?, ¿por qué luchaba por un pueblo hasta el punto de ver amenazada su propia vida y la de su familia? Para mí no había justificación en tal actuar. Y fue en ese momento que empecé a ridiculizar su importancia en mi vida, al pensar que no me aportaba nada y no me parecía digno de seguir. En esta misma sintonía, durante la universidad, a pesar de haber elegido la carrera de derecho por él, empecé a *oponerme* violentamente a su visión, a sus ideas, a sus luchas, simplemente dejándolo en el olvido y como signo de rebeldía, estudiando apenas lo necesario para pasar cada año.

Posterior a su muerte, fue en el ejercicio profesional, a través de lecturas en la madrugada en una habitación contigua a la que solía ser su guarida y en conversaciones con sus amigos y conocidos, donde *acepté como evidente* la importancia de Jesús María Valle en mi vida y lo trascendente que puede ser su historia de vida para una sociedad: su sabiduría jurídica puesta al servicio de las personas más vulnerables que no tenían los recursos para conseguir una defensa técnica; el compromiso con la causa de su pueblo y los atropellos que estaban sufriendo; el levantar la voz cuando lo más fácil era callarse. Todo esto lo hace un hombre imprescindible en lo versos de Bertolt Brecht:

> *Hay hombres que luchan un día y son buenos*
> *Hay hombres que luchan un año y son mejores*
> *Hay hombres que luchan muchos años, y son muy buenos.*
> *Pero hay los que luchan toda la vida:*
> *Esos son los imprescindibles.*

Jesús María Valle extendió su quehacer profesional a una valiente defensa de los derechos humanos. Expuso ante el país una verdad que empezó siendo ridiculizada, que lamentablemente fue rechazada con una violencia extrema hasta el punto de anularlo, pero solo de manera formal, porque moralmente la historia le dio la razón y hoy esa verdad que denunció y que le ocasionó la muerte, es aceptada como evidente.

De esta forma podemos decir con una hermosa analogía, que la lucha por los derechos humanos fue su entierro, su final, y ese entierro significó su lucha, que todavía es la que le da la vida, porque sigue dando ejemplo de perseverancia, arrojo y valentía, y por ende cabe afirmar con Milán Kundera que: *"¿Acaso no es hermoso que la lucha fuera su entierro y su entierro una lucha, que la vida y la muerte se unieran aquí de manera tan maravillosa?"*.

Jesús María Valle Jaramillo

Raúl Humberto Ochoa Carvajal[*]

La investigadora, escritora y abogada estadounidense, María McFarland Sánchez-Moreno, se refiere a Jesús María como "El Profeta" en su texto "Aquí no ha habido muertos. Una historia de asesinato y negación en Colombia" (McFarland, 2018). La autora hace un seguimiento singular y verídico de hechos notorios, en los que fueron protagonistas Jesús María Valle, Iván Velásquez Gómez y el periodista Ricardo Calderón. Tres personajes absolutamente exóticos por su valentía.

Refiriéndose a Valle en uno de los apartes del libro se lee: "Para Valle Ituango era especial: era la región donde cincuenta y tres años atrás había nacido. Era donde había pasado su temprana infancia, rodeado de verde y de colinas con orquídeas, de fincas, junto con sus otros once hermanos pertenecientes a una familia que trabajaba la tierra. El robusto abogado, de sonrisa amplia y fácil, cejas pobladas y una cabeza cubierta por un pelo muy negro, le contaba a menudo con orgullo a sus amigos acerca de sus orígenes campesinos. Y tras décadas de haber salido de Ituango aún guardaba un acento gentil, casi dulce, que lo diferenciaba de otras personas de la ciudad. Para él Ituango era su hogar. También era el lugar donde la vida, al menos durante unos años, había sido pacífica" (McFarland, 2018, p. 28).

Y tan especial era para él su Ituango, que en defensa de su territorio y de sus paisanos encontró la muerte. Pocos días antes de su asesinato, declaró ante la fiscalía que investigaba la masacre de El

---

[*] Profesor titular jubilado de la Universidad de Antioquia. Correo electrónico: raulhumbertoochoa@gmail.com

Aro: "Yo siempre vi, y así lo reflexioné, que había como un acuerdo tácito hábilmente urdido entre el comandante de la Cuarta Brigada, el doctor Álvaro Uribe Vélez, el doctor Pedro Juan Moreno y Carlos Castaño". Como reza el dicho popular: blanco es, gallina lo pone...

Hay personajes con los que uno se topa en la vida y nos marcan para siempre. Yo tuve la fortuna de encontrarme de cerca con varios de ellos quienes dejaron en mí una huella de admiración y reconocimiento. Me refiero a Darío Arcila Arenas, J. Guillermo Escobar Mejía, Luis Fernando Vélez Vélez y Jesús María Valle Jaramillo. Cuatro abogados antioqueños, todos reconocidos por su entrega a la defensa de los derechos humanos. En este breve escrito me referiré a este último acogiendo el llamado para recopilar algunos textos en torno a su memoria. Habrá otros textos que expliquen su vida y su obra, sus quehaceres políticos y académicos. Yo me limitaré a narrar algunas experiencias que viví junto a Jesús María, como lo llamábamos, las cuales en alto grado reflejan la altura del personaje.

Empiezo por señalar que cuando yo estudiaba en la Facultad de Derecho, mi papá tenía su oficina en el Edificio Colón, enseguida de la de Jesús María. Por esa época había un noticiero radial que se llamaba Clarín, con mucha audiencia, dirigido por un famoso periodista de la ciudad, Miguel Zapata Restrepo. Algún día estábamos en la casa de mis padres almorzando cuando de repente en el noticiero empezaron a transmitir en vivo la expulsión que hacían los militares de un abogado defensor en un Consejo de Guerra en la Cuarta Brigada de Medellín. El abogado desalojado a empellones por los militares era Jesús María Valle.

En 1975 se adelantó un Consejo de Guerra en Medellín contra la plana mayor del Ejército Popular de Liberación (EPL). A la mayoría de ellos les dictaron sentencia condenatoria y los remitieron a la Isla Prisión de Gorgona para purgar su pena, a pesar de que la isla estaba reservada por ley para los condenados en segunda instancia y no era este el caso. En esos días fui enviado por el Comité de Solidaridad con los Presos Políticos de Medellín a Gorgona, con el fin de conocer de primera mano las condiciones en que se encontraban. Entre los detenidos estaba Ernesto Rojas o comandante Lucho, emisario político del EPL (era el nombre de combate de uno de los hermanos Calvo, que luego de la desmovilización fueron asesinados). En el Consejo de Guerra la mayoría de los abogados fueron profesores de la Facultad de Derecho de la Universidad de Antioquia y entre ellos estuvo Jesús María.

Estando en Gorgona, Ernesto Rojas me invitó a visitar el taller donde ellos hacían sus trabajos de artesanías y allí me entregó dos medallas elaboradas por él en metal. En una de las medallas, por un lado de aparecían la hoz y el martillo y por el otro, el nombre de Jesús María Valle; en la otra medalla, el nombre correspondía a Fernando Meza Morales, otro de los abogados. Ernesto me pidió el favor de entregar las medallas a los dos abogados como testimonio de agradecimiento por la excelente labor desplegada por ellos como defensores en el Consejo de Guerra. En cumplimiento del encargo traté por primera vez a Jesús María. Luego nos vimos en la Universidad de Antioquia, en la Facultad de Derecho, en la cual éramos profesores: él de Pruebas Penales y yo de Bienes.

Pero nuestra amistad se dio en el Colegio de Abogados, Colegas, del cual fue su presidente, como también lo fueron Darío Arcila Arenas e Iván Velásquez Gómez. El nombramiento como presidente de Jesús María estuvo rodeado de algunas circunstancias que me parece importante narrar pues allí se aprecia como era la composición del Colegio, las fuerzas que allí se movían y la actitud ética de Jesús María. De catorce miembros que integramos la Junta se conformaron dos grupos de siete, divididos por razones ideológicas. Uno de los grupos lo formaban los más ortodoxos, los conservadores y el otro, el de ideas más liberales, progresistas, defensores de los derechos humanos. Yo estaba en el segundo grupo junto con Bernardo Ramírez Zuluaga, Ovidio Zapata Pulgarín, Darío Arcila Arenas, Jesús María Valle Jaramillo, Iván Velásquez Gómez y Cielo Garay Polo. Del primero hacían parte Donato Duque Patiño, Jaime Taborda Pereáñez, Gabriel Vallejo Ospina, Eduardo Caicedo, Guillermo Rivera, Bernardo Ramírez y Álvaro López. En cada sector había uno de nombre

Bernardo Ramírez, de pensamientos muy distintos. Al momento de nombrar el presidente se postularon dos candidatos: Jaime Taborda Pereáñez, magistrado de la Sala Penal del Tribunal de Medellín y Jesús María Valle Jaramillo. Cuando se fue a realizar la votación, conociendo algunos de nosotros a nuestro candidato Valle, le preguntamos por quién iba a votar, y sin dudarlo nos dijo que por el otro candidato. Alguna dificultad nos dio convencerlo de que debía votar por él y solo lo aceptó cuando se hizo la propuesta de que los candidatos no votaran y el otro candidato no la aceptó. Se hizo la votación dos veces y en ambas el resultado fue empate de siete votos. Se les propuso a los candidatos que compartieran la presidencia, un año cada uno, pues el período era de dos. El Doctor Taborda no aceptó. Vino un receso y allí le propusimos al Doctor Donato Duque que aceptara compartir la presidencia con el Doctor Valle y que nosotros votaríamos por él. Sellamos el compromiso y ganó Donato Duque con nueve votos contra cinco del Doctor Taborda. Pues otro de su grupo, muy allegado al Doctor Donato, votó por este. El doctor Donato Duque era un reconocido político liberal que el nueve de abril de 1948, cuando los sucesos por la muerte de Gaitán fue nombrado por el pueblo como alcalde de Medellín y no se posesionó alegando falta de unas estampillas. Esa era la versión que corría. Alguna noche de celebración en la sede de Colegas, le pregunté al Doctor Donato si lo que se decía de las estampillas era cierto. En medio de risas me contestó que había alguna exageración, pero no me dio más detalles. Sobra decir que los movimientos que se hicieron fueron a espaldas de Valle que solo sonreía cuando se dio cuenta de lo ocurrido.

Así las cosas, Donato Duque Patiño presidió los destinos del gremio por un año y cumplido éste honró su palabra y renunció para ser sucedido por Jesús María Valle. En su presidencia Valle impulsó el Fondo Editorial Colegas y me animó para trabajar y publicar mi libro de Bienes, que fue uno de los primeros en salir publicado con ese sello editorial. Él sabía que yo tenía unas notas del curso de Bienes y me acosó para que las publicáramos como libro, como en efecto ocurrió. Recuerdo otros libros de colegas como Hernando Londoño Jiménez,

Fabio Naranjo Ochoa y Fernando Velásquez Velásquez, publicados por iniciativa de Jesús María.

En esa época el recurso extraordinario de casación ante la Corte Suprema de Justicia era muy complicado y pocos abogados en Medellín lo sabían presentar, por lo que su ejercicio se volvía muy costoso pues había que contratar un abogado de la capital. En Medellín el más experto era Jesús María y había tenido un reconocimiento manifiesto de algunos magistrados de la Corte que se refirieron a algunos recursos presentados por él como unas excelentes piezas jurídicas. Por ello me pidió el favor de que me pusiera al frente de la organización de un seminario sobre Casación que se adelantaría por el Colegio Antioqueño de Abogados (Colegas). Siguiendo sus instrucciones me desplacé a Bogotá y contacté varios magistrados de la Corte Suprema de Justicia, con la colaboración de Luis Gonzalo Toro Correa, magistrado antioqueño que desafortunadamente nos acaba de dejar en esta pandemia y Jorge Iván Palacio Palacio, otro de los magistrados nuestros de grato recuerdo. La idea era democratizar el recurso de casación.

En unas fiestas de Colegas, siguiendo su afición por el ajedrez, me pidió el favor de organizar un torneo de ajedrez para abogados. Tuvo muy buena acogida y se realizó con 30 abogados, entre ellos Jesús María y yo. Cuando nos enfrentamos lo derroté y fue mi único triunfo que celebramos con un apretón de manos y una sonrisa sincera del perdedor.

A comienzos de la década de los noventa entró a regir un nuevo Código de Procedimiento Penal, en el cual se implementó en Colombia, por primera vez, la obligación en materia penal de liquidar los perjuicios en la misma sentencia, cuando hasta ese momento había que acudir a los jueces civiles para ello. Los procesos penales que terminaban con sentencia condenatoria no señalaban el monto de los perjuicios. Se llamaban sentencias *in genere*. En ellas se ordenaba tramitar la liquidación de perjuicios ante un juez civil, mediante un incidente, para el cual se señalaba un término. Era claro, entonces, que los jueces penales no sabían liquidar perjuicios pues no les había tocado hacerlo en sus fallos. En vista de que una de las materias que yo dictaba era Responsabilidad Civil Extracontractual y en ella se estudiaba la forma de liquidar los perjuicios, me pidió el favor de que asumiera un seminario sobre ese tema para dictarlo a los jueces y magistrados de la ciudad. En todas las conferencias el primero en llegar era él. Tomaba nota y se sonreía. Al final de la primera conferencia nos tomamos un tinto y me dijo: "muy buena la conferencia doctor Raúl (siempre me trató así), pero no me deje las manos quietas". Algo le aprendí y en mis intervenciones futuras traté de accionar con las manos como Jesús María me lo sugirió.

Vivíamos en el mismo barrio y varias veces me lo encontré cuando iba en mi carro para la Universidad. Se montaba y charlábamos hasta que él llegaba a su destino. En la última etapa de su vida no aceptó más que lo transportara, ni yo ni nadie. Lo mismo ocurría cuando terminábamos las reuniones de la Junta en Colegas o alguna otra reunión académica o cultural. Era consciente de las amenazas y no quería poner a nadie en peligro.

La última vez que lo vi fue en la sede del Colegio de Abogados. Estaba su situación personal muy difícil porque a raíz de las denuncias que hizo por lo que ocurría en su pueblo, sobre todo en el corregimiento de El Aro, en donde en contubernio las fuerzas militares y paramilitares estaban asesinando a sus paisanos con la complicidad del gobierno. Los militares y el gobernador le pidieron que presentara pruebas de lo que afirmaba. Hasta fue denunciado penalmente por calumnia. Por lo que decidió convocar una rueda de prensa. Estábamos departiendo en el bar de Colegas en compañía de tres o cuatro amigos, y coincidimos en decirle que aceptara una invitación que había recibido para trasladarse a Ginebra, Suiza, para un encuentro de derechos humanos. Él decía que no iría porque se podría pensar que estaba huyendo. En un momento de la conversación y al calor de los tragos, tomé la palabra y le dije que no fuera irresponsable, que respetara su compromiso con la gente que lo necesitaba. Se paró de su asiento, me miró y me dijo: "andate vos güevón". Se retiró de la mesa y se dirigió al baño. A los cinco minutos regresó con el pelo mojado.

Me presentó excusas y se sentó nuevamente, pero abandonamos el tema. Ya se sabe lo que siguió en el Edificio Colón, donde lo conocí.

Al divulgarse la noticia de su asesinato la gente empezó a rodear el Edificio. Todos pedían su traslado a la Universidad de Antioquia para su velación. Para ese momento yo era representante de los profesores al Consejo Superior de la Universidad. Me encontraba en la Facultad cuando me llamó la decana, Teresita Arias de Ojalvo, y me pidió que le colaborara con el Rector para la velación en la Facultad, pues ella no había podido hablar con él y todos los presentes en los alrededores del Edificio Colón, representantes de los estudiantes, profesores, sindicatos, ligas de usuarios, en fin, sus amigos, querían que la velación se hiciera en la ciudad universitaria. Llamé a la secretaria de la Rectoría y le pedí el favor de que me comunicara con el Rector, pero este se negó a pasar. Localizamos al doctor Carlos Gaviria Díaz, magistrado de la Corte Constitucional en ese momento, para que intercediera y tampoco tuvo éxito. Me comuniqué con J. Guillermo Escobar Mejía y Darío Arcila Arenas que estaban en el Edificio Colón al frente de las circunstancias y entre todos nos inventamos una mentira piadosa para aplacar los ánimos. Se les dijo a los presentes en el Edificio que la familia de Jesús María quería una velación privada en una casa de velaciones. Así se hizo. Es de anotar que al día siguiente en la ceremonia fúnebre, que fue multitudinaria, no asistió nadie de las directivas de la Universidad. Muy extraño porque Jesús María era su egresado y profesor. Años después vino la condena al Estado colombiano por una corte internacional y allí se ordenó poner una placa en memoria de Jesús María que hoy se puede ver en la Facultad de Derecho y Ciencias Políticas.

Mucho se puede decir en torno a Jesús María Valle Jaramillo. Este es mi sencillo aporte a su memoria.

Jesús María Valle Jaramillo y el papel del individuo en la historia

Albeiro Pulgarín Cardona[*]

Con la finalidad de que la opinión pública mundial conozca el carácter criminógeno de un amplio sector de la especie humana contemporánea, y particularmente del municipio de Ituango (Antioquia-Colombia), se inicia esta rememoración histórica con una no muy grata reseña periodística y una foto que textualmente dice: *"polémica por desmonte de escultura de Jesús María Valle"*. Acompaña la noticia una imagen con la siguiente aclaración: *"Foto tomada a la cabeza de la estatua, ya desmontada sobre el suelo, el suceso causó revuelo"* (Periódico El Colombiano, 11 de noviembre de 2021).

Para responder a la afrenta pública, ordenada por la alcaldía del citado municipio, sectores de la población pro defensa de los derechos humanos y del medio ambiente, reaccionaron así ante la precitada re-victimización de un magnicidio más en esta Colombia bélica: *"Este es un atentado a la memoria de las víctimas y un insulto a los defensores de derechos humanos... una afrenta por parte de la alcaldía hacia todos los líderes y defensores de derechos humanos en Colombia"* (El Colombiano, 11 de noviembre de 2021).

El crimen del recordado jurista se cometió en febrero de 1998 y la estatua en su homenaje fue expuesta en el parque principal del municipio citado en el año 2009. Su memoria también fue ultrajada en la misma institución donde adquirió el título (Universidad de Antioquia), al no autorizar sus directivas que el féretro reposara en

---

[*] Profesor titular jubilado de la Universidad Nacional de Colombia. Correo electrónico: japulgarin@unal.edu.edu.co

sus predios para el homenaje que la comunidad esperaba para al día siguiente del mortal atentado.

Pierde la vida el connotado docente sumando a los magnicidios del largo período histórico de violencia en este país, iniciado desde finales del Siglo XV, con la escatológica incursión de los guerreros enviados por los imperios económicos europeos, correspondiéndole a América el español y el portugués.

Estas milicias colonizadoras inician su presencia con una devastadora campaña de exterminio denominada *la conquista*, durante cincuenta años de barbarie creando las condiciones favorables para someter a unas etnias de buen vivir, fieles guardianas del ecosistema, con identidad cultural y de conciencia. Exterminio que incide síquicamente en la población sobreviviente, dejando como secuela la pulsión de muerte, expresada en la legítima defensa, el estado de necesidad y la vindicta.

Infortunadamente esta mentalidad bélica es tributaria de una concepción de vida enraizada en la población, tanto la sumisa como la insumisa. Ejemplo de esta se encuentra en la revolución comunera de 1781 a la que responde el establecimiento fortaleciendo la secular estrategia de dominio con el uso de la fuerza y el engaño, mecanismos que logran la frustración de una de las más connotadas sublevaciones.

Para inicios del Siglo XIX, la inmigración europea ya había logrado en la conciencia, aún de las negritudes y de indígenas, un fervor monárquico y de contumacia a la República. Así se entiende por qué la prosopopéyica independencia, es una frustración más porque ya sometido el frágil ejército español, la población más activa en su relación con el poder se divide en monárquicos y republicanos, centralistas y federalistas, en el anémico periodo de confrontación hasta 1821.

Hasta este momento histórico, solo el general Simón Bolívar, presenta una propuesta como modelo estratégico de estado; pero la génesis bélica, parasitaria, burocrática y obsecuente monarquista de un sector de los mal llamados próceres, desde la clandestinidad conspiran contra el proyecto de una república republicana, como sucedánea a la república aristocrática de inspiración colonial.

Con la muerte del proyecto roussoniano-bolivariano queda con licencia el proyecto santanderista y hobbesiano con total impunidad, en el cual la confrontación armada es el expediente para conservarse en el poder, apareciendo al lado de la masacre y el sicariato, que bajo la modalidad de magnicidio, se testimonia con la muerte del general Antonio José de Sucre; compañero intelectual de la formación humanística de estadista del libertador, ya perfilado como futuro presidente.

Continua el periodo bélico con el de las Constituciones llamadas de la Independencia (1810 a 1819); el de la Gran Colombia (1819-1830), la Nueva Granada (1830-1858), la Federación (1858-1863) y el de la Regeneración de 1886, que no logró su objetivo no obstante su vigencia hasta 1991.

Varios historiadores coinciden en señalar que quince guerras nacionales del Siglo XIX y sus quince constituciones, no permitieron en este país un solo día de paz, porque el destierro, la tortura, la pena de muerte y la exclusión fueron la constante de una élite dominante que no asimiló desde la teoría y la filosofía el concepto de poder político ni de poder público. El primero tiene como sustrato la concepción filosófica de poder ante el mundo y el segundo tiene como sus arquitectos a Rousseau y Montesquieu. Pero en el Siglo XIX no se estructuró un poder público de estirpe liberal, vale decir con separación de poderes, vigencia de los derechos del hombre y del ciudadano y una estructura autónoma e independiente de los diferentes poderes, fundamentalmente una justicia soberana y autónoma.

Las secuelas del sangriento Siglo XIX se manifiestan desde el inicio del Siglo XX, con una conflagración denominada de los Mil Días. Para 1914, se recurre una vez más, al expediente sicarial en la humanidad del militar y jurista Rafael Uribe Uribe.

Ya el dominio económico y militar norteamericano se había asentado al interior de las instituciones civiles y armadas y era el director de la economía del país.

Hegemonía que tiene su expresión en 1928, con el holocausto de obreros de las bananeras. Se reinicia con más agresividad el recurso del homicidio dirigido particularmente a los sectores que denunciaban esta modalidad de la importada guerra norteamericana nombrada *conflicto de baja intensidad*. Mueren en iguales circunstancias antes citadas el estudiante Gonzalo Bravo, posteriormente el candidato presidencial Jorge Eliécer Gaitán y en el recinto del congreso es asesinado el constitucionalista y representante Soto del Corral, incluyendo a un legislador que queda en condiciones de invalidez.

Como respuesta a la primera propuesta constitucional de democratización y repartición de tierras de 1936 se reitera en el ejercicio de la violencia cuyo número de víctimas según datos históricos, supera las trescientas mil personas, con un ochenta por ciento del campesinado.

Para la década del cincuenta, como estrategia de posguerra los Estados Unidos deciden militarizar a América Latina y en Colombia un general del ejército asume de facto, continuando el estilo de poder con más de dos siglos de ejercicio.

En 1958 los sectores dominantes representados en los partidos liberal y conservador acuerdan repartirse el poder, excluyendo constitucionalmente de él a una representativa mayoría del ciudadano del común. Propósito que queda plasmado en una carta basada fundamentalmente en las decimonónicas de 1821-1830 y 1843, lo que permite entender que para la segunda mitad del Siglo XX las élites dominantes regresen a una estructura de poder feudal contraria a los derechos humanos, cuando la evolución económica reclamaba una sociedad industrializada, tarea que no se emprende con la voluntad y recursos integrales.

En la década del setenta las potencias mundiales en pugna por una hegemonía global originan al interior de los países colonizados simpatías y antipatías y en el caso colombiano el bloque occidental se aferra a la estructura tradicional de poder y el bloque oriental se organiza en movimientos contestatarios de contenido filosófico, religioso y político, acudiendo a la vía cívica o la vía armada.

El movimiento estudiantil de la década del setenta surge como actor, protagonista y guía de las diferentes fuerzas que a nivel internacional hacen presencia. Amplios sectores de la juventud se vinculan a esa inconformidad, ya por la vía armada o por el diseño de una institucionalidad por la vía pacífica de una estructura de poder para la modernidad. En ese mosaico de posturas filosóficas, ideológicas, económicas y políticas hace presencia el ya abogado Jesús María Valle Jaramillo, con una contundente y sólida opción por la institucionalidad del país y por la reforma a la práctica y a la normatividad obstaculizadoras del desarrollo social.

Este es el panorama histórico mundial y apriorístico que heredan desde la espiritualidad síquica las generaciones de la segunda mitad del siglo XX. Ahora, desde lo local, la niñez, adolescencia y juventud de la descendencia de la familia Valle Jaramillo, estuvo signada por la secular violencia del país, nacida desde la concepción originaria del capital, a través de la posesión y acumulación de las tierras en manos de los herederos de la concepción del proyecto feudal de acudir a la "vía prusiana" (la violencia) y asumir como propietarios terratenientes.

El padre de Jesús María fue un damnificado de esta violenta estratégica, sobreviviendo a una noche en que su vivienda rural fue sorprendida con la presencia de doscientos hombres armados, y gracias a la inteligencia y serenidad de la madre, que le solicitó al niño, Jesús María, fingir mudez absoluta evitando con esto que pudiera ser interrogado, malográndose la pretensión de los victimarios.

La familia respondió a este trágico episodio desplazándose a la capital del Departamento (Medellín-Antioquia), donde les correspondió asumir la aventura del sostenimiento de once hijos. Lógico es concluir que a este infante campesino le corresponde improvisar la ayuda para el sostenimiento familiar, con el precario trabajo infantil, que aún existe en nuestro país, porque el desplazamiento campo-ciudad sigue siendo una constante de desarraigo de la población rural.

No obstante las abstinencias de una familia en esas condiciones, el esfuerzo de sus progenitores logra que Jesús María termine su bachillerato en el año de 1964, en el Liceo de la Universidad de Antioquia, que para esa época contaba con un personal docente, idóneo ética y académicamente. Desde el registro de asignaturas de bachillerato que habilitó su ingreso a la educación superior, constaba que el programa académico preferido era ya el de derecho, título de abogado que alcanza en el año 1970 y su buen nombre ya se encontraba acreditado desde la época de estudiante, porque desde el pregrado convirtió una de las ventanas de su habitación en el vínculo con la comunidad para atender consultas de los desposeídos. Al interior de la facultad, igualmente se había ganado el prestigio por su ética y disciplina, pues ya desde el Liceo era relevante su dedicación a la lectura y al ejercicio del ajedrez.

El foro público en el escenario jurídico proyectó su idoneidad, no solo en el litigio escrito, sino en el verbo, pues su oratoria era ética y estéticamente cautivante, virtudes que, en su enjundia socrática, compartió como docente con los estudiantes que se inscribían voluntariamente en sus cursos extracurriculares de oratoria. Su brillantez cautivó no solo la pléyade de juristas de la ciudad y del país, sino al común de la sociedad, convirtiendo sus audiencias públicas ante el jurado de conciencia (que rigió en Colombia hasta 1987) en un recinto de la pedagogía, la inteligencia, la retórica dialéctica, la cientificidad jurídica y el culto al debido proceso.

La violencia en el país no daba tregua, aumentaban en cantidad y calidad los ilícitos penales de homicidio, secuestro, desaparición forzada, desplazamiento forzado, masacres y tortura; criminalidad que origina desde el ejecutivo un decreto de estado de sitio, no para detenerla, ni siquiera disminuirla, sino que en 1978 el régimen expide al amparo de ese recurso de poder, un Estatuto de Seguridad que identificaba cualquier descontento de la comunidad con la calidad de subversivo; para infundir terror, el régimen confiere competencia a la Justicia Penal Militar para el juzgamiento de civiles acusados de la comisión de los delitos tipificados en el estatuto.

Como reacción a este manifiesto totalitarismo, por su avasallante propósito anti-jurídico contra el incipiente Estado de derecho existente, una pléyade de intelectuales y juristas, se asocia para la defensa de los presos políticos y el doctor Jesús María Valle Jaramillo, asume las tareas con leal entrega, humanismo político y solvencia jurídica. Son históricas sus actuaciones en consejos verbales de guerra. Uno de los más publicitados por los medios de comunicación hablados y escritos de la ciudad, fue el de la sindicación de secuestradora a una madre de familia y sus tres hijos, en el cual se reemplazó la prueba por la mera sospecha. La contundencia probatoria a favor de los sindicados, presentada por la defensa motivó en el tribunal militar la decisión absolutoria.

Su ejercicio profesional como abogado defensor, lo alternó con la acción política al ser elegido diputado en la Asamblea del Departamento de Antioquia. Pero, en muy corto tiempo esta experiencia lo ilustró sobre la metástasis que ya la corrupción del régimen dominante había hecho en esa institución y con altivez renuncia a este escenario electoral y se vincula con exclusividad al ejercicio profesional y a su calidad de conjuez del Tribunal Superior de Medellín por varios años.

Definido desde lo sociológico y lo jurídico su escenario político, asume la presidencia del Colegio de Abogados de Antioquia y del Colegio de Abogados Penalistas. Así mismo, la de integrante del consejo académico de las prestigiosas revistas Nuevo Foro Penal y Tribuna Penal.

Su acontecer cívico deja registrada en su historia personal la creación de la Liga de Usuarios de Servicios Públicos, la Liga de Profesionales de Antioquia, facilitando la sede del Colegio de Abogados de Antioquia para que desde allí se cumpliera con la función social del gremio de juristas.

En la década del ochenta del siglo pasado, la estructura de poder dominante precipita la crisis económica, institucional y axiológica. Y ante la consolidación de la insurgencia armada en los territorios más representativos del país, crea en medio de la conflagración la propuesta de un diálogo nacional que queda inconcluso por el abrupto y sorpresivo ataque a la cúspide de la rama judicial en su sede principal y nacional (la toma del Palacio de Justicia de Bogotá).

La violencia es estimulada, organizada y financiada por el régimen, provocando una reacción hostil por parte de la oposición cívica y de las milicias urbanas y rurales. La mayoría de militantes de un movimiento político que incursiona en el proceso electoral, es sistemáticamente extinguida y dirigentes e intelectuales representativos de la sociedad civil, son objetivo de las decisiones extrajudiciales de pena de muerte.

La amenazante evolución de la crisis, incide en el sector hegemónico norteamericano para América Latina y convocan al llamado Consenso de Washington, mediante el cual se promulga para América Latina su institucionalización dirigida por asambleas nacionales constituyentes en sus diferentes países. En el año de 1990, sobre una escatológica alfombra de víctimas, en Colombia se convoca a elecciones para el citado órgano superior del Estado y varias fuerzas sociales inconformes con el régimen se organizan para participar en ese proceso constituyente.

El profesor Valle Jaramillo ya tenía una base social que veía en él un norte ético de gran sentimiento humanístico y desde esas organizaciones y el movimiento estudiantil surge el movimiento social pro-constituyente denominado Acción Popular Independiente (API). Con ese propósito se elabora una lista de aspirantes con el primer renglón adjudicado al dirigente Valle Jaramillo. Los grupos clandestinos al interior del poder burocrático crean las condiciones para el fraude electoral y las listas representativas del pueblo fueron anuladas, entre ellas la propuesta por el API.

Desde la universidad, el estrado judicial y las organizaciones sociales, se perfila el dirigente cívico y en su pueblo natal Ituango es elegido concejal, no solo por su labor desde lo urbano, sino porque regularmente visitaba las veredas compartiendo con la comunidad rural actividades lúdicas y enterándose de su situación. La ola de violencia se recrudece en este municipio, pues ya se proyectaba la trágica represa de Hidro-Ituango y requerían de territorios sin pobladores. Los para poderes armados desde la clandestinidad recurrían al desplazamiento forzado y las veredas la Granja, el Aro y Santa Rita, fueron seleccionadas para el exterminio de sus habitantes, provocando otro éxodo con las mismas connotaciones de los pretéritos. Las respectivas masacres allí perpetradas ya fueron reconocidas por el derecho internacional como crimen de lesa humanidad.

Se colige de lo expuesto su impacto emocional, no solo desde el punto de vista humano y antropológico, sino por revivir en su mente la historia que padeció en su niñez y adolescencia, por lo que asumió la responsabilidad de notificarle a la comunidad que ese plan macabro era insinuado, organizado, financiado y ejecutado por los para-poderes bélicos que desde la oscuridad contaban con el apoyo de altas jerarquías civiles y militares gobernantes en el Departamento de Antioquia.

Se analizó en párrafos anteriores la evolución y recorrido bélico del país y cómo ya las élites eran expertas en ese recurso para imponer sus intereses y privilegios. Y a los magnicidios que hemos reseñado se agrega el de un misionero de la paz y la convivencia, que ostentaba en ese momento el fuero de Presidente del Comité de Derechos Humanos de Antioquia, también víctima de esta prolongada guerra. Esta irracionalidad de los fusiles ya había asesinado a su anterior presidente, médico salubrista Héctor Abad Gómez, como también al reemplazo de éste, el jurista Luis Fernando Vélez Vélez, otro sacrificado en ejercicio de su reciente misión. Y es el momento en el cual Jesús María Valle Jaramillo no permite que una institución de tanta validez histórica como el Comité de Defensa de Derechos Humanos quede acéfala, pero este propósito lo logra otro crimen de estado contra su presidente.

La potencialidad ética, el carácter, la responsabilidad y compromiso del líder inmolado no impidió que acompañara las honras fúnebres de otros dirigentes también sacrificados. Se debe recordar a insignes fundadores de la Universidad Autónoma Latinoamericana, como el jurista Ramón Emilio Arcila y el médico Héctor Abad Gómez a cuyos funerales y conmemoraciones acompañó el presidente activo del Comité de Derechos Humanos y en tal calidad, en esa oportunidad Jesús María Valle Jaramillo pronunció esta proclama que lo enaltece eternamente: *"Aquí estamos y estaremos siempre en el fragor de la lucha o en la quietud de la muerte".*

Jesús María Valle Jaramillo:
Dignificó su vida, honró su existencia.
Una vida ejemplar para emular

Carlos Arturo Ruiz Ospina[*]

LOS INICIOS DE SU LIDERAZGO, SU ORIGEN TERRITORIAL Y FAMILIAR

En la convulsionada Asamblea de estudiantes de la Universidad de Antioquia, en donde se sentía el fervor revolucionario, producto de la incidencia que causaba, en sus sueños, el triunfo de la revolución cubana, por lo que veían la posibilidad de las grandes transformaciones políticas y sociales a la vuelta de la esquina, también se expresaban contra la guerra en Vietnam, pero entre ellos se expresaban fuerzas políticas con un alto nivel de autoritarismo, al igual que eran excluyentes e intolerantes. Cada uno de estos grupos políticos se consideraban dueños de la verdad, los cuales desataban enfrentamientos sectarios entre ellos: que si La Unión Soviética tenía la razón, en sus diferentes tendencias, que también eran materia de confrontación leninistas, trotskistas, estalinistas, o si los que tenían la razón eran los chinos, o los cubanos, etc., etc. En esos trasnochados y aburridores debates, claramente se veía que las ideologías se encontraban por encima de la realidad.

---

[*] Es autor del libro: *Perfil Sociopolítico de Jesús María Valle Jaramillo: vigencia histórica de la lucha por la defensa de los derechos humanos* (2006). Representante Declarante, elegido por unanimidad, para la Reparación Colectiva No Étnica, del Movimiento Cívico "Ramón Emilio Arcila", víctima del Conflicto Armado del Oriente Antioqueño. Correo Electrónico: carlosruiz2017@gmail.com.

Y era precisamente en estos puntos, en donde se diferenciaba el joven estudiante de Derecho *Jesús María Valle Jaramillo*, más preocupado por los acontecimientos de la realidad cotidiana, como lo era la defensa de los intereses de la universidad, lo cual lo investió de liderazgo y en cuyo marco llegó a ejercer la presidencia del Consejo Estudiantil de la Universidad de Antioquia, a pesar de ser un dirigente del partido Conservador. Era reconocido por todos los sectores de izquierda como un ser ético, pluralista y ecuánime; y también por su valor y carácter, pues las revueltas, los disturbios, las pedreas, las asambleas multitudinarias, el clima de conspiración y profundo compromiso juvenil universitario que eran las notas comunes, en las que se daba la participación estudiantil, tuvieron en Valle a un ferviente activista en las protestas necesarias en la década de los sentas; todo por las fuertes tensiones que los desastrosos actos que dejaba a la Universidad la pésima administración: ello se debió a la expulsión de estudiantes, desvinculación de profesores, persecución a los trabajadores sindicalizados, "austeridad financiera", reducción de cupos, sobrecarga académica, etc. Pero en Jesús María Valle también se encontró a un equilibrado y humanista participante, evitando maltratos y hasta posibles ejecuciones a agentes del Estado, que se podrían presentar en respuesta a las múltiples torturas y asesinatos de estudiantes.

El 20 de agosto de 1970, Jesús María Valle obtiene el título de abogado con una clara vocación por el Derecho Penal y deja entre los estudiantes y sus dirigentes un sentimiento de admiración, por su rectitud, su ética, su pluralismo y su demostrado interés por la defensa de los derechos de los estudiantes, profesores, trabajadores; en fin, un joven preocupado por el interés general por encima de los intereses particulares.

Su vocación de servicio comunitario, como afiliado al partido Conservador, lo llevó a ocupar, a la edad de 26 años, una curul en la Asamblea Departamental de Antioquia. No obstante, por sus claras intenciones de servicio público, sus indiscutibles principios éticos, su vida, que durante este período se vio atrapada por el mundo ruin de la politiquería oficial, lo llevó un año después de su posesión como diputado, a renunciar y renegar abiertamente de su partido y de la actividad que desarrollaba en las corporaciones públicas. Así perfiló su sendero y, sin abandonar sus ideales, buscó otras opciones en las organizaciones cívicas, de Derechos Humanos, y en el ejercicio de su profesión de abogado, actuando principalmente en el campo del Derecho Penal.

Jesús María Valle renuncia como diputado a la Asamblea de Antioquia y también renuncia como miembro del partido Conservador, en el momento en que ejercía la presidencia de la República Misael Pastrana Borrero, el último de los presidentes, y el más ilegítimo, del pactado Frente Nacional, período durante el cual se suponía que llegaría la justicia social y con ella la reconciliación nacional. Pero ello no sucedió, todo lo contrario, mayores injusticias y persecuciones. Vuelve a prevalecer en Jesús María Valle el ser ético, el ser político, con claros principios de justicia social y, ante todo, el ser humano, calidoso y fraternal que era.

Y uno se pregunta: ¿de dónde provenía este joven estudiante y luego profesional del derecho?, ¿cómo era su familia?, ¿cómo llegó a establecerse en Medellín? Resolvamos estas preguntas en un corto recorrido. Su terruño primigenio era el municipio de Ituango, población dotada de extensas y fértiles tierras, con diversos climas, que van desde las tórridas temperaturas de la hoya del Bajo Cauca hasta las suaves de sus zonas montañosas, de enormes reservas auríferas, de bosques inexplorados, numerosas caídas de agua y sorprendentes bellezas naturales. Ituango es uno de los municipios más extensos y ricos del Departamento, con una población de 35.000 habitantes, 5.000 en el casco urbano y se encuentra ubicado a 195 kilómetros al norte de Medellín. Su actividad agropecuaria se concentra en la producción de café, maíz, frijol y ganadería. Tiene una extensión de 2.347 kilómetros cuadrados.

Ituango está constituido por cuatro corregimientos, tres inspecciones y más de cincuenta veredas. También posee una reserva indígena, perteneciente a la tribu de los Catíos, quienes viven en la zona de San Martín, en un área de cien kilómetros cuadrados y se dedican a la agricultura y la pesca, con habilidades para las artesanías. Ituango posee cerca de 1.500 hectáreas en selva virgen y es allí donde se encuentra el Macizo de El Paramillo.

El 21 de abril de 1.932, en el corregimiento del Aro, del municipio de Ituango, contrajeron matrimonio el señor Juan de Jesús Valle Espinal y la señora Blanca Rosa Jaramillo Restrepo. Con el correr de los años constituyeron una familia integrada por once hermanos: María Leticia, Octavio de Jesús, Ligia Amparo, Luzmila, Blanca Inés, Marina, María Magdalena, Romelia, María Nelly, Francisco Darío y Jesús María Valle Jaramillo.

Jesús María Valle nació en esa fatídica década de los años cuarenta, exactamente el 28 de febrero de 1.943. Periodo cruel y sórdido, porque es en esta cuando se generaron todos los problemas que aún no hemos podido resolver y que es lo que nos mantiene en este baño de sangre; y ello forma parte de lo que mató a Jesús María y a muchos otros luchadores del país.

Para la década de los cincuenta, ya la familia Valle Jaramillo se había establecido en el corregimiento La Granja, lugar en el cual nació Jesús María. Los hijos de la familia continuaban realizando sus estudios de educación básica y los hermanos y hermanas mayores iniciaban su traslado a Medellín, como en su época lo hicieron cientos de miles de hombres y mujeres, buscando nuevos horizontes, huyéndole a la violencia generada por la alta dirigencia económica, política y religiosa del país. A nivel nacional, esa misma dirigencia trataba de encontrarle una salida a la grave situación de pérdida de legitimidad y de violencia en que tenían sumida a la nación y no encontraban otra solución que el golpe militar. Comenzaba así una nueva tragedia para el país.

Para la década de los sesenta, la familia de Jesús María Valle, al igual que millones de hombres y mujeres, se había desplazado del campo a la ciudad, en búsqueda no solo de mejores oportunidades, sino también de salvar lo único que les quedaba: su Vida. Fue tal el movimiento migratorio del campo a la ciudad, que Medellín pasó de tener 320.000 habitantes en 1.951, a más de un millón en esa década de los sesenta, cuando la mayor parte de la familia de Jesús María ya se encontraba en Medellín.

El joven estudiante logra ingresar al Liceo Antioqueño, donde terminó su bachillerato, destacándose como un disciplinado y excelente estudiante, como un ser cálido y solidario y como un líder del movimiento estudiantil.

JESÚS MARÍA VALLE: SU EJERCICIO ACADÉMICO Y PROFESIONAL

Con su renuncia a la Asamblea de Antioquia y al partido Conservador, Jesús María deja la política partidista, misma que retomaría diez y ocho años después, en 1990, cuando junto a otros intelectuales funda la Acción Popular independiente —API—, y se dedica entonces al ejercicio de su profesión, a la labor académica y al trabajo social y cuya máxima expresión de este trabajo se concreta en su participación, con distinguidas personalidades del Departamento, en la fundación del Comité Permanente para la Defensa de los Derechos Humanos de Antioquia. También fue creador del proyecto de Control Fiscal Popular, que originó la creación de la primera Liga de Usuarios de las Empresas Públicas de Medellín, cuya presidencia obtuvo unánimemente; así mismo, fue presidente del Colegio Antioqueño de Abogados —COLEGAS— e igualmente fundador y presidente del Colegio de Abogados Penalistas de Antioquia.

En su labor académica fue maestro ejemplar de ética profesional, de derecho procesal penal, de derecho probatorio y de oratoria, en las cuatro facultades de derecho de las más importantes universidades de la ciudad: la Universidad de Antioquia —UdeA—, Universidad Autónoma Latinoamericana —UNAULA—, Universidad de Medellín —UdeM— y la Universidad Pontificia Bolivariana —UPB—.

Y en el ejercicio de su profesión, su prestigio como abogado penalista siempre fue creciendo; sus tesis en las defensas penales le abrieron el espacio de todas las corporaciones judiciales, de manera particular en la Corte Suprema de Justicia, donde las demandas de casación de Jesús María Valle, eran recibidas con el debido respeto de un gran jurista de la estatura moral y científica de los magistrados miembros de esa digna y corporación.

En consideración a esas calidades humanas y profesionales, Jesús María Valle fue nombrado a partir de 1993, y casi de manera reiterada, conjuez de la Sala Penal del Tribunal Superior de Medellín. En el ejercicio del derecho penal, con su recia voz, su sabiduría y fogosidad oratoria, se convirtió pronto en una figura recurrente de los estrados judiciales, donde resonaron sus discursos en defensa de los procesados, en particular de los presos políticos y de conciencia. Famosas fueron sus audiencias ante el jurado y, de manera particular, su participación en la defensa de los miembros del M-19, juzgados al amparo del Estatuto de Seguridad del gobierno de Julio César Turbay Ayala y del general Luis Carlos Camacho Leiva.

Un eminente intelectual y exconstituyente ya fallecido, el doctor Hernando Londoño Jiménez, en su despedida del mártir Jesús María Valle Jaramillo, expresó en su sepelio:

> Desde cuando lo conocimos en la primavera de su vida, seguimos cada uno de sus pasos, porque desde ese momento iniciaba ya su fulgurante carrera, y era evidente que estaba dotado de los más excelsos atributos de la inteligencia y de la hombría de bien, para destacarse en el panorama nacional como cimera figura del derecho y como uno de los mejores oradores forenses que ha tenido Colombia.
>
> En los estrados judiciales, cuando subía serenamente a la tribuna, todo el auditorio sabía ya que asistiría al más emocionante espectáculo de la inteligencia, porque se iba a escuchar al inmenso orador que sabía deleitar y conmover con su avasalladora elocuencia, su palabra era fluida y elegante, y sus razonamientos tenían la firmeza de los silogismos. Escucharlo era una verdadera fiesta del espíritu. Los jueces, fiscales y magistrados que estuvieron pendientes de su palabra cuando llevaba la defensa de quienes le habían confiado su causa, siempre supieron que en esa palabra hablada o escrita latía un auténtico ardor por la justicia que clamaba. ¡qué hermoso ejemplo para las generaciones de hoy y del mañana, esta vida iluminada por el amor de la justicia, por la defensa del

derecho, por la reciedumbre de su lucha verdaderamente heroica a favor de la protección de los Derechos Humanos!

JESÚS MARÍA VALLE, EL CONTROL FISCAL POPULAR, EPM Y LA LIGA DE USUARIOS DE LOS SERVICIOS PÚBLICOS DOMICILIARIOS

Comenzando la década de los ochenta, ya el doctor Jesús María Valle venía reflexionando sobre el problema de la contratación entre las instituciones del Estado con el sector privado, encontrando, entre otras anomalías, que las contralorías de las diferentes instituciones no funcionaban, hecho que traía como consecuencia que cada vez crecieran más la corrupción y el desgreño administrativo. También encontró que muchas de las contrataciones que se realizaban para obras gigantescas, no tenían en consideración al sector social, ni lo humano, y cuyos casos más explosivos fueron las gigantescas obras que se realizaban por parte de las Empresas Públicas de Medellín en el oriente antioqueño, las cuales significaron la expulsión de su medio ambiente de miles de familias campesinas y el hundimiento de pueblos como El Peñol y Guatapé, acabando con historias de cientos de años, destruyendo el tejido social y sus culturas centenarias, desplazando a miles de familias, que quedaban sin recursos suficientes, dado que no eran indemnizadas apropiadamente. Las familias campesinas que pudieron quedarse, se vieron expuestas a nuevas enfermedades, pues la construcción de las represas implicaba un deterioro del medio ambiente.

Y es por todas estas situaciones y muchas injusticias más, que los pueblos del oriente antioqueño se levantaron y movilizaron; y en la década de los setentas realizaron paros locales; sin embargo, a pesar de todas estas movilizaciones cívicas, las correspondientes entidades no escuchaban, fueron sordas a los clamores que la ciudadanía y las diferentes organizaciones sociales y cívicas expresaban. Por ello, y con el acumulado histórico de las luchas en la región, finalizando la década de los setentas y comienzos de la década de los ochenta, los líderes cívicos y sociales más destacados de cada municipio fueron desarrollando una conciencia de carácter regional, debatiendo la problemática de la región, hasta alcanzar la unificación en torno a un pliego cuyas peticiones, para ser escuchadas y negociadas, demandaron la realización de dos paros cívicos para negociar sus justas reclamaciones ante Empresas Públicas de Medellín, los gobiernos departamental y nacional y los representantes del Movimiento Cívico Regional, y luego un segundo paro cívico para protestar por el incumplimiento de la mayor parte de los acuerdos negociados.

El doctor Jesús María Valle Jaramillo también encontró muchas anomalías que sucedían en Medellín y el Área Metropolitana. Y son estas reflexiones las que lo conducen a estructurar la propuesta de realizar una política de Control Fiscal Popular, con la participación de la comunidad y de los usuarios de los servicios públicos. Pensó que la primera entidad pública en ser fiscalizada, popularmente, debería ser Empresas Públicas de Medellín, por ser la que mayores recursos manejaba y por lo tanto la que mayores contratos realizaba.

Eran tan inmensos estos recursos, que ellas manejaban y manejan más presupuesto que los institutos descentralizados, que el propio municipio de Medellín y que el Departamento de Antioquia, todos juntos. Así que además de elaborar la propuesta de Control Fiscal Popular, se debía crear la primera Liga de Usuarios de las Empresas Públicas de Medellín.

Entre tanto, en el primer semestre de 1985, se halla en actividad el Comité Permanente para la Defensa de los Derechos Humanos de Antioquia, liderado, en ese momento, por el ilustre científico y humanista doctor Héctor Abad Gómez, Comité del cual también hacia parte, desde su fundación, el doctor Jesús María Valle Jaramillo; todas esas eminentes personalidades del Comité de Derechos Humanos, se encontraban acordando una convocatoria a los profesionales de la ciudad para que se vincularan al trabajo social y político y así contribuir a buscar soluciones que no solo la Ciudad y el Departamento necesitaban, sino también el País. Como se recordará, en esos momentos el contexto político a nivel nacional era crítico, dado que el proceso de paz del gobierno de Belisario Betancur Cuartas, ante la falta de voluntad política para hacer las reformas, se desplomaba frente a la atónita mirada de una opinión pública esperanzada en una mayor justicia social y, producto de esas reformas, lograr un nuevo clima de convivencia nacional.

Después de largas deliberaciones, se logró un acuerdo para convocar a una asamblea, no solo a los profesionales sino también a las organizaciones sociales, a independientes, líderes culturales y cívicos y a las diferentes fuerzas políticas de la región, y así crear lo que sería "La Junta de Profesionales por la Democracia y la Justicia Social". Efectivamente, la asamblea se realizó en junio de 1985 en el recinto de la Asamblea Departamental de Antioquia, con masiva presencia de la dirigencia social y política de la región.

Aunque fueron cuatro los temas tratados en este magno evento (Reforma Constitucional, Reforma Agraria y Urbana, Deuda Externa y Control Fiscal Popular), solo trataré el tema de La Junta de Control Fiscal Popular, realizada por el doctor Jesús María Valle, y durante la cual él expresó:

> El Control Fiscal Popular que propende por una correcta y eficaz administración de los dineros públicos ha sido, hasta el momento, función exclusiva del Estado.
>
> Un correcto auditaje operacional logra que lo dineros comunitarios se manejen con pulcritud, eficacia y rendimiento, lo que contribuye al desarrollo económico y social del país.
>
> Sin embargo, la inmoralidad que ha penetrado todas las esferas de la administración pública, ha convertido el control fiscal en una mentira más del andamiaje institucional. Ni el Congreso, ni las asambleas departamentales, ni los concejos municipales, cumplen con la función fiscalizadora que les señala la ley.
>
> En la hacienda nacional, en los establecimientos públicos, en las entidades descentralizadas, en las empresas comerciales e industriales del Estado, a pesar de su expansión financiera, se ha superado en materia fiscal el control numérico legal, fuente de innumerables expoliaciones al erario.

En un país donde la misma clase dirigente contrata con el Estado, la auditoría no puede limitarse a verificar simples documentos o cifras; la labor fiscalizadora implica un quehacer más amplio, controlando complejas áreas de la administración activa: operación al costo mínimo posible, rendimiento efectivo, optima relación entre recursos y productos, cumplimiento de objetivos programados, uso adecuado del endeudamiento, correcta administración de los préstamos internacionales y correcta y limpia inversión de los fondos comunitarios.

La homogenización del poder político, que se refleja en la elección de contralores y auditores, ha impedido en nuestro medio, un auténtico ejercicio del control fiscal.

La auditoría se ha convertido en mero soporte burocrático, con menoscabo de la gestión fiscalizadora.

De allí emana una nueva caracterización del Estado y de la dependencia:

1. El Estado Colombiano ya no es la organización que vela por el bienestar y el equilibrio de la sociedad, sino una organización para velar por los intereses de una clase que contrata con el mismo Estado.

2. En realidad, uno de los sectores que dominan el país es el de los contratistas, crean las necesidades a través de los contratos que hacen ellos mismos y después ejecutan las obras.

3. El capital extranjero no dejó sino deudores en Colombia, dado que a las compañías (Contratistas), no les importaban los costos financieros, sino la ejecución de operaciones para vender equipos.

Las Empresas Públicas de Medellín.

Este ente autónomo que controla los servicios de energía, teléfonos, acueducto y alcantarillado de la población de Medellín, tiene una excesiva expansión administrativa y burocrática, con un alto poder de contratación y manipulación financiera, con facultad de cuantificar las tarifas y de verificar la inversión de los préstamos internacionales, adolece además de un auténtico control fiscal.

La comunidad que se ve afectada por una excesiva e injusta facturación tarifaria, que malogra su escaso ingreso familiar, poco sabe sobre el manejo financiero. La auditoría se ejerce allí como cuota burocrática, dentro de los moldes tradicionales del control fiscal. La mera constatación de la ejecución presupuestal, no demuestra que la gestión pública se realice con economía y eficiencia.

Ni el Concejo municipal, ni la ciudadanía de Medellín, conocen el real estado financiero de la entidad, el cumplimiento de sus objetivos, el costo social de sus obras, la eficiencia en el uso de los recursos humanos, materiales y financieros, el uso del endeudamiento, la correcta administración de los préstamos internacionales o la relación actual con las empresas INGETEC e INTEGRAL, y las entidades de financiamiento externo.

Desconcierta que, manejando bienes comunitarios esenciales, de tanto valor, sea orientado con excesiva personalización del poder, ajena a todo tipo de control fiscal integral.

Ante la deficiencia del control fiscal estatal, proponemos el control fiscal popular, el cual se hará a través de organizaciones legalmente constituidas.

La primera asociación que entrará a operar será la de los usuarios de las Empresas Públicas de Medellín, dando prelación al sector residencial. Corresponde al comité coordinador citar a la primera asamblea general de usuarios de las Empresas Públicas de Medellín, constituir la junta provisional, elaborar los estatutos, tramitar la personería jurídica y prestar la asesoría técnica permanentemente.

Se utilizarán al máximo los siguientes mecanismos legales:

1. Decreto 1973 del 19 de julio de 1985, estatuto de los servicios públicos.

2. Decreto 01 de 1984 artículo 5, derecho de petición en interés general.

3. Decreto 01 de 1984, artículos 17, 18 y 19, Derecho de petición de información.

Es necesario recordar que, una vez creada la primera liga de usuarios de las Empresas Públicas de Medellín, tuvimos la oportunidad de participar en la convocatoria que realizara la Alcaldía de Medellín, para que, en cumplimiento de la ley, los usuarios de los servicios públicos domiciliarios, tuviéramos la oportunidad de participar en la Junta Directiva de las Empresas Públicas de Medellín; y, cumpliendo con todas las exigencias, nos ganamos el derecho, pero en forma antidemocrática nos lo *robaron*, presentamos la demanda, que ganamos muchos años después cuando ya para qué.

JESÚS MARÍA VALLE, SU EJERCICIO POLÍTICO: LA CREACIÓN DE LA ACCIÓN POPULAR INDEPENDIENTE —API—

La década de los ochenta finaliza en un ambiente de extrema violencia, con una aterradora cifra de miles de colombianos asesinados que incluye a personas de todas las categorías: dirigentes sindicales y campesinos, obreros, intelectuales, políticos de diferentes tendencias, jueces, empresarios, periodistas, candidatos presidenciales, defensores de Derechos Humanos, etc. La década también se caracterizó por la generalización de dos fenómenos que desde entonces nos han señalado, tanto a nivel nacional como internacional. Ellos son:

En primer lugar, el fenómeno del narcotráfico, el cual permearía, sin excepción alguna, todas las actividades de la vida nacional, tales como el sector financiero, la propiedad de la tierra tanto urbana como rural, la actividad industrial y comercial, la construcción, los reinados de belleza, la actividad deportiva como el fútbol, la actividad social y política, etc., y obviamente a las instituciones del Estado, tales como el Congreso, el aparato de justicia, las instituciones que conforman las fuerzas de seguridad del Estado, etc.

El otro fenómeno, en segundo lugar, fue la conformación de los grupos paramilitares de toda índole, legales e ilegales, los cuales le han servido al Estado, a través de los diferentes gobiernos, no solo para el ajuste de cuentas entre ellos mismos, sino también para el exterminio de sus opositores políticos y de los dirigentes sociales que luchaban por las reivindicaciones de sus respectivos sectores, como los defensores de los Derechos Humanos, los sindicalistas, los dirigentes cívicos, etc., lo que ha significado la casi extinción de organizaciones regionales y nacionales, tales como la Unión Patriótica, la Coordinadora Cívica del Oriente Antioqueño y el Comité Permanente para la Defensa de los Derechos Humanos.

Cuando se posesionó como presidente de la República el economista César Gaviria Trujillo, quien había reemplazado en la candidatura del Nuevo Liberalismo al inmolado Luis Carlos Galán, su gobierno tenía la gran responsabilidad histórica de gestionar la realización de un nuevo pacto social y político, con el objeto de lograr una convivencia con justicia social. Efectivamente, cuando la Corte Suprema de Justicia avala la séptima papeleta, es la oportunidad de convocar a unas elecciones con el objeto de elegir los constituyentes, los cuales, en representación del país, acordarían ese nuevo pacto social y político que se plasmaría en una nueva Constitución Nacional.

En Medellín, el grupo de dirigentes sociales que trabajábamos en los diferentes escenarios reivindicativos de la vida municipal y departamental, tales como la Liga de Usuarios de las Empresas Públicas de Medellín, los movimientos cívicos, las acciones comunales, comunidades cristianas, asociaciones de abogados, organizaciones de Derechos Humanos y sindicales, etc., y que veníamos discutiendo bajo el liderazgo de *Jesús María Valle Jaramillo* la posibilidad de organizarnos políticamente con el objeto de darles más coherencia y fuerza a todos nuestros trabajos sociales, debatimos cómo participar en este momento histórico y así poder hacer nuestro aporte a la solución de los problemas del país.

Fue así como se iniciaron una serie de reuniones, seminarios y conferencias, y la elaboración de documentos que contenían toda una filosofía, una política y una serie de soluciones que creíamos importantes para la paz social y política. Soñábamos con una sociedad civil que, en una nueva constitución, desmontara instituciones que han sido creadas para la guerra y que solo han dejado muerte e impunidad en el país.

Considerábamos que la defensa de la vida debía ser un himno aguerrido y firme. Toda la ola de muertes que había invadido las esferas de la vida nacional, exigía que hubiera mucha seriedad de parte de todas las fuerzas vitales de la sociedad, porque habíamos llegado al convencimiento de que la seguridad no la podíamos dividir. La inseguridad nos invadía a todos y la muerte la padecían todos: los empresarios, los campesinos, los políticos, los líderes sindicales, el movimiento guerrillero y los sectores populares del país. Ello nos obligaba inexorablemente a poner en la pirámide de un consenso el

Derecho a la Vida, que es lo que le ha dado fundamento a la civilización y ha enaltecido a los pueblos.

Teníamos una concepción muy clásica del Estado. Su estructura la cimentábamos en el desarrollo de las funciones legislativa, ejecutiva y jurisdiccional. Y con la reforma de 1968, se fortaleció el poder ejecutivo y se debilitó la función legislativa y nunca se le puso la suficiente atención a la función jurisdiccional, debilitándose tremendamente el aparato de la administración de justicia, hasta tal punto de que no les pudo responder a los fenómenos de criminalidad organizada en el país.

De ahí que consideráramos que, en materia de organización del Estado, una constitución debería de buscar un equilibrio en las distintas funciones del poder público, introduciendo un Estado moderno con nuevos compromisos. Abogábamos por el fortalecimiento de la policía preventiva y, como respuesta a este proceso lógico, el desarrollo de una policía civil, o lo que es lo mismo, el desmonte del Derecho Penal Militar y poner en su lugar un Derecho Civil Policivo, con sistemas de control a tono con los derechos humanos fundamentales.

Propender por la eliminación de los fueros ministerial, castrense, porque todos los hombres que delinquen deben someterse a una legislación común. Con esa visión no habríamos repetido las muertes de Urabá, del Magdalena Medio o de los barrios populares de Medellín. Para acabar la impunidad es necesario eliminar los fueros, porque bajo ellos se ampara mucho delito que se queda sin castigo. Los jueces que investigan delitos donde hay comprometidos militares o altos funcionarios del Estado, son asesinados o perseguidos.

Un proceso en ese sentido implica el fortalecimiento de la jurisdicción común en materia penal y la eliminación de las jurisdicciones especiales que contribuyen al actual desgreño administrativo de la justicia y al cierre de los espacios vitales para todos. En Colombia se han utilizado los instrumentos internacionales para resolver los conflictos irregulares que se dan en el país. A todos los conflictos sociales se ha respondido con las fuerzas armadas. El mundo enseña que a los conflictos internos hay que crearles canales de solución. Ahí es donde se desarrolla un derecho policivo, de tipo civil, no militar. Es decir, hay que impulsar los nuevos sistemas de control social, a tono con los derechos procesales. Pero nosotros militarizamos la policía, los organismos de seguridad, la sociedad civil, la lucha política, el Estado.

La preeminencia de los Derechos Humanos es vital en su concepción del Estado. Empero, no basta con su consagración sustantiva, sino que es necesario establecer instrumentos adjetivos eficaces, que garanticen su cumplimiento y que serían vitales en el proceso de negociación con los actores armados. También proponíamos el fortalecimiento de la función fiscalizadora, partiendo del hecho real de que el Estado ha fracasado porque no ha logrado encauzarla a través de procesos de participación de la comunidad. En nuestra concepción del Estado, nuestra función fiscalizadora está integrada por organismos gubernamentales y no gubernamentales. Son unas procuradurías de las que hacen parte el procurador y organismos cívicos, de la acción comunal, del movimiento social. Lo mismo con la función planificadora: podemos hacer planificación, pero escuchando las inquietudes de la comunidad, del movimiento cívico y social.

El resultado de todas estas reflexiones, de todo este nuevo trabajo y que en esta ocasión se daba en el escenario político, nos condujo a la formación de una nueva fuerza política a la cual denominamos "Acción Popular Independiente" —API— movimiento de participación comunitaria y cuyo líder indiscutible era el doctor *Jesús María Valle Jaramillo*. Nuestros postulados englobaban una línea de acción definida: la defensa de un nuevo pacto social, un código de paz, un proyecto histórico que incluyera la democratización de la economía, la desmilitarización de la vida nacional, la participación ciudadana, lo educativo y lo cultural. El consenso así descrito, debe construir una pirámide en cuya base debe estar, inexorablemente, el derecho a la vida.

Una vez el gobierno realizó la convocatoria para las elecciones a celebrarse el 09/12/90, decidimos aceptar dicha convocatoria para participar, con la esperanza de obtener un espacio en la Asamblea Nacional Constituyente con un delegatario, el doctor Jesús María Valle. A pesar de que logramos conseguir más de 33.000 firmas de respaldo, en cuya tarea participaron varios ciudadanos de diferentes municipios, profesores universitarios, líderes comunales y sindicales, empleados de la rama jurisdiccional, jueces, magistrados, usuarios de los servicios públicos, etc., no pudimos obtener una curul a la Asamblea Nacional Constituyente.

JESÚS MARÍA VALLE Y SU GRAN LABOR EN EL COMITÉ PERMANENTE PARA LA DEFENSA DE LOS DERECHOS HUMANOS DE ANTIOQUIA

Y qué mejor manera de empezar el tema de la acción que Jesús María Valle Jaramillo realizara en la materia de los Derechos Humanos, que traer las palabras de la generosa y maravillosa pluma de su gran amigo Hernando Londoño Jiménez, despidiéndolo ante su féretro:

> Un alma tan pura, un corazón tan generoso, una mente tan ávida en multiplicarse por nobles propósitos, no podía resignarse a la exclusiva y cautivante vida del foro que tanto enalteció con su inflamado verbo de tribuno. Otros territorios del pensamiento que le sacudían permanentemente su espíritu, le taladraban el alma, angustiaban su existencia, eran los Derechos Humanos por los cuales había que levantar la voz, gritar a cada paso la indignación profunda por sus violaciones, reclamarlos con valor civil ante todas las peligrosas instancias del poder.
>
> Esa fue la más hermosa etapa de su vida. La cumplió a sabiendas de todos los riesgos que por ello correría, y por ello resulta más meritoria, porque entregar la propia vida por defender los derechos de los demás, es la más heroica y sublime de las manifestaciones del hombre.

Objetivo político y militar

La Destrucción del Comité Permanente para la Defensa de los Derechos Humanos en Antioquia.

Siendo el responsable político del Departamento de Antioquia, el entonces gobernador y luego presidente de la República, el doctor

Álvaro Uribe Vélez, abogado y, según su propia definición, "hombre civil, pero de alma militar", y siendo el responsable militar de Antioquia, como comandante de la IV Brigada, el entonces comandante de las Fuerzas Militares de Colombia, el general Carlos Alberto Ospina Ovalle, "tropero y militar en cuerpo y alma", el día 25 de agosto de 1997 y con ocasión de la conmemoración del décimo aniversario del asesinato de los miembros fundadores del Comité para la Defensa de los Derechos Humanos de Antioquia, los doctores Héctor Abad Gómez y Leonardo Betancur, el inmolado doctor Jesús María Valle Jaramillo, quién más que ser un abogado, era un jurista, verdadero defensor de los Derechos Humanos y para quien era principio fundamental apoyarse en "La fuerza de la razón, y no en la razón de la fuerza", pronunció en medio de un lleno total del Paraninfo de la Universidad de Antioquia un brillante discurso que aparece inserto en este libro.

Y aunque hubiéramos preferido que el doctor Jesús María Valle, se hubiera mantenido siempre en el fragor de la lucha y no en la quietud de la muerte, lo cierto es que seis meses y tres días más tarde, después de ese discurso premonitorio, las mismas balas asesinas que mataron a quienes les hacía el homenaje, habrían de sacrificarlo a él en su propia oficina.

Ya para estos momentos, Jesús María Valle sentía los pasos de sus asesinos, pero por su talante y carácter, no daba el brazo a torcer. En una de sus últimas entrevistas para el periódico El Colombiano, se le preguntó a Valle si no lo atemorizaba realizar estas denuncias que en nuestro medio fácilmente le pueden costar la vida, o tomar las riendas del Comité para la Defensa de los Derechos Humanos, el doctor Jesús María Valle contestó:

> Siempre el miedo es inherente al hombre; lo acompaña como a su propia sombra. Pero cuando uno ve a otros hombres que tienen capacidad de sacrificio y de lucha como Leonardo Betancur, Héctor Abad Gómez y tantas gentes humildes que cayeron asesinadas y cuyos nombres ni siquiera se conocieron, si ellos dieron testimonio con dignidad y decoro, ¿por qué uno no puede hacer un pequeño aporte y superar el miedo y seguir trabajando? Pero también porque me conmovió mucho cuando

fui al Magdalena Medio y encontré bombardeos masivos. Yo creí que las personas que habían tenido que abandonar sus tierras, eran guerrilleros y que permanecían escondidos en Yondó, pero me encontré niños desnutridos con un rostro de amargura, como si estuviéramos en la segunda guerra mundial, ancianos desnutridos con el hambre y la miseria en el rostro, mujeres embarazadas que habían tenido que dejar sus enseres. Todos esos fenómenos le permiten a uno superar el temor. También expresaba que, dentro de un trabajo de los Derechos Humanos, "que es como un oleaje universal que recoge todo el pensamiento del cristianismo primitivo y que hoy adquiere más vigencia que nunca". Se debe trabajar con la humildad de las piedras y la tranquilidad de los árboles, por el enriquecimiento de aquellos valores colectivos que explican la convivencia social y la existencia del hombre.

El lunes 28 de diciembre de 1987 el periódico El Mundo de Medellín editaba lo que, a su vez, era lo que se registraba en la prensa internacional:

> 1987, EL AÑO DE LA "GUERRA SUCIA", MÁS DE 2.500 MUERTOS Y 200 DESAPARECIDOS:
>
> El resurgente fenómeno que padecimos este año en Colombia, la entronización del asesinato como arma política, según lo definió el expresidente Carlos Lleras Restrepo. Obviamente esa macabra secuencia de asesinatos, esta irracional escalada de terror, llamó la atención de la prensa internacional. Con el título: 1987 FUE EL AÑO DE LA GUERRA SUCIA EN COLOMBIA.
>
> Las organizaciones defensoras de los Derechos Humanos y fuerzas de izquierda indican, que la "guerra sucia" está basada en la Doctrina de la Seguridad Nacional y que la lleva a cabo una alianza de narcotraficantes, hacendados y militares, tal como se contempla en manuales de contrainsurgencia del Ejército. También indican que la "guerra sucia" ejecutada por 147 grupos de "autodefensas" o "escuadrones de la muerte" —cifra entregada al Congreso por el entonces ministro de Gobierno, César Gaviria— tiene como propósito inmediato boicotear las elecciones populares de alcaldes que se efectuarán por primera vez en Colombia en marzo de 1988.
>
> Un asesinato triple hizo pensar a muchos colombianos que la "guerra sucia" había tocado fondo. El 25 de agosto, el presidente del Comité Permanente para la Defensa de los Derechos Humanos de Antioquia, mé-

dico, periodista, político liberal y catedrático doctor Héctor Abad Gómez, fue asesinado junto con el también médico y miembro del Comité, doctor Leonardo Betancur, cuando visitaban la capilla ardiente del presidente de la Asociación de Institutores de Antioquia ADIDA y abogado Luis Felipe Vélez, quien había sido asesinado en las horas de la mañana.

Desde mediados de 1987, la "guerra sucia" cobró un cariz novedoso: la proliferación de "listas negras" de amenazados de muerte, acusados de "relacionistas de la guerrilla" (como varios periodistas), o de "idiotas útiles de la subversión" (como los Defensores de los Derechos Humanos). Las amenazas provocaron una estampida, y son decenas de periodistas, artistas, catedráticos e intelectuales en general, que tomaron el camino del exilio, obligados por las circunstancias.

Para finalizar este pequeño homenaje del gran defensor de los derechos humanos, el doctor Jesús María Valle Jaramillo, con una reflexión de la pluma inmaculada del ex constituyente Hernando Londoño Jiménez —Q.E.P.D.— a quien también admiré (cabe recordar que fue otro de los fundadores del Comité de Derechos Humanos), cuando escribió esta sabia reflexión:

Y bien sabemos que la historia solo tiene dos maneras de sentir los pasos del hombre por el mundo: La de los opresores de la libertad, que la asesinan en los patíbulos o en las cárceles, en las calles, en los parques o en los caminos, sometiéndolos al permanente ludibrio de la posteridad; y la de aquellos que se ganan la muerte o padecen la prisión por defender los derechos del ser humano, consagrando eternamente su memoria, como un símbolo espiritual de una época, como el más vivo ejemplo de las virtudes que se deben imitar por su grandeza de alma, por la reciedumbre de su carácter, por la pureza de su corazón y por la magnificencia de sus grandes ideales. Y cuando estos pasan al bronce y al mármol de las estatuas y monumentos recordatorios, o a sus biografías, aquellos apenas sí dejan la oscura huella de sus crímenes al servicio de sus inconfesables iniquidades.

Elegía en la muerte de un amigo

Hernando Londoño Jiménez[*]

Un fuerte ramalazo del destino nos ha golpeado el alma y casi paralizado el corazón. Siempre que nos decían su nombre contestábamos que era nuestro hermano. Lo quisimos desde cuando llegó a nuestra existencia por los sagrados vínculos del espíritu y por la comunión de los ideales. No podía ser de otra manera, porque en su mente se albergaban los más puros pensamientos, y en su palabra cautivante y sabia flotaban tanto los anhelos por la justicia como la esperanza de proteger los derechos de todos aquellos que, sin tener voz para reclamarlos, encontraron en él al mejor apóstol, el más decidido abanderado de sus causas. Siempre lo vimos como cumpliendo un inexorable mandato de la sangre, al lado de los débiles, de los más humildes, de los desposeídos de todos los derechos, de los oprimidos y perseguidos injustamente, porque era solidario con su dolor, sentía sus propias heridas y lo anonadaban sus mismas tragedias. Así vivió siempre su procelosa existencia, Jesús María Valle Jaramillo.

Desde cuando lo conocimos en la primavera de su vida, seguimos cada uno de sus pasos, porque desde ese momento iniciaba ya su fulgurante carrera, y era evidente que estaba dotado de los más excelsos atributos de la inteligencia y de la hombría de bien, para destacarse en el panorama nacional como cimera figura del derecho y como uno de los mejores oradores forenses que ha tenido Colombia. En los estrados judiciales, cuando subía serenamente a la tribuna, todo

---

[*] Fundador del Comité Permanente para la Defensa de los Derechos Humanos de Antioquia; Exconstituyente; Q.E.P.D. Discurso pronunciado en el marco de las exequias de Jesús María Valle Jaramillo, el 28 de febrero de 1998, en la Iglesia de Santa Gema de la ciudad de Medellín.

el auditorio sabía ya que asistiría al más emocionante espectáculo de la inteligencia, porque se iba a escuchar al inmenso orador que sabía deleitar y conmover con su avasalladora elocuencia. Su palabra era fluida y elegante, y sus razonamientos tenían la firmeza de los silogismos. Escucharlo era una verdadera fiesta del espíritu. Los jueces, fiscales y magistrados que estuvieron pendientes de su palabra cuando llevaba la defensa de quienes le habían confiado su causa, siempre supieron que en esa palabra hablada o escrita latía un auténtico ardor por la justicia que clamaba. ¡Que hermoso ejemplo para las generaciones de hoy y del mañana esta vida iluminada por el amor de la justicia, por la defensa del derecho, por la reciedumbre de su lucha verdaderamente heroica a favor de la protección de los Derechos Humanos!

Pudo haber dicho con el *Canto a mí mismo* de Walt Whitman: «Yo *soy una infinidad de cosas ya cumplidas y una inmensidad de cosas por cumplir*». Las cumplidas, lo recordamos ahora embargados por la pesadumbre que nos ha producido la atroz tragedia de su muerte, están, el haberse entregado con que gallardía, competencia y pulcritud al ejercicio de la profesión de abogado, a la cual sirvió con una pasión y una mística verdaderamente admirables. En eso fue y será paradigma porque, hasta quienes lo tuvimos muchas veces de contraparte en los procesos penales, sabíamos de un contendor que siempre inspiraba respeto y admiración, porque cuando salía a la palestra judicial era únicamente a rivalizar por el encuentro de la verdad, en torno de lo cual libró tan hermosos batallas que en los anales de la justicia colombiana se recordarán siempre como modelo de lo que deber ser una vida consagrada por entero a los grandiosos y sublimes ideales de la justicia y del derecho. Y en cuanto a «una *inmensidad de cosas por cumplir*», que dijera el viejo e inmortal Whitman, Jesús María Valle bien sabía que ese otro mundo que le faltaba por vivir no era más que la mitad del ya vivido, dedicado a las mismas luchas, a realizar idénticos anhelos, a buscar las mismas esperanzas.

Un alma tan pura, un corazón tan generoso, una mente tan ávida en multiplicarse por nobles propósitos, no podía resignarse a la exclusiva y cautivante vida del foro que tanto enalteció con su inflamado verbo de tribuno. Otros territorios del pensamiento que le sacudían permanentemente su espíritu, le taladraban el alma, angustiaban su existencia, eran los derechos humanos por los cuales había que levantar la voz, gritar a cada paso la indignación profunda por sus violaciones, reclamarlos con valor civil ante todas las peligrosas instancias del poder. Esa fue la más hermosa etapa de su vida. La cumplió a sabiendas de todos los riesgos que por ello correría, y por eso resulta más meritoria, porque entregar la propia vida por defender los derechos de los demás, es la más heroica y sublime de las manifestaciones del hombre.

Ante su tumba vibra un estremecimiento terrible, aletea el dolor con tanta intensidad que pareciera que no fuéramos a ser capaces de soportar tanta pena, de mitigar tanta rabia y llevar tanta tristeza. Pero, para consolarnos un poco ante tan inmensa desgracia que por siempre nos enlutará el alma, digamos con las palabras hermosamente trágicas de Albert Camus: «Por *encima del dolor de los hombres, a pesar de la sangre y la ira, a pesar de los muertos irremplazables, de las heridas injustas, de las balas ciegas, no hay que pronunciar palabras de dolor, sino palabras de esperanza, de una terrible esperanza de hombres a solas con su destino*».

Las banderas en el aire. Homenaje a Jesús María Valle Jaramillo

J. Guillermo Escobar Mejía[*]

Que el chivo es un animal de ruda supervivencia, mezcla de ermitaño y basuriego, con digestión de acero; que su hendida pezuña le permite transitar lo intransitable: la empinada falda y el riscal inalcanzable... eso, es verdad y todos lo sabemos.

Es reconocida su adaptación evolutiva que asimila y pervive en la pobreza, dignificándola en el erial o en la montaña fosca enmalezada con abrojos espinosos, desprendiéndose así de los cuidados del hombre por ser un terco dominador de dificultades que conquista el don de la independencia, coronándose: príncipe de la libertad...eso, todos lo sabemos.

Pero, Jesús María Valle Jaramillo sabía más... Aprendí en la lectura de la "Historia de la Revolución rusa", escrita por León Trotski, que no hay hombres predestinados, como si hubieran nacido al azar; ni es científico fantasear con hadas madrinas que, con sus varitas mágicas, signan con virtudes extraordinarias a los escogidos. No, la grandeza de los hombres reside en una lenta asimilación de las necesidades de los pueblos a los que pertenecen y, luego, haciéndolas conscientes, las asumen con vocación de solución, imponiéndose disciplina de acción en veces heroica, siempre santa.

---

[*] Exjuez, Exfiscal, Profesor de Ética y de Casuística Penal durante muchos años en diversas Facultades de Derecho de la ciudad de Medellín. Este texto se publicó como Editorial de la *Revista Nuevo Foro Penal* N.º 63, año XXI, enero-abril de 2000, pp. 5-12, dedicado a la memoria de Jesús María Valle Jaramillo con motivo de los dos años de su muerte.

Jesús María Valle Jaramillo introyectó, desde la niñez y durante su estudiosa juventud, todas las necesidades sentidas de la sociedad colombiana, recogió sus frustraciones, sus esperanzas y abanderó intrépido sus indignaciones. Era sencillo, agradable en su trato y generoso. Nada era suyo si alguien lo necesitaba; espléndido en la amistad e indomeñable en la lucha por los principios. Nada en él fue improvisado, todo lo construía al yunque de su voluntad: dominaba la teoría política, para poder soñar con un Estado que afirmara la justicia distributiva favoreciendo a los olvidados de la fortuna y abriera, para ellos, la oportunidad de potencializar sus capacidades, transfigurándolos en forjadores de un futuro creciente en saber y sabiduría de patria.

Fundó un movimiento cívico-político: El "Api". Nos agolpamos a su alrededor a soñar utopías.

Iba, agotando el aceite de las lámparas nocturnas, escalando cimas jurídicas: se le conocía en Antioquia como pionero y experto en la técnica casacionista. De ahí hay solo un paso al escalón pedagógico: profesor de Ética en la Universidad Autónoma; de Pruebas Penales en la Universidad de Medellín; y en nuestra querida "Alma Mater", la Universidad de Antioquia, enseñó: Ética, Pruebas Penales, Justicia Penal Militar y la Teoría Procesal. Entonces era un iluminado del deber y de la exactitud investigativa. Era mi par, en Medellín, en la enseñanza de la Oratoria, con él compartí maestría al Sindicalismo Bancario.

Por otra parte, en el ejercicio profesional gozó de excepcional crédito como penalista —cobraba a la clientela rica los honorarios de los pobres que atendía amorosa y gratuitamente—, llegando a ser un gigante en la tribuna en aquellos buenos tiempos del "jurado de conciencia", siendo famosos sus exordios filosóficos por su clásica belleza y la profundidad humanística de sus reflexiones.

Conformado así, tenemos al líder: fundó "La liga de usuarios", para enfilar resistencia orgánica ante los desafueros tarifarios de los servicios públicos y exigir agua potable y alcantarillado para los barrios marginados de la ciudad.

Después, atraído por el propicio y breve espacio democrático de la campaña política para la elección de dignatarios de la Constituyente del año 1.991, fundó la "Acción Popular Independiente", que nos permitió, fui su compañero, recorrer todos los caminos de Antioquia, acompañados de jóvenes entusiastas, predicando el humanismo de los derechos humanos, como palabra profética que desnuda los abusos de los poderosos y la crueldad de los perversos, contra la ingenuidad de nuestro pueblo, uno de los más hermosos de la tierra: espléndida es la bondad natural de los humildes y la paciencia de los mansos.

Él era, indudablemente, quien congregaba por su virtud y su desprendimiento sin límites; magnetizaba no por esas fingidas arrogancias, propias de nuestros intelectuales, sino por su amoroso quehacer de Justicia que entendía, superior a los otros, por ser la única "que no es para sí, sino para otro".

Cuando el doctor Carlos Gónima López fue asesinado, al parecer, por haber facilitado, a nombre del "Comité de Derechos Humanos: Héctor Abad Gómez" (así bautizado en memoria del mártir), un jeep a una comisión francesa que, con propósitos humanitarios, visitó a Colombia, entonces, desgarrada sobre el charco de su sangre, quedó expósita la bandera del Comité, furiosamente diezmado. Nadie se atrevía a recogerla. Se hizo un silencio de catedral, y rompiéndolo, como la luz lo hace con la niebla, lo vimos venir, con paso sereno y en los labios su sonrisa de ternuras tímidas y sin algazara, ni clarines, que siempre fue ajeno a las pompas, la recogió, besó sus pliegues, juró su servicio hasta la muerte y encumbrándola a la cima de su moral, la hizo flamear con tanta dignidad que, en la oscuridad de la catedral se agazaparon, fríos, calculadores y mezquinos: los bufones, los cornejos y los verdugos.

Se inició uno de los períodos más fecundos en la praxis de los derechos humanos en Antioquia: presencia jurídica y sociológica en las barriadas infrahumanas. Poder representativo ante los tribunales internacionales por delitos de lesa humanidad, como en el caso de los jovencitos asesinados en "Villatina" por agentes encapuchados, proceso que finalizó con la condena del Estado colombiano, obligándolo a suplicar perdón público, a indemnizar a las familias de las víctimas e impulsar obras de servicio a la comunidad.

También se logró incrementar: el conocimiento de los derechos correspondientes a los servicios públicos; la atención a las situaciones dantescas de las cárceles; el cultivo del civismo y del espíritu de conciliación y el respeto por la diferencia. Se hizo examen del orden democrático, de la ética ciudadana y una objetiva oposición a la violencia como práctica del poder.

Jesús María Valle Jaramillo como concejal del "Api" en su tierra natal, Ituango, se vio comprometido por su carácter de vocero social y testigo ático, en la asunción altisonante del dolor de sus coterráneos: un proyecto macroeconómico, la "represa de Pescadero", con vocación a ser una de las más importantes de América del Sur, hizo que aquella tierra campesina, greda ingenua, se anegara en sangre inocente. Se inició con una masacre en la vereda "La Granja" y se fue extendiendo en radiales de muerte por todo el territorio, las expediciones disgregaban y laceraban a todo el norte de Antioquia: Yarumal, Santa Rosa de Osos, San José de la Montaña, Entrerríos, San Pedro de los Milagros. Cada población tenía un núcleo paramilitar, tolerado por las autoridades no activas.

El Norte tiene, como toda economía lechera, una cotidianidad de trabajo que se inicia con el alba y termina al anochecer: ordeñadas oportunas que si tardan se enferman las vacas de mastitis; desmalezada de potreros, su fumigación y abonos y cal para la acidez de la tierra. Clima frío, lluvias sobre el cuerpo; ir y venir con canecas, bultos de cuido, trasiego con los animales; reparación de alambrados; distribución de aguas ..., desaguar pantaneros; transitar entre la bruma que los cubre como un poncho absorbente que a la distancia va borrando las siluetas. Después, recogerse en el hogar y rezar el rosario o escuchar la radio.

Idiosincrasia religiosa, virtud en la mujer y tradicionalismo en los hombres. Esto fue atacado sin compasión: caseríos como "El Aro", corregimiento de Ituango, conocieron la barbarie en grado de destrucción; San Pedro de los Milagros, de sacro lugar de romería al Cristo milagroso, pasó al escándalo con tres burdeles vulgares e impuros; San José de la Montaña sufrió la infamia del impuesto sexual a sus matronas y la preñez de las muchachas estudiantes en la Normal; el éxodo de los pobladores de "Labores" lo convirtió en pueblo fantasmal; Santa Rosa escondió su moral, como la cabeza de la tortuga, en dura caparazón de carey; Yarumal, el ciclópeo, cuyas construcciones sólidas parecen alcázares etéreos que tocan los mismos cielos, como la escala que soñara Jacob, olvidó las enseñanzas que, en sus estrofas, contiene la más bella cantata a la libertad, el himno antioqueño, inspiración de uno de sus hijos, Epifanio Mejía, loco sabio que descubrió: en los colmenares de los montes, la miel para la ternura de sus poemas; y, en las selvas, el arrullo de las tórtolas; y, en las hojas de colores, epicúreos placeres de la montaña. También las aguas se tiñeron en sangre y la represa de Río Grande se convirtió en irrespetuoso botadero de cadáveres.

¡Qué dolor!, ¡qué grave pecado histórico!, ¡metamorfosis de la paz hacia el terror! Jesús María Valle Jaramillo, en absoluta soledad, se subió a la torre de la civilidad. Tomó en sus manos los lazos del campanario y tocó a rebato, a somatén. Nadie lo quería oír: estuvo en la Gobernación de Antioquia y ante el mandatario de entonces y su secretario de gobierno, doctores Álvaro Uribe Vélez y Pedro Juan Moreno, expuso de manera escueta la verdad de los acontecimientos. No tuvieron voluntad real de escucharlo: arrogantes, polemizaron con él y desconociendo su carácter de Profeta, como un mendrugo, le ofrecieron "seguridad personal en la medida de lo posible". La respuesta fue: "No suplico por mí, sino por mi pueblo" (Conozco el acta de esa reunión, suscrita por la Secretaría del Comité de Derechos Humanos).

Fue a la justicia y denunció los hechos. Tocó las puertas de la Iglesia. Nada fue enmendado. Su voz caía en el desierto, ni siquiera el eco le correspondía: Entonces. Como en los recintos oficiales se burocratizaban las denuncias y él poseía poder de convocatoria periodística, protagonizó debates públicos: en la universidad, en la televisión, la radio y la prensa. Incluso, en foro abierto en la Cuarta Brigada.

Era el espectáculo heroico del Cid contra los moros: su voz tribunicia invocaba los principios del cristianismo, de la civilización y del amor. No era trémula su palabra: racionalizaba, demostraba y exigía derechos. Su indignación tenía alas espirituales, nunca procaz y en todo momento el buen decir le hacía atrayente, creíble y santa. Matices que pertenecen a la verdad auténtica que germina en el sufrimiento, cuando se va apagando el sol de la esperanza.

Tuvo por respuesta la denuncia penal, como estrategia para silenciarlo mediante el terrorismo abusivo de lo legal. Olvidaron al aguerrido penalista y al intrépido líder de los derechos humanos: se presentó ante la justicia —la víspera de su muerte— y en "versión libre", diligencia para la historia, ratifica que el horror de Ituango y del norte de Antioquia es apocalipsis producido por una bestia híbrida: los que mancillan el deber constitucional y fuerzas mercenarias, carentes de sentimientos de humanidad.

El 27 de febrero de 1998, un comando de muerte lo sorprendió en su Oficina. Estaba con un amigo y con su hermana que le cooperaba como secretaria. Serenamente, para evitar la muerte de ellos, se brindó en holocausto: dos disparos penetraron a su pensamiento final: "Aquí estamos y estaremos siempre, en el fragor de la lucha o en la quietud de la muerte...".

***

Un sacerdote, el padre Federico Carrasquilla, perteneciente a la Teología de la Liberación, apóstol de los barrios tuguriales de Medellín, profeta perseguido y santo, hace del héroe caído la más perfecta semblanza, en carta que envía al infinito. La mensajera que recibió aquella epístola, en el corredor de los cielos, es una anciana octogenaria, india catía. De inmediato la entrega a su destinatario. Su texto es el siguiente:

"Querido Jesús María: Mientras estuviste viviendo entre nosotros esta primera etapa de tu vida, solo te encontré una vez: Como siempre, estabas en lo tuyo: defendiendo con ardor y entusiasmo el derecho a la vida y denunciando los poderes de muerte que están sembrando la destrucción y el dolor de nuestro pueblo.

"Pero en realidad tu persona, tu palabra y tu vida me acompañaban y me seguían por todas partes desde hacía mucho tiempo. Estabas tan cerca de mí como mis amigos más queridos. Siempre me decía a mí mismo: mientras en este mundo haya personas como Jesús María Valle, vale la pena seguir luchando. Vos me reconciliabas con la humanidad.

"Toda mi vida he tenido la gracia y el privilegio de estar cerca del dolor y el sufrimiento de nuestro pueblo, en esa forma de dolor y sufrimiento que es más doloroso que el producido por la enfermedad, porque proviene de la maldad, la dureza y la indiferencia de un corazón que se cierra a sus hermanos y que es lo que produce la explotación, la miseria y la violencia en todas sus formas. Este dolor y este sufrimiento son más insoportables porque revelan en el que lo hace la inhumanidad radical y, en el que lo padece, el grito desgarrador de una vida que reclama respeto y exige dignidad. Y esto es más destructor que la peor de las enfermedades o quizás es eso lo que hace inhumana la enfermedad. Y en medio de esta vivencia mía, la persona tuya se levantaba mostrándome otro rostro: el de una humanidad a quien el dolor de sus hermanos había pulido, purificado y hecho, sin más, transparencia de amor, de bondad, de autenticidad.

"Ahora me pregunto desde cuándo empezaste a vivir para mí de esta manera. Solo recuerdo que fue poco tiempo después del asesinato de ese otro hermano imborrable —Héctor Abad Gómez—, quien desde el comienzo de mi ministerio sacerdotal en medios populares había ocupado ese lugar. El día del asesinato de Héctor —que sucedió precisamente cuando pasaba por la prueba de un derrame cerebral—, sentí que mi vida se hundía: se me había perdido un punto de referencia, una vida que me sostenía y me animaba. Y providencialmente, poco tiempo después, te conocí a vos. Lo único que me acuerdo es que cuando le dije a mi corazón qué íbamos a hacer nosotros sin la presencia de Héctor, me dijo: 'tranquilo que ahí queda Jesús María'. Y me contó de tu vida, de tus convicciones, de tu compromiso, de tu coherencia y de tu honestidad; es decir, de una vida que rayaba en lo heroico y que solo estaba matizada por una sencillez y una simplicidad de puro estilo franciscano. Y volvió a florecer en mí la alegría, la esperanza y el entusiasmo, en mi compromiso.

"Como vos sabés, soy profundamente creyente. Mi vida desde siempre ha girado alrededor de Jesús de Nazaret, y desde ese Jesús de Nazaret, mi pasión, mi única y absoluta pasión ha sido el mundo pobre. Jesús y el pobre siempre me han fascinado y llenado totalmente mi vida. Pero precisamente por eso y como persona humana, necesito de testigos, de personas de carne y hueso que encarnen y hagan visible ese mundo de Jesús y me estén recordando lo que significan hoy su persona y su mensaje. Y vos sos de esos testigos. Nunca me pregunté si eras creyente o no. Poco me importa. Tu vida me hacía presente a Jesús de Nazaret y eso me bastaba.

"Por eso tu asesinato, tu muerte tan despiadada, selló en total coherencia esta primera etapa de tu vida. Y la selló como tenía que ser y como vos mismo lo habías previsto. Los que te mataron pensaron quitarte de por medio. ¡Pobrecitos! Solo consiguieron que saliera a la luz pública la vida de tu vida. Tu muerte es tu vida. Frente a los que te mataron solo tengo sentimientos de dolor y tristeza. El que mata a otro, ya hace tiempo está muerto en sí mismo. Te alejaron físicamente de nuestra vida, para hacerte definitivamente presente. Como en las anécdotas de Galeano, 'se llevaron todo, menos tu música'. Y como lo decía el indígena maya: 'cortaron tu tronco, pero nunca podrán arrancar tus raíces'. Por eso, Jesús María, ahora ya podemos gozar libremente de tu presencia. Todos los días nos levantábamos angustiados pensando que alguien podría venir a arrebatarnos tu compañía. Ya nadie nos la puede quitar. Ya nadie te puede matar. Estás definitivamente en la vida. Tu muerte, como la de Jesús, NO es un fracaso. Es tu triunfo: ¡venciste, hermano!

"Con la noticia de tu muerte quedé por un momento como los discípulos al ver morir infamemente a Jesús en la cruz: desconcertado, terriblemente desesperado; con ganas de salir huyendo de una ciudad asesina, que mata a los mejores de sus hijos. Pero eso solo fue un instante. Pronto apareciste de nuevo como el Jesús del camino de Emaús, haciéndome comprender que si el grano de trigo no muere, no da fruto; que solo entra en la vida el que la pierde. Comprendí entonces que tu vida ahora nos es más preciosa que antes; que vos seguís caminando con nosotros; que tampoco debí buscar entre los muertos al que estaba vivo; que todos y en especial tus amigos podemos ya definitivamente y sin angustia contar con tu vida, con tu presencia que marcha a nuestro lado. Ahora tu vida nos va a seguir diciendo que no temamos a los que están matando al cuerpo sino a los que están asesinando el alma de nuestro pueblo; que no nos encerremos en nuestras seguridades ni salgamos huyendo de nuestro miedo; que comprendamos de una vez por todas que la vida solo vale la pena vivirse cuando se vive por valores que valen más que la propia vida. Y que a vos, como a Jesús, te vamos a encontrar y a reconocer siempre si compartirnos el pan con nuestro hermano. Gracias, Jesús María. No te alejes de nosotros. Contamos siempre contigo y necesitamos de tu presencia. Tu hermano".

***

Sentados en el lugar destinado a los justos y a los misericordiosos, tomando tacitas de café, están: Héctor Abad Gómez, Luis Fernando Vélez Vélez y Jesús María Valle Jaramillo. También los acompaña otro mártir: El doctor Ramón Emilio Arcila, constructor de la conciencia comunal en el oriente Antioqueño. Su ejemplo y su palabra fueron pedagogía fecunda.

Los nombres de los líderes que los siguieron, ahora, solo pueden leerse escritos en sus cruces. La anciana catía que los atiende, les dice: "Todos los hombres nacen de la saliva divina de Caragabí y nada tan cerca de la saliva como la palabra".

Ellos responden: "Es cierto, sin embargo, la palabra del profeta, predestinado a la hazaña y al martirio, es agua lustral purificada y purificadora. Es viva porque representa las necesidades del pueblo. Viene de la entraña misma de la roca: hay que golpearla con el bastón de peregrinos, tres veces, así no se permita entrar a la tierra prometida; es decir: El goce de la utopía del hombre". La anciana sonríe y se esfuma...

Luis Fernando Vélez Vélez explica: Ella es, Clementina Sapia, la memoria del pueblo catío. A ella debo, por su paciente narración oral, mi libro: "Relatos tradicionales de la cultura Catía", No me ha sorprendido encontrarla aquí, me lo había anunciado; antes de morir, cuando estaba agonizando, ordenó a sus hijos que debían venir desde el tambo lejano a Medellín para decirme: "La vieja Clementina cuando estaba muriendo, le envió esta razón: "Dígale al doctor Vélez que en el cielo nos topamos".

Hubo un silencio respetuoso que permitió escuchar la ronda que cantaba un niño famélico, con tonada de villancico navideño, anticipado al mes de julio:

"Pan, pan
que repetido suena a disparo,
a golpe de puerta,
a tambor,
a campana,
a hambre...
paz, paz,
que repetido o sin repetir
suena y huele a pan caliente".

***

La vieja Clementina Sapia volvió a escena, traía en su paz toda la dignidad de su raza vencida, el cabello como recogido, con una bella peineta hecha con la concha amarilla del armadillo, caía organizado hasta la mitad de su espalda; caminaba con el donaire del silencio descalzo y erguida, levantada su frente, parecía, ciertamente, una sacerdotisa de Caragabí. Su voz tenía acentos arcaicos de musical misterio y cada frase brillaba en sus ojos gastados, memorísticos y sabios. Preguntó a Jesús María: "¿Señor, para que sirven los chivos?". Mirándola le respondió: "Señora, solo usted podrá comprenderme, para los demás mi respuesta será la confesión de una aventura económica de la ingenuidad: vi tanta pobreza en mis paisanos y estaban los niños campesinos tan desnutridos que un día pensé: tengo una tierra inculta y enmalezada, si llevo allí unas parejas de chivos, bastará el transcurso del tiempo y naturalmente se irán reproduciendo. Cuando ajuste 200 pares, machos y hembras, en 4 camiones los llevaré y entregaré en los propios ranchos, diciéndoles: "Si tienen paciencia y amor los hijos y los nietos comerán carne ...".

"Señor: ¿Cuando lo mataron, cuántas parejas tenía en su finca?" "veintiocho, mi familia los regaló a los desplazados, también campesinos hambrientos y desarraigados que ahora malviven en improvisados tugurios: roto el techo y rotas sus almas".

Clementina Sapia recordó las hambrunas de su pueblo, lo miró con cariño y díjole susurrante: "Usted fue bendecido por los dioses: es el único blanco que ha comprendido la leyenda del diluvio ...".

Y se hizo con tomos de eternidad, brillantes como el diamante, un silencio de gloria.

Las últimas constancias que Jesús María Valle le dejó a su hermano*

Periódico *El Espectador*

Tras la investigación que reactivó la Corte Suprema de Justicia hace casi un mes, el crimen de Jesús María Valle Jaramillo volvió a cobrar protagonismo en la escena pública. Y aunque pasaron ya 22 años, las denuncias que en su momento hizo el presidente del Comité para los Derechos Humanos de Antioquia resultaron proféticas: las Convivir y el paramilitarismo dejaron una estela de horror de la que todavía no se repone Colombia. Su hermano menor, Darío Valle Jaramillo, cuenta por primera vez en esta entrevista las confesiones que Jesús María le hizo en los tiempos más azarosos de esos ejércitos ilegales. También se declara pesimista y asegura que sabe que esa muerte quedará impune, así todos sepan de dónde provinieron las balas. Además, como exfuncionario del CTI de la Fiscalía, narra que hubo una operación para torcer el proceso que indagaba por los verdaderos financiadores de las Autodefensas. Así fue la charla de Darío Valle Jaramillo [DVJ] con El Espectador [EE]

EE: *Casi siempre que se habla de Jesús María Valle se cuenta la última etapa de su vida: su lucha por la defensa de los derechos humanos en Antioquia y sus denuncias contra los violentos. Pero poco se sabe de su infancia, de su vida en Ituango, de sus luchas en la universidad*

---

* El presente texto reproduce la entrevista que Redacción Judicial del periódico El Espectador, le hizo a Darío Valle Jaramillo, hermano de Jesús María Valle Jaramillo, la cual fue publicada virtualmente el día 13 de septiembre de 2020, en la siguiente dirección electrónica: https://www.elespectador.com/judicial/las-ultimas-constancias-que-jesus-maria-valle-le-dejo-a-su-hermano-article/

y en su primera juventud. ¿Podría contarnos un poco sobre esa faceta desconocida?

DVJ: Jesús María es el último bastión de una generación borrada por el horror del paramilitarismo, generación de la cual hicieron parte, entre otros, Pedro Luis Valencia, Leonardo Betancur Taborda, Héctor Abad Gómez y Luis Fernando Vélez Vélez. Nació en 1943 en un hogar compuesto por Jesús Valle, oriundo del corregimiento La Granja (en Ituango), y Blanca Jaramillo, quienes contrajeron matrimonio en el corregimiento de El Aro (también en Ituango). Realizó sus estudios secundarios en el Liceo de la Universidad de Antioquia, donde fue designado para dar el discurso final de bachillerato. Se graduó como abogado en 1970. Su proyecto de vida fue siempre la expresión comprometida y consecuente con el humilde, el desplazado, el desaparecido, el torturado, el perseguido injustamente. Políticamente, perteneció al Partido Conservador, siendo diputado de Antioquia, renunciando más adelante a dicho cargo y a dicho partido por serias y profundas discrepancias ideológicas. Fundó y trabajó en movimientos comunitarios como la Liga de Usuarios de Empresas Públicas de Medellín. Si estuviera vivo, estaría apoyando con ahínco las justas y necesarias decisiones del alcalde Daniel Quintero con respecto a dicha empresa. Fue aspirante a la Constituyente de 1991, presidente del Colegio Antioqueño de Abogados y del Comité para los Derechos Humanos en Antioquia.

EE: *Hace 22 años Jesús María Valle fue asesinado por sicarios de la banda La Terraza en su oficina en Medellín. ¿Cómo fueron esas últimas horas de Jesús María?*

DVJ: Jesús María era un hombre de principios. Me decía: "Darío, ni los principios ni la familia se negocian jamás. He tenido como principio de vida defender al más vulnerable de la sociedad. Sé que me van a matar, pero de aquí no me muevo. Seguiré defendiendo a mi gente de El Aro, de La Granja, a mi pueblo, ya denuncié ante los gobernantes. No quieren escuchar mi llamado, pero lo seguiré haciendo hasta que me maten. No tengo temor a morir por mi gente". Eso me lo dijo hasta sus últimos días. Era serio y me decía: "En este momento no me puedo quedar callado; el gobernador, las autoridades están avisadas del sufrimiento de mi gente, las violaciones, los asesinatos a sangre fría y no se conmueven porque están en connivencia con los malvados paramilitares. Ante tal situación no me callaré jamás. Seguiré hablando hasta el día que me den y sé que pronto me darán". Y aunque era prudente, decía: "Hay situaciones como la que estamos viviendo de masacres horripilantes que no nos permiten guardar esa prudencia que muchos me piden y que el dolor en el alma no me lo permite y me quita el miedo a la muerte como venga y cuando llegue".

EE: *¿Qué otras charlas recuerda usted con Jesús María?*

DVJ: Su humanismo hasta sus últimos días fue increíble. Poco antes de morir, en una conversación que sostuvimos, me decía: "Qué bueno vivir largamente en una sociedad más equitativa, donde se diga: 'Yo gano, si todos ganamos'; donde exista una sola religión basada en el amor, la solidaridad y la justicia social. Pero para vivir en una sociedad tan desequilibrada, corrupta e injusta, es mejor desaparecer prontamente". Su talante muestra el grado de amor por el otro, de dolor ante el sufrimiento y su deseo de que las autoridades, en cabeza del gobernador Álvaro Uribe Vélez, su secretario de gobierno, Pedro Juan Moreno, el Ejército y la Policía, actuaran en defensa de los pueblos masacrados y no fueran complacientes con quienes estaban realizando tales atrocidades. En su penúltimo día de vida, cuando se presentó a la Fiscalía a rendir declaración tras ser denunciado por "calumniar" a los militares, noté su completa paz y satisfacción al reafirmarse en sus denuncias. Porque como él me decía: "Hay que decir la verdad, cueste lo que cueste". Y esas verdades que dijo Jesús María perduran y perdurarán por siempre. Verdades que hoy empiezan a ser confesadas y confirmadas públicamente con cinismo y desfachatez por sus verdugos.

EE: *¿Qué decía su hermano sobre esa cruzada paramilitar en Antioquia, las masacres que se multiplicaron y la sevicia de esos ejércitos ilegales?*

DVJ: Él fue muy enfático conmigo y llegó a decirme lo siguiente: "Estoy muy preocupado por la situación social del país, uno de los más violentos de la Tierra por presentarse aquí asesinatos de toda índole, secuestros, extorsiones, desapariciones, tomas de poblaciones, atentados terroristas y amenazas de muerte, que se han vuelto parte integrante de nuestra crónica cotidiana". Por eso, predicaba la necesidad urgente de desatar acciones para enfrentar ese plan macabro que se cernía contra Colombia. Plan macabro desencadenado por esa endemia delincuencial, terrorista y de corrupción que padece el país.

EE: *Hoy sabemos la tragedia que significaron para Colombia las Convivir en los años más feroces del paramilitarismo; sin embargo, cuando Valle denunciaba esos horrores, parecía una voz demasiado solitaria. ¿Cree usted que Colombia tiene una deuda histórica con Valle por haber mirado para otro lado mientras la sangre corría en los territorios?*

DVJ: Estoy totalmente convencido de la deuda inmensa que tiene toda Colombia, no solamente con Jesús, sino con Pedro Luis Valencia Giraldo, Héctor Abad Gómez, Leonardo Betancur Taborda, Luis Fernando Vélez Vélez y todo el que haya ofrendado su vida por la defensa de los derechos humanos. La sociedad civil, en su inmensa mayoría, se muestra indiferente, apática e insensible ante esa causa y la muerte de quienes se comprometen con ella. Eso marca la soledad de quienes defienden al que está siendo vulnerado en sus derechos.

EE: *El discurso que dio Jesús María Valle en el décimo aniversario de la muerte de Héctor Abad Gómez parece profético. Ese 25 de agosto de 1997, además de reiterar sus denuncias sobre el horror paramilitar, declaró: "Aquí estamos y estaremos siempre en el fragor de la lucha o en la quietud de la muerte". ¿Usted cree que él se sabía un hombre muerto por sus denuncias?*

DVJ: Indudablemente. Ese fue el día en que un buen sector de quienes comulgaban con las ideas de denunciar abierta y decididamente el horror del paramilitarismo entró en pánico y empezó a desfilar hacia el exilio. Decirles ese día al gobernador de Antioquia, Álvaro Uribe Vélez, y al comandante de la Cuarta Brigada, general Carlos Alberto Ospina, que antes de ellos "el meridiano de la cultura y la política pasaban por Antioquia" y que ahora pasaba "el meridiano de la violencia", la muerte y desolación; decirles que siendo ellos cabezas del Departamento se suscitaron las primeras masacres, empezaron a aparecer en los perímetros urbanos hombres armados, generando estados de terror y zozobra, cayendo asesinados campesinos y dueños de tiendas sin ton ni son; decirles que aparecían "fuerzas oscuras" reemplazando a la autoridad legítimamente constituida y que además estábamos empezando a exportar violencia para otros departamentos a través de las Convivir, engendro del gobernador, era ponerse la lápida encima, y eso lo sabía Jesús ¿Por qué parece que apenas ahora se empieza a investigar la verdad sobre dichas masacres? ¿No ha tenido el Estado colombiano voluntad de investigar a los autores intelectuales de esos hechos?

La justicia en Colombia no es aplicable contra los poderosos, por los intereses políticos y económicos que se mueven alrededor del poder. Jesús me decía: "Yo no espero nunca que aquí ese tipo de masacres culminen con una buena investigación y condenas para los autores intelectuales". Por muchas razones: el poco interés de las autoridades de investigar a los poderosos, las trabas y mañas que manejan los abogados de los poderosos para dificultar la investigación y la corrupción e impunidad galopante en el país. Nunca ha existido voluntad del Estado para investigar a los poderosos y menos en este caso, cuando el involucrado principal es cabeza del poder en "cuerpo ajeno".

EE: *Por ese expediente y por el crimen de Jesús María Valle, el hoy exsenador Álvaro Uribe fue llamado a versión libre por la Corte Suprema de Justicia hace pocas semanas. No obstante, tras su renuncia al Senado, es muy probable que esa investigación vuelva a la Fiscalía. ¿Confía usted en el fiscal Francisco Barbosa y en la entidad que 22 años después del crimen de Valle sigue debiéndole al país muchas respuestas en este proceso?*

DVJ: Esto es sencillo de responder: allí están plasmadas las mañas de los abogados del poder. Si yo no he cometido delito alguno no tengo por qué temerle a quien me debe juzgar. Que me juzgue el que quiera y no escoger a quién yo hice nombrar para que me juzgue. La

Fiscalía es un ente que desde su creación no ha tenido un fiscal general de peso. Todos los que han llegado, que ha sido por politiquería, se han destacado por su mediocridad en todos los aspectos. Con el agravante de ser este señor Francisco Barbosa el fiscal de bolsillo de este Gobierno, cuyo presidente verdadero está en "cuerpo ajeno" y es a quien va a juzgar. Mi confianza en ese proceso bajo su responsabilidad es, matemáticamente hablando, de menos cero.

EE: *Usted trabajó en el CTI de la Fiscalía entre 1995 y 1999, justo en los tiempos en los que arreció la peor violencia de las Autodefensas, cuando mataron a su hermano y las verdades sobre los financiadores del paramilitarismo quedaron al descubierto parcialmente tras el allanamiento al parqueadero Padilla. ¿Qué recuerda de esa época y por qué les quitaron ese expediente?*

DVJ: Entre 1995 y 1999 se vivieron momentos angustiosos por el asedio y la presión constante de los grupos delincuenciales a funcionarios del CTI. Asedio y presión que se convirtió en muerte para algunos compañeros. Aunque mi cargo era de investigador en el área económica, prácticamente me desempeñé la gran mayoría del tiempo como asesor de la dirección en Antioquia. Luego del operativo en el parqueadero Padilla, de Medellín, fui llamado a colaborar en la revisión de los documentos encontrados allí. Un grupo de fiscales e investigadores seleccionados, de gran solvencia moral, estuvimos durante cinco meses depurando y analizando dicha información. Y cuando íbamos a realizar los cruces de documentos claves, llegó la orden de Bogotá de trasladar el proceso. El interés era evitar que se conociera el real compromiso de banqueros, industriales, comerciantes, terratenientes y poderosos del país con el paramilitarismo en su financiación y ayudas. Toda la documentación se fue a reposar en los estantes del olvido. Ese acto de impunidad me reafirmó lo que pregonaba Jesús: "Aquí no existe justicia para los poderosos, solo para los de ruana".

EE: *¿Qué decía Jesús María Valle del entonces gobernador de Antioquia, Álvaro Uribe Vélez?*

DVJ: Jesús siempre me lo manifestó y lo hizo también públicamente: "A Álvaro Uribe Vélez como gobernador de Antioquia lo acuso de cohonestar y patrocinar la conformación de grupos paramilitares en Antioquia".

EE: *¿A qué atribuye usted que en su momento un sector radical de la oficialidad antioqueña graduara a Jesús María Valle como "enemigo" de la Fuerza Pública? ¿Lo era?*

DVJ: Te puedo asegurar, porque así lo aprecié y lo constaté, que Jesús, con su forma de proceder, tuvo más amigos que enemigos en el Ejército y la Policía, a quienes asesoraba en diversos aspectos de la vida. Lo que sí es una verdad de Perogrullo es que a la alta oficialidad del Ejército y la Policía le estorbaba que Jesús la señalara de que patrocinaba las actividades del paramilitarismo en Antioquia. Tener la entereza de denunciar las atrocidades que cometen las instituciones armadas del Estado era bautizarse como calumniador y enemigo de la fuerza pública.

EE: *¿Algún día el país sabrá quién o quiénes ordenaron el crimen de Jesús María Valle?*

DVJ: En Colombia no existe justicia. O sí, existe solo para el gamincito callejero que se roba un pan en la avenida Oriental de Medellín y después de una "investigación exhaustiva" lo encuentran culpable y lo condenan a 42 años de prisión, y eso hace parte de grandes titulares de prensa. En el caso de Jesús, por los lados de la justicia nunca se sabrá quiénes ordenaron su asesinato, pero todo el pueblo colombiano sí sabe quiénes y por qué lo asesinaron. Como decía mamá: "Huevo es y gallina lo pone".

EE: *En el largo listado de defensores de derechos humanos asesinados, Jesús María Valle apenas es recordado en Colombia y, con el paso del tiempo, cada vez menos. ¿Qué hacer para preservar su memoria y su legado?*

DVJ: Permítame disentir. Como apóstol de los derechos humanos, Jesús dijo: "Aquí estamos y estaremos siempre, en el fragor de la lucha o en la quietud de la muerte". Era su frase de combate y todavía sigue vigente, porque ese 27 de febrero de 1998 sus contradictores mataron el cuerpo, pero eternizaron su mensaje y le imprimieron una dimensión histórica, apuntándole siempre a la igualdad, el equilibrio social, la coexistencia pacífica, la conciliación, el consenso, la justicia social y el respeto por la dignidad humana. Jesús lo entregó todo, incluso la vida, en aras de esos ideales. Con su muerte se buscaba silenciar su mensaje y, por el contrario, ese símbolo ético, esa fuerza de su pensamiento, amplió el campo de acción sobre los derechos humanos. Como se dice en los textos católicos: "Jesús vive y vivirá para siempre".

Aquí estamos y estaremos siempre

Jesús María Valle Jaramillo[*]

Ha querido el Comité que rinda un informe sobre la situación de derechos humanos en nuestro Departamento, y así lo haré, porque hay documentos serios, de plumas autorizadas que con severa investigación y fundamentación han hecho este escrutinio que consta ya en documentos publicados.

En 1983, por primera vez en el Departamento de Antioquia se presentó un plan de desarrollo, el cual fue elevado a canon de ordenanza con una mira: fijar directrices para todo el Departamento, de modo que hubiera un proceso que vinculara a las regiones y los municipios en sectores importantes como la industrialización, ecológico, de modo que se respondiera a un desarrollo desigual que se traía.

Ese plan se fijó una meta: que fuese un mecanismo en un proceso de paz, que lográramos vincular a todas las regiones y a todos los municipios, que tuviésemos un ciudadano más laborioso y participativo.

También, de 1989 a 1993 mejoramos ese Plan de Desarrollo y miramos todos los sectores: el plan vial, eléctrico, educativo y en el campo de la salud. Y empezamos a vincular sectores poblacionales muy abandonados. Esas directrices que se fijaban allí tenían la mira de crear mecanismos de paz. Y tras ese plan quinquenal, lo recuerdo bien hoy, el doctor Gilberto Echeverri Mejía, inició un proceso de pacificación en la región de Urabá, y con un alcalde con ideas

---

[*] Este discurso fue pronunciado el 25 de agosto de 1997 en el Paraninfo de la Universidad de Antioquia con ocasión de la conmemoración del décimo aniversario de los asesinatos de Héctor Abad Gómez, Leonardo Betancur Taborda y Luis Felipe Vélez Herrera.

democráticas logró levantar una infraestructura de importancia en esa región. Es decir, Antioquia estaba proyectando un desarrollo que penetrara más en lo regional y en el ente territorial denominado municipio. Y nos comprometíamos en ese Plan de Desarrollo con muchos sectores poblacionales e íbamos a los concejos, a las entidades comunitarias.

De improviso, en los últimos años, en forma abrupta, se rompió ese esquema que traíamos y surgió un plan de acabar con el movimiento guerrillero en ese lapso. Entonces aparecieron unos hombres armados en las regiones que cometían una serie de tropelías y asesinatos y hábilmente desaparecían de la zona; y se suscitaron las primeras masacres en zonas geográficas donde no había enfrentamiento entre partidos y fuerzas de izquierda.

Y después esas fuerzas se fueron ubicando en los perímetros urbanos y generaban un estado de terror y de zozobra, y los campesinos caían asesinados; mientras, en las veredas y corregimientos se mataba a los dueños de las tiendas comunitarias. Eso ocurrió en el Norte, en Oriente, en Occidente.

Se empezó a gestar como un plan macabro, donde el investigador no lograba penetrar qué estaba sucediendo, en qué zonas geográficas se cometían esas masacres y esos asesinatos masivos. Y nuestros ríos históricos fueron testigo de los cadáveres arrojados.

Y en las carreteras, esas carreteras construidas con el esfuerzo antioqueño, los vehículos eran parados, los campesinos bajados de los mismos y asesinados arrodillados.

Un clima de zozobra empezó a desintegrar lo que habíamos construido durante muchos años. Y aquellos maestros que protestaron por esos asesinatos y masacres, fueron perseguidos, desaparecidos y asesinados. Entonces se empezó a desintegrar todo ese sistema educativo. Las escuelas se quedaron sin niños y maestros. Y los maestros eran perseguidos y la educación perdía calidad.

Y los médicos que iban a las veredas y a los corregimientos a atender a los enfermos con mucho esfuerzo, también fueron perseguidos, intimidados, amenazados, desaparecidos, y el sistema de salud empezó a degradarse.

Y los programas agropecuarios, las Umatas en Antioquia, cuando soñábamos cómo remplazar el café, cuando soñábamos con un dominio del paisaje y la agricultura, se desintegraron.

Aparecían fuerzas oscuras que remplazaban al alcalde...los comandantes. Eran paramilitares, Convivir, autodefensas. Y se fue tornando ambiguo ese concepto de autoridad pública: unos eran amigos o enemigos de las Convivir, amigos o enemigos de los paramilitares, amigos o enemigos de la guerrilla.

Y ese tejido social solidario del campesino, se fue desintegrando y se empezó a consolidar la zozobra al lado del temor, mientras se perdían los proyectos culturales, artísticos, artesanales. Es decir, ha habido un proceso de degradación en la relación del hombre con la comunidad, con su medio.

Entonces, en este recinto puedo decir, a manera de inventario, que yo escuchaba decir que el meridiano de la cultura y la política pasaba por Antioquia. Hoy puedo decir que el meridiano de la violencia pasa por Antioquia.

Estamos exportando, a través de una concepción equivocada del orden público, violencia para departamentos pacíficos como los de la Costa y Chocó. Estamos exportando violencia, a través de las Convivir, para todo el país.

Lo que habíamos construido como base impositiva, a través del impuesto predial y del de industria y comercio, para fortalecer los aportes de la Nación y hacer programas de desarrollo educativo, lo hemos desintegrado porque hay que pagar cuotas a las Convivir, a las autodefensas, a los paramilitares. Y los paramilitares y las Convivir se confunden en los uniformes, en las sedes, en los vehículos que utilizan. Es decir, ya la Fiscalía tiene que pedir permiso a esos personajes que aparecen extrañamente en los municipios, para poder hacer los levantamientos de cadáveres. Y los inspectores que hacen esos levantamientos de cadáveres son asesinados para destruir la prueba, para impedir los sistemas de investigación judicial.

Esa es la situación hoy. Lo han visto mis ojos, lo he presenciado con gentes de mi pueblo, de mis veredas, de mis corregimientos. A esas personas que yo vi nacer, con esas personas con quienes escuché silbidos de miseria en las montañas, han sido asesinadas. Y yo he ido a todas partes invocando el derecho de petición para la población campesina, y no he recibido una respuesta positiva.

Esa es la situación dramática que presenta hoy Antioquia y es el informe que puedo rendir con honestidad en este recinto, sin odios contra nadie, pero sí con una infinita tristeza de cómo se van perdiendo las vidas y golpeando a las personas.

En medio de esa desolación, qué pienso. Qué pienso en medio de esa degradación del hombre. Con esperanza, miro tres aspectos positivos:

Primero: Las madres de los soldados que levantaron la bandera unida para que les regresaran a sus hijos, y obligaron que en un momento histórico del país el poder civil se colocara por encima del poder castrense e hiciera un proceso de Pacto que llevara a la libertad de los prisioneros de guerra. Cuando se logra ese predominio del poder civil se pueden iniciar procesos de paz y democráticos. Ese aspecto positivo me da esperanzas de seguir luchando.

Segundo: la sentencia de la Corte Constitucional, cuando fijó directrices jurisprudenciales para limitar el fuero. Allí hay un instrumento de pacificación que permite limitar desafueros, exigir responsabilidades, para que iniciemos un camino diferente.

Y el tercero: es que con la muerte de Héctor Abad Gómez se querían silenciar unas ideas y principios. Y, por el contrario, ese símbolo moral, esa fisonomía espiritual de Héctor Abad Gómez permitió que fuesen creciendo los organismos y hoy los derechos humanos se debaten en la Universidad, en los sindicatos. Hoy hay semillas de libertad que con sacrificio y tenacidad siguen denunciando, señalando, impetrando, pidiendo, defendiendo los derechos humanos. Hay muchos organismos que con seriedad están en la lucha tenaz para que primen la vida, la dignidad, la alegría, eso es como un instrumento de fe y esperanza en los momentos de incertidumbre y de tristeza.

Por eso esta noche la presencia de todos ustedes, de la familia Abad, Betancur, del honorable magistrado de la Corte Constitucional (Carlos Gaviria), de los coordinadores del Comité, de hombres y mujeres, nos llena de alegría. Y en este recinto histórico podemos decir hoy: Héctor Abad, Fernando, Carlos, Felipe, ¡aquí estamos! Podemos decir: Helí Gómez, personero de El Carmen, profesores perseguidos, victimas, ¡aquí estamos y estaremos siempre, en el fragor de la lucha o en la quietud de la muerte!

Nota curricular del Dr. Jesús María Valle Jaramillo

— Doctor en Derecho y Ciencias Políticas de la Facultad de Derecho y Ciencias Políticas de la Universidad de Antioquia.
— Candidato a la Asamblea Nacional Constituyente, en 1990, por el movimiento Acción Popular Independiente (API).
— Presidente del Comité de Derechos Humanos de Antioquia, cargo que ejercía al momento de su asesinato.

Actividad docente

Cátedras de Ética Profesional, Derecho Procesal Penal, Derecho Probatorio, Oratoria y Justicia penal militar, en las cuatro facultades de derecho de las más importantes universidades de la ciudad de Medellín para la época: Universidad de Antioquia —U. de A.—, Universidad Autónoma Latinoamericana —UNAULA—, Universidad de Medellín —U. de M.— y Universidad Pontificia Bolivariana —UPB—. También, profesor de Casación Penal, en la Especialización en Derecho Penal en la Universidad de Medellín.

Comités

— Integrante del Comité Editorial de la Revista Tribuna Penal, Revista del Colegio de Abogados Penalistas de Antioquia.
— Colaborador de la Revista Nuevo Foro Penal.
— Coordinador del movimiento Control Fiscal Popular.
— Fundador de la Liga de Usuarios de las Empresas Públicas de Medellín.

Cargos

— Concejal del Municipio de Ituango (Antioquia).
— Diputado de la Asamblea Departamental (Antioquia)
— Presidente del Colegio Antioqueño de Abogados (Colegas).